U0936670

Friedrich Paulsen

A SYSTEM OF ETHICS

Translated By Frank Thilly

Charles Scribner's Sons New York 1899

根据纽约查尔斯·斯克里布纳父子出版公司 1899 年弗兰克·梯利英译本译出

汉译世界学术名著丛书
（120 年纪念版·珍藏本）
增订本出版说明

2017 年 10 月，为纪念商务印书馆创立 120 周年，本馆推出“汉译世界学术名著丛书”（120 年纪念版·珍藏本），计七百种。近五六年来，仰赖学界同人倾力支持，订正旧译，增补新译，拓展新著，积累日多。为满足读者需要，本馆在七百种的基础上，继续推出“汉译世界学术名著丛书”（120 年纪念版·珍藏本·增订本）三百种。至此，“汉译世界学术名著丛书”累计出版已达千种。

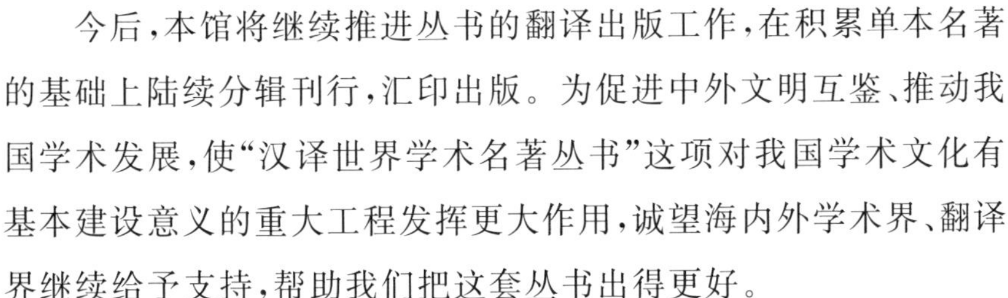

今后，本馆将继续推进丛书的翻译出版工作，在积累单本名著的基础上陆续分辑刊行，汇印出版。为促进中外文明互鉴、推动我国学术发展，使“汉译世界学术名著丛书”这项对我国学术文化有基本建设意义的重大工程发挥更大作用，诚望海内外学术界、翻译界继续给予支持，帮助我们把这套丛书出得更好。

商务印书馆编辑部

2024 年 2 月

汉译世界学术名著丛书
（120年纪念版·珍藏本）
出 版 说 明

2017年2月11日，商务印书馆迎来120岁的生日。120年前，商务印书馆前贤怀揣文化救国的理想，抱持"昌明教育，开启民智"的使命，立足本土，放眼寰宇，以出版为津梁，沟通中西，为中国、为世界提供最富智慧的思想文化成果。无论世事白云苍狗，潮流左右激荡，甚至战火硝烟弥漫，始终践行学术报国之志，无改初心。

迻译世界各国学术名著，即其一端。早在20世纪初年便出版《原富》《天演论》等影响至今的代表性著作，1950年代后更致力于外国哲学和社会科学经典的译介，及至1980年代，辑为"汉译世界学术名著丛书"，汇涓为流，蔚为大观。丛书自1981年开始出版，历时三十余年，迄今已推出七百种，是我国现代出版史上规模最大、最为重要的学术翻译工程。

丛书所选之书，立场观点不囿于一派，学科领域不限于一门，皆为文明开启以来，各时代、各国家、各民族的思想与文化精粹，代表着人类已经到达过的精神境界。丛书系统译介世界学术经典，引领时代思想，为本土原创学术的发展提供丰富的文化滋养，为推动中国现代学术和现代化进程做出了突出的贡献。

为纪念商务印书馆成立120周年，我们整体推出“汉译世界学术名著丛书”120年纪念版的珍藏本，寄望既利于文化积累，又便于研读查考，同时向长期支持丛书出版的译者、编者和读者致以敬意。

两甲子后的今天，商务印书馆又站在了一个新的历史时间节点上。我们不仅要铭记先辈的身影和足迹，更须让我们的步伐充满新的时代精神。这是商务人代代相传的事业，更是与国家和民族的命运始终紧密相连的事业。我们责无旁贷，必须做好我们这代人的传承与创造，让我们的努力和成果不仅凝聚成民族文化的记忆，还能成为后来人可以接续的事业。唯此，才能不负前贤，无愧来者。

商务印书馆编辑部

2017年10月

《伦理学体系》对中国的影响
——代译序

由于我的老师罗国杰先生在为这本译著写的序言里，已经比较详尽地介绍了包尔生的伦理思想，所以在这里我主要想谈谈本书译介到中国后的一些接受和传播情况，说明它是如何影响中国现代教育界和政治界最著名和最有力的几个人的，并通过他们，也持续地但也可能是隐秘地影响了中国的现代思想和政治。这种联系简要地说就是，包尔生写下了它，蔡元培翻译了它的一部分，杨昌济用它做了教材，青年毛泽东在形成自己的基本人生观和价值观的时候，非常认真地阅读了它。

《伦理学体系》一书的作者包尔生（又译保尔逊、泡尔生、鲍尔森等）是德国著名哲学家、伦理学家、教育家，1878 年起任柏林大学教授直至去世，是当时所称“形而上学泛心论”的代表，主要著作《哲学导论》，影响甚大，到 1929 年已出至第 42 版。1892 年，列宁在其《哲学笔记》中对此书有专门的摘录和评论。约在 1893 年，青年韦伯也曾经写信给他的未婚妻谈到此书：“我已经把鲍尔森的《哲学导论》给你准备好了，这是他送给我的，是本很出色而又不太

难读的书，晚上入睡前我都要看几眼。”[①]作者包尔生当时已是德国的权威哲学家，与韦伯的父亲是朋友，常去韦伯家中。

包尔生的重要著作还有《教育学》《教育史》《哲学史》《康德传》等以及现在呈现在读者面前的这本《伦理学体系》。《伦理学体系》在1889年柏林初版，以后多次修订再版，该书兼顾历史和现实、理论和实践、个人与社会。全书共分四编。第一编为人生观与道德哲学概述，第二编论述了伦理学体系的基本概念与原则，第三编为德性与义务论，第四编为国家和社会理论纲要，主要阐述了他的社会学与政治学观点和他对合理的社会生活形式的看法。[②] 蔡元培所译《伦理学原理》，就是用文言文译自《伦理学体系》的第二编。我和廖申白现在用白话文合译的这本《伦理学体系》，则是根据梯利的英译本翻译了该书的前三编。

蔡元培（1868—1940）是浙江绍兴人，1892年考中进士，1907—1911年在德国莱比锡大学访学四年，1912年曾出任南京临时政府教育总长，1913—1916年又到法国访学三年，1916年年底至1927年任北京大学校长，1928—1940年任中央研究院院长。蔡元培可以说是为“传统文化所化之人”，同时又是率先“睁眼看世界之人”；既是前清翰林，又是现代中国大学教育的缔造者之一。他文史哲皆通，很难以一种专业限之。但如果一定要说到他的专业，我们可以举出他对美学相当关注，提出过“以美育代宗教”的主

① 玛丽安妮·韦伯：《马克斯·韦伯传》，江苏人民出版社，2002年，第214页。

② 包尔生：《伦理学原理》，蔡元培译，载高平叔编《蔡元培全集》第一卷，中华书局1984年。

张，并曾在北大讲过美学课程。但从其专门学术上贡献和影响最大的专业来看，我窃以为不是别的，还是伦理学，至少在他于北大掌校之前是这样的。蔡元培在 1902 年曾为麦鼎华编译的《中等伦理学》作序，1909 年在德国工读期间译毕德国伦理学家包尔生的《伦理学原理》，由商务印书馆出版，1910 年出版《中国伦理学史》，1912 年又出版《中学修身教科书》。换言之，蔡先生的"专书"大都与伦理学有关，且这些书都影响甚大，如至 1921 年，《中学修身教科书》已出至第 16 版，《伦理学原理》也已出至第 6 版。

杨昌济(1871—1920)是湖南长沙人，1903—1912 年先后留学日本东京高等师范学校、英国阿伯丁大学，主攻教育学、伦理学等。归国后于 1913 年到湖南省第一师范任教，1917—1918 年，他在第一师范讲伦理学时就以蔡译《伦理学原理》为教材，而被他视为"栋梁之才"的一师学生毛泽东曾在这本十余万言的书上有过一万一千多字的批注。这本书大概是毛泽东青年时期读得最认真、最费心力的一本书。杨昌济在 1918 年夏应蔡元培邀请，赴北京大学任伦理学教授，而不久毛泽东也北上，担任过北大图书馆助理员。

《伦理学体系》的主旨是倡导一种源于亚里士多德自我实现论的"完善论"，或者说是一种"精进论"。其思想源流仍受康德的义务伦理学的影响，然而在一些基本问题上已转向了目的论，所以在许多方面具有调和义务论与目的论的倾向。[①] 作者生活在一战之

① 日译者蟹江义丸是说调和"动机论和功利论"。但包尔生反对快乐主义的功利论，而主张一种源于亚里士多德的完善主义的目的论，与之相对的则是康德的直觉主义的形式主义。因此，讲调和"义务论与目的论"也许是更恰当的提法。

前欧洲“最后的共识”的年代，那时他还抱着乐观，甚至说自沃尔夫时代以来，在一些基本的道德原则问题上的分歧已经相当稀少。然而，不久“道术”就明显地“为天下裂”了，他所陈的基本原理受到了严重的挑战。

在毛泽东的批语中，他写道：“道德非必待人而有，待人而有者客观之道德律，独立所有者主观之道德律也。吾人欲自尽其性，自完其心，自有最可宝贵之道德律。世界固有人有物，然皆因我而有，我眼一闭，固不见物也，故客观之道德律亦系主观之道德律。”[①]这初看起来有些类似于康德的“自律”，但是，康德的“自我立法”是和“普遍立法”共存的，或通俗地说，“心中的道德律”是和“天上的星空”并称的，两者并不在自我的基础上融合为一。而毛泽东对自我有极坚强的自信，他写道：

> 或人之说，必以道德律为出于神之命令，而后能实行而不唾弃，此奴隶之心理也。服从神何不服从己，己即神也，神以外尚有所谓神乎？吾研究良心之起原而知之，此问题已得于己矣，即当举其所得于己者而服从之。一切时空内百般之事物，其应服从，价值无有过于此所得于己者之大。吾人一生之活动服从自我之活动而已，宇宙间各物之活动，各物服从自我之活动而已。吾从前固主无我论，以为只有宇宙而无我。今知其不然。盖我即宇宙也。各除去我，即无宇宙。各我集合，即成宇宙，而各我又以我而存，苟无我何有各我哉。是故，宇

① 《毛泽东早期文稿》，湖南出版社，1990 年，第 230—231 页。

宙间可尊者惟我也。我以外无可尊,有之亦由我推之;我以外无可畏,有之亦由我推之;我以外无可服从,有之亦由我推之也。[①]

当然,在毛泽东那里,这种"可尊者惟我"并不只是指小我,也指大我,"吾人苟放大眼光,而曰人类一大我也,而曰生类一大我,而曰宇宙一大我也",因此不必"讳言自利"。但他所强调的"自利"亦非物质利益,而是精神"利益"。"自利之主要在利自己之精神,肉体无利之价值。利精神在利情与意,如吾所亲爱之人吾情不能忘之,吾意欲救之则奋吾之力以救之,至剧激之时,宁可使自己死,不可使亲爱之人死。如此,吾情始浃,吾意始畅。古今之孝子烈妇忠臣侠友,殉情者,爱国者,爱世界者,爱主义者,皆所以利自己之精神也。"[②]他认为包尔生也是一种个人主义,但却是一种"精神的个人主义"。而"吾儒家之说",墨子"兼爱"之说,也是"以利己主义为基础"。毛泽东总结自己的伦理学观点时说:

吾于伦理学上有二主张。一曰个人主义。一切之生活动作所以成全个人,一切之道德所以成全个人,表同情于他人,为他人谋幸福,非以为人,乃以为己。吾有此种爱人之心,即须完成之,如不完成即是于具足生活有缺,即是未达正鹄。释迦墨翟皆所以达其个人之正鹄也。一曰现实主义。以时间论,止见过去、未来,本不见有现在。实现非此之谓,乃指吾之一生所团结之精神、物质在宇宙中之经历,吾人务须致力于现

① 《毛泽东早期文稿》,湖南出版社,1990年,第147—148页。

② 同上书,第147页。

实者。如一种行为，此客观妥当之实事，所当尽力遂行；一种思想，此主观妥当之实事，所当尽力实现。吾只对于吾主观客观之现实者负责，非吾主观客观之现实者，吾概不负责焉。既往吾不知，未来吾不知，以与吾个人之现实无关也。或谓人在历史中负有继往开来之责者，吾不信也。吾惟发展吾之一身，使吾内而思维、外而行事，皆达正鹄。吾死之后，置吾之身于历史之中，使后人见之，皆知吾确然有以自完。后人因吾之完满如此，亦自加吾以芳名，然而非吾之所喜悦，以其属之后来，非吾躬与之现实也。历史前之事亦然。吾取历史以其足以资吾发展现实之具足生活也。或谓吾人负有生殖之责任，吾亦不信，我自欲生殖也，我具足生活中有此一片段之生活，我自欲遂行也，向谁负责任？必依此二主义，乃可谓之真自由，乃可谓之真自完。泡尔生谓人死而功业足以利后世，其生涯犹存于子孙国民之中，谓之不死可也。此只可为客观方面事实之描写，而决不可存于其人主观之中。吾人并非建功业以遗后世，此功业自有足以利后世之性质具于吾之身中云尔。此二主义，泡尔生氏亦有之，但未十分明言耳。①

包尔生是主张追求个人的具足生活而达于正鹄的，而且在他那里已经有一种强调形式和过程的特征。在其书中，目的论的“至善”其实是相当缺乏具体规定和确定内容的，或者说，它等待着不同的自我通过行动自己去填充内容。青年毛泽东对此深为欣赏，把

① 《毛泽东早期文稿》，湖南出版社，1990 年，第 203—206 页。

一种形式和过程的目的论发挥到极致，而且更强调其中斗争和对抗的因素。此时，不仅个人的目的不必限于有具体规定和约束的德性与人格的培养和完善，社会的理想实际也不是最重要的，最重要的是一种不断与天奋斗、与地奋斗、与人奋斗的永不止息的过程：

然则不平等、不自由、大战争亦当与天地终古，永不能绝，世岂有纯粹之平等自由博爱者乎？有之，其惟仙境。然则唱大同之说者，岂非谬误之理想乎？

人现处于不大同时代，而想望大同，亦犹人处于困难之时，而想望平安。然长久之平安，毫无抵抗纯粹之平安，非人生之所堪，而不得不于平安之境又生出波澜来。然大同亦岂人生之所堪乎？吾知一入大同之境，亦必生出许出（多）竞争抵抗之波澜来，而不能安处于大同之境矣。是故老庄绝圣弃智、老死不相往来之社会而已。陶渊明桃花源之境遇，徒为理想之境遇而已。即此又可证明人类理想之实在性少，而谬误性多也。是故治乱迭乘，平和与战伐相寻者，自然之例也。伊古以来，一治即有一乱，吾人恒厌乱而望治，殊不知乱亦历史生活之一过程，自亦有实际生活之价值。吾人揽（览）史时，恒赞叹战国之时，刘、项相争之时日汉武与匈奴竞争之时，事态百变，人才辈出，令人喜读。至若承平之代，则殊厌弃之。非好乱也，安逸宁静之境，不能长处，非人生之所堪，而变化倏忽，乃人性之所喜也。①

① 《毛泽东早期文稿》，湖南出版社，1990年，第184—187页。

然而，喜欢“变化倏忽”、厌弃“安逸宁静”——这是否更多的是表现一种“英雄豪杰”之性，而非“匹夫匹妇”之性？我们可以读另一段批语：

> 豪杰之士发展其所得于天之本性，伸张其本性中至伟至大之力，因以成其为豪杰焉。本性以外之一切外铄之事，如制裁束缚之类，彼者以其本性中至大之动力以排除之。此种之动力，乃至坚至真之实体，为成全其人格之源，即此书所谓自然之冲动，所谓性癖也。彼但计此动力发出之适宜与否，得当与否。适宜也，得当也，则保持之，否则，变更之，以迁于适宜与得当焉。此纯出其自计，决非服从外来之道德律，与夫所谓义务感情也。大凡英雄豪杰之行其自己也，发其动力，奋发踔厉，摧陷(廓)清，一往无前，其强如大风之发于长谷，如好色者之性欲发动而寻其情人，决无有能阻回者。苟阻回之，则势力消失矣。吾尝观古来勇将之在战阵，有万夫莫当之概，发横之人，其力至猛。谚所谓一人舍死，百人难当者，皆由其一无顾忌，其动力为直线之进行，无阻回无消失，所以至刚至强也。豪杰之精神与圣贤之精神亦然。泡尔生所谓大人君子非能以义务感情实现，由活泼之地感情之冲动而陶铸之，岂不然哉，岂不然哉！[①]

因此，这实际是一种“英雄豪杰之伦理”，而英雄的行动若得其时势，却是注定要打破千百万人的平静的，但若能动员起大众，则

① 《毛泽东早期文稿》，湖南出版社，1990年，第218—220页。

可成就其伟业。青年毛泽东的伦理观正如其所述有两个基本点：一个是个人主义(更确切地说是一种“自我主义”)，一个是现实主义(更确切地说是一种“实现主义”，即任何观念和理想一定要致力于实现，而且最好是通过自己的行动和斗争在当世实现)，合起来，则是一种特殊的“英雄豪杰”的“自我实现论”。

就这样，一本书联系起了从西方到东方，从老师、校长到学生、职员的四个人，其中尤其值得注意的是蔡元培和毛泽东。他们一个是20世纪北大第一人，一个是20世纪中国第一人，一个成为现代中国最著名的教育家，一个成为现代中国最著名的政治家。他们都对中国产生了巨大的影响，尤其是后者，我们曾经生活在一个甚至可以用他的名字命名的时代，虽然他现在已经去世多年，我们仍然在许多方面生活在他的影子之下，特别是在现代中国人的心态、思维、观念和话语的领域。

哲学和政治是如何发生联系的呢？思想是如何神秘地伸出自己的触须，如何织出自己影响人们行为的网络的呢？从一个人那里产生出来的观念将如何影响到许多人的头脑和心灵呢？这些大概是连思想者、著述者自己也不十分清楚的，他们只是努力于著述，执着地思考而已。而行动者可能更不容易理清自己思想的来源。思想能否得其人？或者反过来说，一个人能否得其思想？一种思想是否将产生作者愿意看到的影响，或者反倒产生他不愿看到的影响？有时一个作者的主要思想或者体系也许倒没有特别的影响，而他的某些次要思想和观念却反在不经意间产生了更大的影响。而且，一种思想有时可能不是通过较合原意的解释，而是通过一知半解乃至误解来产生巨大的影响。这些大概都不是作者自

己所能控制和支配的。无论如何，一个德国的权威哲学家、一个中国最高学府的大学校长、一个留学归来在外省任教的教员、一个从山村里来的如饥似渴求知的青年，就这样通过《伦理学体系》这样一本书发生了一种奇特的联系。

何怀宏

2019 年 12 月改定

包尔生伦理思想述评
——代　序

包尔生(Friedrich Paulsen,1846—1908),德国哲学家、伦理学家和教育学家,生于施勒斯维的一个农民的家庭,他一生的主要活动是在柏林大学从事教学和著述活动。

包尔生的著述十分丰富,并对社会产生过很大影响,作为一个哲学家,他所著的《哲学导论》(1892 年初版)曾风靡一时,在问世后的几十年间广泛被人阅读,到 1929 年已出版至第 42 版,列宁也曾于 1903 年流亡在日内瓦时读过此书,并写有一些札记。作为一个伦理学家,《伦理学体系》是他唯一系统的伦理学著作。该书共分为四编。第一编为人生观与道德哲学历史纲要;第二编论述了伦理学体系的基本概念与原则;第三编为德性与义务论;第四编为国家和社会理论纲要,主要阐述了他的社会学和政治学观点和他对合理的社会生活形式的看法(该编被英译本略去,故中文本亦不包括这一编)。书前还有一个导论,介绍了他对伦理学的概念、对象、职能、方法等问题的看法。

包尔生所处的时代,正是西方资本主义迅速发展,但也已经露出许多危机征兆的时代。在哲学思想上,唯物主义思想家和唯心主义思想家之间,在本体论和认识论上,已经展开了广泛的争论。

培根的唯物主义、斯宾诺莎的心物平行论、费希纳的心理物理学和叔本华的意志论,对包尔生都有不同程度的影响。在伦理学的研究上,主要还是传统伦理学的各派彼此斗争和互争长短的时代。伦理学中的两大派即形式论和目的论,经过近两百年的争论,已经有了很大的发展,以法国唯物主义和英国的边沁、穆勒为代表的目的论一派,强调行为的效果和目的,认为功利是道德行为的最重要的目的,人生的价值就在于追求快乐和幸福。相反,以康德为代表的强调善良意志的形式论,则坚持认为道德行为的至善,主要依赖于它的动机而无需涉及它的效果,人生的意义和价值,更不在于求得什么快乐,而是要自我实现。伦理学上的这两大派别的争论,同样对包尔生伦理思想的形成有着重要的作用。作为一个学识渊博的真诚学者和伦理学家,包尔生在自己的著作中,对各派的学说观点,都能采取批判的研究态度,对所阐述的每一个问题,都能深入而客观地分析相互对立的观点的论据,然后细微地分析双方的得失,并常常提出一些能兼顾两种对立观点的看法,其中包含着不少的合理因素。

包尔生认为,伦理学是一门实践的科学,并且居于各种实践科学之首。伦理学的职能是双重的:一是决定人生的目的或者至善;二是指出实现这一目的的方式和手段。前者,即对最终目的或至善的确立是属于善论的事情;后者,即展示通过什么样的内在品质和行为类型可以达到至善,这是属于德论的事情。包尔生的整个伦理思想体系,都是以伦理学的这两种职能来构建的。

在研究什么是善这一问题时,首先遇到的就是善恶的根据何在,我们凭什么来确定什么是善、什么是恶,并进而确定什么是至善呢？目的论和形式论两派，存在着互相对立的看法。目的论根据行为和意志对行为者及其对周围人的生活自然产生的效果来说明善恶的区别，有助于保存和推进人类福利的即为善，反之则为恶。形式论则坚持善恶的概念是意志自身的绝对性质而无需涉及行为的效果和目的。包尔生试图解决这两种意见的对立，他兼采两家，力求避它们各自的偏颇。他认为形式论关于道德本身即有价值、即是目的的论点是不言自明的，但形式论完全不讲实际效果，主张为道德而道德却失之偏颇。在这点上，他明确表示赞成目的论，他认为道德是完善人生的一种手段，效果应作为评价善恶的重要根据。但包尔生同时又对目的论有所保留，他认为在道德判断中应当把对人的判断和对事的判断区别开来，前者关系到意向、动机，后者关系到行为的倾向、效果；前者的标准是良心和义务，后者的标准是目的和效果。总之，在善恶根据的问题上，包尔生一方面表示拥护目的论观点，一方面又处处表现出他离不开康德形式论伦理学的那些基本前提。像他在哲学上表现出二元论倾向一样，他在伦理学上也表现出调和的倾向。他希望避免目的论和形式论这两派的片面性，这是可取的。但是他并没有真正解决这两种见解的理论上的对立，而是动摇于这两种意见之间，因而创造了一种有折衷特点的理论。

如果说包尔生在善恶根据问题上表现出他倾向于目的论，那么，在至善问题他则比较明确地表现出倾向于形式论观点。他把自己在至善论观点称为自我实现论（Energism），并把这种理论与强调实际享乐效果的快乐论对立起来。他认为意志并不是向往快乐这样一种主观的感觉，意志具有最高的目标——实现完善的生活内容，这个目标可以称之为幸福。由于包尔生把意志的目标理解为意志自身的一般趋向，把这一目标的涵义理解为我们存在的完善和生命的完美实现，他的自我实现论主要是指人的道德上的自我完善和道德价值的实现。因此，他批评快乐主义者（如边沁），指出快乐不是意志的目的，而常常只是意志在实现自己的目的之后产生的满意的感觉。他还从心理学、生物学方面对此作了详细的论证，指出快乐不能成为判断道德价值的标准，不仅如此，快乐本身是否有道德价值还需要依据其它条件来确定。

包尔生认为德论要解决的问题是：何种内在品质和行为类型可以引导我们达到至善，即达到完善的生命表现？他认为这实际上是关于人的意志应具有何种能力这样一个问题。包尔生以康德的理性意志论为基础，博取各家之长，建立了一个比较完整的德论体系。他的基本看法是：尽管实现完善的生活是意志自身的一般趋向，但是意志并不是本身就具备了指导人们达到这一目标的那些品质和能力，意志的这些品质和能力是通过培养而获得的，德性本质上是意志的旨在提高个人和集体的幸福的后天形成的习惯和行为方式。包尔生吸取古希腊伦理学关于自我控制的学说和基督教伦理学关于仁慈的学说，把它们看作是意志需要具备的最重要的个人德性和社会德性（后者不过是前者在社会生活中的体现）。和许多希腊思想家一样，包尔生也把精神上的安宁视为真正幸福的永恒的特征。他认为自我控制德性是使我们保持精神上的安宁的最可靠的保证。在德性问题上，目的论与形式论同样存在对立。形式论认为德性就是幸福，德性自身就是价值，古希腊的苏格拉底、近代的康德都是此种意见的典型代表。目的论则认为效果才

是确定德性是否具有价值的依据。包尔生接受德性自身就有其形式上的价值的观点，而且，由于他的政治上的改良主义立场，资产阶级社会的权利原则也在他的德论中以形式论表现出来。他认为权利是必然的前提和基本价值，是无需去证明的，正义德性（作为仁慈这一社会德性的否定方面）只有权利原则的体现和要求，所谓正义德性就是“尊重并保护权利”（第三编，第9章）。另一方面，包尔生在这里又表现出明显的目的论倾向：他认为只讲德性不讲效果是片面的，不仅要有德性而且必须有权宜之计；而且，德性的价值也只在于它是达到完善的生命表现的可靠向导，在于它能指导行为达到较好的行为效果。

德性方面的另一个问题是如何培养德性的问题。在这个问题上，包尔生一方面强调个体的心理经验，一方面十分强调环境的作用。他认为，德性的培养主要是意志的教育和情感的训练这两个方面，前者旨在使意志获得对本能冲动的控制能力，后者旨在达到合乎理性的情感状态。但是这个过程不是个人独立完成的。在童年、青年时期人主要是接受长者和教育者的教育，以后他才在道德上独立并主要地通过自我教育来培养德性。因此，包尔生十分强调青少年时期的社会教育对培养人的德性的极端重要性，他认为，教育是社会对个人的意志发展的最主要的帮助手段。作为一位卓越的社会教育家，包尔生在这方面表现出了很多自发的唯物主义倾向，提出了不少极有价值的思想。

总之，我们可以毫不夸张地说，包尔生的这本书，正像他的这一巨著的名字一样，建立了一个相当完整的伦理学体系，是西方传统伦理学体系化、实践化的一个可资借鉴的历史标本。由于作者有深厚、广阔的理论基础，善于吸收前人一切合理的思想内容，又能独立思考、立意创新，显现出该书是当时伦理学研究的一个重要成果，它不仅在德国、欧美发生过重要影响，至今在伦理学史上仍然是不失其经典意义的一部重要著作。

罗国杰

1986 年 12 月 23 日

于北京中国人民大学

目　录

第二编　基本概念和原则问题

第三编　德性与义务论

英译者序

在我看来，在近些年出现的伦理学论著中，没有比包尔生教授的这本杰作更适于初学者的了。我现在就把它译介给说英语的公众。正如作者明确表示的，这本书不是为哲学专家们写的，而是为所有那些对实践哲学问题感兴趣，并在解决这类问题时需要某种指导的人写的。它讨论了伦理学的基本问题，而且是以一种对学生富有吸引力、鼓励他反省道德事件的方式讨论的，我们所能期望于一本书的最好的帮助也莫过于此了。我们许多伦理学论著都有这样一种倾向：就是排斥普通智力的读者，窒息而不是活跃他的思想；使他感到所议的题目与生活、至少与他的生活全然没有关系；它们常常以一种他不可能理解的语言，谈论他一无所知和很少关心的事情。这是一种不幸，因为，如果说有什么科学要向我们国家和时代的人民传达信息的话，那肯定是关于行为的科学。

包尔生教授把他的著作分为四编。第一编追溯从古希腊到当代的人生观和道德哲学的历史发展，是有关这个题材所写下的最卓越最迷人的考察之一。第二编考察了伦理学的基本问题，其中提出的解答表现了作者明晰的见解和健全的判断。第三编充满了实践的智慧，并把这些智慧用于我们的日常行为，确定了各种不同的德性和义务。第四编从性质上说是社会学和政治学的，处理“社

会生活的形式”问题。整本书中洋溢着健康而不夸大的常识，不能不赢得读者的赞扬。

由于出版者希望不把一卷书篇幅搞得太大，在此我只翻译了这本书的前三编，而略去了第四编“国家和社会理论纲要”；我也略去了第三编第六章中讨论决斗的七、八两节，以进一步缩小篇幅，因为，在我看来，这个题目对我们美国人并不像对德国人那样重要。

我的译文根据的是经过修订和增补的德文第四版，在看来需要的地方加有注释和参考书目。

最后，我对于在翻译这本书的过程中包尔生教授给予我的鼓励和帮助，表示真挚的谢意。

弗兰克·梯利

1899年3月于哥伦比亚

美国版作者序

我应我的朋友弗兰克·梯利的邀请来祝贺这本书的出版，首先，我衷心地感谢他把我的《伦理学体系》译介给他的同胞的好意，这种好意还见之于他对我的《哲学导论》的译介。

从我幼年时候起我就有这种感情：一个和我们非常相似的民族定居在大洋的彼岸。这种感情也许首先是源于这个事实：我早年的不少同伴在那儿建立了新家。我的家乡是施勒斯维希兰根霍恩，盎格鲁撒克逊人曾经从那儿向西漂洋过海，这种移居至今还在继续。自那时起，时光又织出了许多新的联系纽带。所以，我现在能作为一个作者，和一个在新世界中确立自己，表现出如此旺盛的精力的伟大民族进行一种较紧密的接触，这对我是一种特殊的快乐。

我的渴望是，这本书也能为加强两个相似民族的精神上的同胞情谊尽一点绵力。我们德国人清楚地知道，也愉快地承认：世界上没有一个民族比美国人更深刻地欣赏和彻底地理解德国思想的产品的了。

弗里德里希·包尔生

1898年9月27日于柏林

德文第一版序

“我不认为我会有许多真正的新建树，
也不认为我的几句妙语会丰富智慧的宝库。
但我的辛劳却可换来两种收益：
首先是帮助我更广阔地审视，
其次是以此使有些人听到
他过去闻所未闻的某些事理。
第三个理由似乎也不算可笑：
打开这本书的人读到的东西毕竟不太糟糕。”

里克特

德文第二版作者序

这本书一直受到很多读者的惠顾，它的第二版的主要内容跟第一版一样，我只是力所能及地在某些地方作了一些修改，特别是在第二编，我希望使基本概念更为确定，使整个论述更为完满，也许这能使一些批评家比较容易地理解我的体系所依据的人生观及其价值。

然而，这新的一版也免不掉反复提出的反对，即认为我对基本问题的论述不够深刻彻底，而日常问题却得到了比在一本哲学论著中所应得到的更为显著的地位。我一直下不了决心对基本原则问题进行更详细的讨论，因为我不相信在这些题材上的冗长啰嗦会带来多大好处。当然，哲学家们长期以来一直在创立他们自己的原理，然而，对于不搞这行的读者来说，若能在具体情况和特殊问题中进行解释，将使他们更容易地看到基本概念的意义和合用性。同样，我不愿忽视我们时代的问题，那种对其所处时代一无可言、因而书页中充斥着无时代感的逻辑诡辩或者无休止的历史批判的书籍已经够多了。在我们德国，这种让人生厌的书从来都不缺少。有些超越时代的书是因为它们是为所有时代写的，但也有些超越时代的书却是不为任何时代所写的。这本书并不属于第一类，但它也不想属于第二类。

既然我已开始自白，让我进一步承认这本书完全不是为哲学家们写的，上帝不允许我去为那些已经被思想的重负压得够呛的人们思考。我心目中的读者是那些受到某种刺激而思考人生问题的人们，他们期望有人指导他们，如果这话听来太傲慢的话，也可以说他们期望有人跟他们一起讨论这些问题。假如任何这样的人能拿起这本书，放下时又不致感到失望，那么作者的心愿也就彻底实现了。此外，我不相信有必要或有可能在今天建立一个新的道德哲学体系，主要的建设性的原则已经被希腊哲学彻底地探讨过了，以致它们即使在今天也大体够用了。在我看来，使这些古老的真理与我们时代的问题建立生动的接触，是现代伦理学的一个最重要的职责。我相信我并没看错：这个观点在我们时代是颇为流行的。也许，自从沃尔夫时代以来，有关道德哲学的原则问题上的分歧从来没有像今天这样稀少。

让我简明地概括一下当代思想看来所趋向的观点，我把它称之为目的论的观点。它受到一对对立的观点的限制和规定。一个对立观点是快乐主义的功利主义，它说快乐是具有绝对价值的东西，德性与道德是作为手段同它联系着。与此相反，目的论伦理学认为不是快乐的感情，而是生活本身的客观内容（它和快乐一起被人们所经验到）才是具有绝对价值的东西，快乐是主体直接意识到目标及其价值的形式。直觉主义的形式主义是另一个对立命题，它把对一系列先验的规范或道德律的遵循看作具有绝对价值的东西。与此相反，目的论伦理学认为具有绝对价值的东西并非对道德律的遵循，而是包含在这些规律中的实体——那种以无限丰富的具体形式充满这种规律的框架的人类历史生活；认为道德律是为人生而存在的,而非人生为道德律而存在。

这种目的论的观点就是作为科学体系的伦理学的创建者亚里士多德最初赋予这一科学的形态。这一观点支配了整个古希腊思想,现代伦理学也坚持它,直到它被赞成一种形式主义的直觉主义的康德所推倒。然而,目的论伦理学马上又得到了席勒这样一位雄辩和热情的捍卫者,在某种意义上思辨哲学也回到了这种旧观点。今天,伦理学这门科学在现代生物学的影响下又重新进入了过去的轨道。

弗里德里希·包尔生

导论:伦理学的性质和职能

1. 定义

1 “**伦理学**”,根据这个词的希腊语意义,它是一门关于风俗或道德的科学。

有两种论述道德的科学形式:历史人类学的和实践的。第一种我们可以在例如希罗多德以及斯宾塞的《描述社会学》那里找到,它调查和描述不同民族和时代的风俗,我们可以称之为“伦理志”。第二种则探究人类风俗和行为类型的价值,目的在于指导我们恰当地行动。希腊人所用的“伦理学”一词即指这种形式的研究。正是亚里士多德给了这门科学以名称和系统化的形式。下面我们就将努力地、也是预备性地确定这样一门科学的性质。

2. 在科学体系中的地位

所有的科学都可划分为两类:**理论的和实践的**;理论和技术;严格意义的科学和技艺。前者的目的是知识,后者则寻求通过人的行动控制事物,它们告诉我们怎样使世界有助于我们的目的。

根据上面的区分,伦理学属于实践的科学,它的职能就是展示人生必须以何种方式度过,以实现它的目标或目的。因此,它处在实践科学之首,在某种意义上囊括了它们,因为所有的技艺根本上都服务于一个共同的目的——人生的完善。这对于造船和经商的技艺来说是这样,对于教育和政治的技艺来说也是这样。所以,各种相应的技艺是隶属于伦理学这一人生艺术理论的,或者作为它 2
的一个部分被包括在内。

所有实践科学都依据于理论,它们只是把理论真理应用于实际问题的解决。与伦理学有联系的理论科学是人的科学:**人类学**和**心理学**。以一种有关人类生活条件的知识为前提,伦理学着手回答这样的问题:什么样的社会生活形式和个人行为类型有利于或不利于人性的完善?我们可以把伦理学与另一实践科学比较而使这种关系清晰化。**医学**的职能是教给人们医生的技艺,这门技艺的目的就是帮助身体达到它最完善的发展和最有利的状态,排除危险,消弭失调。营养学和治疗学一起实行这一功能。生理人类学构成医学的理论基础。因此我们可以说,**伦理学与一般人类学的关系和医学与体质人类学的关系是相同的**。医学立足于对肉体性质的知识,指导我们解决肉体生活中的问题,达到使身体可以在它自然的存在中以一种健康的方式来执行其所有的功能的目的;而伦理学则立足于对一般人性(尤其是精神与社会方面)的知识,目的在于解决生活中的所有问题,使生活达到最充分、最美好和最完善的发展。因而我们可以称伦理学为“**普遍的营养学**”,医学和所有其他的技术,如教育、政治等,都是作为专门的部分或辅助的科学与伦理学联系着。这个观点是系统的道德哲学创立者亚

里士多德完全同意的。

在此提醒一下并非离题。显而易见,技艺实际上并非新的独
3 立科学。科学研究事物的性质,而对象可以为我们的行动改变这
一事实并不构成它们本身性质的一个专门方面。因此科学可能仅
限于以各种偶然散布的评论来提醒人们对此的注意,例如,物理学
可能在研究气体时加上以下的提示:如此这般的特殊性质的气体
能被我们用来作为动力。这样技术就作为推论而插入理论之中。

假如人类本质上是理论的存在物,他们也许就满足于这一过程了。但事实不是这样,他们毋宁说首先突出地显示为是实践的或意志的存在物。实践的问题要比理论问题要来得早,也更为重要。我们说科学是被人发明用来解决问题的总不致太错,至少在最初,知识是实践目的的一个手段,这样,解剖学和生理学就是治疗术的手段,几何(如名所示)就是测量术的一种手段。同样,哲学或普遍的理论科学根源于有关人生目的和意义的问题。是的,我们可以再进一步说:迫使人们沉思世界性质的根本动机,将始终是这种愿望:即要达到有关他们自身生活的意义、根源和目的的结论。因而所有哲学的根源和目的都可在伦理学中找到。

实践科学的优先还通过科学教育在其最高程度上采取的形式
引人注目地显示出来。我们的一般科学绝对地受实践目的的支
配。医学实际上并未形成一门系统的科学,它们是通过一个实践
的目标结合在一起的:医学院就是一种培养医生的技术训练学校。
医学院把所有它看来对它的学生的技术训练是基本的和有用的一
4 类科学,都纳入它的教学范围。这样,那依据于纯粹理论原则分类
的生理学和解剖学,自然要聚集在自然科学、生物学的名下进入医

科学校。法学和神学也是这样的情况，它们本身都不是一种专门的、独立的科学，法学院和神学院都是技术训练学校，前者培养法官和公务人员，后者培养布道士和精神劝导者，凡是这些职业所需要的知识，他们都要吸收以有助于他们的目的。对这些科学所做的一种纯粹理论上的分类，把这些学科或是放到历史名下，或是放到哲学的名下。有关在一个特殊国家中曾有过和现在实行什么法律的问题属于历史，同样，有关一种特殊宗教的本质或历史发展的问题也属于历史。然而，有关法的一般性质及其对人类行为的意义的问题则属于实践哲学；有关上帝的本性和宇宙的结构的问题则属于形而上学。在此我们说明了一个真理，即知识是为人生而存在的，而非人生为知识而存在。

3. 职能

让我们进一步叙述有关伦理学的**职能**和**方法**的问题。

伦理学的职能是双重的：一是决定人生的目的或至善；一是指出实现这一目的的方式或手段。

确立最终目的或至善是**善论**的事情。如以一个一般公式来表述的话，它要（这里预先讲到了后面章节的内容）把至善视为**一种完善的生活**——即一种导向在和其他紧密相连的人们的密切交流中，身体和精神的力量都得到完全发展并使之充分地实行于人的存在的所有方面，充分地加入社会主要的历史和精神生活之中的生活。“**幸福**”一词也可用来标示这一最终目标——它意味着包含在其中的主观成分，或者指这样一种生活会带来满足的事实。但 5

是,在此我们必须抵制那种认为是满足或快乐感给予生活以真正价值的错误观念,快乐感并不是善,而是主体赖以知道善和欣赏善的形式。

伦理学的另一个职能就是展示:通过什么样的内在品质和行为类型,我们可以达到或实现至善或完善的生活。这个问题要在**德性论和义务论**中解决。义务论一般地描述我们自己必须如何行为以成功地解决人生问题和达到完善。义务论展示给我们应如何塑造性格或意志以实现那个最终目标,它使我们懂得明智、勇敢、正直、诚实是使我们能正确解决人生问题的品质,而它们的对立面:无思想、怯懦、贪求快乐、不顾别人的自私自利和卑鄙的谎言,则阻碍着完善的生活的实现。

然而,在此我们必须同时提请注意一个重要的事实:用来实现完善的生活的手段并不只是一种没有独立价值的、外在的、技术的手段,而是同时构成了完善的生活内容的一部分。正像营养学的手段(工作与锻炼、休息与睡眠)是生命的功能,同时又构成身体生活的成分一样,德性及其实行也构成了完善生活的内容。或者用一个不同的例子来说明:一首好诗的每一部分都是表现和展开诗的整体的一个手段,否则它就是多余的插入语了;反过来说,每一手段也必然构成诗本身的一部分,从而具有它自身的诗的价值。所以,道德生活中的一切也既是手段,又是目的的一部分,是既为
6 自身又为整体而存在的东西。德性在完善的个人那里有其绝对的价值,但就完善的生活是通过它们实现而言,它们又具有作为手段的价值。然而在这两种情况里都可看到一种差别。对一件艺术作品来说,并非它的所有部分与其内在的目的相比都具有同等的价

值,不同的德性作为实现完善生活的手段也并非同等重要。同样,不同的义务也可以根据它们的重要性分级排列。

4. 方法

现在我们来探讨伦理学的**方法**。什么是伦理学知识的来源?它怎样证明它的命题的真理性?

知识惯常被区分为**经验的**和**推理的**。后者(数学是其典型)从定义和公理演绎出命题,逻辑地论证它们,亦即展示命题是从基本原则推论的必然结果。而另一方面,经验科学(如物理和化学)则观察事实,把事实归纳为一般的公式,这种公式旨在表示事物运动中的统一性,我们称它为因果律。对这些命题的真理性的论证并不在于展示它们与某些既定定义之间有着逻辑的联系,而在于指出它们准确地表现了一个观察到的因果联系。

在我看来,伦理学在其方法上类似于自然科学而非类似于数学,这是一个无可争辩的事实。它并不从概念来演绎和论证命题,而是发现存在于事实之间的联系,这些联系是可以由经验确定的。如此这般的某种行为类型有着如此这般的某种效果,这就是它论辩的一般形式。或者变换一种形式叙述:为了达到或防止如此这般的结果,如此这般的手段是必需的。所有的实践或技术的科学都以这种形式来表现因果的联系。正如培根所说:因果律变成了 7
实践的规则。但规则是否正确是要由因果联系来证明的,而因果联系又只有通过经验才能确定。经验证明:清洁、锻炼和新鲜的空气是保持健康的手段。经验也同样证明:明智、合乎理性的行为、

一个正规的职业与和睦的家庭是有益于生命的,而懒惰、得过且过、虚伪和恶意怨恨则倾向于使生命悲惨甚至被毁灭。

唯理主义的观点否认伦理学的经验特征,它坚持道德命题不可能也不需要经验的证据,它把道德命题视作一种天赋能力(良心或实践理性)的表现,这种能力是先验地判断和立法的。它断言每个人无需任何经验就可知道何为正当与不正当。经验仅根据其效果决定什么是有利的或不利的,而每个人在所有经验之前就知道什么是善或恶了,有关人类实际上在做什么或他们的行动可能引起什么实际效果的知识,决不可能动摇或改正他们**应当**做什么的直觉知识。

我们的回答是:人类并没有等待道德哲学来临才来区分善恶,这是一个毋庸置疑的事实。**道德要比道德哲学古老**,没有道德作为先决条件就不可能有任何道德哲学。道德哲学产生于对支配着生活和判断的现存道德进行思考的时候,而且这种既定道德是不会因为道德哲学的出现就被废除或变得多余。自然,这也是事实——有一种类似内在的声音一样的东西对个人说:你应当做这个,你决不可做那个!这里没有给出什么理由,而是以绝对命令的形式出现。我们称这内在的声音为良心,并将在后面对此提出人
8 类学的和目的论的解释。但无论如何,在此我想说明:并不能由此就推论道德哲学一定是一门**先验的**或推理的科学。且让我们再举营养学为例来解释我们的意思。

刚才对道德生活所说的也适用于身体生活。正像人们并没有在等待道德哲学来临之后才来区分善恶一样,他们也并没有等到营养学出现才来区分何为卫生何为不卫生。早在医学和任何科学

出现之前很久,人们饿了就吃,渴了就喝,冷了就用兽皮裹住自己的身子,至于他们为什么这样做;为什么食物能充饥、水能解渴;这样的问题对他们来说正像为什么偷窃是不正当的问题对我们现在的学生来说一样是奇怪的。它是自明的,没有什么别的理由能给予它。在此和任何别的地方一样,科学的探究开始于把原先认为自明的一切视作一个问题的时候。在人类根据自然而然的营养学和治疗学的绝对规则(这些规则甚至延续到今天的通俗营养学和医学的处方和规则之中),度过了漫长的岁月之后,我们称之为科学的医学方才出现。我们通过观察和经验的手段,才逐渐而缓慢地达到了懂得我们身体的结构及其同外部条件的联系,从而渐渐地使我们能够证明长期以来实行的某些治疗保健方法的正确性,并排除无用或有害的方法,使用新的方法来代替它们。

道德哲学处境相同,它也是面对着一个自然而然的、非科学的、传统的道德。正像身体的生活从根源上说是由处在生理学之外的本能和不自觉的习惯所支配的一样,整个人类生活,尤其是社会生活,从根源上说也是由一种处在科学之外的道德本能支配的。 9
这些民族的道德本能被称作“**风俗**”(sitten)。我用这个词来标志所有的义务性的习惯和生活方式,所有的风俗和法规,它们统一地支配着一个团体内每一成员的生活。像营养学规则一样,这些风俗也是以绝对命令的形式在个人意识中出现,它并不为它的正确性提出什么理由。“你不能杀害、抢劫或欺骗你民族中的一个成员”,**良心**这样命令,而不附加任何根据或条件;“这样做是不正当的”,这是一个自明的真理,正像火燃烧,食物可充饥的真理一样。

这个真理实际上是不可论证的吗?道德哲学除了收集和整理这些绝对命令及禁令之外就什么事也不能做了吗?这样说就是剥夺道德哲学作为一门科学的特征,因为科学并不在于列出清单,而在于发现和证明真理。但情况并不是这样,通俗道德的真理本身暗示着一个不同的回答,它们也以另一种形式即谚语的形式出现,如:骄傲使人失败;谎言不会持久;诚实是最好的策略;家庭不和就会瓦解等。在此,命令以一种推断的形式出现,其中已暗示着理由:不要说谎,因为谎言是短命的;不要骗人,因为骗来的东西不会使你发财。这就向我们暗示着一种道德**哲学**的真正职能。道德哲学必须详尽地展开那只是蕴含在通俗道德中的不同行为类型的不同价值的理由。像营养学一样,它必须说明某些长期本能地被遵循的行为类型是适合于人类生活的本性和条件的,因而是有利的,而别的某些行为类型则是损害或毁坏生活的。例如,它要指出:说谎就其本性来说,会通过丧失信任而损害说谎者、被骗者以及整个由语言纽带结合起来的团体,从而颠覆社会生活的基础,因为,没
10 有信任,真正的人类生活是不可能的。它也要指出:偷窃会扰乱被偷者的经济生活,而且几乎必然要毁掉偷窃者自身的生活,最后,它将通过使财产变得无保障而威胁到整个团体的生活,这就是偷窃不可避免的后果,这种后果对文明和全部人类生活的基础起着颠覆作用。通过这种方式,道德哲学就把**本能的**风俗改变为**有意识**的充满目的性的东西。

但它能做的或许比这还要多。正像医学的营养学不仅是解释,也校正自然而然的营养学的规则一样,道德哲学也不仅是证明自然的道德的命令,而且也补充和改正它们。例如,它可以给出一

个规则的理由,同时确定它适用的范围。在说明谎言的危害的同时,它又帮助我们决定什么时候有意的欺骗可能是被允许的和需要的。它解决了所谓必要的说谎的难题,而这对常识来说是如此奇怪并纠缠不清的(在很多道德学家那里也是一样)。在说明为什么宽恕是善的同时,它又决定仅仅在什么条件下宽恕才是合理的,在什么条件下回击又是必要的。自然形成的道德与它的绝对命令在复杂情况中就会使我们完全陷入困境,它把解决问题的任务留 11
给了个人自己的本能或机智(像它通常被称呼的)。道德哲学不可能使机智多余,依据于具体情况的特殊决定必须总是留给个人的机智,但它可以确定一些指导机智的规则,在这方面它能完成的事情比那些绝对命令完成的要多。

伦理学在德性论和义务论中的方法也是这样。它按照目的论和因果联系解释它的命题:为了达到如此这般的一个目标,如此这般的行为是必需的。但是关于**目标本身的知识**是什么呢?伦理学从什么地方获得对完善的生活的知识呢?它怎样证明它有关至善的定义是正确的呢?

这里的情况多少有些不同。我们说:至善的性质实际上不是由理智,而是由意志决定的。个人对他的个人生活方式有一个观念,有一个生活理想,他感到这一理想的实现是他真正的使命和他的欲望的最高目标。而这个理想虽然以一个观念的形式出现,实际上却不是源自理智,它的优越性不可能诉诸理性的证明,它并非别的,而只是个人本身的意志和最深刻的本质在观念形态上的反映。如果其他人有不同的理想,我不可能通过逻辑的论证或经验的因果调查向他们证明他们的理想的不适当。也许,我可以通过仅仅对我的理想的揭示和描述使他们感觉到我的理想的价值,可以使他们相信我的理想比他们的理想有较高的价值,从而赢得他们信服我的理想。然而,那迫使他们决定赞成什么的不是理解,而是意志。就此而论理智绝对不知道价值的事情,它区分真理和错误、真实和虚假,但不区分善和恶。

近代伦理学常常讨论道德知识的根源是**理智**还是**感情**的问题。我们要说这二者都涉及到了。但什么是完善的生活这一问题,归根结底要由直接的、无可争辩的感情来决定,人类存在的最深刻本质在这种感情里显示着自身。运用逻辑的证据去迫使一个人热爱和赞颂一个生活理想,就像用逻辑的证据去使一个人的舌头感觉某种特殊水果的甜或苦一样是不可能的。我们只能通过展示对象具有那种归根结底能在他那里(由于他的本性)产生这些感觉的性质而引起这种感觉。在某种程度上,一个人对生活的善的
12 趣味可能通过习惯被改变,正像他对某些食物的口味可能改变一样。然而在这种情况里,变化还是依赖于人类存在的本性的内部修正。但当至善的概念被确立时,我们就可以在理智上弄清如此这般的手段对理想的实现是有利的还是有害的。

因此,给出一个科学的适合于所有人的至善定义将是不可能的。我们不可能通过逻辑的证据强迫每个人都接受一个理想,或者至少,它只能在意志本身在所有个人那里根本上是一样的情况下才是可能的。考虑到人类的生活动力和生活条件具有广泛的相似性,我们可以假定情况在某种程度上是这样的。正像某种动物的所有成员总的说都企图实行同样的功能一样,我们也将在人类的各种目的、目标中看到某种类似性。发现这样一个统一的目标

应当是某种自然历史研究的任务。而人们实际上作为至善或完善的生活而欲望的东西,必须以最普遍的公式表现出来。在此道德学家的目的应当和生物学家的目的一致:他有义务不是去规定一个生活的目标,而是去发现它。然而,假如他成功地发现了一个普遍的生活目标,他当然不能拒绝向个人指示:对这个普遍目标的完全偏离,或具有完全不同样式的意志是不正常的。众所周知,存在着变态的性冲动。虽然不可能向那些为这种冲动所苦的人证明他们的冲动是变态的(他们说:冲动是事实,你们的冲动在其冲动时和我们的一样不多不少也只是一个事实),但心理学家深信这是不正常的,并使那为此所苦的人能够清楚地看到他是一个例外,看到如果这种变态成为常规,生活将是不可能的。同样的推论可以适用于非正常的意志。一个人,假如他只是对肉体方面的印象感兴 13
趣,比如说耽溺于吃喝,而绝对不欣赏别的快乐——那源自理解和知识与力量训练方面的快乐;或者他对他的邻人的苦乐完全不关心甚至始终欣赏他们的痛苦,那么我们应当把这种人视为不正常的,我们应当毫不犹豫地称他们为变态的,即使我们不能使他信服我们谴责的正确性。这是相当可能的:他甚至不承认他的性格是不正常的,不承认他偏离了正常人的情况,甚至还可能坚持我们若能看看表面现象的深处,我们就要发现所有其他人也像他一样思考和感觉。

5. 道德律与自然律

在此让我们增加一点有关**道德律与自然律**的联系的评论。自然律是表示自然现象的恒久统一性的公式,它在较狭的意义上是意味着不承认任何例外的绝对统一性。这样,物理学就认定万有引力定律是宇宙间所有质量的统一的交互作用的准确数学表达式。在这个意义上,因果律本身被理解为一个严格的普遍的自然律。然而,在较宽的意义上,我们也可以把自然中的并非绝对、但是相当持久一贯的一类统一现象标示为自然律。生物学的定律大部分就属这一类,例如,那表示一个动物或植物物种的结构和功能的统一性的定律。在这个意义上,我们显然可以称医学营养学的命题为自然律:如此这般的一个过程通常以如此这般的方式作用于身体;冷水冲洗使皮肤收紧和整个器官温度相应变化;当器官尚未衰朽时,肌肉和神经系统的锻炼导致力量和技能的增长;鸦片与
14 酒精对器官有如此这般的直接和间接的效果等。所有这些都是那不可能用数学的准确性来确定的统一性,它们由于生命过程的复杂性,表现得不同于那些在物理学中描述的同样恒久的规律性,但无论如何它们还是表现了普遍的、有规律的趋势。

我们可以在同样的意义上称伦理学的命题为自然律,这些命题也同样表现了存在于行为类型与它们对生活所产生的效果之间的恒久联系。谎言有产生猜疑和不信任的趋势,而不信任又有扰乱和毁掉人类社会生活的趋势;这些推断和酒精倾向于损害意识的推断属于同一种类型的概括。"懒散削弱理解力和意志力"这一命题不是别的,恰恰是翻译成心理学语言的一个普遍的生物学定律。

可能提出的反对是:伦理学命题或道德律宣称**应当是**什么,而不是像自然律一样宣称**是什么**。"你勿说谎"是一个道德的律令,

一个不管现实中的任何例外而普遍正确的命题。道德律令被认为是紧密联系于法律书上的法令而非自然律。它们确实与法律相联系;而且,我们或许可以说法律只代表着道德律的一部分。但是,这并不妨碍它们也同自然律相联系。法律无疑是表现着应当是什么,而且在现实的实践中是存在着例外情况的。但这却只是**例外**情况,通常法律是表现着公民的实际行为的,我们的确不应在国家的法律中挑剔一条没有得到普遍遵守的法律条文。它是一个真实的法律,不是因为它被印在一些纸上,而是因为它是行为的统一性的一种表现,即使这种统一性不是绝对的。加之,虽然国家的法律在人的意志中有其根源,但归根结底它是建立在事物的性质的基础上,是依据于行为类型与它们对生活的效果之间存在着的因果 15
联系的。你勿犯伪造罪、勿偷窃、勿纵火,或像法律上所载:无论谁犯伪造、偷窃、纵火罪,都要得到如此这般的惩罚,这些法律是根源于这类行动会损害社会的事实的。偷窃有颠覆财产权的倾向;伪造有破坏信贷因而扰乱物品的生产和分配的倾向。这种自然律是法律的最终根据,法律是一种为一个团体的成员定下的行为规则,目的在于确保社会生活的条件。

这些评论同样适用于道德律。一个道德律令不仅宣称应当是什么,而且宣称是什么。研究文明史的历史学家无疑会承认,道德律表现了接受它的集体诸成员的相对统一的行为,它在各方面都是一个据以普遍地判断行为的原则。假如在一个民族里说谎像讲真话一样平常,假如对它的判断跟对诚实的判断没什么不同,那么在这个民族中就不会有关于真理与谎言的任何道德律令。假如一个道德家来到这样一个团体中对他们说:“你勿说谎是一个绝对的

律令”,他就会听到:“我们不理解你,不受你的怪想的打扰!”当然,
不会有这样一个民族,这不是因为说谎**不应当**是,而是因为它**不可**
能是一种普遍的行为类型。说谎只是作为例外情况出现:这是一
条自然的规律,不是逻辑推论,而是一条心理学的规律。说谎在人
们交谈中是以信任为先决条件的,而这种信任只存在于讲真话成
为常规的地方。当这种真话与信任、谎言与不信任之间的统一联
系在行为中,最后也在意识中变得固定的时候,道德律就归纳为公
式:你勿说谎。在道德中和在法学、医学中一样,因果律构成了实
践规则的基础。假如没有原因与结果之间、行为与个人及社会生
16 活之间的统一联系,就不会有任何道德律令。道德律不是任性的
产物,不是一位高居万民之上的君主或一种不可控制的“内在声
音”的专横命令,而是人类生活的内在规律的表现。人类生活(即
一种包含着人的精神历史内容的生活)只有在所有的个人以一种
相对的统一性行动,符合道德律的情况下才是可能的,所以道德律
在此具有与生物学定律一样的确实性。对道德律的偏离有扰乱个
人与社会生活的倾向,而对道德律的绝对违反首先要导致人的历
史生活的毁灭,最后也会引向它的动物性存在的毁灭。

也许一种和**语法规则**的比较可阐明道德律的形式特征。通常认为语法规则是在宣称**应当**是什么,语法规定着我们**应当**如何说话的方式。但语言历史学则以一种不同的方式看待语法,认为语法并不是在规定我们应当如何说话的方式,而是在描述我们实际说话的方式。哥特人的或中世纪高地日耳曼人的语法学家收集和描述那些实际上在过去已被使用的语言形式;古生物学家收集和描述已灭绝的生命形式;研究活语言的语法学家也做着同样的事。

但有一个特别的事实在此被观察到了，在不同人、不同作者的语言之间存在着差别。是的，我们发现了巨大的一致性，至少是在语言的一般程序、名词变格、动词变化形式中是这样，但即使在这方面我们也发现了例外，特别是在口语中。这迫使语法学家（他的真正目的是描述语言）在不同的形式之间选择，以达成普遍的规则。他在选择中或是根据它们出现的频率，或是根据他对作者们的语言能力的评价。最后某些形式被宣布为是**正常的**，因此语法学也终 17
于变成了一门规范科学，它决定什么是正确的，什么是不正确的。然而必须承认，这个过程根本上是受目的论的需要支配：语言的目的就是交流思想，偏差会使这个目的不可能达到，所以它们被当作干扰因素而被排除。

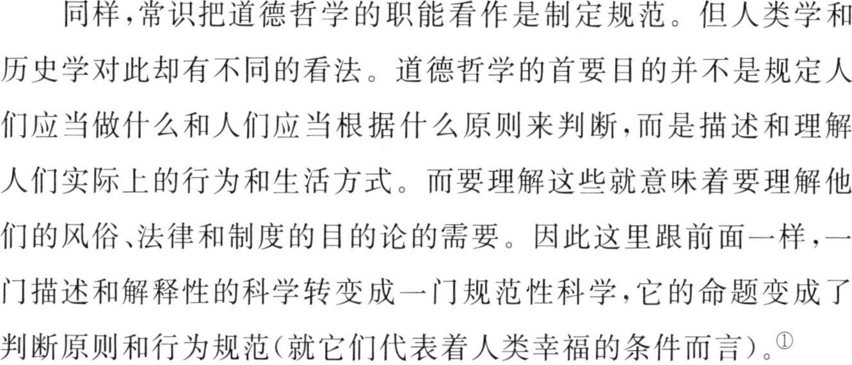

同样，常识把道德哲学的职能看作是制定规范。但人类学和历史学对此却有不同的看法。道德哲学的首要目的并不是规定人们应当做什么和人们应当根据什么原则来判断，而是描述和理解人们实际上的行为和生活方式。而要理解这些就意味着要理解他们的风俗、法律和制度的目的论的需要。因此这里跟前面一样，一门描述和解释性的科学转变成一门规范性科学，它的命题变成了判断原则和行为规范（就它们代表着人类幸福的条件而言）。[①]

① 施莱尔马赫(Schleiermacher)在其1825年出的一本学术论著中探讨过自然律和道德律的不同（见其全集，第3编，第2卷，第397页），他的全部伦理学都基于伦理学和物理学、道德律与自然律之间的一种平行对比关系。读者也可参F. J. 考纽曼(F. J. Neumann)的《自然规律与经济规律》(*Natural Law and Economic Law*)一书的相关内容，以及奥伊肯(Eucken)的《当代的一些基本观念》(*Fundamental Concepts of the Present*)（第2版，1893年，173页以后）。

6. 完善的概念

现在让我们来较多地谈谈伦理学定义至善的职能。在第三节里我们用了“完善”这个词,一个完善的人生即一个人的所有身体的和精神的能力都在其中得到充分发展和锻炼的生活,它是个人的至善。后面我们还要详细地讨论这个定义的实质性内容,在此我只是简要地考虑一下它的形式特征。有人说这是一个纯粹形式
18 的、空洞的定义,可以把无论什么具体内容都塞进去。和这个概念相比,别的观点的定义如快乐是绝对的善得到了欣赏。有人主张说,当我们说到快乐时,我们明白我们正在谈论什么东西。我必须把对快乐主义的讨论推迟到后面去。然而在此我想指出:对至善除了给出一个形式的解释以外,绝对不可能给出任何另外的解释。医学的营养学并不给我们一个完善的身体生活的具体揭示,而只是给出一个可以用许多不同方法充实的一般的轮廓。同样,伦理学也只能给出一种生活类型的一个大致纲要,对它的遵循并不必然就使一种生活具有价值,虽然它是生活健康发展的先决条件。这样一种生活的价值依靠它所包含的具体成分的数目,没有任何一种伦理学体系即便快乐主义体系能够承担起描述它们的任务。

下面的说明将使我们的意思更清楚。我们不能只讲一种完善的生活。一个由与一种完善的原型完全相同的被复制者所组成的民族或种族,会使我们觉得它是一种无限贫乏和空洞的东西。而且,如果你试想一下众多的人在个性和生活上完全相同,相互间的差别仅在于附加给他们的号码,你就会觉得,对这样一种现象的思

考是可怕的。完善不在于形式的相类似,而在于形式的多样性。为了对完善的生活作出具体阐述,我们将必须考虑我们人类的理想,展示那些对实现这一观念都是可能的和必要的不同的人类生活形式,也就是说,我们将必须描述众多的民族、氏族、家庭、个人和那些从它们的自然禀性中必然产生的生活类型。这将是一个艺术的或创造性的历史哲学的任务,且显然是一个不可能完成的重任。确实,甚至不可能从某种人类的观念演绎出人类过去的生活(那是历史以其众多的民族和漫长的历史发展向我们展现的),而勾划将来的历史及其新的形式就更不可能了。

没有一个人会期望用美学去表示具体的美,也就是说,从一个 19
美的观念演绎出所有的真实和可能的美的图画、雕像、诗歌和音乐作品。创造具体的美是天才的事情,而美学则思考天才们的作品,目的是一般地表示天才作品所依赖的条件,或至少没有它们作品就不可能产生的那些条件。它不可能向将来的艺术家提出具体的问题,但它能帮助他得到对其作品的一种洞察力和避免错误。伦理学也是这样,它并不描述每一种可能的善的生活的形式(这将由道德的天才们从其完满的本性中展开),而是从事描述和证明那些没有它们一个善和美的生活就不可能实现的行为规范。伦理学也可能沉浸在这样的希望中:即在某种程度上能够指导学习伦理学的人发现他的特殊的生活使命,帮助他在试图完成这一使命中避免错误。

7. 道德在什么意义上具有普遍正确性

从上面所说的进一步推论就是:不可能有任何具体存在的普

遍道德。人的普遍类型的不同表现形式要求每种表现形式都有它自己的特殊道德。英国人跟中国人和黑人不同,他们的欲望和义务也不同。因此,他们都有各自的道德。每个民族都有它自己的特殊生活理想和自己的道德,这是一个无可怀疑的事实。唯一的问题在于:是否事实上存在的东西就是应当存在的东西。道德命题是否对全人类(或用康德的话说“对所有理性生物”)都是正确的——这个问题具有根本的重要性,所以要把它提出来。如果我们承认对于英国人和黑人有着不同的道德准则,那么我们不是必将推论对于男人和女人,艺术家和商人,最后对于每一个特殊的人都有着不同的道德准则吗?

20 确实,这个推论是一个逻辑的推论。但是,如果我们接受和坚持这个主张:即不同的生活不仅不是一件不好的事,而且是人类完善的基本条件,那么我看我们就不可能避免这个结论。如果我们证明不同的人类生活形式是正当的,我们也必将证明不同的行为规范是正当的。正像英国人的营养学自然不同于黑人的营养学一样,他们的道德(在我们看来,道德只是一种普遍的营养学)也必定不同。所以,我们将不得不说,一种适用于前者并且对它是基本的行为类型,对后者来说却不一定如此。我们发现,不仅英国人对待黑人的方式不同于对待他的同胞的方式,而且他与黑人的关系也是受一种完全不同的道德准则支配的。当然,所有这些并不意味着:对于那些由欧洲人(现在也包括德国人)以文明的名义对蛮族人一直在犯下、而且现在每天还在继续犯下的种种暴行,我愿意证明它们是正当的。

只是在一个有限的范围内我们能够谈一个普遍的道德,亦即,就所有人的本性和生活条件中都存在着某些基本的相似而言,就健康的生活将要求某些普遍确实的基本条件而言。这样,医学的营养学就可提出某些基本的规则作为普遍的真理,比方说,一定量的由这样的成分(蛋白、脂肪、碳水化合物、水等)组成的食物,加上一定量的工作和休息对于肉体生命的保存是必要的。道德也可以在同样的意义上提出普遍的命题:人类生活的延续要求对抚养和培育后代给予某种关注,为了达到这个目的,两性就必须以某种持久的形式在一起共同生活。或者,若是没有某种倾向于防止其成员间的敌对的规则,一个氏族就不可能存在;对这类规则的违反倾向于产生毁灭;凶杀、通奸、偷窃和伪证是恶,而公正、仁慈、诚实以 21
及防止那些恶行的意志的内在性质是善。

但是,为了能直接运用这些普遍规则,生活必须适应它所处的特殊自然环境和特殊条件。刚才描述的食物的营养规则对爱斯基摩人来说和对黑人来说并不意味着完全相同的内容。同样,普遍的人类道德规范在它们被直接用来决定和判断行为之前,必须使之适合于特殊的历史形式和生活条件。这样的命令:公正慈善地对待你的邻人,遵循家庭和社会生活的规范,对一个非洲黑人来说并不像对一个欧洲基督徒来说具有同样的意义。对一个文明民族来说,一夫一妻制是最好的家庭生活形式,但这并不证明它对于支配着黑人氏族的完全不同的条件来说也是最好的形式。我们可以完全公正地说一夫一妻制是较高的家庭生活形式,但这只意味着它是适合于较高的发展阶段的,而不是说较低的阶段有一种不同的形式就是错误的。也许一夫多妻制是家庭发展中的一个必要阶段,正像血族复仇是法律发展中的一个必要阶段,奴隶制是社会发

展中的一个必要阶段一样。

这也意味着不同的**时代**有着不同的道德准则,这种情况是一个不容争辩的事实,但很难说服普通人相信情况是必须如此的:与现在相比,一个较早的时代有着不同的风俗、行为和判断并不一定就是不完善和堕落的表现。我们倾向于认为与现在不同的无论什么都是错的。我们谴责中世纪的人烧死异教徒和女巫,折磨嫌疑
22 犯和成千上万地杀死罪犯。我们说他们的方法野蛮残暴,这是对的。然而,这一点并不证明一个残暴的时代使用这些方法就是做错了。也许它是错了,或者至少这些方法常常被滥用了,但或许从另一方面看(当然证据是不可能从这种事情的本性中抽取的),这种处置方式在那个时代还是适合和必需的呢。也许教会对人的心灵的惩戒正是文明的如此必要的一个前提,以致中世纪可以站在历史的法庭面前,为它们使用所有可能的手段压制一切个人想从这种惩戒中解放自己的企图(这正是异端的通常目的)而作出辩解。也许那时候的整个司法管理连同它的残暴手段,至少是维持中世纪城市的复杂社会生活的一个暂时必要的前提。令人安慰的是我们的法庭和警察比较有效,通过比较人道的方法达到了同样或较好的效果,但这并不证明中世纪能以同样的方式保持和平。中世纪的人可能这样回答我们的谴责:你们应当把你们现在能以这种温和的惩罚来保证和平相处归功于我们;清除社会中那些绝对拒绝使自己适合于社会秩序的成分的困难工作花了我们好几个世纪。确实,这决非一件令人愉快的工作,但现在它被完成了,所以你们因为我们承担了这件工作而责备我们是不公平的。此外,谁知道你们的方法又能成功地保持多久呢?

现在我们必将走得更远，说甚至同一民族的不同团体，以致最后是不同的**个人**都是服从于自己特殊的道德准则的。不同的气质和生活条件不仅要求有不同的身体上的需要，也要求有不同的精神和道德上的需要。对某一个人有益和必需的东西，对另一个人则可能是不适合和有害的。我们决不怀疑现实生活中出现的这一事实。有些事情，出现在这个人身上，我们会觉得是可允许或可喜爱的，出现在另一个人那里，我们却加以反对和谴责。确实，我们 23
可以说，不同的个人以完全相同的方式行动是不可能的。如果说行动者的全部性格确实在每个行动中都显示着自己（我们可以说这正是人的行动的真正特征，即一个行动不只是表现了他的性格的一个特殊方面，而且是表现了他全部的意志、整个人），那么，行动者的每个冲动、每个行动、每句话和每个判断就都带有这一特殊的个人的印记。行为只是在外表上相像，而在内部的本质的方面却是个性在坚持着自己，这不是一个缺陷，而正是完善的一个标志。只是在纯粹的道德开始消失之处，亦即道德接近法律领域的地方，人们才坚持一个人的行动至少外表上要符合规范。

但是，我们必须记住，**道德宣讲者**强调道德律的普遍性而非道德的个性是有一个理由的。个人会出于本性和爱好去关心获得自己的权利，而对一个普遍规范的服从却不合他的胃口。确实，个人是很容易要求使自己的情况成为一个例外的，他要求根据他的特殊性格和环境、他的脾气和社会地位而在别人和自己的良心面前原谅他的行为，而不是从较高的道德立场来为自己辩护。康德的严格态度在反对人的自然爱好方面是完全适当的。使感官方面的意志受普遍法则的支配是十分重要的事情，是所有较好、较个性化的道德的起点和基础。而这种道德不是（用《福音书》的话说）道德律的“毁灭”，而是道德律的“实现”。如前已述，道德不能告诉个人
24 这“实现”的具体内容，它所能做的只是确定一般的规范，而使这些规范适合于特殊条件的事情则留给了良心和个人的智慧。然而当个人在这些事情上需要指导时，他要寻求一个**私人顾问**，一个**精神上的顾问**，而这个顾问也许正像一个医学顾问对身体一样是必需的。因为，道德生活在其联系的复杂性、问题的困难性、需要的严重性、紊乱的危险性方面确实不亚于身体生活。在此跟在身体生活中的情况一样，我们抱有一种爱好和厌恶、害怕和希望混合在一起的情感。所有这些在一个较早的时代看来都是自明的：即最需要的是把个人置于一个明智的富有经验的道德和精神顾问的有权威的关怀之下，而对身体的关心则留给风俗习惯和个人的本能。但现在医生的增加和精神顾问的相应减少是不是一个我们对身体比对心灵更关心的信号呢？抑或我们是希望通过身体的手段来影响心灵？或者它是因为随着思想和感情的差别扩大而使关心心灵的任务变得愈加困难，因而我们的信心正在经历一个衰退的过程？

另一方面，道德哲学的规范不是对所有人都绝对有效的事实依然存在。像我们说过的一样，我们可以设想一个普遍的人类道德，甚至一个适合于所有理性生物的道德，但没有一个人能实现它。道德哲学家是他的民族的思想感情的产儿，受着他们的道德的影响；这从肯定方面讲，是因为他从孩提时起就是由他们的判断和理想塑造起来的；从否定方面讲，是因为他的不应当怎样和应当怎样的观念是受他的时代限定的。十八世纪的抽象理性主义者并没有领悟到这个真理，康德也没有注意到它。在历史主义盛行的

世纪(当我们这样称呼十九世纪以和十八世纪形成对照时),哲学 25
界发现自己不可能再相信“普遍的人”了。因此,每一个道德哲学都只是对它所从出的文明领域才是确实有效的,而不管它是否意识到这一事实。它除了勾画由特定领域内的成员所必须遵守的一种生活类型的轮廓之外没有任何别的目标,它这样做的目的是为了使健康、有德性和幸福的存在成为可能。

8. 伦理学的实践价值

在结论中,让我们谈谈伦理学的**实践价值**。伦理学能够不仅在研究实践而且影响实践的意义上成为一门实践科学吗?我们说,这本来就是它的目的。亚里士多德说,伦理学的职能不仅在于理论化的工作,而且要求诉诸行动。叔本华试图以反驳这个观点来开始他的伦理学(见他的主要著作的第四部分)。他认为,所有哲学都是理论的,都依据于成熟的反思,它应当最终地放弃成为指导行动和改造性格的实践科学的陈旧要求,因为在此起决定作用的不是死的概念,而是人的存在的最深刻本质,是一个操纵人的恶魔。教人有德性就跟教人成为天才一样是不可能的。期望我们的道德体系产生出有德性的人和圣徒,就跟期望美学能产生诗人、雕塑家和音乐家一样是愚蠢的。

我不相信伦理学需要如此懦弱胆小。确实,伦理学的第一个目标就是理解人类的努力和行为类型,理解条件和制度及它们对个人与社会生活所产生的效果。但是,如果说知识能够影响行为(这一点叔本华自己也不否认),那就很难使人理解为什么单单伦

理学在这方面就应是无效果的。如果说一个医生通过指出存在于清洁与健康之间,酒精、尼古丁的过多吸入与神经系统的紊乱之间的因果联系,从而能够引导一位母亲较多地维护清洁,一个年轻人
26 学会节制自己,那为什么一个道德学家就没有权利希望发现存在于行为和要影响行为的生活方式之间的同样的因果联系呢?如果他能弄清楚浪费、懒惰、怨恨、妒嫉、说谎、鲁莽会扰乱生活,而明智、礼貌、节制、正直、友善则倾向于对个人及他的邻人的生活产生好的效果,为什么这种知识就不能影响意志呢?否则我们就要假定每个人都完全正确地领悟到后一种行为类型是善,前一种是恶,从而不必等待伦理学来告诉我们这些事情了。经验是否真的展示了知识不能够推动意志向善,展示了叔本华所说“不探讨的意志”是正确的呢?如真这样,我相信那也不是一种正确的知识。**一种真正的见识**(当然它不是仅仅记忆和念诵许多公式、定理)在此是必然要和在其他地方一样产生效果的。确实,我们不可能期望这样一种见识能绝对地决定意志。天赋能力、教育、习惯、榜样,我们周围人的赞扬与谴责、敬佩和轻蔑,等等,都会发挥它们的作用。但知识也是一个因素,一个在明智的人(并不一定是很有学识的人)那里很重要的因素。至于叔本华的意志在每个生命那里是绝对固定不变的断言,我倾向于把它看作那种在叔本华的教义中毫不缺乏的迷信货色中的一个。我们说,绝没有这样一种固定不变的意志,甚至在叔本华使用这个词的较狭意义上(即利己主义与利他主义间的联系在每一个人那里都是生来不可改变地被决定的)也是如此。

然而,若是不存在某种对最后目标的性质的一致意见(不是口

头上的一致，而是建立在真实感情上的一致），道德教育就不可能
有任何实际的效果。一个医生若去劝说一个根本不关心健康和身 27
体幸福的人去做某些事情和戒除另一些事情，将是毫无效果的。同样，如果一个道德哲学家向一个认为“善的生活”就是刺激和放荡几年，然后让脑袋吃一颗子弹的人推荐节制和明智，也是没有用处的。但这个道德哲学家也许不会完全白费力气。谁能说他最后不可以成功地说服这样一个人，使他相信：他过去的自己、他的意志和他的至善观念都是错的，或者较严密的见解不可以向这样的人揭示他过去的那种生活不可能是善的、也不可能是他自己意志的真正的最后目标呢？我们不能否认这种浪子回头的事情实际上一直在发生。那么，我们能说只有道德的宣讲能产生这些效果而道德的哲学就不可能吗？我不知道是否能在它们之间划出一条鲜明的界线。宣讲者若不诉诸他的见识几乎就没有希望影响任何人。为什么对存在于行为与幸福之间关系的公正无私的描述就不是一种有效的训诫呢，即使（或宁可说正是因为）它不采取道德训戒的形式？

但是如果还是有人抱有这种观点：即认为道德哲学不仅是无效的，而且是**危险的**和**有害的**，其根据是那些调节生活、风俗和良心的力量会被有关这些力量的根源、含义及有效性的思考所削弱，那么我们要回答他们说：首先，这种思考不是由哲学产生的，相反，哲学是由这些不可避免的思考所产生的。对人类行为和判断的思考是不可避免的。无论什么时候发生有关一件具体事情、一个行动、一个判断或一个制度的正当与否的争论，我们都不得不回溯到将决定这一情况的原则上去。道德哲学不是别的，而只是一个彻

底的发现据以决定事物价值（在它们依赖人的意志的范围内）的根
28 本原则的企图。其次，在我们的时代作出有关这些原则的某种结论是特别需要的。当代的特征表现为一种强烈的先验地拒绝所有旧的公认真理的渴望。有许多这种渴望的征兆：我们可以想想尼采有关所有价值的必然翻转的预言被青年人贪婪地接受的情况，以及社会民主主义对所有现存政治和社会制度的激烈抨击。一种热烈的对于思想、道德和生活方式中新的从未听过的东西的癫狂支配着我们的时代。诉诸权威和传统是完全无用的，这种狂热不是别的，而正是一种自由的个人思想的爆发，它被压制了这样久，被高压统治弄得都不敢相信自己了；它是对迫使人们不是去思考、而是去记忆的经院的反动，是对要求人们不是去思考而是去信仰的教会的反动。这是启蒙运动的征兆，那长期以来一直被宣称死去了的启蒙运动现在又回到了生活之中，掌握了群众，尤其是年轻人，他们当然想用他们自己的头脑去思考，由他们自己来塑造自己的生命，而不愿盲目地由传统的思想和别人的行动来支配自己。他们完全有权利这样做：想自己所想，行自己所行——这是人的基本权利和最高职责。独立地自我决定是心灵的庄严的特权，再没有什么能够比自由更有益于无偏见的思想的产生了。伦理学的任务将是邀请怀疑者和探讨者一起来合作努力，发现将帮助判断力理解生活的目标和问题的确定的原则。它不是要告诉人：你要做这个，而是要同他一起研究这个问题：你在追求什么，你真正的理想（而不是一时的心情和怪想）是什么？也许他那时将发现很多他
29 曾看作仅仅是一种不可解释的命令而打算抛到一边去的东西，实

际上恰恰植根于事物的本质之中,因而也植根于他自己的意志之中。①

① 有关伦理学的问题和方法,伦理学和其他学科之间的关系,以及其他一些介绍性的内容,可以参考西季威克(Sidgwick)的《伦理学方法》(*The Methods of Ethics*)第1、第2章,第1—24页;还有斯蒂芬(Stephen)的《伦理科学》(*The Science of Ethics*)第1章,第1—40页;舒尔曼(Schurman),《达尔文主义的伦理意义》(*The Ethical Import of Darwinism*)第1章,第1—37页;缪尔赫德(Muirhead),《伦理学要素》(*Elements of Ethics*)第1到第3章,第1—39页;麦肯齐(Mackenzie),《伦理学手册》(*Manual of Ethics*)第1、2章,第1—31页,附录B,第324—328页;希斯洛普(Hyslop),《伦理学纲要》(*The Elements of Ethics*)第1章,第1—17页;塞思(Seth),《伦理学原则研究》(*A Study of Ethical Principles*)第1到第3章,第1—35页;许夫定(Höffding),《伦理学》(*Ethik*)第1到第5章,第1—54页;冯特(Wundt),《伦理学》(*Ethik*)导论部分,第1—17页(英译本,第1—20页);多尔内尔(Dorner),《人性论》(*Das menschliche Handeln*)导论部分,第1—23页;齐美尔(Simmel),《道德科学导论》(*Einleitung in die Moralwissenschat*)第1卷,前言部分;闽斯特贝尔格(Münsterberg),《伦理之起源》(*Ursprung der Sittlichkeit*)导论部分,第1—10页;伦策(Runze),《伦理学》(*Ethik*)第1卷,第1—16页,包含很多出色的文献索引;马内森(Marion),《道德论》(*Leçons de morale*)第1章。——英译者

第　一　编

人生观与道德哲学的历史纲要

实际上，不是语词的雄辩，而是事实的雄辩，与其矛盾对立的形式构成了时代的美。

奥古斯丁

33 第一章　古希腊的人生观与道德哲学

在我对伦理学的说明之前，我想先概略地考察一下人生观与道德哲学的发展，我将把我的注意力集中在那些现在依然直接影响着西方民族生活的历史现象上。如果不追溯那些构成了我们今天的道德文明总趋势的各重要支流的源头，任何一个人都不可能清楚鲜明地理解我们时代复杂的（常常是混乱的）想法和渴望。

我们的道德和人生理论的历史可以划分为三个主要时期：第一个时期包括古代世界的发展及其转换期；第二个时期是基督教的发展，它可分为两段——早期基督教和中世纪基督教；第三个时期是近现代的发展，它至今还没有结束。

古代世界的人生观是朴素自然主义的：人性在文明生活中的完善是绝对的目标。基督教的人生观是超自然主义的，它脱离文明，要求以自然人及其冲动的死亡来达到一个新的、精神的人的诞生。近现代的人生理论却不是如此首尾一贯和自给自足的，它受到以上两种对立倾向的影响，并且自然主义的倾向占据着优势。
34 这一时代的开端就是以复活古代异教徒的人生观为标志的（被称为“文艺复兴运动”）。但近现代人生观还是包含着许多基督教人生观的基本成分，超自然主义的倾向在它内部形成一股潜流，或者说和它平行发展。

相应于这三种不同的人生观，也有在形式和内容上都不相同的三种**道德哲学体系**。

古希腊伦理学从**追求**和**行动**的事实出发，提出什么是最终目标和怎样达到它的问题。最终目标也就是至善，因此难题在于决定至善的性质和指出达到它的途径。由于至善存在于一种人类生活形式之中，并且这种生活形式又被作为实现至善的手段，所以古希腊伦理学基本上采取了一种**德性论**的形式，它描述在各方面都完善的人。

基督教伦理学以**道德判断**的事实作为它的出发点。人的追求和行动则是判断的对象，善恶的陈述被应用于它们。按照基督教的观点，它们不仅仅由人来判断，而尤其是由最高的立法者和评判者上帝来判断。因此基督教伦理学探究：根据上帝的命令，什么是义务？什么是罪恶？它是一种**义务论**，从而并不指导我们推进个人与社会的福利，而是建立起一种道德规则，对这一规则的应用需要解释和决疑。

刚才对近现代人生观所说的话对**近现代伦理学**也是适用的：它受到前面两个发展阶段的影响，因此并不表现出一种贯穿到底的统一性。它作为一个整体（一些神学体系除外）与古希腊伦理学联系更紧密。但基督教的影响也是随处可见的：我们若从形式方面观察，那么近现代伦理学大部分是一种义务论；我们若从实质方面观察，那么，例如对他人的义务通常在义务中就占据一个最重要 35 的位置，而古希腊伦理学强调的则是那些倾向于使个人生活完善的德性和义务；近现代在讨论至善时，首先想到的不是个人的善（这是古希腊伦理学的情况），而是整体的善。作为基督教的宇宙观和人生观基石的上帝之城的观念，甚至渗进了那些不知道它或不想同它有关系的人们的思想。即使是法国大革命时代的人们也

不能否认他们与基督教的联系。虽然他们毁除教会，但一个地上的上帝之城的概念（虽然被改变了形式）也影响了他们，不然他们从哪里得到那些所有人的自由、平等、博爱的观念呢？

1. 古希腊人的人生价值观

古希腊人的道德哲学思考开始于这个问题[①]：什么是所有追求

① 有关这一主题并不乏有力的论述。除了策勒（Zeller）的《希腊哲学史》（*History of Greek Philosophy*）以外，可以提及的还有克斯特林（K. Köstlin）的《古代经典伦理学》（*Die Ethik des klassischen Altertums*），路特哈特（Luthardt）的《古代伦理学》（*Die antike Ethik*），齐格勒（Th. Ziegler）的《古希腊与罗马伦理学》（*Die Ethik der Griechen und Römer*）。施密特（L. Schmidt）的《古代希腊伦理学》（*Die Ethik der alten Griechen*）是一本关于希腊人的伦理概念的杰作。西季威克的《伦理学史纲》（*Outline of a History of Ethics*）给了一个一般伦理学史的很好的概观，P. 热奈（P. Janet）的两卷《道德与实践哲学史》（*Histoire de la philosophie morale et politique*）则对最重要的运动有一详细的报道。[也可参看冯特的《伦理学》第二部分，“宇宙之伦理观念的发展”，第 270—433 页；英译本，第 2 卷；塞斯，《伦理学原则研究》第一部分，“道德的理想”，第 77—249 页；沃森（Watson），《快乐主义的伦理理论：从阿里斯提卜到斯宾塞》（*Hedonistic Theories from Aristippus to Spencer*）；希斯洛普，《伦理学纲要》第 2 章，“伦理学问题的起源和发展”，第 18—89 页；考得伍德（Calderwood），《道德哲学手册》（*Handbook of Moral Philosophy*），第 318—369 页；奥伊肯（Eucken），《伟大思想家的人生观》（*Die Lebensanschauungen der grossen Denker*）。约德尔（Jodl）的《哲学伦理学》（*Geschichte der Ethik in der neuern Philosophie*）第 1 卷的前两章，第 1—85 页，给出了关于伦理学历史的一个研究，其截止时期直到近代的开初。马蒂诺（Martineau）的《伦理学理论的类型》（*Types of Ethical Theory*）两卷本，讨论了最重要的一些伦理学体系。梯利翻译了韦伯（Weber）的《哲学的历史》（*Histoty of Philosophy*），在第 8—16 页中，涉及古希腊哲学的历史和一般哲学的历史，读者也可以参看。关于某些思想者的文献目录，可以参看有关哲学的标准史方面的一些书目，尤其是宇伯维格（Überweg）、厄德曼（Erdmann）、文德尔班（Windelband）和韦伯这几位学者的著作，他们的作品都有对应的英译本。——英译者]

的最终目的呢？或什么是至善呢？当一个行动者反思自己的行为 36
时必然要想到这个问题。作为一个科学体系的伦理学的创立者亚里士多德，在他的《尼各马可伦理学》篇首，向我们明晰阐述了这个主题。[①] 他认为：每一技艺、每一科学探究，同样，每个行动和意图，目的都在于某种善。正像有不同的行动、技艺和科学一样，也可以推论出有不同的目的和善。这样，健康就是医学的目的；船就是造船的目的；胜利是战略学的目的；财富是家事经济的目的。但是某些技艺必然要隶属于别的一些技艺，制作马勒的技艺服从于马术，马术又服从于战略学，如此等等。而由于居领导者地位的技艺的目的包含了附属技艺的目的，由于后者被欲望是为了前者的缘故，因此，如果我们的欲望不是无用和无效的话，就必定存在着一个根本的目的或至善，它不再是手段，而是由于自身的缘故而被我们所欲望，其他一切事物被我们所欲望也都是由于它的缘故。随后的问题就是：什么是所有实践目的中最高的目的呢？

对于它的名称，亚里士多德认为有一个普遍的同意。一般群众和文明阶层都同意称它为幸福。但什么是幸福呢？这时观点就开始分歧了。群众把它确定为快乐或财富、荣誉及其他类似的东西；不同的人们对它给予了不同的定义，同一个人也常常在不同的时候给它以不同的意义，因为当一个人生病时，健康就是幸福；当他贫困时，财富就是至善。然而有教养的人们和哲学家们则把它定义为美德，也定义为达观。

我们有理由说亚里士多德夸大了关于至善的观点的分歧；归

① 见威尔顿对亚里士多德的《伦理学》的译本。

37 根结底，古希腊人和他们的道德哲学家本质上对幸福的性质是抱有同样见解的。

我们已经习惯以“幸福”翻译“Eudaimonia”这个希腊词，从而使它表示一种感情状态，这个词并不意味着一种主观的感情状态，而宁可说是意味着一种客观的生活方式：“eudaimon”是指一个受到善的“daimon（精灵、小神）”保佑的人，他因而有一个善的命运，因为“daimon”表示一个安排人们命运的神。那么，希腊人对一个幸福的命运的观念是什么呢？

我不可能比指出希罗多德叙述的梭伦与国王克洛伊索斯会见的著名轶事更简要有力地描述上述观念了，[①]那段叙述很好地对比了希腊人与蛮族人对什么是一个善的生活的观念。国王在向梭伦展示过他的宝藏以后，对梭伦说：“雅典来的客人啊，我们听说过很多关于你的智慧和旅行的事情，我们得知你在追求哲学的过程中，为了研究的缘故，参观过很多国家。现在，我想知道你是否见过一个你认为是所有人中最幸福的人。”他这样问是希望梭伦称他是最幸福的人。然而梭伦并不想奉承他，而是讲真话：“国王啊，是雅典人特拉斯。”国王感到奇怪，问道：“为什么你认为特拉斯比所有其他的人幸福呢？”梭伦答道：“特拉斯生活在一个他的城邦繁荣的时代；他有美丽善良的孩子，尤其是活着看到了他的孙儿们，他们都留在他身边，就我们的条件来说，他是处在很好的环境中；最后，他有一个光荣的死，在爱留塞斯一次雅典人与邻邦人的战争
38 中，经过一次勇敢的战斗，他成功地击退了敌人，完成了一个美好

① 第1章，第30段。

的死。雅典人以公费在他倒下的地方埋葬了他，给他以极大的荣誉。”后来，国王又得到了一个同样不使他满意的回答，梭伦认为在特拉斯之后最幸福的人是两个不出名的阿格渥青年，他们在给予他们的母亲一次可尊敬的服侍以后立即死去了。这时，克洛伊索斯再也控制不住自己了，他说：“在你眼里我们的幸福就绝对算不了什么吗？为什么你把它排到那些平民百姓的幸福之后呢？”梭伦给了他一个含糊的回答：“神灵是非常嫉妒人类的和不安分的，因此在漫长的岁月里我们会经历到许多我们不情愿的事情；经历到许多痛苦。一个人的一生可能持续七十年，不算闰月的话是25200天，算闰月的话就是26250天。这么多天没有哪两天是相同的，所以我要知道你有一个幸福的结局时才能称你为幸福的。”

我称它是一个含糊的回答，希罗多德对轶事所采取的这种众所周知的实用主义作法需要这样一种回答。

对国王的问题的真实回答本应是这样的：国王啊，我们希腊人和你们（我们称之为蛮族人）所说的幸福不是同样的。你们把占有很多东西、享受很多快乐视为幸福的命运，而对我们来说，幸福意味着高贵地生活，高贵地行动，高贵地死去。当一个人抱有我们所说的善的愿望时，我们对他说：高贵地行动吧，而你们却必将说：你可能碰上许多好事情。这样，我称特拉斯为一个幸福的人，他并没有享受一个王公的奢侈，但他有一个希腊城邦公民所需要的东西；他是一个能干的人；聪明地管理着他的事务：他有美丽善良的孩子，他的城邦尊敬他，他的名字也印在城邦的敌人的心中。这就是我们对一个幸福的人的观念。

我看，这就是希腊人中间传布的克洛伊索斯和梭伦的故事所

39 表示的意思。它表现了普通希腊人与蛮族人不同的人生观。在蛮族人看来,生活的价值在于占有财富和享受快乐,而在希腊人看来,仅仅有德性的行为或行为的德性就使生活充满价值。幸运的话,一个美好的死更可使其无上光荣。这种希腊人和蛮族人对于人生的不同观念也在一个传说中的墓志铭中表现出来,这个墓志铭被人们以各种方式流传,据说是希腊人献给传说中的国王沙得拉帕拉斯的:“让我们吃喝吧,因为明天我们就将死去。”

2. 苏格拉底

希腊道德哲学本质上是对普通希腊人有关一种完善生活的理想的分析和概括,我将力图通过强调这一过程的主要方面来展示这一点。

真正的道德哲学的科学叙述肇端于苏格拉底。[①] 希腊哲学是从对外部世界,对宇宙的形式、根源和基本成分的思考开始的。苏格拉底拒绝考虑上述事物,他把人类生活的事情作为他反思的对象,认为它们是较为重要和较有可能探究的。由苏格拉底的思想所代表的变化是跟希腊人生活中的普遍变化相联系的。在公元前五世纪,以雅典为中心的希腊人的生活倾向于从原先的单纯和抑

---

① 关于苏格拉底,可以参看:色诺芬(Xenophon)的《回忆苏格拉底》(*Memorabilia*),在波亨图书馆系列中有英译本;柏拉图对话录中的《普罗塔哥拉篇》(*Protagoras*)、《申辩篇》(*Apology*)、《克力同篇》(*Crito*)、《斐多篇》(*Phaedo*)、《会饮篇》(*Symposium*),等等;亚里士多德的《形而上学》(*Metaphysics*)第1章,第6节。也可以参看英译本第35页的注释中提到的有关苏格拉底和后来的伦理学体系的文献。——英译者

制向较丰富和较自由的方向发展。所有文明的技艺在新的大城市的土壤上繁茂地生长起来。建立在理论上的理性的技艺逐渐取代了传统的手工技艺，几何与天文、音乐与建筑、体育与医学、战略与 40
修辞，都成为科学思考和系统论述的对象。优越或效率现在不仅是天赋能力和实践的问题，而且是理论知识的问题：无论谁想在实践中获得优胜都必须在理论知识占据优越地位——所有的优胜不都是这种情况吗？公民和政治家们的优胜不也是这种情况吗？而且，一般说来人的优越不也是同样如此吗？按照传统的观点，某些城市和个人的优越性都是先天就有的：无论谁作为一个善良的人来到世界，作为善良人们的后代和在他们中被抚养大，他都拥有作为一种神灵的赐物而具备的优越性。新时期的开明的观点则逐渐使人们相信：所有方面的优越（道德的、政治上的优越也同技术上的优越一样）都是训导和教育的结果。德性是可教的——这是智者首先以系统的方式提出来的新观念。普罗塔哥拉这样应许那个在柏拉图的对话中出现名字的年轻人：“如果你和我在一起，那么每天你回家的时候都要比你来的时候好一些。”当被苏格拉底问到这个青年要在什么地方变得好些时，他答道：“如果他到我这儿来，他将学到他想来学的东西。这就是在私人和公共事物中的明智。他要学到以最好的方式管理他自己的家务，他在国家事务中的言行将能产生最好的结果。”

苏格拉底被他的许多同时代人轻蔑地视为智者中的一个，这并非完全不公正。他与智者有不同的地方：他不把自己看作一个智慧的占有者，不通过公共的讲演获取钱财，但他的观点和智者有很多共同之处。尤其是他和他们一样相信优越和德性有赖于见

识，是可教的。无论如何，色诺芬、柏拉图、亚里士多德都强调下面
41 这个命题表现了他的观点的特征：如亚里士多德所说，苏格拉底把
德性考虑为是理智的形式，[①]人的优越也是在于理智。没有知识就没有德性；反过来说，正当的行为必然依赖于正确的见识，没有任何人是故意地心甘情愿地作恶。如果一个人知道了正确的目标和道路，他必然会遵循它，他的迷路和违背道德始终是错误知识的结果，这对于公民德性来说尤其如此，因而苏格拉底谴责雅典城邦。民主政体立足于这种心照不宣的想法：政治的优越可以说就在于每个公民的继承权。苏格拉底在如下的辩论中不断地攻击这种想法：他说，当你希望驾驶一条船时，你不是会四处寻找一个学过和懂得航海术的人吗？当一个人生病的时候，你不是要去请懂得医术的人来吗？但当要管理城邦或国家时，你为什么要选择命运恰恰落到他头上的人来管理呢？

因此，知识，即关于真正善的东西及其获得手段的科学知识，是所有优越和德性的主要条件。这就是作为苏格拉底理论之根据、使他居于希腊道德哲学家之首的观点。这一基本观点也是他的后继者们共同遵循的。柏拉图、亚里士多德、斯多葛派和伊壁鸠鲁派都同意：仅仅哲人、有科学知识的人才是有德性和幸福的（在“幸福”这个词的最充分意义上）。只有有智慧的人才能管理国家；引用一句名言说就是，如果我们要有一个完善的国家，那么或者是国王必须成为一个有智慧的人，或者要由有智慧的人担任国王。

① 《尼各马可伦理学》(*Nicomachean Ethics*)，第6卷，第13章。

3. 柏拉图

苏格拉底看到了一门关于正当的行为和政府的科学的重要
性，但他并没解决他提出的问题，而把创造伦理学和政治学这类科 42
学的任务留给了他的学生。柏拉图[①]首先承担了这个任务。随着道德的原有基础日益被削弱，完成这个任务就愈加显得紧迫。随着希腊人进入启蒙时期，原来的旧的公民的体面和道德飞快地崩塌了。一些较年轻的智者（如柏拉图在《高尔吉亚篇》和《理想国》中通过卡利克勒斯和特拉西马库斯所描绘的）把事实概括为这样一个理论，即在善与恶之间没有任何客观的区别，它们并不来自事物的本性，而仅仅是一种惯例和怪想的事情。对风俗和法律的核准依靠恐惧和迷信，它们或者限制强者利用他们自然的优越性，或者作为另一些手段，被强者用来加强他们的权力。开明的人懂得这个道理而相应地行动，他服从法律和风俗是在它们有助于他的利益的时候，而当它们阻挠他的计划、并且他能这样做而不受损失时，他就破坏它们。[②]

柏拉图承担了以一种较深刻的哲学，从内部而不是从外部来克服这样一种所谓的开明的任务。这确实是唯一的补救方法：半

---

① 参见周伊特（Jowett）翻译的《柏拉图的对话录》（*Dialogues of Plato*），尤其是《泰阿泰德篇》（*Theaetetus*）、《斐多篇》、《菲莱布篇》（*Philebus*）、《高尔吉亚篇》、《理想国》（*Republic*）。——英译者

② 拉斯（Laas）在他的《唯心主义与实证主义》（*Idealismus und Positivismus*）的第 2 卷的导言中，很好地描述了这种怀疑论的虚无主义的智者哲学，它作为柏拉图伦理学的反题对后者产生了巨大的影响。

开明和假开明只能通过完全的开明来消除。禁锢思想，用权威来反对它们，都是完全无用的，甚至会使事情变得更坏。因此柏拉图明确地使自己站到理性的立场上，那是智者也声称占据的立场。和苏格拉底一样，他认识到在知识的基础上建立人和公民的德性的必要性。无知识的德性和仅仅依据于教育、习惯、权威、对的意见的德性，是一种盲目的摸索，它也可能偶然找到正确的道路，但它这样做并不带有任何确实性。只有对善的科学知识能使人的意志正确、确实和稳固。

43　但是有这样一种客观的善和正当吗？这是被卡利克勒斯及其伙伴否定的，他们认为碰巧使你愉快的东西就是善，你有力量实施的事情就是正当。柏拉图的整个哲学的目的就是正相反对地证明下面的命题：善和正当是绝对不依赖意见的东西，是由**事物自身本性所决定**的东西。那么，什么是善和正当呢？

柏拉图对这个问题给了一个远远超出健全常识（我们可以在苏格拉底那里发现那种常识）范围的回答。善不是别的而是世界或**现实本身**。但柏拉图立刻补充道：现实是在**自身中**存在，即在**理念中**存在的。常识视作真正现实的那些可感知的特殊事物的总和并不是善，感觉世界里充满着不完善。而且它不是真正的现实，在这个词的真正意义上它没有任何存在，它的存在和非存在混在一起，处在一种不断生长和衰朽的状态中。另一方面，真正的现实，那种能真实地被断定的存在，是一个绝对的现存，一个绝对一致的、理想的和精神的存在，这不是别的，而正是善本身，或者神。后来的经院哲学即步其后尘，认为上帝是绝对的善和绝对的真实。

现在的问题是，什么是对于一个特殊存在者的善和正当呢？

这自然有赖于他跟全善和全真的联系；或者换一种说法，现实的一个特殊成分的价值只能由它在整个现实中的意义来决定。世界不是跟一首坏诗一样充满多余的词句，而是一个理念，即善的理念的整体的实现，善的理念在不同的性质或理念中展开自己，因此构成了一个理念世界，一个理智的有机体，在那里现实的每一成分就跟一个好的戏剧的每一场一样，占据着它作为一个必要成员的地位。44
所以，如果我们要达到一种有关人的真实存在即理念中的存在的知识，这一人的理念就必须由他在宇宙中的地位来确定。如果具有洞察事物逻辑联系的天赋能力的哲学家、辩证家成功地达到了这一确定，那么他就可以说他**客观地**定义了善和正当的本质。

这样柏拉图就把伦理学带到了与形而上学的最深刻联系之中，他使它成为一个统一的有关现实或善的科学的一部分。

那么，柏拉图对于处在普遍现实的理念中的人的理念发现了什么呢？在《蒂迈欧篇》(《斐多篇》的某些部分可以看作是它的序论)中，柏拉图煞费苦心地努力解释人在宇宙中的地位。人的灵魂是从世界灵魂中获得的，像后者一样是两种成分的混合：一方面，它分享了真正的现实，分享了理念世界、现存思想的世界，或者说分享了神的生活；另一方面，它又加入了有生有灭的世界，肉体的世界，因为有**理性**，它属于理念世界；因为有**动物性的冲动**(那是来自它与身体的结合的)，它又属于肉体世界。灵魂的这两个不同部分或方面是由一种中间的形式联接起来的：柏拉图称它为“θυμός”；它的含义是：较高尚和高贵的冲动、**心灵的感情**、义愤、勇敢、对荣誉的热爱和道德敬畏。人的这种内在的有机性可以通过人的外在的有机性表现出来；头脑是理性的居所，统治者的城堡；

胸中则驻有心灵，是感情的居所，就跟常识所认为的一样，它也可以说是勇敢与愤怒驻扎的岗楼，随时准备听从统治者的召唤而爆
45 发；最后，在膈膜的下面，驻有动物欲望的器官，营养和繁殖的器官。人的功能体现了一个模仿着较大宇宙类型的小宇宙，正像宇宙大世界被按照理念因素塑造得美丽和有序一样，人类小世界也必须按照理性（它特有的理念因素）被塑造得匀称、和谐、有序和美丽。

对善的科学的这一形而上学原则的人类学-伦理学的应用也体现在关于国家的对话中。一开始是对“正义的人”这一概念的讨论。我们怎么定义一个正义的人，即定义一个实现“正义”这一观念、实现人的天然的或神圣的使命的人呢？回答是：他是一个在他那儿上述三种成分和谐地合作执行它们各自的功能的人。在此我们看到了四种所谓基本的德性：**智慧**、**勇敢**、**节制**；以及这三者的结合——**正义**。一个人，如果在他那里理性实现着它的目的，对真正现实的知识作为支配原则管理着他整个的生活，那么，这个人就是**智慧**的；如果他的意志执行它的工作，帮助理性支配和约束非理性的成分，那么他就是**勇敢**的；如果他的动物性冲动平和地实施它们的功能，而不影响和打扰精神，那么他就是有**节制的**。这样一个管理得很好的灵魂有资格被称作一个**正义的**灵魂，它体现着人性的典范，或人的理念。在它那里，理性的训练构成了生活的真正的、基本的内容，理性存在于知识之中，而完善的知识就是哲学，就是绝对的理念的现实在概念中的辩证的再造。其他成分及其功能都从属于理性。因此，我们可以说：哲学是人类生活的真正功能及最高内容和目的。

这将回答关于客观的善的问题:这样一种生活是善本身,是人 46
类的善,它不是根据偶然的意见和惯例,而是根据事物的本性,在此哲学构成了所有其他的功能和活动都是其手段的中心目的。

那么很明显,这样一种正义的生活同时也是一种幸福的和值得向往的生活。正像身体的正常在主观上被经验为健康,而疾病则被经验为不健康一样,“正义”(它无非是心灵的健康,或表现了它的真实本性的状态)必然产生最大的满足。而正义的对立面对一个人来说必然是主观上最大的恶事,这不是因为某些偶然的后果如受罚和丢脸,而是因为那种表现着一个“不正义的”生活特点的丑恶性(我们也可以用北方语言所特有的一个词汇,称“不正义”的生活为“畸形的”)。柏拉图在描绘暴君时以无可比拟的笔触刻划了这样一种“畸形的”灵魂的生活及其内部的不和谐:暴君满足他所有的欲望,享受着不被惩罚地做出各种罪行和邪恶的特权(那是那些“启蒙”者所嫉妒的)。

让我们也简略地描述一下那些在正义的国家(即放大了的个人)的制度中重新出现的同样的基本特征。一个国家,当它由智慧的人来统治;刚强和勇敢的人(一个军事贵族阶层)无私和顺从地服务于政府;最后,生产者阶级和平并有节制地执行着它们的任务时,这样一个国家便是正义的。

我们看到,柏拉图的观点与普通希腊人关于正义与幸福的概念并无根本不同。但他确实是在以他的方式强调知识,强调他所考虑的那种知识,这种对真正现实的思辨知识自然是与普通人的想法完全隔膜的。

但是,我们决不要忽视另一个事实。我们对柏拉图伦理学的

说明还没有充分地强调他的人生观的方面：即**从世界的脱离**，它在
47 许多对话中相当突出地表现出来，是一个如此鲜明地区别于旧有的希腊思想类型却近似于基督教的理论。前已略微述及，柏拉图并不总是执着于人的本性是一个精神-感觉的存在的观念，而是常常强烈地表现出一种把人性完全精神化的倾向。理性构成人的真正本质；动物性的属性、感觉、欲望则是一种偶然的附属物，它阻碍精神，所以有智慧的人努力地使自己摆脱它。神是免除了欲望的纯粹的思想，要和他相似是人努力的最高目标。灵魂的先存、轮回和不朽的概念都与这个观念相联系，尘世的生命被理解为一个精神试图从中逃出的牢笼。

首先，他显然是与激起这些思想的快乐主义理论相对立的。卡利克勒斯及其伙伴把欲望的满足作为至善，而柏拉图在《斐多篇》中却从快乐中看到这样的东西："一种印在所有坏事上的恶魔的足迹。"因此他把生命看作一种理性与欲望的斗争，在这场斗争中，较高的心灵的冲动也是站在理性一边的。这一教诲为道德宣教者提供了有力的武器，而这一武器也是柏拉图自己以巨大的能力和技艺运用自如的。我们应当扩大他的作品的用途；它们将比优柔寡断的西塞罗更强有力地对我们的年轻人提出要求；《理想国》正是那些思想被尼采的"超人"所占据和搞乱了的年轻人所需要的东西。另外，我们也许还可以把这种思想类型与柏拉图的个人经验联系起来考察。他与他的同时代人关系不是友好的。他家
48 乡的城邦没有给他以任何机会进行公共活动（像他所理解的"公共活动"那样）。他并不总是能平静地忍受他的孤立，这可以从他对那些在公共生活中发挥显著作用的人（政治家、智者、修辞学家们）

的尖锐批评中推想得到。他把他们看作是最无价值的技艺的代表，这种技艺迎合各种十足的动物性的怪想，吸引群众，从而获得利益和名声，无论谁干涉他们的计划、拒绝加入他们那罪恶的一派，便都被他们判为有罪。所以不合时宜的哲学家"就像一个在只有猛烈的风在疾吹的灰尘和雨雪交加的风暴中的人一样，退到一堵墙后的隐蔽处"。他从公共生活中退出，在学园的孤寂中寻求避难所，他的生活是由对真正现实的沉思来丰富和得到快慰的，他在平和与善意中带着光明的希冀期待着他的解脱。[①]

这样，柏拉图像每个诚实的哲学家一样，用他自己的个人经验作为解释人生甚至一般事物的钥匙。但他毕竟还是有太多的希腊人气质而不能完全拒绝这一自然的感觉的世界。在他对人们的判断中他是一个悲观主义者，而在他对人的判断中却不失为一个乐观主义者。在上面引述过的《理想国》的段落中，他补充道：孤独的哲学家只有在他找到了一个适合他的国家时才能从事最伟大的工作，因为在一个适合他的国家里他将有一个较大的发展，成为他的国家和他本人的救渡者。

4. 亚里士多德

亚里士多德[②]（用但丁的话说是"那些有知识的人中的大师"，

① 《理想国》，496D。

② 《尼各马可伦理学》，维尔顿（Welldon）翻译。关于其他的译本和文献目录，可以参考我翻译的韦伯的《哲学的历史》，第104页，第4个脚注。——英译者

用孔德在《实证主义教程》中的话说是“所有真正思想家中的永恒巨人”)头一个把实践哲学作为一个单纯的知识领域划分出去,并作为一个系统的整体从它的三部分(伦理学、政治学、经济学)加以
49 讨论。他的著作缺少柏拉图解释中的那种神奇的魅力,但我们将由其中包含的巨大思想财富而得到补偿。我将给出他的伦理学的一个概要,在主要方面它遵循着柏拉图的体系所标出的路线。

他从关于至善的问题开始,那是所有人都同意把它标示为幸福的。他通过他作品中时常可见的那些苏格拉底的归纳中的一个归纳,发现它必须存在于人类灵魂的特殊优越性的训练中;因为,正如对于一个吹风笛者、一个雕塑家或任何艺匠以及事实上任何有一特定功能和行动的人来说,他的善或优越看来就在于他的功能一样,对于整个人类来说也是如此,如果人类确有一个特定的功能的话。那么,什么是人类的功能或行为呢?亚里士多德把人类和其他有机体比较,发现他与它们共同享有植物性的功能,享有所有动物性的感觉和欲望,但是,只有他才具有理性。那么,人类的特殊功能就是一种符合理性或依赖理性的灵魂活动。同样,人类的善也就是一种符合德性的灵魂活动,或者如有不止一种德性的话,就是符合最好、最完善的德性的灵魂活动。[①]

那么现在,从亚里士多德的一个重要的心理学概括——所有的对一个存在物的自然力量的顺利和成功的训练都伴有满足的感情,必然可以推论出:那种客观上最好的生活也产生出主观上最大的满足。四肢在运动中获得快乐;眼睛在看东西中获得快乐;吹风

① 《尼各马可伦理学》,第1卷,第6章,威尔顿译本。

笛者在音乐中获得快乐；雄辩家在演说中获得快乐，这样每个存在物都在它的特殊功能的训练中获得快乐，所以对人来说最快乐的事情就是理性的训练。

在书的结论中他再一次谈到这个主题：[①]理性或者是神性本 50
身，或者是我们这种存在物中最具神性的部分，由于它是人类的最高功能，完善的幸福就存在于它的独特的**理论活动**的训练之中，这是一个看来和我们前面的论述一致也和真实本身一致的结论。在所有活动中沉思是最持久和最不依赖于生活必需品的；别的功能的训练要靠机会，而一个有智慧的人则总是能够在任何环境下都思考自己。只有它是自足的，只有它是有它自身的目的的；所有实践活动，甚至那些被认为是最高和最美的政治家和将领们的活动也都有外在的目的；只有思想的训练不是为了一个外在的目的。也须承认，没有什么有德性的活动能像哲学思考一样令人愉快；哲学在各方面看来都具有极其纯粹和确实的快乐。“因此，这样一种生活看来对一个人来说是至善的。他享受这种生活的乐趣不是因为他具有的人性，而是因为他所具有的某种神性成分。如果同人的属性的其他部分相比，理性是神圣的，那么同人的一般生活相比，合乎理性的生活就将是神圣的。有人说个人的思想不应太高尚，以致不能为人类所达到，或者人类的思想不应太高尚，以致不能为必然有死者达到，这种告诫是不足为训的。因为人应当尽力追求不朽，尽力按照人的属性中的最高尚部分生活。”

从这些话里，我们不是体会到了这位通常是沉静的思想家在

① 《尼各马可伦理学》，第 10 卷，第 7 章。

表示他的最深刻的生活经验时所蕴藏的感情吗？

51 确实，纯粹的理论生活是人不可能达到的，只有神的生活才是纯粹的思想。在人那里，理性不可分割地与他和动物、植物共同具有的功能联系着，与感觉和欲望、营养和繁殖联系着。从这点可以推论人的生活面临着一系列问题，这些问题的特征可以一般地表示为如何按照理性来组织管理较低的功能，使之与理性的目的相和谐。这样就出现了**伦理的德性**或优越性，它们区别于**理智的**或**理论的**德性。

所以，与人性的感性方面所产生的各个领域的问题相适应，将有同样多的伦理德性。在它们之中可以提及的有：我们对动物性欲望的态度，我们有关经济商品、荣誉、愤怒、畏惧以及人们的社会和经济交往等方面的行为。也有一种适合于一切领域的德性。有关动物性欲望的满足的有德性的行为叫作节制或卫生；有关财富的叫作慷慨；有关荣誉的叫作高尚和热爱荣誉；有关危险的叫作勇敢，等等。

德性（正像语言中所表示的）总是两个极端（过度与不及）之间的中道。例如，勇敢是一种相对于畏惧的正常状态，是怯懦与蛮勇之间的中道。怯懦是指愚蠢地逃离危险，蛮勇是指盲目地冲进危险。节制是一种相对于感官痛苦的正常习惯或状态，是放纵和无欲（或冷淡）之间的中道。放纵是指不能控制自己的感官欲望，无欲是我们姑且用的词，它似乎是不能存在的，因此语言中还没有放纵的对立面的真正名称。其他的德性也都是一种中道。

52 亚里士多德明确地宣称，正常状态都是实践的结果，在此，他是从把伦理德性与见识或明智视为同一的苏格拉底的结论出发的。明智无疑是对伦理德性起作用的，它展示了德性是每个人在任何情况中的正常状态。这样，我们就得到亚里士多德放在他的德性讨论开首的伦理德性的定义：德性是一种关系到我们自己的存在于一个中道中的审慎的道德意图的状态，这一中道是由理性来决定的，或是像一个明智的人所要决定的那样。[①]

显然，这个定义还没有给我们提供一个客观的标准。什么是中道或正常呢？理性或明智的人决定它的根据何在呢？亚里士多德没有回答这个问题，因为，看来他也不相信能找到一个答案。他不断地强调这一知识领域与理论科学的不同，理论科学对事物的论述是“其他情况是不可能的”，而实践科学论述事物却是“其他情况是可能的”。在他的伦理学的第六编中他讨论了相对于理论知识的明智的问题，他看来甚至要赞同这个观点，即实践科学不可能给我们任何普遍的判断，而只是特殊的决定，这等于是要否认伦理学作为一门科学的可能性了。确实，我们必须承认，亚里士多德的伦理德性的理论没有满足人们的要求，那是必须在一个对这个主题的科学论述的基础上才能达到的。亚里士多德没有作出什么努力来**解释**有德性的行为和邪恶的行为在价值上的差别，后人所做的也是这样，比如说斯宾诺莎，他也是抱着同样笼统的观点。亚里士多德把自己限制在描述主要是希腊人的通常惯例范围内的不同的行为类型上，而不关心体系的完成。这种描述的真正价值在于对希腊人通常表示道德区分的词汇的意义作了敏锐的揭示。

柏拉图和亚里士多德以这种方式满足了苏格拉底对一门善的 53

① 《尼各马可伦理学》，第 2 卷，第 6 章，1106b36。

科学的要求。他们考虑了人在宇宙中的地位，然后试图确定人的观念，即他的自然的和神圣的目的，展示他如何实现他的目的。他们提出的完善的人的概念，基本上类似于普通希腊人的理想，只有一点显著的不同：在哲学家们的体系里，理智的纯粹理论的训练构成了人的完善的主要成分，哲学的理想不仅体现了希腊人性格的一般特征，而且包含了哲学家们的个人特征，正是这种个人特征给了概念以较大的精确性。

5. 斯多葛派

后亚里士多德道德哲学几乎不能说创造了什么新的概念，整个来说它是遵循着它的伟大先驱者的足迹的。但它也不缺少重要和丰富的思想以及强有力的道德宣教。我必须仅限于努力给出两个主要派别（斯多葛派和伊壁鸠鲁派）的观点的大致纲要，它们的观点在一个很长的时间里构成了哲学兴趣的主要题材。

斯多葛派像柏拉图和亚里士多德一样，把出于人的本性的目的的实现作为人的至善和最大幸福。他们把这个观念概括为一个原则：**按照本性生活**。依据于斯多葛派伦理著作中的十分广泛和有价值的摘录（那可以从第欧根尼·拉尔修的书中找到），我们可以把他们的伦理哲学大致地叙述如下：根本的思想是这个命题——每一活着的存在物的基本冲动的目的是自我保存，而不是
54 快乐（这里加上了一个争论的陈述）。因此，它的本性的法则就是避免受损害和追求那适合于它的东西。然而，快乐只是作为一种伴随物在一个存在物获得了适合于它的东西的时候出现。甚至植

物也以这种方式生长，虽然它们并不意识到这一冲动，我们自己的植物性功能也是这种情况。而动物却觉察到这一冲动，因此它们的本性的法则就是遵循它们的有意识的冲动。但是，人是除冲动外还被赋予理性的，因此**按照本性生活**对他来说就意味着**按照理性生活**，因为理性天生就是欲望的管理者。对于人来说，遵循非理性的欲望是违反他的本性的。而就每一个别存在物的本性是被整体的本性所决定而言，按照理性生活对人来说就是服从普遍的法则，或者说（这是同样的东西），服从朱庇特，那最高的管理者和统治者。这就是**幸福和安宁**，即做所有事情都与我们的守护神相和谐，都根据所有事物的统治者和安排者的意志。每一存在物的本性的气质就是它的**德性**或**完善**，我们应当由于德性本身的缘故而寻求它而不受对任何外部效果的畏惧或希望的影响，因为幸福正是存在于德性之中。如果我们现在称一个按照理性生活的人为一个有智慧的人，那么我们可以说：只有这种有智慧的人才是有德性的和幸福的。

这些思想可以看作是亚里士多德的原则的应用，部分地也是它的较明确的表示。人们常常注意到斯多葛派伦理学的严格主义的渊源关系，它认为只有德性才是善的观点，归根结底正是柏拉图和亚里士多德所教导的：幸福不在于快乐，而在于德性的训练。在 55
关于所谓外在的善（财富、健康、美丽、名声等）的价值观上斯多葛派与柏拉图和亚里士多德也无根本不同。斯多葛派并不承认这些东西是真正的善，就它们本身而言它们既不是有用的也不是有害的，既不是善的也不是恶的，而是根据对它们的利用或善或恶；另一方面，善的东西决不会是有害的，而只会是有用的。但他们还是承认上述外在的善并不是绝对中性的：财富还是比贫穷要使人喜欢，健康还是比疾病要使人喜欢。这些说到底也还是亚里士多德的观点的系统化、具体化的叙述。亚里士多德在定义外部善的价值时用了一个很好的比喻：它们对于生活正像"Choregia（合唱队领班）"对于悲剧，因而它们肯定是属于生命的完美幸福的，正如"合唱队领班"对于悲剧的完美创作是必要的一样，然而它们并不构成幸福的一个真正部分。

然而，使幸福绝对地独立于外部善的欲望看来在斯多葛派中是越来越变得强烈了。免除那些由于外部善的得失、占有和缺乏而在灵魂中引起的感情的观点；德性对于幸福是足够的理论；以及希腊伦理学中旧的正统观念越来越得到强调，道德哲学变成了道德宣教。实践道德学家最可慰和最有效的任务就是让人依靠他自己内部的资产，而斯多葛哲学是以值得赞美的技能来完成这一任务的。除了在爱比克泰德的小小的《道德手册》中[①]，我们在其他地方再也找不到比它更有力的、有关使我们独立于那些不是我们力所能及的东西，而依靠我们自己的内部自由的告诫了。

同这种变成道德宣教的趋势相联系，斯多葛哲学中还存在着
56 另一个成分：理论活动的价值被降低了，而伦理德性的训练、行为的领域特别是处理人与人关系的行为领域如家庭和国家逐渐变得较突出了。但是，保持我们自己的自由的要求仍然是主要的和最高的要求。

① 见朗（Long）的译本。

6. 伊壁鸠鲁

伊壁鸠鲁[①]及其门徒也探讨至善，认为它存在于幸福之中。但他们对幸福的定义不同于上面述及的哲学家，甚至不同于普通希腊人的观念。对他们来说，幸福是一种快乐的感情。这个观点引起了德性或美德地位的变化，德性变成了达到快乐目的的一个手段。[②]

两种立场之间的区别是很明显的。斯多葛派把幸福确定为灵魂的一种客观状态，这是和亚里士多德及柏拉图一致的，即认为一种实现人的本性的目标的生活，或完全实现人的理念的生活，本身就是至善。确实，主观上的满足会如影随形般地跟随着客观上的生活构成，但满足本身并不是至善。而另一方面，伊壁鸠鲁派则把生活所产生的快乐的感情作为至善本身，而把产生快乐效果的人的气质或性格作为手段。

当我们撇开这个原则问题，而考察伊壁鸠鲁在生活方式上向他的学生提出的告诫时（如在他给美洛克的信中）[③]，区别就大都

① 第欧根尼·拉尔修（Diogenes Laertius），第 10 章；西塞罗（Cicero），《至善篇》（*De finibus*）；卢克莱修（Lucretins），《物性论》（*De rerum natura*）（莫罗译）。请参考韦伯的梯利译本，194 页，脚注 1。——英译者

② 关于德谟克利特的伦理学，克斯特林有一部优秀的阐释著作《伦理学史》（*Geschichte der Ethik*）其中的第 1 章、196 页前后，他向我们表明，因为伊壁鸠鲁跟随了一位强大的思想家德谟克利特的物理学，伊壁鸠鲁的伦理学是如何也被其思想预先决定了。

③ 第欧根尼·拉尔修，由杨格（Yonge）翻译，收在波亨图书馆系列，第 10 章，第 122—125 页。

消失了，我们几乎可以把这个区别看作是纯粹学院式的或技术性
57 的区别。伊壁鸠鲁绝没有劝告我们选择每一种快乐，他甚至明确地警告我们不要这样做。“因此，当我们说快乐是主要的善的时候，我们并不是指那种放荡者或那些耽溺于感官享受的人的快乐，有些人这样想是因为他们无知，不赞成我们的观点，或者把它们歪曲了，而我们所说的快乐是意味着身体的无痛苦和灵魂的无纷扰。”他说他讲的幸福是指身体的健康和灵魂的安宁。因此在他看来，智慧的本质就是要避开那些会造成纷扰的原因，比如像那些我们习惯于占有和享受并害怕失去的物品的损失和缺少。“因此，使自己养成简单和俭朴的习惯是增进健康的一个重要因素，它使一个人对生活的必需品不加挑剔。当我们偶尔过比较奢侈的生活时，俭朴的习惯也可以使我们处理得更好一些，并对命运无所畏惧。因此，我们把知足作为一种重要的善，我们尤其必须使自己摆脱徒劳的欲望。”伊壁鸠鲁把自然与必需的欲望和徒劳与空虚的欲望区别开：他认为，前者是容易满足的（人的自然本性并不提出太高的要求）；而后者，奢侈和虚荣的欲望却是个无底洞，决不会被满足。哲学通过教导我们应当避免什么和应当追求什么而使我们免除这种苦恼。

另一个苦恼的根源来自对死亡及死后要到来的东西的恐惧。哲学也能使我们免除这种恐惧，它告诉我们，死亡绝非什么可怕的东西，因为当我们存在时，死亡并不向我们出现；当死亡出现时，我们已经不存在了。对一个正确地领悟到停止生命并不可怕的人来说，活着也并不可怕。一个伊壁鸠鲁的热情的追随者卢克莱修十
58 分强调这一点，在他《物性论》中的每一卷他都对伊壁鸠鲁唱出新

的赞辞，认为伊壁鸠鲁使人类摆脱了那种导致普遍迷信的幻想出来的恐怖。

“因此那种使生活快乐的东西，并不是连续的吃喝和宴会，或在与女性交往中得到的享受，或者有鱼和其他昂贵食物供应的盛宴；而是清醒的思考，这种思考考查所有选择和放弃的理由，除去那些产生出使心灵苦恼的更大纷扰的空虚念头。所有这些事情的最先和最大的善乃是明智，因此明智甚至比哲学还要可贵，因为其他所有德性都是源于它的。事实告诉我们，一个人若不明智、高尚和正直地生活，他就不可能愉快地生活；而一个人若不愉快地生活，他也就不可能明智、高尚、正直地生活。因为各种德性都与愉快的生活共存，愉快的生活是不能与各种德性分开的。”所以，伊壁鸠鲁也达到了普通希腊人关于德性与幸福是不可分离的观念。

7. 希腊伦理学的共同特征

总结希腊伦理学的主要特征，我们可以说：它符合普通希腊人关于至善就在于作为一个自然存在物的人的完善的观点。并特别强调理智方面的发展。甚至普通的观念也承认理智对于人的完善的相当重要性，这是施密特有关希腊人的普通道德的著作中不断提请注意的一个事实[①]。哲学家们作为希腊人的一个特殊类型，像以色列人的先知一样走得更远，使理性成为所有人类美德的根基和顶点。在他们看来，智慧或哲学既是幸福的手段又是其内容： 59

① 第1章，第156、230页。

作为前者，它使我们认识至善并调整实践生活以实现这个目的；作为后者，哲学或对宇宙的科学沉思是人的本性的最高、最自由的功能，是唯一为它自身的缘故而被我们所欲望的东西。据说阿那克萨哥拉曾经被人问到他是为什么目的而生的，他答道："为了沉思太阳、月亮、天空以及支配着整个宇宙的秩序。"这实际上正是整个希腊哲学和一般希腊精神对这个问题所作的回答。

乍一看，这个回答会使我们觉得相当奇怪。我们没有如此重视理智功能的习惯，我们不抱明智或见识总是会产生正确行动的希望，也不打算相信人的真正使命就在于对事物的沉思或哲学。但当我们记住科学知识在古希腊人中的地位与我们现代是多么不同时，也许我们将较好地理解这两个不同的观点。在我们的社会里，不仅有学问的职业，甚至科学研究本身（那是由国家在大学和研究机关中组织的）也变成了工业的分支。正像制鞋业和钟表业一样，现代的一个人可以通过从事数学的、语言学的、自然科学的与哲学的研究，而在使人愉快的条件下谋自己的生计，而且是一个相当好的生计。在古希腊却不是这样，至少哲学刚产生时不是这样。哲学家们强调指出：科学沉思与职业生活是绝对不相容的，他们正像柏拉图在《智者篇》中以辛辣的讽刺展示的一样是贩卖劣等
60 智慧的商人。赫拉克利特、巴门尼德、柏拉图和亚里士多德从事对现实的沉思都不是为了获得钱财和职业，而只是为了它本身的缘故。亚里士多德说：我们工作，是为了得到闲暇，而充实我们闲暇的最美好方式就是哲学。这种在科学研究的外在地位方面的不同是和它的内在结构的改变有着密切联系的；现代科学研究同希腊哲学相比，更像一种劳动，且常常是一种琐碎艰巨的劳动。我们时

代的物理学和历史学研究工作者使用大量的学习装置和技术设备，使用大批的物品和仪器，以揭示现实的某些暧昧不明的角落，这些对象本身可能是相当令人乏味的，甚至对研究工作者来说也兴趣不大。他的工作结果在某些时候可能以这种或那种联系，帮助我们多少理解一些现实；我们常常注意不到这种联系，而且对很多研究工作者来说，他的工作是否将对我们的知识总体作出什么贡献是无关紧要的。

而另一方面，希腊的哲学家们是幸福的，他们相信这是可能的——他们每个人都能通过纯粹的沉思解开宇宙的神秘的谜底。即使亚里士多德这个伟大的观察者，宣称对所有活动的观察及科学调查至少是需要外界援助的人，也是如此深信研究的器械装置纯粹是第二位的事情。那是很显然的，一个以它的包罗万象的思想，目的在于解决所有宇宙和生活的重要问题的理论功能，对一个人的个人生活来说比调查普罗提的米制和发现新的甲基和苯基具有更大的意义。当然，如果对这些事情的专注变成一种娱乐，被作为一种娱乐追求的话，它可以像所有娱乐(下棋或集邮)一样成为一种直接的兴趣；但是一个人即使不断地追求它们，却几乎不可能
把这样一种工作作为他存在的真正目的。然而，如果我们能有希 61
望通过研究哲学解开世界和生活之谜的话，谁不会对它更感兴趣，谁会觉得它太磨人呢？所以伊壁鸠鲁在上面引述过的他的那封信开头说：“不要让任何人在他年青的时候耽搁了哲学的研究，当他年老的时候，也不要让他变得厌倦这种研究，因为对于研究灵魂的健康来说，谁也不会有太早或太晚的问题。说研究哲学的时间还没到或已经晚了，就像说幸福的时间还没到或已经晚了一样。”

对**知识的不可抗拒的力量**的信念表现在苏格拉底的下述陈述中，即知识决定着行为，因为不能想象一个人竟然会做他自己认为不正当的事情。这一陈述在所有哲学家那里又以这种或别种形式重新出现，它显然在很大程度上确定了哲学在希腊人理智生活中所具有的地位。而**我们**却完全懂得，一个人可能知道该做什么却不去做。从我们很小的时候起我们就了解和知道我们不应当以恶报恶，而应当以善报恶，即使对敌人也是这样，但是谁相应地这样去做呢？当然，苏格拉底将问我们，你们所说的“知道”是什么意思呢？它的确不是指跟在别人后面复述他的话的能力吗？对我来说，只有一个活生生的确信才是知识。像我们常常理解的“知识”对希腊人来说是完全隔膜的东西，他们没有任何那种把别人的“知识”拼命地塞进记忆的学校教育，特别是没有这种方式的道德和宗教教育。但在他们年轻时总是可以得到道德公理和判断的谆谆教诲（例如，通过对荷马的研究），这些教诲体现着对自然的人来说是完全可理解的伦理概念。他们并没有像我们做的那样去区分靠死
62 记硬背记住的一个道德信条和发自内心的一种道德之间的差别。然而，当一个哲学家的反思使自己获得超越于普通人概念的新的观点时，例如，当苏格拉底发现忍受不义并不像制造不义一样耻辱时，这些反思就不仅仅是学校里的孩子要记诵的一些空洞的词句了，而是代表着思想家个人的确信，那种确信是不可能不影响他的行为的。

当爱比克泰德告诉他的学生：有智慧的人是不依赖于命运的，因为实际上与他有关的一切都在他的力量范围之内，而不在他力量范围内的无论什么东西都与他无关时，他说这些话并不是打算

要让人在坚信礼或期末考试中记诵或列举，而是代表着真正的经验，因而能引起强烈的确信。因此我倾向于相信对于希腊人，尤其希腊哲学家来说，没有人愿意作恶的命题比它对我们来说包含着较多的真理性。仅仅学校和词句的知识当然是无力的，但那种代表着真正个人确信的真正的知识却不能不影响到行为。

因此，科学探讨或哲学在希腊哲学家的个人生活中占据着一个现代不一定具有的地位，即以自身为目的的地位。但是，另一个因素也有助于使沉思的生活变得有价值。对希腊人来说，**实践**生活就等于**政治**生活。他对实业活动抱有一个颇低的评价，认为它是粗俗的，甚至艺术家的职业也不能逃脱他的轻蔑。[①] 也没有人
梦想去做慈善行为，而那是基督教命令人们为之献身的。剩下的 63
可供选择的职业只有政治家、政治和军事的领导工作。而自从公元前五世纪以来，希腊的小城邦的公共生活达到了这样一个阶段，

① 这一点在卢西安（Lucian）一部小作品《梦》（*The Dream*）中得到清晰的说明。《梦》是一部典型的带有希腊思维模式的作品。在故事中，科学女神和艺术女神同时出现在男孩卢西安的面前，她们都想说服男孩倾心于自己。艺术女神在一通发言中说，因为男孩的祖先都是自己的爱慕者，所以男孩也应该继续追随她。但是科学女神却这样回应："如果你选择成为一个石匠，你能够期望自己获得什么好处，你已经从艺术女神这里听到了。你最终只能成为一个无名的手工劳动者，你的成功依赖于你双手的能力，你所得到的工资不会超过一个临时工。你的头脑也会变得鄙陋和狭窄，你对于城邦没有任何影响力。最终，你将变得对朋友没有任何用处，而对你的对手没有任何威胁。——你可以进一步想象，你成为了像菲迪达斯或者珀利塞这样杰出的雕塑家，并且也创作出很多令人仰慕的作品。确实，每个看到你作品的人都会称赞你的艺术，但是很显然，所有仰慕者中间没有任何一个人会希望自己也成为你那样的人，只要他们的头脑还能正常思考的话。因为，不管你在你的行业里变得多么杰出，在其他人看来，你总是一个低贱的手工匠人而已，为生计所迫，才屈从别人的要求、用你的双手制作一些作品。"这些话其实表达了卢西安自己的观点，并且很明显也是所有受过教育的希腊人的想法。

以致不难理解为什么一个诚实的希腊人会失去所有跟它有关系的欲望。公众的议会和法庭变成政党领袖和演说家们相互进行激烈斗争的场所，他们努力夺取对立法权、审判权的控制，以便杀死自己的政敌，或者流放他们和没收他们的财产。苏格拉底的死刑就鲜明地展示了流行于希腊城邦中的那种可怕的无保障状态，这种情况就仿佛是一帮半大的小孩得到了地方行政管理权，从而造成了一场大混乱。确实，这正是我们从修昔底德的历史中所得到的希腊政治生活的印象，城邦和每一个城邦中的政党把它们的时间都花在无意义的互相拒斥的争执之中，它们表现得那样卑鄙和恶劣，对被征服者又是那样的残忍和报复，以致倘若我们不是深深地同情这样一个在其他方面具有辉煌的天才的民族，那么我们心中就要充满厌恶了。我们能够容易地理解，对运用那些在群众团体中进行斗争和赢得胜利的手段抱有顾忌的人们，为什么会决定不参与任何政治。后来的哲学家大多数都遵循了柏拉图的榜样，“像
64 一个在只有猛烈的风在疾吹的灰尘和雨雪交加的风暴中的人一样，退到一堵墙后的隐蔽处，”从公众生活中撤出。关于哲学家不可能是一个政治家的命题的反思是后来的哲学家们所共有的。因此，只有一件事留给了他们——哲学。

第二章　基督教的人生观 65

1. 基督教是超自然主义的[①]

由古代世界向基督教世界的转变是欧洲人经历的最伟大革命。它意味着完全推翻他们原有的人生理论，意味着“所有价值的转换”（用尼采的话来说）。为了尽可能鲜明地勾划轮廓，我要先把基督教以其粗糙但却壮观的形式表现出来的自我否定理论与希腊人的自我保存理论作一对比。世界总是倾向于妥协和调和的，这些调和因素在原始基督教中不缺少；在中世纪是常见的，在现代基

---

① 除了第35页提到的西季维克、冯特、约德尔、热奈、奥伊肯几人的著作，读者也可以参看：盖斯（Gass），《基督教伦理学史》（*Geschichte der christlichen Ethik*）；贝斯特曼（Bestmann），《基督教伦理学史》（*Geschichte der christlichen Sitte*）；齐格勒（Ziegler），《基督教伦理学史》（*Geschichte der christlichen Ethik*）；路特哈特（Luthardt），《基督教伦理学史》（*Geschichte der christlichen Ethik*）；莱基（Lecky），《欧洲道德史》（*History of European Morals*）；宇伯维格（Ueberweg），《哲学的历史》（*History of Philosophy*）第2卷，第4—5章；波尔（Baur），《早期基督教》（*Das Christenthum der drei ersten Jahrhunderte*）（有麦齐的英译本）；哈洛克（Harnack），《教义史》（*Dogmengeschichte*）；费舍尔（Fisher），《基督教宗教的开端》（*The Beginnings of Christianity*）。还可以参照标准的《基督的生活》和教会历史。如果想获得更多的文献目录索引，请查阅宇伯维格著作第2卷的开头部分；还有梯利所译韦伯著作的第9页，第2个注释。——英译者

督教的发展中更是这样，今后也同样如此。但在这里我想按照基督教在其刚从古代世界产生时对自身的理解那样，着重强调一下希腊人和基督教观念的根本区别（如果你不觉得太尖锐和片面的话）。希腊人对世俗世界的肯定和基督教对世俗世界的否定，这是敞开在人面前的两条路。[①]

66　希腊人把人的自然力量的完善发展看作是人生的伟大目标。另一方面，基督教却清楚地有意把这一目标的对立面确立为人生的最后目标——即自然人的死亡和一个新的、超自然的人的复活。所以基督教导尼哥底母说："除非一个人再生，他不可能看到天国。"基督所要求的、也是施洗者约翰所要求的悔改[②]实际上是一种再生。旧人和新人的相互对立就跟肉体和精神的对立一样。[③]保罗逻辑地确定了这样一种对照：有一双重的生命——追求肉体

① 后面的这种阐释已经受到批评，因为它把基督教表象为一种软弱的、柔顺的、消极厌世的、易受蹂躏的、禁欲主义的宗教。我并不想在文中给人造成这种印象。基督教在一开始显然不是一种消极的，相反是一种非常积极的宗教。抑郁和沮丧不是它的特征，相反是一种由确定性而来的喜乐感，因为信仰者感觉自己在所有的宝藏之外还拥有了一种超越性的宝藏，由此给他一种确定性的感受。从这种确信当中，信徒生发出一种获得自由的尊严感，而基督教也以此来对抗一切属世的东西和规则、社会及其约定俗成的一些价值观、法律及其迂腐的形式主义。——但是我在这里的意图是把基督教与希腊的人生观和道德观做一种尖锐的对比，因此我才首先从消极的一面考察基督教，正是这一面将基督教区分为一种与世界截然不同的、全新的事物。另外，基督教不时地意识到自己从根源上就有的这种与世界及世俗王国的消极关系，在我看来，基督教因此而获得一种原始于其自身的本性和力量。假如基督教完全跟这个世界达成和解、实现和平相处，那么，这才是它的软弱和无力，而原初的、真正的基督教并不是这样。真正的基督教相对于这个世界而言，总是显得格格不入甚至有点危险，这才是基督教的本来面目。

② 《马太福音》，第四章，第 17 段。

③ 《约翰福音》，第三章，第 6 段。

的生命和追求精神的生命，前者是自然人的生命，后者是神的恩赐的结果；前者专心于会衰灭的事物，导向死亡，后者则注意永恒的事物，走向永恒的生命。“顺着情欲撒种的，必从情欲收败坏；顺着圣灵撒种的，必从圣灵收永生。”[①]新生命的诞生即旧生命的灭亡，通过精神，肉体的行为被抑制。[②]

新宗教上面的这个特点也通过它的神圣的仪式表现出来。我们经过洗礼进入基督教，洗礼被保罗称作对耶稣之死的一种模
仿；[③]它是一个很明白的象征，只要基督教与世俗世界处在敌对状 67
态之中，它就严厉地提醒着人们不要忘记那可能跟在水的洗礼之后的血的洗礼。另一个神圣的仪式也同样暗示着死亡，通过圣餐吃喝耶稣的血肉，信徒们纪念着主的神圣的牺牲，自己也形成一个随时准备献身的团体。同样值得注意的是新的教堂通常也被用作墓地，殉教者的尸骨就被埋放在圣坛之下。自然的人害怕接触死亡，根据希腊人和犹太人的观念，即使在宗教的意义上，死亡也是不好的东西，而对基督教徒来说，死亡却是一种和他亲近的思想，是通往永生的门。

2. 它对学识的轻蔑

整个基督教都渗透着这一观念。过去的或自然的人所欲望的

① 《加拉太书》，第六章，第 8 段。

② 《罗马书》，第七章，第 13 段。

③ 同上书，第六章，第 5 段。

（或者说赋予价值的）东西，被新的人视为无价值或有害的；相反，自然人努力逃避的痛苦和穷困却被新人视为健康和有益的。下面让我们指出这两种人生理论的主要区别。

理智能力的完善和训练被希腊人看作非常重要（对他们的哲学家来说更是绝对必需）的人的生命的功能。原始基督教对理性和自然知识的态度却是一种轻蔑和不信任的态度。精神的贫乏者得到耶稣的祝福；追随他的是贫穷的和没受过教育的人；不给智慧者和明智者看到的东西却被揭示给孩子。而且，自然理性和智慧实际上是通往天国的障碍，因为基督教义的宣传在理性看来是愚蠢的事情。保罗在致科林斯教徒的信中说："智慧者在哪里？文士在哪里？这个世界的辩士在哪里？上帝不是叫这个世界的智慧变成愚拙么？世人凭自己的智慧既不认识上帝，上帝就乐意用人所当作愚拙的道理，拯救那些信的人，这就是上帝的智慧了。"①

68 教会并没有严格地坚持这一观点，作为一个教会来说它也不可能坚持这一观点。当它开始支配人们生活的全部领域时，它就不得不诉诸世间力量的最重要手段——知识。但原始基督教却同尘世的科学知识没有任何积极的联系。"到公元三世纪，当属于教会的杰出导师以至富有的主教出现时，那种仆人的形式（纯精神的形式）就消失了。但无论如何，基督教是以它贫乏的形式征服世界的。"②我们可以注意到这种原始的联系后来在基督教教会的整个发展历史中的结果：在此我不仅仅指基督教对科学研究的不信任，

① 《哥林多前书》，第 1 章，第 20 段。

② 赫斯（Hase）：《基督教史》（*Kirchengeschickte*），第 1 编，第 258 页。

以及服从的规则(那是对理性也要求遵循的,虽然这个规则确实常常源自很世俗的动机);而尤其是指在所有基督的真正信徒中的那种心灵的单纯,这些信徒总是成功地把那些文明和知识的差别,减少到最小,正是这些差别在世上人们的私人交往中妨碍着思想的内部交流。深沉的宗教本性总是对趾高气扬的学识、对批判和否定的精神(那是源自和导致僭越行为的)、对体系的嗜好和科学的骄傲表现出一种厌恶。

因此,理智的德性,即思想的自由大胆及怀疑的能力这一科学研究的基本原则,在原始基督教的眼里都是无价值和危险的。同基督教相称的只是信仰和服从。

3. 对自然德性的轻蔑

根据原始基督教的观点,希腊人的道德德性(那无非是由理性
教育和训导的自然冲动),也和理智的德性一样,是无价值和危险 69
的,甚至于还更危险,因为它们看起来是善的:它们实际上是光辉灿烂的恶。“虽然这看起来是可赞许的:灵魂支配身体,理性支配邪恶的冲动。但是灵魂和理性若不服务于上帝,就决不可能像上帝规定它的那样,以正确的方式对身体和冲动起支配作用。因为,一个忽视真正的主、不受它的支配却被带有所有邪恶的魔鬼滥用和腐蚀的心灵,会成为一种什么样的身体和恶的主人呢?确实,与上帝没有任何联系的德性本身,与其说是德性不如说是邪恶。虽然它们在以自身为目的、不以别的东西为目的而被欲望时,被许多人视为真正有道德的,但无论如何它们是自满和僭越的,因此不能

被看作是德性而只能是邪恶。”这就是圣奥古斯丁对所有纯粹人的德性所抱的观点。①

4. 对勇敢的轻蔑

70 在自然的人看来，**勇敢**是一种主要德性。正像希腊人和罗马人的流行格言所表示的那样，它是德性或美德本身，没有它，就等于绝对无价值。勇敢是建立在自我保存的冲动上的，它确保自我及其权利在和那些反对自我的人们的斗争中的成功。服从上帝的

① 《上帝之城》(*De Civitate Dei*)，第 19 章，25 节。在《忏悔录》中，奥古斯丁把自己过去的生活以这种观点道德化了：生命当中任何自然和人性的成分都是对上帝的一种背离，因此是该受谴责的。从生命的一个阶段过渡到另一个阶段，都是令人难以忍受的无聊，他终于认清，从自己的自然冲动中生发出来的种种行为，其本质都是虚空和鄙陋而已。婴儿为了获得哺乳而拼命哭闹，少年参加体育运动感到快乐，青年在修辞的练习中感到愉悦，他曾经为了变得与众不同、博得名声而充满雄心，他曾对友情那么投入，也随从自己的性冲动享受性的快乐，他曾经那么仰慕那些著名的老师、亲手把自己的处女作献给其中自己崇敬的一位，后来他自己成为老师、召集一批年轻的学生聚集在自己周围，他那么愉快和热忱地以知识和雄辩指导他们，他充满激情地寻找真理、并且相信自己一定能在那些哲学家那里找到：种种这些，从他现在新获得的基督教信仰和教会生活的立场来看，都不过是虚空、愚拙和属肉体的腐败而已。但只有一点，即使从纯粹人性的判断来说，也绝对属于污点中的污点，这位圣徒却对于自己从前的这段经历只字不提，更没有自责。奥古斯丁曾经拥有一位女友多年，这位女友给他生养了一个儿子，但后来他的母亲要求他必须跟自己身份等级相当的一位女子结婚，奥古斯丁于是下决心抛弃了自己的这位女友。这位女友是奥古斯丁真正所爱的女人，只因为一些社会习俗的原因，他无法跟她结婚，于是奥古斯丁有意做出了对她的不忠诚行为，当然他的女友也想尽办法阻止他这样做。对于这件事情，奥古斯丁在自己的忏悔当中直接略过，并没有一句后悔，也没有一句自责。奥古斯丁只是强烈地谴责自己，为什么自己跟女友分开以后，仍然难以抑制自己内心对她的渴望和念想。因此，奥古斯丁自己对于这件事情的感受完全不同于自然人性的感受。

法律的基督徒则“不抵抗恶”，不同它战斗，而是忍受它，忍受或耐心地等待就是他的勇敢。他不使用剑，剑是赖以获取一个人在世俗世界上应得的那一份东西的工具，而基督徒在这个世界上没有也不欲望任何东西，他的财产在将来的世界，那是不可能以剑来赢得或因无剑而失去的。旧教会浸透着这种一个基督徒不能使用武力的思想，即使时间不久就使他们去适应生存的需要，但我们不能认为他们在使用武力时就毫无疑惧。在最初几个世纪，基督教的战士无疑在公众中被看作是不正常的。德尔图良表现了这一原始基督教的确信，虽然他是以一种比较强调和过于绝对的方式说的：“那是决不能相容的——同时宣誓效忠于上帝和宣誓效忠于某人；服务于基督的大旗之下和服务于魔鬼的军旗之下；处身于光明的营垒和处身于黑暗的营垒。一颗灵魂不可能同时服侍两个主人：上帝和皇帝。当主夺去彼得的剑时，他实际上解除了所有人的武器。”[①]身为一个教士却佩剑，看来确实是一个绝对的矛盾。我们可以看到：在所有试图复兴旧的基督教生活类型的教派中，对流血的恐惧马上以其根本的力量重新出现。我们在对死刑的坚决反对中也可以看到同样的感情。

现代世界与旧的基督教观念已经相隔得多么远了，这也许可以从下面一点最清楚地看到：对战争和流血的畏惧完全从社会上 71
消失了，甚至也从教会消失了。伟大的军事英雄成为现代民族的圣人；对胜利的周年纪念被作为公共节日而受到庆祝；城市的街道和广场以血腥的战场来命名。在学校里我们的孩子学习战争的历

① 《论偶像崇拜》(*De idololatria*)，第 19 章。

史，这种历史占据了人类历史的主要部分，本国对邻国的胜利被看作是它最重要和最辉煌的成就。每个礼拜天在教堂里人们都被要求为皇家在海上和陆上的军队祈祷。现代基督徒对所有这些都觉得无错可寻——这正是一个他们不同于原始基督徒的明确信号，原始基督徒仅仅通过耐心地受苦和英勇的殉道来证明他的勇敢。

5. 对正义的轻蔑

与勇敢的德性相联系的是**正义**的德性，我们所说的正义意味着在一切地方都坚持他人和自己权利的那种强烈正义感。自己不做不义的事是正义的一个方面，但还要包括另一个方面即不允许不义的事情对自己或他人发生，正义才算完全。这就是希腊人和罗马人所理解的正义的义务，所以最近耶林在他的书里把正义解释为：**为了正当权利的战斗**。有关权利的诉讼和法律争执是自我保存和自我肯定的法律形式，武装冲突则是其军事形式。

原始基督教并不把这种意义上的正义看成德性，它只熟谙正义的一个方面，即自己不做不义的事的义务，而不承认不允许不义发生的义务。它不说：如果一个人损害了你，践踏了你的正当权利，你应当或可以用合法的手段抵抗他，而是把摩西以眼还眼、以牙还牙的法律明确地取消并代之以新的法律：“我告诉你们，你们
72 不要抗恶。无论谁打了你的右脸，把左脸也转过来由他打；有人想要告你，要拿你的里衣，连外衣也由他拿去；有人强逼你走一里路，

你就同他走二里。"[①]一些诗篇进一步支持我们所读到的观点："当你和你的对手走在路上时，要迅速地同他取得和解。"[②]因此，不仅愤怒、厌恶和个人复仇，甚至于诉讼也被明确地禁止。这也是圣徒保罗的观点，他严格地禁止科林斯人去异教的法官面前告状，去那些不义的、不为教会所尊重的人面前告状，他说："难道你们中间就没有一个有智慧的人，能审断弟兄们的事吗？"他接着说："你们去互相告状，这已经是你们的大错了。为什么不情愿受欺呢？为什么不情愿吃亏呢？"[③]即使这一法规在原始基督徒中不是始终一贯地被遵守，但它无疑是被认为有约束力的；他们对以诉讼来作为保卫自己个人权利的手段，就跟对以武力作为手段一样抱有同样的疑惧。[④]

在这方面，现代基督教与原始基督教的区别也是很明显的。我们现在把上法庭要求我们的权利，或者要求惩罚一个损害我们的身体、生活、荣誉和财产的人看作世界上最自然的事情。我在这里不是想判明谁对谁错，我的意思只是揭示我们在做这些事时无疑是和原始基督教精神相对立的。

---

① 《马太福音》，第 5 章，第 38—41 段。

② 《诗篇》，第 25 段。

③ 《哥林多前书》，第 6 章，第 7 段。

④ 必须承认，对于生命这一面，福音书中的一段内容（《马太福音》第 18 章，第 15—17 段）暗示了一种更加积极的对待方式："如果你的弟兄得罪你，你就去趁着只有他和你在一处的时候，指出他的错误来。如果他听了你，你就得着了你的弟兄。但他如果不听，你就另外带一两个人同去，要凭着两三个人的口作见证，句句都可定准。如果他连他们也不听，你就去告诉教会；如果他连教会也不听，那就对待他像外邦人和税吏一样"。然而，没有任何一个字说到诉诸法律或者法律诉讼。

6. 它与国家的关系

73　这也决定着基督徒对国家的态度。希腊人和罗马人把参与国家事务看作是人的最高和最重要的义务，而原始基督徒并不认为勇敢和正义这些基本的政治德性有什么价值，所以把国家也看作是和他自己及他的生活的内在原则相疏远和脱离的东西：在国家中人们争辩尘世的事情，采取尘世的手段，战争和法庭是国家的两个主要职能。原始基督徒对这整个制度的态度是一种克制的态度。他作为一个陌生人和流浪者像构成一般世界的一部分一样构成国家社会的一部分，他甚至很少对自己是哪一个国家的成员感兴趣。尽管如此，他作为一个被动的公民来讲他的行为还是模范的，他服从所有那些不跟他神圣的使命相矛盾的事情，他愿意纳税，他遵循所有禁止不义行为的清规，不仅是因为害怕惩罚，而是因为良心的缘故。只要地方行政实现正义，他就把它看作是上帝的命令和工具。但是，如果他被要求做出违反他良心的行为，那么他当然不能服从，他不会把自身奉献给异教的神灵和皇帝，不会以他们的名义起誓，因为他宣称对他来说存在着比国家更高的东西——即天国，他认为自己是天国的一个公民，他不会允许任何尘世统治者的命令把作为天国公民所加给他的义务搁置一旁。但即便如此，就他毫无反对和怨言地接受处给他的刑罚而言，他也是顺从的。因此基督徒既是服从权力的，又在他们对国家的态度中保持着内在的自由，那是古代公民决不可能有也不愿意有的。一个基督徒能够是国家的一个**公务人员**吗？在较早的时代几乎不会去

讨论这个问题，最开始加入基督的团体的人并不是有权力的高贵
者，而是世人眼中的不高贵者和被轻蔑者。同时服务于被钉在十 74
字架上的人和这个世界的君主无疑被看作是一个奇怪的矛盾。在德尔图良那里，原始基督教的精神对教会的逐渐世俗化表示了强烈的抗议。他宣称："主通过轻蔑尘世的权力和光荣而否定它，谴责它，把它算作属于魔鬼的骄傲一类的东西。如果它们是他的骄傲，他就不会谴责它们了，而那不是上帝的东西只能是属于魔鬼的。以下事实也可以提醒我们：世间所有有势力者和权贵与上帝不仅是疏远的，而且是敌对的——这个事实就是：这些权贵把上帝的仆人判以死刑，而忘记了那要加给罪犯的惩罚。"[①]甚至晚至公元 305 年的爱维拉宗教会议仍然规定：无论谁担任罗马二头统治者的公职，他在此期间必须脱离教会。[②] 一直到康斯坦丁大帝的皈依，基督教变成一个国教之时，情况才发生了一个完全的变化：国家的官吏成为"基督教"的代表和保护人，教士在一定意义上也成为国家的公务人员。现在很多人也许倾向于把保罗的话颠倒过来理解：[③]基督教的保存是有智慧和有权力者、有学识和出身高贵者的特殊任务，如果这个世界的王公贵族及其下属不关心它，基督教就将消亡了。

① 《论偶像崇拜》，第 18 章。

② 乌尔霍恩（Uhlhorn）：《古代教会中的基督教慈善事业》（*Die christliche Liebesthätigkeit in der alten Kirche*），第 356 页；还可参看加斯著《基督教伦理学史》（1881）第 1 章第 92 页。

③ 《哥林多前书》，第 1 章，第 26 段。

7. 与娱乐和艺术的关系

根据希腊人的观点，与智慧、勇敢、正义一起的第四个基本德性是**节制**。它是一种心灵健康者的状态，这种人懂得把握适度的技巧和美好的享受，而且倘若需要也能从外部事物中创造这种享受。古希腊的教育努力从两个方面，通过体育和音乐的技艺训练
75 来培养这种德性，对青年人的心身反复灌输和培植自我控制的力量和美好地自我享受的能力。体育和音乐的赛会构成了民族欢乐的高潮，作为一个夺取桂冠的竞争者或观众参加这些赛会就是有教养。

原始基督教对这种娱乐的态度却是完全不同的，它不承认这一德性，或者像对待正义的德性一样仅仅承认它否定的一面——即抵制快乐的诱惑的能力。它逃避任何一种形式的世俗感官快乐，认为即使这些快乐本身不是有罪的，也太易于使灵魂陷入危险，把灵魂禁锢在那些世俗的和会衰朽的事物之中，妨碍精神向永恒的自由飞翔。耶稣以其可怕的认真命令我们拔除和抛弃那会使我们犯罪的器官，因为进入光荣的跛瞎肢残状态也比“你的整个身体堕入地狱”要好。“不要爱尘世及尘世上的一切事物。如果有人爱尘世，对上帝的爱就不在他心中了。因为所有尘世上的一切，肉体所欲和耳目所欲，以及生活中所有足以夸耀的东西都不是属于上帝的而是属于尘世的。”所以使徒保罗在他的第一封信里这样告诫基督徒：不仅要摈弃那粗俗的感官快乐，而且要摈弃那审美的快乐（**耳目之欲**），以及那在世人眼中使生命光辉灿烂的一切。所以，

彼得在第一封信里[1]也恳求他的同胞，要像陌生人和朝圣者一样戒除那种与灵魂交战的肉体的欲望。保罗不厌其烦地告诫那些信基督的人折磨肉体。但是，我们却从没有得到这种规劝：即要使身体和灵魂具有能够享受生活中美好的快乐的能力，或者训练参加体育锻炼和娱乐以及诗歌和艺术的欢娱的身体和精神力量。一个 76
基督教的教育有着和希腊人的教育完全不同的目标：它要使我们明白尘世生命的空虚和暂时性，以及它的可怕的严肃性：因为永恒生命就依赖于我们现在如何生活。无论如何，音乐和体育的技艺是不适于为我们准备永恒生命的，它们是向肉体的播种，终将收到腐朽。一个渴望不朽的基督徒怎么会追求那赖以获得异教赛会桂冠的德性呢？当他能听到主及使徒的声音时，怎么会去寻找寓意诗中的快乐呢？他怎么会去追求那与“神圣”交战的“教养”呢？所有这些是如此自明以至不必专门提起，在一个真正的基督徒那里对这样一些东西的欲望甚至是不可理解的。

在基督徒中得到褒奖的不是教养和雄辩，而是**沉默**。沉默是阿布饶斯在他关于牧师义务的著作中推荐的第一个义务，里面写道：“你要因你的话而受到谴责。那么，当你可以通过保持沉默而安全时，为什么要冒因说话而堕入地狱的危险呢？我见过许多人因说话而获罪，却几乎没见过一个保持沉默的人被弄成这样。因此那能够沉默的人是聪明的。”[2]他接着又说：“可能有许多体面亲切的俏皮话，但这些话是与教会的规则不相容的。我们怎么能使

① 《哥林多前书》，第2章，第11段。

② 《论牧师义务》，第1章，第2页。

用这些圣经中并没有的俏皮话呢？我们也必须避免寓意诗，以免它们削弱我们决心的坚定性。主这样说：那现在笑的人是不幸的，因为他将哭泣和悲叹。我们为什么要去寻求那现在使你高兴以后却要带来悲哀的东西呢？我相信我们不仅必须避免放肆的玩笑，而且必须避免所有的玩笑。只有一件东西是适当的——一张满含温柔和优雅的口。”[1]

8. 与财富的关系

77　这也决定着基督教对待尘世财物的态度。由于财富首先是一种优越的感官生活的手段，其次也是得到美好享受和教养的手段，所以看轻这些目的的人，自然也不可能赞成实现这些目的的手段。富裕对基督徒没有任何价值，当他拥有能够满足他的日常需要的东西时就足够了。富裕不仅是无价值的，而且是危险的。当然，仅就这种对财富的占有来说，并不存在什么恶，它本身是绝对中性的，但就财富不断地引诱占有者使用它，从而奴役灵魂而言，财富对占有者来说就是一个严重的威胁。在福音书里最常见的就是提出有关财富的危险性的警告。在耶稣看来下述情形几乎是不可能的——一个富人竟然进入天国；那比一只骆驼穿过针眼还要难。财富使我们热心于这个世界而不关心来世，正像富人听到他获得一个好收成以后不久就开始考虑怎样享用和贮藏他的果实一样；财富使我们享尽欢乐，并对邻人的匮乏漠不关心，就像狄维斯听到

---

① 《记牧师义务》，第 1 章，第 23 页。

可怜的莱扎拉斯躺在他门前时的态度一样；财富还使我们与上帝疏远，因为他决不允许尊奉任何别的神，不允许一个人同时服务于上帝和财神。因此，耶稣在派他的门徒去传道时，命令他们不许为旅行在包里带上任何钞票、食物和金钱。另外，那带上钱包的犹大（很可能因为他是十二个人里的最能干的理财者）竟然成为叛徒也决不是偶然的。因此，基督对那个善良的年轻人提出的紧迫要求是："去吧，卖掉你所有的东西，把卖得的给穷人，你的宝藏将在天国。"

对福音书的解释习惯上反对那种认为基督实际上是命令年轻
人放弃他的财产的看法，认为这一看法是一个误解。亚历山大里
亚的克利门在他对这个问题——什么样的富人将能得救——的讨 78
论中指出："卖掉所有的东西，把卖得的给穷人"的命令，并不像某
种草率的假定所想的那样，意味着那个年轻人应当放弃他的财产，
而只意味着他应当放弃对财产的错误观念，放弃对它们的喜好和
贪欲。这一巧妙的解释后来一次次地被再三重复。按照这种解释
法，我们可以推理：当一位母亲告诉她的一个拿着把锋利的刀的孩
子把刀放到一边时，这并不意味着孩子应当把刀放下，而只意味着
他还可以拿着刀，只是不要使刀割破自己的手。假如耶稣自己真
的这样解释他说的那句话，那个年轻人会走出去伤心吗？我想年
轻人会马上答道："这是我从成年时候起就遵守了的。"

在此，又跟前面一样，我并不是要判定耶稣的命令是否应当遵守，或者它有无可能被人们普遍地遵守。我只是试图保护它真实无误的含义，反对各种试图使福音书与世俗世界调和的解释。我们知道，这一规定的实现将会毁灭我们的整个文明生活，这是很可

能的。但它证明了什么呢？他为什么应当被遵守呢？一些拒绝遵守这一规定的人反对把追求手工业和商业与异教崇拜联系起来，其根据是他们必须活着，而德尔图良对此的回答是提出这样的问题：你必须活着吗？如果你根据自己的规定而欲望活着，那你和上帝之间是一种什么样的伴侣关系？你要受匮乏之苦吗？但上帝称那些受苦者是有福的。你不能供养自己吗？但是主说：不要想你的生活，考虑你心灵的纯洁吧。

9. 与荣誉的关系

现在让我们来比较基督教与希腊人关于**荣誉**的观点。根据希腊人的观点，**对荣誉的热爱**是一种德性，正义的人欲望在他的领域

79 里得到最大的成功，并相应地得到高度的评价。高贵的骄傲、心灵高尚是对荣誉的恰当的爱的强化。心灵高尚者认为自己配得上高尚的事物，亚里士多德以精细的笔触完成了这样一种人的图画。[①]

而基督教的德性则是**谦卑**。有一次，当门徒们中间发生一场有关在天国中的最高层地位的争论时，耶稣斥责他们道："你们知道，外邦人有尊为君主的治理他们，有大臣操权管束他们。只是在你们中间不是这样，你们中间谁愿为大，就必作你们的佣人；在你们中间谁愿为首，就必作众人的仆人。"[②]这就是天国中的次序，它是尘世次序的直接对立。显而易见，基督徒决不寻求和索取尘世

① 《尼各马可伦理学》，第 4 卷，第 7 章起。

② 《马可福音》，第 10 章，第 35 段起。

的荣誉。在这个世界面前他是一个零。耻辱和嘲弄恰是他的光荣，正像耶稣对他的门徒宣称的一样，他为此而称他们是有福的：“人若因我辱骂你们、迫害你们、捏造各样坏话毁谤你们，你们就有福了。应当欢喜快乐，因为你们在天上的赏赐是大的，在你们之前的先知，人也是这样逼迫他们。”[①]圣徒路加的福音更强调这种在荣誉问题上与尘世的对立，在那里写道：“人都说你们好的时候，你们就有祸了，因为他们的祖宗待假先知也是这样。”[②]

这种卑微并不排除、而宁可说有它的另一面——一种粗硬的骄傲，它轻蔑和藐视尘世及其间的一切，以及被它高度评价的东西。在上帝面前卑微、软弱和低贱，而对那些自鸣得意和因荣誉而

愉悦的人却充满骄傲——这也是基督徒的一个基本特征。施洗者 80
约翰和基督都表现了这种对那些伟人和显贵、撒都该教徒和法利赛人、高级教士和罗马统治者的真正的无畏甚至于对峙的骄傲。

我们在耶稣后来的门徒中也可以不时发现这种骄傲，他们抛弃尘世，然后坦率地说他们决不欲望和赞赏尘世的显耀、荣誉、德性和辉煌。因此，尘世也正如预料的一样给他们以厌恶和侮辱。

只要基督教保持着它与尘世的原始联系，那么被尘世所侮辱就是一个基督徒的标志。无论什么时候，只要教会与世界作出和解，并从自身中开始分离出要按原始基督教样式生活的宗派，人们都会再一次开始把以基督的名义忍受耻辱作为测试真正基督教的一个必要标志。A. H. 弗兰克在他的自传中告诉我们：当他还是

① 《马太福音》，第 5 章，第 11、12 段。

② 第 6 章，第 26 段。

一个勤勉和受尊敬的神学研究者并打算成为一个文雅和有学识的人时，“尘世对我是很满意的，我爱尘世，尘世也爱我，那时我完全不会受到迫害。”然而，他告诉我们，在他皈依之后，情况改变了，那时他头一次发现尘世是什么，它不见容于上帝之子，因为不久尘世就开始轻蔑和厌恶他了。

因此，基督教确实认为所有希腊人的德性都是好看的罪恶，它们都植根于自然人的自我保存的冲动、对知识的冲动、报复的冲动、文明的愿望和对荣誉的热爱，它们体现着他在完善文明中的完善本性。而下述情况也是真实的：对于从一个希腊人过渡到一个基督徒来说，无异于一个旧人的死亡和一个新人的诞生。希腊人
81 高度赞赏的所有东西都得不到基督徒的赞赏，反之亦然。另外，希腊人的德性确实是再生的一个障碍；而税吏和罪犯，那些在训练自然能力和德性方面的失败者和那些反省自己所过的一种邪恶生活的人，要远比正义的人易于经受一种伟大和彻底的心灵变化。人们是通过罪恶和痛苦被引向皈依之路的。

10. 基督教的德性——怜悯

基督教用以代替希腊人的自然德性的只有一种新的德性：**怜悯**或仁慈。去爱你的邻人、怜悯他们的不幸；去解除饥饿和穷困；去看望被遗弃者；甚至于不抵抗邪恶，饶恕那些憎恨和迫害你的人，对他们报以善意——这就是耶稣为他的门徒所确立的，并且自己终生实行的理想。我们不能把这种怜悯理解为软心肠的悲哀，也不能把对敌人的爱理解为软弱的屈从。对这些德性的遵循是一

种对那些造成这种不幸的人的炽热的愤怒，或至少是对它的坚定的反对，反对那些敲诈勒索孤儿寡妇的不义和自私的主子，反对那些养尊处优和自以为公正善良的人们，他们看到了人们的不幸，却不断地唠叨说：那是那些人自己的过错，假如他们像我们一样有德性，也就会像我们一样的富有。充满同情心的爱是耶稣宣传的主要德性，而自视善良实则冷酷则是他猛烈攻击的主要邪恶。尽管他宣传怜悯和仁爱；耿耿于怀地关心他的人民中那些被抛弃者；鼓舞那些犯有许多罪过的妇女；对那些在绞架上悔过的盗贼也应允天堂中有他们的位置；但是，对于那些有德性和自以为公正的法利赛人（他们不像别的人一样，是敲诈者、不义者或通奸者，甚至不像税吏），他却予以严词斥责，他决不饶恕的只是那些不肯饶恕自己同胞的人。

而希腊人，对自以为公正的邪恶，正像对怜悯的德性一样陌生。

希腊人把对个人力量和美德的意识看作是自尊感的正常条件，认为这是事物本身的必然伴随。希腊人的道德警告他们反对 82
傲慢，认为傲慢会使一个人在神和他人面前受到轻蔑；但它也同样反对与此对立的一端——心灵的卑微。希腊人为他的德性感到骄傲，那是凭他自己而获得的，是他刻苦锻炼的结果。塞涅卡说："在这方面有智慧的人胜过了神，后者无所畏惧是由于他的本性，而人无所畏惧却是由于他自己。"[①]朱里安在临死时说："我毫无悔恨地死去，因为我的一生是无罪的。"而另一方面，心灵的卑微则是基督

① 《使徒书》，第53段。

教的起点。皈依就是从悔恨和忏悔开始，无力和有罪的情感是基督徒的基本情绪之一，他每天都祈祷上帝怜悯他这个罪人。A. 封·伽利庆公爵夫人的一个值得注意的叙述，以一种多少有点病态的形式表现了这种心情，泄露了特属于基督教的卑微的奇怪逻辑："哈曼的精神和教导的一个重要方面紧紧抓住了我，使我确信对获得一颗善良的心的愿望将是我心中的一种很危险的发酵剂；确信信仰的一个主要特征就是我要忍受我的虚无、我须完全依赖上帝怜悯的思想。我清楚地看见：那种由不满于我自己的不完善和软弱所引起的自得感，将是我的骄傲的最隐蔽和最危险的藏身所。"[①]

正像自以为公正在希腊人看来并不是一种邪恶一样，怜悯在他们看来也并非一种德性。在亚里士多德列举的被希腊人视为德性的表中[②]，没有怜悯的地位。我们在那个地方发现的是一种异
83 教的对应物：**慷慨**，以及它的强化形式：豪爽。按照亚里士多德的说法，下述人是慷慨的：他出自一种高尚的动机和正当的精神，在恰当的时间内给予恰当的人以恰当份量的东西，同时满足其他所有"恰当给予"的条件。[③] 下述人是豪爽的：他出自高尚的趣味花了大笔的钱财，比如花在祭神的供应上，或"花在购买爱国竞赛中的受欢迎的物品上，因为人们认为以漂亮的风度提供一次演出或装备一艘舰船甚至于供给一顿义餐是他们的义务。"[④]但是，在此

---

① 《伽利庆公爵夫人的通信和日记》(*Correspondence and Diary of the Princess Galitzin*)，新丛书，1876 年，第 359 页。

② 《尼各马可伦理学》，第 4 卷。

③ 同上书，第 4 卷，第 2 章起。

④ 同上书，第 4 卷，第 3 章。

显得重要的不是礼物的接受者，而是给予者，其目的不是减轻痛苦，而是显示给予者的光荣。亚里士多德的长篇讨论从头到尾没有一个字谈到收赠礼者的需要，没有谈到同情心的动机。古罗马达到了这种豪爽和慷慨的顶峰。统治者通过从世界上各个民族掠夺来的战利品，供给大都会的平民以金钱和面包，建设起剧院和浴室。显然这种德性与基督教的怜悯毫无共同之处：基督教的博爱的基本特征是自我否定，而慷慨却是一种自我享受的形式；怜悯考虑的是他人的需要，是通过牺牲自己来帮助他们，慷慨考虑的却是给予者自己的光荣和名声；怜悯是秘密实行的，慷慨却是公开张扬的；怜悯是施与陌生人、同你毫无血缘关系的人，慷慨则是施与亲戚、子民和同胞。

基督教的博爱并非来自那种通过帮助别人而快乐地感到自我
优越的自然冲动，也不是植根于产生自类的生活并把人与他人结
合起来的那种自然的同情冲动。善良的撒马利亚人的故事展示了
这一方面。对于这个问题：谁是我的邻人，我要爱谁？那个自然的 84
人会答道：是我的家庭——孩子、父母和妻子；我的亲戚及家族成员；我的邻居、同乡和教友。这一定也是古代犹太法律学家的意见。耶稣启发他说：邻人不是上述那些人，而是你碰巧遇见的第一个人，是正处在匮乏中的人。对它的注解可以在《马太福音》中那以兄弟之爱的命令代替摩西诫令的一节中找到。[①] 摩西命令你们爱你们的邻人和恨你们的仇敌，但是这里面不是有让人吃惊的东西吗？甚至税吏也不是同样这样做的吗？是否你只向你的兄弟请

① 第5章，第43段。

安，对他们比对别人做的事要多，外邦人不也是同样这样做的吗？因此，你要像你的完善的天父一样完善，他决不在他的慈善中有所区别，因而你也不应有所区别，除非你也许给予陌生人比给予朋友以更好的东西。“当你摆好了一顿午餐或晚餐，不要去请你的朋友、兄弟、亲戚和富有的邻人，以免他们也请你，回报你。你摆设筵席，倒是要请那贫穷的、残废的、瘸腿的、瞎眼的，你就有福了。”[①]而最高尚的是甚至对你的敌人也行善，为了善的缘故而忍受邪恶、不怀恶心，这才是完善。萨佛纳罗拉曾以这样一句话总结基督教思想：“我的儿子，善就意味着行善和受恶，并且始终不倦。”

11. 基督教与家庭生活

我们现在可以考虑基督教对**家庭生活**的态度。家庭是所有自然的对他人的仁慈和热爱情感的开端。但是，目的决不在于发展自然冲动的基督教，自然也不可能把家庭看作有绝对价值的东西，
85 这一点可以首先从它对爱情的评价中看出。由于肉体的共通性远劣于精神的共通性，耶稣离开了他的家庭而在他周围聚集起一个新的家，一个不是靠血缘关系而是靠精神的纽带结合起来的家庭，这至少引起他同他的血亲暂时的疏远。他一有机会就要求那些跟随他的人也切断他们的血缘联系：“如果有人来我这儿而不厌恶他的父母妻儿和兄弟姐妹甚至他自己的生命，那他不可能成为我的

① 《路加福音》，第 14 章，第 12 段。

门徒。”[①]他知道他的宣教要割断自然的纽带：“从今以后，一家五个人将要分争，三个人和两个人相争，两个人和三个人相争；父亲与儿子相争，儿子与父亲相争；母亲和女儿相争，女儿和母亲相争；婆婆和媳妇相争，媳妇和婆婆相争。”[②]对于那些不再生活在血缘关系中的人来说，自然的纽带失去了它们的重要性。

完全切断这种联系的能力一直被基督的追随者们视为完善的一个标志。圣徒们常常因为血缘纽带对他们不起作用而得到公开的赞扬。在H.累基的《从奥古斯都到查理曼大帝的欧洲道德史》中，[③]我们看到：有关圣徒事迹的许多段落作为范例，展示了那种对于血缘联系的绝对冷淡的嘉奖。让我们引一个例子，在卡西安的著作《论科罗比亚的制度》，[④]我们读到下面的故事。一个名叫缪提斯的人，放弃了他的财产，带着他唯一的孩子，一个八岁的男孩，要求进入一个修道院。修道士们接纳了他，他们着手训练他的心灵。“他已经忘记了他曾是一个富人，他必须再被教育得忘记他
是一个父亲。”他的小孩被同他分开，穿着肮脏的破衣服，受到各种 86
严厉任性的欺凌和践踏，待遇很坏。就这样一天一天地父亲不得不看到他的孩子悲惨地消瘦下去，那曾经是幸福的笑脸总是挂满泪珠，被愤怒的呜咽扭曲了。但是“正是他对上帝的爱，对服从这一德性的爱，使父亲的心坚定而不可动摇。他对孩子的眼泪想的

① 《路加福音》，第14章，第26段；在《马太福音》第10章第34段里讲得要稍微温和些。

② 《路加福音》，第12章，第52段起。

③ 第2卷。

④ 第4章，第27段。

很少，而只是焦虑于他自己的谦恭和德性的完善。”最后修道院院长命令他把自己的孩子带去投进河里，他没有一句怨言和显出悲哀的样子，马上着手去做这件事，只是在最后的时刻修道士们才插手，在河边上救出了这孩子。

这个故事可能是模仿以撒的牺牲而杜撰出来的，但杜撰这一故事的人所表现的对此行为的赞扬却是真实的。无疑，这种行为是与耶稣的观点不合拍的。但我们必须承认，它可能是作为一种极端的推断从福音书的某些段落中推论出来的。对于彼得的问题：“看我们这些抛弃了一切而跟随你的人，我们将因此而得到什么呢？”耶稣并没有加以斥责，而是应许他们在他的光荣中离他最近：“凡为我的名撇下房屋，或是兄弟、姐妹、父母、妻子、儿女、土地的人，将要得到百倍的报偿，他们要承受一个永恒的生命。”[①]

这样一种思想方式自然是不利于家庭纽带形成的。耶稣自己终生未婚，建议其他人也可以为了天国的缘故而免除婚姻。[②]

虽然使徒保罗在具体说明基督与教会的关系时，对真实的婚姻制度是足够尊重的，但他还是表现了对独身生活的明显偏好。
87 当科林斯的教会问他有关婚姻的问题时，在他的回答中，[③]他特别强调他一开始说的那句话：“不接触一个妇女对一个男人来说是件好事。”然而，为了避免淫乱，就让每个男人各有他自己的妻子，每个女人也各有她自己的丈夫。“因此我要对那些未婚者和鳏寡说，

① 《马太福音》，第 19 章，第 27 段起。

② 《马太福音》，第 19 章，第 12 段。

③ 《哥林多前书》，第 7 章。

这对他们是好的，只要他们像我一样忍受。”“未结婚的人关心的是属于主的事情以及他怎样使主欢欣，而结了婚的人关心的是尘世的事情以及他怎样使自己的妻子欢欣。”当然，这不是一个命令，那些“抑制不了自己情欲的人，就可以让他们结婚。”同样，在《约翰启示录》中，[①]处女的纯洁被看作是天国中也承认的一种功德。因此，婚姻是由于肉体的软弱性而被允许，它在任何地方都没有被看作是人性的完善所必需的一个生活方面。处女的纯洁，摆脱肉欲的奴役，是完善的一个基本方面——这一思想贯穿于全部教父学文献。

12. 永恒生活

这一根本变化的出发点是肯定**我们的尘世生活不是真实的生活**。古代希腊人除了此世生活不知有别的生活，他们所知道的一切善、美和伟大的事物都是包含在此世生活之中；那构成难辨真假的传说的题材的死的生活，对他们来说只是一种模糊不清的存在。对于知道怎样好好生活的人来说，这一尘世的生活是善的和有价值的，它提供一颗健康的心灵所能欲望的一切。但古代基督徒则绝对地相信这一现世的生活是衰朽、虚幻和无价值的，认为在我们的世界上不会发现真正的生活和真正的善，只有来世才能使它们
显现。使徒时期相信来世将由主的复归而被建立，督徒是属于来 88
世的，在现在这个世界上他们只是陌生人和朝拜者。一个旅行者对于异邦的事务并无任何积极的兴趣，他所能做的最好的事情不

① 第14章，第4段。

过是忍受它们。基督徒对这个世界也是如此行动的。他们只是身体在这个世界上，而精神并不以此为家；他们人在世上生活，心却在天上；他们做尘世生活加给他们的工作，但对它毫无兴趣。快乐和欲望是这个世界努力束缚他们心灵的枷锁，因此基督徒不断地折磨肉体及其欲望。自然的人爱好快乐，像避开恶物一样避开痛苦；而另一方面，基督徒则把痛苦看作有益的，把快乐看作危险的。快乐是恶魔诱捕灵魂以把它锁在尘世上的诱饵。对尘世的苦乐无动于衷是完善的标志。

但是假如推断基督徒情绪的主要特征是不满和忧郁，那就大错特错了；他们的基本情绪倒不如说是一种**深深的平和静谧**，其中混合着一种对尘世的空虚乏味的悲哀和“神圣的悲哀”的调子，但也包含着一种对天国的至乐和希望的欢快旋律。一旦尘世的事物停止以恐惧与希望、快乐与失望来刺激和惊扰心灵时，尘世的悲哀和悲观主义也就消失了。因此基督教从根本上说不是像悲观非义一样是消极否定的，而是积极肯定的：那将要来临且已迫在眉睫的永恒生活遮掩了现世生活。肉体的人的自然的自我保存冲动让位于精神的人的超自然的自我保存冲动，这符合耶稣的话：“凡试图
89 保存他生活的人将失去它，凡要舍弃他生活的人将保存它。”①或
是“爱他生活的人将失去它，恨他在尘世的生活的人却将保持他的生活至永恒。”②但是，超尘世的永恒生活影响着我们的尘世的生活，它创造一种努力追求神圣和像天父一样的完善的新的意志；创

① 《路加福音》，第 17 章，第 33 段。

② 《约翰福音》，第 12 章，第 25 段。

造一种把自己看作是上帝的孩子的新的自我信赖感；创造一种以兄弟之爱结为一体的新的人类交往形式；最后，它创造新的与尘世及其善的关系：基督徒是所有事物的主人，能够享受纯洁无邪的快乐，但却坚定地决不依附于它们。保罗常常机敏地描述基督徒生活中的这种悖论："似乎悲哀，却总是欢乐；似乎穷困，却总是富有；似乎一无所有，却又拥有一切。"①

13. 基督教的自由主义观点

很多人将会不承认上述对基督教及其人生观的描述，及其他们对此可能形成的印象。很多人相信：基督教和希腊人的人性如果不是绝对一致的话，至少也是非常近似的。即使在今天，我们也可以发现耶稣通常被描绘成一个亲切、快活和温和的道德教师，他把消除这个世界上的敌意和憎恨、建立一个和平友爱的王国作为他毕生的目标。他自己能享受一切美好的事物，因此也不会不乐意他的门徒享受生活所提供的任何纯粹的快乐。赫斯在他的《基督的生活》中就是如此描绘基督的：耶稣天真地欣赏尘世的美好事物，虽然由于他更高的使命，他并不使对它们的占有成为自己的负担。他像一个新郎一样生活在他的门徒之中，他甚至不反对沉醉于一种社会交往的甜蜜之中。总之，"他既是一个宗教的英雄，同时也不反对生活的快乐。"②他没有结婚一定是由于偶然的原因：

① 《哥林多后书》，第6章，第10段。

② 第53节。

“让我们假定，比方说是由于他的未婚妻死了。或者也可以这样推
90 测：按照从他的宗教导出的理想的婚姻观念（那是与古代风俗习惯不同的），他在他的时代找不到一个其心灵配得上这样一种结合的人。”[①]赫斯也谈到耶稣在他有关禁欲的规则中所表现的“真正的博爱精神”，发现耶稣的特殊教养在于“他宗教上的完善和所有纯粹人类努力的精华之中。”[②]同样，克姆在他的《耶稣的生平》中认为：[③]没有任何一个宗教改革家像耶稣那样对所有现世生活的形式倾以如此的热爱，像他那样“像一个尘世上的人。”[④]在另一个地方他甚至谈到“一种安闲舒服的适意”是耶稣的性格所鼓励的。[⑤]在与法利赛人有关安息日的冲突中他取得了胜利，“因为他谦虚地、势不可挡地展开了人道的大旗。”[⑥]

① 第45节。

② 第29节。

③ 第3版，1875年。

④ 第165页。

⑤ 第145页。

⑥ 第199页。大卫·斯特劳斯（David Strause）在其著作《耶稣的生活》（*Life of Jesus*）中，没有如此严重地曲解基督教的本质。但是他也说到“耶稣的人道的爱”，“同上帝和平地共在的欢乐灵魂，像兄弟似地拥抱所有的人”，并称这为“振奋的、朝气蓬勃的成分，是出自一颗美好灵魂的快乐和欢欣的行为，出自耶稣的希腊精神”。的确，他也强调耶稣的“人格”中存在着基本的缺点：家庭、城邦、收获、艺术和美好的享受都不能落在他的眼界内。但是，他认为，这种毛病部分地归之于犹太民族性，部分地归之于时代的条件；此外，这种毛病很容易通过不同的时俗、政治、教育条件来治愈；只要我们把耶稣的工作理解为人的成就，因而有能力和需要进一步发展，就能以最好的方式来治愈这种毛病（《耶稣的生活》，第4版，第1部，第262段，第2部，第388段）。斯特劳斯后来受到叔本华的影响，在他最后的著作（《旧的和新的信仰》第24节）中，似乎较鲜明地突出了基督教和尘世的分歧。

无疑，新约中的文献传达了耶稣的生活面貌和出自他教义的语录，我们可以用它们来描绘出一幅图景。它们是否指示着耶稣生活本身的不同发展阶段（比方说像卢纳所假定的那样）；或者他的教义和我们对他抱有的观念是否被传统歪曲了（比如说像赫斯 91
所认为的被厄伯尔派[①]的解释或者被那种较符合自然人爱好的对立倾向歪曲了），对此我不想妄加评论。确实，在他活着的时候，他的门徒是不可能没有这样一种想法的，即他要建立一个带有其全部力量和光荣的地上王国。我赞同施特劳斯的观点，即在我们现有的原始资料基础上写出一个真实的耶稣的生平是一个近乎无望完成的任务，同样，在我看来，以一种系统的方式揭示包含在他讲道中的教义也会碰到不可逾越的困难。对于提交给我们的那些分散的言论和寓言，我们不可能把它们理解为一个统一的哲学体系；当然，这并不减少它们的价值；相反，福音书的神奇力量正在于它们并不构成一个神学的或哲学的体系。体系会过时，概念则是一个时代用以理解和改造事物的工具；在一定意义上说，每一时代都必定产生它自己的工具，以便它能满意地操作它们。另一方面，伟大的诗篇却是永恒的，正像它反映的内容——人类生活本身一样。任何一种生活条件，任何一种情绪，我们都可以在圣经（旧约和新约）中找到表现它们的一个故事或一种说法，并从中得到逆境中的安慰和顺利时的灵感。假如这些书只是向我们传达一个哲学体

① 约公元二世纪左右存在的一种部分地保持犹太礼法的基督教诺斯替教派。——中译者

系，它们不久就会陈旧和衰朽，但由于它们描述的是人类生活本身及其全部的欢乐与悲哀，因此它们是不朽的。

但是有一件事在我看来是没有疑问的，这就是：那留传给我们的福音书，与其说是表现了尘世欢乐的精神，不如说是表现了否定尘世的精神。人们最常在什么心情中求助于这些作品呢？是在胜
92 利和欢乐的狂喜中呢，还是在失败的悲哀和病亡的苦痛中呢？每个人都会毫不犹豫地给出一个回答。痛苦和罪恶压迫下的心灵，厌倦世界和生活的心灵，正是它们，一贯地在福音书中寻找和追求安慰与解脱。而强有力者与胜利者、前程远大者与事业顺利者，却较倾向于在希腊哲学和贺拉斯的颂歌中找到他们感情的表现。在我看来无疑的是：耶稣的心灵与幸福和胜利、朝气蓬勃的生活也并不合拍，而是与死亡及对尘世的否定相协调的。假如基督教是把赫斯的耶稣作为它的起点，那不是一个明显的混淆吗？赫斯相信，假如耶稣是古犹太戒行派教徒的弟子，他们就要把他作为一个背教者来谴责："对这个欢乐与生气勃勃的人，这些阴郁的虔信者会怎样地摇着他们虔诚的头和转着他们虔诚的眼睛呵！"但是，十分奇怪的是，这样一个在其粗直性格的伟大方面如此独特无双的强有力的人，竟会把那个施洗约翰看作是他的先驱者；他竟会造就一个严格地区分肉体与精神的保罗；倾向于厄伯尔主义的使徒教团，和主张超自然主义伦理的整个原始教会竟会追随他的旗帜。所有这些不是一个无比重大的错误吗？我觉得奇怪，有人竟然想根据保存在福音书中的伟大生活传说里的只言片语就来订正这一生活传统。如果那算得上亲眼目击了耶稣生活、教导和赴死的最古老

团体的成员也不知道这些事情意味着什么，那么十九世纪的我们想要通过历史的研究来发现它看来也是不可能的。

这种理解基督教的不可能性显然是由于基督教还没有成为“历史的”。假如它和它的结果是已经过去的事情，那么一种纯粹的历史研究对它的基本特征就不会长久地保持疑问。但事实不是这样；我们今天依然在各个方面，如果说不是被原始基督教本身， 93
也至少是被它的具体结果包围着。我们的语言暴露了十几个世纪以来基督教对它的影响：没有人愿意免除至少是一个基督徒的名称。这就说明了每个人都倾向于按照他自己的生活理想解释基督教，也解释了为什么我们在新约中发现了我们自己所持的人生观和世界观（至多有些轻微的改变）的现象。对于一个保守的国家教会的拥护者来说，基督教的基本教义就在于把自己交付给权势者以及国家、教会、家庭和财产制度来支配。而另一方面，自由的新教却从耶稣那里看到一个宣传自由、打破犹太正统教条枷锁、轻视禁欲戒令的人；这样耶稣就显然是一个自由探索原则的提倡者，一个创建文明的伟大英雄，他使人从迷信中解放出来，把人类推向前进；在我们的时代里，他会成为一个自由的神学教授，或者按照另一种说法，成为一个社会改革家。

但是你会说，耶稣对禁欲的苦行不是的确评价颇低吗？与施洗约翰相反，他不是免除了他的门徒实行这类苦行的义务吗？他不是因此而冒犯了法利赛人以致他们称他为贪食者和酒鬼吗？你说的不错；但是，虽然他并不禁止禁欲的苦行，他却认为他的门徒应该斋戒，他们实际上就是这样做的。但为什么他不强迫人们去做禁欲的苦行呢？是因为它们妨碍着享受生活吗？完全不是，而

只是因为它们还不够，他把这些苦行看作是过去时代的法利赛人
94 用来代替真正的礼拜而奉献给上帝的那些工作（他们以施舍和祷告、以巨款财富中的些微细末，以茴香和芹菜来代替正义的工作和对邻人的爱，以外在的节欲来代替整个生命的奉献）中的一部分。耶稣并非看不到人的心灵（即使是一颗真诚和善意的心灵）是多么容易以这种方式来蒙骗上帝和自己，因此他担负起破坏他的门徒赞颂这类事情的习惯的任务。他要求得更多，他要求心灵完全脱离尘世，把自己整个地奉献给上帝。完善的人无需进一步的准备；他浸透了那种新的精神，不再需要实行那些小小的禁欲，它们对他来说无用；当然，对于新的基督徒来说它们还是有益和生效的。保罗描述了这种完善的基督徒的生活："他们保持着这样一种情况：他们有妻子却仿佛是没有；他们哭泣却仿佛是没哭；他们快乐却仿佛是不曾快乐；他们购买却仿佛是没买什么；他们利用尘世却仿佛是没有利用；因为尘世中风行一时的事物就要过去了。"[①]凡是如此彻底地使自己从尘世解脱了的人，都无需上述准备。

这样一种精神状态不适于推进我们所称的文明是几乎无疑义的。那种心灵在天上的人是不会太情愿使地上的生活丰富、美丽和壮观的，因此他也不会非难任何对耶稣的畏惧。福音书没有一个地方说到：要积累你的财富和储蓄，关心你自己及你的家庭的经济利益；而是说："不要考虑你的生命和你要吃什么、喝什么；不要考虑你的身体以及你要穿什么，不要为自己在地上囤积财富，那儿
95 蛀虫会蛀，锈会腐蚀，贼会爬进来偷窃。"我们也绝读不到这样的

① 《哥林多前书》，第7章，第29段。

话：要关心你的自然能力的发展，通过体育锻炼你的身体，使它强健和美丽；要训练理智和感觉，以便你欣赏艺术和诗歌的创造，哲学和科学的成果；而是读到："如果你身上的一个器官使你犯罪，你就把它拔除，把它从你那里扔掉。"我们从福音书中绝读不到：努力去获得荣誉，帮助你的朋友去取得名声和地位；而是读到："当人们辱骂你时你是有福的。"我们绝读不到：去取得一个妻子，为国家抚养能干的公民；而是读到："有那为天国的缘故而阉割自己的阉子。"我们读不到：去用你的武艺或者智慧为国家服务；而是读到："我的王国不是这个世界。"我们读不到：去为人类的幸福而艰苦劳动；在新约的文献中甚至没有出现过幸福一词或者它的同义词；我们只是读到："世俗世界正在逝去，欲望也是如此。"

假如耶稣真的相信他的门徒应当有益于世俗世界，应当参加世俗世界自身认为是重要和伟大的工作，而不是宣传这个世界上一切事物的无常和永恒的王国，那么确实必须承认，他并没有做任何使人们不致误解他的事情。另一方面，如果他的目的是通过他的榜样和教导告诫人们去克服世俗世界，那么我们有权说：他的宣教不仅是十分有效的，而且是很好理解的。确实，至今还没有一个人完全成功地使他的宣教的含义不能理解。"对尘世的轻蔑"和"基督的爱"是题在两面覆盖着基督团体的隐蔽圣所的大幕上的铭文。A. 克门尼斯在他的《世界的迷宫和心灵的乐园》一书中就是如此描述耶稣宣教的含义的。仅仅"对尘世的轻蔑"并不是基督教；没有"基督的爱"，这种轻蔑就变成了叔本华的悲观主义或尼采 96
的暴君道德了；另一方面，没有与"对尘世的轻蔑"的混和，"基督的

爱”也不可能成为基督教。

但是，即使人们不能从耶稣的布道或是使徒的解释中搜集基督教的含义，他们也可以从尘世对待它的方式中了解到一些东西。假如耶稣是人的现世智慧的亲切和蔼的传播者，与他同时代的人看来就不会认为一定要把他钉在十字架上。那些亲切和蔼、举止得当、富有魅力的人们，那些自己生活也让别人生活、懂得结合“宗教”与“文明”的艺术、爱好“安逸的舒适”和欣赏“交往的快乐”的人们，是决不会被看作有危险的人而被钉到十字架上去的。假如早期基督教是后来时代的人们时常把它解释成的那种东西，那么它在当时的世俗世界上引起的可怕敌意就是绝对不可理解的了。使徒们并不这样考虑；他们显然认为他们受到的待遇并非反常。耶稣曾预见到这种情况：“你们要因我的名而受到所有人的憎恨。”“假如你们是这个世界的，这个世界会爱它自己的人；但是因为你们不是这个世界的，因为我选择了你们脱离这个世界，所以这个世界会恨你们。”“这样的时候会来临，无论谁杀你们都会以为他是在为神服务。”在耶稣那里，没有一个预言比这个预言更经常更清楚了，也没有一个预言比这个预言更准确地得到实现了。为什么有这种憎恨呢？因为基督徒蔑视现世认为是至善的东西。要恨一个人没有比这更好的理由了。那种不把皇帝和帝国视为至善的人，他不是该受憎恨吗？那种蔑视财富、厚禄及社会褒奖，脱离社交和
97 娱乐的人，他不是该受憎恨吗？他实际上不是在嘲笑其他人吗（如果不是通过言词，至少是通过他的生活方式）？那种不支持我的人

就是在反对我，这是一直支配着人们感情和行动的公理。[①]

① 关于福音书，没有比萨沃纳罗拉的生平更好的注解了，正如意大利人维拉里的出色著作中所描述的那样。福音书中的耶稣生平就像一系列画在金色底板上的圣洁图画，主角在其中以醒目的浮雕凸显出来，但缺少背景；而萨沃纳罗拉的生平却像一幅有多色背景的彩画。基本的轮廓是相同的；具体的特征以惊人的规律重现：宣扬神的国度和世界及其欢愉；力量和荣耀、文明和艺术的虚妄，这起先产生了一种奇怪的兴奋，特别是在普通人的心中，他们为这位伟大的布道者和奇迹创造者欢呼喝彩。随后，这个世界的精神上和世俗上的统治者们聚在一起商议如何制止这个破坏平和与进步的丑闻，他们确信只有消灭这个捣乱者才能做到这一点。于是，萨沃纳罗拉在所有这些有教养之人的欢呼声中受到了审判，他被当作一个伪预言家、一个骗子和一个无法自救的冒牌奇迹制造者，在狂热的民众的咒骂声中被处决。此外，在这里，我们发现亚里士多德的话得到了证实，即诗歌比历史更具有"哲学性"。福音书并不像我们所知道的那些关于萨沃纳罗拉或歌德生平的历史记载，没有人会怀疑有人愿意遵循斯特劳斯所提供的那种批判性调查。它们是源于耶稣的生与死是绝对重要的历史事实这一信念的史诗。直到今天，他们在表达和传播这种信仰方面仍然表现出独特而无与伦比的力量。如果我们有一本"科学的"耶稣传记，一本以最彻底的研究为基础，从最可靠、最丰富的资料来源中汲取素材，并以最令人钦佩的方式写作的传记，正如上面提到的萨沃纳罗拉的生平，那么与福音书相比，它的影响力仍然为零。如果效力是现实的标准，正如德语似乎暗示的那样，那么事实仍将如此：福音书是人类造就的最伟大的"现实"。在我看来，福音书的批评者和那些害怕批评的人偶尔会忘记这一点：好像福音书会被批评毁掉似的。"因为那字句是叫人死、圣灵是叫人活"(《新约·哥林多后书》3:6)。

98 第三章　旧世界向基督教的转换

1. 旧世界对基督教的看法[①]

在历史记录到的所有现象中，没有比旧世界向基督教的转换这件事更令人吃惊的了。从来没有一个精神运动像基督教那样，看起来是如此缺少可用来征服世界的一切手段。当耶稣死时，他
106 只留下十来个追随者；看来他的毕生事业并没有结下硕果。这些门徒是穷困、没受过教育的人；没有学识、没有财富、没有名声，除了受苦之外也没有其他的勇气，除了对一个超现世的王国的奇怪的狂热以外也没有任何其他纯粹的激情。这就是那些亲眼看见过基督教产生和早期成长的人们的印象。基督教起源于所有民族中最被轻视的犹太人之中，存在于对一个被这个民族作为懒散的梦想家和骗子手而驱逐、最后死于十字架上的人（即耶稣）的崇拜之中。它当时被文明人的轻蔑和厌恶压迫着，似乎不久就要像当时

---

① 莱基，《欧洲道德史》，第1卷，第3章；弗里德伦德（Friedländer），《罗马道德史》（*Die Sittengeschichte Rom's*）（译成法文）；克姆（Keim），《古罗马和基督教》（*Rom und das Christenthum*）；波尔（参阅第65页），第一部分；费舍尔（参阅第65页）。——英译者

的许多其他迷信一样湮没无闻。

在克姆的一本遗著《古罗马和基督教》中[①]，可以从希腊化罗马文学中找到描述基督教徒在其同时代人中所引起的感情的参考材料。他们受到了轻蔑和憎恨。哲学家塞尔塞斯以马可·奥勒留 99
的名义这样说："基督教徒有目的地蓄意从他们的集会排除所有有智慧和受过教育的人，像庸医只有一些最糟糕的药品一样，他们只注意那些不文明的贱民。而且，他们不像教士们通常做的那样诉诸纯洁无罪的人，而是诉诸不幸与有罪的人，诉诸罪犯，仿佛上帝不接纳无罪者，仿佛他就像一个软心肠的人一样受恶人的悔恨的影响，而不是受他自己正义判断的影响。然而，基督徒之所以只能这样做，是因为他们不可能从诚实正直的人们中得到支持者。"[②]这就是哲学家的意见。群众则把基督徒视为无神论者而嫌恶他们，相信他们在其秘密集会上犯有最隐秘的罪恶。[③] 当政者实际上直到公元二世纪才开始注意基督教（一世纪的迫害只是世俗心情的爆发），把它看作是讨厌的杂草，是国家和社会的利益要求连根拔除的。图拉真大致给了他的地方长官一道这样的命令："不要去追逐基督教徒，但如果他们被控告和定为有罪，他们将受到死刑的惩罚。当然，如果这种罪犯摒弃基督教并通过尊敬我们的神而证实这一点，那就可以宽恕他过去的罪行。"[④]这基本上就是当局在公元二世纪时候的态度；我们不能不同意克姆的意见，即不可能

① 由齐格勒（H. Ziegler）出版，1881 年。

② 第 402 页。

③ 第 362 页起。

④ 《古罗马和基督教》，第 520 页。

选择比这更恰当的压制基督教的方法了。通过在不予惩罚和大肆迫害之间保持中道，当局一方面阻止了新宗教通过官方许可的礼拜形式来传播，另一方面又剥夺了迫害常常加在一种新宗教身上的吸引力。只有那种被讯问时明确地拒绝对国家和民族的神祇表
100 示任何尊敬的顽固不化者才受到惩罚。因为，一个习惯于把礼拜部分地看作是臣民的义务、部分地看作是满足无害的私人欲望的时代，不能不像马可·奥勒留轻蔑地称呼基督徒的上述拒绝一样，也把这种拒绝看作是“纯粹的顽固”[①]。

但尽管如此，不可思议的事情还是发生了。基督教逐渐扩展，直到最后成为幅员辽阔的罗马帝国各民族联邦的统治宗教。这是怎么发生的呢——旧世界竟背弃了它的宗教？这又是怎么演变过来的呢——希腊和罗马人竟皈依于这样一种宗教，这种宗教蔑视一个希腊人和罗马人只有否定自己时才可能蔑视的一切，蔑视科学与哲学，诗歌与艺术，祖国与神灵？

2. 转变的原因：古代道德在罗马帝国中的衰落

每个试图去理解这一过程的人总是使自己达到这一通常的结论：旧世界已经衰朽，旧的生活已濒于灭亡。古代人以城邦的形式生活，至高无上的自由公民权承担着古代的各种德性。而城邦从内部和外部两方面来说都被毁坏了：从内部说，它的公民分裂为以流血的方式对抗着的富人和穷人两大派；从外部说，它被并入罗马

① 《沉思录》(*Reflection*)，第 11 章，第 3 段。

帝国，整个世界都由罗马法庭统治着。所以塞涅卡让皇帝在他的著作《论怜悯》中这样说（他以此书恭维登基的年青的尼禄）[①]："我不是从所有凡人中被选出来作为神在地上的代表而统治世界的吗？我不是决定着各民族的生死吗？每个人的地位和命运不都是由我掌握吗？司命女神不是通过我的嘴来宣布她要赋予每个人的东西吗？各民族和城市的欢庆不都是由于我的宣告吗？帝国任一
部分的繁荣不都是依赖于我的意志、我的赞许吗？成千上万把剑 101
不都是按照我发出和平的命令而入鞘，又依照我发出战争的命令而出鞘的吗？一个民族是消灭还是迁移；自由是给予还是剥夺；国王是加冕还是废为奴仆，城市是毁灭还是建设——这些不都是有赖于我的命令吗？"当这种超人的权力像通常发生的那样成为自由民和高等妓女的玩物时，一个多么可怕的腐烂的深渊就横在罗马人的面前，并以它的腐臭毒害着所有的民族和王公贵胄。

在这样一个帝国里不再有多少容纳旧德性的地方了。在古代各民族中，所有的德性和美德都与国家相联系，这一点完全不同于现代相应的各种德性。四种基本德性：明智、勇敢、正义和节制，本质上都是公民德性。而旧团体的崩溃就使它们失去了赖以生长和发扬光大的土壤。奴颜婢膝和拍马术、背信弃义和强暴代替了勇敢与正义，成为获得财富、权力和名望的手段；在罗马帝国时期，某些皇帝的善意也只能在一个狭小的圈子里和很有限的程度上阻止这些事情。节制的德性也随着男子汉气概和光荣一起消失了。一方面是浮华和奢侈，另一方面是无产者的悲惨，它们取代了美好而

① 《仁慈》(*Declementia*)，第1章，第2节。

有节制的享乐。

弗里德伦德在他的《罗马道德史》中，为我们提供了一个公元头两个世纪古罗马帝国城市生活的可靠报道。如果我能相信自己的印象的话，我可以说任何一个人看完这本书都不能不留下一种恐怖的感觉（虽然此书并不是有意要让人产生这种效果）；人们感到恐怖的是：和这种巨大的财富和权力、这样的壮丽辉煌联系在一
102 起的，竟然是这样一种可怕的空洞和荒唐的生活！这个大帝国的主要目的看来就是供养大都市的平民并使他们得到娱乐和消遣。罗马不是一个工业城市，它实际上没有任何商业和创造业，而只有一个巨大的输入：日用品从世界的各个地方源源不断地运到这儿来以供消费。由零售商实行的这些日用品销售构成了第三阶级收入的一个最可喜的源泉。公共管理机关看来本质上是一种剥削外省的制度，它是通过某种良好的家庭似的联系，通过元老院和军队来实行的。城市的居民可分成两半：榨取外省的统治家族和作为食客寄生于这些吸血者的群众。彼特拉尼写道："你在这城里见到的所有人都被分成两派：他们或者是攫取者或者是被攫取者。"或者用一个比喻："你看到的城市就像鼠疫期间的一片旷野，那里别的什么也没有，除了尸首和正在吞食它们的乌鸦。"[①]乌鸦就是大群的贵族庇护下的平民、乞丐、谋求遗产者、歌手、演员、画家、占星家，以及各种各样的寄生者；而喂养他们的尸首则是指那些大宗财产的所有者、大资产者；他们在罗马大肆挥霍他们的祖辈在统治外省时掠取的钱财，或者是他们自己通过收礼和谋求遗产获取的钱

① 弗里德伦德，《罗马道德史》，第1卷，第371页。

财。每个贵族家庭都在它的大群奴婢之外还赡养着大群它庇护下的平民，这些平民的唯一职责仅在于通过他们的在场(在早晨他们出现在这贵族家里的中庭，或者伴他散步)来证明这贵族的高贵身份。他们因他们的这种服务而得到奖赏，接受膳宿或生活费和不时的赠品，而且在他们看来，这种供给当然还是不够大方的。

除此之外，大都市的居民群众还直接受到国家的供养，这甚至在罗马共和国晚期就是这样了。根据乌尔霍恩[①]的材料，塞琉 103
斯·格拉古第一个制定了一条法律，规定国家以成本价格把小麦贱卖给罗马公民，而这不久就变成了免费分配。据说凯撒发现城里的这种谷物接受者有三十二万之多以后，曾把他们的人数削减至十五万。而到奥古斯都治下人数又增至二十万(当时约有一百五十万居民)。这些人也接受油盐、肉类和金钱的赠礼；在所有特殊的场合，例如皇帝登基、周年纪念或者订立遗嘱时，总是有一些东西留给“这些人”。乌尔霍恩估计每年这种捐赠钱款的平均数大约相当于六百万马克。

统治阶级关心的第二件重要事情就是使群众得到娱乐。为此目的设立了剧院、圆形竞技场和圆形剧场、大浴室，等等。这些事情也是在共和国时期就已开始了；为了获得投票者的好感，花在举办竞技和演出上的开销不断增加，这些娱乐是成功的竞选者所必须安排的。帝国时期，赛马会、角斗和演出，尤其是赛马会，取代了公共事务的地位。一个哑剧演员曾经向奥古斯都喊道：“皇帝！人

① 《古代教会中的基督教慈善事业的历史》，第 10 页以后。

们都迷醉于我们是于你有利的。”[1]在后来的皇帝统治下，这种竞
技和演出的壮丽堂皇和次数不断增加。在奥古斯都时期历法上的
节日占了六十六天；到台比留时期不算常有的角斗竞技，节日数增
加到八十七天；而在四世纪中叶，节日数达到了一百七十五天；除
此而外还有特别安排的竞技和演出；在为佛拉维安圆形剧场举行
104 落成仪式时，提多安排了一次持续一百天的庆祝；在纪念第二次达
西安胜利时，图拉真安排了一个持续一百二十三天的庆祝。所有
较大的表演都是拂晓时开始，一直持续到日落。三个剧院的座位
数合起来是四万九千五百九十；圆形露天剧场座位数是八万七千；
圆形竞技场座位数在凯撒时是十五万；在维斯佩基安时是二十五
万；在公元四世纪是三十八万五千。皇帝也常常给观众提供饮料
食品。“在公元88年多米提安规定的一个节日中，那些年轻漂亮、
穿着华美衣裳、在圆形剧场中服务的帝国仆人的数目，和观众的数
目一样巨大。他们有的带来装在篮子里的昂贵的食品和洁白的桌
布，有的带来陈葡萄酒。孩子与妇女、平民与贵族以至元老院议
员，人人都一起参加筵席；皇帝本人也谦虚地亲临就餐，最穷苦者
因知道他是皇帝的客人而感到快乐。”[2]

庆祝一般在圆形剧场举行，聚集人最多的中心一般是斗技场，在这个大屠场里有罪犯、奴隶，尤其是还有来自各民族的战俘，为了斗技的目的他们首先在剑术学校接受训练，然后为了皇帝的客人的快乐而互相杀戮。奥古斯都时期，他曾安排一万人参加八场

---

① 《罗马道德史》，第2卷，第257页。

② 同上书，第277页。

角斗，在图拉真于征服达西安之后所举行的一次持续四个月的庆祝中，同样安排了一万人进行角斗。这样，各民族的战俘就获得了再一次在世界的主人面前战斗并在他眼皮底下死去的光荣了。在斗技场中，各民族战俘的血与世界上各种动物的血混合在一起。在庞培的斗技中，有十七头象、五百到六百头狮子和四百一十头别 105
的非洲野兽。在奥古斯都安排的仅仅二十六场斗技中，有大约三千五百头非洲动物被追逐和屠杀；而在提多庆祝佛拉维安圆形剧场建成时，有大约九千头驯养和野生的动物。新的更精致的装置不断被发明：增加了夜战，水战和陆战交替进行，角斗场里灌满了水。皇帝和元老、平民和贵族、男人和妇女就集合在这一血腥和可怕的场景周围，吃着喝着、吼着叫着、大笑和喝彩：这是一幅多么可怖的画面，一个多么可怕的城市；在这个世界上还从没有过这样一种情景。罗马的道德史是对圣经《启示录》的注解。

外省也模仿首都，总督们跟着学皇帝的样。在所有城市里都可以看到社会同样被分成吸血鬼和寄生者两类。市政当局本身通过分配公职和荣誉寄食于少数富翁。此外，无数的平民侍从也使自己牢牢依附于富有之家。我们在每一个城市都可以看到剑术格斗和猎捕野兽：“从耶路撒冷到塞维利亚，从英格兰到北非，没有一个城市不是年复一年地有无数的牺牲者遭受屠杀。”希腊的平民百姓仅仅保持着他们以前的风雅和文明的些许痕迹，只能逐渐和困难地在这些游戏中发现快乐，而希腊的文明阶层则使自己完全避开这种快乐。他们也不可能再从剧院的演出中得到较大的快乐，那些滑稽戏、哑剧和芭蕾是为世界的统治者助兴的。“在马戏场和角斗场提供的热狂的兴奋面前，舞台除非提供粗暴的享乐以刺激

感官，否则就不可能再保持它对群众的吸引力。所以，它并没有抵
106 制上述那些不同表演的有害影响，而是对罗马的腐烂和残忍化也
起了不小的作用。”[1]从所有这些情况中产生了一种十分可怕的堕落放荡，这我们可以从彼特拉尼的《特内玛契亚的盛宴》一书中看到，这本书以照相般的精确性描述了从尼禄时代以来的一座意大利小城的生活。在靠商业投机致富的库曼的自由民的筵席上，那些宾主们所表现出来的趣味情感的粗俗，像要超过在暴发户和寄生者的圈子里所能看到的一切。

3. 帝国时期的道德自我意识：爱比克泰德、马可·奥勒留、新柏拉图主义

所以，一种深深的不满的感情伴随着这样一种生活是不奇怪的。根据众所周知的亚里士多德的格言，快乐跟随着有作为的行动；而懒惰与玩乐的生活的结果总是痛苦和恶心。

哲学是时代情感的一面镜子。从事哲学研究的人（我在此指严格意义的哲学研究，因为在每个富贵之家的寄食者中当然有所谓的“哲学家”）不是沉溺于我们描述过的那种生活的人，而是那些努力想摆脱那种生活却还是不能使自己脱离自己的时代的人。他们感到他们的存在的极端空虚，他们的哲学是一种救赎的哲学。人们追求的所有事物的无价值，通过哲学而得救的可能性，这就是塞涅卡、爱比克泰德、马可·奥勒留思考的主题：退隐到你的心灵

① 《罗马道德史》，第 2 卷，第 391 页。

中去，不要去欲望不在你力量范围内的事情，让世界任其发展，你要保持自己心灵的平和，这就是结论。“不要力求使事物照你希望的那样发生，而是希望那碰巧就照它们事实上发生的那样发生的事物，这样你就会使生活成为一道平静的溪流。”“当一只乌鸦发出不吉利的叫声时，不要让这一现象使你烦恼，而是直接在心里做出一个明辨，说任何这样的事情都不关系到我，而只是关系到我的可怜的身体、我的小小的财产，或我的名声、我的孩子、我的妻子。如果我这样想，那么所有现象的含义对我都是吉利的。因为无论这 107
些事情有什么结果，我都可以从它获得好处。”“要记住在生活中你的行为应当像出席一个宴会一样，如果有什么事情来到你面前，伸出你的手去，端庄地接受这一份额吧；如果它从你旁边溜过，不要去阻留它；如果它还没有来到你这儿，也不要去热望它，而是静待着它的来临。这样地对待孩子，对待一个妻子、对待掌权的官员、对待财富，那么你将在某个时候成为神的筵席的一个有价值的伙伴。但如果你不去取任何放在你面前的事物，甚至轻蔑它们，那么你就不仅是神的筵席的伙伴，而且和他们一样有力量。因为采取了这样的行为，第欧根尼、赫拉克利特及其跟他们类似的人是配得上神圣的，是被大家这样称呼的。”“让死亡、流放以及别的一切看来可怕的事物在你眼里都成为平常的东西，而尤其是把死看成这样；你决不要把任何事情想得太好，也不要过分地去关心任何东西。”这就是爱比克泰德所说的。[①] 忍受和放弃——这就是智慧的最终目的。

① 见《道德手册》，第 8、18、15、21 条。

在马可·奥勒留的《沉思录》中，这种虽然安静顺从但却忧郁的感情甚至还要强烈。“在人生中，时间是一个点，实体处在流动之中，知觉是暗昧的，整个身体的结构是易朽的，心灵是一个漩涡，命运是难以预测的，名声则是一种因为缺少判断力而产生的东西。所以一言以蔽之，属于身体的一切是一道水流，属于心灵的是一个梦和一片雾，生命是一场战争，一个过客的逗留，身后的名声很快
108 就落入忘川。那么，能够使一个人持身处己的是什么呢？只有一件事——哲学。而哲学在于在一个人心中保持着一尊守护神，使他摆脱狂暴、免受损害、超越苦乐，做任何事都有目的，而且满怀真诚，不去感受另一个人做或不做某事的需要；此外，要接受所有发生的事情、所有命运安排的东西，无论在什么地方都这样，就像它是从自己这儿产生的一样。最后以一种欢乐的心情等待着死亡来临，就像它只是这样一件事情——那配合成每一生命的成分分解了。”[①]“要不断地想到所有事物都是它们现在所是的样子，在过去如此，今后也将同样如此。出现在你眼前的全部东西都是同一种形式的戏剧和演出，无论它是你从经验中得知的还是从历史中了解到的。例如：哈德连的整个表演，安东尼的整个表演、菲利普、亚历山大、克劳塞斯的整个表演，所有这些都是我们现在所见到的这种戏剧，只不过演员不同罢了。”[②]“表演中的懒散动作，在舞台上的扮演角色，群羊，放牧，习剑，将一块骨头丢给小狗，一点面包屑扔入鱼塘，蚂蚁般的劳作，负重，如吓坏了的小老鼠跑着转圈，由几

① 《沉思录》，第2章，第17段。

② 同上书，第10章，第27段。

根线操纵的木偶……在这样一些事情中表现你的高度幽默而非骄傲是你的职责；然而要理解，每一个人以及他本人忙着的事情都是有价值的。”[①]“那么，什么是我们应当倾注心血的东西呢？是这样一件事情：正当的思考、友好的行为、诚实的话语，以及把所有发生的事情作为必要的、平常的、来自同一种原则和根据的东西而愉快地加以接受的气质。”[②]“抛弃意见，你就会得救。那么是什么阻碍着你抛弃它呢？”[③]“考虑到一切都是意见，意见是在你力量范围内的东西，那么当你作决定时驱除你的意见吧，你将像一个绕过了海 109
岬的航海者一样，发现一个平静的、风平浪息、一切都呈于稳定的海湾。”[④]

莱基说：“确实，很少有这样的积极不懈的德性，它与如此少的热情结合在一起，为如此少的成功所鼓舞。”[⑤]

我们在这个时期的哲学中发现了同样的特征。芝勒在他的《希腊哲学史》的最后一卷中，以“新柏拉图主义的先驱们”的题目所包括的思潮（包括新毕达哥拉斯派、后期犬儒派、苦修派教徒、斐洛的希腊化犹太哲学）全都根源于同一种生活情感，表现了同样的特征；它们宣传服从和忍受，宣传对这个世界的回避，宣传禁欲主义，宣传灵魂回到自己的真正故乡——超感觉世界。它们把肉体生活看作一种牢房中的生活，死亡则是从这牢房的解放。旧哲学

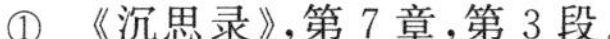

① 《沉思录》，第 7 章，第 3 段。
② 同上书，第 4 章，第 33 段。
③ 同上书，第 7 章，第 25 段。
④ 同上书，第 7 章，第 22 段。
⑤ 《欧洲道德史》，第 1 编，第 253 页。

的最后一个派别新柏拉图主义，表现了一种利用所有先前的哲学研究成果的卓越能力。它构造了一个建立在这种情感上的世界观体系。柏罗丁哲学的最终目标就是一种纯粹超自然的伦理学。通过使自己摆脱感官冲动和感觉知识，灵魂能够完全放弃它的世俗的和个人的自我意识，通过一种忘形的狂喜使自己飞升到与神的交流之中。这样，灵魂就回到了它所根源的地方，实现了它的最高使命。据说柏罗丁拒绝别人为他画像，因为他为自己的身体感到羞愧。这样哲学就成为一种正如苏格拉底曾经称呼过的：对死亡的研究。

当然，如果认为这一哲学思潮反映了时代的普遍观念那将是一个错误。弗里德伦德在他的著作中论述哲学与时代关系的一节
110 中，举出了一系列证据表明哲学并不是没有它的敌人和轻蔑者的。受过教育和没受过教育的人们都嘲弄哲学家，认为他们是可笑的傻瓜，他们的那种无用技艺既不能使他们获得利益，又不能使他们获得名声，也得不到钱财和赞扬。同时人们还厌恶他们，认为他们的话及生活方式对自己的渴望是一种轻蔑和责难。许多人认为哲学的职业至少对于政治家是不适当的，甚至经常考虑它对国家是危险的，公元一世纪时，哲学家们两次被逐出罗马。哲学与它的时代的关系决不在于它表现了这个时代所拥有的东西，而宁可说是表现了时代所缺少的东西，它展现了生活在这个时代里的那些最敏感最深思的人的欲望和追求，他们的理想包含着当代的特征，但只是从否定的方面表现出这一特征。但是就所有的历史进步都植根于缺少或不安的感情而言，我们也可以说哲学家是将来的预测者，我们不仅可以从他们得知现在是什么样子和人们尊重什么，而

且可以得知将要来临的是什么。在这个意义上我们可以把罗马帝国时期的哲学看作一个信号，它表明在古代人的内心生活中将要发生一个彻底的变化，他们的最深的渴望不再是自然生命的发展和完善，他们已在这个世界的快乐和痛苦中耗干了自己，从而开始怀着一种秘密的思慕渴求得救。

4. 对一个救赎的宗教的渴望

基督教通过给他们提供救助，提供一种超世俗的永恒生活，超感觉的光荣，满足了这个时代的最隐秘和最深刻的思慕。哲学家专门带给受教育者和出身高贵者的东西，被基督教应许给贫苦者和有罪者、软弱者和负重者，这就是从世俗的畏惧和欲望的束缚中（在那里心灵被世界及其现象压制着）的救度。前者认为得救是知识的结果，后者则认为是恩惠的结果；就哲学家们的气质完全不同于基督教的气质而言，他们自然抱有过去那种对德性是自为而成的骄傲，或自以为正当的感觉。但是两者在对人生和人类的判断上几乎是完全相同的。

基督教并不是唯一的从东方传来的并在那个时代得到支持的宗教。埃及、叙利亚、波斯人所崇拜的神及其仪式也曾在罗马帝国获得虔诚的皈依者。无论旧的和新的犹太教也是一样。（基督教开始也被认为是一种新犹太教）。弗里德伦德报道了这种情况：[①]通过各民族的彻底混合，外邦的宗教崇拜也被接纳。他发现，多神

① 《罗马道德史》，第 3 卷，第 4 页。

教实际上并不排除新合并的民族的神，而是留给它们一个特殊的行动领域。在外邦土地上的罗马人毫不犹豫地去求拜本地的神。民族间的混合无疑是宗教混合的原因，但为什么这些东方的崇拜，即对叙利亚人的贝尔和埃斯达特的崇拜，对埃及人的爱塞斯和欧塞内斯的崇拜，对波斯人的米斯拉的崇拜，会对罗马帝国的人们具有如此的吸引力呢？因为，正像伯克哈特在他的杰作《康斯坦丁大帝时代》中所恰当强调的那样："后来的罗马人在高卢和在任何别的地方一样，以他们真正具有普遍性的迷信顺应于当地的崇拜，但是却没有任何高卢的神被移入意大利或希腊；"[①]而东方的宗教崇拜实际上却在希腊和罗马生根。这一原因只能是如伯克哈特所指出的：由于东方宗教的内在特性满足了罗马社会的某种需要，而这种需要已不能再为旧的罗马宗教所满足。这些东方宗教的特殊性就在于：它们本质上都是一种关于死后生活的理论。在经过严格

112 的忏悔和压制自己的情欲之后，信徒被应许得到宽恕和纯洁，借此逃脱在来世将施给顽固的罪人的惩罚。在许多这样的东方宗教中，人的牺牲和自我残害是司空见惯的。一种死后生活的思想对于早期古希腊罗马来说是相当陌生的；在它看来，此世的生活是真正的生活，而死后的生活只是现在生活的一个影子。人们对死后的关心仅仅是要在活着的人们中间保持一个好名声。[②] 在罗马帝国时期却逐渐发生了一种变化：以牺牲此世为代价的来世得到了日益增加的重要性。现在旧的神灵已不可能再满足人们的需要

① 第5节。

② 《罗马道德史》，第3卷，第5页。

了。不仅对于古典时代的人，而且对他们的神灵来说，来世也是一种陌生的思想。古希腊罗马的神是活人而不是死者的神，它们是尘世礼物的给予者和保存者，它们赋予它们看中的人以健康和美丽、胜利和财富，并在欢乐的节日里得到光荣的回报。它们对死者没有任何事情要做。因而时代通过寻求新的神和崇拜形式来表现它对将来生活的渴望，并在东方的旧宗教中找到了这些东西。

5. 基督教的优势

基督教在斗争中战胜了它的所有对手(别的东方宗教)，是什么使它得胜的呢？我们确实有理由相信是靠它的内在价值。首先，也许是对基督会很快回来裁判世俗世界，并建立荣耀之国的通过感性及超感性的确信，给了基督教徒以力量轻视世俗世界，并把这种不可抗拒的力量灌注在他们的宗教之中。加之，因为这个原因，在基督教传教者中的团体精神要比别的宗教团体的团体精神强得多；他们带着某种骄傲的感情，把自己视为一个从世俗世界中挑选出来的圣徒的团体，视为荣耀之国的成员，把自己现在逗留在
肉体中看作只是一个偶然事件。这种同世俗世界的分离，得到了 113
他们的礼拜的带有妒忌心理的排外性的鼓励。这种排外性是由犹太-神教遗传来的，它把所有对其他神的崇拜都视为偶像崇拜。一个宗教获得支持者的力量是同它与其他宗教混合的趋势成反比的。再者，基督教团体的创立者表现出比其他宗教的追随者更大的自我牺牲精神；虽然那些宗教也都要求牺牲，都有自己的殉教者，但它们没一个有像基督教那么多的殉教者。任何布道都不会

比从一个十字架上宣教能使人产生更深的印象，这是一个可惊叹的事实，一个并不使人性显得光彩的事实。最后，基督教信仰在某种意义上也满足了理性。新宗教作为一个把上帝尊崇为一种精神的理性的-神教，要比旧的通俗宗教的那些信者寥寥的神话更易被人接受，也比许多东方的荒唐迷信更易被人接受。

6. 在古印度社会中的类似发展

也许对希腊和罗马人向基督教的转换这件事还可以有一个进一步的解释。我们可以把一个民族向一种**救赎的宗教**的转换视作它的整个精神生活发展的最后一步。我斗胆推荐这一观点，就是此类的生活的进化，类似于一个人类个体的生活发展，对两者的认识也是相近的。我想这个观点当然是无问题的。于是我们可以说，救赎的宗教是一个民族老年的产物：一个民族在它年轻的时候产生神话和英雄故事；在它的成年产生哲学和科学；在它的晚年则产生一种安慰的哲学和一种救赎的宗教。我们可以比较一下与观念世界中的发展阶段平行的现实世界中的发展：年轻人渴望追逐和战斗；成年人转向工作和收获，转向商业和工业；老年人则放下
114 他的工作，靠他以前的成果生活，他渴望休息、从现实撤离，在对过去的回忆和对来世的思考中生活。因此，新宗教代替了诗歌和科学、工作和斗争，给人生的黄昏以希望的微光。

亚利安种族在东方的一大支派也经历了同样的发展，这一事实对老年民族转向基督教的观点是一种支持。印度人也曾在类似的尚武神灵保护下，为了获得在印度河与恒河流域的居住权，进行

了一系列征服和战胜的事业。他们也曾达到一个较高的精神和经济发展阶段。最后，在他们中间，对文明的希望也变成了宗教的虔诚。婆罗门教、尤其是佛教内在发展的结果对于东方，正像基督教对于古希腊罗马社会一样。它们的人生观在细节上也表现了如此惊人的一致性，以致使我们常常相信基督教的源泉之一是印度宗教。作为明智的佛教格言的佛法的命令，[①]常常在意义和语言上都跟登山宝训的格言完全一致。根绝情欲，忍受邪恶而不愤怒不报复，纯洁心灵与平和性情，这些既是给予佛教徒也是给予基督教徒的命令。而力图实现这些命令的生活方式也展示了明显的一 115
致：我们在印度社会中可以看到修道院、僧人及其三个誓约：贫困、怜悯和卑微（或服从）。

当然，在佛教与基督教之间也存在着由两个创造者所决定的根本区别。在释迦牟尼这位启蒙者那儿，没有激情，我们甚至可以说没有个人意志，他是一位温和的教导者，从一个地方旅行到另一个地方，传播他发现的“生活即痛苦”的真理，宣称得救的方式是通过对存在本质的认识，耶稣的生活则是一场跟世俗世界、跟邪恶的战斗，那邪恶是以撒旦的形象出现在他面前的。释迦牟尼的死是

① 有关的德文译文见 W. 韦伯的《印度研究》（*Hindoo Studies*）第 1 章，第 29—86 页。H. 奥登堡（H. Oldenberg）的力作《佛陀——他的生平、理论和命令》（*Buddha, his Life, his Doctrins, his Order*）（1890 年第 2 版）为解释和领悟这些说教提供了历史的基础。在丹克尔（Duncker）的《古代史》（*History of Antiquity*）第 3 卷中，我们可以追溯到印度民族精神的发展，在那里一个文明阶段和一个宗教阶段的对立是很明显的。[见保罗·卡鲁斯（Paul Carus）的精彩小书《佛祖的箴言》（*The Gospel of Buddha*）和其中的《参考表》（*Table of Reference*），第 231—241 页；也见 241—242 页他给出的参考书目。——英译者]

一团火焰安静的熄灭，而耶稣的死则是一个英雄的胜利的死。耶稣的话是引起激情的火焰；释迦牟尼的宣教则是单调的重复，我们几乎可以说它有一种催眠的效果。叔本华断言基督教在一切方面都劣于佛教，这只能解释为他对基督教（或宁可说对教会和神学）有一种先天的厌恶，否则他就不可能看不到：从纯粹人类的和诗意的立场来看，基督教的价值比佛教的价值要高得多。生存意志在西方是更为发展的，至少在它的转换中表现了更多的戏剧性。但是，就上面描述的差别只是两个民族原始的或后来获得的特性的不同表现而言，我们可以说：基督教和佛教是相互对应的发展阶段。

第四章　中世纪的人生观 116

1. 日耳曼诸民族向基督教的转换

中世纪乍看起来是绝对受基督教人生观支配的。教会的结构里容纳了中世纪人整个的精神生活，教义支配着知识，建立在疏远世界与否定自我原则上的修道院生活则被无保留地接受为立身处世的理想。确实，贫困、贞洁和服从这三条修道院的誓约，不意味着别的而恰恰意味着根绝自然人的三个最强烈的冲动：即对占有财产、家庭生活与名望和权力的冲动。事实上，全部牧师都是负有服从修道生活规则的义务的，他们的使命就是向人们示范基督徒的生活，但是教会在把修道生活加给修道院外的牧师方面并没有完全成功；独身生活仅仅是逐渐实行的。

然而，如果以为中世纪生活真的与古罗马时期基督教团体的生活一样，那就错了。只要我们上面述及的有关救赎宗教性质的观点有几分真实性，情况就不可能是那样。如果我们可以继续对集体生活与个人生活做比较的话，那么可以说，中世纪并不代表日
耳曼诸民族的老年，而是代表它们的学生时期；它们学习古代的风 117
俗习惯，学习语言与科学、哲学与宗教、实用的和优美的技艺。所

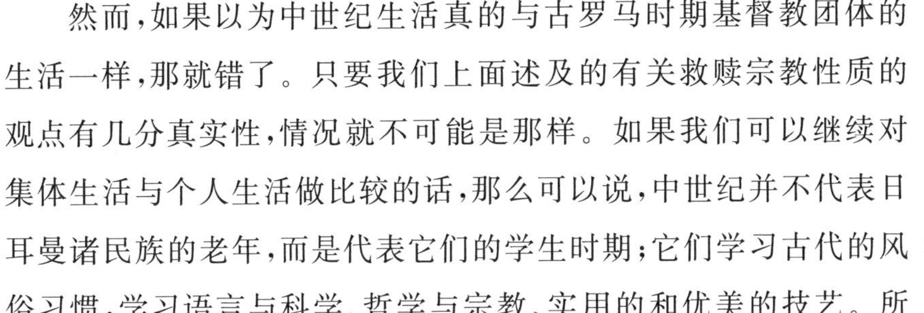

以，这些年轻的民族只能像一个学生那样转换（在转换这个词的真正意义上）。它们只能转换自己过去的生活，发现这生活并不合神意。老年民族的转换是在一个长时间的灿烂的文明化过程的末尾，它们在通过满足欲望而仍找不到幸福之后，转而通过解脱欲望来寻求平和。而当日耳曼人成为基督徒时，他们却几乎还没有跨进文明的大门，不可能怀着跟古代人同样的感情接受洗礼。

他们的基督教化的历史也印证了这一点。古代人向基督教的转换是绝对自发和发自内心的。基督教并不像后来的伊斯兰教那样依靠武力来到古代人之中，也不是依靠较优越的文明和科学，它并不拥有这些东西中的任何一样，相反，正是缺乏这些东西，基督教才构成了自身的一种基本特征。它的胜利不是靠政治的手段，而是靠与政治权力的对立。当然，在它确立之后，在它自身也变成一种权力之后，这种状况很快就改变了，那些使一切东西都有助于自己的目的的政治家们也利用了基督教，国家本身就成为基督教的，或者基督教被组织成一个国家，偶像崇拜的最后残余最终被政府消除了。自然，所有这些不能不影响到基督教的内在本性；自从出现基督徒皇帝（德尔图良宣称这在概念上就是矛盾的）以来，教会就不再像原始基督教团体那样尖锐地反对世俗世界，在基督教与世俗世界之间发生了一系列调和：基督教对世俗世界做出了必
118 要的和解，这不是为了征服世俗世界而是为了统治它，这样教会在罗马帝国晚期就发展成为一种新的世俗权力，但这并不是说它就没有先为一个非世俗或超尘世的基督教信仰而在修道院中创立一个隐避所，教会对修道生活的高度评价表明它还是意识到了基督教与世俗世界的真正关系。

日耳曼诸民族的转换过程完全不同于那些旧民族向基督教的最初转换，我们甚至可以说，它们不是向基督教，而是向教会转换。政治手段和高压政策总是在接受洗礼中发挥作用，且常常是起主要的作用。产生日耳曼诸民族的各个日耳曼氏族都是在武力逼迫下加入基督教——其实倒不如说是加入法兰克帝国的政治教会体系的。查理曼大帝的战争和统治的历史讲述了撒克逊人的血腥腥的“转换”故事。在公元785年的帕德波恩的牧师会决议中这样命令：凡是拒绝洗礼，在四旬斋期间任意吃肉，或者仿效异教风俗焚烧尸体的人都要被处死。另一个较后的牧师会决议则命令：凡是不能背诵祷文或信条的人将要受到肉刑或关押的惩罚，不论那是一个男人还是妇女。

2. 心情与生活方式

正像日耳曼人的转换不同于古代人的转换一样，他们的人生观与生活方式也不同于原始基督教。中世纪不厌倦世俗世界和讨嫌生活，而是充满要完成伟大事业的精力和渴望。那些具有真正基督教心情的个人并不缺少；许多中世纪教会还赞美厌倦世界的情感，以及感伤地表现出来的从这种悲哀中得到解脱和回到天国故乡的渴望，但这并不是占支配地位的心情。在教会诗篇的旁边
繁茂地生长着大众的叙事诗或英雄诗篇，它们较接近人们的心灵， 119
在整个中世纪期间得到广泛的口头流传。它完全不同于基督教，其中最受赞扬的德性不是放弃和忍受，而是凶猛的勇敢；在《尼伯龙根之歌》中跟《伊利亚特》一样，好战的勇士是理想的人物。仁爱

敌人和宽让邪恶对日耳曼战士来讲跟对荷马时代的英雄来讲一样，都是不堪容忍的。对他的朋友来说是稳固真诚的朋友，对他的敌人来说是凶猛可怕的敌人——一个这样的人才是真正的人。有关耶稣生活的古老的撒克逊诗篇把耶稣描绘成一个威武有力的领主，把他的门徒描绘成他的侍从；这种变形表明撒克逊人无法想象真正的耶稣及其门徒。抒情诗跟叙事诗一样缺乏基督教精神，它歌唱的是爱情的悲喜、春天的欢乐和对世界的热爱。

这些诗直接来自人们的心灵，它们无疑是人们**实际**生活的一面真实的镜子。根据轻蔑尘世及其快乐的福音书中的命令来判断，中世纪日耳曼诸民族的生活并不是一种基督徒的生活。在那里战争是人们的伟大事业，战争的消遣和角逐占据了贵族们的闲暇。饮食和交往的快乐也得到赞扬，两性关系成为一门艺术和研究的主题——所有这些，都在威因厚德的《中世纪德国的职业》中得到了详尽的陈述。

3. 牧师

牧师们的实际生活也不像通常认为的那样，总是完全符合它的禁欲理想。教皇铭记基督的命令，把自己称为上帝的仆人的仆人，但实际上却是世俗世界的主宰；主教们则是王族和总督，在他们中间有很多人对他们的领地和子民、权力和财富，比对灵魂的得
120 救更为关心。修道院，那被认为是非世俗精神和禁欲主义繁茂的地方则是文明的中心，偶尔也是奢侈和世俗享乐的场所。本尼狄克会和西斯特先会的修士们无论到哪儿都带着手艺和技术，园艺

和农艺。甚至异教科学和文学的宝藏也在修道院找到藏身之所，被修道院为了后代而保存下来，这是人们常常为此称赞修道院的一项贡献。这种称赞是应得的，然而奇怪的是，这些奉行基督教禁欲精神的人竟然不仅在誊写奥维特、贺拉斯的诗篇及亚里士多德、卢克莱修的作品方面，而且在研究、解释、模仿，因而不断保持这些著作的生命方面寻求和获得赞扬。从这个观点来看，另一件事也同样令人奇怪：那些军事教团的成员，作为基督的战士在其服务中既佩着刀剑又戴着十字架，既披着铠甲又穿着法衣，既通过打击造成伤害同时又包扎受害者的伤口。

中世纪的**理智**生活是直接受教会支配的，它在这方面也不同于原始基督教。一种强烈的、年轻气盛的对知识的渴望是可以明白无误地发现的；这一时代虽还不相信自己的力量，它依靠其他的时代来确立自己的科学，但它从任何可能找到科学的地方来汲取科学；从异教徒、犹太人、撒拉逊人的书中，中世纪大学的学者获得了他们对事物的知识。经院神学本身就是一种使神圣的教义理性化的最初的谨慎尝试。安瑟尔谟说："我信仰是为了我可以理解，"正好表现了中世纪神学的特征，它的目的并不在于创造一个新的真理，而是认为已有现成的真理，但需要占有，或者说，是要依靠自然的理性来掌握那根本上是通过信仰接受的真理。这就是中世纪理智努力的最终目标，而这个目标却随着理智努力的进展被发现越来越不能达到。我们不能说这一目标是符合原始基督教精神 121
的；至少保罗（正是在他那儿，"基督教的显得愚蠢的宣教"最早碰到了希腊的智慧）并不梦想调和信仰和理性，或者使得救的真理可为自然理性所理解。德尔图良说"**正因其**荒谬我才信仰"，他的观

点显然更近于保罗而不是更近于安瑟尔谟。试图理解信仰的欲望在某种意义上说正是试图从信仰解放出来并超越信仰的开始。所以，路德感觉到了这一点，他厌恶经院神学和哲学，因为它们把基督教信仰与亚里士多德的异教智慧混合起来了，路德希望恢复基督教信仰的纯洁性。

因此中世纪基督教跟原始基督教并不是同样的。不仅日耳曼人被基督教化了，基督教也被日耳曼化了，基督教侵夺了年轻民族对文明的自然欲望，彻底地浸染了它们的精神。而且，如前已述，它甚至从古罗马帝国时候起就逐步建立起一种较积极的与世俗世界及其目标的联系，从而为把旧文明的成分与新信仰一起带给新的民族作了准备。

4. 教会与世俗世界同化的历史必然性

我们将如何评论基督教与世俗世界的这种混合呢？从胜利了的教会分离出来的教派总是认为这是基督教的腐化堕落，他们决不承认一个国家教会里的圣徒团体，认为圣徒们本来是聚集在十字架周围的。在他们看来，当教会与国家划分对世俗世界的权力时（这种划分或者是像天主教总是企图的那样由它支配国家；或者是像新教那样受国家的支配），基督教的特殊本质和力量就丧失了。

从原始基督教的立场来看，反驳这种观点是很难的。基督教
122 从根源上说确实是与世俗世界的一场斗争。一个没有斗争的基督教，被世俗世界承认和接纳的基督教，受到国家赞成并赋予权威的基督教，就不再是原来的东西了，或者，如果所有的人都成了基督

徒，也就不再有什么世界或国家了，基督教时代将要到期、历史将要终结。此外，基督教的生活和言谈方式与世俗方式的混合确实还产生了一种这样的性格类型，这是人性最可讨厌的一种变形，被称为“伪善”，它是一种采取了基督教卑微形式的傲慢和对权力的贪婪，是一种在热爱和关心兄弟的灵魂伪装下的苛刻和专横。古代社会是不熟悉这种性格类型的，这种性格类型和教会一起产生，而且我们不仅可以在教会的信徒中发现它，也可以在国家和科学的信徒中发现它，甚至可以在所有拥有宗教权力或世俗权力的人们中找到它。如果我们把牧师看作是教会的代表，那么我们就只能把这种教会视为一个严重的退化。①

① L.克勒(L. Keller)的著作《宗教改革及其以前的改革派别》(*The Reformation and the Older Reform-Parties*)(1885)，作为一本试图写出非教会的基督教史，即福音的基督教史的著作，是令人感兴趣的。专家可能会怀疑作者是否成功地证明了从基督教在康斯坦丁时期变成国教起，到文艺复兴直至今天在“福音的团体”之间存在着一种从不间断的历史联系。然而，我们决不能忘记：历史上发生的一切并不是都能从留给我们的片断记录中发现的。丹麦人索伦·克尔凯戈尔(Soeren Kierkegaarol)在他的后期著作中，加强了站在原始基督教立场上对国家基督教的激烈反对。他于1855年出版了一组极尽其冷嘲热讽的文章，在这本以一系列日记形式出现的名为《瞬间》(“Moment”)的书(德文译文收在A.多勒(A. Dorner)和Chr.施姆夫(Chr. Schremph)编辑的《索伦·克尔凯郭尔——对基督教的攻击》(*Soeren Kierkegaard, Attack upon Christianity*)一书中，1896)中，克尔凯郭尔一再把原始基督教的宣教者与丹麦王家政府雇用的成千上万的所谓“真理的见证人”作对比，认为那些原始宣教者为了宣教献出自己的生命，而这些所谓“见证人”则靠宣传基督的热情来赢得地位、勋章、银餐具、金座椅以及别的荣誉。真正的基督徒甚至在今天也还是要靠十字架来识别，但不是靠那种镶在圈于颈间的灿烂缎带上，或者挂在胸部以示佩带者是一个骑士或指挥官的金银十字架来识别，而是靠那种被自封的或法定的世俗世界的代表作为一种殉难和耻辱强加在那些为了基督而蔑视世俗世界的人们身上的十字架来识别。确实，十字架(翻译成现代语言就是绞刑架)竟然会成为一个荣耀的标记，这真是历史的莫大讽刺。利奥·托尔斯托(Leo Tolstoï)在《我的宗教》(*My Religion*)一书中也对基督教与希腊正教会的联系表示了同样的观点。我们从他的美妙的《通俗故事》中可以看到这位诗人的内心世界。

123 然而，历史的判断却可以也必须是另一种判断。基督教为了成为它后来所成为的强有力的发生潜移默化影响的因素，为了不仅仅是作为旧民族的**无痛致死法**，而且是作为现在出现于世俗世界舞台上的新的各民族社会的一个生活原则而存在，它就必须与世俗世界建立一种积极的联系，必须模仿地上王国的形式，组织成强大持久的教会形式。当然，它将因此而改变，这是一个不容争辩的事实，但同样确实的是：这正是它有希望影响现代各民族未来的历史生活的唯一条件。原始基督教团体看来是没有可能成功地改换和教育好战的日耳曼诸民族的。这些民族只是俯首于基督在教会中的杰出随从之前，而他们是否会俯首于耶稣在世时他本人的随从之前则是件大可怀疑的事。所以，除非我们否定教会在这些民族的生活中加入了有价值的成分，否则我们就不能否认基督教向教会的转换是一种历史的必然。一个公平的旁观者在否定这一命题时不会碰到危险，当然，除非他准备不仅否认教会，而且认为中世纪本身就是一个大错误。一个狂热的文艺复兴的倡导者或一个宗教改革的热情追随者就可能这样做。但现在没有人会拒绝承认中世纪人的道德精神生活中也充满某种特殊的美。这种美一般
124 都依赖于他们思想感情中的基督教会的特质。例如那种温和高尚的正义感，它移植在日耳曼民族的尚武德性上，在它们的骑士精神中产生了一种特殊的高尚道德的类型；还有对穷人和不幸者的怜悯态度，和一种具体化为许多慈善机构来到我们之中的博爱，它们直到今天都在安慰痛苦和揩拭眼泪。我还想起他们对妇女的精神化了的关系和他们对所有不正当的两性关系的厌恶；虽然在前一方面常常导致那种骑士向贵妇献殷勤求爱的奇怪的精神错乱，在

后一方面又常常没有保护那种对自然的人来说是正常的性欲，但中世纪的温柔和严厉，与古代的轻薄和浮浅对比起来还是要好些。我还想起下面这种感情的逐渐增长，即认为按照强者的自然权利组织起来的社会秩序（奴隶制）并不符合爱的命令。虽然教会并不废除奴隶制，而是允许它像别的世俗机构一样存在，把它当作一种天国旁边的无足轻重的形式，甚至含蓄地接受它、自己也购买和拥有奴隶，但无论教会在什么地方得胜，它决不能够也不愿意阻碍福音书关于彻底改变主奴关系的精神，这就使奴隶制的立法形式根本上成为不可能。[1] 最后，我想到教会中民族的结合，它多少削弱了民族间的敌对，虽然这种削弱确实并不足以阻止战争，但却足以制止毁灭性的战争，而按照事物的自然秩序，这些敌对本会导致这种战争的。在上面所有这些情况中，我们都不能否认其间有基督教组织的影响，这种基督教组织通过同化各种文明成分成为一种
世俗权力。若是没有教会，中世纪艺术的灿烂发展、科学研究的有 125
希望的开端怎么可能呢？我们知道，那些在基督教与世俗世界的关系上坚持旧观点的“福音的团体”，总是对艺术和科学抱冷淡或厌恶态度。因此，无论是谁，只要他不把全部文明看作是一个错误，或不把日耳曼民族加入基督教和古代文明看作是一个与自身内在发展不一致的偏离（这种观点是可能的，但是它当然既不能被证实也不能被驳倒），他就不可能把基督教与文明的混合看作仅仅

① 参阅 F. 欧威贝克（F. Overbeck）在《古代教会史研究》（*Studies on the History of the Ancient Church*）（1875 年）中关于罗马帝国旧教会与奴隶制关系的指导性文章。

是一种从福音书的堕落。[①]

① 上面的论述在历史观和关键判断上都与哈纳克在《教义史》中所持的观点一致。本书第1卷的几段文字，让我们对基督教教会理论的发展有了一个清晰的认识，足以说明这一点。“天主教用一个保护壳来包围福音，同时遮蔽了它，以此保护了基督教不受急性希腊化（诺斯替主义）的影响，但同时又被迫允许不断增加世俗化措施。天主教即便为了它的世俗使命，实际上也没有完全摧毁宗教的极端热诚。而通过允许不那么严格的生活典范，那些信仰不那么认真的人可以被视为基督徒，他们也把自己视为基督徒。它使教会得以兴起，教会不再是一个信仰、希望和纪律的共同体，而是一个政治共同体，在这个共同体中，福音只是其中诸多重要因素之一。它把这个世俗共同体所需要的一切形式，应用到使徒的身上，也就间接地影响到神圣的权威，如此这般的情况越来越多，基督教就易被败坏，人们对什么是基督教的认识变得模糊和困难。但是在天主教中，宗教第一次得到了系统的形式。在天主教基督教中，调和信仰与科学的方式被建立起来。这个方式让人类满意了几个世纪，其所带来的好处甚至在方式本身成为一种束缚之后还在继续。”（第一卷，第275页）天主教，基督教与古代最亲密融合的产物，“征服了世界，成为中世纪历史新阶段的基础。基督教与人类知识和文明特定历史阶段的结合，可能会因为基督信仰的世俗化，或者因为文明被阻碍而让人痛惜。但在这里，抱怨显得过于自以为是：因为我们所拥有的一切，都要归功于基督教和古代文明之间的联盟，在这个联盟中，任何一方都不能战胜另一方。但这种关系所产生的冲突，决定着我们的内在和精神生活一直到今天”（第284页）。

第五章　现代的人生观 126

1. 现代的特征

十五世纪末标志着西方社会生活进入了一个新时代，现代成
为中世纪的后继。两个时代之间的分界线是十分明显的，是由两
个强有力的精神运动（文艺复兴和宗教改革）标志的。新的生活方
式和一个新的世界观随之发展起来。国家这一现代机构逐步排挤
了教会这一中世纪的支配性机构。教会的影响下降了，个人在他
的最高联系（与上帝的联系）中成为自在的，逐渐地摆脱了教会在
信仰与得救事务上的监护；另一方面，国家的影响却不断扩大，它
一个接一个地剥夺了教会的职能：学校、科学与艺术的推进、对穷
人和弱者的关心，以及一个曾大部分被教会侵夺的领域——立法
和执法。这样，国家就成为一个广泛的推进文明的组织机构，它坚
定地扎根于世俗世界，而教会则把它较深地根扎在超世俗的世界。
机构的发展与精神的发展是交互作用的。建立在权威和对天上事
物的探讨基础上的旧的世界观逐渐被新哲学推翻，新哲学的形式
的基础在于理性主义的原则、自由探讨的原则；而它的内容的基础 127
则在于新的宇宙学和探讨世俗世界事物的自然科学。经济生活和

社会交往的发展构成了整个转变的出发点。在十三世纪开始的国际贸易的迅速增加和扩展产生了一批大城市;新社会变得越来越渴望征服整个地球并夺取它的财富,对来世的思慕则在这种对此世事物的疯狂追逐中被窒息了。

然而,按照我们前面对中世纪考察的立场来看,我们不能把这种变化看作彻底的变革。我们看不到象从古代转换到基督教的那种革命。也许像下面这种说法还较为妥当:就是在中世纪里被灰土盖住的火焰现在爆发开了;在中世纪已经存在,但多少被超自然的宗教外壳所妨碍和遮蔽的文明潮流,现在压倒了一切抵抗。文艺复兴和宗教改革就代表着这种外壳的破裂。

2. 文艺复兴[①]

文艺复兴意味着古典的,即前基督教的、异教的古代文化再生。异教的古代文化曾经随着旧民族向基督教的转换而衰朽。后

① 关于文艺复兴和宗教改革,参阅第 35 页提到的哲学通史和现代哲学史著作,以及以下著作:卡里埃(Carrière),《宗教改革时代的哲学世界观》(*Die philosophische Weltanschauung der Reformationszeit*);沃伊特(Voight),《古典主义的复兴》(*Die Wiederbelebung des classischen Alterthums*);伯克哈特(Burckhardt)《文艺复兴时期的文化》(*Die Cultur der Renaissance*)(米德曼英译);盖革(Geiger),《意大利和德国的文艺复兴与人文主义》(*Renaissance und Humanismus in Italien und Deutschland*);西蒙兹(Symonds),《意大利的文艺复兴》(*The Renaissance in Italy*);佩切尔(Peschel),《发现时代的历史》(*Geschichte des Zeitalters der Entdeckungen*)。特别参阅库诺·费舍尔(Kuno Fischer),《现代哲学史》(*History of Modern Philosophy*),第 1 卷第 1 节,第 5 章和第 6 章。更多参考文献,宇伯维格,第 3 卷,2—6 节;韦伯,第 10 页,注释 1,第 274 页,注释 6。——英译者

来基督教化了的古代文化又在教会中展现了它的新形式，它承担了对新民族的教育，指导着它们在宗教、科学和道德方面的生活。教会的教育也给了各新民族以古代文明的成分，尤其是在哲学和 128
文学方面；年轻的民族从这些古代文明的成分中得到了教益和快乐；当然在这过程中它们并不是没有疑虑的，教会使各新民族得知这些哲学和文学是异教徒的，一个基督徒欣赏它们是不适当的。而这些疑虑在文艺复兴中却被完全抛弃了。这一时代使自己从旧的冷面孔的学校和监护人那里解放出来，它发现古代在它变得衰老和生性乖张之前曾是年轻的，发现这一年轻的异教的古代比基督教化了的古代有味得多和灿烂得多。所有的心灵都充满一种对古代的热烈赞颂，人们迫切地寻找、研究、模仿和彻底地同化吸收古代的文学艺术及哲学成果。而中世纪的文学艺术成果则被轻蔑地抛到一边，就像一个学生在下课时把他的练习和课本扔到一边一样；中世纪的一切现在都被看作是哥特式的野蛮。新的时代渴望着思考、感觉、写诗、创造、生活、享受，就像古代文化放在它面前的典范人物所做的那样。新人还通过拒绝旧名字和采用新的拉丁化和希腊化名字得到了自己的标记。但无论如何，必须承认，文艺复兴仅仅在意大利达到了它的最高完善。我们可以从但丁·伯克哈特的《意大利的文艺复兴文明》中找到这种“再生”（新人的诞生）的意义。在意大利这一进步是必然的，而在阿尔卑斯山脉另一边这一运动却不是自然的，它也没有像在意大利那样深入人心，而是多少带有模仿的特征。在这边，新旧文明间的冲突（前者刚刚在大学里取得一席之地）被一个新冲突的爆发打断了，这一冲突就是路德以福音书的名义开创反对教会的斗争。这场斗争彻底地吸引了 129

日耳曼人民的注意(不久也吸引了其他民族的注意)，使文艺复兴的光芒完全被遮住了。只是在十七世纪这一冲突至少暂时平息以后，在天主教和新教权力恢复某种平衡以后，到了十八世纪中叶，才从新教的德国开始出现了一种文艺复兴的文学艺术的余波。文艺复兴的第一次和第二次浪潮的共同特点是**对个人自由的热烈渴望**：个人不再情愿受既定的意见和制度束缚，而是欲望他的特殊个性的全面和自由的发展，欲望他所有的冲动和力量的全面和自由的训练，在争取自由的斗争中他以他的本性对抗传统习惯，而这也正是希腊人所致力的目标——个人的最自由的发展，因为这个原因，希腊精神成为人性的理想。

3. 宗教改革

宗教改革的起源与先前的运动相当不同。路德的深刻宗教性的、热烈真诚和彻底民族化的心灵厌恶僵死的著作和教条的体系，这一体系是靠理性和权威焊结起来的。路德相信，这种体系通过拘泥仪式和经院神学窒息了旧基督教单纯、有力、生气勃勃和幸福的信仰。路德厌恶那些受到文艺复兴观念影响的高级教士所追求的那种快乐和有教养的世俗贵族生活，他也厌恶利奥十世和摩因斯的阿尔布内特的新异教精神，认为那是一种冒牌的基督教。路德决不是一个具有现代教养和学识的人，这些学识教养在美第奇族的教皇那里要多得多，并且，如果说那里的官员学识不多的话，
130 至少在牧师那里有相当多的学识。路德也不是一个爱好享受的人和一个文明的崇拜者，在这方面利奥也展示了比他要较为文雅和

深刻的欣赏力。路德并不把教义看作是不够理性的或把教会生活看作是不够世俗的，相反，他在信仰中绝对地排除理性，对尘世生活及其文明只有一种很克制的评价。他并不是绝对地谴责快乐，他要求人们劳作以实现他们在尘世的任务，但他决不愿支持解放肉体和完全致力于文明的建设。他虽然也强调积极的态度，但他这样做决不是为了文明和幸福，而是为了对抗教会的官方观点，这种观点认为修道院的生活是可靠和神圣的，路德则从这种生活中看到一种虚伪的自我牺牲，人甚至在真诚地这样做时也妨碍着心灵的真正牺牲，而当人这样做是不真诚的时候，就更会鼓励一种在自我否定伪装下的对肉体的卑鄙崇拜。他在这方面的态度跟耶稣对法利赛人的自以为是和礼拜的态度相似，他不是要求我们少礼拜上帝，而是要求越来越深刻地礼拜上帝，要求我们实行自我否定。

宗教改革与文艺复兴之间的区别也可以清楚地从它们的历史联系中看出。我们可以说：宗教改革夺走了文艺复兴已经在握的胜利。首先在德国随后也在别的国家进行的宗教改革，迫使人们的思想从尘世的事物、从那较高的社会阶级为之献身的文学和艺术的文明返回到宗教的事物。开始高兴地欢呼过路德的人文主义者，几乎很快就完全抛开了他。他们感到他们看错了这位维登堡的修士，他体现的精神与他们想象的并不一致。

但当我们考察这两个运动，不止于考察它们所取的外表形式和领袖的精神（路德与爱拉斯谟），而且也研究它们的历史联系时，131
事情就变得不同了。我们必须承认它们二者都帮助了现代精神从中世纪外壳下的解放。当我们考虑到宗教改革的较长远的而不是直接的效果，那么可以说，它也推进了主体性、个人精神和人类的理性文明的发展。这确实不是偶然的。在某种意义上，路德无疑是与爱拉斯谟和文艺复兴一致的，时代对于自由和个人主义的渴望也在他心中活跃着。在沃尔姆斯帝国议会上的路德肯定是一个值得放在现代开端的形象，一个从诉诸权威转而诉诸他自己的理性和良心的具有自由气质的人。在此，他和奥古斯丁之间存在着巨大的差别，虽然他们两人在其他方面有许多共同之处。在他那里完全没有那种对现实教会的**谦恭**，和对教会的信仰的谦卑和忠顺的服从，而这些在奥古斯丁那里是很强烈的。在路德那里有一种挑战的独立精神。“我的事业就是上帝的事业。”他以这样的话大胆地向所有权威挑战，他决不害怕得出这一结论，并以最强调的语气宣布说：因此那些反对我的人的事业就是魔鬼的事业。

这解释了宗教改革对于宗教生活的意义。它使个人在他的最高联系——与上帝的联系中独立自主，它废除了作为一个必需的中介的教会，废除了几乎整个教会的机构设置，这些设置是数世纪以来形成的，以通过事功、教义和神圣仪式来保证个人的得救。

我们还要注意到另一个结果，就是上述教会因此失去了它的
132 存在理由，并逐渐消失了，就像一个变得累赘的器官一样。当然，新的教会开始也是以国家教会的形式建立的，但它们并不具有旧教会的那种重要性。它们不是一个巨大的独立机构，而总是成为国家的一个附属。君主是一个国家教会的首领，牧师是公务人员，其数目限制在一定需要的范围内，相反，中世纪的牧师则构成社会内或宁可说是社会外的一个分离的阶级，他们的职责并不是办理公务，而是称颂上帝之名，这样就决不能说牧师、教会和圣坛太多了。这一变化表现在我们生活的各个方面。一个中世纪的城市的

特点是通过它的教堂表现出来的；人们居住的房屋聚集在作为生活中心的礼拜堂的周围；莱茵河和哈尔茨山脉、波罗的海一带的老城市，如科降、美因兹、希尔德斯海姆、哈尔伯施塔特、维斯马、罗斯托克一直到今天都是以它们的教堂建筑使人对它们产生印象的。而现代城市像柏林、汉诺威、阿尔托纳、达姆斯塔特、曼海姆则是国家的建筑占支配地位：如皇宫、政府大厦、法庭、邮局、火车站、兵营、监狱。教堂并不常见，很少的几个看起来也是局促地陷在高耸的巨大建筑之中，或者立在它们不可能控制的大块空地上。

而且不仅我们城市的建筑，我们的整个生活类型也还俗了。禁欲主义已同修道院一起成为过去，牧师通过婚姻变成社会的成员。圣礼以及交结在整个中世纪生活中的成千上万的宗教上的风俗和纪念，除了少数（它们也濒于衰微）以外都消失了；许多假日被改为工作日，每日的礼拜式也被停止。我们一周只有一天作“礼拜”，正像流行的惯例很有特点地表示的那样；而且，正如礼拜堂本身表明的那样，在一周其他天里它就关门，里面空无一人。所有这些看来都表明我们是生活在尘世，也希望生活在尘世。先前的一切都使我们想起来世；而现在的一切都使我们想起现世。

几乎无可怀疑的是：时代的思想感情也和外在的形式一样还俗了。无论中世纪的许多宗教生活可能如何不自然，无数对来世和永生的议论不能不在人们心中留下印象。但随着外在的教会形式的消失，大多数人的心灵便与永生的思想隔开，他们越来越紧密和唯一地使自己守在尘世的事务中。鼓励他们这样做确实不是路德的本意。他赞成禁欲制度的废除，但这并不是为了有利于文明和优裕的生活；相反，死守教规和隐修的生活在他看来是种懒懒的

投合肉体的形式，而劳作和婚姻却较适合于抑制情欲。他赞成限制教会的活动和仪式，这不是为了腾出时间用于较重要的世俗事务；相反，他把这些仅仅看作是与天国的一种妥协，而归根结底我们的整个生命都是应当奉献给天国的。对路德来说，天国仍是家乡，尘世仍是泪谷，这些观念感情在一个长时期里在新教中如果说不是占优势的话，至少存在于某些特殊个人之中。然而，如果我们考虑到全部结果，我们可以说宗教改革有助于使人的生活脱离来世和救赎而转向尘世，转向文明。无论修道生活常常可能表明对于它的理想来说它是如何的虚伪，它还要努力在天主教世界里保持那种认为人生目标不在尘世的感情（虽然这种感情常常是微弱
134 的）。它还要保存原始基督教的某种非世俗特征的精神。种种教会的活动和任务：忏悔和惩罚、祈祷和斋戒也有同样的效果；虽然它们常常被肤浅地实行，虽然它们使宗教生活表面化和浅薄化甚至腐蚀道德的危险性是巨大的，它们还是把视线对着那超越尘世生活及其目标的方向。我们习惯说路德把基督教从修道院带进了世俗世界，把日常生活中的诚实引进了神圣的礼拜。这肯定是他的目的，我们甚至在当代无疑也可以发现这样的精神。但另一方面，如果我们否认大多数人运用他们的自由，从摆脱表面的礼拜义务发展到轻视一切神圣礼拜形式这一事实，那也是不对的；甚至路德也反复抱怨福音书的自由被滥用为肉体的自由了。米朗克苏在路德的葬礼布道上赞扬他从旧教会的儿童式的教育下救出了我们。然而，宗教是否可以完全免除这种以琐碎的活动每日告诫我们的儿童式的教育，还不能最后地肯定。一个奇怪的事实是，人们更易于相信那些对他们有所要求的事物和制度，他们判断这些东

西的价值是根据自己出力的多少。这里面肯定有些东西可用来解释群众对天主教教会的强烈依附性。新教教会什么都不要求，除了信仰以外什么外在的东西都不要求，结果给群众的暗示是：它什么都不能提供给我们，至少是不能提供我们关心的东西。

我们不可能也不需要去否认宗教改革推进了主观思想和批判的理性精神的发展。教会的衰落不仅从外部也从内部粉碎了一千多年来管制人们思想的巨大权威。新的教会没有权威；虽然它们 135
试图保留这种权威，甚至以对手所用的同样外在的手段来维护自己的权威和反对自己的对手，但它们没有内在的权威。它们的存在得之于革命，得之于西方有史以来最强大的人间权威的崩溃；它们不可能掩盖自己的根源。为了反对权威它们诉诸圣经，把它作为更高的权威。但是，不正是旧教会首先通过确立教规而赋予圣经作品以权威吗？它不是更有权利根据数世纪以来的实践而对圣经作出有利于自己的解释吗？所以，新教会对圣经的更好解释的要求，根本上是一种对个人的理性和良心的要求。新教会不能否定任何一个这种要求，因为它们自己的名称就是以此为基础的。不论什么时候，假如它们否定上述要求，它们的否定就是一个内在的矛盾，从而缺乏内在的力量。无论如何，主观思想不仅在新教国家而且在天主教国家的解放（不论我们把它视为功绩还是错误），是从宗教改革中得到一种巨大动力的。

4. 对知识的热爱

进入现代以来的三四个世纪是以同样的音调作为序曲的。

那种在中世纪隐藏于基督教会外壳中的对文明的欲望，现在被人们公开和无保留地接受为唯一合法的理想。确实，现时代也有苦于心灵负重的人，他们渴望和平，寻求脱离尘世动乱的避难所，在基督教中寻得休息处。但人们无论在形式上或实际上都决不会承认他们是选择了较好的角色。一切真正表现现代特点的事物，一切现代生活、现代国家、现代社会、现代文明、现代哲学、现代艺术
136 和文学的历史所习惯处理的事物，都属于别一种运动。现代人中的优秀者对于真正的基督教是会感到很陌生的，他们不可能理解一个人怎么会以那样一种方式体验和生活，他们把它看作是过度的唯心主义和宗教狂，看作一种病态，对它只有一种探究病理的兴趣。甚至于仍在修道院里保存着禁欲生活的天主教，也不是很坦白地承认它的原则的。一个值得注意的事实是，天主教历史学家们并不回答天主教国家没有在文明化过程中与新教国家并驾齐驱的责难，而是宣称天主教依然保有某种永生的思想是它的光荣——它使天主教徒不像新教徒那样只注意尘世的事物，从而自然在世俗世界的文明化过程中优于新教国家。天主教历史学家们实际上感到这一责难有理，但试图表明这一责难根据不足，天主教教会事实上是为文明做了许多工作的。

一个时代对**科学知识**的评价可以用作衡量时代精神的标准。按照旧基督教的观念，一个人的价值绝对不依赖他所拥有的知识和教养；在上帝的眼里，有价值的不是文化和哲学，而是信仰与热爱。现代人则无保留地回到希腊人的观念，认为人的最高和最重要的职能是理性在科学知识中的运用。科学是现代的骄傲，人们轻蔑地把中世纪视为野蛮黑暗的时代，因为它没有为发展科学做

什么事情。但是我们在现代对知识的估价中也发现了一个古希腊所缺少的特点：对于希腊人来说，知识是因为它自身的缘故而被欲望的至善，而现代人则特别高地估价知识的实践用途。对他们来说，物理学是一门实践科学，甚至于是唯一的实践科学；现代文明中的佼佼者对于希腊哲学家寄予厚望的实践哲学（伦理学）考虑得 137
并不太多。伯克尔深信：道德总是一样的，它总是得到高度评价，但却很少被遵循；人类的进步是靠自然科学的进步。有很多现代文明的领袖同伯克尔一样相信这一点。当我们那些反映自己读者意见的报纸赞美十九世纪的时候，可以说就跟预先约好了一样，同时都开始谈论起铁路和汽船、电话和电工工艺、铁甲舰和后膛炮。

5. 弗兰西斯·培根及其对未来的梦想

值得注意的是，现代很快地就意识到了（快得使一个人相信这是出自本能）它的独有的特征。弗兰西斯·培根以指南针、火药、印刷术这三个伟大的发明来确定现代的开端。这些成就表现了人类历史新时代精神的特征，它的口号是：知识就是力量。旧科学给予它的占有者的是在辩论中战胜对手的技能，而新科学给予它的占有者的却是靠技艺征服自然的力量。培根在他的两部主要著作中，试图给出这种新科学的基础和方法大要。在一篇名为《新大西岛》的未完成的论文中，他描绘了一幅未来完善文明的图画。从那以后这种尝试一再被重复，然而看一眼这种尝试的最初一个标本是值得的。新大西岛是很远的西方的一个海岛，故事叙述人偏离了正确的航线来到这个岛上，他告诉我们，在这里整个国家的最崇

高的机构是一个由一位古代国王建立的自然科学协会，这一协会
叫做“所罗门之宫”或六日大学。向导这样解释：“建立它的目的在
138 于探讨事物的原因和隐密的意图，以扩大人类的统治范围，制造所
有可能制造的事物。”许多服务于这个目的的特殊机构设置在地下
深处的洞穴，有的深达三英里。它们被用来做“各种物体的凝结、
硬化、冷却、保存”；从躺在地下千百年的原料中生产自然金属和新
的人造金属；用来治疗某些疾病；延长某些隐士的寿命，这些人决
定住在那儿，确已活了很久，具有神奇的知识。也有一些高塔，最
高的达半英里，若包括山岗的高度则大约有三英里，它们是特地用
来作气象观测的；咸水湖和淡水湖被用来生产鱼和鸭鹅以及进行
水的试验；人造井和喷泉充盈着各种矿物水，其中包括所谓天堂
水，它对保持健康和延长寿命常是灵验的。他们还拥有巨大宽敞
的房屋，在那里有雷雨雪雹等各种气象的模拟和各种动物的生产；
还有巨大的和种类繁多的果园和花园，“在那里我们所特别注意的
并非风景的优美，而是各种适合于栽种树木花草的土壤的适应
性，”里面果实累累；“我们也有方法使植物从各种混合的土壤里生
长出来而不需要种子。”“我们还有许多养着各种鸟兽的动物园，这
不仅是因为它们珍异或为了观赏之用，也是为了解剖和试验，把得
到的知识应用到人体上。在这里，我们得到了许多使人惊奇的实
验结果：有的动物身体上极重要的部分已经死亡并被割掉，但还能
照旧活下去；有的动物看上去已经死了，但还能复苏，等等。我们
在这些动物身上试验各种毒素和药品(外用的和内服的)。我们用
139 各种技术使它们长得比同类高大，或者相反，使它们长得矮小，停
止它们的生长；我们增强它们的生育和繁殖能力，或者相反，使它

们失去繁殖能力，不能蕃育生息；我们也能使它们的颜色、形状、习性等发生各种变化。我们也有办法使不同种类的鸟兽实行杂交，它们产生了许多新的品种，而且这些新品种并非像一般人所想的那样不能生育。我们使腐败物中生出蛇类、蠕虫类、蝇类和鱼类，结果有一些竟进化成为较高级的生物如鸟兽等，不但有性别而且能繁殖。我们也并不是偶然获得成功的，而是事先就知道用什么物质和什么混合物能生出什么样的动物来。”当然，最令人吃惊的结果还是在他们的酒厂、面包房和厨房等地方产生的：“我们竭力把酒酿造得非常柔和，其中有几种滴在手背上，很快就会使手掌感到温暖，但喝到嘴里却十分柔和。”也有试验光线和色彩的地方，在那儿产生出各种强度和色彩的光来。他们也有“各种透镜和手段，可以清晰、完整地看到遥远的物体和极微小的物体，诸如各种天体、昆虫的各部位、尿细胞和血细胞。”在其他一些地方，他们用同样高度实用的方法进行声音、气味和滋味的实验。他们还有机器馆，里面有神奇的大炮、飞行器、船只和潜水艇，还有机器人、机器兽、机器鸟、机器鱼、机器蛇，以及“永动机”。①

我们看到，这就是新时代画在未来幕布上的新图画。旧基督教把它的视线从地上移到天堂及其超感官的荣耀，认为尘世不能 140
提供和许诺任何东西。新时代则期待着地上的天堂，它希望通过科学达到完善的文明，希望这将使生命健康、长久、丰富、美丽和幸福。

① 参见商务印书馆1979年版，何新译《新大西岛》，第28—35页。——中译者

培根曾经称他自己为新时代的预告者。确实，随他之后去战取地上天堂的是一支壮观的队伍。让我们就来听一听这支队伍的一个接一个的领袖有关这一事业的目标和方法的意见吧。

6. 笛卡儿及其对文明的计划

笛卡儿比任何别的哲学家都更有权利被称作现代哲学的开创者，他在篇幅不大的《方法论》(1637)一书中，概括了他的哲学改革的纲要。在最后一部分中他告诉我们：他通过他的方法达到了使他极为喜悦的形而上学的和道德的新概念，但是由于他对著书立说的敌意，他没有披露它们。“但是一旦我获得了一些有关物理学的一般概念，开始用各种不同的困难来验证它们时，我就看到，它们能把我们带到多么远的地方，它们多么不同于迄今为止一直使用的那些原则。我相信，我若不把它们说出来，就会痛心地违反这一法则——我们大家都要尽其所能地推进人类的一般福利。因为我领悟到，通过它们可以达到一种在生活中、在学院里通常教授的思辨哲学中高度有用的知识；可以达到一种对水、火、空气、星星、天空以及一切环绕在我们周围的东西的力量和活动的实际的了解，其清晰程度就像我们了解我们的工匠的各种手艺一样；我们也可以以同样的方式在各个适当的方面应用这些知识，从而使我们自己成为自然界的主人和占有者。这是我们所欲望的结果，它不
141 仅是为了发明无数的技艺从而使我们能够无忧无虑地享受自然的果实、享受它所提供的各种舒适，而且尤其是为了保持健康。这种健康无疑是生活的所有福祉中最优先、最基本的因素，因为心灵是

如此紧密地依赖于身体各个器官的状况和关系，以致如果说有什么办法能使人比现在更聪明更机智的话，那么这种办法一定要到医学中去寻找。确实，现在的医学中包含的具有显著效用的东西很少；我并不想贬低这门科学，但我深信，没有人，甚至包括以医学为职业的人，会否认今天我们在医学中所知道的，跟有待于发现的比起来几乎是等于零；我也深信，如果我们对各种疾病的原因和自然提供给我们的疗法有足够丰富的知识的话，我们能免除身体和心灵的无数疾病，甚至也能免除年龄带来的虚弱。既然我已经打算把我的全部生命都用来探讨这门十分必要的科学，既然我已经走上了这条道路，而在我看来它是一条这样的道路，如果有什么人循这条路走的话，他必定能达到所追求的目的，除非他受到生命的短促或试验的缺乏的障碍，那么我认为，克服这两种障碍的最有效准备莫过于以下措施了：我真诚地告诉公众我所发现的东西，激励智力更优的人们继续努力前进；每个人都根据自己的爱好和能力，致力于必须做的那些试验，同时也把他们所发现的告诉公众；这样，人们就可以在前人止步的地方开始，就可以联合起许多人的生命和劳动，我们就能依靠集体的力量，取得比任何个人独自所能达到的远为巨大的进展。”笛卡儿在他的哲学体系的序言中(《哲学原理》，1644)，还谈到了对立于经院哲学的新哲学的有用性：“正是靠
它使我们区别于野蛮人；一个民族的文明教养是根据真正的哲学 142
繁荣的程度来确定的，因而拥有真正的哲学家是一个国家所能享受的最高荣幸。”他不久就把他意指的哲学描述如下：“全部哲学像一棵树，形而上学是根，物理学是干，所有其他科学都是从这干上

生发的枝，其中有三根主枝，即医学、机械学和伦理学。”[1]

我相信，我们可以说，任何时代对它的目标及通向目标的道路的观点都没有比这更清楚的了：目标是地上的天堂，通向它的道路是自然科学。通过工艺技术和医学这两门重要的应用自然科学，人类将来要达到这样一种状态：人们将无需劳作，持久地保持身体和心灵的健康，享受地上的果实。严肃的笛卡儿也许还和多少有点蒙人架势的培根一样，预期医学甚至可以延长人的寿命，增长各种理智和道德能力。

我们可以说，为人所计划的依靠科学支配和利用自然的大无畏精神，与中世纪在沉思自然时的敬畏形成了鲜明对照。中世纪人也寻求得到对事物的控制权，也有点觉察到可以通过知识来达到这一目标。但他们同时对这种知识和求知活动怀有一种隐秘的畏惧，他们把它看作是一件不神圣的事情，一种妖术，一件魔鬼的工作，这魔鬼作为世俗世界的王和主人，确实能够统治它。所有以占有这种有效知识而著称的人，都被看作是巫师，如阿尔伯特·马
143 格拉斯、罗吉尔·培根、教皇西尔维斯特二世。索尔丹在他的《女巫审判史》[2]中从图斯的格里高利的《法兰克史》引用了一段很有特色的叙述：“布尔治的副监督雷伯特患了白内障，没有一个医生能治好他。最后他让人把他送到圣马丁教堂，他在那儿花了三个月时间祷告和斋戒。他的视力终于在一个斋日恢复了。他赶忙回到家里，请来一个犹太医生，听其劝告把一个玻璃吸杯放在自己颈

---

① 译自维特(Veitch)第10版。——英译者

② 《女巫审判史》(*Geschichte der Hexenprocesse*)，第1卷，第114页。

上以完成治疗。然而当血流出来时，他又开始回到了失明状态。雷伯特满怀羞愧回到教堂，重新像以前一样祷告和斋戒，但是没有用。所以格里高利总结说，要让每个人都从这件事知道：一旦他被赐福于天国的医治，就决不要再去求助于尘世的技艺。”

顺便说说，希腊人和罗马人也没有摆脱掉这种畏惧，但现代人却完全抛弃了这种心理，认为没有什么能作为证据来反对知识，人有权利做他能做的事。自从进入现代以来，对各种好的和坏的超自然力量的信仰（人们认为靠这种力量的帮助能对自然过程产生一种有魔力的影响）不断衰落，而人对他自身的自然力量的自信则以同样的比例增长。

7. 现代国家学说：托马斯·霍布斯

现代自然科学是由有关**现代国家和社会的科学**补足的，后者也是一种实践科学，它首先寻求构造一个完善的国家和法律秩序的理想，然后在实践中实现它。政治上的乌托邦是自然科学技术上的乌托邦的对应物，它们相伴而行，经常相互结合着，从十六世纪初叶到十九世纪的社会主义乌托邦，贯穿了整个时代。我们可以在现代自然哲学的领袖笛卡儿的旁边，看到政治哲学领域里的
真正领袖：英国人托马斯·霍布斯。他坚持认为：天文学开始于哥 144
白尼；物理学开始于伽利略；医学开始于哈维；而有关国家的科学则不早于他自己的著作《论公民》。[①] 他对这门科学的实践价值评

① 《论物体》序言，1655。

价最高，在收在他论国家的著作中的题献信中，我们读到："现代胜过野蛮的旧时代的一切都可归功于数学化的物理学的帮助，而当道德哲学要以同样的精确性解决它的问题时，人类的劳动将能为人生的幸福完成多么巨大的成就是难以估料的。"在霍布斯看来，国家就是地上的神，它拥有无限的权力和力量，赐给它的臣民以和平和福利："在国家之外是病痛、战争、恐惧、贫穷、丑陋、孤独、野蛮、无知、凶恶；而在国家之内，是理智、和平、安全、富足、美丽、友好、优雅、科学和仁爱。"[①]

所以，毫无疑问，如果我们在完善的机械学和医学上加上完善的政治学，我们将实现地上的天堂。

8. 莱布尼茨

最后，我还要提到在德国为这些观点铺平道路的莱布尼茨。为了推进人类的幸福，几乎没有一个人的思想和行动领域没有被莱布尼茨涉足过，他不断以轻率的热情想出新的计划：如建立一个完善的德意志帝国；一个欧洲的政治体系；一个和平的联合教会；编纂包含所有科学和技术知识的百科全书；改革教育制度；组织书籍贸易；为了关心贫苦者而在公共工场雇用他们以及改进采矿业等。但有一个毕生占据他的心灵的计划，就是建立一个科学研究的组织。莱布尼茨仿照伦敦和巴黎的协会，在北部、东部努力建立
145 起学术组织，他最后的目标也许是期望建立一个有着多方面关系

① 《论公民》(*De cive*)，第10章，第1节。

的国际性联合协会，这一协会的目的在于保存全部人类知识，调节所有科学研究，尽可能地在地球上扩展理性的王国。在他发明一种哲学的微积分法和一个普遍通用的、国际性的符号语言的努力中即暗示着这一计划。无论如何，所有科学的目标都在于应用，不是奇妙而是有用性决定着每一科学的价值。在他提议在柏林建立一个科学协会而写给布兰登堡选帝侯的一份备忘录中，我们读到："这样一个选举的协会不应当由单纯的好奇心或对知识的欲望来支配，不应当专注于无成果的试验，或者像在伦敦、巴黎和佛罗伦萨一样，满足于仅仅发明有用的东西而并不应用它们，而是应当从一开始就在理论和实践两方面都以实用作为目的。因此它的目标是要把理论与实践结合起来，不仅改进技艺和科学，而且改善国家和人民，改善农业、制造业和商业，并改善各种食物。"①这使我们想起《新大西岛》中的科学协会在改善食物方面取得的成就。

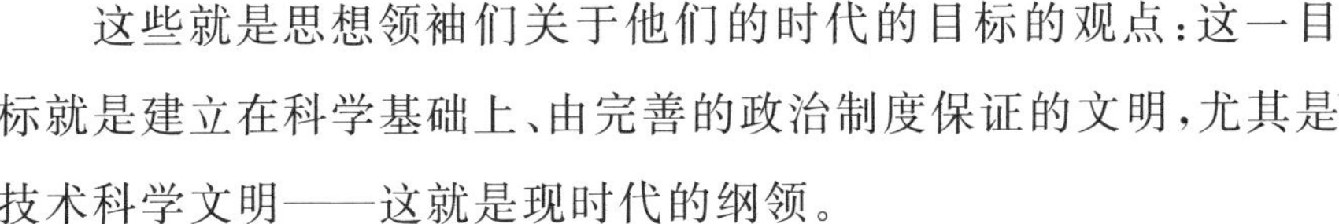

这些就是思想领袖们关于他们的时代的目标的观点：这一目标就是建立在科学基础上、由完善的政治制度保证的文明，尤其是技术科学文明——这就是现时代的纲领。

9. 现代的自我满足

我们必须承认，现代在实行它的纲领的工作中是热烈而卓有成效的。对于靠科学所达到的对自然的征服，甚至大言不惭的培

① 莱布尼茨(Leibnis)：《德国的著作》(*German Writings*)，由格罗出版，第 2 卷，第 267 页。

根也不能不承认所达到的成果是令人吃惊的。确实，长生不老药
146 和永动机还没有发现，飞行器和制造黄金的技术还有待于将来，但是我们的许多发明都完全可以毫无愧色地在《新大西岛》中的那些发明旁边展览。在政治和法律的领域里，至少可以说已经有了一些很严肃的开端。整个十七、十八世纪都充满了通过有关国家的科学而达到理性的国家、并以此推动所有人的幸福的希望。弗雷德里克·威廉二世和弗雷德里克二世，玛丽亚·特雷莎和约瑟夫二世都证明了这些努力的真诚和热切。法国大革命虽然形式不同，实际上也是欲望同一个东西，即服务于公共利益的理性和法律统治的国家。

启蒙运动到十八世纪末可以带着一种纯粹满足和骄傲的感情凝视着它的成就。前些年从哥达的圣玛格丽特教堂的尖塔顶球上取出一个文件，它是1784年被放在那儿的，其中包含着现代在那时自己给自己的称颂，这一文件宣称："我们的时代占据着十八世纪最幸福的时期。皇帝、国王、王子富有人情味地从他们的令人敬畏的高位上走下来，他们轻蔑豪华和奢侈，成为他们的人民的父亲、朋友和知己。宗教扯去了它的牧师的外衣，直接以其神圣的本质出现。启蒙造成了长足的进步，我们的无数兄弟姐妹原先生活在假装圣人气派的懒惰无为状态中，现在又回到国家事务中。宗派间的憎恨和思想上的迫害正在消失，而人与人之间的热爱和思想自由则正在成为最高原则。艺术和科学日益繁荣，我们已越来越深刻地洞察到自然的秘密。手艺人和艺术家臻于完美，有用的知识正在所有部门中增长。在此你们得到的是我们时代的一幅真
147 实画面。如果你们比我们站得更高看得更远，请不要傲慢地轻视

我们，而是相反，从我们描绘的这幅图画承认：我们工作得多么大胆和生气勃勃啊，这是为了使你们提高到你们现在所占有的地位并在其间支持你们。让你们也为你们的后代这样做吧，这样做是幸福的。”①

10. 十九世纪：悲观主义，尼采主义

当我们把上面一段话里所表现的十八世纪末的自信，与十九世纪末对自己这一世纪的意见相比较时，我们注意到一个强烈的对比，就是一种我们正在走下坡路的感情，代替了达到顶峰的骄傲感；一种失望和厌倦的感情，一种对将要来临的大灾难的预感，代替了对已取得的成就的自豪欢乐和对新的更伟大事业的快乐希冀。在文学中，一种以前从未听过的混乱、激奋、不和谐的合唱，代替了思想与感情的本质和谐。在公共生活中，一种党派斗争的不和与报复，代替了我们可在启蒙时代发现的所有有思想并能正确思考的人们的一致意见，正是这种党派纷争现象长期以来使所有高尚的人感到泄气，使严肃的思想远离政治。总之，一个基本的调

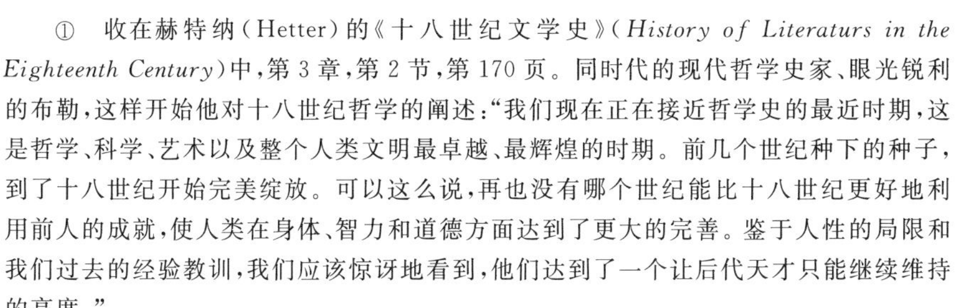

① 收在赫特纳（Hetter）的《十八世纪文学史》（*History of Literaturs in the Eighteenth Century*）中，第 3 章，第 2 节，第 170 页。同时代的现代哲学史家、眼光锐利的布勒，这样开始他对十八世纪哲学的阐述：“我们现在正在接近哲学史的最近时期，这是哲学、科学、艺术以及整个人类文明最卓越、最辉煌的时期。前几个世纪种下的种子，到了十八世纪开始完美绽放。可以这么说，再也没有哪个世纪能比十八世纪更好地利用前人的成就，使人类在身体、智力和道德方面达到了更大的完善。鉴于人性的局限和我们过去的经验教训，我们应该惊讶地看到，他们达到了一个让后代天才只能继续维持的高度。”

子贯穿于这些可怕的混乱声音之中，那就是——**悲观主义**！愤怒和失望看来已成为现代人情感生活中的两个主要旋律。叔本华是
148 其在哲学上的合唱指挥，他的声音到处都可以透过噪音听到。所有的诗人和文学家都研究他，从他得知重要的真理：事物的反面才代表着事物的本质，而事物的正面纯粹是一个假的幻影。卢梭把一个从未听过的悖论放到他的时代面前，他认为教养和文明并没有使人们变得更好更丰富；叔本华则以一个哲学命题教导说：文明增加了我们的悲惨，文明是一个巨大的过失。

这些现象意味着什么呢？悲观主义是一个欧洲各民族正在接近自己晚年的信号吗？现代民族又达到了历史上旧世界曾在罗马帝国开始时所达到的那个转折点吗？悲观主义的诗人和哲学家真是末日和文明的消灭的先知先觉和预告者吗？对得救的思慕又在占有我们的时代，就像它曾占有印度和古代世界一样吗？我们周围的人正在玩弄的“世纪末”这一格言，真的不仅表示这个世纪已近结束，而且表示一般的西方社会时代也快终结了吗？

凡是自己倾向于悲观主义的人都要肯定地回答这个问题。每个历史哲学家都从主观情感得到解释事物的钥匙。因此，个人感情并非倾向悲观主义，而是倾向其对立面的人就要作出否定的回答；他在悲观主义中看到的不是别的，而只是代表特殊个人的病态的不满。他认为这是任何时代都免不了的，但是由于某些社会经济和政治生活条件，今天这根弦只是更敏感而已。一个不允许他个人的好恶和心情歪曲自己的判断和纯粹理论的历史哲学家，也许要把这两种对上述现象的解释都看作太极端了。例如他可能要
149 说，许多可以在当代生活中观察到的现象无疑使我们想起罗马帝

国，这不论在文学艺术还是经济政治活动领域都是这样：例如在艺术中那种满足暴发户对豪华的渴望的肤浅空洞的趣味；那种出奇地类似于罗马帝国时期对旧罗马的浪漫热狂的对“旧日耳曼”的浪漫热爱；还有辛苦和无目标的学术研究，它实际上绝对不关心科学本身，而只关心给予科学工作的奖赏；而文学看来则表现了作者和读者中的极端的神经衰弱——只要看一看我们的书的外表，那些五花八门光怪陆离的封面、题铭和充斥着惊叹号和问号的标题就够了；还有大城市的奢侈和无产阶级化；压制着文明力量和个性的我们整个生活的集中化；以及不断增长着的把现存秩序——这种秩序不能总是依靠它的内在意图——建立在政治军事力量上的需要，等等。

但是，这个历史哲学家可能要继续说，另一方面，也不缺少将以最有价值的方式占据欧洲文明民族的未来生活的蓬勃活力和重要问题。他也许要说，眼下的全部现象可解释为一个萧条的过渡阶段，这一萧条的原因是缺少普遍承认的能联合所有心灵的希望和理想。民族像个人一样，要靠希望和思慕，而不是靠它们的实现来保持生命；一旦理想被实现，一个不安定地寻求新的目标的时代就要来临。也许我们现在就正处在这样一个时期。容易被上述感情影响的日耳曼人看来尤其通过巨大的成就满足了自己长久的渴
望：他们终于有了他们的帝国和皇帝，一系列议会，在 1870 年至少 150
使自己的邻居免除了一个令人憎恨的制度，免除了专制政治和天主教会制度。两个民族现在正在重新经历一种共同的经验，即希望要比实现希望更美好。这样我们的历史哲学家可能继续推论并补充说，那已经开始显露出来的新问题将唤起新的力量感和对生

活的爱，它们将为我们的社会制度带来更多的正义，为甚至群众的理智生活（当然不止是群众）带来更多的实质性、严肃性、真理和美。甚至他可能这样推论下去，认为我们必须把现代民族先前的全部发展都看作是一个绝对独立自存的现代文明的序曲，因为，如果我们考虑到中世纪是它们的学生时代的话，那么显然这些民族刚刚离开学校，甚至还没有完全离开，而那些注定要从事较高职业的人不都是要经过一个学习古代文化的阶段吗？因此，如果说在现代民族中老年并不是紧跟着童年，那么我们一定可以预期：那看来正迫在眉睫的这些民族的解放将带来一个完全成熟的时期。然而，我们的哲学家很可能还是要在结论中补充道：按事物的本性来说，一个将使理性束之高阁的证明在此是不可能成立的；民族的将来比个人的将来还要不可测知。我们可能借助历史能隐约地看到横在我们前面的一小截道路，看到一点暗淡的光落在我们马上要走的那几步路上，但是道路很快就没入那永恒用以包围现在的无限黑暗中去了。

现在让我们谈谈另一种现象——即刺激着最近几年的德国青年的**尼采主义**。尼采主义是叔本华主义的孪生兄弟。尼采的内心
151 曾经历一种不断的变化，通过了思想的许多阶段，他那一开始就吸引着很多人注意的观点，见之于他最后的一些格言集中：《查拉图斯特拉如是说》《善恶的彼岸》，特别是《道德的世系》，另外还要加上他最后的一部著作《偶像的衰落，或如何用锤子讲哲学》。最后这本篇幅不大的论著的序言中落有“关于所有价值的转换的第一本书就在这一天被完成了”的注脚，在尼采看来，他显然宣告着这样一个事实，即他的基本工作标志着一个新时代的来临。尼采深

信这本书的诞生在其重要性上将与基督教的诞生相匹敌；基督教的诞生开创了西方所有价值的第一次转换，而尼采深信由耶稣发起的这次转换将要再被他本人取消，他相信一种新的进化将要在带着个人主义的贵族化趋势的自然主义的“非道德主义”基础上开始进行。尼采厌恶道德，认为道德始终一贯地试图阻挠本能冲动，道德借口要使理性胜利，努力地造成人的病态和软弱，以便容易地驯服他，或像人们所说的改善他。他说，在基督教中，这一反对本能的战斗是以最夸大的形式出现的，基督教道德是奴隶的道德，它产生于被压制的犹太人对胜利的罗马人的宿怨；它也是软弱、依赖、邪恶的因而也是欺骗、报复和心怀恶意的种族的道德，它反对着强大、无畏、勇敢、正直、高尚、尊贵的种族的道德，即主人的道德。随着基督教的产生及其在各民族中的扩展，犹太教对罗马人 152
进行了所能想象得到的最完全的报复，它在道德上把他们囚禁起来，可以说迫使他们转而把强大、健康、勇敢、骄傲视为邪恶，而把软弱、卑微、服从和受压看作善，认为这是上帝很欣悦的。而西方精神从这种恶劣影响下的最后得救——就将是尼采的使命。

我不想批评这些思想；格言警句按其性质来说，使人不可能去考察它们的客观确实性，它们的目的不是在于给所述主题的本质以一个彻底的解释，而在于站在某一特定立场上，以一种惊人的见解叙述这一主题，而这当然不妨碍我们从另一立场以另一种见解观察它。假如这个赋有如此杰出但也危险的天才的思想家没有陷进完全的精神混乱（在他最后一部著作中可以尤其明显地看到这方面的许多症状），我们可以大胆相信，他本可以顺着不同的道路前进，说句老实话，沿着他现在走过的路线再往前走几乎是不可能

的。我们可以问，超人在思想领域中做完了一切，实现了自己以后，他要变成什么呢？什么是他在这世界上的真正工作？英雄和伟人的使命一向被认为是把光明和生命带给他们的同胞。而这个新的超人看来却要轻蔑这一工作，他离开群众，认为他优于他们，他对这些活着只是为了使他成为可能的无价值的芸芸众生毫无事情可做。但他怎么花掉他的时间呢？他沉思自己，写出格言，惊叹他与群众间的巨大距离吗？这就是他所发现自己能做的一切吗？这对一个超人来说可说是相当琐碎的事情，我倾向于相信哲学家自己很快也会对这样一种生活的空虚感到害怕，然后，他也许会理
153 解到他的反基督与基督相比之下的渺小，在基督那里倒确实比这个狂妄地轻蔑人类和自高自大的夸海口者有更多的真正超人的成分。[①]

然而，让这一切都随它去吧。在此我们感兴趣的问题是：尼采这些观念作为时代的一个信号表明了什么呢？是什么使超人对青

① 我刚拿到加尔维兹的一篇文章：《尼采作为基督教的教育者》（《普鲁士年鉴》，1896年2月）。作者令人钦佩地展示了当尼采完全反对耶稣所主张的人生理想时，他偏离目标是多么远。他们之间有一项意义深远的正式协议。在自称为基督徒的教会中，“群居的冲动”常常起着突出的作用；而熟悉他们的人不会在耶稣和他的第一批门徒中寻找这种冲动；相反，原始基督教的特点是它对既定的和普遍的意见和习俗，甚至对传统的价值观和标准，都有着极其独立的态度。它也不倾向于高估品行和道德；相反，用尼采的话来说，真正重要的是“非道德”的美德；合法性没有价值。作为上帝的儿子、圣父的自由之子，人类之子耶稣知道他高于法律。尼采也可以在耶稣和他的教导中找到真理，即超越理智和欲望是完美的基本特征。可以肯定的是，他不可能在那里找到自我崇拜、对人民的傲慢和对群众的轻蔑，而这些品质他是更有可能在法利赛人中发现的。他在叔本华身上发现了这些，不是在作为思想家的叔本华那里，而是在作为人的叔本华那里。他一直是作为人的叔本华的真正追随者，即使在他否定了叔本华的哲学之后。

年人具有如此的吸引力呢？尼采成为报刊上的一个主要话题，他的名字出现在公共图书馆的索书单上的次数也许比任何人都多。我从大学预科学校的教师们那里得知，在他们学生的作文中（而且绝非那些缺乏才能的学生），不时可以发现尼采的精神和作品的痕迹。是什么把他们拉向尼采呢？是他那给人以深刻印象的风格吗？是他那对事物的光耀夺目、疾如闪电般的说明吗？或者是因为所有旧的真理都变得被我们的年轻人视作陈腐的，他们狂热地 154
爱好从未听过的怪论吗？年轻人总是嗜好新的和从未听过的东西；这些东西至少有一种与我们正在其重压下呻吟的旧的既定形式相对立的价值，有与主日学校的琐细真理、道德的琐细真理相对立，与那些考查申请学位者的繁文缛节相对立的价值。苏格拉底是希腊第一个颓废派；康德是一个畸形的理性跛子；一颗好的良心是良好的消化的结果；道德是颓废的哲学家对本性的阉割——这确实是在说着什么东西，在说着一种不同于那些以往听过的并一再被令人恶心地重复、陈旧得使人生厌的故事的东西。这些怪论是否正使我们那些已逐渐厌倦无穷无尽的训练和考试的年轻人感到陶醉呢？我们是否像雅典人一样不能再忍受传统惯例、因而已成为任何一种最新的热狂的奴隶呢？[1] 或者，在那种嘲弄所有旧英雄和历史真理的辛辣讽刺中有一种令一个时代欣悦的钟声（这一时代被那些下等文人的嘈杂声和惯于窒息真理的好事者的多管闲事弄得对所有现存惯例都充满不信任了）？或者，那感动人的是对一种将要来临的新的伟大的东西的模糊预感？也许上面说的所

---

① 就像克里昂煽动雅典人，见修昔底德，第 3 卷，38。

有这些情况都有一点是真的。但最后和最深刻的原因可能还是我们先前所暗示的——**缺少一个理想**，缺少一个居支配地位的理想，一个鼓动心灵、激励意志、给众人一个共同的目标的理想。因此这个时代焦躁不安着，热烈地摸索着寻求伟大不凡的东西，寻求着一种对新的较高的生活形式的指导。在《作为一个教育家的伦勃朗》一书中，是什么东西吸引着如此多的读者呢？不就是它应许给无助者展示一个理想，一个更为自由、富裕、伟大的德国人生活的理
155 想吗？是什么使那些突然在某个晚上冒出来，在通俗集会上和小册子中对德国人宣教的预言家得到众多的轻信者和支持者的呢？不正是对要了解我们应当遵循什么道路的深深的普遍的渴望吗？又是什么使保罗·德·拉加尔德的名下聚集起一小群虔敬的崇拜者呢？向德国人指出新的目标和新的理想——这就是他的《德国的著作》的根本目的，这本书有许多奇怪和粗糙的东西，但也包含着更多的伟大和优秀的东西。

如果正是对理想的饥饿导致了所有这些现象，那么无论其中包含着多少不满，它们也不是下降的症状，而是在一个新时代诞生之前的不安的征兆。同样，艺术和诗歌中关于新形式新内容的斗争也必须解释为新的理想出现过程中的斗争。

热心于这一斗争的年轻人并不是想诉诸过去，而是把脸朝向将来。然而，我还是想请尼采的追随者认真地熟读柏拉图的《理想国》的第一部分。他将在其中遇到这样一个人，他十分自信，自高自大地宣传这样一个理论——即认为，不正义若充分地展开，要比正义更为有力、更加自由和更占优势；也许人们会引导尼采的追随者继续读这本著名的、如此古老而又如此具有现代气息的书的其

他部分，然后，他可能还要被劝说重读歌德《浮士德》的第二部中靡菲斯特与学士的一幕，在那里老年人和青年人的永恒主题论述得奇怪之至、淋漓尽致。

11. 与基督教的关系

我还必须直接论及一个已部分回答了的问题——关于现代精神与**基督教的联系**的问题，才能最后结束关于现代人生观的讨论。

如果我们用“基督教”这一概念仅仅表示一种跟最初的基督教 156
团体绝对相似的生活和感情类型、信仰和确信，那么我们不能称我们现代的生活为基督教的。抛弃尘世、逃避文明、信仰上苍——这就是旧基督教的特征，而没一个人会把这些东西看作现代的特征。

但是如果我们不取基督教的这一最狭意义，如果我们使这个词适用于从耶稣开始的全部历史（我们也完全有权利这样做），那情况就不同了。不管我们喜欢与否，我们将必须承认，现代还是在很大程度上被基督教支配着，它的历史可以而且必须看作是基督教历史的一部分。大卫·斯特劳斯在他的《旧信仰和新信仰》[①]中提出了这样的问题：我们是基督徒吗？他从否定的一面回答了它，显示了旧教义已经不再表现现代流行的信念。在此他无疑是对的。但那不是要接着推论我们不再是基督徒了吗？确实，如果教义有一种从基督教排除一切不表现基督教的成分而限定基督教的力量（这的确是教义的根本目的）那是会这样的。但我们若是要进

① 《旧信仰与新信仰》(*Der alte und neue Glaube*)，由布莱德翻译。

一步推论基督教因此正在灭亡，这论断就是错误的。在回答这个问题时我们将必须说，基督教不但比教义要老，而且很可能要保存得比它们长久，它已变成欧洲诸民族历史生活中的一个实体，决不可能再变成非现实，而只能同这些民族本身一起衰朽。它帮助塑造了这些民族的意志和心灵，使它们成为现在的模样，在它们的民族性上留下了不可磨灭的记号。甚至那些决心反对基督教的人也不可能逃脱它的影响，它继续决定着他们的思想、感情和意志。

157 基督教对欧洲各民族生活和道德的影响（在中世纪，这些民族在教会的怀抱中准备着它将来的使命），我们已在前面稍稍触及了，在此我不想再回头谈它。[1] 但无论如何，在此我想使大家注意一下我们的感情类型和人生观中的某些根源于基督教的特征。

三个伟大的真理被基督教铭刻在人们的心上了：

第一个是：**受苦是人生的一个基本方面**。希腊人实际上没有这个思想，他们也常跟痛苦打交道，但只把痛苦看作一个不应存在的事实。至少他们的哲学家没有超越这个观点，虽然悲剧诗人使它较深的意义神圣化了。基督教则教导我们要欣赏受苦；受苦不

---

① 读者可以参考乌尔霍恩（Uhlhorn）的杰作《基督教的慈善史》（*History of Christian Benevolence*），其中展示了基督教的怜悯从过去一直到今天仍在继续发挥出来的巨大力量。第三卷展现了基督教从宗教改革到现在，特别是19世纪，所做的大量慈行善举，不仅有金钱援助，而且有个人服务援助，这种善举也许从原始基督教时代以后尚未见过。这方面新教世界长期以来做得相对落后，但现在情况已和天主教并驾齐驱。——那么，我们难道不能从公平地看待两个教会工作中看到一个迹象吗，那就是它们将再次彼此尊重并把对方看作纯粹基督教的不同形式。新教无疑比天主教更容易做出这种承认；它也应从天主教那里得到同情反应，只有这样，上次在德国人民中造成如此多流血和痛苦的宗教分离才能完全得到证明。

只是一个令人难受的事实，而且对内在的人的完善发展具有基本的意义：受苦使灵魂从对暂时和易朽的事物的过于专心中撤出；它是对虚荣心和好面子的解毒剂；用基督教的话来说，痛苦是上帝使我们的心灵从尘世暂时的事物转向永恒、转向他本人的伟大的教 158
育手段。所以受苦导向内在的安宁。凡熟悉痛苦的人就会懂得基督教的意义。凡承受悲哀的地方，一种对基督教的渴望和寻求通常不久就要显示出来；而一种健康、积极、有朝气的生活则较易于接受古希腊的人生观。但是，正像任何一种生活都不能摆脱受苦一样，在每种生活中都将有心灵易于接受基督教的影响的时候。

基督教铭刻在人性上的第二个伟大真理是：**罪恶亦是人生的一个基本方面**。这个真理也是希腊人没有看到的，或至少没有看到它的全部。他们熟知丑陋和卑劣，他们的喜剧诗人嘲笑这些东西，他们的哲学家展示人们怎样在至善的问题上犯了错误，怎样迷失了通往幸福的正确道路。而对基督教来说，最严重和最可怕的真理是：对邪恶的爱好深深地植根于自然人的本质之中。神学以原罪的教义系统地阐述了这一观点（在此我们并不关心这是否恰当），但一个无可怀疑的真理是：人的本性除了美好善良的能力和冲动以外，还包含一些恶劣的倾向，为人是邪恶的动物的尖锐批评提供了证据。人生来就具有两种其他动物所没有的恶性——嫉妒和恶意。希腊人就曾用它们来互相吞噬和杀戮，正像修昔底德对这个民族的内讧所做的可怕描述所证明的一样。但除了一些特殊人物如修昔底德和柏拉图之外，古代人并不意识到事情的可怕，这些事情似乎与他们对人性的要求并不矛盾。基督教则提高了标

准，以上帝的正义和神圣来衡量人，这一正义和神圣体现在耶稣身上。这种感情方式也不可磨灭地印在我们身上。我们不可能像希
159 腊人那样心安理得地接受邪恶，像希腊人和罗马人那样怀着一种自满的感情沉思我们的生活。有时在某个新人文主义风格的葬礼上，唱起了贺拉斯的“我整个的生命纯粹透明”这支歌，我倾向于相信，如果死者能听见的话，这歌将使他感到压抑，也许会使他想起法利赛人祷文的开头：上帝啊，我感谢你使我不像别人那样是强夺者、不义者和通奸者，或甚至是那税吏！这支歌有关甜蜜的欢笑的最后几行在这个时刻会使他感到愉快吗？也许倒是旧的耶稣受难日的颂歌更合他的口味：“啊、基督，你上帝的羔羊，你承担起整个世界的罪恶，给我们以怜悯。”临死的朱里安骄傲地说：“我毫无悔恨地死去，因为我无罪地度过了一生”——我们在世俗的法庭面前也许可以这样说，但是，我们在我们自己良心的法庭面前，在上帝的法庭面前能够这样说吗？

基督教铭刻在我们心上的第三个伟大真理是：**这世界是靠正义者和纯洁者的死为代偿而生存的**。凡初具体系的神学都谈到过这点，它保存有最深刻的哲学历史真理。民族的生存要归功于那些最善良、最无私、最强有力和最纯洁的人的自愿牺牲。无论这种人达到了人类所具有的何种至善，给他们的报答总是误解、轻蔑、流放和死刑。人类的历史是殉难的历史，那被称为人类历史的布道书的就是先知以赛亚书的第五十三章中的耶稣遇难日的布道书。根据一个古老的传说，如果想要一座建筑物持久，就必须把一个纯洁的生命埋进它的基础。这个信念可能得自历史。历史也是把纯洁的生命筑进它的基础结构之中的。在西方世界的机构中，

教会迄今为止证明了自己是最持久的，而在它的基础中就放进了 160
基督的生命，使基督的死成为代偿；因此，旧教会遵循了这一暗示性的惯例：把永恒牺牲的象征放在宗教教会生活的中心。人们常常争论这样的问题：那常常被报道和视作死亡了的天主教会的力量的秘密何在？是靠群众的迷信和无知吗？是靠他们对并不存在的事物的孩子式的畏惧吗？或者是由于教会组织的坚固，它的领导的明智？由于它从世俗权力中得到的支持？也许所有这些因素都起了一定的作用，虽然我们也可以说正是这些因素也曾不止一次地把教会拖到毁灭的边缘。真正的秘密看来还是男人和妇女们总是在天主教中发现自我牺牲的力量。虽然这些自我牺牲者的数目不是很多，但这种牺牲是如此宝贵和有效，以致它总是能抵消许多把教会作为谋取厚利的一个手段的人们的恶劣有害影响。新教也把它具有的生命力归之于这一事实。将来也会同样如此，基督教将不是靠枢密顾问官和神学教授们来保持，而只能靠那些准备为它工作、受难、牺牲的人们来保持。

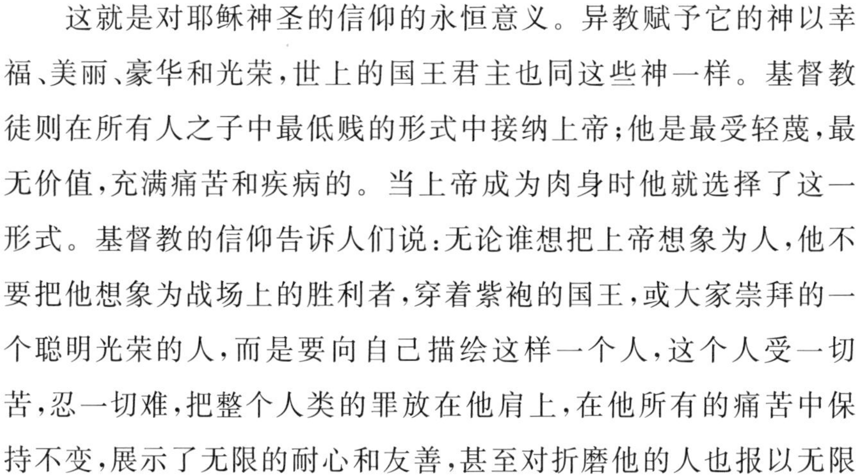

这就是对耶稣神圣的信仰的永恒意义。异教赋予它的神以幸福、美丽、豪华和光荣，世上的国王君主也同这些神一样。基督教徒则在所有人之子中最低贱的形式中接纳上帝；他是最受轻蔑，最无价值，充满痛苦和疾病的。当上帝成为肉身时他就选择了这一形式。基督教的信仰告诉人们说：无论谁想把上帝想象为人，他不要把他想象为战场上的胜利者，穿着紫袍的国王，或大家崇拜的一个聪明光荣的人，而是要向自己描绘这样一个人，这个人受一切
苦，忍一切难，把整个人类的罪放在他肩上，在他所有的痛苦中保 161
持不变，展示了无限的耐心和友善，甚至对折磨他的人也报以无限

的爱和怜悯。这就是取人形的全善的形象，就是上帝本人。“要成为善的就要行善，受恶，并百折不挠地坚持到最后。”

把这三个成分结合起来的第四个成分是：**对超越的渴望**。古代满足于此世，现代却决没有完全摆脱既定现实是不充分的感情。一种由基督教引进西方的心情，一种觉得灵魂的真正故乡不是在尘世上、生命只是在一陌生土地上的参拜的感情不断地在诗中，在现代人的生活中与我们相遇，而且不只是在那些接受原始基督教教导的人们中出现，也在一般世俗的人们中出现。有些人相信超越性宗教的时代已经过去了，一个道德的宗教将取代它的地位。我不相信宗教的将来会证实他们的观点。旧的独断的神学形而上学可能确实过去了，我和伦理学界的朋友一道欣喜地希望一种宗教性质的生活将日益代替宗教信仰的地位；但我不相信西方民族将会完全摆脱那种以一种预言的渴望，创造一个高于现存世界的存在的需要。甚至对于一个像歌德这样的人，一个坚定地立足于现世，以其整个生命欢乐地欣赏这个世界的人来说，他心中也总是有一种隐藏最深的思慕，渴望凝视一个无限的、更纯洁的王国，在那里，围绕一切的那种我们狭隘尘世的朦胧雾气都消失了。

最后我们可以说，现代人生观和世界观的特征是基督教和希腊成分的混合、敌对和调和。有前者占压倒优势的时代，也有后者占压倒优势的时代。保罗·格哈特歌唱的时代与启蒙时代完全两样。后一时代是写作《维尔赫姆·迈斯特》和《罗马的悲歌》的时
162 代，但甚至在此心灵也不缺少在教会赞美诗的粗糙崇高性中寻求和发现从尘世悲惨中的得救和安慰。这些对立面不仅并存于同一时代，而且并存于同一颗心灵之中。《唯物主义史》的作者弗里德

里希·朗格是现代世界观和人生观的一名彻底的拥护者，我们从他的传记中得知，[1]他曾和哲学家宇伯威格有过一次关于宗教的未来或未来的宗教的谈话。朗格要求在希腊神殿风格的欢乐的时代建筑旁边，至少要增添一座为苦恼的心灵设立的哥特式小教堂，以便在某些举行民族的礼拜的日子里，幸福的人们也可以投身悲哀的深渊，重新发现他和不幸者甚至有罪者一样需要救助。他认为在我们的时代，基督教的悲哀和悔恨是常规，而意气扬扬的欢乐和胜利的喜悦则是例外。他希望颠倒这一关系，但“并不是要完全无视那归根结底伴随着我们整个生活的阴影。”他希望有些教堂赞美诗也可以用于新的礼拜中；当宇伯威格紧追着问：“比方哪一首呢？”他马上答道：《啊，血亲和奇迹的顶端》。

在我看来，我们可以把朗格对希腊精神和基督教之间的对立的态度看作现代人的一个典型代表，一个比多少有些片面、爱好一种粗硬的逻辑教条的宇伯威格更为典型的代表。对于一个经过理性训练的逻辑学家来说，差别是不可调和的，而且他在调和差别的企图中看到了一种不一致性；而熟悉人类一切现象的心理学家和 163
社会学家则在人的心灵中看到可以产生两种趋势的资质，并在他自己的心灵中经验到这两种趋势。

确实，如果人是一种纯粹逻辑的生物，那他必定会在这两个极端之间划出一条鲜明的界线；他将把对尘世生活的肯定和否定，把希腊人对生活的热爱和基督教对从所有无常的事物中得救的思慕看作正相反对的两个对立面，认为在它们之间没有中间的空场。

---

① 作者埃里森，第214页。

但是人并不仅仅是理智的，他的内在生活并不是一种拒绝所有矛盾的逻辑机械，他同时也是而且首先是一种意志和感情的存在，一种经验着快乐与痛苦、希望与畏惧、热爱与憎恨、称颂与轻蔑的存在。人作为这样一种存在所发出的判断也是这样矛盾的，但他努力把它们理解为一个体系；这样就产生了不同的人生观和以此为基础的对世界的不同解释以及宗教体系。存在于它们之间的最大对立是文明与宗教，或肯定世俗世界的宗教与主张救赎的宗教之间的对立。但这两个极端在此并不像在科学体系中那样互相排除，势不两立。在天文学中，我们不接受托勒密体系就得接受哥白尼体系。然而当我们处理世界观与人生观的体系时（这些体系的最深根源是在感情之中），情况是不同的；这里的界线并不是那样鲜明，而是有着较多的不一致、混合和接近——甚至在某种意义这一切都是自然的和必需的。

人人都经验到快乐与痛苦、健康与疾病、年轻与年老、生活与死亡这些重要的两端；他接受别人的善意和恶意，引起并感觉到热爱与憎恨、信任与猜疑、赞扬与轻蔑。因此，没有一个人会对幸福和现世的欢乐与失望、嫌恶、厌倦现世和讨厌生命这两端感到绝对
164 陌生。由于每种情绪当它存在时是绝对的，它以它的色调浸染着整个世界和整个生命，我们可以说，产生乐观主义和悲观主义这两种体系的倾向在每个人那里都是暂时的。每个人在自己的经验库里都拥有基本的至少可以使他理解这两种体系的东西。至于它们两个谁占据优势，最后变得在他心中定居下来，那就要看他的气质和经历如何了。他或者提出这种形式，或者提出那种形式，采用它们两者中的一种以使他暂时的心情普遍化。在像歌德和洪堡这样

的能够在恰当和顺利的条件下，美好幸福地训练和发展自己的健康优越的自然力量的人那里，一种希腊人的人生观、一种对世界的乐观主义就自然地产生了。但甚至在歌德的生活中这样的时刻也不缺少：这时他对基督教抱的是一种有别于讨厌的感情，他不是曾经称圣徒菲利普·莱内为他的圣徒吗？也许，洪堡也不是总处在曾推动他甚至在临终的时刻也在抄写荷马诗句的心情之中（即使他们分崩离析化为乌有，也要比世上的一切更感欣慰和振奋）。而另一方面，无论谁被赋予一种阴郁的气质和遭受过重大打击；无论谁生活失意和受到人们坏的对待；无论谁犯过许多错误和罪恶，或者回顾一种邪恶的生活，都要比较倾向于在一种绝对抛弃现世生活、期待得救和来世的观点中寻找安慰。赫曼和叔本华就是这种性格类型的人，但他们的生活中也不缺少使他们能够欣赏希腊世界观的经验。至少在艺术的形象方面，叔本华是怀着快乐和热爱凝视它们的。

而且，同样的两个对立面的混和在较早的文明中也不缺少。165
希腊人对世界的无常和空虚的感情也并不陌生。在荷马和悲剧诗人的作品中，那种世界悲惨和厌倦生命的感情是多么频繁地拨动着一根敏感的心弦啊！反过来也是一样，在福音书中也不缺少对自然纯朴的爱，在寓言中的耶稣热爱地凝视着自然的生活，他停在孩子们身上的目光含有多少的热爱和快乐啊！圣奥古斯丁在他直接与人们的日常交往中，确实并非总是想着他那认为自然的德性是好看的罪恶的体系。

所以我们将必须说，那种始终一贯的伦理学上的自然主义和超自然主义的体系只是逻辑上的设计，它们并不像自然历史的定义一样表现人们实际的生活、思想和感情。它们只是标志着心灵在只有某些经验和心情存在时与现实的关系。但现实生活是在两种极端的心情之间摆动的，对生活和事实的判断也相应地在这些极端的心情之间摇摆。这对于个人、民族和时代的生活来说都是真实的。那种概念设计的理论价值在于它们是理解和支配现实的一个间接手段，它们具有人为线路和座标轴线的意义，我们据此可以决定多种多样的生活方式在历史道德世界中的地位。在此就跟有关国家的各种形式和性质的定义一样，这些定义如我们所知并不直接表现或描述具体的现实，而是作为逻辑的设计，间接地领悟和描述国家。

比这些设计的理论价值更重要的是两种主要的生活方式的实践价值及其他们在艺术、诗歌中的自我表现。它们给现代民族提供了各种人生的主要类型和情绪的精神形式。妇女慈善团在福音
166 的历史和圣徒生活中，发现了可以提高和加强自己呼吁的典型；那些生病和苦恼的心灵也从保罗·格哈特的歌声中获得了安慰。我不知道一个希腊人病弱时是如何安慰自己的。莫非希腊人从不生病？反过来，在希腊和罗马历史的伟大形象中，在德摩斯梯尼的强有力的雄辩中，德国人寻找到了恢复一个被征服民族勇气的手段，以指引它奔向自由和伟大的目标。所以至今荷马史诗还在我们孩子的心灵中谆谆讲述着挚爱荣誉、明智、男子汉精神和尊严的第一批榜样。人类漫长而多变的预备性历史的优越性就在于它根据我们不同的个性、才能、命运和生活经验，给我们提供了清楚确定的概念。所以我们无论是把我们的青年引入古代世界还是基督教世界，无疑都是可以找到根据的。我们不仅要井然有序地给他们提

供历史的知识，而且要使他们有能力沉思不同的生活命运，以便每个人都能慎重地选择那最适合于他的生活方式。但是正是因此我们不应当勾销和掩盖这两个重要的生活方式之间的对立，而是应当清楚地确定这一对立。这两种生活方式都能提供给我们以内在的伟大和完善的形象，它们作为典范，将永远保持着它们的吸引力。

这两种生活的完善典型在主观上其实是颇为相容的，人们可能在赞颂圣徒弗兰西斯的同时也对像歌德一类的性格感到一种衷心喜悦的同情，而不管这两个人的生活理想在客观上相隔多远。只是我们决不要把歌德列为圣徒或者在圣徒中寻找哲学和文明，而宁可去发见两者中的积极成分。是的，我们将不得不说，一个仅仅由神圣的乞丐组成的世界是不可能的也是令人厌倦的；圣徒也需要世俗的人们作为衬托来装饰他们。

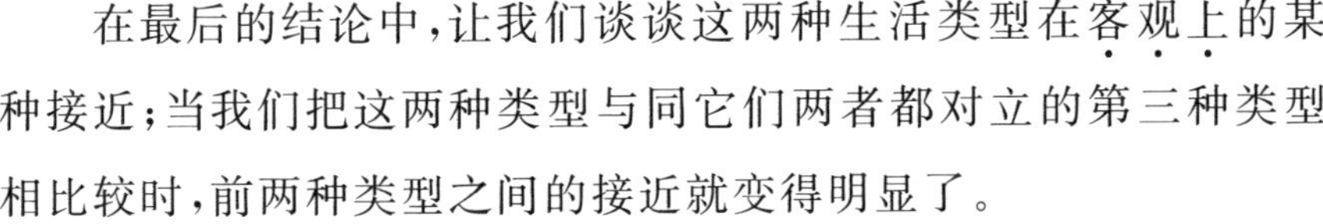

在最后的结论中，让我们谈谈这两种生活类型在客观上的某种接近；当我们把这两种类型与同它们两者都对立的第三种类型相比较时，前两种类型之间的接近就变得明显了。

我们可以区分出三种对善的生活的观念，并相应地区分三种行为方式。第一种在感官的享受中寻求善，第二种则从人的精神力量在一种变化发展的文明中的训练那里发现善，最后第三种超越世界，在来世的幸福中发现了生活的最终目标，而在此世期间只是从期待中得到欣悦。根据希腊人的看法，第一种观点是亚细亚的野蛮人的；第二种是希腊人的；第三种是基督教的。

显然，第二和第三种观点出于共同的原因反对第一种观点。两者都要求把理性的统治与对感官欲望的限制和训诫作为完善的前提。就此而言，甚至在希腊道德中也决不缺少一种**禁欲**的成分；柏拉图，斯多葛派，尤其是后来的哲学家尤其强调这一点。确实，“禁欲主义”一词本来就是从希腊语言中获得的。它开始是表示在体育场实行的对动物本性的训诫，也表示在哲学学园实行的对内在生活的训诫。这是众所周知的，甚至保罗也熟知这一点。当然，基督教连同它的自我否定和神圣化的要求，走得比希腊禁欲主义要远得多；希腊禁欲主义总是多少作为一种自我保存的形式而维持的，精神力量在哲学和科学中的训练和发展构成了生活的积极内容，感官的训诫是为此目的而要求实行的。

然而另一方面，我们也在基督教中发现了积极地对待现实世
168 界的尝试。例如，我们可以从根据兄弟之爱和一个完善的地上天国的原则而对人类生活的控制上看出这一点。对邻人的爱只有在预定一个现世的目标的情况下才能变成一件具体确定的事情，爱的使命就是要帮助达到这一目标。一种基督教的理论、一种科学，甚至在基督教一开始就存在了；幸福即存在于沉思上帝之中。当基督教开始发展为一种持久的历史生活形式时，当先前对这个世界的期待没有实现时，积极的成分就活动起来：在教会中产生了一种普遍化的生活形式；在神学中产生了一种基督教的科学；在礼拜中产生了一种对艺术的追求和热望。古希腊罗马的先例对所有这些变化发挥了一种相当重要的影响是自然和不可避免的。为了在世俗世界上存在并试图影响它，基督教采取了世俗世界的一些形式。

这样我们就看到了两个极端的接近。两者内在的基本对立依然保存着，完善的理想依然大相径庭，但是还是有一些接近和一

致，而且不是在微不足道的方面。正是这些接近和一致使下面的事情有可能发生：当教会放弃了它以前作为一个圣徒团体的排外性时，一个具有广泛性的阶层就在教会中形成了。这一阶层的人们介于纯粹的希腊人和纯粹的基督教徒之间，他们寻求在他们的生命中把基督教成分和希腊成分、把神圣和现世的美与文明、把信仰和哲学结合起来。我们可以容易地理解为什么这些人倾向于尽可能缩小他们心灵中两种成分的差别。确实，凡是历史地看待事物的人，都会认为希腊的人性和基督教的神圣是不一致的，但是他决不会怀疑那些在自己身上尽可能缩小两者差别的人在主观信念上的真诚，他将承认在人性中调和这两个对立面的主观可能性，同时承认调和这两种伟大的历史生活形式的客观可能性。

169
第六章　中世纪道德哲学和现代道德哲学[①]

1. 神学的道德哲学

超自然主义的宗教的人生观和行为观代表着两种可能的生活道路中的一种，是使每个思想家都感到很大兴趣的。但我们对神学家们在这一人生观基础上构造一个伦理学体系的尝试却没有那么大的兴趣。这些尝试缺少使人们产生理论兴趣的基本条件，它不是通过无偏见的探讨，以求解决生活提交给行动和判断着的人的难题，而是对所有问题都到圣经中去寻找一个答案；圣经以其绝对的权威不仅决定着信仰，而且决定着生活的规范。因此问题仅在于建立、理解和安排既定的内容，防止异教徒和异端对它的攻击，最后尤其是使它在生活中结下硕果。这样，道德的布道和训导的解释就阻碍着科学的研究。

① 关于中世纪伦理学，参见 35 和 65 页的参考资料；以及斯托克尔、豪尔奥和朗塞洛特关于经院哲学史的著作。——英译者

基督教教会的基本原则绝对地排除了建立一个真正科学的伦理学、一个独立的行为理论的可能性。希腊伦理学试图解决这个问题：即靠什么行为能使所有人努力的目标（幸福）得以自然地实
现。如果我们在最广泛的意义上理解“幸福”一词的话，基督徒也 170
追求幸福，但他不是在尘世的生活、而是在超尘世的神圣中寻找幸福；必须承认，他确实已经在此世的生活中，在与上帝一起的和平的幸福感中提前尝到了它的滋味。然而，这种永恒的幸福不同于希腊人的幸福，不是某种生活类型的自然效果，而是由上帝恩赐给那些行使他意志的人的，而他的意志是他在圣经中宣布了的。因此道德学家的职能不是科学地探讨那些出于事物本性的必然的幸福条件，而是解释已存的神圣命令并使之系统化。如果上帝的意志被确定为区分善恶的最后和唯一的根据，那就不可能承认任何行为与人生目标间的自然联系。所以这一观点的最终结果就是预定说的理论。

下面我将仅限于描述这类文献中的一些最重要的现象。

我们可以把圣阿布饶斯关于牧师义务的论述看作系统地阐明基督教伦理学的最初企图。形式上他追随西塞罗论义务的著作，但在四主德的构架内却尽可能地纳入了新内容。作者坦白地宣称他很少关心探讨的形式；对于认为他没能系统地构造他的伦理学的反对意见，他回答说：“但这是逻辑技巧的事情，首先定义义务的概念，然后把它分成几类；而我们却避开理论，我们把读者带到观察祖先的榜样，以便最有效地促使人们模仿这些榜样。”[①]这些榜

① 第1章，第25页。

样大都取自旧约中的作品，这是相当自然的，因为新约的目的并不
171 在于建立一种尘世的秩序，而是离它远远的。确实，一个要适应此世生活的伦理学将发现很难用新约来处理问题。旧约对一个努力通过道德立法来调整我们日常行为的教会是不可缺少的。但还有一个奇怪的事实：就是作为一个罗马人的阿布饶斯，却发现把犹太人的王侯贵胄作为他们的祖先是可能的。

后来的道德学家，首先是奥古斯丁，在四主德上加上了另外三个神学的德性：信仰、热爱、希望，从而完成了“七”这一神圣的数目。相应于这七个德性的是七种主要的恶：骄傲、贪婪、愤怒、嗜食、放荡、消沉、迟钝。这些道德学家的说明喜欢把基督徒生活描述为一种反对阻碍人进入天国的黑暗力量的战斗。“两种相反的力量被安排妥当，危险被指明了，一些指定数目的德性和恶互相对峙着，两方面各有七八个基本的名称，加上以赛亚的精神天才。这整个设置，是能够进一步苦心制作的；人们用它来在心灵中保持两种力量总是相冲突的思想。”①

根据同样的原则人们概括出修道院生活的规范。这些规范的目的在于把整个环境条件塑造得能促使实现基督徒的最大程度的完善。但神圣的状态也能在修道院以外的生活中达到，这时它并不在于遵循修道生活的规范。修道生活只是被看作是通向完善的捷径，因为所有放在世俗生活中基督徒道路上的障碍在修道院中

① 盖斯：《基督教伦理学史》，第 1 卷，第 192 页。这一两卷本的著作详细地说明了神学的道德观。

都被尽可能地清除了。修道院是基督的战士保卫自己的堡垒；他 172
们在最有利的条件下，抵抗撒旦直接以肉体和尘世的形式向他们发起的进攻。

随着规定着完善的基督徒生活的修道院规范日益明确地得到阐述，对于通常的基督徒生活的一个**较低**的界限也在忏悔体系中达到。当教会成为国教，所有民族都被纳入基督教时，它当然就不可能再执行从世俗世界分离的要求了。随着世俗世界对教会敌对性的减少，特别是由于不再以牺牲崇拜偶像，教会在接受世俗世界的制度和理想方面也越来越不腼腆了。世俗的生活方式和感情同教会的成员资格日渐相容。另一方面，只有很少的义务被作为一种新的法律而要求全体教徒做到，教会的惩罚也仅加于那些不合法的行为和失职上。在忏悔书中我们可以发现以一种立法形式出现的教会道德的根源。这是必然的，特别是在基督教移植到德国以后。

2. 天主教道德神学

我不打算也不可能即便是仅仅叙述中世纪和现代的**神学伦理学**历史的一个纲要；我将满足于指出这一历史的性质。一般地说，这时期神学伦理学的特点在于把基督教的神圣和人类的完善结合起来的欲望。它所接受的知识源自两个方面：一是由启示及教会对启示所作的权威解释给出的神圣的法律，一是由造物主印在事物上面并可通过理性认识的自然的规律（完善的规律）。从后者甚

至可以演绎出普遍的人类义务（在此亚里士多德的尝试被看作是
173 榜样）；此外，这些自然的规律可以在圣经没有给出明确命令的情况下成为一种辅助，但专门的基督教宗教义务还是从圣经和教会的法律获得的。

在**天主**教教会中，这种道德神学的形式一直不变地持续到现在。当我们拿起这个领域中较晚近的一本著作，例如，耶稣会会员P.戈内的广泛流行和颇受赞扬的著作时，[①]首先使不熟悉这类文献的人感到惊奇的是它所讨论的法律的非人格特征；作者提出了一个法律的体系，给出了各种证据、动机、解释和先例。第二个使人惊奇的事实是时代似乎没有在这本著作上留下任何痕迹。在全部解释中都伴随着对一系列权威的引证；这是些从经院神学开始不间断地持续到现在的权威，十二、三世纪的作家被作者放到十七、八世纪的作家旁边一起引用，并被同等看待和接受为权威。历史仿佛没有在这一体系上留下任何足迹，我们只是偶尔才注意到我们是在读一本十九世纪的著作，即仅当现代的一个机构或缺点引起一个问题或回答时，这门科学枝干的根须扎在忏悔的体系。忏悔神父看来必然知道什么是义务，什么是恶，恶的等级以及可允许的行为从何处开始。这也决定了这本著作的形式：尖锐鲜明的定义，逻辑的推断，最后是问题和困难的解决。在这一体系中，权威的正式本原是上帝的意志，这意志一般是在十诫和圣经中表现的，而前述的自然规律也被承认是一种辅助。

① 《神学道德》（*Compendium theologiae moralis*），第6版，1880年，2卷本。

在这样一种把道德严格法律化、公式化的体系中显然有一种严重的危险，它倾向于使我们的整个道德生活都变成人为塑造的。人们心中那种自然的爱好很容易把这一体系及其在忏悔中的应用
解释为：在履行这些要求中，凡允许范围内的事情人都可以去做。174
由于道德的本性使道德中的善恶界限不可能像正式法律中那样鲜明地划出，就给那些想扩大可允许行为的范围、想通过精巧的区分和解释来逃避真正的要求，而只是满足于外表上的符合的人们留下很大的余地。结果，耶稣曾以真诚的和精神的礼拜去反对的犹太形式主义的大部分，又钻进了天主教教会。这种形式主义特有的倾向就是怂恿那些没有具备一颗根本上真诚的心灵的人，去通过一种“法定的伪崇拜”（按康德的说法）来欺瞒上帝和他们自己。

P. 戈内的著作中有关做**弥撒**义务的一节可以作为这种道德神学的论述方法的一个标本。实行这一义务必须做三件事情：一、身体的立场；二、精神的注意；三、适当的地方。关于第一件事又有两点要求：(1)道义上的在场；(2)不间断的在场。道义上的在场就是指一个人必须以他能被看作一个献祭的参加者的方式在场；然而，他只要处在这样一个地位也就够了：从那儿他能作为一个旁观者或者旁听者或者注意别的参加者表现的守望者参加弥撒的三个主要部分。不间断的在场就是指，从头到尾，若是他漏掉了弥撒的一个重要部分就是犯了一大罪，若是他漏掉了弥撒的一个次要部分就是犯了一小罪，除非他有一个正当的理由。——随后就是一些释疑解答：(1)如果一个人没有看到神父或听到他的话，但还是能
够根据钟声、合唱队的歌声、参加者的动作而辨别这一神圣仪式的 175

各个部分，他对弥撒的在场仍是确实的。即使他因为里面没空而正站在教堂外面，他在“道义上”还是加入了它。(2)还有一种较大的可能性就是：做弥撒时他正在紧邻的一幢屋里，能通过门窗看到圣坛或辅助物，或者辨别弥撒的各个部分，那么他也是合法的在场，但这要在间隔的距离不太大的情况下才行；如果间隔不太远或间隔着一条街，他就不能说是“道义上”在场了。这距离规定在三十步左右。

然后又是对有关在场的不间断性的疑问的解答，并给出了一个错过弥撒的各个部分的罪恶等级的严格定义。让我们略去这些条款来谈第二点：精神的注意。这种注意又被分为两种：(1)内在的注意，指一个人真正地在观察神父所做的事情；(2)外在的注意，指避免一切阻碍心灵注意的外部动作，例如谈话、画图画等。内在的注意又一分为三：a 注意神父的说话和动作；b 注意话语和仪式的意义；c 在祈祷和虔诚的沉思中注意上帝本身。跟在这些定义和区分之后的是应用的原则：(1)对于真正的做弥撒来说，至少外在的注意是绝对必需的(对于所有权威者也是这样)。(2)有些内在的注意也是必需的，至少，做弥撒的意愿是不可少的。(3)但在三种内在注意的形式中，只要有一种也就够了。(4)响亮的祷告不是绝对必需的，但值得推荐。然后又是问题和解答。为了避免重大的罪恶必须有内在的注意吗？回答是有争议的；肯定的回答是
176 有可靠根据的，但否定的回答也是有可靠根据的(亦即得到了正当权威的批准)，因为自愿的在场，虽然仅仅是外在的，这种注意也是一种事实上足够的虔诚。作者补充道，实际上这两个回答之间的差别并不大。即使从一个较严格的观点来看，一种中等的注意也

就够了，只要它注意到弥撒的主要部分。但是从别的观点来看，必须有：(1)一种虔诚的情感，或对光荣的上帝的真心注意；(2)一种参加者能自认他是一位真正的参加者的注意，因而他至少能清楚地注意各个主要的部分。总之，做弥撒时不应轻率地指责不够注意的信徒，而宁可友爱、热诚、勤勉地告诫他们把心思放到这神圣的仪式上来。显然，所有这些跟一部礼仪的法典并无很大不同：对于一次社交访问来说，一件黑上衣，一顶高帽子和一双手套是需要的，但在某些情况下免除其中某一项也是可以的。

全部的义务都是以同样的方式论述的：例如确实容易感染这种讨论方式的正义的义务，还有爱敌如友的义务，怜悯的义务，婚姻生活的义务，等等；在每个地方我们都发现那种严格地规定被要求行为的界限的企图，发现不幸的，根据某种可能性或另一种更大的可能性，或者所有人的意见“这样做就够了”，的字样。而在结束有关弥撒的义务时的那种劝告也并不罕见：即不要拘泥小节地审问和威吓良心，而要友好地告诫。但是，整个来说，这种对道德的法律式的讨论会给不熟悉它的人留下痛苦的印象。这不是由于它的要求的严厉(相反，“这就够了”倒是常常不久就会令人奇怪地来到)，而是由于它那像开处方和规定外表的依从的整个方法，以及它对世界上最具精神性的东西估质论价的企图。[①]

① 由于对第七诫的处理方式，人们通常会严厉批评这类教诲书。这部分的劝诱肯定不是一项教化任务，我也认为忏悔告解作为戒律所开的处方和实践练习，最好是个不予讨论的问题，因为如果没有这种讨论，一定会达成一些共识。另一方面，必须指出，那些负责照顾灵魂的人不能忽视这些事情；如果医学和法理学被迫处理这些问题，道德神学和忏悔就必须正视这些问题。

177 这样一种道德神学当然是整个忏悔赎罪体系的必然产物，它对于那些自身没有解决这类困难问题的经验或能力的忏悔神父是必需的，为他们要作的指导提供了最详细的教训。而新教教会通过废除这整个制度而免除了这种需要无疑是好的。个人的忏悔从理论上说当然是唯一真正的忏悔，但个人忏悔的有规则的强迫实行却是十分危险的。这种实践一直加强着教会对心灵的权力，也许它也帮助确定了一种外在的服从和训练；但它是否能推动内在的虔诚和良心却是大可怀疑的。确实有一件事一直没有被忏悔推动；这就是人对他自己和他的上帝的**真诚**。

而且，在此有两件事决不能忘记：首先，这些道德书籍并不是打算为俗人提供教科书和信仰书，而是要为忏悔神父提供指导。其次，这种道德学并没有概括自己的理想，而只是指出对每个人的最低限度的要求，违者受惩罚。布道不断谈到的理想是圣徒的生活。托马斯·阿·肯佩斯的《对基督的仿效》描述了这种生活：一颗如此单纯而又深刻的心灵，一种如此明白而又有力的谈吐，以致在同类心灵和谈吐中几乎没有可与之匹敌的。它包含着一种真实内在的修道精神，这种修道精神又确实含有真
178 正基督徒的许多因素。而且，这种真实内在的修道精神并没有在天主教教会中消亡，读者将从他也许并不期望读的一本书——内莱的《青年时期的回忆》中得知这一点。内莱是在神学校受教育的，他怀着深深的敬意回忆他年轻时候的老师和教导者。他说，他们在四件事情上始终是他的榜样：无私和贫困、节制、文雅，还有恪守道德。

此外，在道德神学著作中也不缺少以一种较自由和较深刻的精神领悟和展示基督徒道德生活的天主教神学。例如 J. M. 塞纳的《基督教道德手册》[①]和 J. B. 赫西尔的《基督教道德》[②]。

在新教教会中，道德神学被教义学遮蔽了光芒，也缺少一种教会系统的逻辑一致性。虽然它仍然遵循着旧的结构：**神的法律和自然规律**，但对这个题材的法律式讨论的欲望随着教会训诫的衰落逐渐减退了。加之，新教信仰原则的发展也导致一种较深刻的道德观，但当然也同样诱使新的教会热心于神学的沉思而忽视实际的问题。另一方面，由于外在的束缚、权威的缺少，新教伦理学与哲学伦理学建立了一种较紧密的联系；自从上世纪中叶以来，它依次受到沃尔夫、康德和思辨哲学的影响。施莱尔马赫（后面我将说到他的体系）描绘了后者的影响。R. 罗彻在施莱尔马赫的原则上建立了一个内容广泛的神学伦理学，[③]其中包含有大量阅读材料。此外我们还可以提及的有：多纳的《基督教伦理学体系》[④]和丹麦主教马滕森的著作《基督教伦理学》[⑤]。

① 《基督教道德手册》，3 卷本，1817 年。

② 《基督教道德》，3 卷本，1835 年。

③ 第 2 版，1867—1871 年，5 卷本。

④ 《基督教伦理学体系》，1885 年（英译本，1887 年）。

⑤ 第 4 版，1888 年，第 2 卷。（英译本第三卷，1873—1883 年。）另见斯密斯，《基督教伦理》，纽约，1892 年。——英译者

3. 现代道德哲学：托马斯·霍布斯

下面的叙述只是希望给出现代对这个题材讨论的一些典型代表。[①]

我们可以把**托马斯·霍布斯**[②]放在现代道德哲学之首。他据以建立他的实践哲学的基本观念是自我保存。这样他就回到了希腊人的讨论方式。虽然他并不总是强调这一事实，但还是一般地认识到他同要求自我否定的伦理学的对立。

180 **霍布斯**有关人类行为的概念看来是从他所处的时代极感兴趣的一门科学——机械物理学那儿获得的。伽利略把现代物理学建

① 读者可以参考约德尔的《现代哲学中的伦理学史》(2 卷，1882—1889)。这部杰作第一个连贯地说明了现代道德哲学的历史。基佐科的著作《大卫·休谟的伦理学》(1878)也是很有价值的，它除了详细地评价休谟以外，也扼要地叙述了整个英国道德哲学的发展。费希特则在他的《伦理学体系》(1850)有关历史批判的第一部分中，努力和彻底地展示了十八和十九世纪伦理学和法学的历史，尤其是德国思辨哲学的历史。[参考文献第 35 页，注；以及惠威尔(Whewell)，《道德哲学史》(*History of Moral Philosophy*)；沃兰德(Vorländer)，《哲学道德、法律和国家教学史》(*Geschichte der philosophischen Moral, Rechts-und Staatslehre*)；麦金托什(Mackintosh)，《关于 17 和 18 世纪道德哲学的进展》(*On the Progress of Ethical Philosophy during the 17th and 18th Centuries*)；斯蒂芬(Stephen)，《18 世纪的英国思想》(*English Thought of the Eighteenth Century*)；莱基，《欧洲道德史》，第 1 章；居伊约(Guyau)，《当代英国道德》(*La morale anglaise contemporaine*)；富勒(Fouillée)，《当代道德体系批判》(*Critique des systèmes de morale contemporains*)；威廉姆斯(Williams)，《进化伦理学评论》(*A Review of Evolutionary Ethics*)。请参阅现代哲学史，尤其是费舍尔(Kuno Fischer)的出色著作，以及一些特定作者如宇伯维格和韦伯-梯利的参考书目。——英译者]

② 参考书目，见韦伯，第 301 页，注 1；托尼斯的《霍布斯的生平和学说》以及史尼思的《霍布斯的伦理著作选集》。——英译者

筑在新的运动不灭的基本法则之上。霍布斯将自己与伽利略相比较：后者是自然哲学的创立者，而他则是**公民哲学**即国家科学的创立者。他把公民哲学建立在与动物生活相同的原则即自我保存法则之上。正如一切物理过程都遵循运动不灭的定律一样，生物世界中的所有过程也受自我保存的自然法则支配。每一生物都努力追求将保存它生命的一切事物，它欲望一切推进生命的东西而避开一切阻碍生命的东西。然而，它的行动并不总是有利于自我保存的；它不断瞄准这个目的，但并不能总是如愿以偿。对于人来说尤其是这样。因此就产生善行与恶行之间的对照。人总是欲望于他善的东西，但却常常做出恶的和于他有害的事情；原因就在于对什么是善恶的看法发生了错误。所以，善的行动是和明智的行动等同的，作恶就是不明智地行动，或反对“正确的理性”。

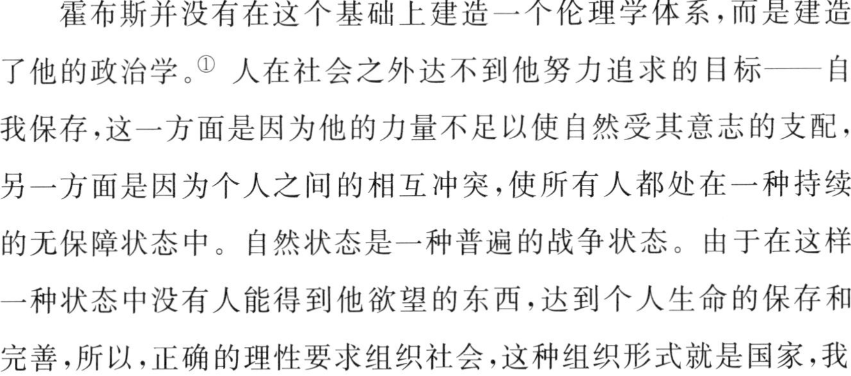

霍布斯并没有在这个基础上建造一个伦理学体系，而是建造了他的政治学。[①] 人在社会之外达不到他努力追求的目标——自我保存，这一方面是因为他的力量不足以使自然受其意志的支配，另一方面是因为个人之间的相互冲突，使所有人都处在一种持续的无保障状态中。自然状态是一种普遍的战争状态。由于在这样一种状态中没有人能得到他欲望的东西，达到个人生命的保存和完善，所以，正确的理性要求组织社会，这种组织形式就是国家，我

① 《论公民》，1642；《利维坦》，1650。

181 们可以把它表示为一种以普遍的自我保存为目的的机构。人处在这种状态中就可得到和平、保障、富裕、幸福，一句话，达到自我保存。国家通过令行禁止的法律，预先规定了个人对国家的指导意志的绝对服从。违反这一法律的行动当然是错误的，因为它违反了自我保存的必要手段，从而也违反了正确的理性。但这并不像有些误解霍布斯的人所认为的那样，意味着善和恶完全是符合或违反法律的同义词。国家的法律本身可以是好的，也可以是坏的，这要根据它们是推进还是阻碍幸福，因而是符合还是违背正确的理性来确定。行动者本身当然不能判明这一点，但是哲学家本身却能够。

4. 斯宾诺莎

斯宾诺莎[①]在他的遗著《伦理学》[②](1677)中，以自我保存的概念为基础构筑了一个伦理学体系。书中真正伦理学部分的出发点是第三部分的第六个命题："一切事物就其自身而言都努力地坚持它自己的存在。"这对于身体和灵魂来说都是真实的。心灵的本质就在于观念活动。但观念相互不同；我们有积极和消极的两种观念活动；前一种是科学的思考，后一种是感觉和情感；前者给我们的是准确的观念，后者给我们的是片断的和混乱的观念，也就是那种我们不知道或不完全知道其原因的观念。因此，对心灵来说，自

---

① 参考书目，见韦伯-梯利，323，注1。

② 怀特(White)和富勒顿(Fullerton)翻译。

我保存就是在科学思考中的积极活动，自我否定和软弱就是在感觉和情感中承受事物；前者表现着自由，后者表现着人受到的奴役。因此，就灵魂实际上是自身的主人而言，就它的努力被恰当的洞察力指导而达到与自身本质的一致而言，灵魂努力地在纯粹的思想中保存自己，并消除与它对立的一切东西。这样我们就被带回到希腊伦理学的老命题：**哲学或者科学的知识**，**是生命的功能**，**是至善**。

斯宾诺莎展示了知识的双重价值：一方面，它是生命最高、最 182
自由、最完善的活动；是绝对**自在的目的**；另一方面，它是使我们从奴役着非理性的人的情感中解放出来的手段。

《伦理学》的第四部分把理性看作自我保存的手段。相应于两个方面的现实：物体世界和观念世界，有两种伟大的科学：物理学和心理学。物理学构成了两门实践科学——机械学和医学的基础；心理学（即心灵的科学）构成了伦理学和政治学这两门实践科学的基础。理性即以这四门实践科学调整生活，斯宾诺莎讨论了后面两门。

伦理学是关于个人对自己和他人的正当行为的知识。事实上，动物和许多人的行动都是凭感情决定的；愤怒刺激着他（它）们以牙还牙地报复，怜悯促使他（它）们帮助那些需要帮助的同类，等等。另一方面，明智的人则按照理性生活，只有他实现着自我保存的目的，而那些受其感情支配的人却常常不能实现这个目的；复仇欲、野心、贪婪、享乐欲（无论它们的名字是什么）常常把人引向毁灭。而由理性支配的人则知道事物的价值和标准，知道它们在哪些方面是有益的，哪些方面是有害的。他看到以恶对恶的报复会产生长久的敌意，引起相互的无保障和不信任状态，甚至导致同归于尽，而沉稳与和善则能克服憎恨，产生热爱和友谊。

政治的科学也同样建立在对人性的知识基础上，它揭示集体生活必须怎样组织才能防止战争和无保障状态，产生和平和仁爱的结果，使所有人都同心协力地保存和发展生命。

183 最后，知识还有别的成就，它能产生心灵的平和，导致这样的信念——即认为发生的一切都是根据永恒的必然来自事物的本性，这一信念的果实就是灵魂的安宁。我们停止反抗我们所理解到的必然性；看来是违反命运和正义而发生的情况是不可忍受的：假如不是所有人，而只是一些人必须死，那人们会怎样地反抗死亡啊！知识尤其使我们在判断人们的时候变得宽容；人们成为他们现在这样的优柔寡断、忘恩负义、虚荣自负、报复心重和虚弱无力的一类人是由于他们的本性。哲学家们知道，这些人的行为是他们的本性的结果，是理性软弱和感情增强的结果。理解一切就意味着宽恕一切。因此，知识是保存和完善生命的手段。

作者在第五部分末尾宣称，知识同时是生命最高和最有价值的内容，知识区别于感情，是自我活动，使一个人领悟到他的力量和令人欣悦的独立。最高形式的最高知识——即对上帝或自然的知识、现实或完善的全部总和，产生最高的欢乐。人从这种欢乐中产生对上帝的爱，上帝在知识中使心灵充满幸福。这样，斯宾诺莎就以转向宗教结束了他的伦理学。

知识、对上帝的爱、幸福的统一，这一斯宾诺莎所有反思的开端和终点，显然是这位哲学家个人经验的结果。他使自己离开他出生时所属的信仰团体；使自己离开实践生活和公共活动；使自己离开对名声和文学荣誉的竞争，完全撤入他自己思想的世界，在那儿他发现了平静、安宁和幸福。他的伦理学体系就是这些经验条 184
件的结果。斯宾诺莎在《知性改进论》的开头宣称："当我受到经验的教训之后，才深悟到日常生活中所习见的一切东西，都是虚幻的、无谓的；并且我又确见到一切令我恐惧的东西，除了我的心灵受它们触动外，其本身既无所谓善，亦无所谓恶，因此最后我就决意探究是否有一个具有传达自身能力的真正的善，它可以排除其他东西，单独地支配心灵。这就是说，我要探究究竟有没有一种东西，一经发现和获得之后，我就可以永远享有连续的、无上的快乐。我说'最后我就决意'这样做，因为初看起来，放弃确实可靠的东西，去追求那还不确定的东西，未免太不明智。我明知荣誉和财富的利益，倘若我要认真地去从事别的新的探讨，我就必须放弃对这些利益的寻求。……因此我反复思索有没有可能找到一种新的原则，或者至少确定有没有新的原则的存在，而不致改变我素常生活的秩序和习惯，这是我所屡次尝试的，但总是没有成效。因为那些在生活中最常见，并且由人们的行为所表明，被当作是最高幸福的东西，归纳起来大约不外三项：财富、荣誉、感官快乐。萦扰人们的心灵，使人们不能想到别的幸福的，就是这三种东西。"因此，对至善的追求，是不能和这些东西相和谐的。"无论如何，在我反省这件事情之后，我开始达到这一结论：即这些东西不像我开初所想的是确实的善，而宁可说是很不确实的善，甚至最后我看见它们必须被看作是确实的恶，因为它们不仅不是保持我们的存在的手段，且反而是一些障碍，那些占有它们的人很少有免于沉沦的，而为它们所占有的人却一无例外地逃不掉毁灭。所有这些恶的产生，看来

185 全是由于一切幸福与不幸都系于我们所贪爱的事物的性质上。因为凡是不为人所贪爱的东西，就不会引起争夺；这种东西消灭了，不会引起悲伤，这种东西为人占有了，不会引起嫉妒、恐惧、怨恨，简言之，不会引起心灵的烦忧。所有这些心灵的烦忧都起于贪爱前面所说过的那种变幻无常的东西。但是爱好永恒无限的东西，却可以培养我们的心灵，使它经常欢欣愉快，不会受到苦恼的侵袭，因此，它最值得我们用全力去追求，去探寻。”[①]

5. 沙夫茨伯利[②]

这一伦理哲学本质上被沙夫茨伯利增补和发展了。他通过放弃霍布斯和斯宾诺莎的严格的个人主义，给了自我保存的伦理学以一种较宽广的人类学基础，这样就在冲动和感情的基础上建立起德性，而前面两个人看来是把德性仅仅建立在理性和计算的基础上的。沙夫茨伯利基本观点的出发点我们可以在许多别的同时代英国道德学家、尤其是霍布斯最重要的对手昆布兰[③]那里发现，其内容大致如下（在此我基本上是根据收在《特性》第二卷中的《关

① 斯宾诺莎，《知性改进论》，贺麟译，商务印书馆，1960年，第18—20页。——中译者

② 见吉兹基（Gizycki），《沙夫茨伯利的哲学》（*Die Philosophie Shaftesbury's*）；福勒（Fowler），《沙夫茨伯利和哈奇森》（*Shaftesbury and Hutcheson*）；阿尔比（Albee），《沙夫茨伯利和哈奇森》（《哲学评论》，第5卷）。——英译者

③ 《自然法典》（*De legibus natura*），1672年（英语由麦克斯维尔译，1727年）。参见欧内斯特·阿尔比，《理查德·坎伯兰的道德体系》（*The Ethical System of Richard Cumberland*）（《哲学评论》，第4卷）。——英译者

于德性和价值的探讨》[①](1699))。

我们可以接受每一存在物都努力保存它自己的命题,但必须加上一点:我们称之为一个个体的,并不是仅仅瞄准它自己的保存的一个独立存在物,只有族类是独立的(在“独立”这个词的充分意义上),个人作为它的组织的一个成员与它相联系。从纯粹生物学的观点考虑,情况是这样的:个人应把它的本性和存在归之于族类;通过繁殖自身,它作为其中的一个成员而服务于族类的自我保存。

这一霍布斯和斯宾诺莎绝对忽视了的十分重要的事实,在人 186
类个体的心灵生活中也是很显著的。个人的自我保存冲动不只是对准他自己生命的保存,而且同样直接对准族类的保存。沙夫茨伯利把这个真理表示如下:从人身上可以区分出两种冲动——个人的冲动和社会的冲动,他称前者为私人的、自利的感情;称后者为自然的、和善的、社会的感情(他的后继者哈奇森[②]把后者更恰当地称之为同情的感情)。推动人的自利感情的目标是他自己个人的幸福(私人的善),推动人的社会感情的目标是共同的幸福,是个人仅为其中一部分的体系的保存(公共的善)。两种冲动情感都是同样根本的,同样植根于人的本性,从自我保存的个人冲动情感获得社会的冲动情感(比方靠明智的圆滑)是绝对不可能的。甚至在动物生活中,这种通过繁殖和关怀后代服务于族类保存的冲动

---

① W. 哈赤(W. Hatch)编辑,三卷本,1869 年。——英译者

② 《美与德性观念起源的探究》(*Inquiry into the Original of Our Ideas of Beauty and Virtue*),1723 年;《哲学的道德体制》(*Philosophia moralis institutis*),1745 年;《道德哲学体系》(*A System of Moral Philosophy*),1755 年。——英译者

也是像个人的自我保存冲动一样强烈和带根源性的，是始终一贯地通过自我保存的牺牲来表明自己的。

在作为一种理性存在物的人类中间，则还要在这两种推动意志的原始动机之外加上第三种形式，沙夫茨伯利把这种形式称之为**反省、理性的感情**，它们是对人的行为进行反省的结果。正像对艺术作品的观照引起无利欲的快乐或不快的感情一样，对人的行为和性格的观照也在观察者心里引起赞成或反对的感情，于是他就把它们称作善的或恶的，正像他评价前者为美的或丑的一样。
187 我们可以把一种**道德感**看作后一种评价的根源，正像我们把审美感看作前一种评价的根源一样。合格的判断力首先是判断别人的行为，但它也判断行为者自己的行为，因此被称为良心。这些感情也迫使意志行动，指导它对准包括个人幸福的普遍幸福这一目标，而反对倾向于扰乱他人和行为者自己的生活的行为。

这是心理分析的结果，或者像沙夫茨伯利曾经说的，心灵解剖的结果。它是伦理学的基础，正像身体的解剖学和生理学是营养学的基础一样。

那么**心灵生活的健康或完善**寓于何处呢？这正像身体的健康寓于何处一样。身体的健康在于它的所有器官的和谐合作，心灵的健康则像沙夫茨伯利曾表示的，在于受到很好调节的各种冲动在自私和社会的感情的调节机体中的和谐合作。没有本身即为恶的冲动，要不它们怎么能进入上帝创造的本性呢？这样，自利的冲动也是善的，它们对于生物的自我保存是不可缺少的，它们只是通过片面、过渡的发展才变成恶。获取财富的冲动本身是善的和必需的，只有当它作为贪婪成为占支配地位的动机，使其他冲动萎缩时，它才变成恶。怜悯本身是善的，但倘若它把人支配到使他不再想到他对自己的义务，而把心完全放在对别人不幸的怜悯和同情上时（当然这种情况并不常见），那它就会毁了他的生活，很快使他不可能再帮助别人。因此一颗灵魂的健全或自然的完善在于：自私的冲动强烈到足以推动个人实行所有自我保存必需的功能；社 188
会的冲动也能足够有力地引起对普遍福利的恰当尊重。

为了达到真正高尚的美德（德性），必须把**道德感**塑造为一种强有力的调节本原。当一个人的良心（对正当与否的感觉）保护着行为免受那种甚至在一个善良的性格中也会出现的情绪波动时，我们可以称这个人为道德上善的或有德性的。因此，具有一种桀骜不驯的癖性，比方说一种强烈的自私冲动的人，当他根据良心的原则来支配他的本性时，我们要称他为有德性的；而且他做出的抵抗越大，我们认为他越有德性。

这些观点和霍布斯的观点之间的一致和差别是显而易见的。我们看到了与霍布斯相同的基本观念，即那有利于自我保存的是善的；但这是包含着个人的**族类**或**社会**的自我保存而不是孤立的个人的自我保存，意志实际上是指向这个目的的，它的客观价值就据此来评判。沙夫茨伯利喜欢强调他与霍布斯的对立，这种对立不仅是建立在不同原则上的对立，也是建立在不同个人感情和经验上的对立。沙夫茨伯利是一个乐观主义者，霍布斯在对人们的判断上则是个悲观主义者；沙夫茨伯利喜欢注意人性中可爱和仁慈的一面，而霍布斯则喜欢注意人性中凶恶和残忍的一面。沙夫茨伯利喜欢强调这一事实：就是根据大家的经验，对于人来说，没有什么幸福能比得上为他人幸福作出贡献所感到的幸福更伟大和

更纯粹的了。因此社会的德性是那些具有这种德性的人的幸福的一个直接源泉，而缺少这种德性会使人不幸也是同样确实的。对一个人来说，没有什么比绝对孤独、没有朋友、不同情人也不被人同情的生活更不幸的了。因此所有倾向于导致这种不幸状态的感
189 情和品质，如愤恨、憎恶、嫉妒、冷漠、自私，都会使它们的拥有者不幸。所以，他在《关于德性和价值的探讨》中总结说，德性对每个人都是善，邪恶对每个人都是恶。

在沙夫茨伯利这里，我们已经看到了成为十八世纪的一个十分突出的特征的可爱的乐观主义：上帝是好的，世界是好的，人也是好的。人的本性并不是像霍布斯所坚持的那样被不幸地构成，以致他的幸福所必需的方面必须首先人为地通过审慎的考虑和计算才能得到。人唯一要做的事情只是帮助他的真实本性克服各种障碍和滥用。孟德维尔在他的《蜜蜂的寓言》[①]中曾以一些有力的讽刺，随后是一长串价值不大的评论，热切地批评了这种轻信的乐观主义。

现代道德哲学在沙夫茨伯利这里达到了它的第一个高峰，它的所有基本成分都可以在这一体系中找到。沙夫茨伯利的体系是一种由基督教的情感体验和观察事物的方式扩大和丰富了的古代伦理学的基本理论。社会的德性和良心在个人的德性旁边得到了它们适当的地位。十八世纪对沙夫茨伯利评价很多。赫尔德向他的儿子推荐《关于德性和价值的探讨》，把它看作是最完全和最好

① 《蜜蜂的寓言，或私人的恶习使公众受益》(*The Fable of the Bees, or Private Vices made Public Benefits*)，1714 年。

的道德体系。基佐科的意见是："沙夫茨伯利的体系是英国伦理学的主要体系，因为后来的体系实际上只是在一些特殊的方面增补和发展了他的体系，而从未达到这一体系具有的伟大的普遍性。"①

6. 休谟、边沁、密尔、斯宾塞②

休谟的《有关道德原则的探讨》(1751)一书中的思想有一定的 190
深度和独创性，但它更突出的地方在于清楚、敏锐、令人信服地展现了刚才述及的英国道德哲学的基本理论。休谟的问题是：为什么某些性格和行为被宣称是可爱的或可恶的，可赞扬的或可谴责的？在考察了一些最重要的例子之后，他发现对他人或我们自己有用或直接产生愉快的行为和性格会受到赞扬，而它们的对立面则受到责难。

休谟对伦理学的讨论已经表现了一种重视纯粹主观的观点而忽视生物学方面的倾向，因而他以满足来代替保存，以一个主观的标准来代替一个客观的标准。但是这种倾向还是后来在片面的心理学影响下才变得比较显著，这种主观倾向在J. 边沁那儿达到了一个高峰。边沁宣称：快乐本身就是善，而且是唯一的善；痛苦本身就是恶，而且是唯一的恶。其他的一切之所以善仅仅是就它有

① 《休谟的伦理学》，第17页。

② 塞尔比·比格(Selby-Bigge)编辑。另见格林版休谟的作品。希斯洛普(Hyslop)《休谟伦理著作选集》。韦伯书系，第417页，注释。——英译者

助于产生快乐而言。快乐仅仅在强度、持续性、确实性、相近和丰富性、纯粹性和范围方面存在差别，其中范围就是它扩及的人数，或被它影响的人数。所以，绝对的最终目标、所有价值和绝对标准就是最大多数人的最大幸福。然而，边沁的重要性要更多地归之于他在政治和立法方面的改革，特别是他十分重视的刑法。他在《道德与立法的原理》(1789)[①]一书中讨论了上述原则。

詹姆斯·密尔与边沁有着密切的私交。他在道德哲学史上让人注意是由于他把联想心理学敏捷地应用于道德现象。[②] 在他看
191 来，每一生物意志的目标最初都是获得快乐和避开痛苦。然而，那些开始仅仅是作为手段被人欲望的事物渐渐地通过联想变得直接被人欲望了。贪婪就是一个典型的例子。金钱最初是作为一个手段被看重的，但对于守财奴来说它变成了一个自在的目的，可由它产生快乐的观念与金钱的联系变得十分牢固，使他宁愿放弃一切快乐而不肯跟他的财产的任何一部分分手。某些行为类型也以同样的方式得到它的绝对的价值。赞扬和称颂引起快乐的感情，我们就逐渐地通过联想爱好起那些被赞扬的行为类型本身；对赞扬的欲望又进一步变形为对值得赞扬的行为类型的欲望；最后我们就执着地实行这些行为，甚至当赞扬不出现时，以至面临责骂和危险时也是这样。自我牺牲也能以同样的方式来解释，只是在此我们除了对荣誉的热爱以外，还有一种也可以通过联想过程来解释

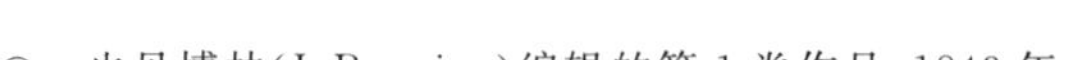

① 也见博林(J. Bowring)编辑的第1卷作品，1843年。

② 《人类心理现象分析》(*Analysis of the Phenomena of Human Mind*)，第2卷，1829年。

的同情的感情。——上面这些陈述并不是说不包含真理的成分，但它们也跟它们所从出的整个心理学观点犯了同样的错误：它们把个人看作是一个绝对独立的存在，从而把个人与族类的联系看作附属性的和第二位的，并在另一方面使快乐成为它们的出发点，而不是以先于快乐、非快乐派生的冲动或意志作为它们的出发点。我们将在后面细谈这个问题。

约翰·斯图亚特·密尔[①]是詹姆斯·密尔的儿子，他在《功利主义》一书中简要而全面地陈述了这个伦理学体系的基本原则。给予这个派别以“**功利主义**”名称的也是他，这个派别正是以这个名称在英国家喻户晓的。而且，在密尔那里和在边沁那里一样，功利的原则是政治和社会改革的指导性原则。还必须提到的是：密尔也受到孔德的很大影响，他曾在一篇优美的论文《尊敬的孔德和 192
实证主义》[②]中解释他同法国哲学家的联系。

与功利主义并列的还有另一个通常被叫做**直觉主义**的英国道德哲学派别。功利主义根据行为的效果解释各种人类行为类型在价值上的区别，而直觉主义则认为善恶是人类行为的绝对性质，它

① 参考书目见韦伯-梯利，第581页，注2。——英译者

② 文集第9卷。［该学派的其他追随者有：A. 拜恩(A. Bain)，《精神与道德科学》(*Mental and Moral Science*)，1868年；A. 巴内特(A. Barratt)，《物理伦理学》(*Physical Ethics*)，1869年；霍奇森(Hodgson)，《实践理论》(*Theory of Practice*)，1870年；福勒(Fowler)，《进步的道德》(*Progressive Morality*)，1884年；福勒和威尔逊(Wilson)，《道德原则》(*Principles of Morals*)，1886—1887年。——威廉·佩利(Willian Paley)《道德与政治哲学原理》(*The Principles of Moral and Political Philosophy*)，1785年，是一部神学功利主义著作：“美德是对人类做好事，服从上帝的律法，并为永恒的幸福。”——英译者］

不可能被解释，而只能直接地被人们知觉和决定。库德华兹[①]和克拉克[②]拥护这一观点而反对霍布斯，惠威尔[③]则以此反对密尔。我将在后面考虑这一观点的正确和错误之处。

道德哲学还从最近生物学的发展中得到了一种新的动力。进化论使我们从分析心理学的肤浅思考上升到生物历史学的观点：不是快乐或满足的感情，而是生命的保存和发展是意志指向的目标。它也揭示了旧心理学过激的个人主义的不足：道德代表着种族有关什么是善恶利害的经验，而不是个人在这方面的经验。查尔斯·达尔文[④]在《人类的由来》第四章中试图对道德哲学有所阐
193 述，赫伯特·斯宾塞在他的《伦理学原理》中系统地阐述了进化论的观点。亨利·西季威克（《伦理学的方法》，第四版，1890）、L.史蒂芬（《伦理的科学》，1882）和S.亚历山大（《道德秩序和进步》，1889）也受到这一理论的影响。T. H.格林（《伦理学绪论》，1883）、J.麦肯齐（《伦理学手册》，1891；第二版，1895）则接近康德

① 《论永恒不变的道德》（*Treatise concerning Eternal and Immutable Morality*），1688年。——英译者

② 《关于自然宗教不可改变的义务的论述》（*Discourse concerning the Unalterable Obligations of Natural Religion*），1708年。——英译者

③ 《道德要素》（*Elements of Morality*），1848年；最后一版，1864年。属于同一学派的考得伍德，《道德哲学手册》，1872年；第14版，1890年；马蒂诺，《伦理学理论的类型》，1885年；波特（Porter），《道德科学的要素》（*Elements of Moral Science*），1885年。——英译者

④ 关于达尔文伦理观的论述和批评，见舒尔曼，《达尔文主义的伦理意义》。在这方面也见赫胥黎《进化与伦理学》，1893年。——英译者

的观点。[1]

7. 莱布尼茨、沃尔夫

莱布尼茨把新的哲学引进德国，沃尔夫则把它搞成了一个体系。这一哲学体系在十八世纪取得了对德国科学文化的支配权，驱逐和取代了来自米郎克荪的经院哲学，变成人文主义和宗教改革时代之后的德国大学中占支配地位的体系。沃尔夫整个哲学的特征在于它与经院神学看待事物的方式的对立，我们可以通过他给他的第一批哲学作品拟定的标题而清楚地看到这一对立。他拟定的标题是《理性的思想》，这是一个向整个过去挑战的名称。他的伦理学也表现了同样的精神，他的第一本自成体系的伦理学著作是以《有关人类为推进自身幸福的行为的理性思考》(1720)的名字出版的。在一开始，现代哲学的基本概念即自我保存的概念，是以一种多少修正了的方式(自我完善)引入的，他给出的定义是："使我们内部和外部的状态都达到完善的"是善，而与它对立的则是恶。他断然拒绝给道德一种神学的根基，他说："由于人们的自 194
由行为是善或恶的原因在于它们的效果，由于跟着行为出现的效果必定会出现而不会不出现，行为的善恶是自在自为的，而不是首

① 这两个也可以归类；布拉德雷(Bradley)，《伦理学研究》(*Ethical Studies*)，1876；杜威(Dewey)，《伦理学批判理论纲要》(*Outlines of a Critical Theory of Ethics*)，1891年；缪尔赫德，《伦理学要素》，1892年，第二版，1895年；塞思，《伦理原则研究》，1896年。B. P. 保勒(B. P. Bowne)，《道德原则》(*Principles of Ethics*)，1893年，他是洛兹(Lotze)的追随者。——英译者

先由上帝的意志决定的。”然后他在第 12 节中陈述了义务的最一般公式：“做使你以及你的状态和他人的状态更完善的事情，而避免做使它们不完善的事情。”跟着在第 21 节里有一个引起异议的陈述：一个无神论者，只要他不是愚蠢的，能清楚地理解自由行为的性质，就可以容易地成为一个有德性的人。然后，一个义务论的体系就更多地从上面的公式，而不是从其他的许多段落中演绎出来。

8. 康德

沃尔夫哲学的统治一直持续到大约十八世纪末期，然后被康德[①]哲学取代。康德在他的《道德形而上学基础》(1785)、《实践理性批判》(1788)[②]中提出了他的道德体系，在他进入暮年之际，又接着写了《道德形而上学》(1797)。

康德在伦理学史上的地位可以通过与英国直觉主义者的比较来确定：他的伦理学是对功利主义幸福论的反对，这一理论得到了沃尔夫和休谟、理性主义和经验主义派别的一致同意。康德本人开始也是一个幸福论者，迟至 1765 年他还在他的讲课中说沙夫茨伯利、哈奇森、休谟是在发现道德的首要原则方面带来伟大进步的

---

① 科恩(Cohern)，《康德的伦理学概念》(*Kant's Begründung der Ethik*)；泽勒(Zeller)，《遵循康德的道德原则》(*Über das Kantische Moralprincip*)；舒尔曼，《康德伦理学和进化伦理学》(*Kantian Ethics and the Ethics of Evolution*)；波特(Porter)，《康德伦理学》(*Kant's Ethics*)；福斯特(Förster)，《康德伦理学的发展历程》(*Der Entwicklungsgang der Kantischen Ethik*)；包尔生，《康德》(*Kant*)。——英译者注

② 见阿博特译本，第 4 版，伦敦，1889 年。——英译者

著作家，说他要在对他们的研究中给出必要的精确化和增补；他并且明确地应许在人类学的基础上建立道德。后来，正像他的批判认识论是对他自己的经验主义的一个反对一样（这种经验主义几乎把他带到休谟的立场），他的批判伦理学也是对他自己的经验主义幸福论的一个反对。无疑，他在处理道德哲学和认识论问题上是完全一致的，这种一致性对于理解康德的伦理著作十分 195
关键。

康德的基本观点可简述如下：其中最主要的是这样一个否定所有幸福论或功利主义的原则，它认为行为的道德价值绝对独立于它们的效果，而仅仅被意向决定。“在这个世界上甚至这个世界之外，可以想象到的一切，除了一个善良意志之外，没有什么可以被无条件地称作善的。”“一个善良意志之所以是善的，不是因为它完成了什么东西或具有什么效果，不是依靠它有利于达到所提出的某个目标，而只是由于它的意志，也就是说，它是自身善的。”康德即以这些命题作为我们上面提到的他的第一本伦理学著作的开始。

但是什么意志是善的呢？康德回答说，一个意志当它不是被一个实利的目的决定，而只是被对义务的尊重决定时，它是善的：“就规律的概念而非期待的效果决定意志而言，我们称之为道德的高尚的善不存在于别处，而只存在于规律的概念本身之中，这肯定只有在一种理性的存在那里才有可能。”

什么是义务呢？道德规律的命令是什么呢？用一个最一般的公式来说，它命令：“这样行动，以使你的行动准则符合普遍的规律。”也就是说，如果人类行为或自由的王国也像自然或因果性的王国一样是受普遍的规律支配的，这一行动准则就必须被看作这些规律中的一个，可以用一个例子说明这一点。一个人发现他自己必须借钱，他知道他将不可能归还这笔钱，但也明白除非他坚决
196 地允诺他会在某一确定的时期内还钱才有人会借钱给他，那么他作出这一允诺是否符合规律呢？他可以马上辨明他必须做的只是扪心自问：这一表现为一个普遍规律的行动准则是什么呢？情况多少如下：当一个人缺少钱，并且除非做出一个他自己知道是虚伪的诺言才能得到它时，他就可以这样做。然后他要问自己：这一准则成为一条人类行为领域里的自然规律是否适合呢？他将马上看到它绝不适于作为一个自然的普遍规律，而必然自相矛盾。因为假如它成为一个普遍规律，以致每个认为他是在困难中的人都能任意做出他并不打算践行的允诺，允诺本身就会像允诺者对它所抱的目的一样变得不可能，因为没有人会相信任何允诺给他的事情，而只会嘲弄所有这些诺言，把它们看作愚蠢的欺骗。因此谎言只能作为一个例外出现，而不能作为自然法则或规律。假如有一条每个人都能在每次有利于他时说谎的自然规律，那就没有人会相信任何其他的人，谎言就会自己打败自己。偷窃也是同理，假如它是一个每个人都可以去拿自己喜欢的东西的自然规律，那就不会有任何所有权，于是成为普遍现象的偷窃就会自己毁掉自己，毁掉所有权。

依据这一作为标准的逻辑的普遍化过程，康德接着试图确定特殊的义务，或宁可说是表明它们是包含在上述义务公式之中的。人们常常指出，他是靠走极端的程序方法达到他的目的的，尽管他后来使这一原则多少有了点弹性，即：这样行动，以使你将能成为

一个理性生物，使你的准则成为行为的一个普遍的自然规律。通过贫弱的甚至常常是牵强诡辩的论证，康德最后把所有传统的道德规律，包括努力达到自我完善和他人幸福的义务，都放到这个公 197
式的名下。假如他把这个公式这样改变一下，说道德规律是这样一种规范，它适合于对人生的一种自然的立法，即如果它们作为自然规律支配行为，将导向人生的保存和完善，那么，我想他的事业将会更成功。在某种意义上这其实正是康德的意思。在《实践理性批判》中，康德把一个“目的王国”的概念引到自然因果性王国的旁边，认为所有理性生物都是这一目的王国的成员，道德规律是这一王国的自然规律。假如康德把莱布尼茨的概念——自然的王国是由物理机械规律支配的，天惠的王国是由目的论伦理规律支配的——作为他体系的基石，他的伦理学也许将产生更为丰富的果实。

按照康德的意见，归根结底，伦理学并没有很多事情要做。规定应当做什么不是它的任务，因为每个人在每一情况下都无需借助任何科学就知道义务是什么。它也无需给义务阐明理由，因为我们为什么应当这样行动绝对没有理由；命令是绝对的，而不是假言的；如果要给它们一个理由，它们就将只是有条件地正确的。伦理学所需做的全部只是集合义务的命令，整理它们，把它们归纳在一个普遍公式之下。当一个批评家责备康德没有建立一个新的原理，而只是建立一个新的公式时，康德并不把这看作一个错误。他在《实践理性批判》的前言中说：“那些想介绍关于整个道德的一个新原理的人，不是仿佛以为在他们面前的全世界都不知道什么是义务吗？而凡是知道一个公式对数学家具有何等重要性的人，都

将不会低估我的道德公式的价值。”只是康德应当把他的公式与法律学家的准则而不是数学家的公式相比较，因为根据前言中的叙述，道德的公式决不可能像数学公式那样，在计算一个难题时准确地规定应做什么。

198　康德是怎样达到这一形式主义的观点的呢？首先，这无疑是从他的认识论中的一种先验的理性主义类推的结果。理性给自然立法（这些法则具有绝对的普遍性而不管感官知觉的情况如何）这种自然哲学的先验图式也被带进了道德哲学：实践理性也为意志立法，这些法则也具有绝对的普遍性而不管感官欲望如何。——但是我们也许还可以发现其他一些重要的理由，即建立在感情基础上的理由；它们对他形成这一观点也有一定影响。这里有两件事实可以提及，一个是具有否定意义的，另一个是具有肯定意义的：前者即幸福主义退化为一种对德性的软弱多情的赞扬，后者即卢梭的影响。

在十八世纪的许多道德期刊中，有一种自1745年起一直在莱比锡出版的，名字叫做《道德知识与怡情养性》的期刊；在它献给首相科可基涅的第五卷中，有一篇题为《关于“德性是令人愉快和迷人的”论据》的文章。我们从中可以读到：“恰当的自我满足是一个思想者所能得到的最大幸福。一个人会由衷地感到一个出自仁爱之心的有德性的行为是多么令人神往啊，除非这个人是个怪物。我至少有一颗非常柔和的心，使我没有压制我感情的力量，甚至当我决定不向这些感情让步时也是这样。当我读那些生动地描述一个由仁爱心鼓舞的有德性的行为的书籍时，我的心灵常常不管我的意志如何，而被这种感情激动着。”作者从《马利佛的玛丽安》举

了例子，然后继续说：“如果我们可以在我们所处的一隅详细地考
虑各种特殊德性的话，我们将发现每种德性都是多么令人愉快和
神往。和蔼可亲是多么迷人啊！又有什么比谦恭更令人愉快呢！”
等等。这篇文章也以同样的方式展示了恶是可笑的、令人不快的，199
是会带来苦恼和让人讨嫌的。在结论中，作者请求牧师们去通过
展示有德性的行为是多么迷人而告诫他们的听众实行它们，并预
期从这种方法可以得到巨大的成果。

这些就是英国道德哲学在那些乏味的流行形式中的思想。加之，甚至哈奇森在他苦心著成的教科书中（德文译本于 1756 年以《道德哲学体系》的书名出版），也常常表现出以这样一种调子说话的令人担心的倾向；他也说了许多关于幸福的快乐的话。另外，格拉特也在他有关道德哲学的介绍性讲演中宣称，希望能对他的听众在实现德性，亦即他们最高的福利中有所帮助。“我希望我能在跟你们的每一次会面中都感觉到这种热烈的情绪，希望这能使我顺畅地向你们说明：道德的义务是我们福利的最迷人和最神圣的法则。”①

我们可以假定康德读过了上面说过的那篇论文或者相似的一篇。这样，我们就能容易地理解他对那些欲望成为“义务的志愿者”的人的强烈反对，以及他对道德律和爱好之间的对立的着意强调。他的书里有一段话就跟是对义务的大声疾呼一样：“义务，你崇高有力的名字不包含任何迷人或献媚的东西，而只是要求服从。有什么东西能配得上称作是你的根源呢？在哪儿能找到你那骄傲

① 《选集》，1770 年，第 6 卷，第 3 页。

地拒绝所有与爱好相似的东西的高贵血统的根源呢?”这段话听来像是对那种故作多情地赞扬德性的魅力的现象的一个回答,康德径直把这种赞扬看作是一种讨厌的卖淫。这一点确实是康德的不应低估的一个功绩。他在道德宣教者的心里复活了对义务法则的
200 强烈意识,而这种意识是他们在引诱和魅惑人们实行德性的努力中几乎失去的东西。因此,康德的确不是对伦理学、而是对民族的教育作出了贡献。

第二种动力具有肯定的特征,它来自卢梭。康德对卢梭的评价很高是众所周知的。在卢梭那里,是什么东西吸引了康德呢?康德自己在一段读来像是从日记中摘来的话中告诉我们:“我本人是一个凭爱好进行研究的人。我感觉到渴求知识的兴趣,和要在这一领域造成某种进步的迫切愿望,以及前进中的每一步带来的满足感。有一个时期我相信所有这些都有助于人类的光荣,我轻视什么也不知道的贱民。是卢梭纠正了我,使我这种自负的优越感消失了;我学会了尊重人类,而假如我不是相信这**重建人类的权利**的思考有助于所有别的工作(即科学发明和文学创作)的话,我要把自己看到远不如普通劳动者有用。”他把重建人类的权利,然后是普通人的权利看作他真正的使命和任务。一个人的价值依靠他的**意志**,而不是像贵族式的和自我欺骗的文明所相信的那样依靠他的**知识**——这就是实际上决定康德整个哲学的基本理论。在此卢梭帮助了他,教导他不要过高地估计教养、科学,简言之即文明,为此他是感谢卢梭的。卢梭向他展示了:心灵的善良和思想的纯洁并不局限在那些最有教养和最高贵的人们中间;单纯而强烈的义务感可能同样经常、也许更经常地在最低阶层中发现。康德

追随卢梭说“群众是值得我们尊敬的。”在康德看来，他所从事的先前被他视为具有绝对价值的科学活动仅仅在这条道路上才能得到真正的价值：他可以宣传这一伟大的真理，因而帮助建立人类的权 201
利及群众的权利，这些群众由于缺少教育常常被轻蔑地看作贱民。在此我们也不要忘记康德本人是出生于这些群众之中的，不管他后来升高得离他们多么遥远。康德的父母是小商人，没受过教育，但他父亲是一个诚实正直的人，母亲是一个充满真正的虔诚的人。康德的民主观念（不是他的政治信念，而是他对民众的爱）显然植根于对他年青时代的记忆和对他父母的崇敬。

他对幸福论道德的反对与上述这一切都有关系。他认为，比方说，当沃尔夫的体系把自我完善建立为绝对的目标时，幸福论则使那些虚假的标准得以产生。根据沃尔夫的意见，一个人的价值依靠他的完善，依靠他的教养、学识和趣味。这个观点并不是专属于十八世纪的，而是在我们这个时代比在任何先前的时代大概都更为流行，因为，教育何曾取得过像现代如此重要的地位呢？康德还是一个沃尔夫伦理学的追随者时就曾接受过这一观点，也正是这一观点现在使他疏远所有的幸福论，把他带到另一个极端：在这个世界上除了善良意志本身没有什么是善的。

强调这一点也是康德的一个伟大功绩，但与其说是作为一个道德哲学家的功绩，不如说是作为一个道德宣传家的功绩。这一观点是对基督教下述伟大真理的更新，即上帝并不是根据一个人有什么，而是根据他是什么来评价一个人的。这是一个人人都应在他的日常劳作中知道的真理。

9. 歌德、席勒

由康德引起的道德哲学中的革命反映了在德国人人生观中发生的一种变化。启蒙的理想(**为社会的功利**)已被更迭为歌德时代
202 的理想:**人格的完善**。在经典诗篇中,尤其在歌德的诗歌中,这个作为目标和旗帜的理想随处可见。在此也可以感觉到卢梭的影响。个人不是因袭的环境和观点的奴隶;他所受的教育不应像现在这样,仅仅是为了他必须在社会中扮演的角色而训练自己,自然的能力也必须按照个人的需要从内部发展并自由地实行——这就是卢梭以那种有力的热情对他的同代人宣传的要旨(特别在《爱弥儿》中)。歌德、赫德尔、席勒以及所有最强健和最自由的心灵也都注意到这一告诫。另一个属于希腊的告诫也被广为宣传;对立于较老的古典主义的新人文主义也号召时代回到自由和本性那里去。重新复活的希腊人生理想与其说是实用的,不如说是审美的。自由人的职能不再是一般的有用,而是人格的完美和表现;一个奴隶才仅仅服务于他的工作,成为他的工作的产物。这一观点在浪漫主义中达到顶峰,它的纲领就是轻视文学和生活中的功利和散文化的东西,崇拜个人和诗歌。

康德同浪漫主义有着双重的联系,他既与它友好又与它敌对。他同意它否认功利主义和幸福论,但另一方面,那种总是导致轻视共同道德的对崇拜个人的倾向,无疑又是他极端讨厌的;康德并没有完全被那些不接受任何束缚自己的法律的天才吸引住。我们从席勒与康德的关系中可以清楚地看到这两个方面。在《论优美和

崇高》的论文中，在席勒展开美的灵魂的概念的那一段里，事情明白清楚地显示出来。席勒首先强调康德作为《批判》的不朽作者的伟大功绩，认为他通过脱离错误的哲学化的理性而重新回到了健康的理性，并使义务和道德完全独立于爱好和兴趣。“然而”，他继续说道，“虽然我完全相信一个自由行为与爱好的联系并不能证明这个行为的纯粹义务性，我还是相信我们恰恰能从这个事实推论出人的道德完善仅仅依靠爱好在他们道德行为中扮演的角色。康德成为“他时代的德洛克(古雅典一位严峻的执政官)，因为在他看来他的时代是配不上一个梭伦，或有得到他的可能的。但是家里的孩子们做了些什么，以致他只关心仆人呢？”然而，家里的孩子是 203
一些美的灵魂，“在这些灵魂里，道德感对所有感情达到了如此的控制，以致它可以放心大胆地把支配意志的事情交给爱好去管理，而决不会发生与它的命令相冲突的危险。因此，在一颗美的灵魂里，实际上不是这个或那个特殊行为是道德的，而是整个性格是道德的。”

席勒对康德伦理学所做的修正本身是可钦佩的和必需的，但它是否能与这个体系的原则相调和却是值得怀疑的。无论如何，从沙夫茨伯利的前提演绎出席勒的观点倒要容易得多，但席勒的观点肯定不能从康德观察事物的方式得到，因为康德对法学家的准确精密比对自由和诗的美的感觉要敏锐得多。

10. 思辨哲学

谈到康德以后的德国伦理学的进步，我们不能不把康德偏向直觉主义的观点看作一种扰乱和反动，其结果现在也还没有在哲学中克服；从那时起，德国人就不断试验着新的原理，常常完全忽视历史发展的结果。每个人首先和主要的关心都是创造一个新体系，因为有一个自己的体系是一个哲学家的标志。

204 思辨哲学是康德哲学的直接后继者，虽然它在许多方面完全与它的根源相矛盾。为了建立“人类的权利”，康德把克服科学的僭越看作他的使命，而这种僭越从来没有像在谢林和黑格尔的体系中那样繁荣发达。

思辨哲学在伦理学中放弃了所有先前的概念。伦理学是作为关于正当行为的科学产生的，而思辨哲学则以理论的沉思和精神历史生活的概念构造来代替这样一种实践的训诫。伦理学变成了精神科学或历史哲学，变成了自然哲学的伙伴。遵循康德的观点，即自然的法则就是我们知性的法则，他们认为：就像自然哲学先验地构造自然或者因果性的领域一样，历史哲学也先验地构造历史或者自由的领域。

最近一些年，一些远非接受思辨哲学原理的人，例如冯特和约德尔，也表现了对思辨哲学的高度重视，这在较前的时候是少有的。冯特在他的《伦理学》前言中表示了这样的意见，说他尝试着在伦理学中靠拢思辨哲学的基本概念，并将在哲学探讨的其他领域里也这样做。也许我们在此可以首先看到一个信号，一个标志着这一哲学在德国几乎已变成历史的信号。假如它不是导致一种退隐到尘封书本中的生活，而是一个控制我们思想的积极的现实的竞争者的话，那么冯特这样一些思想家的态度也许会是完全不同的。至于这些体系中得到他们赞扬的、也被这些体系作为自己

的特殊功绩而自我吹嘘的“科学的”演绎和说明方法大概也是如此。

唯心主义一元论的宇宙观是一种旧的哲学遗产，而不只是思辨哲学及其方法的产物。然而，我们也许还是可以看到，思辨哲学 205
的方法在很大程度上促成了那种本世纪下半叶的德国对唯心主义一元论宇宙观的轻蔑。黑格尔哲学的特征就在于它对事物的因果研究的轻视，以及以概念逻辑方法来作为替代的倾向。这种概念逻辑方法等于是轻蔑科学本身，因为所有科学的目的都在于发现因果联系(数学例外，它不是一门有关事实的科学)。我们对其实践哲学也可以说同样的话；它的研究方法是作为因果方法的倒置的目的论的方法，所以，缺乏成果既是思辨的物理学的特点，也是思辨的伦理学的特点。我们就拿黑格尔的《自然哲学》(1821)[①]及其对概念的空洞玩弄来说；在他那里，那种从制度和形式对人类生活的影响出发对它们进行的研究，被他看作是知性的浅薄议论而受到嘲弄。他用来代替这种研究的只是一种简单的断言，这种断言来自国家，或者正义、君主的概念。思辨哲学家极其重视各种历史生活的*形式*，重视国家和正义的形式，仿佛这些形式具有绝对价值，而不是在这些形式中繁茂生长的具体的人生才具有绝对价值一样！他们对康德视为真正道德因素的善良意志的轻视也与这一点相关。

---

① 斯特雷特(Sterrett)根据此书选译为《黑格尔伦理学》(*The Ethics of Hegel*)。参考书目见韦伯-梯利，第496—497页。——英译者

11. 施莱尔马赫

让我们在可能的范围内尽量简略地叙述一下施莱尔马赫伦理学的基本原理,而不再详述黑格尔了。[①]

206 在一篇讨论自然律与道德律区别的论文中,施莱尔马赫提出了这样一种观点,认为把道德律看作仅仅是规定应做什么的理论是不正确的,因为那样的话,伦理学就是一门关于非现实的科学;但是正像自然律是真实存在物运动的表现一样,道德律也必须代表一种实际的事件。这一真实的事物就是理性对自然的影响。他在《一个道德体系的纲要》中这样教导说:自然和理性、物质的存在和精神的存在,构成了普遍现实领域中最大的对立。前者是所有自然科学知识的对象,后者是所有精神科学知识的对象。所有的知识又都有双重的形式:思辨或沉思的;经验或观察的。这样施莱尔马赫就得到四类知识:对自然的沉思的知识,或自然的理论(物理学);对自然的观察的知识,或自然历史学;对理性行动的沉思知识,或道德的科学(伦理学);对理性行动的观察知识,或历史的科学。所以,伦理学与历史学的联系,跟思辨物理学与自然科学或宇宙史的联系是一样的;伦理学一般地定义作用于自然的理性行动,

① 《道德体系草稿》(*Sketch of a System of Morals*),由 A. 施维泽(A. Schweitzer)从他的文学遗著中编辑,1835 年;哲学著作第 2 卷中的一些学术论文。《基于福音教会原则的基督教道德》(*Die christliche Sitte nach den Grundsätzen der evangelischen Kirche*),L. 乔纳斯(L. Jonas)编辑,1843 年,讨论了相同的主题,通常比特威斯坦(Twesten)编辑的《哲学伦理学》(*Die philosophische Ethik*)更为具体和富有成果。

而历史科学则详细地研究这种行动。[①]

作用于自然的理性行动可以看作双重的,即有机组织的和符号象征的两种。理性通过对事物的行动使它们成为产生新效果的工具,但是就它通过每一效果而给予一个事物以形式而言,理性使事物成为它的符号,它在这一符号中表现自身和通过它被认识。[②]这里又有一个对立:理性既作为同一的又作为特殊的、与每个个体
不同的东西在个人中存在和活动。这一对立与上面描述过的对立 207
是相平行的,所以我们又满意地得到四种划分:理性的活动是同一的和个体的,它既是同一组织的又是不同组织的,既是同一符号的又是不同符号的。[③] 但这些对立面并不相互排斥,一切道德现象都可以从它们任何一个面的任一观察点观察到。那么,就同一的组织产生而言,那些每一个都可以同一种方式用作理性活动工具的善产生了:它们构成了交往的领域,这是由法律和国家支配的领域。就构造形式的活动是个人的或特殊的而言,它产生了所有权,这不是那种允许物品交换的法律的所有权,而是真正的所有权,这种所有权若不丧失它的价值是不可能从产生它的个人那儿分离的。在这个意义上最狭窄的所有权范围就是一个人自己的身体,其次是围绕他的家庭,这家庭包括属于这个人的客观环境,它越是带有个性和不可分性就越具有价值。就家庭对他人的加入是开放的而言,殷勤好客的礼仪就产生了,它符合同一组织范围内的

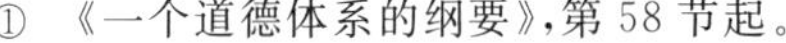

① 《一个道德体系的纲要》,第 58 节起。

② 同上书,第 124 节起。

③ 同上书,第 133 节。

交往。

至于**符号**的活动，就它以同一的特点出现而言，它是在**语言**中表现自身的**知识**。产生知识的社会形式是**学会**，交流的地方是**学校**。符号的活动就它以相区别或个体的特征出现而言，它是**感情**。它首先在手势和语调中表明自己，在**艺术作品**中则以一种一般的方式表现自己。艺术与**宗教**的联系，跟语言与知识的联系是同样的；宗教作为感情的普遍表现，其交往的社会形式是**教会**。——整个道德领域然后以同样的方法被定义为**德性论**或**义务论**，而刚才讨论过的部分则被叫做善论。

208 施累尔马赫即以这种奇妙的才能，就像一个深谋远虑的象棋大师一样，四处走动他的概念，直到全部现实被包围甚至要被将死为止。当一个人以信任和耐心的注意追随他的走动时会感到其中有一种迷人的东西；这样一种情况确实是奇妙的：这个人可以清楚地看到那些相隔最遥远的事物，按照主人的意志，轻易地使自己屈服于他的辩证法的魔棍派给它们的最奇怪的安排和联系之中。但当这个人背向这游戏再重新看看真实的世界，他就会很快地感到从刚才的劳作得不到任何持久的结果，这整个事情只是一种不真实的游戏。洛采曾以这样的话总结他对施莱尔马赫的美学的说明："如果人们赞扬它是一种深刻的辩证法的典范，我希望对这些表演的偏爱将会逐渐在德国消失。这些表演对所涉及的主题的本质没有任何兴趣，而变成了一种纯粹逻辑的训练，作者从他们顽固选定的次要观点上失真地描绘着歪曲的图景。"①洛采的这一希望

① 《美学史》，第 166 页。

甚至在它被说出之前就实现了。

12. 赫伯特

J. F. 赫伯特的道德哲学是在《一般实践哲学》(1808)中扼要地提出的。就它完全使伦理学与理论科学,与形而上学和人类学分开而言,它构成了与思辨的道德哲学的完全对立。然而,就它完全放弃旧的研究形式来说,它也有同思辨方法一致的地方;它使伦理学成为美学的附属。赫伯特采取了纯粹观察者的立场:人类的行为和动机在观察者心里引起纯粹审美的快乐和不快的感情;这些感情绝对独立于他的利益:他作为一个观察者可以从他出于利益的考虑而轻视的行为中得到快乐;就此而言他把这种行为称为 209
道德上善的;反过来,他可以把引诱作为一个动物性存在的他并使他快乐的东西称作恶。这种普遍的美学观点进一步使赫伯特相信,不是每一特殊成分本身使人快乐或不快,而总是它们之间的联系使人快乐或不快。所以他把这个问题看作是伦理学的困难:**意志的什么样的联系使我们快乐或不快**?他发现有五种这样的基本联系:(1)在同一个人的意志和道德判断之间的和谐;(2)在较渺小的意志旁边的较伟大的意志;在较软弱的意志旁边的较坚强意志;(3)两个人的意志之间的和谐。所有这些都使我们快乐。(4)两个意志之间的冲突使我们不快;(5)而以善报善、以恶报恶则使我们快乐。然后赫伯特以下面的观念来称呼那些使人快乐的联系:内在自由的观念、完善的观念、仁爱的观念、法律的观念、正义的观念。建立在它们之上的是这样一些集体生活的形式:法律秩序、工

资制度、管理体制、文化体制和生气勃勃的社会。

我要忍住批评这种道德现象观的欲望。在我看来，它在一般的方面和细节方面的苦心制作都是无价值的。赫伯特在欣赏真实生动的东西方面的无能，在构筑一个统一的思想体系方面的无能，从来没有像在他拆散伦理学而揉成这样的一团观念的企图中表现得这样决断和让人不可忍受（顺便说说，这种无能部分是由于他对自己同代人的思辨哲学及其极端一元论倾向的厌恶）。

13. 叔本华

A. 叔本华[①]在《作为意志和表象的世界》[②]的第四卷中提出了他的人生观。他在他的《道德的基础》的论文中试图构筑一种道德
210 哲学。这篇论文和另一篇《意志的自由》的论文一起，在 1841 年以《伦理学的两个基本问题》的题目出版。《补遗和附录》的第一卷收有《有关世俗智慧的格言》，那里面虽然充满敏锐的观察，但并不符合他的体系的原则。他的体系是以悲观主义的人生观为基础的。生活是罪恶和痛苦，所以不活着比活着要好。被恶意加强了的自私是自然意志的特征。这种行为类型在同情中被克服，就怜悯是行为的动机而言，它具有道德的价值。当一个行为把对他人痛苦的同情作为它的动机时，它被称作善的；而当行动

① 参考书目见韦伯-梯利，第 544 页。

② 霍尔丹（Haldane）和肯普（Kemp）翻译。

者对他人的悲哀感到幸灾乐祸时，或至少试图以牺牲别人的幸福来促进自己的幸福时，他的行为被称作恶的。因而，使指向个人幸福的冲动消失是有利于道德的进步的。在基督教和佛教的圣徒中，自私的冲动完全被压制住了，这样，他们的心灵就向怜悯开放了；他们自己不受痛苦、失望、畏惧、焦虑和匮乏的影响，而且怀着深深的同情看着他们的兄弟还在为着这个世界的虚幻利益进行着无用的争斗。

我不打算在这个时候就进入对这一理论的批评，而将在后面找到一个机会。但是我想略微谈谈叔本华的私人生活与他的道德体系的联系。

人们常常指出：叔本华的体系与他个人的生活并不是和谐一致的。他的体系建议放弃这个世界和否定生存意志，而他的生活却没有表现出任何这样的倾向；他并没有率先过一种禁欲的圣徒式的生活，而是过着一种细心研究怎样好好生活的伊壁鸠鲁派的信徒式的生活。他曾在离开柏林以后，为了寻找一个永久的居留地，仔细察看着他放在自己意志面前作为动机的各种有利条件的表格，在选择法兰克福还是曼海的问题上摇摆不定。[1] 他在他的
体系中称赞同情，但他自己看来是相当缺乏这种感情的。还从来 211
没有一个人比叔本华更无情地追逐他的文字上的对手。我们也许可以解释说是对真理的热爱驱使他这样做的，因为他把他的对手视作真理的敌人，所以毫不留情。就让我们承认这一点，让我们说这是他的动机之一，虽然这并不证明他对他们人格的诽谤就是正

① 戈温：《叔本华的生平》，第 2 版，第 391 页。

当的。但是我们可以想一下他对他的母亲和姐妹的行为：当他（她）们都处在丧失财产的危险中的时候，他救出了他的财产，并在这件事情上表现出了比他惯常有的天才更大的才能（按照他的看法）；而他对他的母亲和姐妹的态度，至少可以说是相当冷漠的。在他一生中，他可以说是十分小心地也是非常成功地做到了使自己免于分担别人的损失和痛苦。

那么，他的人生哲学不成了一个弥天大谎吗？

这样说将是错误的。确实，叔本华并没有去过他看作是最好的一种可称赞的生活，但是他深刻和真诚地欣赏到这样一种生活的价值。

叔本华的性格是一种十分透明的性格。在他那里，人性的两重性、构成对立两极的理性与欲望变得非常的、甚至惊人的不和谐。就他的意志而言，他过的并不是一种幸福的生活。他从他的父亲那里继承了一种忧郁的气质，他总是不变地看到事物中邪恶的一面，那些细小的琐事也使他十分烦恼。他充满猛烈的欲望，冲动、易怒、敏感、野心勃勃，加上又很羞怯，因而不断地被所有模糊的对他的感官的自我可能遭受的苦恼、损失、疾病的畏惧折磨着。他无例外地对所有人都抱极端怀疑的态度，确实，这一系列品质，任何一个都足以使他的生活不幸。

这是他的生活的一个方面。现在看看另一个方面：他也是一
212 个有大智者，甚至于是一个天才，赋有一种真实的直觉的惊人能力。他像他以前的一些思想家一样纯粹和深刻地经验到纯粹的认识生活的幸福，甚至由于他的存在的理智方面与他的不安和不幸的意志生活的对立，他也许比任何别的思想家都更深刻地经验到

这种幸福。他能以最动人的方式，描述孤独的沉思和安静的思想交流的静谧、和平和欢乐。

丢勒在一幅极美的画中描绘了这样一种幸福。在那幅画里，圣徒杰罗姆正坐在一个安静的、护壁板装饰的房间里，欢快的阳光正从墙上挖有深深的窗护壁龛的圆玻璃中泻下来。圣徒的伙伴是狮子和狗(愤怒和欲望)，它们并排躺着，平静地睡在地板上，我们甚至听得到它们深沉安静的呼吸。一个从天花板上吊下来的葫芦，一个搁在窗槛上的颅骨，在它们周围弥漫着一种来自完全成熟的事物和从骚乱的世界中退出的静寂。我们看到，一个幸福的思想刚好抓住了圣徒，他身体倾前，以俯身写作，不久他就将向后倾斜，忘形在沉思默想之中了。这是一幅必然对乐于思考的观察者产生惊人效果的图画！它展现了真正的艺术仅仅在一个知觉中就能表现一个思想感情世界的神奇力量。而那种依靠模仿的艺术，当它需要描绘孤独、安静和哲学时，就想出表现一个多少有点上了年纪的，象征性的女性形象的办法来，这种艺术在真正的艺术旁边显得是多么可怜！

叔本华可以说是适合作为丢勒这幅画的模特儿的。在他免除所有的欲望和忧虑，追寻着他自己的思想的时候，他享受着幸福，没有焦急和担心，也没有恐惧和厌恶。但然后又来了另一个时刻，那似乎完全被驯服了的野兽又重新苏醒了，毁掉了他的平和，使他的生活充满苦恼和焦虑。他没有办法反对它们，只能常常这样对 213
自己说：这真是一个奇怪但却无可怀疑的事实：对不正当的意志的最清醒的认识竟然不能使它产生任何变化。

这使我们懂得：叔本华的伦理学体系正是他的弱点和罪恶的

自白，是对他的较好的自我的思慕，这一自我希望从它的伴随物那里被解放出来，它发现自己牢牢依附着这一伴随物。

所有这些都是既不稀奇也不罕见的。一个人若不是寻求从自身中解救自己，又能从什么地方解救自己呢？彼特拉克写出了《论对世界的思考》，歌颂遥远山谷中自由和单纯的牧人和农夫的生活，而他自己却生活在那些精神和世俗主人的宫廷里，通过奉承努力地参加他们奢侈的享乐，并在法兰西和意大利的各个城市游荡，自我陶醉在他的名声的芬芳中。他赞颂纯洁的爱与无私的友谊，但他总是与美丽的妇人在一起生活，他结交的朋友是为他扬名的人，或者在他追逐俸禄时帮助他的人。他猛烈抨击嫉妒，却不提到但丁的名字，因为他憎恨作为一个对手的但丁。他是一个说谎者吗？完全不是；他完全欣赏到他赞颂的事物的价值，真实地感觉到对它们的思慕之情，但他同样也被生活中那些无价值的东西吸引住了。我从 G. 沃伊特娴熟的性格描写中摘取了上述材料。他在他的《古典时代的复兴史》中也向我们描绘了一幅精巧真实的他自己的画像："他转向内部的目光十分锐利，足以看穿无价值事物的深渊的核心，于是他为自己的灵魂而感到战慄，但却还是不可能撕开他对这颗灵魂的爱。他希望使它与理想的灵魂达到和谐，并开始进行对自身的激烈斗争，但他却不可能超越那已经被决定了的态度，他仅仅停止在愤怒的言词上，不可能拿打算刺向敌对者心脏的尖锐武器来反对可爱的自我。他想象他在思考和写作中正是在
214 做着苦修，但他所有的思想和作品只是加强了他的自爱。他希望去恨这颗空虚的灵魂，最后却还是由于它的悔恨和痛苦的斗争而愈加爱它了。"

卢梭也是这样，他宣传反对道德的腐败，指出自然教育的道路，但他却与一个情妇住在一起，把他的孩子送往一所孤儿院，并从此再也没有去认领他们。他是一个说谎者吗？当然不是。他对自然和纯洁的人与人关系的热望是完全真诚的；他真实地感觉到那种不自然的关系的低下，从他年轻时候起，他就在这种不自然的关系中艰难跋涉，所以他比任何同代人都更尖锐地感觉到这一点。一个从未病过的人不知道什么是健康。驼背是一个直背人的最真诚的赞美者，同样，腼腆的人也是坦白开朗者的赞美者，胆小的人是勇敢尚武者的赞美者。曾有谁比约翰·福斯塔夫更热爱勇敢呢？曾有谁比温特堡的卡尔·尤根对王侯的德性和皇家的义务空谈得更多呢？又有哪个民族比法国人更多地讨论过公民德性和共和主义的感情呢？

我曾经听到过一句满含深义的谚语：敲钟者不可能行进在队伍中。

思辨哲学的时代在德国过去之后，是一个绝对轻蔑哲学的时代。历史主义，对细节的热心，在几十年内支配了科学。形而上学与伦理学被忘记了。但最近对这些学科的兴趣又在复活，它们从两个方面向伦理学集中。现代生物学理论提出了这个问题：风俗和道德是怎样产生的，它们输入了一些什么东西到民族和个人的组织之中？另一方面，一些新的社会科学也使我们重新转向有关人的使命及其实现条件的根本问题。因此这样的情况就在我们的时代发生了，甚至法学家、政治经济学家、生理学家和人类学家也正在开始重新在哲学的高度进行思考。①

① E. 杜林(E. Dühring),《生命的价值》(*Der Wert des Lebens*),第 5 版,1894 年；M. 卡内尔(M. Carrière),《道德世界的秩序》(*Die sittliche Weltordnung*),1877 年,第 2 版,1890 年；J. 鲍曼(J. Baumann),《道德手册》(*Handbuch der Moral*),1879 年；E. 哈特曼(E. von Hartmann),《道德意识的现象学》(*Phänomenologie des sittlichen Bewusstseins*),1879 年,第 2 版,1886 年；W. 申普(W. Schuppe),《伦理学与法律哲学基础》(*Grundzüge der Ethik und Rechtsphilosophie*),1881 年；拉斯,《理想主义与实证主义》,第二卷,1882 年；吉兹基,《道德基础》(*Grundzüge der Moral*),第 2 版,1889 年；H. 斯但因霍(H. Steinthal),《一般伦理学》(*Allgemeine Ethik*),1885 年；P. 内尔(P. Rée),《良心的起源》(*Die Entstehung des Gewissens*),1885 年；齐勒(Th. Ziller),《哲学伦理学》(*Allgemeine philosophische Ethik*),第 2 版,1886 年；冯特,《伦理学》,第 2 版,1891(英译本)；西格瓦特(Chr. Sigwart),《道德初步问题》(*Vorfragen der Ethik*),1886 年；尼采(Fr. Nietzsche),《道德谱系》(*Zur Genealogie der Moral*),1887 年；许夫定,《伦理学》,1887 年(德语译本,1889 年)；F. 腾尼斯(F. Tönnies),《社区与社会》(*Gemeinschaft und Gesellschaft*),1887 年；A. 杜林(A. Döring),《哲学指导》(*Philosophische Güterlehre*),1888 年；卡塞内(P. Viktor Cathrein),《道德哲学》(*Moralphilosophie*),第 2 卷,1890—1891 年；齐格勒(Th. Ziegler),《道德存在与道德实现》(*Sittliches Sein und sittliches Werden*),第 2 版,1890 年；H. 盖尔维茨(H. Gallwitz),《当代伦理学问题》(*Das Problem der Ethik in der Gegenwart*),1891 年；伦策,《伦理学》,第 1 卷:《实践伦理学》(*Praktische Ethik*),1891 年；G. 齐美尔(G. Simmel),《道德科学导论》(*Einleitung in die Moral-wissenschaft*),第 2 卷,1892 年；A. 多纳(A. Dorner),《人类行为》(*Das menschliche Handeln*),《哲学伦理》(*Philosophische Ethik*),1895 年。最后,我在这里也提到奥廷根(A. von Öttingen)的《道德统计》(*Moralstatistik*),第 4 部(1887 年)和 R. 冯·耶林(R. Von Jhering)的《法律目的》(*Der Zweck im Recht*)第 2 版(1884—1886,两卷本)。

第　二　编

基本概念和原则问题

如果有人能令人信服地向我展示我的思想和行为不当，我会高兴地改变自己；因为我寻求真理，任何人都不会受到真理的损害，却会受到他的错误和无知的损害。

马可·奥勒留

219 # 形而上学和心理学的引言

我相信，在开始下面的讨论之前，先把作为讨论基础的形而上学和心理学概念作一扼要阐述是明智的。至于对其中一些问题更详细的说明，可以在我的《哲学导论》[1]中找到。

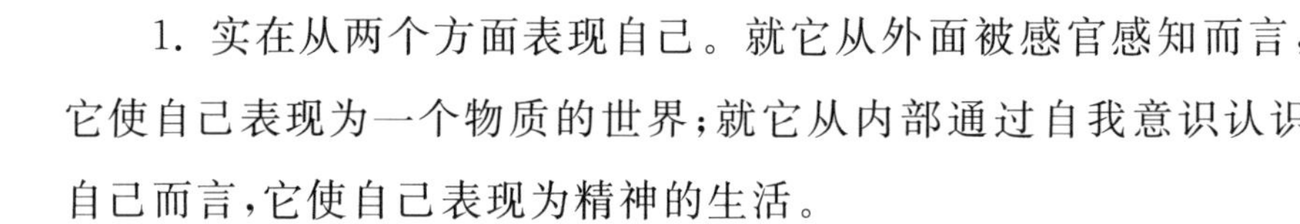

1. 实在从两个方面表现自己。就它从外面被感官感知而言，它使自己表现为一个物质的世界；就它从内部通过自我意识认识自己而言，它使自己表现为精神的生活。

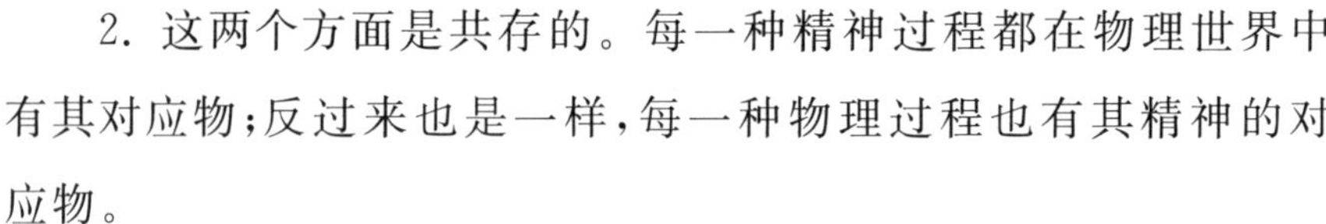

228 2. 这两个方面是共存的。每一种精神过程都在物理世界中有其对应物；反过来也是一样，每一种物理过程也有其精神的对应物。

3. 身体是精神生活的一种现象和象征，这种精神生活是真正的实在，或自在的实在。

4. 精神生活仅仅在我们自己的内心生活中被直接经验到，我们的身体就是我们内心生活的现象。

5. 我们通过各种物体的形式和运动的类推达到这一认定：即在我们自身之外的事物中也存在着精神生活。但是我们仅仅达到一种对人类的内心过程的准确而深刻的知识，因此把精神世界看

① 第4版，1896年；弗兰克·梯利(Frank Thilly)。——英译者

作是与人类的历史生活共存的。

6. 我们把所有精神生活的统一体称作上帝。上帝的本质超越了我们的知识。我们通过人这一种最高类型的精神生活来领悟上帝。这说明了所有宗教的神、人同形同性论象征的意义。

7. 精神生活有两个方面:意志和理智。意志在各种努力和感 220
情中表现自己;理智则在感觉、知觉和思维中表现自己。

8. 生物学和进化论揭示了意志是精神生活中首要和根本的成分。生命最初是一种没有提出任何目的和手段的盲目努力。理智则表现为一种随后的发展,是一种成长,就像它的生理现象——神经系统和大脑是随后的发展一样。

9. 心理学也展示意志是首要的成分。一个指向一种特殊生活形式的专门意志,表明自己是人和一切生物的内在本质。生存的意志,过一种专门生活的意志,不是先前的知识或通过感觉所获得的有价值的经验的结果。

10. 意志的发展可以区分为三个不同的层次:冲动、欲望和狭义的意志。意志在这三个层次中目标始终如一:都是个体和种的生命的保存和推进。

11. 意志的原始形式是盲目的冲动,它在意识中作为一种可感觉到的努力出现。如果这种渴望得到满足,成功的活动就伴随着快乐的感情;如果它被阻碍,痛苦则随之而生。

12. 感官欲望是这样一种冲动:它伴有对它的目标的知觉或向目标运动的观念。它以一定程度的理智发展以及意志与观念的融合为前提。欲望的被满足或被禁止也伴有快乐或痛苦的感情。

13. 狭义的意志,或理性的意志是由意图、原则、理想决定的欲望。当理智发展为理性的、有自我意识的思想时，这一意志就作221 为意志的最高发展形式在人那里出现。它在实践生活理想的过程中逐渐意识到自身。满足的感情伴随着符合理想的行为，而与理想不合的行为则引起不满的感情。

14. 由一个理想支配的理性意志，通过一种不断的审察和选择的过程来控制较低形式的意志——冲动和欲望，这些冲动和欲望甚至在人那里也是作为一种自然禀赋而存在的。我们称这种审察为良心，称通过理性的意志教育和训练自然意志的能力为意志的自由，称一个如此控制他的内在生活的存在为一个人的存在。

15. 意志与感情的联系可以表示如下：每一意志行为从根源上说也是一种情感，反过来，每一情感同时也是肯定或否定的意志行为。在感情中，意志逐渐意识到自身及其目的和条件。感情不是意志行为的原因，当感情显露时，意志已经在感情中存在。

16. 在发展的较高程度上，这种联系多少有些不同。在此有些意志并非同时是感情。一个做某事的决定或决心可以无需感情伴随而发生，甚至，它可以跟决定者的直接感情相对立。反过来，我们也有不再是意志的动机的感情（尤其是美感），虽然意志依然反映在这些感情中。

第一章　善与恶：目的论与形式论[①] 222

1. 可能的观点

如前所述，有两个问题构成伦理思考的最初出发点，总是把思想家们重新带回到伦理学的也同样是这两个问题。第一个问题出自道德判断的职能，即**从道德上区别善恶的根本基础是什么**？第二个问题源自人的意志和活动的本性，即**什么是意志和行动的根本目的**？

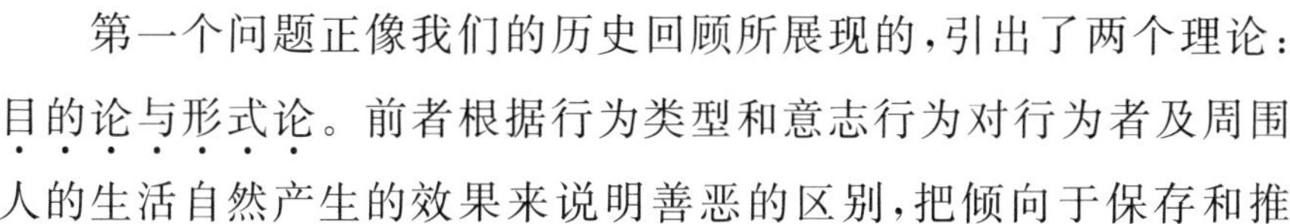

第一个问题正像我们的历史回顾所展现的，引出了两个理论：**目的论与形式论**。前者根据行为类型和意志行为对行为者及周围人的生活自然产生的效果来说明善恶的区别，把倾向于保存和推

① 目的论观点：密尔，《功利主义》，第 2 章；斯宾塞(Sphencer)，《道德数据》(*Data of Ethics*)，第 1 章到第 3 章；西季威克，《伦理学方法》，420 页起；斯蒂芬，《伦理科学》，第 4 章、第 5 章；许夫定，《伦理学》第 7 章；《伦理原则》(*Ethische Principienlehre*)，第 4 章；《伦理学国际杂志》(*Int. Journal of Ethics*)1890 年 10 月日；耶林，《法律的目的》，第 2 卷，第 95 页起；冯特，《伦理学》，第三部分，第 2 到第 4 章。反对目的论的观点：见阿博特对康德伦理学的翻译，第 9 页起；勒基：《欧洲道德史》，第 1 章；布拉德雷(Bradley)，《伦理研究》(*Ethical Studies*)；马蒂诺，《伦理学理论的类型》第 2 卷；盖尔维茨(Gallwitz)，《反对的伦理难题》(*Das Problem der Ethik in der Gegenwart*)。——英译者

进人的幸福的行为称作善的，倾向于扰乱和毁灭人的幸福的行为称作恶的。另一方面，形式论的伦理学则坚持善恶的概念标志着一种意志的绝对性质而无需涉及行动或行为类型的效果；这种绝对性质不可能得到进一步的解释，而是必须把它作为一个事实来
223 接受。康德说："由对义务的尊重决定的意志是善的，而由其对立面决定的意志则是恶的。"——至于我，则是**目的论**观点的一个拥护者。

第二个问题：什么是所有意志的目的？这也引出了不同的回答，这些回答可以归纳为两种基本形式：**快乐主义**和**自我实现论**。前者断定意志普遍不变地指向快乐（或避免痛苦），因此**快乐**是最**高或绝对的善**，是不为任何别的东西而被欲望的善。另一方面，自我实现论的观点则认为：意志不是指向快乐，而是指向一种**客观的生活内容**，或者，由于生命只是由行动组成，意志是指向**确定的具体行动**。

我认为后者是正确的观点。所以，我的观点可以表示为**目的论的自我实现论**。这样我们的原则就是：倾向于实现意志的最高目标——它可以被称之为**幸福**（福祉）——的行为类型和意志是善的。我在此所说的幸福是指我们存在的完善和生命的完美运动。

下面两章将叙述在我看来是支持这一观点的理由。但是在这之前让我先谈一下我选择的术语。

人们习惯用"**功利主义**"这个词来代替"目的论"一词。促使我在我的著作的以后各版里完全放弃"功利主义"一词的原因，除了语言学上的异议外，还因为它容易使自己被误解。"功利主义"一

词源自边沁学派；J. S. 密尔在他的《自传》中承认是他创造了这一个词。就其根源来说，它不可分离地与快乐主义联系在一起。因此那些只有时间草草浏览我的伦理学术语的批评家们，总是把它与边沁的体系相混淆。为了防止这一错误再发生，我用“**目的论**” 224
一词代替“**功利主义**”；这个词另外的优点还在于它暗示着这一伦理学形式的一般世界观基础：**柏拉图-亚里士多德哲学**。这一哲学的基本观念就是每种存在（因而也包括人）都在宇宙中有其目的。生命的形式和功能就是从这一目的产生的，伦理学的任务就是要确定这一目的。

我创造了**自我实现论**这一个词，以使我的观点与快乐主义形成鲜明的对照——亦即意志的目的不在感情，而在行动。它与亚里士多德的“Energia（精力、动力）”的相似也可以使我们想起这一概念的根源。最后，“**幸福**”一词看来也适合从至善的两个方面标示至善：首先，它展现了至善是生活的一种客观内容，存在于所有人的精神力量的完美实行之中；然后它也表明这样一种生活伴随着快乐，因此快乐不是排除于完善生活之外，而是包含在它之内。

2. 目的论的观点

我将首先试图说明**目的论**的含义，并给出赞成它的理由。流行意见较倾向于形式论的观点，即行动在道德上是善或恶不是根据它们的效果；它们自身就是善的或恶的。是意向而不是效果决定着行为的道德价值。[1] 即使福音书中提到的善良的撒马利亚人的怜悯不能救出那个落到盗贼手中的人，甚至引起他的死亡——也就是说，假如盗贼们攻击和杀死了营救者，然后为了毁掉他们犯罪的所有证据也把受伤的旅客弄死——这至少并不影响我们对这一行为的道德价值的判断。或者，假定一些诽谤性的言论不但没有像通常那样被人们轻易接受，而且遭到大家的唾弃，并恰恰使诽谤者失去了人们原先对他的信任，甚至于给受诽谤者带来更大的
225 利益，使大家对他更加信任。然而，不管这些效果可能是多么可喜，它们还是不能改变诽谤的卑鄙性。

我们将回答说：这一说法是对的，但它并不构成对目的论的反对。这一理论当然不是主张按照某些**特殊**行动的**实际**效果来判断它们的价值，而是主张：**行动和行为类型**的善恶是由它们产生可喜或可恶效果的**自然倾向**决定的。诽谤的本性就在于剥夺受诽谤者的好名声和周围人对他的信任。在上面提到的事例里没有出现这种效果并非诽谤者不想如此，而是由于看穿这一诡计的人们的良心、警惕和知人善任。一个人可以采取亚里士多德的术语，说诽谤的言论是可喜结果的偶因，而非真正的原因。然而道德学不必去论述各种实际发生的结果，而是论述来自行为本性的效果。物理学必须论述引力法则，但不必处理落体的无限变化的实际运动；它探讨引力的法则，而不管引力作用并不是一个物体实际运动的唯一原因的事实。同样，医学探讨的是一种医疗方法或一种药物对

① 见阿博特翻译的《康德》，第 9 页起；马蒂诺（Martineau），第 11 卷，第 53 页起。——英译者

组织器官作用的自然趋势，虽然它完全知道成千上万的其他原因可能在一个特殊病例中使它的自然效果缩小、修正甚至出现相反的效果。同样，伦理学也探讨决定各种行为类型的自然趋势，而不是各种特殊行动的无限变化的实际效果。它问：如果只有诽谤起决定作用的话，它对人将产生什么效果？并根据回答来判断它的价值。同样可以举另一个例子说，博爱自然地倾向于减轻人的不幸，因而是善的。

那么目的论不就是一个错误吗？博爱不是不管效果如何而本身即为善的吗？恶意不也在同样的意义上是恶的吗？假如那个撒马利亚人完全不能提供援助，假如他被迫留在家里、贫病交加、自身也需要帮助，他不也是他所曾是的那种善良的人吗？确实是这 226
样，但是目的论的观点若加以正确理解的话，跟这一点并不冲突。在此，一个德性不实现它的效果也纯粹是偶然的；它的趋势仍然是同样的，而我们判断的正是这一趋势。但是假定按事物的本性来说，一个人帮助另一个人是不可能的，假定每个居住在他自己所栖星球上的个体能够看到住在邻近星球上的人的悲惨，却不能以任何方式帮助他，那怜悯仍是善的吗？我们不是要说，怜悯对他不是好事，而只是使悲哀增加了一倍吗；假如他没有看到他人不幸的能力不是倒要好得多吗？然而你说过，尽管如此，他还是一个好人。确实我说过这样的话，但我的话里还隐含有这样的意思：即如果他在旁边，并能够提供援助，那他的在场将是一件幸事。我们在此可以用一个我们在理论领域中发现的例子，来说明反对者忽略了一种总是作为前提的关系。我们说，星星是一些光点，并相信我们因此把一种绝对的性质归之于它们了。而认识论的思考一开始就使

我们信服：这样一个判断是以一种关系为前提的，即一只能感觉光线的眼睛。在此，常识可能会说，即使所有眼睛都闭上，星星也确实在闪光啊。确实如此，但这只意味着如果一只眼睛再睁开，它就会看到它们。而如果完全没有眼睛，就不会有任何闪耀的光点了。同样，如果人们相互之间不发生任何效果，如果他们被形而上学地彼此孤立，就像莱布尼茨的单子一样，那么说恶意是恶、仁爱是善就是彻底荒谬了。“恶意”和“仁爱”的说法就是没有意义的。

3. 主观-形式的判断与客观-内容的判断

但还有一个异议被提了出来，说你的理论归根结底并不符合事实。道德判断并不涉及行为和行为类型，而是涉及**行为者的意**

227 **向**。一个行动当它的动机是善的时候它就是善的，亦即当它发自义务感时它就是善的，而不管它可能产生什么效果。[①]

这一说法并不能说它不正确。对一个特殊行为的道德判断的确首先要考虑行为者的意向。我们若要确定在这个行为中表现自己的那个人的道德价值，就要探究他的动机。一个外科医生做一个危险的手术，病人死于这个手术。公众现在对之进行判断。这个外科医生是出自一个卑鄙的动机而做这一手术的吗？不，这个病人是付不起这笔酬金的。那么是功名心推动他这样做的吗？看来也不是，因为他已经成功地做过上百次这样的手术了，而这是一

① 康德，同上；马蒂诺，第2卷，第2部分；布拉德雷，《伦理研究》(*Ethical Studies*)。——英译者

个几乎没有成功希望的手术。那么，他决定做这个手术一定是极端的轻率了！也不是，他花了很长时间才决定做这一手术，他只是感到做一次最后的尝试抢救这个病人的生命是他的义务——当达到这一结论时，就意味着这一手术在道义上是无可指责的。

但这并不一定就可以推论说这些事实证明了做这一手术是适当的。这一点必须由医生和专家们来确定。如果他们发现这一手术的结果是能够预见得到的，他们会责备这个外科医生说：他不应做这个手术。因此，归根结底不是意向，而是结果在起决定作用。这种结果不是事实上产生的特殊结果（没有一个人能担保一个偶然事件不发生），而是从事情的本性所期望的结果。

我们还到处看到，要区别同一个行为引起的两种判断：一种是**人格的**判断，另一种是**客观的**判断。每一行为都引起这样两种判断，它们一是对这个人的意向的主观的、形式的判断；一是对这个行为本身的客观的、内容的判断。在前一种情况中，我们探究动 228
机；在后一种情况中，我们探究来自事情本性的效果。[①]

清楚地理解这一区别，理解这两种判断是相互独立、甚至可能相互对立对我们是十分重要的。一个行为可能客观上是错误的，而行为者在人格上却还是无可指责。据说圣徒克里斯宾曾偷皮革为穷人做鞋。这是否使克里斯宾成为一个窃贼或无赖了呢？我们不愿这样说。他确实没有为自己拿过哪怕一点东西，但当他看见

① “当一个行动在事实上的倾向是对系统或者对与系统一致的某些部分有利，只要我们能够判断其倾向，那么，无论这个行动人在感情上的好恶是怎样的，这个行动实质上都是善的”。“当一个行动是在公正均衡中从好的愿望出发而做出的，它形式上是善的”（哈奇森）。——英译者

双脚冻坏的穷孩子们的痛苦时，他的心充满悲哀，自己又没有什么东西能从富商那里换一些皮革来帮助孩子们。我们可以想象得到，他不是没有犹豫的，因为他也知道这个命令："你勿偷窃。"但是他的怜悯如此巨大以致使他敢冒上绞架的危险。他可能这样想过：富有的高利贷者的财产有什么用呢？它只会使他遭到天谴。而仁慈的上帝也许会称誉他这种违反本意而实行的怜悯行为。所以克里斯宾心安理得地去窃取了。如果怜悯和善良意志是绝对善的，它们在这种情况下也肯定是善的。主观的形式的判断必定是：以一颗纯洁的良心为他人服务，不惜牺牲自己利益的克里斯宾的意志是一个善良意志。

但是，这一判断并不是这一行为引起的唯一判断。行为本身也要成为一个判断的对象，这个对行为的判断是在行为的自然效果基础上形成的。从客观上考虑，这一行为无疑是偷窃——不经
229 所有者的同意而夺去他的财产。从事物的本性来说，这样一种行为类型不论出自什么样的动机，都有一种对人类幸福十分危险的效果。假如这种行为成为普遍的，假如每个人都根据这一准则行动——即只要你觉得你通过把物品从它的所有者那儿取来交给另一个人会带来更多的好处，那么不管所有者的愿望如何而做出这一转换行动就是你的权利或义务——结果会是怎样呢？显然是财产制度的完全崩溃，以及那种获得比一时的需要更长久的东西的欲望的消失，最后是人类生活的毁灭。因此，从这样一种行为的本性产生的效果是毁灭性的，这种行为是恶的。禁止这种行为和将其作为偷窃加以惩罚的信念亦是普遍的。假如克里斯宾被带到一个法官面前，法官将毫不犹豫地不得不定他有罪。这不仅是由于

法律要求这样做，甚至由法官本人来制定法律的话，他也不能不这样做。他不愿意在法典中插入一个条款来赞成克里斯宾的偷窃行为，他不愿插入比方说这样一个条款：即如果一个第三者将因此得到超过对所有者造成的损害的利益的话，每一个对他人财产的侵犯都是无罪的。不，对他人财产权利的干预将受惩罚这一原则是绝对要坚持的。这个法官能做的至多是考虑那些可以减轻其罪的事情。也许，他可以私下告诉被控告者他是多么遗憾地不得不对他判刑。他可能说，我知道你的意图是好的，但我还是要向你说明你的行为类型是不适当的，以便你不至于觉得你受到了不公正的对待。然后他要向他证明他的行为虽然看来是纯洁的，然而是与普遍幸福绝对不相容的。

历史学家将经常发现他是处在同一地位。他将谴责一个行为 230
但并不因此谴责行为者的人格，或者谴责一个行为者的人格但并不谴责他的某些行为。谋杀考塞卜的 K. L. 桑德，就我们根据他的书信和他朋友的陈述所能做的判断而言，他是抱着为国捐躯的坚定信念这样行动的。他相信杀死正在腐蚀自己同胞灵魂的敌人是他的义务。如果死于绞架比死于战场要难的话，我们不能低估桑德对他视之为他的义务的事情的献身精神。但是，这同一个行为若从客观上考虑都是要受严责的。如果允许每个人都这样评判别人的生命，并且在他认为这个人是对集体的一个威胁的情况下就杀死他，那么所有的法律和秩序就要消失，一切人反对一切人的战争就要成为不可避免的。在公共生活中，几乎每个人的活动都会被集体中的某人视为一个灾祸，而把他的死作为对人类的一种祝福而欢迎的。因此，对谋杀考塞卜的凶手宣判死刑是完全正义

和必需的。宗教法庭的法官迫害异教徒，把他们送上绞架。我们可以想到下述情况也许是可能的，即至少这些法官中有的人是怀着沉重的心情这样做的；这样做不是因为他们能在别人的痛苦中得到快乐（甚至可以说他们自己也感到痛苦），而是因为他们感到这样做是他们的义务，因为他们坚定地相信让一个异教徒去死比整个民族都被他引诱和腐蚀好。从主观上考虑，他们的行为跟宣判可怜的桑德死刑的法官一样没有责任。区别仅仅在于内容方面：我们不再相信一个民族的安全需要迫害和处死在宗教上与我们不同的人。

如果我们不能把这两种判断区分开就会引起许多混乱。凡是谴责这类行为的人，若是他认为他必须给行为者假定一个罪恶的
231 动机以证明他对这个人行为的反对，那他必定要把权力欲和残忍归之于宗教法庭的法官们，把虚荣心和渴望留名后世归之于桑德。反之亦然，凡赞成和理解行为者人格的人，往往感到一定要赞扬他的行为，给这一行为一个无罪甚至有功的名称。在此，历史学家的道德化倾向的批评和雄辩大有用武之地。这样的名称和动机纷纷被冠在行为之上以引起读者的热爱和赞扬或者厌恶和义愤。通常，这一类作家对真实性并不像对使事物在读者眼前显出善恶那样关心。

我们现在回到我们的问题。很明显，客观的内容的判断是根据目的论证明的：行为和行为类型的价值是依靠它们解决人生问题的能力，或者依靠它们对人生指导的效果而定的。而且主观的形式的判断从根本上说也是同样的。然而，我们首先可以说，伦理学的真正任务是决定行动和行为**类型**的**客观**价值，而不是决定行为者的意向的主观的、个人的价值。科学的职能显然不是决定一个特殊事件中的动机和意向，它至多在一个很小的程度上确立这种判断所依据的原则。主观的形式的判断的原则是：一个行为是善的是就它出自一个由对义务的意识决定的意志而言。而说了这一点就等于说了有关这个主题所能说的一切。行为符合良心就是在道德上正当的，行为违反良心就是在道德上邪恶的，不论这良心的内容是什么。但是绝没有一个伦理学会就此止步的；它一定要试图对另一个问题也找到答案，这问题就是：什么是义务真正命令的东西？因为任何伦理学都不可能回避这样一个最明显的事实，即良心命令并允许不同的人在同一情况下做出不同的行动，甚至于对同一个人在不同的时候也常常发出不同的命令。伦理学的目 232
标肯定不仅仅是命令个人服从他的良心，而首先在于指导他的良心，也就是说，教他决定什么是正常的良心的内容。如果说科学的伦理学不可能追随神学伦理学的先例去诉诸一个超越的立法者的命令，或诉诸一个无误的法庭的绝对决定；如果说它除非放弃它的科学特征，否则就不可能像赫伯特和洛采倾向于做的那样诉诸绝对的公式（“我的、道德家的良心，作为正常的良心命令如下”），那么它就只有走这样一条道路：根据一种客观的标准来衡量良心的内容，或者它所命令的义务的内容；这一客观标准又只能是行为类型从它们与一个根本的至善的联系中获得的价值。

而且这一主观的形式的观点本身最终可还原为目的论的观点。出自对义务的尊重而行动、听从良心而行动是道德上善的。而听从良心为什么是善的呢？这是一个荒唐的问题吗？我不这样想。道德哲学家将发现，听从良心之所以客观上是善的，是因为良

心倾向于决定个人的行为朝向这样一个目的——推进行为者及其周围人的幸福。爱好是变化多端和不可信赖的；而良心总的来说在一个民族的所有个人中都是相同的，并因而在它有力量支配他们的范围里使他们的行为趋向统一。甚至上述形式的观点也是其结果。而且，个人良心的内容代表着现实的道德，代表着民族的客观道德，每个人的一生都反复地通过榜样和褒贬受到这一道德的
233 灌输。而在一般的道德法典深处又包含着一个民族的风俗和法律甚或整个文明。然而如同人类学告诉我们的，风俗被看作是一种社会本能，这一社会本能迫使一个特定的历史的社会里的所有个人都实行倾向于保存个人和社会生活的行为。因此良心就可以这样解释，它必须被看作是一种迫使个人推进他自己的最重大利益和他所属的集体的利益的原则。我们现在就暂且满足于达到这一点，在本编的第五章我将回到这个问题。[①]

那么目的论的自我实现论的原则就是：人类行为的客观价值从根本上说是由它和一个最后也是最高的目的或至善的联系决定的；这一最高目的或至善就在于存在物的完美发展和生命功能的完善训练。一个善良意志的价值，一个由义务感驱动的意志的价值，从根本上说是依赖于它影响行动朝向至善的力量。

4. 目的证明手段

在做出一个较详尽的至善定义之前，我想回答一些可能提出

① 参见斯蒂芬：《伦理科学》，第4章，第4节。——英译者

来的反对。

第一个反对是:这个原则不是等同于一个常常被引用的公式:目的证明手段吗(这一公式我们习惯上把它归之于耶稣会会员,尽管他们提出抗议)? 如果一种行为**类型**的价值依赖于它的效果,我们不是也必须承认一个特殊行为也是如此吗?

的确,我看没有什么目的论的伦理学能够否认这一命题,我看它们也没有什么理由愿意否定它。倘若加以正确理解,这一命题是无害和必需的;但倘若向坏处解释,当然,它就变成荒唐和可恶的了。如果我们理解它的意思是:只要目的是可允许的或善的,为了实现它任何手段都可以采用;那就确实没有一个罪恶不可以被 234
它证明为正当的。为了一个人自己及其家庭挣钱是合法的和善的;但如果这一命题按刚刚指出的意思解释,那就不仅通过工作挣取工资是正当的,甚至于被雇佣作为一个刺客也是正当的了,只要它是为了挣钱养家的目的。帮助处于困境中的邻人是善的;如果这个命题是绝对正确的,那么在法庭上作伪证以解脱一个好朋友就也是正当的了。这显然是那些反对耶稣会的人们的解释,他们谴责耶稣会会员提出了这一公式。他们认为:耶稣会会员是根据这一原则行动的,就是任何手段例如谋杀异教国王、背信弃义、作伪证(在对待异教徒的时候)等,只要是能推进耶稣会自身认为是善的目的,比方说教皇权力的增加、耶稣会组织的扩展、新教的绝灭等,这些手段就都是正当的。

另一方面,如果我们把这个命题解释为:不是你中意的任何合法目的都证明手段,而只是**这样一个目的**证明手段,这个决定着所有德性的唯一目的即至善——**人类的幸福或完善**,那么这一命题就不仅是无害的，而且是必需的。一个实行这一目的的行为不仅是可允许的，而且是善的和必需的。也许除了一些坚持一种与它对立的原理的哲学家以外，每个人都承认这一点。在做已被证明是实现这一目的所必需的事情是否正当的问题上，不可能有什么争议；唯一的问题是，违背一个普遍法则的行为在某些情况下是否也可以产生这样一种效果。如果这一点得到了证明，那么每个人都会承认这样一种行为具有客观的善。假如一种有意的扯谎具有并且只可能具有有益的效果，它就不是一种应受到谴责的扯谎。
235 假如通过偷去一个人的财产，我们不想损害也不可能损害任何人；既不会损害所有者，也不会由于坏的榜样而损害社会，更不会由于养成偷窃习惯而损害窃贼本人——假如这个行动的结果是最大的善，它就将不是偷窃了。当一个外科医生为了救一个病人的一只眼睛而去掉他的另一只患病的眼睛时，或者切除他的病腿以保全他的生命时，他的行为不是有罪的残暴行为，而是一个由上述目的证明为正当的手段。假如同一个医生听从了一个绝对无望的病人的热烈恳求（这个病人正受着一种不可治愈的和在国外染上的高度传染性的疾病的折磨），给了他一种致命的毒药，然后提请行政当局注意此事，那么这种行为就不是谋杀。当然，这个医生在法律面前是有罪的，惩罚这种犯罪行为的法律不能不执行是很显然的。但是，从道德上考虑，这一情况就跟一个公务人员在必要的手续之后击毙一次暴乱的首领的情况是一样的。我们若不是根据后一行为有利于维持公共秩序这一目的，还有什么别的目的能证明它是正当的呢？如果杀死一个人本身就是恶的，那么仅仅国家的一个命令是不能使它成为善的，因为一个命令不可能使黑变白，或改变事物的性质。

那么我们是否可以说撒谎、欺骗、谋杀只要对人类的幸福只产生有益的效果，它们就是正当的，甚或是有功绩的呢？有两个理由使我们不可能在没有进一步的解释之前就做出肯定的回答。首先，由于这些词的含义包含着矛盾。谋杀和撒谎这些词不仅表明一种客观的事实——有意的杀人或欺骗，而且包含有贬义。谋杀是邪恶的这一判断是一种“分析的”判断，它意味着一种在法律和道德上是罪恶的杀人行为。因此，为了得到一个纯粹的判断，我们必须排除这个词中的贬义，而仅仅对客观事实进行判断，也就是判断有意杀人这一行为。于是杀人无疑可以是一种合法的甚至忠守 236
义务的行为；它的确是被法律命令实行的。人们可能会提出反对说：是的，但尽管如此，作为个人来说，还是被禁止杀死任何人（除非在正当防卫中）的；一个人即使为了民族的幸福而私自杀死一个外国人或土著也是要作为谋杀而受到惩罚的。但是，若是按照你的原则，甚至这样的杀人也将被证明为是正当的，只要我们完全相信这种杀人是人类幸福所必需的。

我们的回答是：仅仅这种确信决不足以证明这种行为为正当；只有通过事实表明不可能产生别的效果时才能做到上述证明。这把我们带到我们不能接受上面的命题的第二个理由。我们可以说，下述命题——即人类的幸福是一个可以无例外地确证一切作为其手段的行为的目的，虽然在理论上完全是无可辩驳的，但却不可能付诸实践。我们决不可能断定一个这样的行为，比方说一个人私自杀死一个民族的腐蚀者、鼓吹革命者或暴君将对人类幸福甚至某个民族的持久幸福只是产生可喜的或近乎可喜的效果。当

拿破仑一世践踏欧洲各民族时，一定有很多勇敢的人产生过杀死他以解救自己被压迫的民族的欲望。让我们假定这样一个人牺牲自己的生命，而成功地于1808年在埃尔富特暗杀了这位皇帝。他为被压迫和践踏的人类作出了一个贡献吗？他的许多同代人也许会这样相信；而我们当代人无论如何却倾向于说：不发生这样一件事情是好的；欧洲各民族被迫在正大光明的战斗中赢得他们的自
237 由是好的。假如拿破仑死于一个暗杀者之手，这一坏的先例可能会在好几个世纪都腐蚀人们的道德判断，它可能对不同民族间的关系产生一种有害的影响，日耳曼人民也就不会经历一种内在的更新，正是这种更新使他们恢复了他们的民族意识，使他们在政治上以新的帝国形式存在成为可能。真的，我们不可能绝对地证明这一点。有的人可能要回答说：如果及时地杀死这个暴君，就可以避免许多流血；就不会有臭名昭著的神圣同盟；那种如此控制着欧洲各民族，而现在正以战争的恐怖威吓它们和以庞大的军备压迫它们的民族骄傲感就不会这样不幸地凌驾于普遍的兄弟之爱的感情之上了，诸如此类。这个观点也可能是正确的，我们不可能通过任何形式的推理证明它是错误的。我们甚至不可能证明色当之战对日耳曼民族是一件幸事。我们所能做的只是相信这些事情，凭自己的意愿相信它们。正像我们在物理学中不可能对运动的效果做出一个绝对的计算一样（因为每一种效果都延伸到无限），我们也不可能在道德哲学中从一个特殊行为与人类的最高目的的联系中决定它的客观价值。在此像在前一种情况中一样，我们处理的是无限多的事件。我们在物理学中只能估计运动的一般趋势，同样，在道德学中也只能估计行为**类型**推进或阻止幸福的倾向。

但我们还是承认,在某些情况下最高目的是可以证明某些违反常规的例外情形的,正像毒药有时可用作良药一样。这在道德上是跟在政治上一样的;没有一个政治家或历史学家会拒绝承认在某些情况下,违反现存法律可能成为一种必要。但没有什么人敢断言他能严格地**证明**一次特殊革命的必要性,除非他是一个党派成员而非理论家。这种事情只能信仰而不能**证明**。没有人能估 238
计出对法律的一次破坏将造成的**所有**后果,尤其是较遥远的后果。因此一次革命总是倾向于毁灭法律秩序,削弱法律权威,没有人能辨明这在实际上会达到什么程度。由这种破坏法律的先例所产生的无保障的感觉可能在它发生后持续几个世纪。我们正像不能计算有益的效果一样也不能计算不利的效果,我们不可能证明前者的总和超过后者的总和。这些话同样也适用于对道德法则的违反。可能有使这些违反成为一种必要的情况,但是我们决不能在一个特殊事例中证明它。我们不可能证明对道德律的一次破坏所造成的直接的好效果一定会超过它在违反者和他人生活中直接和间接产生的坏效果。所以,无论谁破坏道德律,他总是在自我冒险,而保持在法律约束范围内的人却不会犯什么错误。当然,精力旺盛的人们主要关心的并不是他们自己的安全。那些在历史上造成巨大危机的人通常都以某种方式脱离普遍的道德和法律的安全路线。

有关我们的命题的最严重的事情就是它倾向于使我们忘记较遥远的结果,而只强调直接的结果。当一个党派成员试图通过诽谤对立派的候选人以保证自己的党派在选举中获胜时,他对自己说:目的证明手段。努力通过诡计或武力为他的国家谋

取利益的政治家说：目的证明手段。诋毁一个不接受所谓“健全教义”的正直者的牧师也说：目的证明手段。若取其恶劣意义，
239 这一公式会在**党派活动**中找到自己最自由的天地。党派性的道德总是在一切地方都喜欢把自己党派的利益和民族或人类的利益混为一谈。党的事业当然是好的事业，因此一切有助于它的都是合法的！

耶稣会也愚昧无知地采用了这一推理方式吗？通常认为它是这样做了；的确，“除了教会的利益没有任何福祉”这一命题就暗示着这个结论：凡是倾向于增加教会权力，粉碎其敌人的权力，或扩展其朋友的权力（耶稣会员自认在教会之友中是最虔诚和最热烈的）的事情都是善的，而不管它是否是通过压制真理和传播虚伪，或者暗杀或公开烧死人来达到这一点。我们可以设想这一组织的历史表现了根据这一原则实行的行为，没想到它的有些成员是如此思考和行动的。然而，公平地说，这样的人在每个党派中都是存在的。的确，我们可以说每个党派，甚至纯粹的文学流派或语言学学派，它们在某种意义上也是接受这一格言的：只有通过我们才有出路。但是，我们也必须补充说：这一组织也确实包含着这样的成员——他们的良心不允许他们得出这一结论。很可能耶稣会和别的社团一样，既不是仅仅由圣徒组成，也不是专由恶棍或像一个新教历史家所称的那样由“不义的人们”组成，而是由各种各样的人组成的。一个捍卫这个组织的人可能会说，把这样一个公式当作他们的特性有一个很明显的原因的，那就是：一个党派越是强大，越是给它的对手带来苦恼，取得的胜利越是令人吃惊，它就越容易

被它的对手认为是采取了不诚实的手段。[①]

5. 特殊行为的重要

另一个对目的论道德哲学的反对是这样的，有的人争辩说：目 240
的论的观点不可能解释真正的伦理感情赋予一些**特殊**行为的**绝对重要性**。如果不违反道德律的原因仅仅是在于效果，为什么一种其效果显然是微不足道的侵犯，也会在行为者和旁观者心里产生那样激烈的感情反应呢？斐斯泰洛西在他的《利恩哈与格特内德》里告诉我们一个有意义的故事。一个石匠的家里饥寒交迫，大儿子就从一个富邻的地里偷了一点马铃薯，在热灰里烤熟以后，和他的弟妹们一起吃掉了。但当他的躺在床上已奄奄一息的老祖母得知这一偷窃后却吓了一跳并激动起来；直到男孩向邻居承认了自己的过错并得到了宽恕，她才平静地死去。好，如果目的论是正确的，我们怎样解释这种感情的强烈和这一损害的轻微之间的不相称呢？富邻将不会记挂这一点马铃薯，而害怕一个男孩通过拿取这一点东西就会造成财产制度的颠覆也多少是荒谬的。因此，反对者可能继续说道，如果把目的论普遍用于实践，会造成动摇道德律的权威，削弱对破坏道德律的畏惧的结果。

① 我提请读者注意耶稣会神父杜尔（B. Duhr）写的《耶稣会寓言》（*Jesuit Fables*）（1892年第二版）这本书，其中列举了一长串的例子，一直延伸到现在，以表明秩序的反对派自己按照“目的证明手段”的原则行事。消灭耶稣会士是一种虔诚的愿望，因此，在人们眼中，一切旨在贬低耶稣会士的东西都是先验可信的；无论如何，没有必要进行任何调查，而散布对耶稣会士的诽谤是在为世界服务。（关于这一主题的一些文献见伦策的《伦理学》，第208页。——英译者）

我打算到有关义务的一章[1]，才来从心理学上解释对违反道德律的情感反应问题。在此我能说的只是这些情感反映并不是对行为已造成的或害怕造成的损失进行估计的结果，而且几乎将永
241 远不会如此。我将只是努力地从目的论伦理学的立场，来确证这种由打算做的或已经完成的过错引起的厌恶和悔恨的感情的强烈性和绝对性。

据说，一个希腊贤人曾被一个朋友问道为什么他为了一些轻微的过错就那样严厉地惩罚他的儿子，他回答说：你能把习惯看作是轻微的吗？他的话里即包含着对反对我们理论的人的回答。如果特殊行为是一个孤立的行为，那它的确是微不足道的。然而，重要的在于它倾向于形成一种习惯，从这种习惯要产生同样的行为。我曾经读过一个法国人写的引人注意的评论。他说，结果若不依次变成原因就不会那样重要。真的，我们所举例子中的那个男孩的轻微行为可能没有损害到富邻，也没有伤害到任何别的人，可能没有人会重视它。但这一行为确实损害着一个人——这个男孩自己，假如他没有被悔罪和惩罚扭转的话。他会记起他曾怎样成功地摆脱了饥饿；如果他再发现自己处在困境之中，并且有同样的机会摆脱它的话，他会诉诸他过去的经验，以同样的方式行动。由于曾经偷窃过，他会养成偷窃的习惯，最后成为一名职业盗窃犯。也许情况不至于这样糟，然而，那开始看起来是无害的违法会成为朝着那个方向发展的第一步。没有人第一次偷东西就打算成为一个窃贼的；肯定没人这样，他第一次偷只是需要这一件东西，这是一

① 第五章。

件那样让人喜欢、那样绝对必需的东西，但上述后果却是不可避免的。也没有人第一次说谎就打算变成一个骗子；没有人一开始喝酒就想成为一个酒鬼的，他开始只是想痛快一下，并下定决心以后不喝了。所有随后的喝都是从第一杯和把它作为最后一次的决心开始的。但是第二杯、第二次痛快、第二次说谎、第二次偷窃都总
是自动来临，并发现门是大开着的。无罪是一个否定意义的字眼， 242
但却是一件具有肯定意义的事情。第一次犯法会打开把向善之路与循恶之路隔开的屏障，这在性生活中表现得最为明显，正像无罪这个词在其最狭义（纯洁）中暗示的那样。我们从错误的第一步就进入了把我们引向深渊的堕落之路。你愿意小心翼翼，并且不跌倒吗？这正是成千上万在地狱里撞得粉身碎骨的人所曾相信的。然而，“我们对头一次来说是自由的，第二次可就由不得我们了。”[①]这就是恶魔的法测，但它同样也适合于善的精神。在第一个诱惑被克服以后，第二个诱惑的危险就只有第一个的一半大。我们对我们自己赢得的第一个胜利是最困难的，随后的斗争就变得比较容易，直到最后我们无需努力就能做到行为正当。

这就是每个特殊行为为什么会产生那样巨大的道德影响的第一个理由。在采取一个行动时，我们不仅在决定着手头的事情，而且多少在决定着我们的整个生活道路。不仅第一个决定是如此，而且每一个随后的决定也是如此，虽然第一个决定具有特别的重要性。每一个决定都在我们的性格中留下一个深深的印记，直到

---

① 见《浮士德》。

对它的违反逐渐成为绝对不可能的。[①]

但是还有一个理由就是，每个行为不仅倾向于在行为者本人那里造成一种习惯，而且也倾向于在周围的人们中产生一种同样的习惯，并因而使个人的习惯成为种族的一个特征，这是通过两种方式产生的：即**模仿**和**报复**。

人人都知道榜样的力量是多么巨大。某些植物的种子被风带到空中，最后落到肥沃的土壤上生根发芽。同样，我们也可以说，善的和恶的行为产生的种子分布在道德气氛中，最后通过人们的耳目进入他们的心灵，落到合适的土壤上繁荣起来。这种播种方
243 式是那种不直接影响行为者自己，而是影响到他人的行为所特有的。一种“回报”的企图首先是针对向自己做了善行或恶行的人，然后是针对任何可能和自己碰到一起的人。达尔文告诉我们，一个死了妻子的澳洲土人，他要到杀死了另一个氏族的一个妇女之后才能得到平静，就好像为自己的妻子做了一次报复一样。这种看来很不自然的行为方式，却还是在某种程度上被所有的人实行着。当一个人受到不友好的对待或伤害，并由于能力不够或不知道应负咎者是谁而不能亲自对他进行报复时，他常常把他的怒火发泄在他碰巧遇到的第一个人身上。我们都知道这一点，并避开这样的人。假如一个人受骗，从某个人手里得到了一枚伪造的半元硬币，我们可以担保，无论他是多么诚实，十之八九他要试着把它用出去。“社会”欺骗了他，他认为把伪币还给社会是一个合法的自卫行动。但礼貌和友好的行为也是同样有感染力的。一个陌

① 参见詹姆斯论习惯的章节。

生人对我做了一件善事,当我忘记带钱时他替我付了车费,这不仅使我感激他,而且也使我对别的陌生人也表示和善。

善恶在任何地方都没有像在家庭中更具有感染性,在此榜样的力量更为有效,回报也更为确实地来临。我们从我们的父母那里得到的要交付给我们的儿女。善的和恶的训练都具有遗传性。

因此,对有关人的行为和品格的道德判断的考察,一般都导向普遍幸福的概念,这一概念作为原则支配着所有的价值判断。

6. 对个人主义的预先否认

让我们通过简要地展示一下道德哲学可能或已经在探求的其他路线也导向同一目标的事实,来补充我们的思想。什么是意志的根本目标?对这个问题的回答也同样是——**个人及其周围人的** 244
幸福。

有一种观点针锋相对地主张意志自然指向的不是**普遍**的幸福,而是**自我**或**个人**的幸福。每个人都努力追求对他合意的和对他有用的东西,而不管这东西是否阻碍或促进他人的幸福。这一观念被概括成一个理论:**自我或个人主义的功利主义**。霍布斯是这一理论在现代的第一个代表,这一理论认为,每一动物的意志都指向自我保存,自我保存是它的本性的法则,凡是对它有利的行动都是好的,而凡是有利于别的生物的行动,只有在作为它的自我保存的手段时,对它来说才是好的。

我相信,这一理论是违反事实的。个人的自我保存冲动无疑在生活中扮演了一个极其重要的角色,并且经常牺牲他人利益来维护自己。但是没有一个人是这个意义上的个人主义者——即完全独占式地只关心他自己的祸福，而完全不管别人的幸福。对他来说，至少有一些与他最亲近的人的利益是同他自己的利益一样珍贵的，他至少准备在不危及他自己利益的情况下推进他们的福利。的确，很多人至少在某种程度上甚至愿意为了一个小群体而牺牲他们自己的利益，他们愿意放弃他们的某些舒适而帮助这个小群体。最后，还有些人是深深地关心着他人的祸福的，不仅是那些与他关系亲近的人们的祸福，而且包括完全陌生的人们的祸福；他们的全部行为都由同情心支配着。我们也注意到个人也直接关心着作为一个整体的社会的福利。当某一个人为了报酬而背弃自
245 己的祖国时，它引起的愤怒强烈地表现了群众憎恨这种行为的本能。因此，我们可以一般地说：意志普遍地指向个人和全体的幸福，虽然两者在不同的人那里确实是以相当不同的比例结合的，但决不会完全缺少其中一个成分。我们称那些在一种罕见的程度上使自己的利益服从于他人利益的人为无私的；称那些使自己对他人利益的尊重显著地落在平均水平之下的人为自私的。在一个意志中，自私的和社会的两种冲动的统一，自利的和同情的两种感情的统一，表现了一个生物学的真理，这一真理认为个体并非一个独立存在的个体，而是某个集体的一个成员。这一客观的联系主观上也在意志和感情的结构中出现。甚至在动物世界中，自我保存的冲动也一定伴有种的冲动，伴有甚至以牺牲个体生命为代价的繁殖和保存后代的冲动。在人类生活中，种的冲动（如果我们可以这样表示所有植根于个人与种的联系的意志冲动的话）更被扩大和加强了。个人意识到自己构成整体的一个部分，他认为自己属

于一个家庭、一个集体、一个民族,他把它们的意图纳入自己的意志,他的利益如此紧密地和全体的利益交织在一起,以致在他的意识中都不能把两者分开。因此我们可以这样表示他的意志的目标:包含着个人幸福的普遍幸福,或者在普遍幸福之中的个人幸福。确实,有些人的社会冲动只有十分贫乏的发展,以致看起来就像完全缺少这一冲动;他们对周围人的祸福无动于衷,甚至幸灾乐祸。但这并不构成对我们观点的反对,就像白痴的存在与人具有理性和交流能力的真理并不对立一样,医生和人类学家都会同意一个完全不具有同情感情的人就像一个白痴一样是一种畸形现象。

在此我们对个人主义的利己主义理论就讲这么多。在更详细 246
地定义幸福的观念之后,我将回到利己主义和利他主义这一对立命题上来。在此我只是想说明我不像许多道德哲学家那样把这个问题看得那样重要。叔本华及其追随者把利己主义与利他主义的对立看作道德的基本问题。自然的人是绝对利己的,因而没有道德价值;只有把他人的祸福作为自己唯一的动机的行为才是道德的。但由于这样的动机在自然中实际上是不可能的(意志怎么能受跟它没关系的东西影响呢?),所以所有的道德事实上都是超自然的。

我不相信我们生活的世界是这样神秘地安排的。甚至在自然秩序中也有意志活动的空间。只有像叔本华那样悲观地判断经验人性的人,才会把同情看作超自然的。叔本华曾在某个地方以他喜欢用来迷惑读者的强调语气说:“自然的人如果被迫在他自己的毁灭和整个世界的毁灭之间选择的话,他会选择仅仅为了使他自

己——这海洋中的一颗水珠——多活一会儿而使整个宇宙绝灭。”我不知道是否有人会一时冲动而做出这样一个决定。但是我的确知道，一旦世界毁灭，任何一个活着的人都会马上后悔自己的决定，希望摆脱这一无用的和不可忍受的生存。甚至最极端的利己主义者也会看出从他的天性来说他并不是打算处在完全孤立的状态中的，他需要别的存在物，哪怕只是被他们赞颂、畏惧或嫉妒。但是，个人与人类的联系如果仅限于这些感情就几乎不可能存在，
247 如果他没有一些其祸福对他并非完全不重要，或者并非使他充满反感的人，他就几乎不可能存在。我们可以说，绝大多数人的幸福都是十分紧密地与他人，与他们的亲人、朋友、民族的幸福交织在一起的；无论是客观上还是主观上，他们若没有这些联系就不可能顺利地生活和取得成功。那种绝对的利己主义者只在理论上存在，实际生活中并不存在；可以说，他们仅仅是某些道德哲学家准备用来证明一个错误理论的标本。

当然，在某种意义上，利己主义是不可避免的。甚至最无私的人欲望他人幸福，也是因为他们的幸福对他来说并非无关紧要，推进他人的幸福和减轻他人的痛苦对他来说是一种使他满足和得到安慰的源泉。的确，假如不是这样，假如他人的幸福跟他并没有关系，它就不会成为他意志的一个目标了。我的意志只能被**我的**感情推动；我不可能具有或感受他人的感情。在这个意义上自我被放在中心的地位。然而，毋庸置疑，这并不是我们通常所说的自私或利己主义。自私和利己这些词意味着不能体会他人遭到的不幸，或者为他们的幸福感到快乐。只有一个抽象的道德哲学家，一个把自然意志的矛盾看作义务的基本特征，或者把所有满足的排

除看作道德价值的先决条件的道德哲学家，才会为这个事实苦恼——这个事实就是对他人幸福的推进必定伴随着一种自我满足的感情。只有那种不再研究事物本身、而只是努力造就一个体系的学者才耽迷于这些无价值的遁辞之中。

让我们再补充一个说明。据说目的论的道德哲学不可能解释自我牺牲，比方说像罗马传说中的雷古拉斯那样的人就反对这一理论。

我看这对目的论并没有带来什么困难，只要我们不把绝对的利己主义看作这个理论的一部分。雷古拉斯宁愿回到迦太基人的牢房，也不愿他的朋友缔结一个将使他获得自由的和约。我们的目的论可以跟形式论伦理学一样容易地解释他的行为。他无疑是 248
受一个庄严的目的鼓舞的，这个目的支持着他、给予他力量，他希望给他的民族做出一个为了公共幸福勇敢地牺牲个人利益的光辉的和不可忘怀的榜样，同时以他的人格向敌人展示他的祖国的尊严和伟大：看吧，这就是罗马的儿子——他知道怎样为了罗马的光荣去赴死，不仅在战场上，而且在严刑拷打者的手中！正是对这样一种目的的意识和对跟随在后面的壮丽的结果的确信产生着英雄。我不认为那种枯燥的义务意识（一个人决不能违背他的誓言）能够产生同样的效果。

此外，我们还可以加上一句，每一种真正的牺牲同时也是自我保存，即保存理想的自我。雷古拉斯想要什么？什么是他意志的真正目标？他的生命吗？不错，但这并不意味着这一特殊的生理结构的保存，而是意味着无论在平时还是战时都服务于祖国的行为。使罗马民族更加伟大和光荣——这就是生命对他的全部意

义，只有这样才能满足他的生存意志。这样的话，有什么能比命运给他指出的道路——通过骄傲勇敢地选择死而使他的民族和本人得到光荣更好地实现他的目的呢！

7. 小结

让我们总结一下。一个人的行为**在道德上是善的**是当它倾向于推进行为者和他周围人的幸福或完善的时候，是当它伴有义务意识的时候。而另一方面，当它缺少善性的这两个特征时，或只缺少其中一个时，它**在道德上就是应受谴责的**。如果缺少客观的善性，它就被称为**坏的**，如果行为者意识到它违反义务时，它就被称为**恶的**，尤其是当它倾向于损害他人幸福的时候。

249 我们称**一个人**为善的，是当他对自己生命的塑造符合人的完善的理想、同时推进他周围人的幸福的时候。我们称一个人为恶的，是当他既无心愿也无能力为自己或他人做任何事情、相反却扰乱和损害他周围人的时候。

这样，**性德**和**恶性**就被解释为善人和恶人的不同特性。相应于不同的人生问题，我们有不同的能力或德性，它们代表着倾向于解决那些人生问题的意志的许多力量。与它们相对立的恶性则反映了各种无能的意志。

因此，善(好)这一概念总是预定着一种联系，总是意味着对某种东西的善。根据常识，一个事物是善的(好的)是指它能够恰当地做它的事情，实现它的目标。同样，应用到人身上，善(好)这个词也标志着完成某件事情的能力。一个善的(好的)经理、战士、公民、朋友、父亲就是一个有效地实行一个经理、战士、公民、朋友、父亲之职能的人。善在道德上的意义是同样的,一个善的人就是一个能有效地解决个人和社会生活问题的人。

善这个词仅仅在应用到整体的时候才失去它的相对于某一事物的特征。这时,社会的完善生活、一般的完美现实不是相对于别的什么东西是善的;而是自在自为的善。但每一个体的善都是相对某一东西而言;每一特殊行为或德性、每一特殊的人的存在的善也都是相对某一东西而言,它们的目标在整体中,因而就它们实现这一目标而言它们是善的。[①]

但我们必须补充道:在道德生活中,就个体并不是实现一个外在的目的的中性的手段而言,就个人本身也是道德整体的一个成员而言,他也构成了至善的一部分,因而像至善一样,本身也是一 250
个目的。德性也同样如此:就它们代表着善者的品性而言,它们也不仅是一个外在的目的的外在手段,而是本身也是完善的人生和至善的一部分。同样,作为德性的表现的道德行为同时也是目的的实现,而不仅是外在的手段。

正像在一件艺术作品或小说中一切都既是手段又是目的一样,在道德生活中也是如此。在任何一种情况下,手段都不是外在的,它们始终也是目的的一部分。而整体在任何情况下都是绝对的目的,部分的价值依赖于它们对整体的有益性。我们可以通过证明诗中的段落或戏剧中的一幕对于整体的不可缺少而展示它们的必要性。同样,我们也可以通过展示一种德性或义务对于人生、

① 参见斯宾塞,《道德数据》,第 3 章。——英译者

对于个人和社会的完善生活的不可缺少而证明它们的必要性。

然而，人们一定可以观察到，个人为了使他的行为具有道德价值并不一定要意识到这种联系。例如前面提到的那位善良的老祖母，她鄙视偷窃只是因为它违反第八条戒律，但她的意志是和理解到财产制度对于人生的必要性的哲学家的意志同样有道德的。因为，归根结底，阻止哲学家偷窃的并非他的洞察力，而是他从遗传和后天获得的对偷窃的本能厌恶。

第二章　至善：快乐主义和自我实现论[①] 251

1. 对快乐主义的批评：快乐并非行为的目的

我们在前一章里达到了**幸福**（福祉）的概念。我们所用的这个概念意味着意志的最高目标和支配我们的道德判断的根本原则。

① 对于快乐主义的批评，见：柏拉图的《斐利布篇》和《理想国》的第 9 卷；亚里士多德，《伦理学》；康德；莱基，第 1 章；达尔文，《人类的起源》，第 4 章；西季威克，《伦理学方法》，快乐和欲望；布拉德雷（Bradley），《伦理学研究》（*Ethical Studies*），论文三、七；格林（Green），《伦理学》（*Ethics*），序言，第 2 部，第 2 章，第 3 部，第 1 章和第 4 章，第 4 部，第 3 章和第 4 章；马蒂诺，第 2 卷；默里（Murray），《道德手册》（*Handbook of Ethics*），第 2 部，第一部分，第 1 章；齐美尔（Simmel），《道德科学导论》（*Einleitung in die Moralwissenschaft*），第 5 卷，第 4 章；希斯洛普，《道德要素》，第 349—385 页；以及考得伍德（Calderwood）、伯尼（Bowne）、谬尔赫德（Muirhead）、麦肯齐（Mackenzie）、塞思的道德著作。关于快乐主义，见德谟克利特（Democritus）；昔兰尼学派（Cyrenaics）；伊壁鸠鲁（Epicurus）；洛克（Locke），《论文》（*Essay*），第 2 部，第 20 章，第 5 节以后，第 21 章，第 42 节以后；第 1 部，第 3 章，第 3 节，第 28 章，第 5 节以后；赫奇森（Hutheson）；佩利（Paley）；休谟；边沁（Bentham）；詹姆斯 · 密尔（James Mill）；密尔（J. S. Mill）；西季威克；巴拉特（Barratt）；贝恩（Bain）；霍奇森（Hodgson）；福勒；吉兹基；所有这些作者都在这部作品的历史部分中被提及。也见桑塔亚纳（Santayana），《美感》（*The Sense of Beauty*）（1896 年）。——英译者

它也被称为**至善**。那么什么是幸福或至善呢?

我们已经宣称,一个人和一个社会的至善都在于**生命的完美发展和训练**。这当然是一个纯粹形式的定义,但我们也不可能使它更为确定。要确定完善的生活就像要确定一个植物或动物物种一样不可能。我们只能给它一个描述,这是后面德性和义务理论将要完成的任务。

无论如何,在较为详细地说明这一概念之前,我想,讨论一下有关至善性质的另一种观点是明智的。有一个颇有影响的伦理学
252 派别争辩说,幸福或至善并不在于**生命的客观内容**,而在于生命所产生的**快乐的感情**,快乐具有绝对的价值,别的一切事物有价值只是就它有助于产生快乐而言。这个观点通常被称为**快乐主义**,而我们的与它对立的理论则可称之为自我实现论。

两派之间的对立由来已久,它贯穿于整个希腊哲学之中,一方面是昔勒尼派和伊壁鸠鲁派;另一方面是柏拉图、亚里士多德和斯多葛派的追随者。在现代哲学中也同样出现这一对立,一方面是经验主义的心理学家,另一方面有十七、十八世纪的旧理性主义思想家和追随康德的德国哲学家。根据前者的意见,主观上的快乐感情不管是怎样产生的,都是绝对的善;根据后者的意见,个体和社会的人类生活的客观发展是绝对的善,而不管它是否产生快乐。当然,他们补充道,这样一种生活实际上总是可以经验到内在的满足的。

我认为在考察快乐主义之前,先说明下一点并非多余,也就是说在此有关的问题是要弄清快乐主义的观点是正确的还是错误的,而不是要辨明它是好的还是坏的。试图通过指责它是不道德的而证明它的错误已属陈旧,斯多葛派就曾以这种方式来否定快

乐主义和无神论。

这并不是适当的论据。应当说，只有错误的理论才是坏的。演说家喜欢指责对手的不道德，以此证明对方的错误，但哲学家不能采取这个方法。我们还要加上一句话说：在快乐主义的代表中绝不缺少纯洁和有道德的人们。伊壁鸠鲁过的是一种无可指责的生活，而为实现那些实用的观念热情战斗的边沁和密尔，比起那些 253
自称为理想主义者中的许多人更配称作理想主义者（如果这是一个光荣的名称的话）。

快乐是具有绝对价值的东西这一主张怎样才能证明自己正确呢？在我看来，只有通过展示人们**实际上**都是这样珍视它的途径。在此，至少道德学家的职能并不在于立法，而在于解释人性。如果说：是的，人性并不把快乐视为绝对价值，但人应当这样做，那这种说法是荒唐的。事实上，每个快乐主义者都主张所有人甚至所有生物都经常而普遍地追求快乐；快乐（或免除痛苦）是唯一被绝对欲望的东西；所有其他的东西被欲望并非是因为它们自身的缘故，而是作为实现快乐或免除痛苦之目的的一个手段。

但我相信，事实并没有证明这一观点，让我首先试着指出意志并不直接指向快乐，而是指向一种特定的生活内容，这种内容在人那里是一种属人的、充其量是一种精神道德的内容。①

① 有关意志的心理学，见心理学的标准著作，尤其是许夫定，第 308—356 页；詹姆斯，第 26 章，特别是第 549—551 页；拉德（Ladd），《描述心理学》（*Descriptive Psychology*），第 11、25、36 章；鲍德温（Baldwin），第 2 卷；拜因（Bain）是心理快乐主义的主要支持者：《情感与意志》（*Emotions and the Will*），第 304—504 页；《心灵与道德科学》（*Mental and Moral Science*），第 4 部，第 4 章。亦见约德尔（Jodl），《心理学》（*Lehrbuch der Psychologie*），第 12 章。——英译者

关于这一点自我意识提出了什么证据呢？它真的揭示了快乐是一个目的而其他东西都是手段吗？让我们首先弄清我们所说的目的和手段是什么意思。我冷了，希望得到温暖，我可以用不同的方式达到这一目的，可以做一些锻炼，可以穿上较暖和的衣服，或者点着火。点火我可以用木柴、煤或者草。在此我们看到手段与目的之间的一种纯粹联系：目的是温暖，我是为了它自身的缘故而
254 欲望它。而我欲望的手段则只是为了目的的缘故，就它们自身来说是完全中性的，我将在它们中选择一个将以最快的方式和最少的花费使我实现这一目的的手段。那么，是否在人类所有的活动与快乐之间也存在着这种手段与目的的关系呢？我们因饥饿坐在饭桌前，我们的目的是快乐吗？吃饭只是作为一个绝对中性的手段（就像前例中的煤一样）与这个目的相联系吗？音乐爱好者去剧院，他的目的是快乐而音乐只是手段吗？若采取边沁的公式："对每一个人来说，行动的永远适当的目的都是他的从行动的那一刻到他生命的终结的真正最大幸福"，那么歌德就是选择了诗歌与散文、与少女及妇人们的交往、公务和旅行、科学和历史研究作为他的最大幸福的手段了，而这样说显然是荒唐的，没有一个人会作出这样一个断言。歌德那样生活不是因为别的，而是因为在他内心具有种种渴望得到实行和发展的冲动和力量，正像在一株植物的种子里具有的那些力量一样。当这些力量被实行和展开时，快乐随之而生，但这一快乐并不在意识中作为一种其他东西都是其手段的目的而预先存在。**冲动和对行动的渴望先于所有的快乐意识**。快乐的意识并不在冲动之前存在，以产生或引起冲动。只有那些沉湎于酒色的浪荡子才先体验到一种对快乐的欲望，然后在

自己周围寻找获得它的某些手段。健康的人们并不这样行动。

是否我们必须无视这种明显的荒谬而大胆地说所有欲望实际
上都不是指向事物或行动,而是指向快乐呢?詹姆斯·密尔这位
大胆敏锐的思想家就主张我们必须这样做。在《人类精神现象分
析》第十九章中,他指出,欲望只是快乐观念的另一个名称。然而,
由于一种联想过程引起了意义的含混,欲望一词也被用来表示我 255
们苦乐的原因。我们有喝水的欲望,这严格说来只是一种修饰了
的说话方式。恰当地说,我们欲望的不是水,而是喝水的快乐。我
们欲望喝水的错觉仅仅是一个很切近的联想的结果。

这使我想起发表在《飞叶》上的一则轶事。一个英国人坐在湖边钓鱼,一个本地人走近来告诉他那水里没有鱼,那英国人却呆头呆脑地回答说他钓鱼不是为了鱼,而是为了快乐。这个人显然分解开了联想,以手段与目的的眼光分别看待鱼、钓鱼和快乐。其他人也会这样做吗?在我看来,由他的回答引起的笑声就是一个充分的答复。的确,就我所知,意志或欲望绝非指向一定量的快乐,而总是直接指向事物本身,指向行动或条件的改变。一个事物的观念常常先于欲望,但是我在意识中绝找不到一个这样的快乐观念——一个事物仅仅是它的一个手段的快乐观念。而且我们甚至可以说,通常是欲望产生事物的观念。

下面的论据看来也是支持那种认为并非是快乐观念推动意志的观点的。假如是快乐推动意志,我们就将必须预期快乐在意识中越是生动和清楚,它造成的影响也就越大。既然最强烈的快乐通常是紧接着享受之后产生,对快乐的欲望也就应当在这时最强烈。而事实却是相反,在吃完一顿饭后享受的观念并不激动意志,

这恰好展示了冲动先于快乐。快乐的观念不是冲动或欲望的原因，而是冲动在实现它的客观目的时成为快乐的原因。

256 因此，快乐主义至少必须修正它的主张说：虽然快乐不是**有意识的目的**，但它是不为意识所知的**实际上的目的**，就像一种实际上驱动着机器的隐蔽的重力一样。在意识中作为目标出现的事物，如食物、荣誉、财富，因而只是欺骗理性的托辞，而意志实际上总是只追求一个东西，那就是快乐。一个热恋者离开他的家从事某一实业，使他十分惊奇的是他来到了一个有机会遇见他的爱人的地方，现在他看到他从事的实业只是一个托辞，是他对理性可能提出来的反对的一种预先防范。那么这个例子是否真实呢？快乐是否真是意志的主宰呢，是否可以说意志不断地努力满足它，同时却以各种各样的托辞欺骗理解力呢？[①]

我知道只有一个方法能证明这一断言，那就是展示意志总是不变地实现真正的目的而非假托的目的，就像上面的例子中所发生的那样，热恋者隐秘的思慕被这一目标的实际达到而揭示出来。但是否能够做到这一展示呢？我不相信能做到。倒是相反的展示要容易一些：即被实现的不是所谓隐蔽的目的，而是所谓假托的目的。守财奴可能获得财富，但他希望的快乐和满足却不出现。有野心的人可能成功地得到高位和荣誉、勋章和头衔，但却得不到足够的快乐，他的欲望总是超过满足。生殖的冲动可能导致种的繁衍，但它的满足却为个人带来失望和苦恼。

但是，有的人可能要说，也许情况确实是这样；然而这样一个

① 参见西季威克，《伦理学方法》，第53页以后。——英译者

事实还是保留着,就是不管我们做什么或努力追求什么,都是**因为它给出或应许满足**。假如不是这样,我们为什么做它呢?假如没有满足和不满,所有努力都将停止,我们对一切都将是冷淡的。但 257
这是否意味着别的什么,而并不意味着快乐的感情从根本上决定着所有种类的价值呢?

的确,假如没有满足与不满的感情,便将不存在任何种类价值。好坏善恶将是无意义的词汇,或宁可说我们决不会使用它们。“满足一个意志的东西是善(好)的”这个命题是如此真实以致我们可以称它是一个同义反复的命题。但是在我看来,“快乐或满足是所有事物因之而被欲望的目的”这个命题却不能准确表示前一个命题。被欲望的并非是满足或快乐,快乐只是一个意志实现了它意欲的东西的**信号**。如果对什么是意志的最后目标回答说是满足,那纯粹是一种同义反复,那就跟回答“意志从根本上说是怎样满足的”这个问题时说:是通过满足而满足的一样。这回答当然是真实的,但它却很难使提问者满意。他想知道的是:什么是使意志满足的**客观内容**?亚里士多德很早以前就发现了快乐与意志之间的真正联系:快乐不是意志的目的,而是意志的始终如一的伴随物,可以说,它是目的被实现的一个信号。意志在快乐中意识到自己及其目标的实现,但要把这种意识称为善本身就是同义反复了,这就跟说不是事物,而是它具有的价值是有价值的;不是行动或活动,而是它给出的满足是令人满足的一样。

快乐主义也以另一种形式,即否定的形式出现,这时它认为始终如一地推动生物行动的不是快乐的观念,而是**痛苦或它们所经**

验到的不安。逃避痛苦因而是所有努力的最后和最普遍的目的。[1]

258 但这种形式的理论在我看来也是不符合事实的。痛苦和不安无疑常常在意识中作为动机出现。灼人的创伤迫使受伤者寻求解脱，枯燥无聊使懒人们心神憔悴，迫使他们寻求娱乐或消遣。但这是否是普遍的情况呢？那推动我们行动的总是一种实际的或预期的不安的感情吗？那迫使歌德写诗、丢勒绘画的也是一种不安的感情吗？那迫使孩子们玩耍的也是痛苦吗？我不相信我们能这样说。相反，冲动开始是无痛苦的，只是在冲动没实现时痛苦才随之产生，在冲动开始实现自己时，常常并无任何痛苦的信号。农夫不是要等到饥饿逼迫时才去耕种他的田地，他看见太阳升起，呼吸到春天的空气，等也不等就去地里工作了。这难道是一种痛苦的感情在逼迫他吗？当欲望与欲望的满足之间发生障碍时可能发生痛苦，但此时并无痛苦。相反，充满希望的冲动是一种欢乐的感情；对某一东西的快乐期待并非在经验痛苦。

因此，我不相信一种感情，无论它是一种意识到的痛苦还是一种预期的快乐，会是努力和行动的不变原因。真实的情况倒是相反：冲动或意志是首先的，感情是第二位的。快乐伴随着客观目的的实现，痛苦则伴随着它遇到的阻碍或失败。这就是生物学教给我们，也是我马上就要展示的道理。

---

① 这是昔兰尼学派(Cyrenaic)赫基塞斯(Hegesias)和叔本华的观点。见本书论悲观主义的一章，291 页以后。亦见罗尔夫(Rolph)，《生物逻辑问题》(*Biologische Problems*)。——英译者

2. 快乐主义理论的一个修正形式

快乐主义的理论也以一种稍微修正过的形式提出它的命题:被普遍欲望的不是抽象的快乐,而是一种使人愉快的活动或一种给予快乐的善的东西。每一生物在每一时刻都决定努力做那种碰巧在那一时刻有使它最为欣喜的观念(表象)的事情。这一观点无疑比别的快乐主义观点离真理要近得多。但我还是不能承认这一 259
陈述是事实的一个满意解释,因为它过于强调观念和表象了。我相信,叔本华说意志从根源上说以观念和表象为前提是正确的。观念和表象在动物生活中肯定不起作用,动物的行动根本上是由盲目的努力支配的。观念和表象在人类生活中也并不扮演一个很重要的角色。它既不创造意志的根本目标,也并不总是指导行动中的意志。习惯是行动的最大指导。也许这样说较为妥当:人始终不变地做那些符合他的目的和希望,同时又最少受他的内在特性和外在环境抵制的事情。这样做自然给了他满足,但这是否给了他在那个时候的可能有的最大满足当然是不可能证明的。他可以决定过一种安逸的生活,但这是否给了他最大快乐至少也是值得怀疑的。

加之,我想说这一公式容易抹杀希望和意志间的区分。我们可能在意志上肯定那种在观念和表象中并不表现为可喜或快乐的东西,反过来,也可能否定那种在当时对我们的欲望有最大吸引力的东西。我不否认这种情况也可以从快乐主义的立场得到解释。然而,在感官的畏惧和对义务的尊重之间、动物的欲望和道德的决定之间、病态的快乐感情和伴随高尚行为的满足感情之间的差别

是如此巨大，以致我们可以很容易地理解为什么许多道德学家把这种差别视为质的差别，这种差别不允许我们把这些感情混合在同一个项目之下。这是康德和赫伯特的观点，施泰恩塔尔在区分正常和病态的快乐时也同意这一观点。

最后，还必须补充道：痛苦和痛苦的活动是人生不可避免的。
260 因此，快乐或满足的概念在某种程度上还必须扩展以包括痛苦。在我看来，这是无可怀疑的。假如有一个神提议从我们的生活中除去一切痛苦和所有引起痛苦的东西，我们一开始很可能会强烈地倾向于接受这一提议。当我们负载着太多的工作和忧虑时，当我们被痛苦占据心灵、被恐惧吓呆时，我们感到仿佛没有什么比一种舒适、安宁、平静的生活更好的了。但我相信，倘若真的试验一下，我们很快又会后悔我们的选择，怀念起我们过去那种带着各种苦恼、悲哀、痛苦和畏惧的生活了。只要我们还是我们现在所是的人，一种绝对没有痛苦和畏惧的生活很快就会使我们觉得枯燥乏味和不可忍受。因为倘若痛苦的原因被排除，生活里就会缺少各种危险、冲突和失败；缺少努力和斗争；对冒险的热爱、战斗的渴望和胜利的凯旋就都要成为过去。生活就会成为一种没有障碍的纯粹满足，没有抵抗的纯粹成功。我们就会像对待一种自知必赢的游戏一样感到厌倦无味。有哪个棋手愿意跟一个他知道他必定打败的棋手对弈呢？有什么猎人会欣赏这样的狩猎呢——他知道他什么时候都可射击，而且枪枪必中？一个游戏如果要使我们感到有兴趣和满足，不确定、困难和失败就像好运和胜利一样必需。

生命也同样是这样。沙漠中的雄狮，苦于饥饿与干渴、冰霜与炎热，或许会这样想：如果我能位于一个安全的洞穴中，周围有足够的猎物满足我的日常需要，那该多么好啊！好，在它认识这种生

活之前,它被弄进了一个美丽的花园中的一座相当舒适的屋子里,在那儿得到了尽可能好的照料,甚至给它提供了配偶。开始它很喜欢这一安排,但不久就发现它那根据所有有利于狮子生活的规则建造的美丽牢笼多少有些狭窄和沉闷。管理它的人观察到它的 261
不满,就以一个很大的花园供它任意以最有趣的方式猎食。但它不久也厌倦了这一追猎的安乐和确定。它拥有一切,却不感到安心。这里缺少什么呢?它缺少的正是它曾欲望摆脱的东西,缺少的是游荡和饥饿、真正的追猎和战斗的兴奋,它思念着沙漠。——谁不知道那些在穆罕默德的战斗中阵亡的沙漠之子们,在享受了三日天堂的快乐之后,就思慕起沙漠和斗争呢?

诗歌是人生及其在人生中得到表现的意志的一面镜子。我们最喜欢什么作品呢?是那些描绘一种安逸宁静、舒适和普遍仁爱的生活的诗篇吗?维兰特的《阿里斯提卜》是不多的这类作品中的一篇,在这部作品中无论哪个人物,阿里斯提卜和莱斯、克里尼德斯和马萨内都拥有心灵可欲望的一切。他们是富裕的,住在美丽的宅第和别墅之中,里面安置着自然和技艺能够提供的一切。他们英俊、健康、聪明、机智,具有很高的观察力和表现力、决不会对各种最好的娱乐不知所措。他们有世上最好的性情,愿意同等地容纳别人和自己,他们温柔而非狂热地互相热爱,因而以贤人的沉静看待那些会激起别人强烈嫉妒的东西,他们正像不受自然界有趣事件的影响一样不受爱情变换的影响。最后,莱斯和阿里斯提卜创造了一个适合于他们生活的哲学体系,莱斯在给朋友的一封信[①]中这样从哲学上进行概括:“我的天然使命是无须同男人们结

① 第3卷,片段26。

婚就使他们幸福。就我来说，假如我否认我懂得使我中意者幸福
262 的艺术，那是一种愚蠢的谦虚，自然毫不吝啬地给了我这方面的才能。我也愿意承认：倘若我意识到我使一个有价值的人得到了幸福，这种意识在我心中可以在一个时间里产生我也是幸福的愉快幻觉。但是我给予别人的快乐和作为回报而得到的快乐的确只是一个幻觉，我比几乎所有我接触过的人都更确信这一点。这在你们忠诚的主妇看来一定是不自然的，但这无疑是一个我不能改变的事实。自然就像一位善良的母亲，照料着她的儿女，使他们每一个人都不致受到过于吝啬的对待，她把人生安排得使每一个人都不愿同别人交换位置。这在我也是一样。我按照我的生活方式行事，优雅地向克洛尼斯让步，感谢她从我这儿卸下了使我的朋友阿里斯提卜成为最幸福的人的重负。”伴随这封信的是一盒珍珠：“你们可能多少会有些吃惊，但既然我有许多这种不值一提的东西，你们就不必为它们的价值而感到有什么过意不去。这些珍珠的纯度、大小和形状都一模一样，因而你们只需计算一下，以一种姐妹友谊的方式分掉它们。你们可以掷骰子来决定。”①

① 维兰特(Wieland)的《阿里斯提卜》(*Aristippus*)使我想起一些传记，例如，伯伦知理(J. C. Bluntschli)的自传(三卷本，1882)。伯伦知理是一位天才的、让人崇仰的人，也是一位健康的乐观主义的政治家和哲学家。他参与了诸多事业，是共济会的大师，新教协会的创始人，国会国际法专门委员会的成员，他还是这两个协会的所有会议的第一发言人和主席，是莱茵信用银行的总裁，巴登上议院议员，海德堡大学的著名教授，法律与政治事务的著名评论家，七个学会的成员，五所大学的荣誉博士(维也纳、莫斯科、牛津、拉合尔和圣彼得堡大学)，获得过八个或更多爵位。他在许多纪念活动中得到荣誉和尊敬，他的著作被翻译为八种语言，他在几乎所有事情上都是成功的。也许只有一点小小的失望：尽管反复尝试，他没有担任首相，但他优雅的处理了这一失望。——这的确是幸福的一生，让人羡慕的一生。但是——(梁启超在1903年专门撰文介绍过伯伦知理的国家学说，影响甚大。——中译者)

为什么《阿里斯提卜》这本书如此枯燥乏味呢？是由于它不真 263
实吗？也许是的。但为什么除去莱斯那种浮浅的多情之外,我们对这种完善幸福的幻想也不感到高兴呢？我想这是因为我们发现这种生活是不可忍受的,它不能训练和满足我们本性中最有力的冲动。谁会关心一种没有对立面和斗争的生活呢？如果真理无需努力和斗争就能达到和保持,人们还会像现在这样高度评价它吗？为自己选择的事业战斗和做出牺牲是人生不可缺少的要素。卡莱尔在他的《英雄和英雄崇拜》中以优美的风格叙述了这一真理:“说人们做出英雄的行为是为了舒适、希望快乐、报酬或其他什么今生来世的甜头纯粹是一种污蔑。在肮脏的尘世也有一些较为高贵的东西,连被雇来送死的可怜的雇佣兵,也有那不同于操练、规章和每天的军饷的‘战士的荣誉’。这个亚当最可怜的后裔朦胧地渴望着的,不是什么甜蜜的东西,而是要做出高尚和真正的事情,在上帝面前证明他不愧为上帝创造的人。告诉他应当怎样做吧,这个最迟钝的机械似的人儿也会成为一个英雄。困难、舍己、殉难、死亡是活跃在人们心头的诱因,而说人是被安逸吸引的看法却是大谬不然。”

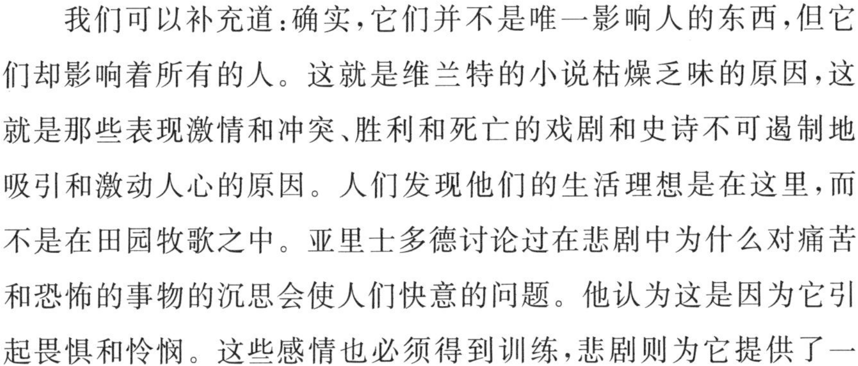

我们可以补充道:确实,它们并不是唯一影响人的东西,但它们却影响着所有的人。这就是维兰特的小说枯燥乏味的原因,这就是那些表现激情和冲突、胜利和死亡的戏剧和史诗不可遏制地吸引和激动人心的原因。人们发现他们的生活理想是在这里,而不是在田园牧歌之中。亚里士多德讨论过在悲剧中为什么对痛苦和恐怖的事物的沉思会使人们快意的问题。他认为这是因为它引
起畏惧和怜悯。这些感情也必须得到训练,悲剧则为它提供了一 264

个机会，从而使我们得到解脱。为说出全部的真理，亚里士多德本来还应该再加上一句：即悲剧也唤醒其他有力的情感——震怒和义愤、尚武和复仇、悔恨与绝望、爱情与牺牲、豪爽和怜悯、得意和勇敢，等等。总之，唤醒所有静伏在人人心中的深刻情感和冲动。那种渴望在实际生活中实现这些感情和冲动的本性，会在引起这些感情的诗篇中得到宣泄。

那么，我们是否可以说甚至畏惧和怜悯（至少有时在某种情况下）也是可以引起快乐的情感呢？说我们在爱人死时感到的悲哀、那种心灵不愿跟世界上全部财宝相交换的悲哀不是一种痛苦，而是一种快乐的情感呢？我认为这是一个相当古怪的见解。如果我们接受自我意识提供给我们的证据，那我们将说：不，最大快乐和最小痛苦的情感并不是吸引人的意志的目标；人努力追求的是过一种符合他的理想的生活。内省告诉我们快乐和痛苦并不是生活的肯定性的或否定性的目的，而只是一种意识状态，这种状态是伴随着那种意志在其中领悟到自身及其倾向的行为出现的。

3. 从生物学观点看快乐的意义

生物学加强了自我意识给我们提供的有关快乐和痛苦意义的证据，博物学家在解释快乐和痛苦在生命组织中的作用时并不觉得费力。

痛苦——我们可以说它根本上是伴随生命的毁灭过程而出现的，这种毁灭过程是由猛烈的打击或内在平衡的失调造成的。痛苦的意义是明显的，它通过迫使动物逃避或自卫，而达到保存生命的目的。我们可以假定两个生物,它们除了一个对痛苦敏感而另一个却不敏感外,在其他方面都相似,而且生活的条件也相同,那么,前者在自保方面显然比后者占据优势。当后者被危险和死亡袭击时,前者则会得到痛苦的警告从而避开致死的原因。而对痛 265
苦不敏感就等于失去了一个感觉器官。

快乐看来是两种动物功能即营养和繁殖的根本伴随物。在发展程度较高的动物那里,这种快乐感还扩展到相联的功能。所以,那些在进食之前的觅食活动——在这个词的最宽广意义上,包括嗅迹、追踪、捕捉和撕裂猎物——也就跟进食一样伴有快乐感。伴随繁殖功能的快乐感也扩展到抚育后代的活动之中。这两种动物组织中的功能其意义是很明白的。它们是自我保存的直接条件,在前一种情况中保存个体,在后一种情况中则保存种。有机体的生命就在于一种不断的分裂和修复过程。多余无用的成分被不断抛弃,新的成分则被接纳和同化。如果没有这种吐故纳新的活动,死亡就会到来。种的社会显示出同样的行为:多余的成分不断消逝,即个体不断死亡,但后代的繁殖却依旧保持着平衡,否则种不久就会消失。

那么,快乐的意义是什么呢?生物学家会毫不犹豫地回答,正像痛苦是作为一个警告一样,快乐则是作为一个诱导服务于人。意志在痛苦中意识到危险,在快乐中则意识到生活的前进方向。痛苦警告意志避开危险,快乐则鼓励意志继续向前。我们可以说,痛苦和快乐是善恶知识的最原始形式。

意志和冲动本身并不以感情或理智的存在为前提。新孵出的小鸡直接就开始啄麦粒,而无需等到它进入一个新的存在阶段,由 266

一种饥饿的痛苦感情逼迫，或一种引向食物的快乐的观念诱导才这样做。冲动支配着行为，就宛如其他自然力支配着一块石头的坠落、一个结晶体的形成或一株植物的生长一样。性的冲动也是如此。刚到发情期年龄的个体被一种盲目的冲动驱使，实行着那些将达到保存种的结果的功能，而并不预先知道这种行为将产生的快感。也许，在较低级的动物生活中，并没有感情伴随着这种功能。但随着生命的发展，感受性也会增加；在高级动物和人类中，每种活动都伴有一种特殊的感情。这种感情是具有一种痛苦还是一种快乐的基调，要由它伴随的行为是受到阻碍还是得到推进、是妨碍还是有助于生命来确定。但把感情分为快乐和痛苦，就如同把植物分为益草和杂草一样使生物学家感到不满意。快乐和痛苦仅仅是感情的某些特殊状况，它们是相应于不同的功能的，或者说在它们之中各种功能开始意识到自身。

在精神进化的较高阶段，**理智**从感情中脱胎而出并凌驾于它。从根源上说，理智的目的仅仅是更完善地完成感情所做的事情，亦即在有关什么东西有益于或有害于生命的问题上指导意志。**感觉**的特点就在于它**预示**着**感情**。触觉预示着身体受损会带来的痛苦。味觉是一种帮助消化的感觉，它在物体进入体内之前确定它们对生命是有益还是有害。它是一种伴随着营养功能的特殊感觉，依据的是食物的特殊性质，或准确地说，依据在舌头上进行的
267 消化过程。它要么是快意的，要么是不快的，因而不是激励意志就是阻止意志。嗅觉是一种预备性的味觉，一种有距离的味觉。它从一个物体所发出的细小粒子，辨别它是否能够被消化，是否有益或有害。眼睛和耳朵则不必和物体接触，而是从远处物体的最轻

微运动辨认它们的性质。眼耳从根源上说也是一种达到有关什么东西有益于或有害于生命的知识的手段，因此，它们的感觉也伴有快乐或痛苦的感情。但这些感情并不是很显著的；这些客观感官（这是人们对眼耳的恰当称谓）的感觉几乎不可能看作是意志的直接动机，它们以一种较远的有关利害的信号指导意志。最后，理解力，即从知觉材料中演绎出新知识的能力几乎是完全没有感情介入的。但是，它的首要目的是帮助意志得到有益的东西而避免有害的事物。

所以，生物学家不把快乐看作生活的绝对目标，而是把快乐和痛苦看作指导意志的手段。在快乐的感情中，意志意识到实行某种功能有利于推进生命。因此，快乐不是自身即为善，而是善被达到的一个信号。另外，确实让人难于理解的是，为什么痛苦的意义的问题并没有影响快乐主义者对快乐意义的观念。这两种感情显然属于同一范畴。如果说快乐是一个绝对的目标，那么痛苦是什么呢？是绝对无意义的东西吗？显然不是，痛苦也是一种警告动物避开有害物的很有意义的手段。所以快乐也必须同样地被解释为一种手段。

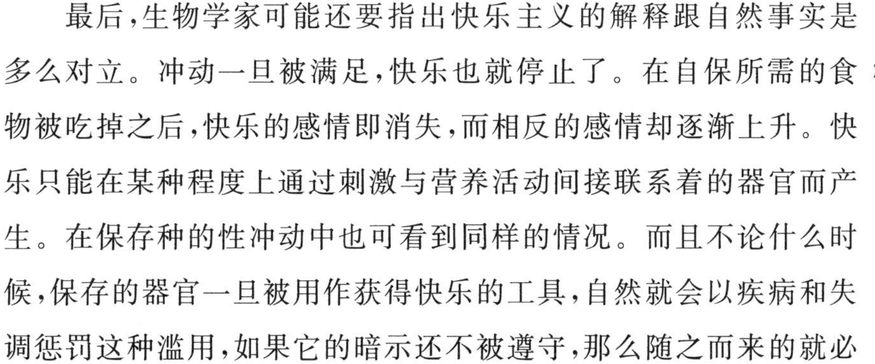

最后，生物学家可能还要指出快乐主义的解释跟自然事实是
多么对立。冲动一旦被满足，快乐也就停止了。在自保所需的食 268
物被吃掉之后，快乐的感情即消失，而相反的感情却逐渐上升。快乐只能在某种程度上通过刺激与营养活动间接联系着的器官而产生。在保存种的性冲动中也可看到同样的情况。而且不论什么时候，保存的器官一旦被用作获得快乐的工具，自然就会以疾病和失调惩罚这种滥用，如果它的暗示还不被遵守，那么随之而来的就必

然是那顽固坚持错误目标的个体和组织的根本毁灭。

4. 快乐并非价值判断的标准

所以，快乐并不是意志的绝对目标。而且，我看一个公正的观察者也不会撇开快乐的原因而把快乐评价为自身具有绝对价值的东西。让我们假设，我们能蒸馏出一种类似鸦片的药物，它能引起欢乐的梦想而不致对陶醉者及其周围人产生有害效果。我们能推广这种药物的使用，称赞发明者使生命更有价值吗？甚至一个快乐主义的道德哲学家大概也不会这么说。为什么呢？是因为这种快乐是一种幻觉吗？但不管它的原因如何，快乐就是快乐。或者是因为我们的哲学家通过计算发现清醒的生活能产生更大的快乐？可这在上面的例子中并不容易证明。简捷的理由只能是这种快乐是“不自然的”，一个由这种快乐构成的生命不再是一个“人”的生命。无论它所包容的快乐是多么丰富巨大，对于人类的意志和标准来说，它都是一种绝对无价值的生命。

也许我们的哲学家要答道：是的，但这只是因为一个耽溺于这种快乐的人即使可能大大增加他自己的快乐，却会忽视他对别人的义务，因而减少快乐的总量。好，那么让我们稍稍改变一下这个
269 例子，让我们假定这种药物能够方便和顺利地在整个民族中引起一种持久的如醉如痴的快乐。我们是不是应赞颂发明这药物的人为人类的造福者呢？也许，可以说一个民族实现持久幸福的最好手段，是绝对地服从于一个绝对好的政府，这种说法使我们自感满意。现在让我们假定一个人，例如一个柏拉图派哲学家发现了使

一个民族绝对忠顺的秘密,我们愿意把我们这个民族放到他的权力之下吗?据说在巴拉圭的耶稣会员在所有方面都为土著臣民着想和行动,他们根据卫生学的规则,时时刻刻对这些居民的劳动娱乐、起居饮食进行指导。假定他们在这些事情上成功地给了被统治者以绝对的满足。快乐主义哲学家是否会承认这种政权是解决社会和政治问题的最完善和最可喜的办法呢?是否会承认这些行为规矩而满足的印第安人代表着人类努力的最高目标呢?如果这样的话,他不是也要认为德国政治家履行了他们的使命——他们将把整个德意志民族改造成一大群行为规矩和忠顺的非利士人,每天早晨这些人都喝一小杯啤酒,玩一种三人纸牌的游戏;每天晚上又玩一会这种纸牌,再喝一点啤酒,中间则有规律地去公事房和工作间履行他们的义务,晚上睡得挺安稳。最后,他还将被迫承认荷马史诗中那位女巫塞西是人类的造福者,因为她把每个踏上她的岛屿的人都变成喂养得很好和十分满足的猪。他不是要把踏上这块土地看作每个人最大的福祉吗?在我看来,除非快乐主义哲学家愿意承认这些,否则就必须承认快乐或满足并不是具有绝对
价值的东西。快乐仅仅在它作为有德性的行为的结果时才有价 270
值,而当快乐是通过刺激我们本性中低级的、感官的东西和压制我们较高的精神能力而获得的时候,我们就把这种快乐看作卑下的。

5. 至善的积极定义

我们否定了快乐主义理论,现在让我们给出一个至善的积极定义。我们可以以一种最一般的方式说,每种动物所意欲的目标,

都是那种构成它本性的各种生命功能的正常训练和实行。每种动物都希望过合乎自己性质的生活，这种天赋性质在冲动中显示自己，支配着动物的活动。这个公式同样适合于人，他希望过一种人的生活，在这种生活里包含着人的一切，也就是说，过一种精神的、历史的生活，在这种生活里为所有属人的精神力量和性格留有活动空间。他希望娱乐和学习、工作和收获、占有和享受、制作和创造；他希望热爱和崇敬、服从和统治、战斗和胜利、写诗和幻想、思考和研究。他希望尽可能地做这些事情，希望体验孩子和父母、学生和老师、徒弟和师傅的关系；他的意志在这样的生活中得到最大的满足。他希望像一个兄弟一样生活在兄弟之中；像一个朋友一样生活在朋友之中；像一个伙伴一样生活在伙伴之中；像一个公民一样生活在公民之中；同时也像一个敌人一样对待他的敌人。最后，他希望体验一个爱人、丈夫、父亲所要体验的一切，他希望抚养和教育那要保存和传续他的生命的孩子。在他过了这样一种生活，像一个正直的人一样履行了自己的使命以后，他实现了他的愿望；他的生活是完善的；他满意地等待着结局，他最后的希望就是平静地死去。然而，这一框架的具体内容是要由民族的历史生活
271 来填充的。因此，我们也可以说：人的意志寻求以一种个人的形式来表现他所属的民族的生活，同时它也保存和丰富了民族的生活。

在我看来，公正的人类学家和生物学家都会如此看待这个问题。一种动物的意志只是一系列冲动，这些冲动的实行就构成了种的生活。每一个体都分享着保存和推进其生活的种的欲望，或宁可说，种仅仅存在于个体之中，存在于作为它的成员生活和行动的个体之中。这对于人也是如此。然而在人这里，从动物的原始

自保冲动中生长出一种**理想的自保冲动**。生存意志在猿人那里表现为一种盲目的冲动和努力，在人这里却变得意识到自身。人对他意志指向的生活有一种有意识的观念，他的生命想要表现和实行的范型作为一个**理想**在他面前高耸。他向这个理想努力迈进，这个理想是他借以评价自己及自己的活动的标准。完善的理想在不同的人那里采取了不同的形式。希腊人、罗马人、希伯来人的理想各不相同；雅典人和斯巴达人的理想也大相径庭；对于男人和妇女、战士和学者、水手和农民来说，理想也都不尽相同。在所有理想中只有某些基本的特征是相同的，正像在所有人的肉体组织中也有某些共同的解剖生理结构一样。人的精神生活发展程度愈高，内在的生活也就变得愈加富有差异和个性特征，正像相应于内部发展的外在形式也变得越来越有个性一样。各个个体对理想领悟的清晰程度也有差别。在保卫他们的理想免受某些暂时的特殊冲动影响，根据他们的理想来支配自己的生活的力量和坚定性方面也都不同。但是这样一个理想在任何一个人那里都是存在的和活动着的（以这种或那种形式）；在意志的面前有一图景，这一图景 272
是他最深的本性所欲求的，它在这个人的生活及对他自己的判断中显露自身。

每个人面前都矗立着一张他将会成为什么样的人的照片。只要他未达此目的，他的和平就不是充分的。[①]

不仅个体，民族也有一个它欲求的理想。这一理想在这个民族的宗教和诗篇中显示，神灵和英雄就代表着完善的类型。在较

---

① 吕克特。

后的发展阶段还增加了一种历史的追忆，一幅对这一民族的过去的广阔图景，它在普通人意识中成为一种诗意的理想。但是，一个时代的文明和民族集合体的历史也受到观念的控制。某些性格和生活的范型产生出来，渐渐占据了所有的心灵，推动人们的思想，最后控制着事态的发展。我们可以想想十五世纪的人文主义运动及其新的理想，想想宗教改革及其基督教信仰和生活的新类型；或者路易十四时代对权力和尊贵的理想；以及法国大革命及对一种自然和理性的生活类型的新理想。人类文明中的这些新观念在这些伟大的历史时代中实现自身，抓住个人的意志，迫使它们与其保持和谐。

在此我们清楚地看到了意志无条件地努力地实现这理想或范型。一个民族欲望自由、力量、荣誉，或任何标志着它所珍视的理想的口号，它绝对地欲望它，而不是为了别的什么东西（例如快乐或幸福）的缘故。是的，所有倾向于实现这一理想的行动都带来满足，但没有人关心这是否代表着整体能够获得的最大快乐。一个民族并不计算它的理想的代价，并不计算在一场为了争取它的自由、荣誉甚至它在其他民族中的地位而进行的战争中要赢得或失
273 去多少幸福。为了实现它的主要理想，它不顾一切地牺牲个人的利益和生命。个人本身也欲望这一理想；即使他们作为个人也害怕牺牲，但作为这个民族的成员他们又希望他们的国家对自身及其理想保持真诚。

历史的评价和历史的意志一样，也是由这个目标决定的。一个民族并不依据快乐的标准评价自己的过去，而是依据它在那个时代所抱的理想来评价历史人物和事件，并相应地决定它们的价

值。这样我们对弗雷德里克大帝及其战争的评价就不是根据对战争所引起的快乐和痛苦的计算，而是根据德意志民族通过这场战争所达到的荣誉和尊严。我们自问，这个民族向它的客观目标是否有所推进？当代是肯定地回答这个问题的；这一客观目的的主要点是一个以普鲁士为基础的德意志帝国。科学的历史学家追寻的也是同样的线索，他决不想在快乐和痛苦之间比较衡量。确实，这一原则在一些哲学家头脑中还仅仅是设想。据我所知，他们当中没有人在实际上应用了这一原则。

6. 历史的依据

在此提出的有关人类意志的最后目标和我们价值判断的根本标准并不是一个新命题，而是很久以前就为希腊道德哲学思考过和归纳定义过的。我们的确可以说，所有重要的伦理学体系（仅仅除了快乐主义）都拥护它。柏拉图和亚里士多德曾经明快地说明：至善就是生活和行为与这个观念相和谐；一个人的幸福在于他拥有并实行所有属人的德性和能力。斯多葛派教导的也是一样：合乎本性的生活是所有存在物的目的，所以，对于人来说，合乎人的本性的生活也就顺理成章地成为绝对的目的，人在其中找到自己的幸福。托马斯·阿奎那也是如此教导：所有存在物都寻求合乎 274
其本性的完善；理性的存在物通过合理的意志寻求完善，有感知力的存在物通过感官的冲动寻求完善。无感知力的存在物通过本能的冲动寻求完善。在霍布斯和斯宾诺莎那里也出现了同样的观念。他们认为自我保存是目的；只是斯宾诺莎强调，一个生物通过

生活和行动保存它自己，而一个有理想的存在物通过思想保存他自己。同样，沙夫茨伯利和莱布尼茨也宣称各种能力的和谐发展是支配人和宇宙的法则。康德也可称为下述理论的证人：就是认为人的真正的和最深刻的本质是在一个意志——一个由实践理性或义务意识决定的意志中和合乎他本性的行为中表现自身的。黑格尔和施莱尔马赫则把人类生活的伟大历史内容看作具有客观价值的东西；就个人加入这种生活而言，他就给了他的生活以一种意义和价值，同时满足了他本性深处的渴望。

达尔文在某种意义上继承了思辨哲学想达到对整个宇宙的一种历史观念的企图，他试着以新的方法解决这个问题，即从生物学的立场达到一个相似的结论。在他的著作《人类的由来》第四章中，他考察了快乐主义的理论，断然拒绝了它。他的结论是：苦乐既不是所有行动的动机，也不是它们的目的。我且引用有关的一段："在低级动物的情况中，说它们的社会本能的发展是为了一般的善要比说是为了种的一般幸福看来恰当得多。'一般的善'这个概念可以定义为：最大多数的个体在它们所隶属的条件下，充满生气地和健康地成长，它们的一切能力都趋于完善。由于人和低级动物的社会本能的发展无疑几乎经历了同样的阶段，所以在可行
275 的范围内把同样的定义用于这两种情况，把一般的善或集体的福利而非一般的幸福作为道德的标准是恰当的。"[①]最后，我想提到约翰·斯图亚特·密尔，他是如此地接近于刚才一路叙述过来的思想，以致他的快乐主义观点与自我实现论不再有根本的不同。

① 第1部，第4章，结论，第120页。——英译者

通过注重快乐的质的差别而非量的差别，他最后达到了下面的公式:“做一个不满足的人要比做一个满足的猪好。”[①]在我看来，在此密尔实际上已暗暗放弃了认为快乐和满足是唯一有绝对价值的东西的原则。有价值的不再是快乐，而是快乐所依附的功能。当密尔谈到不同性质的享受时，他实际上意指不同的功能，这些功能的实行在不同的存在物那里伴有不同的感情。

因此，亚里士多德关于最后目的或至善的老定义在我看来仍像以前一样是令人满意的:幸福或福祉在于所有德性和能力的训练和实行，特别是那种最高的德性和能力的训练和实行。[②]

7. 进一步的评论

但是，有人可能要说，这整个讨论不是在兜圈子吗？开始你说德性的价值在于它对生命发展所产生的可喜效果，现在你又说生命的价值在于所有功能的正常运行，或在于各种能力和德性的训练。德性的训练开始被理解为一个手段，现在怎么又被当作一个根本的目的呢？

我重复前面说过的话:这一说法是真实的，但是我们在有机体 276
的领域中到处都可以碰到同样的关系，就是这里的一切都既是一个手段，又是一个目的，或目的的一部分。心脏和大脑、双手和眼

① 《功利主义》，第 11 版，第 14 页。——英译者

② 亦见斯蒂芬，《伦理科学》，第 4、9—10 章；耶林，第 2 卷，第 95 页以后；冯特，《伦理学》，第 493 页以后；许夫定，《伦理学》，第 6 章；威廉斯，《进化论伦理学评论》，第 2 部，第 9 章；齐格勒，《道德存在和成为道德》。——英译者

睛、肌肉和骨骼都是保存肉体生命的手段，但它们同时又是身体的一部分。身体并不脱离它的器官或自我保存的手段而存在的，相反，它是由它们构成的。每一器官的功能都是保存生命的一个手段，同时生命也就存在于所有器官的功能之中。这一评论对于艺术作品也同样适用。戏剧中的所有特殊场景对于总体都是必需的手段，否则它们就只是多余的插话了；但是，它们同时又是整个戏剧的必然的组成部分，这戏剧就是由所有这些部分构成的。在道德领域也是这样。所有美德都是整体的一个器官，同时又构成生活的一部分，因而它像整体一样，也是一个自在的目的，道德精神生活是这样一种有机体，所有的力量和功能都在其中既是手段，又是目的，它们都有自在的价值，但又都从它们与整体的联系中得到另外一种意义。勇敢作为解决某些难题的手段对生活有价值，但它不能被理解为一种孤立的成分，正像眼睛不能为自己，而只能作为一个生物的器官而存在一样。然而，正像视力本身是有价值的一样，在人生不可逃避的战斗中的勇敢也具有内在的价值。因为，正如诗中唱到的那样：一个人在哪儿，哪儿就有火热的斗争。这些同样适用于所有的德性，亦即所有积极的德性。至于否定意义的德性（如果我们可以如此称谓的话）像不撒谎、不偷窃、不通奸等，则仅仅是作为手段而有价值。对这些行为的抑制并不是自身善的，而只是作为手段有助于达到这样一些善：真诚、财产和婚姻。而另一方面，积极的德性，像对真理的热爱、正义感、家庭生活方面的各种德性，就既是完善的生命的手段和工具，又是这一完善的生
277 命内容的一部分。在追求知识和服从真理方面，在劳动和积蓄财富方面，在管理社会事务和家庭生活、抚养子女方面实行的各种德

性和能力,都既是生命的手段,同时又构成生命的重要部分。

斯多葛派很早就注意到这一真理。他们把善分为三类:具有绝对价值的善;具有手段价值的善;具有手段与目的两方面价值的善。所有外在的善都只是产生效果的善。所有合乎德性和伴有满足感的行为类型则都是最后的善。而德性既是产生效果的又是最后的善;就它们产生完善的幸福而言,它们是产生效果的善,就它们自身是完善的一部分而言,它们又是最后的善。[①]

现在,我们可以进一步说:所有德性和美德都既是手段又是自在的目的,但它们并不是处在同一等级上。身体的各个部分或器官并不是同等重要的。正像一个戏剧中某几场可能比其他场更集中地表现该剧的主题思想一样,在道德生活中也是一些功能占据较中心的地位,而另一些功能则处在较外围的地位;有些功能是次级的手段,而另一些则有它们自在的目的。

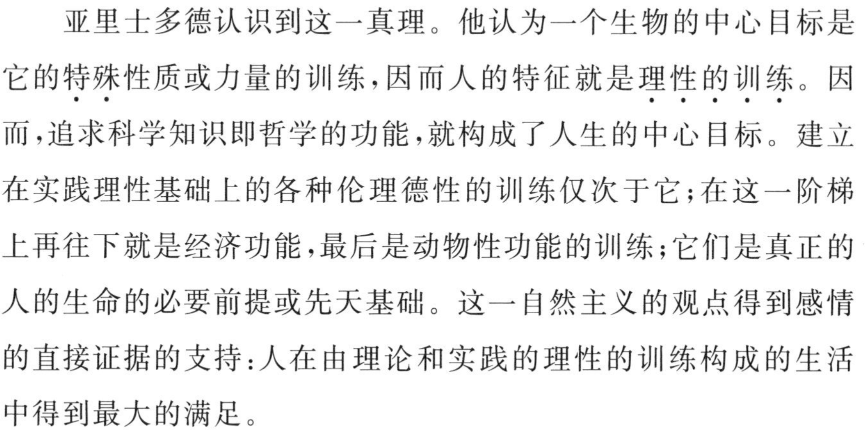

亚里士多德认识到这一真理。他认为一个生物的中心目标是它的**特殊**性质或力量的训练,因而人的特征就是**理性的训练**。因而,追求科学知识即哲学的功能,就构成了人生的中心目标。建立在实践理性基础上的各种伦理德性的训练仅次于它;在这一阶梯上再往下就是经济功能,最后是动物性功能的训练;它们是真正的 278
人的生命的必要前提或先天基础。这一自然主义的观点得到感情的直接证据的支持:人在由理论和实践的理性的训练构成的生活中得到最大的满足。

进化论的一个原则是:较后的形式同时也是较高的形式,这里

① 第欧根尼·拉尔修,第 7 章,第 7 节,杨格英译本,第 294 页以后。——英译者

暗示的也是一种同样的排列。在最低的动物生活阶段，行动仅仅是为了寻求食物和努力逃避不利的外部条件。渐渐地，一方面是繁殖的功能连同初级形式的对后代的关心，另一方面是最初以感知形式出现的理智也产生出来。社会的和理智的生活的基础被确定了。这些功能在人那里达到了最高的发展。它们的进化构成了人类历史的主要内容，对于前进的历史来说，人类历史是我们唯一具有直接知识（通过历史回忆）的一部分。若是问在人类历史生活中发生了什么？其中本质的内容是什么？我们说，我们达到了一种比较全面和比较深刻的对实在的知识，我们发展了一个比较全面和比较复杂的社会组织。相应于功能的成长，我们必然要完善我们的各种力量——理智的力量，我们据此达到对事物的知识和在目的的领域中指导意志；社会的德性，我们的家庭、国家、社会就以它们为基础，它们构成了作为一个历史存在物的人的本质。

因而人生最有价值的就是最好地发展人的最高能力和使较高的功能支配较低的功能。而那种受植物性或动物性功能支配、受感官欲望和盲目热情支配的生命就只能被看作是一种较低级的和
279 不正常的形式。人的完善的生命是一种心智在其中自由和充分地生长。各种精神力量在思维、想象和行动方面都达到最高完善的生命。当然，这只有在人类历史环境中才有可能。因此我们必须把社会的德性也包括在生命的基本能力之中，这些德性的目的在于行为者和他的直接的和较远的邻人建立一种和平互利的关系。正如常识所说，智慧与仁慈是完善的两个方面。但我们必须反对一种错误的精神化倾向。感官的甚至动物性的功能也有它们的权利。知觉的快乐、那种使我们的童年时代那样富有魅力的玩耍的

快乐也属于生命;而且我们也不从完善的生命中排除吃喝以及类似的快乐,只是它们决不能僭越为主。

我们现在可以把手段与目的的这种关系扩展到个人的生活之外。一个完善的人的生活是一个自在的目的,但它同时也是一个部分,因而是一个较大的整体的手段,是一个民族的生活、一种文明领域的手段。柏拉图在他的《理想国》中,把国家理解为一个较大范围的人的存在,在其中发现了一些相同的一般功能和力量。个人与集体的关系是一种手段与目的的关系,然而,个人作为手段,同时又是目的的一部分,因为整体仅仅在个人的总和中存在。我们现在得到一个新的对待个人的评价标准:一个人对整体做出的贡献越大,对他的民族的精神历史生活建树越多,他的价值也就越大,历史对他的评价也就越高。这些建树包括给他的民族提供好的制度;以高贵的行为使它荣耀;以真知灼见使它丰富;以优美高尚的作品和形象使它美丽,等等。狭义的道德价值却不依据贡献的大小,而是由履行其使命的个人的真诚和献身精神来决定的。280
在此善良意志是衡量的标准,甚至思想最贫乏者也可能充分地具备这种意志。但是,在此我们必须再一次反对一种错误的精神化倾向。我们要懂得,一个民族的价值不能仅仅根据它在科学、哲学、艺术、诗歌上的成就来判断。我们的时代也许过于看重这些成就了。一个民族也需要它的战士和政治家来保卫它和推进它的外部利益;也需要它的商人和水手开发新的区域和海洋以进行贸易,并与其他的民族建立种种富有成效的联系;也需要它的发明家和工匠来发现和运用他们无数的技艺;也需要它的农民来耕作田地和喂养牲畜;也需要它的母亲真诚慈爱地抚育它的孩子;最后,也

需要那些在街上玩耍的孩子本身。所有这些都属于这个民族，它们不仅是没有它们精神生活就不可能存在的外部基础，也是这个民族生活的一部分。的确，完善的精神生活是依靠它们产生的，也是为了它们而产生的。创造性的领袖和接受性的群众是相互依存的。

最后，我们也可以把各民族本身看作一个更高的统一体的成员。根据我们对至善的经验性考察，作为人性观念——它具有无限丰富的特殊形式并可能具有美的形式——的具体表现的人类，是一个根本的目标。完善的人性，或者用基督教的术语来说，地上的天国，是最高的善和最后的目标，所有民族和所有历史的产物都是作为手段与它相联系。当然，不是作为无足轻重的手段，而是作为这个目的的一部分。这一目的也给我们提供了判断民族和不同的文明阶段的最高标准：它们的价值是根据它们实现或表现人性观念的程度来衡量的。虽然没有哪一个民族、哪一个文明阶段是完全无价值的，但它们还是有价值和重要性上的差别之分，这要根据它们的社会政治、精神道德和艺术宗教方面的生活接近人性观念的程度来确定。

281 当然，不难看出，我们现在涉及的是一个我们不可能把它明确固定起来的概念。我们不可能对这个人性观念给出一个具体的揭示；我们所能做的只是借助于一种历史精神生活的一般观念描出它的轮廓。所有人类学和历史学的探讨都给我们提供了材料，但我们还是不可能构成这个概念，不可能构成一个所有种族和民族的生活内容都包括在内（包括希腊人和罗马人、埃及人和巴比伦人、中国人和日本人以及无数的黑人和印第安人民族）的人类生活内容的概念，这些生活是实现人性观念的必要的目的论意义上的手段。人性的历史这一神妙的诗篇超越了我们的理解力，我们观察到一些孤立的片断，能够比较它们，但我们不能把握这首诗的统一性，把握整体的观念，而正是这个观念将解释部分或片断的必要性。所谓历史的哲学试图把这些片断集合为一个整体，从整体的观点解释它们。然而，它的成绩只不过是做出了一些排列和概览；涉及包括古代、中世纪和近代的狭窄的文明圈时，它至多能指出此与彼之间的一种历史联系，在某个范围内，这种联系也许可以看作是一种具有目的论意义的必然。显然，这门科学在将来也没有多大希望能达到很大完善。过去的历史甚至可以说是非常支离破碎的，那种歌德曾称为“断片的断片”的文学显然还是历史传统保存得最好的部分。但即使我们对人类的全部历史有一个清晰全面的概观，我们也许还是只拥有整体的一个意义不大的断片，将来尚属阙如。也许人类的历史还只是刚刚开始，也许各个特殊民族和文 282 明的历史生活只是一个统一的人类的真正的历史生活的序曲，现在的这个时代只是对它的一个准备，它在我们这个拥有高度发达的通讯手段的时代里看来已走进门槛。也许集中的世界市场和普遍的邮政系统是将要来临的人类精神历史生活的统一先声。在这些情况下，我们怎么敢像理解一首诗的段落和句子一样（它们是实现整体观念的必要手段），去理解将使我们能恰当地安排历史生活的每一特殊成分在整体中的地位的那个全人类的历史计划呢？

如果我们把人类的生活放进一个更巨大更广泛的实在中，作为**全真的总体生活**的一部分的话，那就更难对上述理想给出一个具体的概念。在此我们到处要涉及完全不可想像的先验概念。我

们只能象征性地表达一下这种不可领悟和不可说明的东西：就我们欲望把全真标志为至善而言，我们称它为上帝。对于它在一个精神历史生活的世界中的显现（那是包含在它的精神本质的统一体中的），我们称之为天国。当这些概念提交给我们的知觉时，它们并不像科学概念那样，它们实际上并不属于知识的范围，它们仅仅标志着当我们作为感情和意志存在物，试图达到对实在的观念时所运动的方向。它们表现了我们的信仰：即整个实在倾向于达到某个最高目的。如果说人类历史的神圣计划的观念就已超越了我们的理解力的话，那么对于神圣的世界的计划我们就更是只能望其项背了！所有想从理论上确定这一计划的企图，结果不是像上世纪的目的论一样流于一些经验事实的陈腐列举和因果次序的
283 简单逆溯；就是像黑格尔哲学一样，陷入一般概念的无益的逻辑构造。理智不可能把握至善的内容。宗教和艺术的象征则努力使感情接近至善，它们通过有限的和可领悟的东西，暗示着那种无限的和不可领悟的东西。

8. 一个反对

G. 基佐科以快乐主义理论的名义，抗议这一章所表达的观点。[①] 我承认他的评论并没有改变我的意见，我也不抱我的回答能劝使什么人放弃他的理论的奢望。在我们的思维中有一种习惯，无论谁熟谙了以某种方式看待事物，便都像一个工匠看待他没

① 他的一篇发表在《福斯西斯报》1889 年 2 月的星期日增刊上的书评。

使惯的工具一样,把不同的观念视作不满意的东西而加以拒绝。当然,我在这方面也和别人相似。在我来说,我不能想像具有绝对价值的东西不是生命的客观内容,而只是伴随着它而被经验到的满足的感情,不能想像前者只是达到后者的一个中性的手段。我认为价值在于事物本身,而不在于满足感对这价值的认可。但我所说的生命的客观内容,完全不像某个多少有点轻率的批评家所认为的那样,是指构成肉体生活的有机生长过程,而尤其是指精神
生活,这种精神生活在人的存在中表现为理性的思维、理性的意志 284
和行为,加上依附于各种意识过程的感情。我否认感情成分是具有绝对价值的东西的说法,认为感情只属于内心生活的现象,而不是它们的绝对目标。

然而,我并不想重复我已经说过的,而只是希望就一点说几句话。基佐科争辩说我的伦理学体系没有任何衡量行为和品质价值的标准,因为它拒绝了唯一可能的标准:快乐或幸福的感情。因此他宣称,它没有权利谈到各种较高或较低的力量和行动。

但是我相信,我的伦理学体系是有这样一个标准的,这个标准就是被称为人的生活的正常范型或观念的东西。确实,这个范型不可能像一个数学概念那样准确地定义,但它还是存在并起作用。我们对身体形式的匀称和美丽的判断就是依据于这一事实:我们不自觉地把它与正常的范型作比较。同样,我们对精神道德形式的判断也是以它跟一种正常的内心生活范型的比较为基础的。评判自己生活的良心也是这样,它的判断依据于实际生活与一个理想的比较。而就我所知,我们决没有运用一种所谓计算快乐的方法来衡量一种生活(无论它是一个个体的还是一个社会的生活)的

价值。同样的事实也可在实际事务中观察到。医生在选择他的治疗方法时，并不首先考虑快乐的衡量，而是先考虑它们对各种生命功能的效果，探讨像身体训练、沐浴、鸦片等对各种生命功能和器官会有什么效果。教育者也不探究这种或那种训练和教学方法是否能给学生带来最大快乐，而是探究它们是否能发展学生的理智
285 和道德能力。政治家也是如此，在立法会议上讨论一个法案，一派反对它，一派支持它，无论哪一派都不把自己的结论建立在计算快乐的基础上，而是立足于这一法案对民族循他们理想的道路的发展是否能产生好的效果。

这是一个缺陷吗？这种与一个正常范型的比较是一个粗糙的、仅仅暂时的方法吗？哲学必须以一种衡量快乐的较完善方法来取代它吗？

在我看来，如果事情真是这样的话，那么这个哲学问题就是一个几乎无望解决的问题。我个人觉得，这种衡量快乐的方法是非常贫乏的，而且将来也预料得到不会有什么大改进。边沁的衡量快乐的计划还在等着什么人去采用它。我相信，它还够等的，甚至要白等。

伦理学普遍的实际任务就在于：它试图分析和描述我们谈到过的正常范型。作为伦理学的一个基本部分的德性论就给出了这样一种分析，而义务论仅仅在形式上与它相异，它对有道德的性格的功能给了一个一般的描述。正像营养学描述身体的各种正常功能，指出它们对于生命的重要性一样，道德哲学描述作为一个理性的、意志的存在物的人的各种正常功能，展示它们对于个体和集体生活的价值，同时使人们对扰乱和偏离引起注意，指示如何避免和

反对这些偏离和扰乱。它也区别生活各个方面的不同重要性，区别支配性和隶属性的功能。营养学无需进行快乐的计算，就确信脊骨比起一个手指或一颗牙齿来说是身体的更重要部分；确信心脏的活动比起泪腺的活动来说对生命更有意义；确信对营养的适 286
当关心要比对理发的关心更为重要等。同样，伦理学考虑到人类历史生活的各种条件和联系，无需计算快乐就确信自制和公正比礼貌更为重要，确信对一个民族来说，教师和法官的作用要比歌剧演员和杂技艺人的作用更大。

基佐科在他的《伦理学》中把快乐主义理论修正如下。他说，生命的最高主观目标是意识到做了正当的事情所产生的满足，或者说是对一颗好的良心的感情。多林在其《善论》中同意基佐科的观点，他把至善定义为对自我的适当尊重，或者是对个人价值期望的满足。这样我们看到，在快乐主义和自我实现论这两种不同的道德观之间的分歧实际上已经变得微不足道甚至完全消失了。问题纯粹是理论上的，但正因此我这样说可能是恰当的：就是生命本身及其他的健康、美好和有德性的活动是绝对可欲和有价值的东西，而伴随它的孤立的感情反应却并非如此。当然，感情也存在并属于生命，但它们不是作为绝对的善，不是行为者意志的根本动机，在观察者的判断中也不是真正有价值的东西。

在基佐科的观点与我的观点之间的分歧，正如他自己所认为的，根源在心理学。他把我的错误归之于一种错误的心理学，并建议我参考贝恩的心理学来修正它。那么我承认（且不谈我对英国思想家的尊敬），我不相信分析心理学对这一学科有过或将有最后的决定权。仅仅一种对意识过程的分析，并未进入讨论的核心，而

且它也并没有加强快乐主义的观点。我们必须用生物学的思想来补充。这些思想并没有给我们展示意志根本上是由快乐和痛苦决定的,是这些感情的产物,而是可以说它们赞成叔本华提倡的观点:即一个特殊的被决定的意志,或者用托尼斯的术语,一个特种的意志,是全部心理生活的基本事实。

第三章　悲观主义[①] 287

1. 作为一种情绪的悲观主义和作为一种理论的悲观主义

在论述伦理学第二个基本概念——义务概念之前，我想先考察一个在现代思想领域中有重要影响的理论：悲观主义。悲观主义反对我们前一章提出的观点，认为生命本身，或者所有生命功能的正常训练并不是具有绝对价值的东西，而主张生命没有任何价值；或者说，即使它包含了有价值的成分的话，这些成分的总和也远远被无价值的成分所超过，以致总的价值只是一个负数。因此，不活比活着要好。

意大利诗人利奥巴底在他的《致自己》的诗里感伤地表达了这种情绪：

　　永远休息吧，心灵，

① 萨利（Sully），《悲观主义：历史与批评》（*Pessimism, A History and a Criticism*）；萨摩（Sommer），《道德悲观主义》（*Der Pessimismus und die Sittenlehre*）；普鲁玛什（Plümacher），《悲观主义的过去与现在》（*Der Pessimismus in Vergangenheit und Gegenward*）。——英译者

你已经跳动过够久的时辰，
这世界，已没有什么值得你激动，
也看不到什么有意义的征兆来临。
生命，就是心酸和苦辣，
除此之外，只是一片泥污，一团泡影。①
啊，从今以后安静吧，心灵，
让绝望最后一次占据你的心境，
人类的命运除了死亡别无他路，
从此你要轻蔑自己和你的本性，
轻蔑那暗中腐蚀世界的卑污权力，
轻蔑那笼罩众生的无限空虚。

就这些诗行表现了诗人的真实感情而言，它们当然是无可争
 288 辩的，但马修·阿诺德的诗句也同样无可争辩：

难道这都是一些微不足道的事情
——享受那阳光的明媚；
　　沐浴于灿烂的春晖；
　　爱恋、思考、行动，
　　支持挚友和打垮仇敌？②

感情没有什么真假的问题，它们是事实，你可以分析它、解释它，可以赞赏它或嫌恶它，但不能对它进行辩驳。

---

① 译文取自萨利的《悲观主义》第 27 页。——英译者
② 《诗篇》，第 2 卷，第 32 首，《恩培多克勒在埃特纳火山》。

但当悲观主义旨在成为一种哲学理论时情况就不同了。叔本华并不是只想表现他在生活中发现的虚无感，而是试图证明生命即为虚无，不论谁在其中发现什么有意义的东西都只是自欺。他给出了理由，这些理由不像感情，它们可以被考察，倘若错误则可以被反驳。这种辩驳并不一定能改变悲观主义者的个人心情，但可以摧毁他的理论的确实性。我打算献给读者的就是这样一种考察。如果我没弄错它的价值的话，我相信这种考察将展示哲学的悲观主义不是一种被证明了的理论，它的命题不具有普遍的确实性，它只是个人感情的表达，因而仅仅在主观上是真实的。[①]

我们可以把证明悲观主义的企图分为两类：**感官享受的悲观主义**和**道德的悲观主义**。前者是指那种努力展示生命带来的痛苦
比快乐要多，因而断定生命是毫无价值的观点；后者则是从客观上 289
和道德上考虑，补充说生命毫无价值可言，因而生命不仅确实是不幸的，而且只配是不幸的。我还要述及第三种形式：来自**历史哲学**的悲观主义论据，它试图展示随着生命的发展，尤其是文明的进步，痛苦和不道德也增加了。

2. 快乐方面的悲观主义论点

快乐主义的论点争辩说人生的痛苦远比快乐要大得多。显

① 有关哲学的悲观主义，见叔本华，《作为意志和表象的世界》，第 1 卷，第 4 部，第 2 卷，第 4 部附录；《附录与补遗》第 11、12、14 章；梅兰德（Mainländer），《救赎哲学》（*Die Philosophie der Erlösung*）；哈特曼（Hartmann），《无意识的哲学》（*Die Philosophie des Unbewussten*）；《历史与悲观主义基础》（*Zur Geschichte und Begründung des Pessimismus*）等。——英译者

然，根据这一命题的性质，这一断言只能通过**统计**来证明。最近的一些悲观主义者作家常常用到一个短语——**对快乐的衡量**，这个短语似乎暗示着能够在实际上做出这种证明，并且衡量的结果是反对生命的价值的。“衡量”这一术语取自商业语言，商人在他的总账中计算借方和贷方的款数，并结算损益。从这个短语来看，悲观主义哲学家想采用同样的方法，可以说，他在**快乐**和**痛苦**的名下记了两笔账，来反映生命给予的各自的量，然后某一天他清理账簿，发现痛苦一栏的总数超过快乐一栏的总数。

我不知道是否有人真的这样尝试过，至少我没有在我熟悉的哲学悲观主义者的作品中发现过任何这种东西。而且，我也看不到有什么办法能提供一个有说服力的论据，证明这件事是**可能做到**的，哪怕是对一个人的一天做出这种统计。想象一下根据这个计划对一个普通人的日常的一天所做的统计吧！我们可能有如下的一笔账：A. 快乐方面的收入：1. 睡得很好——多少分；2. 享受早餐——多少分；3. 读了一本好书的一章——……；4. 收到一封朋友
290 的信——……；等等。B. 痛苦：1. 从报纸上读到一个令人不愉快的故事——多少分；2. 被一个邻居的钢琴打扰——……；3. 接待一个令人讨厌的客人——……；4. 喝了烧煳了的汤——……；等等，哲学家被要求在适当的地方记下各种数目。

你说，这不是一个荒唐的孩子气的要求吗？我完全同意这是一件荒唐的事情，但这个要求本身并不荒唐。因为如果对快乐和痛苦的数量做出一种统计学的估计是完全不可能的，那怎么可能证明痛苦超过快乐这一断言呢？如果分别确定每个条目的一定价值是不可能的，那怎么能比较总数的价值呢？如果我们甚至绝对

不能处理这种简单的情况，比方说，甚至不能说一顿好的早餐给予的快乐的量要比烧糊了的饭引起的痛苦的量要大，那么我们在较复杂的情况中怎么能做出一个哪怕是最模糊的推测呢？如果我们不能计算一天的结果，怎么敢做出有关一生的结果的断言呢？如果我们不能计算一个人的苦乐，又怎么能计算全人类的苦乐呢？

梅尔在他的小说《四个德国人》中写到两个年轻人的历史，他们在同样的条件下一起长大，对生活抱有同样的看法和要求，他们一起学习，友好相处，观点根本上是一致的。在他们学院生活结束的时候，他们本性中的差别开始显露出来。其中一个进了政府机关，成为一个勤勉能干的官员，不久就放弃了他认为会引起上流社会反对的那些观念；他开始飞快地上升，进入了内阁，成了首相的女婿，最后自己成为首相。他的朋友的性格则较为内向深沉；他所经历的是一种学院的生涯，成为一个私人讲师和作家，他只关注自己的信念，拒绝在考察之前接受流行观点的

支配。他变得不受欢迎，正统思想家开始对他摇头。他的影响 291
衰微，写的书没有人读。这是很自然的，因为他是为自己写作的。在三十到三十五岁的年纪，他还在贫困中生活。他的父亲为之焦急，他的母亲为之悲哀。然后 1848 年来到了，两个年轻人的地位处在一个新的环境之中——那些我们就不多谈了。现在我们怎么对这两个人到此为止的生活进行快乐的衡量呢？我相信这两个人的情况并不是特别复杂的，但谁敢断定哪个人的生活产生了较大的幸福呢？谁能在前一个人的生活中，衡量出随着野心的满足而产生的快乐，与伴随着晋升的畏惧和渴望的痛苦以及由得到一些无益的物品所生的失望之间的比率呢？在

另一个人的生活中，谁又能在这个思想家的安静的欢乐和外在的失败及被轻蔑所引起的痛苦之间进行计算呢？

因此，悲观主义者甚至从来没有试过去证明他们的断言，而这本来正是这一断言的性质所要求的。他们只给我们提供一些一般的说法来代替它。我们且来听听。首先我们听到这一古老说法：快乐归根结底不是别的，而只是**免除痛苦**，它总是不变地在一个欲望被满足时，在一场疾病被医好或一种恐惧被消除时出现。所以，快乐的特征是否定性的，而只有痛苦才是肯定性的；在我们想像的总账中快乐一栏实际上是个零，只有痛苦的量在随着时间的流动而出现差别。好，如果事实真的如此，如果我们真的把快乐仅仅看作是免除痛苦，那不是至少要改变快乐和痛苦一样都是肯定性的感情这一事实吗？你不是说感情是最后的和绝对的法官吗？那么

292 坚持快乐**只是**免除痛苦不是显得荒谬吗？我们所能说的只是：它**仅仅**在以一个痛苦的欲望为先导时才**出现**。然而，这一说法显然是错误的。食欲是痛苦吗？我们不是宁可说它是一种对快乐的期望吗？健康人不就是如此感觉它的吗？孩子热切地看着他的妈妈烤馅饼时，他经验到痛苦吗？这痛苦只是到他吃过饼之后才平息吗？在他从一次熟睡中醒来之后，他不久就经验到痛苦的沉闷吗？他只有在这种痛苦迫使他玩过之后，才摆脱掉这种感情吗？没有人会相信这种事情，除非他无视事实，除了注意他的体系的命题之外不看任何东西。此外，这一观点的错误还可以用另一种方式揭示。如果快乐就是免除欲望的痛苦，那就必定是欲望越大，快乐也越大。但情况绝非总是如此。相反，有最强烈欲望的个人在实现欲望之后却经验到最小的快乐，而当耐心等待的人们得到他们未

曾要求或希冀的快乐时，却享受到最纯粹和最强烈的欢乐。我们在孩子中看到这一点，我相信这种情况是经常发生的：欲望越大，满足这欲望带来的快乐却越少。

叔本华参照**意志的性质**来证明悲观主义。他认为意志本身是无理智的、**无目的的努力**，它从根本上说不是由一个目标的观念推动的，而是表现为一个盲目的生存意志。因此，他认为没有什么东西能给意志以确定的满足或善。这就决定了感情的性质，痛苦、悲哀、失望和乏味是不可避免的结果。由需求引起的痛苦迫使意志行动，如果它没有实现自己的目的，痛苦就变成折磨；如果它实现了自己的目的，解脱暂时被感觉为快乐，但这快乐很快就消失了，占有——它在没被达到时曾应许过持久的满足——却很快就引不起快乐的感情，因此所有快乐的结局都是失望。如果意志想努力结束这种不安的努力，沉闷乏味又很快地刺激意志去宁可要悲惨和折磨而不要安宁。意志就不断地在这些感情之间摇来摆去。因此，我们可以把生命比之为一条穿行在两排荆棘篱笆间的羊肠小 293 径，这条小径是如此狭窄，当漫游者试图避开这边的荆棘时，他就不可避免地要被另一边的荆棘刺伤。

公正的人们将把这个观点视作极端片面的。也许任何生命都不可能绝对免除受苦和沉闷，但有许多生命在一段时间里却几乎完全没有这些感情。荆棘篱笆间的小径并非狭窄到使任何人通过时都要受到严重损害，而只是使那些非常笨拙的人这样。一个健全的儿童，若在健康纯朴的环境中被抚养，当他离开父母时，他并没尝过多少苦恼和沉闷的滋味。如果生活的条件继续保持良好，他可能还有好些年经验不到那种大的苦恼。农民并非要等到匮乏

逼迫他时才去工作。白天他为他干完的工作感到欢乐，晚上他享受他的休息；要使他相信前者是痛苦，后者是沉闷是徒劳的。这种工作和假日、春天和秋天来而复去，日复一日，年复一年，没有大的烦恼，也没给沉闷留下很多机会。当然，有些伤心事会来临，但我们也发现这些伤心事转变成了幸事。因此我们也许可以在这样一个生命终结时，以稍微修正的方式引用赞美诗作者的话说：人的天年是七十岁，如果它被延长到八十岁，即便使其延长的力量是劳作和悲哀，它还是甜蜜的——这样的生命只是一个孤立的例外吗？由于我们对幸福的或不幸福的生命、成功和失败不可能有任何统计，所以我现在准备以相信一个悲观主义哲学家的雄辩的同样程

294 度来相信一个普通人的判断。这个人可能要作出如下的争辩：如果一个可敬和健全的生命不是一个例外，那么一个幸福的生命也不是一个孤立的例外。悲观主义哲学家描述的意志不是一个健全人的意志，而是一个易怒和纵容坏了的孩子的意志，这样一个意志或许会经验到悲观主义者描述过的事情。

但叔本华回答道：也许有些生命能相当成功地避免冲突，可是这能改变生命从总体上是一个**空洞的、无目的的努力**的事实吗？他相信，我们可以把生命比之为一个失事船上的船员所作的抗争，这个船员一时间拼全力想逃脱灭顶之灾，但最终还是要被波浪吞没。生命就是一场同死亡的无休止的战斗，我们一天一天地在接近这死亡。这种徒劳的抗争的无望性，由于我们本性的残忍的嘲弄更为加剧了。这本性总是以不断的允诺欺哄我们：“明天将会有一个较好的变化！”不幸的小学生叹息：如果我是个大人该多好啊！在压制下心力交瘁的青年说：如果我的考

试和学徒生涯挨过去了，有了一个独立的地位和命运该多好啊！贫困交加的人喊道：如果我是一个百万富翁或一个枢密顾问官，我会怎样地享受生活的快乐啊！即使所有这些希望最后都被实现，满足还是不会到来。幻想继续滋生，直到暮年，死亡把那最后的一批幻想带入坟墓。而在这之前，新的循环也早就在儿孙中产生。在此生存意志不是同我们玩了一个可悲的戏法吗？古希腊神话中描述的那些无休止的折磨——西西弗斯的巨石、达那伊德斯的大桶、伊克西翁的车轮——就代表着生命。不幸的生活不是例外，而是所有有死者生活的常规，他们每天都经验到那种层出不穷、花样翻新的绝对无聊。

的确，生存意志在它决不能达到一种绝对满足的状态的意义上是无目的的；他确实每天都期待着翌日带来今天没有带来的东西；死亡也真的终将来临，生命并不产生一种绝对持久的可以永远占有和享受或留给他人的善，以此来作为对它的苦恼的回报。但这是否就证明了生命的无价值呢？在我看来，有一个错误悄悄溜进了这一论证：生命在此被理解为一种有一个外在目的的功能，而不是以自身为目的，而这是一个不恰当的概念。人们习惯上把生命比之为一次旅行，当预定的目的没有达到时就把这次旅行看作无意义的，就怀着不满回首那无效的奔忙。但是生命真的类似于这种办差事的旅行吗？我想不是这样，生命并不像这种旅行有一个外在的目的，而自己只是这目的的手段。不，生命不是一个手段，而是自身即为目的，我们更有权利把它比之为一次快乐的漫游。我们可以说，它也是无目的的，不给予任何永久的获得。我们也可以说在这过程中我们决不满足，不会愿意永远逗留在一个地

方。欲望总是走在旅行者的前头，在远方放置一个目标，当达到这一目标时，新的欲望又产生了。甚至在出发之前旅行者就想到了遥远的顶峰，当他向山上攀登时，一边大汗淋漓地喘着气，一边热切地往目标的方向眺望，并时常错把许多突出的山脊当作顶峰。当他的欲望诱使他走向那许诺着休息、恢复和确实的满足的客栈时，他还没有达到他的目的地呢。旅行者疲惫不堪、步履维艰地终于来到了他的房间，他刚享受了一会儿早就盼望着的休息，马上又开始计划起明天来。就这样一天天过去，直到他回到他的家里，在他自己的屋顶下休息自己疲倦的四肢。那么，这整个旅行只是一
296 种不断的折磨吗？我们的旅行者要发誓不再进行这种愚蠢的事情吗？不，他确曾度过了一些美好的时刻，他快乐地回忆他的旅行的每一阶段，特别是最危险和最困难的阶段，并欣赏着为明年的另一次旅行做出计划的快乐。

反对生命价值的论据并不比反对这种快乐旅行的论据多证明什么东西。尽管它是无目的的，尽管它有幻想和失望、痛苦和费力，尽管最后我们绝达不到一个我们可以永久居住的逗留地，但从总体上说它还是一件令人快乐的事情。只要它在工作和娱乐中充满行动和变化、充满对自我和他人的关心，心灵就要欢乐地回忆过去，陶醉在对那些贯穿于行程中的危险、暴烈、艰巨和困难时刻的特殊满足之中。意志在达到这一点时就实现了它致力的目标：一种包括了生命的各种经验的光荣的人生。

老人们喜欢讲述他们过去生活中发生的事件，或是口述给他们的朋友，或是撰写自传告诉整个世界。如果生活只是西西弗斯式的劳作，他们会有这样做的兴趣吗？他们显然是以不同的方式

看待它的，是把生命看作一场有趣的戏剧，也许是一场有声有色、激动着演员和观众的戏剧。它尽管有苦恼和冲突，有幸福和危机，最后还是达到一个平静的结束。激动过去之后，剧中的演员较从容地呼吸着，他现在作为一个观众在他心里复述该剧的内容。他愿意重新扮演这个角色吗？叔本华相信，假如我们去问坟墓中的死者他们是否愿意复活，他们会拒绝的。也许他说得对，谁愿在看过一场戏后，马上接着再看一次同一出戏呢？但这却不能证明这
场戏剧是无价值的。在刚回到家之后，我们甚至不愿重复那最快 297
乐的一次旅行。此外，老人们不是常表达他们想再成为青年的愿望吗？壮年人不再想成为青年；青年人不再想成为少年；少年人不再想成为儿童，但有许多老人却希望再变成青年。那不是因为他们已享受过他们的休息，现在又有勇气开始新的旅行吗？

因此，我不相信悲观主义哲学家已经证明了生命带来的痛苦总是多于快乐，带来的失望总是多于满足；宣称生命无价值的只是他们感情的主观证据。

3．道德方面的悲观主义论点

道德的悲观主义声言生命既是不幸的，又是不道德的；客观地考虑，生命绝对缺少能够使人觉得活下去值得的东西。德性和智慧只是例外，邪恶和愚蠢却是常规。叔本华不倦地用这种语调责骂人类。他喜欢说，自然大批地生产人，就像生产没什么用的工业品，然后又按照批发生产的原则，把他们作为便宜的劣品大批地投出。恶意和无知是普通人的两个特性。在群众中平庸更为突出；

很多人都是贫病交加的可怜虫，他们没有较高的精神欲望，而只打算把他们可悲的存在辛辛苦苦地维持到终局。他们唯一的目的就是获得食物，也许他们繁衍子孙也是为了同样不幸的命运。他们匍匐在污泥中生活，一旦他们死去，他们存在的足迹即被擦去。他们心中还抱有一种混杂的恶意，他们嫉妒和憎恨那些在精神和身体的天赋方面、在财产和地位方面超过他们的人。警察必须以很
298 大的努力才能防止他们互相攻击。就像野兽必须放在笼子里隔开一样，人也必须以刑法和恐惧建造的栅笼才能使他们相互安全。但一旦有个机会使欺骗一个可怜的同类或损害一个被嫉妒者可以不受惩罚，这个机会马上就被抓住了。甚至他们的所谓德性若加以正确观察，也是以同样的材料构成的。他们因无聊而社交、因自爱而同情、因畏惧而忠诚、因迷信而仁慈、因怯懦而热爱和平。有少数人，他们的恶意胜过他们的无知；由于较高的理智通常和一个较强的意志联系在一起，所以法律总是无力防止他们像捕猎的野兽一样攻击其他人。大多数人则像羊一样，怯懦、偏狭、冥顽不灵；少数人则像狼和狐狸，凶残和狡猾。智慧和美德是很稀少的东西；自然在一个世纪里也仅仅造就那么两三个天才，圣徒是同样稀少的，在历史上相隔很远。

这样，叔本华这位人类的轻侮者和责骂者就以热烈的雄辩，描述了人的道德和理智上的弱点。他不是持有这种意见的唯一的一个人。自从古希腊贤人宣称“大多数人是无价值的”以来，这一观点就不断被重复。霍布斯对人抱同样的看法，拉·罗什富科在他的《道德箴言录》中给了我们一种哲学的恶语中伤的手册，以不断变化的句子宣称自私和虚荣是人性的真正动因。康德对人也没有

很高的评价。

这些观点正确吗？它们的真实性能够证明吗？在我看来，这
从根本上说也只能靠统计才能做到。说恶人比善人多、傻瓜比聪
明人多的断言只能通过人口普查才能证明。我们只是提出这样一
个要求，因为我们看到这实际是不可能做到的。虽然可以进行人
口普查，但像“坏的”、“聪明的”、“愚蠢的”这样一些栏目绝不会在
普查表中出现。我们可以计量年龄、身高、财产，而对于道德和理 299
智的性质却无法衡量。因此每个关于人的平均价值的判断都纯粹
是个人的和直观的，它依赖于判断者的个人经验及他对人采用的
标准。判断只是在下面这种条件下才有权说自己具有一定的普遍
性，这条件就是：它能证明调查者的要求是正常的，并且他拥有如
此良好的观察手段以致能使他的个人经验具有某种平均数的价
值。那些断言人类的绝大多数是无价值的人是否满足了这些条
件呢？

我们可以把那些人性的谴责者分为两组，一组通常是那些朝臣和世俗者，另一组是一些哲学的隐士。

我们习惯说住在宫廷里的人具有一种对世界和人性的知识。但宫廷生活真是研究人性的合适地方吗？在宫廷中我们熟悉的是住在宫廷里的人们，这些人的生活是正常的吗？我们能期待从他们那儿看到人的正常行为吗？在我看来这是很可怀疑的。拉·罗什富科是在路易十四的宫廷中做出他的观察的。也许，没有什么环境比凡尔赛宫更适合滋养空虚和自私的了。可以读读泰纳的描述。法兰西的整个贵族阶层都集中到这座宫里，不是为了工作，而是为了仅仅通过他们的存在来反映君主的豪华壮观的气派。他们

全部的生活都用来表现懒惰，没有人独自待在家里，大家都不断地招摇过市、惹人注目。朝臣也多半是通过恩俸和馈赠的形式搜罗到宫中；他们的所得简直跟劳动者倒进国库的一样多；他们每个人
300 的日常事务就是靠这些别人的血汗钱寻欢作乐。在这种条件下，各种人类的恶行、无聊和恶意泛滥成灾是不足为奇的。据说弗雷德里克一世曾对舒尔茨说，说他（舒尔茨）不懂得他们属于一个该受天谴的氏族。这不是一个偶尔的评论，不是一时的愤激之谈，而是揭示了他对自己老年惯常接触的那种人的轻蔑。弗雷德里克一世具有一种对人性的知识吗？他无疑有的，但这是对他那时接触的那种人的知识，是对那些聚集在他宫廷中的人：那些哄骗他和互相哄骗的外交官们；那些乞讨赞赏和支持并相互嫉妒的文人学士们；那些奴颜婢膝、低三下四相互竞争最好职位的求官职者的知识。对这群人，明眼人一眼就能看穿他们的意图。在他身边无疑也有一些好人，有一些高尚正派的官员，但其他人尽了最大的努力来吸引他的注意。他的臣民的绝大多数则正在安静地耕作田野或者修鞋补衣。他没看见他们，他们仅仅在人口普查表上通过数字出现。

哲学家素有了解人们、至少是了解一般人类的名声。但叔本华、康德或霍布斯是否有良好的机会研究人性呢？我很怀疑。他们的观察点在好几个方面是不正常的。尤其是他们都缺乏那种人与人性的最重要关系得以在其中发展的环境：他们都没有建立家庭。他们被他们不信任的生人包围着，作为一个孤单凄凉的老单身汉进入他们寂寞无助的晚年。施韦特兰夫人说得对：“他正是没

有幸福。”①我们不能不怀着深深的怜悯读着那些记述：康德晚年对家务事的焦虑，对他仆人的烦恼；叔本华为防窃贼而隐藏钱财的煞费苦心，以及他对享受不到适当的饭间谈话的绝望。这些人不仅需要有人来关心他们，而且更需要自己去关心别人。人依恋于 301
他所关心和热爱的那些人，甚至要甚于他对那些关心和热爱他的人的依恋。那么，当这些人的个人联系处于如此令人不满意的状态时，他们对一般的人类不抱有同情你会觉得奇怪吗？一个人信任和热爱人类是需要依赖一些经验的。如果我们中有什么人失去了五个或十个与他十分亲近的人，他就会感到自己在世界上是一个陌生人；倘若这五个或十个人欺骗了他，他可能会变成一个与人类作对的人。我们也须记住，这些悲观主义者都是作家和学者，他们对人性的知识是从这个作家和学者的圈子里获得的。但是，有什么地方能比这个环境更容易使我们发现空虚和武断、奉承和认识别人价值的无能呢？我也相信，如果叔本华较少注意那些写书撰稿的文人，多注意那些从事实际人生工作的普通人，他可能不会对人的理智形成如此低的评价。

现在让我们听听健康、无偏见的人们的意见，听听我们民族一些真正的人的意见吧。先看歌德，他的性格是健全和丰富的，很少有人像他那样通过一种与德意志民族生活的直接的个人接触，得到对这种生活的深刻而宽广的知识。我们确实可以说，德意志民族的生活几乎没有哪一个方面对他是完全陌生的。他还拥有一种非凡的知觉力，拥有一种能非常有力地描述他的印象的幸运的才

① 歌德：《浮士德》。

能。他的书信和自传作品使我们熟谙他所生活的世界。我们被引导到他小时的家庭，他青年时在法兰克福的环境，然后又来到莱比
302 锡、斯特拉斯堡、塞森海姆、韦茨拉尔和魏玛的生活圈。他遇见了一些什么样的人呢？我们在这些人中发现了让人喜欢和讨嫌的性格。他们中大多数人并不为他们的道德烦恼，他们像人类通常生活的那样活着，按他们的本性行事，他们中很少人跟道德悲观主义者的描述相似。当然，我们也不时看到一些堕落和恶意，但更经常的是面对一些自然、友善、诚实和聪颖的人们。歌德的那些使他的人性观化为典型的诗作也给我们同样的印象。在他描写德国的日常生活的作品《葛茨》、《哀格蒙特》、《赫尔曼与窦绿苔》中，我们到处可以发现生气勃勃、精力充沛和安详、欢乐、满足的人物形象，虽然也不缺少猥琐、娇弱、欺诈和狂暴的性格，但归根结底，他们只是作为前者的陪衬而存在。

是歌德不熟悉生活的另一方面吗？他没有看到不断引起叔本华激愤的东西吗？不是这样的。歌德在他的《讽刺短诗》和《诗歌和散文体箴言》中有一些对他的文字同行的报道，他说了许多尖刻的话来反对空虚和无聊，反对器量狭小和卑鄙。从歌德的作品中收集一些段落来形成一本完整的悲观主义问答手册并不困难，甚至通过靡菲斯特一个形象就可以做到！但所有这些并不阻止他仍然热爱和信任人类。

如果我们现在还不满足这一证人提供的证据，让我们转向格雷米阿斯、歌特尔夫和他关于瑞士农民生活的迷人故事，或者是弗利茨·路特的无可比拟的杰作《河流》吧。在此，我们会碰到那种卑鄙的恶棍，无所事事的懒汉，白白毁掉自己的傻瓜；但是我们也

接触到那些谦虚、安详、富有成效的劳动者，那种粗犷的忠诚、健全的常识和对所有美好事物的深深热爱，以及那些为他人利益的积 303
极献身和对无聊虚伪的坚决反对。我们会感到这后一种德性决不是微少的，善良的人们决不会在绝望中放弃斗争，而是在抵抗中联合起来做出一种勇敢和成功的尝试。或者我们还可以看看路德维希·利希特的笔所描绘的人类世界，同时不要错过读这位优秀的人的《自传》，它是所有自传中最迷人的。

这些人是自欺欺人的乐观主义者吗？我相信不是这样的。我相信有德性和健康的人在世界上决不是少数。从外面或在群众中观察人，得到的印象往往不会太佳。观察者当看到人们在火车上和大都市的街道上、在招待会和剧院里、在公共集会和各种会议上熙熙攘攘地相互推挤时，当他注意到他们的当面奉承和背后中伤、自高自大和嫉妒别人时，不会对这群人留下好的印象。但当我们跟着其中某一个人进入小的家园、进入他的家庭、他的工作场所时，我们常常发现一个相当不同的人，发现一个聪明的工人，一个明智的经理，一个慈爱的父亲。甚至大叫大嚷、咄咄逼人的党派领袖在此也会安静谦虚地同你谈话，他在群众集会的讲演中用的高亢声调几乎不再出现，他能够倾听、慎思和细问——那些在公共场合看到他的能量的人真不会想到他还能这样。我相信我们越是深入和接近个人的真实生活，我们越是能发现那些可以被人们欣赏和热爱、至少是可以被人们理解和原谅的东西，这是个常规。歌德也是这样做的。然而，叔本华却仅仅从远处和在群众中观察人，就像《浮士德》中的瓦格纳一样，他听到远处群众的吵嚷就厌恶地背过脸去。

304 当然，也有一些诗人是以不同的方式看待事物的。拜伦、萨克雷，以及最近法国和北欧的许多诗人看来相信：我们越接近生活，我们对它看得越清楚，那种完善和美丽的幻象就消失得越多。那种壮丽和欢乐、亲切和热诚的景象只是生活的面具，在这个面具之后我们就将直视到生活的悲惨和残忍。谁会否认常有这种情况呢？但是，下述情况不也是真实的吗：即这一描述总是适用于那些生活的主要内容是在公开场合出现的职业圈子：不论那是政治家还是演员、艺术家还是社团成员、推销员还是作家。人们一直说政治毁坏了德性。我相信我们必须说所有具备公开表演性质的生活都有一种毁坏德性的倾向。好卖弄和不真诚几乎是与公开性分不开的。但这些特别吸引公众注意的人实际上并不构成一个民族的本质；一个仅仅由这种演员构成的民族是生存不了的。

这种对戏剧性效果的渴望是我们时代的一个特殊产物么？看来是这样的，但又有哪个时代完全没有这种渴望呢？什么时候又缺少过把揭露表面的美好景象后面的人生丑恶作为自己主要任务的人呢？然而，看来却没有哪个时代像我们这个时代一样把这种揭露当作一件快意的事。往人类身上泼污水、暴露我们本性中丑的一面，竟成了当代最流行的一件文字工作；在诗歌和散文中展示谎言和粗野成了一种时尚。这是一个可喜的信号吗，它意味着公众的心正转向真理吗？我坦白承认，我不完全相信这一点。除了对真理的渴望外，在我们身上还有另一种可以从这些事情中得到满足的冲动，这就是好听丑闻和流言蜚语的渴望。所以我很怀疑是否能把那个自称为现实主义的新艺术流派作为一个健康的运动

305 来欢迎它。确实，谎言是不好的，我们不应当闭眼不看现实。无

疑，存在着教养所和医院，另外还有疯人院，也许不是所有应去那儿的人都在那里面，有些还在社会上活动。但是，这并不像悲观主义学者通过为我们人性的研究细心挑选材料而试图使我们相信的那样：大多数人都应当去那些地方。这一说法到目前为止绝不能被看作是已经证明了的。也许甚至那些实际上应当在那些地方的人也不喜欢人们参观他们。我们不能劝每一个人都去参观那些隔开的房间。乔治·艾略特在一个地方说得很好："我们的灵魂是粗糙和阴暗的，但只要迅速地瞥到一眼完美和真实，就足以使我们意识到我们的责任是注意上天神圣的光而互相帮助，而不是互相探询对方的眼睛以发现其中的瑕疵。"奥古斯特·弗兰克同样也说到了一个很有价值的真理："我们可以尽情赞美上帝的创作，但我们必须很小心地谈到魔鬼的创作，因为人心中包含有很容易燃成烈火的邪恶的火星。"

此外，我们若顺从悲观主义的思想，也许还要带来某种危险。当然，这要预先说明我们并不像叔本华所想的目的是要毁除生存意志。不对生命期待太多无疑是聪明的，因此我们要好好地使自己熟悉这样的思想：不是我们的所有希望都能够得到满足，不是每个人都可以信赖。这样我们就可防止失望。但另一方面，死死地盯住生命和人性的阴暗面也会帮助造成一种对人类的习惯性轻蔑和对生命的厌恶，甚至在情况不是如此时也这样做。悲观主义的思想对一个生气勃勃的和健全的性格影响很小，但有的人的气质就是悲观主义的，他会由于沉溺在这些事情里太久，借助悲观主义 306
的思想发展出一种不正常的心理状态。假如一个人不停地观察天气，看天气是否对他太热或太冷、太湿或太干，他很快就会发现一

年中没有几天是适合他散步的。同样,假如一个人听从叔本华的劝告,像一个厌世者一样仔细地往自己心上堆积所有同人接触的不愉快经验,一天一天地考虑它们,他肯定最后会走到把所有人都看作恶棍、畸形或“自然的劣品”这一步,从而把自己也搞得很悲惨。如果你不愿意这样,比较聪明的办法就是要沉思生活中的光明面,寻求能提高你对人类的评价或至少使你原谅他们的东西。叔本华劝告我们要不断地观察人们的卑鄙,用此作为一种培养我们对人类的厌恶的手段。但也许下面的劝告倒要健全些:不要期望人们不要求某种回报就服务于你,但是当你发现一个例外时却要感到欢乐;坚信不仅有一些只要不受罚就会欺骗自己同胞的人,而且有一些无需听到请求就乐意帮助别人的人;也不要指望别人的感恩,而是只要看到一个人快乐真诚地接受你的帮助,看到他眼睛里表现出对礼物和给予这礼物者的赞赏就很欢喜;要坚信上面这样一些人还会继续存在下去,尽管悲观主义和夸下海口的社会民主主义不信。我想,引起这种情感应是诗歌的功能之一;确实,它应当真实地描写人们,而不是描写不真实的幻影。有些故作多情的小说中的甜腻腻的形象把我们对真实的趣味给败坏了,引起了道德上的消化不良而完全搞坏了胃口。我们的时代看来正在为此苦恼。在奥尔巴赫和弗莱塔克的小说的时代,我们对有德性的
307 资产者和教授们的空虚无聊奉承得太多了;而在社会主义的社会批评影响下,我们现在正经历着一个相反的过程。当然,我们会复原的,那时艺术将重新认识到它的使命是描写健康、积极和生气勃勃的生活,而卑鄙与虚伪只是用来作为陪衬。一首为丑恶而描写和思考丑恶的诗必须被看作是一种病态现象,只能成为使疾病蔓

延的手段。[①]

但现在还是让我们回到原来的题目。照我们说过的观点看来，悲观主义并无权利称自己是一个科学地证明了的理论。它归根结底只不过是一种以普遍判断形式出现的个人对生活和人类经验的表露。生命是无价值的这一结论，若还原为最简单的话，它只意味着：生命没有给予我期望的东西。人是无价值的这一命题也只意味着：人们对待我不好；我没有从他们那里得到快乐，也不关心他们的幸福。我们一般都倾向于以普遍命题的形式表现我们的个人经验。某一个人在他的生活中遇见过三个英国人，他不喜欢他们；他总是说：英国人是粗野、狂热的人。

还有一个事实怂恿人们对生命和人类的丑恶面构成普遍的命题。在人的思想中有一种具有平息和安慰作用的东西。当一个人被他的妻子欺骗时，他宣称女人没一个好的。当一个作家被公众忽视时，他说群众决不能辨别好坏。如果告诉自己：我们所受的苦 308
是一个例外，可以说违背了常规，那就会加剧我们的痛苦，而想到这是一个普遍的命运却会缓解我们的悲哀。叔本华为他遭受的所有痛苦，为那些由妇女和男人、街头流浪汉和大学教授引起的痛苦构造了一个理论。他的悲观主义是他的各种特殊见解的理论综合，它无疑有助于他忍受悲哀。悲观主义是治疗他那种来自气质

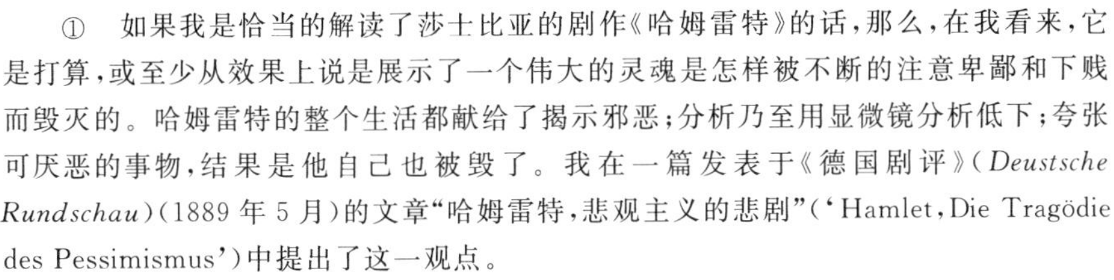

① 如果我是恰当的解读了莎士比亚的剧作《哈姆雷特》的话，那么，在我看来，它是打算，或至少从效果上说是展示了一个伟大的灵魂是怎样被不断的注意卑鄙和下贱而毁灭的。哈姆雷特的整个生活都献给了揭示邪恶；分析乃至用显微镜分析低下；夸张可厌恶的事物，结果是他自己也被毁了。我在一篇发表于《德国剧评》(*Deustsche Rundschau*)(1889年5月)的文章“哈姆雷特，悲观主义的悲剧”(‘Hamlet，Die Tragödie des Pessimismus’)中提出了这一观点。

上的弱点的长期恶劣情绪的常备药，这一药物不能消除疾病，而只是像鸦片一样缓和他的痛苦。谁不偶尔用一下这种药物呢？它还有另一种性质：能够安慰良心。可以说，普遍的命题宣告自我无罪。假如只我一个人有这种困苦，假如只我一个人不能跟别人友好相处，那就难以否认不是别人而正是我有错。然而，如果每个人都有同样的经验，那么它们就是完全自然的了，我也就不应受责备了。而且，我想最坚决的个人主义者通常对个人主义也抱怨得最多。他谴责别人是个人主义，因为别人拒绝满足他的私欲。

4. 快乐方面的历史哲学的悲观主义论点

历史哲学的悲观主义旨在展示随着文明的进步，人类变得越来越不幸，越来越坏。叔本华代表快乐方面的历史哲学的悲观主义，卢梭代表道德方面的历史哲学的悲观主义。前者喜欢告诉我
309 们文明倾向于增加痛苦，后者则强调文明倾向于毁灭道德。

值得注意的是历史悲观主义的观点在某种程度上可以得到常识的支持。自从基督教出现后就流行于欧洲的历史生活的观念，遵循犹太人的神话，把完美放在事物的开端。人类最初是被分派在天堂，处在天真快乐的状态之中的。人的堕落实际上也就是历史的开始，而历史奔向的终点就是最后审判日。罪恶、腐败、悲惨要不断地增加直至在反基督的国度中达到顶点，然后就是世界的终局。希腊人也很接近这种历史观。赫西俄德在他对世界各个时代的描述上表现了同样的观念。他认为开始是黄金时代，末尾是铁器时代。诗人并抱怨自己生不逢时，被判到后一时代生活。也

许这种观念可以从心理学得到解释。老年人的性情是对过去抱乐观态度。老年人一般都不能与当代保持密切联系，他无力成就什么，并且不是从自己身上，而是从时代那里寻找原因。在他看来，时代变得越来越坏了，而过去则连同他青年的记忆放着光彩。老年人是历史回忆录的承担者，青年人从这些回忆录中汲取过去的智慧，同时也被教导以老年人的观点看待过去。赞颂的倾向本来就是青年人特有的，而相信伟大和光荣正在下降更加速了这一对过去的赞颂。最后，把历史作为道德宣教的工具的倾向也产生同样的效果。无论谁为了这个或那个理由不满意于现在，都爱用一幅较好的过去的图画来贬低现在。

随着历史研究的兴起，那种通过传说围绕在历史开端的灿烂光辉消失了。近代科学的调查研究开始揭示出一个真正的过去，310
结果是我们的历史观发生了一个完全的转变。十七世纪的领袖们把黄金时代从过去移到了将来。十八世纪更使这个新观点系统化，把历史理解为一种从贫乏的开端到光辉灿烂的完美状态的稳步前进过程，并认定这一状态将在启蒙时期实现。

卢梭开创了对这一乐观的历史观的一种反对运动。浪漫主义创造了一个聪明完善的原始种族的概念，这种概念也在谢林的哲学中缠绕不已。叔本华在其历史哲学中同样继承了浪漫主义的真正传统，他完全无视历史中有一种较好的变化，而倾向于否定历史中有任何逻辑的东西，认为只是名称和风俗变了，内容和实质还是永远保持不变。只是在一个方面叔本华发现了发展的明确无误的证据——痛苦确实增加了。野兽是最幸福或者至少是最少不幸的动物，而知识的增加对人却意味着悲哀的增加。

叔本华这一观点的理由可以概括如下：(1)一个动物随着它的本性的复杂性的增加，它变得对痛苦越来越敏感。文明的每一步意味着需求及其实现它们的必要手段的复杂化、多重化，因此，随着文明的进步，欲望、悲惨、失望都增加了。(2)理智发展了，人得到一种对将来的洞察力。动物总是生活在现在，它只感到一时的痛苦。如果生活的条件变得太坏，它会实际上还没有真正经验到它未曾预见的死亡就死了。而人则看到将来临的不幸，他预见到暮年和死亡，恐惧和焦虑于是就加到痛苦之上，它们甚至比痛苦本身还要厉害地折磨人。确实，对死亡的畏惧可以导致自杀。(3)人
311 的人格可以说是双重的，在他真实的自我之外还有一个理想的自我。这一理想的自我的脆弱性、对痛苦的敏感性决不亚于真实的自我。失败的野心、受伤的骄傲、无望的爱情是痛苦的折磨不可竭尽的源泉；诽谤和侮辱要比身体的受创还要更深地伤害我们。这种脆弱性也同样随着文明的进步而增加，文明程度越高，社会发展得越复杂，人们就越是变得相互依赖。一个人的社会地位越高，他也愈加容易受到他人的批评。在这方面农民的生活不用操多少心，而在政治家与作家的生活中却降临了多少这方面的不幸！(4)人的生命还扩展到另一个方面，使他的脆弱性也增加了。同情的感情发展了，他现在像感到自己的悲哀一样同时感觉到别人的悲哀。动物不受它的同伴的痛苦及死亡的影响，但甚至最鲁钝的人对他周围的人也有一种同情。他因他所爱的人们的痛苦及死亡而悲痛，他要死许多次。最好的人受苦也最大，因为除了他们自己的特殊悲哀之外，他们还感受着普遍的悲哀；我们几乎不能不沿着忧郁的轨迹来想象那些善良和伟大的人们。这些陈述并不是不真

实的，但它们是片面的。敏感性不仅仅是朝痛苦一个方向增加，而是向两个方向加强，快乐和痛苦一样也得到了扩大和加强。当我们说脊椎动物要比无脊椎动物受更激烈的痛苦时，我们无疑正确地解释了肉体生命的这一现象。一条小虫的身体被撕裂确实引起痛苦，但这种痛苦几乎不能和那种——比方说一条狗的一束神经被切断的痛苦相比。但同样无疑真实的是：一条狗在追猎时得到的快乐比一条小虫寻食时经验到的快乐要无可比拟地强烈得多。

因此，我们如果要达到真理，就必须对上面的悲观主义观点加 312
以补充和修正：(1)随着生命的发展和需求，痛苦也增加了。这很对；但是，满足需求的手段同时也增加了。为此行动变得越来越复杂，日益发展和加强的力量和能力被投入使用。结果相伴的快乐也增加了。在我们的海岸上，史前时期的居民在所谓"科耶克莫地恩"地区留下了他们的足迹。我们若是把他们的生活和行动与现在住在同一地区的农民和工匠、渔民和水手的生活和行动相比较，我们确实有根据说：在现代居民生活中的苦恼、需求和悲哀增加的同时，他们在工作及其成果中的快乐也相应地增加了。我不想断言快乐的增加超过了痛苦的增加；情况可能是这样的，但这不可能证明。而证明相反的估计也确实是同样不可能的。

(2) 叔本华坚持：由对将来痛苦的预见引起的恐惧和焦虑增加了痛苦。确实，如果所有的痛苦只是存在于一时的感情之中，那它们是不难忍受的；穷困、悲哀甚至身体痛苦如此压迫我们，是因为它们被看作是一个漫长过程的开始。但快乐也有它的真正的人的特征和价值，因为人在得到快乐之前就先有对快乐的希望；我们可以说，人的心灵并不是如此不幸地构成，以致它对畏惧要比对希

望来得更敏感。人的气质各有不同，但也许我们希望着将来的快乐的时候，要比畏惧着将来的痛苦的时候更多；如果你不介意，我们还可以说，我们对过去快乐的回忆比对过去痛苦的回忆要多。我们度过的那些快乐和幸福的时光持续在记忆中，成为一种快乐的源泉。而且，记忆把它们理想化，通过剔除那些在现实中并不缺
313 少的不快和扰人的成分而重新描绘了这幅画面。相反，那些充满悲惨和挣扎、哀痛和烦恼的时光却在记忆中消失它们的痕迹；失去一件美好的事物而引起的悲痛被逐渐转变为一种温和的、淡淡的悲哀；对我们忍受过的悲惨和苦难的记忆甚至使我们充满骄傲。时光消弭痛苦——古罗马诗人就是这样安慰那些心灵沉重的人们的。那些自传不几乎总是这样倾向于护生论的吗？

> “快乐还会重来，
> 痛苦终将黯淡。”①

（3）至于由理想的自我受损引起的痛苦，我们也可以说，它们也可以由我们因他人对我们的重视、因成功带来的荣誉引起的快乐而得到补充。如果人们不追求光荣和名誉，较高级的人的功能怎么能一直得到发展呢？我们也要记住人性对精神的创伤还有一种医治法。中伤和轻视也会使我们骄傲，而这种骄傲会医治痛苦。叔本华在他自己的生活中有充分的机会可以观察这一真理。

（4）以上所述也适用于那些出自同情的痛苦：它们也同样得到那些因我们加入他人的幸福和悲哀而产生的快乐的补充。如果我们可

---

① 里克特。

以相信一个老的格言的话，那么同情别人的命运会对所涉及的人们的幸福产生一种十分积极的效果：一个被分担的痛苦只是一半的痛苦；一个被分享的幸福则是双倍的幸福，这就使得益翻成四番了。

总之，随着文明的进展，悲哀和快乐在范围和强度上都增加了。快乐是否超过痛苦呢？历史乐观主义自信地宣称历史的进步增加着幸福，悲观主义也以同等的自信断定它增加着悲哀。我把这两种断言都同样看作是不可能提供证据的，它们两者都可以通 314
过雄辩的论据使之看上去十分有理，但实际上我们却没有任何确定的方式可以决定这一事情。只有一件事在我看来是确实的：就是随着敏感性的增加，悲哀和快乐都更加增强了。是以同样的比率增强吗？也许是的。但这并不意味着痛苦和快乐的总量作为否定和肯定的两种量相加最后总是趋向于零。我宁愿这样观察问题：正像健康和正常的形式总是比疾病和畸形更为常见一样，快乐也比痛苦更为常见。但让我们再一次重复，我们不可能衡量和计算这些感情及其强度。而且，我相信，如果有人为了统计数量，去问一些特殊的个人他们是否在那个特定的时刻感到痛苦或是快乐，他常常会得到这样的回答：我没有注意这件事；如果他要继续坚持提这个问题，人们可能会告诉他：我实际上自己并不知道——这显然表现了他们并不像快乐主义者或悲观主义者那样把快乐和痛苦看得那么重要。

5. 道德方面的历史哲学的悲观主义论点

现在让我们对历史悲观主义在道德方面的观点做一些评论。

在十八世纪下半叶，卢梭曾以其充满热情的雄辩宣传这一观点。他把人的原始状态看作一种天真纯朴和有德性的状态，而文明却从这种状态偏离得越来越远。我们越接近这种原始状态，我们就发现越多的纯洁和德性。按卢梭的意见，这些德性还可以在牧羊人的农民那儿发现，而我们要在巴黎社会、在凡尔赛宫寻找它们却是徒劳的。[①] 在他有名的处女作中，他讨论了科学和文学的复兴
315 是否有助于纯洁道德；他的倾向是在科学和艺术的发展中寻找道德水平下降的原因。第戎学院提出的第二个问题是关于人与人不平等的根源，这给了他一个机会修饰他的论点。他在这篇论文中认为社会阶级的发展是道德水平下降的直接原因。[②] 我们可以如此总结他的观点：随着文明的进展，产生了穷人与富人、高贵者和低贱者、主人和奴仆间的差别，这样，那种本原上是善的人性就蜕化变质了。在一个方面产生了贵族的恶行：傲慢、自负、残忍。社会的分化也倾向于毁灭我们对价值的自然判断。事物的自然价值在于它们满足真正的需要。在社会中，一种习俗的价值取代了自然的价值，事物被按照它们授予的社会差别来评价。钻石和珍珠没有任何自然的价值，或者说只有一点作为装饰品的价值，然而在社会中它们却被高度地评价为财富和高贵的标志；它们的价值实际上仅仅在于没有多少人能拥有它。所以知识也从社会中得到一种习俗的价值，它以文明的名义给予占有者一定的社会地位。但

① 《论科学与艺术》(*Discours sur les sciences et les arts*)，1749。——英译者

② 《论人类不平等的起源和基础》(*Discours sur l'origine et le fondement de l'inégalité parmi les hommes*)，1754。——英译者

这种知识并不同于那种真正对生活有益的知识。后一种知识有真正的价值，它使它的占有者比较聪明智慧。而文明和前一种知识却常常做出相反的事情，它们压制健康的常识和自然的判断能力。文雅的风度和良好的举止也以同样的方式篡夺了本来仅属于德性的地位，这样，虚伪和谎言就腐蚀着社会生活。**我们有无德性的光荣，无明智的理性，和无幸福的快乐**——卢梭的《社会契约论》就是以这样一句给人的记忆留下生动印象的警句，总结了他对他那个时代的文明和启蒙的意见。

我们再次说这些论述并不是不真实的，但它们是片面的。文
明，连同伴随它的社会分化，无疑创造了各种新的堕落和邪恶，但 316
它也产生了各种新的德性。像产生贵族的恶行一样，也产生了贵族的德性，如勇敢、宽宏、自制、尊严、周到、仁爱等；而仆人的德性也像仆人的恶行一样产生：如忠实、真诚和献身精神。当一个人的社会地位符合他的自然天赋时，当每个人都得到了最适合他的自然能力的地位时，对于个性的发展来说，不可能有比这更好的条件了；两方面都会把这种联系视作一种幸福的联系。我们也没有什么理由相信文明产生的东西只有一种人为的价值。科学和艺术确实有一种自然的和真正的价值，即使那种反常的死学究和假文明也并非少见。贸易和商业所能制造的生产的货物也不只是有人为的价值。卢梭所梦想的那种天真纯朴和快乐幸福的自然状态属于过去，它是路易十五时代的梦想，它并不反映那种在南海诸岛或印第安人那里发现的真实生活，而只是代表产生这一梦想的那个社会的对立面。和未开化民族的接触，并没有使我们看到那种十八世纪小说中描述的骄傲、真诚、正派和幸福的蛮族人。密尔在其《论

自然》的一篇文章中认为，没有任何显著的品质是自然的天赋，它们都是文明的结果。勇敢、诚实、清洁、自制、公正、仁爱都是后来获得的品格；而畏惧、说谎、肮脏、放纵、野蛮、自私这些品格都是公正的观察者可以在野蛮人那里发现的。

那么我们将说种族随着文明的进展变得越来越有道德吗？我不想否认这一点，但是历史悲观主义可能会用一些有力的论据来反对密尔的观点。可能未开化民族不具有与文明有关的德性，但它们也没有文明带来的邪恶。如果我们看一看欧洲一个大都市里
317 的犯罪活动，或者察看一下隐藏在上流社会后面的秘密（那是在这一社会中受欢迎的作家们所喜欢泄露的），我们将不得不承认：与文明社会中发现的那种令人作呕的快乐、裹着糖衣的恶意、精巧形式下隐藏着的极端卑鄙比较起来，蛮族人的恶行就成了儿戏了。我们能说这些只是些不幸的例外吗？能说一般看来，从文明得到的德性要比从文明产生的邪恶多吗？试图证明这样一个断言是相当无望的。这种无望性我们可以从回答一个具体问题中看出：现在我们这个新帝国中的德国人，比起启蒙运动时期的德国人，比起宗教改革时期、十字军远征时期、赫尔曼时代的德国人来说，在道德上是好一些还是坏一些呢？我们在这方面所能确实回答的只是再一次说：道德的分化加强了。正像快乐与痛苦的强度增加一样，各种德性和邪恶也变得越来越显著和专门化了。我们可以说，动物是中性的，它们既不善也不恶。道德是随着人类产生而开始的。在较低的阶段，道德的差别还不明显，个体之间相互类似；总的说，他们都是以同样的方式表现种的标本。随着文明的进展，个性加强了，善与恶更为鲜明地表现出来。确实，群体并没有摆脱一种混

合的中性色彩，它们既有善的冲动，也有恶的冲动。但在各个特殊的人格中，善与恶就显眼地凸现出来。一方面，我们有深刻虔诚的热爱，自我牺牲的忠诚，对真理和正义的热烈献身精神；另一方面，我们又看到完全的堕落和腐败。但不管怎样，并没有什么东西阻碍我们相信在世界上善多于恶，恶作为不正常的东西要较为少见。仅仅有一件事情看来是不可否定的，那就是对立变得愈加明显了。
也许情况会继续这样。正像根据希伯来的神话，自然的世界开始 318
于黑暗与光明的分离一样，根据这个同样深刻的故事，人类历史的世界则开始于善恶的区分。按照采用了这种神话的基督教的观念，历史就在于这种分离过程的继续。上帝的王国和魔鬼的王国是善恶对立的两个极端。人则处在两者之间，他们逐渐地分为两群：一群被上帝的王国吸引或完全吸收，另一群则被魔鬼的王国吸引或吸收，直到最后审判日导致对邪恶的最后和绝对的清除。

6. 小结

但是，有人要说：如果所有这些都是真的；如果只有一件事情是确实的，就是文明提高了人的感受性因而也相应提高了快乐和痛苦的强度，文明导致了道德的分化因而也相应地增加了善恶的程度；如果说难以判断德性与幸福方面的增长是否超过了恶性与不幸方面的增长；如果说历史发展的自然过程并不导致邪恶的彻底排除，而必须等到最后审判日的来临，等到我们人类尘世生命的最后终结之时才达到这一点；如果上面所有这些都是真的，那么悲观主义不是对的吗？叔本华关于生命无目的无价值的论述不是正确的吗？所有的工作和操劳、所有的斗争和牺牲不是都要付诸东流吗？

我并不这样想。即使我们假定善与恶、乐与苦总是以相同的比率出现和增加，以致它们作为肯定和否定两种成分相加时结果总是趋向于零，结论也并非如此。而当我们做出如下的一个假定时，我们就更不会赞成悲观主义了。这个假定不可能证实，但决没有什么东西能阻止我们相信它，这就是认为德性和幸福总是胜过邪恶和不幸，而且这种优势始终是不变的。

319 悲观主义的论点错误地认为历史生活的价值在于它实现一种最后的绝对幸福和绝对完美的状态。但首先，决不可能有这样一种最后状态。生活、历史的生活，若无对立面是不可领悟的：绝对幸福和绝对完善会使努力因而也使生命成为不可能。而且，生命的价值并不是靠它最后达到的目的，而是靠它整个的过程来决定的。个人的生命也是如此；童年和青年有价值不是因为它们导向成年，而是它们自身即有价值，正像成年和老年也有自己的价值一样。这也适用于历史生活。让我们真诚地希望后来的世代将要比他们的前辈更为幸福和更有德性，但倘若不是这样也不要责骂历史。前面的时代并不仅仅是一个目的的手段，不仅仅是使最后一个时代达到完美和幸福的许多阶梯；它们有它们自己的生活，这种生活有其独立的价值。古希腊和古罗马人并不是为了给我们留下他们文明的一些遗迹而生活的；他们是为了自身的目的而生活，他们从他们的生活构成人类较大范围的生活的一部分这一事实，只是得到一种附加的价值，他们自己还有另外的自在的价值。如果历史像原始基督教所期望的终结于我们纪元的头一世纪，那么在

它前面的历史生活的价值也还是不会被毁灭和一笔勾销。而是正如历史生活的每一时期都有它自己关心的事情一样，它也有它自己的价值，那个价值是任何后来的现象都剥夺不了的。通过建立与后面的时期的合理的联系，只是在提高它的价值。我们常常把历史生活比作为一场戏剧；的确，它是一场伟大的戏剧，诗人们的所有戏剧只是对它的一个非常微小的模仿。没有人会相信上演的戏剧是从最后一幕或者剧中人的最后的结局得到自己的价值的。它的价值是由整个剧的内容所决定的，每一场景都对它有所贡献。320
当然，我们要求这一戏剧的各个场景不至于是互不联系的断片；我们期望它们聚成一个合理的整体，每一特殊成分都要在其中有它对于目的的必要地位。我们也希望在历史中看到一种同样的联系和进展。各个特殊事件和人物绝不只是构成一种互不联系的集合或连续，而是构成一个自然、和谐的整体。真的，像我一再指出的那样，我们不可能像解释一个戏剧一样揭示人类历史中的逻辑联系，不可能展示不同的部分是怎样必然地根据整体的观念行进的。这是历史哲学的事情，而对于这一门科学，毕达哥拉斯派所说的只有上帝才有哲学的格言看来是特别适用于它的。根据歌德的意见，我们人类把历史作为一大堆现象来观看，作为一个戏剧来观看；他们看见了各种特别的现象，为场景的不断变化而高兴，但他们没抓住整体的意义。所以我们的历史科学集合了一大堆片断，但是那个能把它们构成一个整体、能重思人类历史的神圣思想并把它加以表现的天才尚未出现，而且也许永远不会出现。我们看来只是偶尔地瞥到那种合理的联系。这可以加强我们的信念——认为有一个普遍的理智遍及在宇宙之中，它根据一种内在的必然

性把历史生活的各个成分结为一体。我上面说过所有的自传都是护生论的。假如人类在它终结的时候写下它的自传，虽然这一自传可能充满工作、斗争、悲惨、失败的报道，我们相信，它仍将是护生论的和护神论的。①

> 一个善人即使在他黑暗的冲动中，
> 也会觉悟到正确的道路。

① 威廉斯，《进化论伦理学评论》，第2部，第7—8章；麦肯齐，《道德手册》，道德进步，第15章；亦见莱辛（Lessing），《人类教育》（*Erziehung des Menschengeschlechts*）（英译见波亨图书馆系列）和康德，《这在理论上可能是正确的》（*Das mag in des Theorie richtig sein*）。——英译者

第四章　邪恶、灾祸和护神论[①] 321

1. 护神论

护神论在我们时代是不流行的。我们都比较乐意去分析思考邪恶和责骂产生这种邪恶的世界。尽管这样，我还是要斗胆做一不合时宜的尝试——为世界上的邪恶进行辩护。当然，我们不可能去证明现今存在的世界是绝对善的，甚或是可能有的世界中最好的；对这种绝对性和可能性我们并不知道多少。但我们能尽力说明它是**适合于我们的**。在我看来，我们可以展示现今的宇宙本质上是切合我们本性的。它提供给我们以各种适宜的生长条件，供给我们完成各种必需工作的能力。只要我们希望，也给予我们的生命一种丰富和美丽的内容。照我们现在的存在，我们不可能对另一个不同构造的世界有何用处或接受它。无论谁只要把这看

① 见斯多亚派、普罗提诺、奥古斯丁；斯宾诺莎，《论政治》(*Tractatus Politicus*)；莱布尼茨，《护神论》(*Theodicée*)；康德，《纯粹理性范围内的宗教》(*Religion innerhalb der Grenzen der blosser Vernunft*)、《关于神学中所有哲学实验的迷失》(*Über das Misslingen aller philosophischen Versuche in der Theodicée*)；J. 米勒(J. Müller)，《终结学说》(*Die Lehre von der Sünde*)；许夫定，《伦理学》，第6卷，道德准则；伦策，《伦理学》，第13、18节；包尔生，《哲学导论》(*Introduction to Philosophy*)，第262页以后。——英译者

作是自明的,认为我们的本性跟任何一种动物的组织一样是适合它的环境的,都会觉得讨论有关恶是否多余的问题没有必要。然
322 而,我还想补充一句,对这世界上邪恶的存在的辩护只能以一种**一般的方式**进行。指出一个特殊的恶行在一个特殊事例中的必要性永远是不可能的,这正像物理学不可能解释每一特殊动作的因果必然性一样。但我们可以展示:人类历史生活连同包含在它内部的所有真正有价值的成分,通常是要求具备它的实际存在所具备的一切条件的。因而除去所有邪恶,你也就废除了生活本身。邪恶确实是邪恶,灾祸也确实是灾祸,可它们并不是绝对不应存在的东西。[①] 然而,它们绝不是为它们本身的缘故,而是为了善的缘故而存在的。但无论我们可以怎样看待这件事情,还是不能否认我们的思想面临着一些特殊的困难。在某种程度上,我们不得不构成一种完全免除了恶的人生的概念,但任何想具体地表述这种人生的企图却都遭到了失败。天国和永恒的福祉是一种超越的概念。

2. 物理界之祸

人们习惯于区分物理的灾祸与道德的邪恶。我们可以相应地把前者再分为由我们身外的自然和身内的自然引起的灾祸。

所有对抗人的需要和希望的自然事物都属于前一类:那种使一个民族陷入穷困的土地的贫瘠和极端的气候条件;那种影响生命力发展的灼热和严寒;以及所有那些毁灭劳动果实和危及生命

---

① 有关德语中对恶与坏的区分,见康德,《实践理性批判》,第1卷,第2章。阿博特译本第150页以后。——英译者

的不幸事件——如导致歉收的洪水和旱灾、摧毁房屋的闪电、颠覆城市的地震等。

所有这一类灾祸有一个共同点：它们阻挠我们的计划或意图。让我们首先考虑正常的阻碍。显而易见，没有它们就不可能有任何行动或意图；所有的工作、全部的文明都在于克服这种障碍。如果田野自动地给出收成，如果森林自动给出丰富的果实，那就不会 323
有任何农业或园艺了；如果气候总是绝对地使人舒适，那就不需要房屋了；如果各种各样的工具都在树上长着，鞋子会一年一次从天而降，我们也就不需要商业贸易了。我们将生活在乌托邦之中。把真实的世界同这样一个梦想国区别开来的正是障碍和由此引起的劳动。没有人能怀疑我们现在这样构成的世界比乌托邦更适于我们的本性。至于各种特别的灾难，它们显然也有同样的效果：洪水教会我们筑坝；冰雹教会我们保险；地震教会我们实行公共救济。当然，我们不可能向个人证明在某种情况中他的不幸对他是必需的和好的，这样做的企图也绝不会得到赞同的反应。但我们可以劝告和帮助他最大限度地利用这些困难。也许他在将来某个时候会以一种新的眼光看待这些灾难。一个通过个人自己的努力、无须外界援助即被克服的灾祸不仅不再是灾祸，而且已经转变为一种真正的幸福；记忆将乐意慢慢地回味它。有谁不曾在某个时候发现时间把祸转变成福这一真理呢？

这同样也适用于那些特属于人自身的各种不幸和灾祸，适用于身体和灵魂的各种毛病和弱点。我们想象一种比我们人的身体更能对付所有的有害影响的身体，一种力量和耐力都更为巨大和持久的身体。我们也能想象一种远胜过人的理智，无需因错误、偏见和迷信的影响而费力伤神就能取得知识的先进的理智。但这显

然要把我们带到跟上面一样的结论，力量的增加跟障碍的减少有同样的效果，同样导致乌托邦。我们赞颂土地的产物是因为我们通过辛勤的劳动才能获得它们。如果真理无需我们的努力就会落
324 入我们的怀抱，我们也不会像现在这样赞颂真理。塞拉菲克斯长老在《浮士德》的末尾说他的眼睛是“尘世的器官”。我们的整个身体和灵魂也是如此；它是适合于宇宙和地球的，因此后者也适合于我们的感情和意志力。别的什么存在可能要求别的器官，我们的器官则适合于我们的工作。上面对不幸事件所说的话也同样适用于那些阻碍我们性格和力量发展的东西——疾病、软弱、失明和别的器官上的缺点。疾病产生了医疗技艺和生理卫生科学；它教育了病人及其周围人，警告和迫使他节省他的精力；它也是培养耐心、顺从、柔情、怜悯等不仅是生病时才有用的品质的伟大学校。① 同样，失明和耳聋给人出了新的异常难题，但它们也因此唤醒了人们新的力量和使人们发明了新的器械。荷马在创造一个传奇时失去了他的视力，但这却使他得到了一种更为杰出的视力。在这类情况中我们不能证明每一种不幸都总是人的发展和教育所必需的，但在此我们能像前面一样说它是天生适合于这样一种目的的，它对于使它转向好的方面的人来说是善的。总之，这样解释它是聪明的：就是像宗教信仰一样把不幸和灾祸看成一种为我们得救而安排的考验。我们也必须从信仰中学到谦虚，不去断言自己懂得在各种特殊情况下的灾祸与得救间的联系。我们只能以一种一般的

---

① 多少外科手术，多少对病人的看护！人们对生命的尊重也来自最近的大战。以致我们也许可以说，在最近25年的和平里，有比在战争中丧生的人更多的人的生命被挽救了。布内科曼博士(Dr. Brinkmann)在他收在韦伯系列出版的一本著作中的杰出文章中展示了这一点。(“道德的氛围”，《德国宗教与社会》，35，1895。)

方式理解到灾祸不仅是真实的，也是必需的，是作为手段必需的。

“轻捷的鸽子在其飞行中划过空间，感觉到空气的阻力，或许 325
它会想象它在真空中能飞得更好。”康德这样说明经验事实对于我们理解活动的必要性。同样，意志需要灾难的抵抗；不可能有任何无阻力的行动，也不可能有任何无障碍的幸福。“纯粹”的幸福就像纯粹的真理一样，仅仅在上帝那里存在。我们需要另外的刺激性动力，需要无知、错误、对立与灾祸。

3. 道德界之恶

但是，难道道德上的邪恶和灾祸也无论如何不可能和不应当被消除吗？

我相信我们也必须以否定的形式回答这个问题，虽然这听起来让人奇怪。道德的恶在某种意义上也是作为手段所必需的。如果它完全被排除，人类的历史生活就会缺少一种不可或缺的成分。道德的恶有两种基本表现形式：肉欲和自私。前者包含所有把生活交给特殊的感官冲动去支配而产生的弱点和恶性：如纵欲、放荡、懒惰、轻浮和怯懦。自私则是那些威胁周围人利益的恶性：如贪婪、不公、恶意、傲慢。我们不能想象怎么可能以某种形式根绝恶而不同时破坏到善。第一类德性：明智、坚强、勇敢，都把感官欲望作为一种抵抗的中介而预先假定了它们的存在。没有感性的人对感官的痛苦或恶行的恐惧，就不会有勇气；没有快乐的刺激，就不会有节制；因而没有潜在的恶也就不会有德性——人类的德性。天使的德性可能是一种不同类型的德性，但我们形不成对这些德性的任何概念。所以，社会的德性也预先假定了感性的人的天生自私；没有这种自私也就不会有任何特定的人类形式的公正和仁爱，这些德性也具有一种自我否定的因素。

326 而且，不仅我们自己本性中的潜在的邪恶是一种实现善的不可或缺的手段，在我们之外的现实的邪恶也是如此：德性在反对邪恶的战斗中发展壮大。不义在旁观者或受害者心中引起了公正的观念和正义的情感；谎言和欺骗使真理和诚实有价值；残忍和恶意构成了对灵魂的温柔和高贵的陪衬。罗伯特·黑麦林曾在《我的老师们》这首诗中表现了这样的思想，即我们首先通过恶意识到善的真正价值。[①]

① 我引用了这首诗中的几行，这首诗发表在杂志《德国诗歌》(1889)上：

从谁那里，我学到了真实？
从说谎的人，伪君子奉承者，两面派，
搬弄是非者，热衷丑闻八卦的猎奇癖那里；
不亚于从妄想者，空话连篇者，
浓脂粉饰的美人，花花公子般的饶舌鬼那里。
而其外表后面的灵魂，如此令人厌恶，
在这一切中，我保护自己，
就是丝毫的粉饰，我也憎恶，
并且一辈子都远离它。
从谁那里，我学会了温和？
从碎裂无章的评判，无情的嘲弄，恶毒的话语；
还有意见专制和党派怒愤。
从谁那里，我学会了爱？
从仇恨者，自私自利者，敌视人类者，妒忌者；
还有灵魂掮客，折磨人的人，活体解剖者，没有灵魂的女人。
从谁那里，我学会了沉默？
从喋喋不休的人！
从谁那里，我学到了忠诚？
从多变轻浮的灵魂。
性格坚强呢？
从风向标和随风倒的人。
谢谢你们，我的这些反面教师！
我给你们付什么样的学费？

所有伟大的人类英雄都是靠与恶的战斗而成为英雄的。苏格拉底的判决与赴死给了他的生命以恰当的背景。耶稣必须以死来显示其荣耀。他自己这样告诉我们:“基督不是应当受这些苦以进入他的荣耀吗?”世界上没有什么东西能比这幅钉在十字架上的人的形象更能感动人,更能在人类中引起尊敬和给人类以安慰的了。327
但是,若无那种历史的环境,若无法利赛人和书记们,若无顽固的祭司长和怯懦的地方总督,若无盲信的群众和残暴的士兵,这一形象也就不可能出现;正是这些阴暗面构成了对基督光辉形象的陪衬。古老的教会赞美诗谈到过一种带来幸福的过错,说它给了我们以这样一位救世主。

因此,我们若是从历史中排除所有邪恶,我们也就同时排除了善与恶的斗争,失去了人类最崇高和最壮丽的东西:道德英雄主义。

但还不仅如此。我们还失掉了历史生活的全部内容。所有历史制度和机构都是善恶斗争的产物。没有邻国的掠夺和好战,就不会有防卫的联盟;没有同盟者之间的不义和暴力侵犯,就不会有法律的命令。国家的根本职能就是保持安定和团结,它是一个反对不义和暴力侵犯的武装联合体。若排除这些恶,让正义与和平、明智与仁爱在世上变得完美,那就不会给军队、外交、法庭、警察、政府、官员留下什么工作。完善的国家自己使自己消亡。教会也像国家一样,是作为一种以善抗恶的战斗力量建立起来的。如果它完成了它的工作,如果它已使人类完全圣洁,它也就停止存在了;没有罪恶,就没有对罪恶的宽恕,没有服务和传教,也就没有教会。在尘世只可能有一个好战的教会,完全胜利了的教会属于天国。

因此,善的东西只能在与恶的东西的斗争中成长壮大,我们甚至不可能想象一个没有善恶对立的历史。[①]

328 但是，我们是否在承认恶作为手段的必要性的同时，也要承认它作为现实的合理成分，跟其他的东西一样具有同等的价值呢？

这不是我的意思。无论什么样的恶都没有价值，没有权利存在。它存在仅仅是为了善的缘故，为了使善能够活动并实现自身。善与恶的联系就跟光明与黑暗的联系一样。画家画画不能不利用阴影，然而他的目的不是阴影，而是光亮和色彩。诗人的描绘也同样不能没有阴暗面，他需要丑陋、粗俗和卑下的东西。然而描绘这些东西并非他的目的，他的目的在于美丽、善良和灿烂辉煌的东西。正是为了使这些东西更清楚地显现，他在善行旁边放上卑鄙以扬善耻恶。所以，善是为了自身的缘故而存在于历史和生活之中，恶则是为了善的缘故，作为一个刺激、一个障碍、一个陪衬而存在。它是一种否定的量，没有价值，仅仅通过它的对立面——善而获得某种力量和现实性。但它的力量并不使它得益，因为它具有那种没有任何建设性力量的邪恶的特征，因为它自己跟自己发生冲突。正像康德曾经说过的那样，它具有那种“与它的本性不可分离的性质——即与它自身相对立和自己毁灭自己。”这点也可以通过下述事实看到：就是没有任何肯定意义的反道德体系，不道德像错误一样没有任何规律和法则。所有的真理都构成一个统一的体系，但是却没有一个集错误之大成的体系。埃庇克泰特说：失误没有标记。

① 这是孟德维尔(Mandeville)的令人注意的思想的真理内核：私恶带来公益。赫斯巴赫(Hasbach)在施马勒(Schmoller)的《年鉴》(*Jahrbuch*)(1890)中提请人们注意这个人的重要性，他也指出拜尔(Pierre Bayle)这位真理和悖论的爱好者，也在这个人之前提出了相似的基本思想。

歌德对世俗世界上的恶的意义抱有同样的观点：它是一种否定和毁灭的本源，是不断地反对具有现实性的东西的虚无的东西。但是魔鬼靡菲斯特承认：

和虚无不断对抗的，
不过是个笨拙难看的世界，
但我以前所干的一切，
还是没有把它摇动半分。

相反，始终否定的精神虽然总是意欲恶，却总是为善做了工 329
作。上帝在《序曲》中表达了同样的观念：

人类活动的劲头太容易松懈，
他们总是喜欢绝对的安闲，
因此我要给他们弄个同伴，
刺激、鼓舞他们，像魔鬼一样干劲不减。

邪恶固有的无价值和总是失败的特性也在人的自我意识中表现自己：我们对善行的意识是安宁和欢乐；对邪恶的意识则是不安和不幸。这也是靡菲斯特的经验。从他最初会见浮士德起，他就剧烈地抱怨他直到那时的所有事情都出了毛病。一直到末尾，到他在第二部的结论中最后一次出现时他感到：

像约伯一样，愤怒焚烧着我，
从头到脚以致我自己避开自己，
同时却又得意，当自我检查已经过去。

他的情绪仍然如此，仍然是那种他想象自己隐藏起来的不满和自嘲的感情。无论他承担什么事情，尽管开始总是取得很大成功，最后的结果却还是反对他。《浮士德》两部分都以灵魂已经从他的网中逃脱而结束。他最后说的话是：

> 讨厌的是到晚年还受到欺骗，
> 我也配得到它——这该死的灾难。

歌德在他的诗篇中解释了人类的历史。人类的记忆也是赞成
330 这一解释的。历史常常重新调整善与恶、好与坏的地位（当代看来尤其如此）；她向全世界公开褒扬那在生活中曾以仆人的外表出现、坐在被告席上的崇高和伟大；她耻笑那曾经以其华丽和壮观凌驾于世界，被一些喽罗作为伟大和真实的东西大声赞颂的邪恶和卑鄙，揭示其全部的空虚。这样她就从恶获得了善。“你们想用恶反对我，但是上帝的旨意却使它成为善。”这就是历史给我们上的伟大一课，是曾在地上出现过的最伟大的一段历史——耶稣的历史给我们的教导。没有比耶稣受难的历史更使人感到崇高和安慰的了。那个总督彼拉特在审判耶稣时说：你没看到我有权力判你死刑或给你自由吗？此时，在他自己看来他是多么伟大有力啊。而作为犹太人中的僭越者被控告而带到他面前的那个可怜的有点疯狂的呆子，看来确实不像一个危险的人，一个注定要影响世界历史的人。确实，彼拉特会想，没有任何必要杀死他，他不会搅乱罗马帝国的安宁。但是，彼拉特很可能这样想，这是一件让人恼火的事情；如果我放他自由，我就会老是听到那帮盲信的祭司长讨厌的抱怨，这些猎狗就老是会抓住这一追逐的线索不放。毕竟，这个呆子是否多活几天又有什么关系呢？因此，让他死吧，结束这件事，

我不想再为它烦恼了。——而现在这些角色全都改变了！倘若彼拉特的名字在人类的记忆中不是联系于他钉在十字架上的那个人，倘若不是这一十字架苦刑的历史离开他的名字就讲不成，那他早就落入逝川被人们忘却了。说实话，在他之前，已经有多少总督和祭司长从人类的记忆中被抹去了！这个悠然自得的总督无疑是个好取悦他的上司，同时也不想得罪民众，如果可能甚至做点公正 331
事的人。而他对耶稣的宣判这个故事却要一直被讲述，一直讲到历史的记忆在这个世界上停止，一直讲到世界的末日。这个故事也要提到那极端细心的祭司长，他十分成功地做出了使他自己及其可尊敬的顾问团满意的证明——证明把耶稣处死要比让整个民族腐烂为好。这个故事之所以被讲述，不是因为这些人有什么功劳和业绩，而是为了给在世界上所有地方从事审判的祭司长和总督们打上一个强有力的印记，说明他们有关人和事物价值的判断并不是最后的判决；而在另一方面，是为了给所有因追求真理和正义而被控和受审的人们以欣慰的确信：确信他们的事业将要由比他们面临的法庭更高的法庭来决定。[①]

所以，道德的恶在人类对其生活保存的记忆中不断地被消除，它下降到了无价值和非存在的一级，仅仅作为别的东西的一种陪衬。

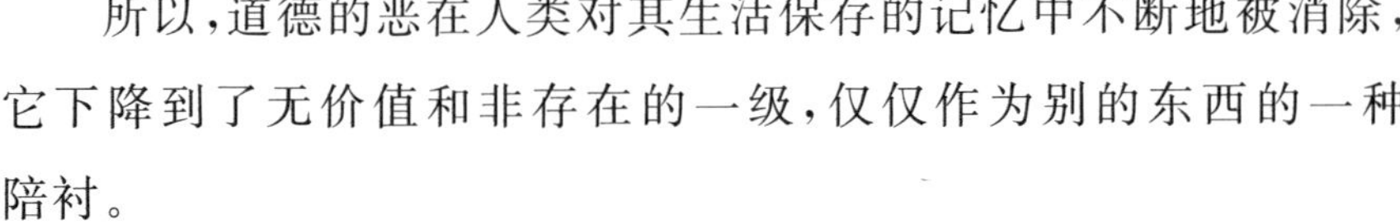

① 托马斯·卡莱尔(Thomas Carlyle)，这位伟大的诗人历史学家在他的所有历史剧作中发展了这一思想。凡是真实的、具有真理性的和正义的东西都受到历史的荣耀，不仅是被书写的历史，而且是被事实的历史荣耀。而那些谬误、自私、自负也被历史归于虚无。世界不断把那些不再有活力的制度排除，比如一种不再有劳作而只是享乐的君主制度或贵族制度就被扫除了。只有那些劳作是真实的。那些不再劳作的就不配是真实的了。

我们若把这一记忆想象为是绝对神圣的记忆的一个短片，把精神的东西的真正现实性想象为是由于它们存在于这样一种永恒意识中，而不是由于它们是一个暂时的个体的意识流中的部分，这会是荒谬的吗？想象只有善在这一绝对意识中构成真实的存在，而恶的出现仅仅是作为非存在，正像黑暗同光明相比不是一个实体而只是它的否定方面一样会是荒谬的吗？

332 这个观念使我们想起了一个古老的评论，那是奥古斯丁追随亚里士多德对摩尼教徒说的："恶没有真正的本质，得到恶这一名称的只是善的丧失或缺少。"[①]斯宾诺莎和莱布尼茨也抱同样的见解。在上帝那儿只有完善和真实。我们区别善恶只是因为我们看待事物的方式还不充分；我们判断世界还只是根据它同一个边缘点（即我们自己）的联系。而在它与真实的统一体（即上帝）的联系中，一切事物都是必然的和完善的。是的，必须补充一句，我们要继续处在边缘，不可能从自身摆脱。但是我们能理解情况正是如此，理解我们在这些事情上的观念跟在其他事情上的观念一样不是绝对的。总之，我们要坚持这个观点：恶不是与实在等价的，不具有一种超越和反对实在的否定性力量。因此，我们不能够通过合计善恶的量来证明世界是无价值的。

4. 结论

这个有关恶的性质和意义的观点会使我们变得**清静无为**吗？

① 《上帝之城》，第 50 节，第 9 段。

人们一直如此谴责它，但我相信这种谴责是没有道理的。我们的观点并不鼓励一个人袖手旁观，把恶视作不可避免的而任其自由泛滥，而宁可说是激励他无论在哪儿发现恶都与它战斗并克服它。的确，恶在世界上的唯一意义也就在于它要遭到反对和克服，它的存在只有以这种方式才能得到证明，而不能靠自身证明。一个被放任不管的恶也就失去了它的意义了。那种不能刺激医学发展和培养耐心与仁爱的疾病；那种呆头呆脑被忍受的穷困；那种不被真理反对的谎言；那种没有被善良和美德耻笑和战胜的恶意，这一切统统都是真正的恶。是你使它们成为恶的；你本应把它们转变为善，却没有这样做，而是屈从于它们，给了它们自由泛滥的机会。 333

但是，人们说，如果恶总是要与我们同在（在某种意义上只要地球运转、人类还有历史任务要解决，恶就一定会与我们同在），那对它的斗争不是白费力气吗？如果斩掉九头恶蛇的头之后，马上就又有新的头长出来取而代之，那么这种斩杀有什么用呢？那些理解到恶的这一性质的人不是必然要变得厌倦这一斗争，而索性拉倒认命吗？

我的回答是：我们与恶战斗的冲动并非来自这场战斗将实现一个完善状态的观念，而是来自就在眼前的特定的恶的压迫引起的感情。一般地相信每一需要的满足、每一邪恶的除去的后面都必然还会有新的需要、新的邪恶出现，并不阻碍我们去满足需要、清除邪恶的行动，并不削弱这种行动的效果。即使我们相信匮乏和悲惨、不义和谎言会永远在世上存在，我们也不会停止同它们的斗争，无论它们在哪里露头。而且斗争绝不可能是绝对无效果的。在所有情况下都必然出现这样一个结果，即我们与恶的对抗会使我们跻身于那些为了善良和公正斗争的人们的行列。每一个人的直接的和真实的目标并不是使人类得到幸福和完善，而是有价值地度过自己的一生。这一目的是他能在任何条件下实现的。“对行动着的人来说，重要的他做公正的事情，而不管这公正的事情是否已被人做过、不需要做或者与他没有关系。”[①]凡用这些思想指导行为的人都要实现某种另外的东西，而凡把恶作为不能征服的
334 东西而软弱地屈从于它的人，都一定会被恶征服。跟随无为的是气馁和软弱；然而，一旦一个人开始保卫自己，他就会逐渐意识到他自己的活力，感到他攻击的恶正在退缩。这种被他如此经验到的满足并不因想到另一个恶可能在这一个恶被征服后出现而消散。让后来的世代去尽力对付那些现在尚未露头的未知的恶吧。这不是我们关心的问题，我们对付目前的恶就够了。

我们的观念只是在某种意义上使我们平静和有耐心(不是指清静无为)。它使我们对最后的结果充满希望，认为善终将胜利。因为它是上帝的事业，它是唯一真实的实在。这甚至冲淡了我们的愤怒，使我们把愤怒变为深深的怜悯。假如作恶者真的在世界上会取得根本的胜利，那么忍受或宽恕他们就是困难甚或不可能的。但恶并不能使自己得益，甚至它反使善发展。不管它自身是什么，它总是作为一种手段服务于完善。耶稣离开这个世界时并没有发出一个诅咒，而是一个祈祷：宽恕他们吧，因为他们不知道他们所做的。他们不会通过我的死而完成他们所欲望的，他们正为他们所不欲望的东西工作，诅咒将落到他们身上，但那不是我的

① 歌德：《散文体箴言》，第99段。

诅咒，而是他们自己行为的后果，那后果作为事物的永恒秩序的要求而落到他们身上。“罪过是必须来临的。但是，怜悯那些使罪过来临的人吧。”

所以，伟大的诗人也让他塑造的好人们离开世界时没有厌恶和酸辛，即使他们受到了最深重和最残忍的不公正的伤害。考狄丽亚和苔斯狄梦娜毫无怨言地平静地死去。这样她们就以善战胜了恶，恶对她们没有任何威力，不可能破坏她们内心的和平，而只是考验和纯洁她们的一种手段，恶自己使自己遭到失败和消灭。

因此，我们对待和利用邪恶和恶性的恰当办法是：我们应当真诚和激烈地反对邪恶，使它成为我们自身完善的一个手段，也尽力使它成为他人自我完善的一个手段。

另一方面，也可能有一种错误的态度。我们可能呆头呆脑、逆来顺受地忍受它，让它战胜我们；我们也可能在沉思和分析它的过程中训练自己的智力。哈姆雷特采取的就是后一种态度，这正是他毁灭的根源。 335

5. 死亡

我希望再谈谈我们自然地认作是最大的恶的那种经验——死亡。个体要死亡，民族要死亡，人类也要死亡。这看上去不是像实在对生命的无益和空虚发出的一个判断吗？

在我看来这个观点是错误的。确实，一眼看去，死亡似乎是对于个体的一种外在的必然性。但是不难相信，这种必然性并非是外在的，而是一种内在的、目的论意义上的必然性。人们常引用歌德的一句话:“死亡是自然用以产生许多生命的一种技巧。”它确实是自然用以产生**历史**的生活的一种技巧。没有世代的更替,就没有历史。不死的人们要导致一种非历史的生活,一种其内容任何心灵也不可能描绘的生活。而且,没有父母子女之间的联系,就不会有那些给人生以最大价值的德性:像热爱、关心、尊敬、孝顺。因此,无论谁只要欲望生活、欲望历史的人生,也就要欲望它的条件——死亡。

而且,一个人的生命照其本性说并不是无限的,它会穷尽它的力量和内容。生理学和心理学这样告诉我们:每一行动都在它后面留下一种重复的倾向。这样就产生了固定的思想和行为习惯,来作为有效活动的条件。这引向进化,但也同样引向退化,最后导致麻痹状态。意志和理智力渐渐丧失了为了适应于不断变化的问题和条件所必须具有的柔韧性。老年人最后完全失去了从外部世
336 界获取新印象的能力,以及相应行动的力量。他变成世界上的一个陌生人,可以说他使自己生活在世界之外,他的存在是一个长途旅行中的最后的必然的一步。一个适时的死并不被解释为由一种外部力量造成的生命的毁灭,而是被解释为它的内在的必然结局。不仅死者的朋友是这样看的,死者本人也常常作如是观。他的生命完成了,他希望到他父辈那里去集合,他怀着对给予生命者的深谢告别生命。如果这样一种死成为常规,没有人会把它称为恶,无论是生者还是死者。他实现了他的各种欲望,他为之生活的东西还会持续下去——他的后人、他的民族、真、善、美,以及一切他为之生活的东西都会持续下去。

当死亡提前结束一个生命,比方说在这一生命完成之前,甚至

在它开始之前就结束它，那情况又当别论。我们在此面临着一个不可解决的谜。一场瘟疫在一个城市里爆发，它就像一种盲目的命运一样悄悄地从众多的人里面，一会攻击这个，一会攻击那个，仿佛是偶然性在那儿判决。甚至最自信的解释神意者也习惯于承认上帝此时的意见是不可洞测、莫明其妙的。的确，人的心灵若想理解这种特殊事例中的目的论的必要性显然是傲慢的僭越。这里唯有卑微的服从才是适当和可能的。因为没有人知道那等着我们所说的提前死亡的人将是什么。很多这样的人被认为是幸福的：他们死得早，刚享受完他的生命的欢乐就死了。从梭伦的评论中我们可以得知，一个在青春烂漫时期的美丽的死并不一定被希腊人看作一场不幸。那种使死亡不仅夺去年老力衰者的生命，也切断处在生命力欢乐地洋溢的青春时期的生命的普遍法则——它的作为手段的必要性也可以用另一种方式解释。希腊的贤人，普利
那的拜尔斯据说聪明地讲过下面的意见：“这样地生活着，仿佛你 337
命定要活得长久，同时又活得短暂。”[①]这一格言希望表达的思想是这样的：你不知道结局什么时候到来，因此这样安排你的生活吧，使你可以在明天就欢乐地死去，也使你可以有力量和勇气度过一个漫长的生命。一切都应准备着，你应当像准备死一样准备生。如果你活着，你要相信赞美诗所唱的：死的最好时刻是上帝指定的时刻。

当个人死的时候，他也许会想到他的生命及其成就将带给后

① 见弗兰茨·克恩的书《在中学毕业班毕业典礼上的讲演》，原文出自第欧根尼·拉尔修《名哲言行录》第1卷。

人的利益，以及他自身将在他的后辈及民族的生活中永存而感到欣慰和振奋。但假如我们被迫承认我们的民族也要灭亡，而且地球上不再有生命的那一天也将到来呢？这不是摧毁了可以说所有价值赖以建立的最后基石、最后支柱吗？要逃避这个思想看来是不可能的。民族在一个较大的范围内重复着个人所经历的生活阶段，或宁可说，个人在一个较小的范围内重复着种族的进化过程，这是一个不可否认的事实。历史告诉我们，民族也会衰老和停滞。各种思想和行为习惯会积累起来，各种传统的观念、制度、权利和风俗会逐渐地增加。传统夺走了我们影响和作用世界的力量和勇气，过去沉重地压迫着现在。各种历史制度由于无能使自己适应于新的条件而走向灭亡，虽然个人可以通过吸收新的血液使自己继续保存下去，利用旧文明的成分来构成一个新的历史存在。确实，历史并没有向我们展示同样的事情也会对整个人类发生——

338 亦即它也要穷尽自己，但它确实几乎还没有开始那作为一个有自我意识的整体的生活呢。然而，类推使我们意识到这一思想，而物理方面的思考看来也把我们引到这一思想：一个物体的世界，一个星系也同样经历着类似于诞生、成长和灭亡的过程。它通过与一个母体分离而产生，然后发展、成熟，产生无数的生命形式，最后变老和灭亡。整个地球连同它上面的所有生命形式，包括人在内，正经历着这一过程。

这些思想（如果它们是不可避免的）是否证明了人类和所有生命是无价值的呢？世界的暂时性是否证明了它的无意义呢？我不认为能证明。鲜花只开放一阵子，但我们并不发现这里面有什么不对的地方。一个戏剧、一首音诗，都有结尾，我们也不认为这会减少它们的价值。可以说，一个有限的事物不能把它的现实性扩展到无限。这话同样也适用于一个人的生命，适用于一个民族甚至整个人类的生命。它们的本质也是有限的，会被一个有限的进化过程穷尽。一切有限的东西都会衰朽，只有上帝，那无限者，在所有的时间里都充满它的存在。但人类的毁灭不是意味着所有善和价值的毁灭吗？那无数的世代劳作、战斗、受苦又是为了什么呢？可以说，肯定不是为了最后的一代，为了到事物的终结时才出现的那一代。如果一代人的生活自身没有价值，如果它同它的直接的前后辈的联系也不使它有价值，那么它同那些遥远的后继者的联系也不可能给它以价值。我们的科学和哲学的价值，我们的艺术和诗歌的价值，是在于它们是为**我们**创造的；遥远的将来是否会觉得它们有什么用是一件令人十分怀疑的事情。经院哲学过去了，我们不再赞扬它，但这并不是反对它的价值的论据。如果它曾使生活在中世纪后半期的人们较为聪明和机智的话，如果它也为 339
各种能够超越它的力量作了准备的话，那么它可以说做了能够期望于它的一切，它在完成了它的工作之后衰亡对它来说是完全适当的；没有任何哲学有永恒的价值。这同样适用于诗歌和艺术，适用于国家和法律。尘世的一切没有什么是不朽的，它的价值也并不依赖于它的不朽性。生命无论是作为一个整体还是作为一个部分，都是一个自在的目的。

或者我们是害怕死亡要通过把生命投入**过去**使它成为虚无，从而毁掉生命的内容？但并非死亡在这样做；时间的流逝每时每刻都在这样做。生命的每一时刻都会走入过去；如果走入过去就等于消失的话，那它即被毁灭了。而如果过去的生命已成虚无，死

亡就不必再去毁灭它。然而，如果生命度过的每一时刻并没有因成为过去而被毁灭、消失，如果它仍有现实性和意义，死亡也就再也不能够毁灭它。因为死亡不具有任何反作用力，而只是一个停止、一个连续性的中断。或者你说过去实际上是无价值和虚无化的，仅仅那种现在存在的才是真实的，仅仅现在这一刻存在于我意识中的那一部分我自身和我的生命才有实在性？如果你这样想，当心不要让实在在你的眼前消溶。一个瞬间没有宽度，它只是一个点，任何生命都不能在其中扩展。生命只能存在于一个包括过去和将来的时间过程之中，而不能存在于现在的一刹那之中。如果在生命中成为过去就意味着不真实，那么生命就不可能成为一个实体了。我们将在以后的讨论中回到这个主题上来。①

① 见本书第8章。

第五章　义务与良心[①] 340

1. 义务感情的根源

在前面几章中我们达到了这样一个结论：那满足意志或者符合本性的都是善的。我们进而发现，这一意志的目标是个人和社会生活的保存和完善。我们对表现在语言中的价值判断分析的结果也是与这个观点一致的，即这样的人类行为和品质被称为善的——它们具有推进行为者及其周围人的幸福的倾向。

① 有关良心的解释，参见：——理性直觉论：中世纪学者、库德华兹(Cudworth)；克拉克(Clarke)；康德；费希特；佳纳特(Janet)，《道德理论》(*Theory of Morals*)，第3部，第1章；库德华兹，《手册》(*Handbook*)，第1部，第1—6章。情感直觉论：莎夫茨伯里；哈齐森(Hutcheson)；休谟；斯密；卢梭；赫尔巴特(Herbart)；布伦坦诺(Brentano)，《道德知识的起源》(*Vom Ursprung sittlicher Erkenntniss*)；施瓦茨(Schwarz)，《伦理学基础》(*Grundzüge der Ethik*)。知觉直觉论：巴特勒(Butler)，《有关人性的布道录》(*Sermons on Human Nature*)；马蒂诺，《伦理学的类型》，第2卷；莱基，《欧洲道德史》，第1章。经验主义：霍布士；洛克；佩里(Paley)；边沁；密尔父子；拜恩(Bain)，《情感与意志》(*The Emotions and the Will*)、《情感》(*The Emotions*)第15章、《意志》(*The Will*)第10章，亦见其《心灵与道德科学》(*Mental and Moral Science*)。进化论：达尔文，《人的由来》(*Descent of Man*)，第4章；斯宾塞，《伦理学数据》，第44节以后，《伦理学导论》，《社会研究》；斯蒂芬，《伦理科学》，第311页以后；许夫定，《伦理学》，第4章；耶林，第2卷，95页以后；冯特，《伦理学》，第3部，第1章4节，第480页以后等。——英译者

然而，我们似乎在此遇到了一个矛盾：若是按照通常的意见我们也可以说，善并不是做我们的**意志想**做的，而是做我们所**应当**做
341 的。履行善就意味着履行义务，而我们的义务看来并不符合自然的意志，因此在**义务**和**爱好**之间就有一种冲突。在行动之前，义务的感情反对爱好，它作为阻止物而活动；在行动之后，如果爱好在行动中胜过了义务的感情，义务感就做出谴责：说做爱好以为善的事情是坏的。对于我们本性中这种反对爱好和在责任和义务的感情中表现自己的东西，我们称之为**良心**。

这一现象的意义何在？我们怎样解决这一二律背反，即一方面是说我意欲的是善的；另一方面是说我应当做的是善的？抑或我们先前的整个观念都错了，而归根结底，真正的**道德的**善却是绝对不同于其他的善的——不同于那种自然意志的目标，而只是在名称上与它相似？

一种对**义务感情根源**的考察将帮助我们回答这一问题。

义务是怎样从有意志的存在物中产生的呢？是从自然的爱好与义务的冲突中产生的吗？它是某种超自然的东西，某种从外面进入有意志的存在物的统一体中的东西吗？在宗教看来它是这样的，因为良心就是上帝的声音。

这一概念包含着真理的成分，但作为一种解释却毫无价值。正如我们在物理学中不能到上帝那里去寻找原因一样，在道德学中也不能这样做。自然和道德的法则可能都指向某种在它们之上、超越它们的东西，但我们不可能以这种超越的东西为前提演绎出经验事实，我们必须在经验世界中寻求解释，而且我相信我们可

以找到它。

达尔文在他的《人类的由来》的第四章中曾经试着做过这种解释。他参考了动物中出现的同样过程。一只正抚养幼子的母犬，它看到主人准备去打猎，犹豫了一会儿，最后还是溜到自己的孩子 342
那里去了。然后在主人回来时，它做出种种羞惭的表示去迎接他，它正为它先前表现的不忠而懊悔。我们常常可以在驯养的动物中看到不同的本能之间，或一个本能和某种习惯性的气质之间的斗争。达尔文相信，在此我们有一种最初级形式的义务感现象，它是意志的一个获得性习惯和一个天生的原始冲动之间冲突的结果。这种要求遵循获得的习惯而非天生冲动的内在强制感就是义务感的最初形式，而那种不愿反对径直满足原始的天生冲动之后产生的不安和羞惭，则是忏悔的最初形式。因此，我们可以认定，那种固执地以社会或后天的本能反对满足一个原始冲动的感情，虽然不总是很强大，但有时是很有力的。它出现的条件是一种发展到足以保存对过去行为的生动印象的记忆。这些感情在人类中必然发展得十分强烈，因为人的记忆能比较长久和比较真实地保存过去，他的意志也是持久、有力地受着风俗的决定，这风俗在一个很大的范围内使他的行为免受一些暂时的冲动束缚。

人们会提出反对，说这不可能解释人的义务感所特有的权威性。[①] 义务的特殊强制性并不来自个体的冲动本性，良心的反应

① 如见舍尔曼，《达尔文主义的伦理意义》，第5章。——英译者

也完全不同于由于冲动没满足所引起的感情。[①] 义务反对个体的意志是以一种绝非得自自然冲动的权威出现的。

343 而我却相信，按照进化论的前提解释这一事实并非不可能。义务的权威性来自意志同风俗的关系，或者说个人同社会的关系。

我所说的“风俗”一词意指一个群体的所有成员所实行的相应于动物各种本能的行动。动物的行动是由三个本原支配的：冲动、本能和个体经验。冲动调节各种植物性和动物性的功能：营养、呼吸、繁殖。“本能”这个词则用来概括那些解决较复杂的动物生活问题的行为类型，像吐丝织网、定期移栖等，它们是由种在其生活过程中获得的，通过遗传而转交给个体，这些个体在实践这些本能时并不曾意识到这些本能的目的。这些本能的特征在于它是种的组织的智慧。[②] 除此之外，动物也通过它自己的经验获得较小范围内的个体的智慧。

在人这里也同样有这三种本原。各种本能经历了一个最特殊的变形——它们现在是作为风俗出现。风俗在下面这些方面类似于本能：它们也是为解决复杂的生活问题而作为手段定型了的行为类型；人们在遵循它们时也不曾意识到它们的目的，它们代表着包括了个体的人类的智慧。但风俗也跟本能有不同的地方：个人是**了解**它们的，虽然在遵循它们时并不意识到它们的目的性，但意识到了它们的存在和强制性。个人坚持别人也要像他自己一样遵

---

① 马蒂诺，第 2 卷，第 419 页以后。——英译者

② 关于本能、冲动的心理学，见拉德、詹姆斯、鲍德温（Baldwin）、萨利（Sully）、许夫定等。——英译者

循它们，把它们概括成一些以“你要”、“你勿”开始的普遍规则。因此我们可以把风俗定义为**意识到自身的本能**。区别在于风俗不是像本能一样是作为自然特征从有机体中遗传下来的，而是通过**有** 344
意识的活动，通过**教育**传递的。而且，风俗被集体**有意识地**坚持着：一个动物不遵从它的本能只会受到它的行为的自然后果的惩罚，而一个违反风俗行事的人则会在他周围的人中引起各种各样的反应：从一种几乎觉察不到的不赞成一直到处死。[①]

让我们举一个例子。在许多高级动物中性的功能受到一种特殊的本能支配。它们的性交不是杂乱的，而是在一个雄性与一个或几个雌性之间进行，至少在交配季节是这样，嫉妒排除了别的雄性。在类人猿中我们可以观察到这种习惯。它们或是一夫一妻或是一夫多妻，每个家庭都分开生活，或者几个家庭联为一个小团体生活，但无论在那种情况下，嫉妒的雄性都排除所有的对手。[②] 因此，本能调节着繁殖的功能以尽可能地防止杂交，这无疑是一种倾向于保存生命的自然安排。我们在人的**一夫一妻和一夫多妻婚姻的风俗**中发现了同样的东西。这一风俗通过教育传给后来的世代，通过节制和贞洁的德性在个人中建立。任何对它的违反都被禁止，任何公开破坏规矩的行为都被人讨嫌。社会环境继续着教育的过程，对贞洁规范的背离受到严厉的谴责。特别在妇女中，周围人的反对通过她们对违反者态度的变化表现出来。如果这一风俗本身遭到侵犯，一种更强烈的反对就接踵而来；冒犯者若是未婚 345

① 冯特也把本能与风俗相比较。见他的《伦理学》第 88 页以后部分。

② 达尔文：《人类的由来》，第 20 章。

的女子，则被从婚姻中排除，而一个与她结婚因而取消了对她的惩罚的男人自己又遭到周围人的轻蔑的惩罚。然而，如果冒犯者是一个结过婚的妇女，风俗就要求惩罚这一对男女。在一夫多妻制的民族中这种惩罚尤其严厉。

也许，我们可以为别的风俗在自然本能那里找到同样的基础。例如，最古老的法典均普遍依据这一风俗——那种禁止对同一群体的一个成员凶杀、袭击、抢劫的风俗，可能是来自那种阻挠一群个体互相攻击的本能。那种在国家中达到最高完善的权威和服从的关系，也以幼芽的形式在动物群中出现。

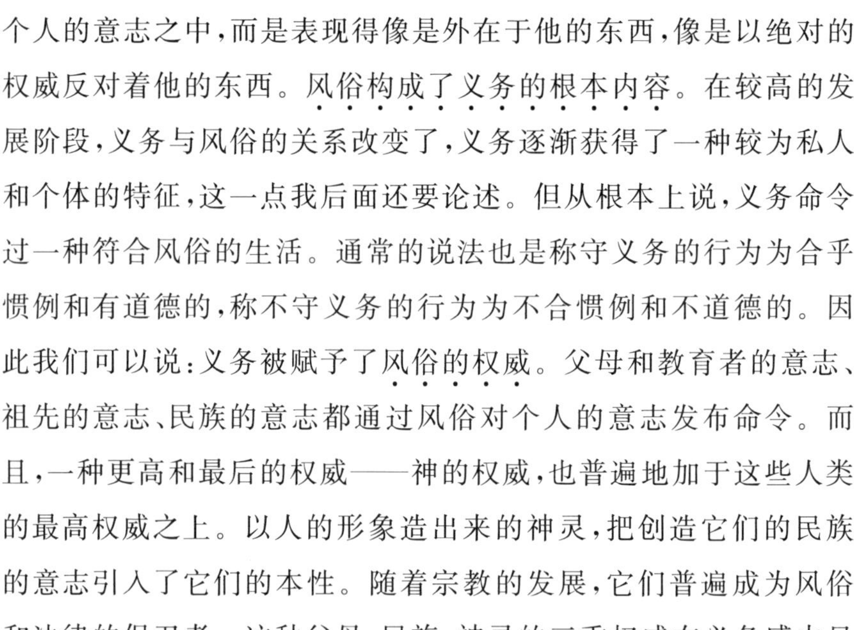

我们现在可以理解到为什么义务表面看起来好像并不植根于个人的意志之中，而是表现得像是外在于他的东西，像是以绝对的权威反对着他的东西。**风俗构成了义务的根本内容**。在较高的发展阶段，义务与风俗的关系改变了，义务逐渐获得了一种较为私人和个体的特征，这一点我后面还要论述。但从根本上说，义务命令过一种符合风俗的生活。通常的说法也是称守义务的行为为合乎惯例和有道德的，称不守义务的行为为不合惯例和不道德的。因此我们可以说：义务被赋予了**风俗的权威**。父母和教育者的意志、祖先的意志、民族的意志都通过风俗对个人的意志发布命令。而且，一种更高和最后的权威——神的权威，也普遍地加于这些人类的最高权威之上。以人的形象造出来的神灵，把创造它们的民族的意志引入了它们的本性。随着宗教的发展，它们普遍成为风俗
346 和法律的保卫者。这种父母、民族、神灵的三重权威在义务感中显示了自己：义务感是对一个较高的限制爱好的意志负有责任的感情。确实，这一较高意志并不具有超人的力量，并不是以武力和恐

惧来统治的，而是被个人意志内在地接受为一种有绝对权力发布命令的意志，一种在所有情况下都必须遵循的意志，即使它并没有施以外力的强迫。[①]

2. 义务与爱好之间的联系

我们回到开头提出的问题：这两种善——在遵守义务意义上的善和在符合我们的爱好及推进幸福意义上的善——之间的关系是什么？

借助于我们刚才的讨论，我们现在可以说：善的这两种观念通过“风俗”这一中介可以达到和谐一致。风俗跟与它们相似的本能一样，是为了解决不同的生活问题而确立的**有目的的行为类型**。它们有助于保存创造它们的社会整体，有助于作为整体成员的个体的正常发展。就义务要求个体根据风俗调整他的行为而言，遵守义务的行为也倾向于推进这一个体及其周围人的福利。由于每一个体的意志根本上都是指向这一目的，所以意志的根本目标也就是义务所要求的。爱好与风俗，个人意志和社会意志，总的说都倾向于以同样的方式决定行为。这样，回到我们刚才的例子，风俗要求性生活符合一夫一妻制或一夫多妻制的婚姻。事实上，个人的意志也自然地指向与之相同的目标，只是在一些例外的情况下我们的爱好才从正常的状态偏离。风俗禁止个人杀害、抢劫或损 347
伤他的同胞，而归根结底，个人的意志也是与此对立的；他也欲望

① 在这段中提出的观点的更详细解释，参见斯宾塞和拜恩。——英译者

他的群体生存和幸福，也欲望同他的群体的成员和平友好地相处。这就是一句古老格言的意义：人天生是一种**社会的动物**，只是在一些稀少、例外的情况下才发生伤害群体的一个成员的事件，即当个人不能以任何别的方式达到某种特别的私人的目的的时候。风俗本身的目的是集体的保存和幸福。稳固良好的家族关系，内在的和平和安全，显然是一个集体幸福的基本条件。如果一个群体或民族完全没有它们，或者对它们的偏离成为常规，那么这一群体在生存斗争中就必然要屈从于拥有一种稳固的道德秩序的邻近群体。但是，集体的幸福也包括个体的幸福，集体的确不能脱离它的成员而存在。因此我们也可以说，风俗的目的是个体的保存和幸福。就个体欲望他自身生命的保存和幸福而言，他也正是在欲望风俗所欲望的。而且他的确不能离开风俗的规定而实现自己的幸福。这一方面是因为这是解决特殊的生活问题的最好手段；另一方面是因为离开风俗就会导致他与整体间的冲突，这种冲突必然会阻碍他的个人幸福。因此，风俗和个人意志、义务和爱好，实际上是以同样的方式影响行为的。它们之间的冲突是偶然和例外的。

一个稳固的风俗对个人意志所具的影响可以在这一风俗被侵犯时观察到：这一集体的所有成员马上出来捍卫风俗，他们必定都
348 希望风俗是稳定和至高无上的。只是在某些偶尔的孤立的情况中，个人才欲望一个对他有利的例外。一个无人遵守、无人支持的风俗就不再是一个风俗了。因此，风俗的法则在它反映了真实的、普遍的现象，而不仅仅是纯粹义务的意义上，它也是一种自然的法则。

但是，怎样解释意识中即使不是一贯也是时常发生的义务与爱好相对立的现象呢？我认为可以解释如下：个人仅仅在他的爱好跟风俗相违背时才清楚地意识到风俗。而只要他的爱好符合风俗，良心就不对他说什么；沉默就意味着赞同。夫妻间的爱情并不被感觉为一种义务，但当冲动走向一个不同的方向时，风俗就在意识中出现，宣称满足这种冲动是违反义务的。对婚姻的爱好并不被感觉为一种义务，只是在冲动不再朝着缔结婚姻的方向前进，就像古代的一些民族衰落时常发生的情况那样，婚姻才被集体和个人视作一种义务。我们平时并不说起生存的义务，因为意志自然地就指向生存。但无论什么时候一个人若感觉到一种放弃生命的爱好，他才开始意识到这一事实：自杀是不道德的，活下去是一种义务。我们也并不把饮食看作一种义务，但如果活着是一种义务，饮食也就必定是一种义务。只要我们是在按照风俗和惯例饮食，义务就不作声，但当我们想违背风俗，它的声音就在意识中出现，比方说，禁止过度饱食和偏食。所以，我们也是在挣取财产的自然冲动缺少时才感到挣取财产是我们的义务，而平时我们只把它看作一种限制冲动的义务而命令：你勿偷窃、欺骗、贪婪和奢侈。我们并不感到说话是我们的义务，爱好就已经使我们这样做了；但却 349
感到限制这种欲望是一个义务，因而命令：你勿饶舌、轻率和骗人。因此可以说：义务总是作为对**冲动的一种限制**出现的，它以冲动的存在为前提，没有冲动也就没有义务。就其起源来说，义务本质上是**否定性的**：“**你勿**”是风俗、法律、义务开初用来反对让自己的冲动走过了头的那些人的公式。肯定性的公式并不读作：你要，而是读作：我要。只有在自然的冲动或意志缺少时，义务的公式才使自

已出现，把“我要”变成“你要”。

因此，我们习以把义务与爱好之间的冲突解为例外的情况。义务或道德律的命令是一些表现了一个集体的**真正**意志的性质和方向的公式，这一集体的真正意志通常是在这一集体的所有成员中显示自己的。当然，在这些规则中出现例外就跟在生理上有例外一样并不让人奇怪，因为它们是对其复杂现象的一种经验法则。但尽管有盲人和聋哑人，人具有视力、听力和说话能力仍然是一个规律。同样，尽管存在着通奸、偷窃、说谎，也并不排除人们在持久的家庭中生活，具有所有权和用谈话表达自己的内心这些都是常规。当我们观察作为一个整体的民族时，事情就变得十分明白了：义务和意志是和谐一致的，民族意欲它的风俗和法律，因为它们并不是由外面强加的，它们是民族的特定意志的表现。意志和义务在个人那里并不完全和谐一致，在有些情况下他意欲他不应当做的，或者相反，他不意欲他应当做的。然后他就要把法律看作外在于他的东西，看作限制他意志的东西。然而，一般说来，他也意欲风俗所意欲的，并总是准备阻止他人对风俗的背离，如果不是用行动，也至少用思想和言词来阻止。

3. 对康德观点的批评①

350 根据康德的意见，爱好与义务感之间的冲突对于道德来说具

① 热奈，《道德理论》，第 3 部，第 5 章；麦肯齐，《道德手册》，第 4 章，第 8 节以下；缪尔赫德，《伦理学要素》，第 56 节；布拉德雷，《伦理学研究》，第 4 论。——英译者

有根本的意义。在他看来，只有当意志由义务感决定，没有或不管任何爱好的时候，一个行为才具有道德价值。因此，他不把因爱好行善看作有价值的。威克非教区的牧师承认没有什么事情能比致力于人民的幸福使他更感快乐的了，承认他的朋友都清楚地意识到他的努力是成功的。但是，根据康德的意见，道德家将必须说："这样一种行为，无论是多么正当，多么可爱，还是没有真正的道德价值，而只是处在与其他爱好同样的水平上。……由于道德的意义就在于这种行为应出于**义务**，而不是出于爱好，所以上面那种行为准则没有道德价值。假如那个慈善家自己被自己的忧患重重包围，弄到他对别人境况的同情心完全消失，假如他虽然还有力量挽救别人摆脱困难，但因为自顾不暇，别人的困苦并不使他动心；再假定他使自己从这种麻木不仁的状态中解放出来，虽然没有施惠的爱好但却出于义务而行善，那么他的行为具有真正的道德价值。"[①]这同样也适用于一个人自身生命的保存和一个人自身幸福的推进："大多数人对生命的小心保养并没有内在的价值。""另一方面，假如灾难和绝望弄得这个人全无生趣，假如这个不幸者意志坚强，他不是沮丧失望，而只是对他的命运感到愤慨，他希望去死，但他虽已不再留恋生命却仍旧保存它，他这样做不是出于爱好或畏惧，而是出于义务，那么，他的行为准则就有一种道德的价值。"[②]

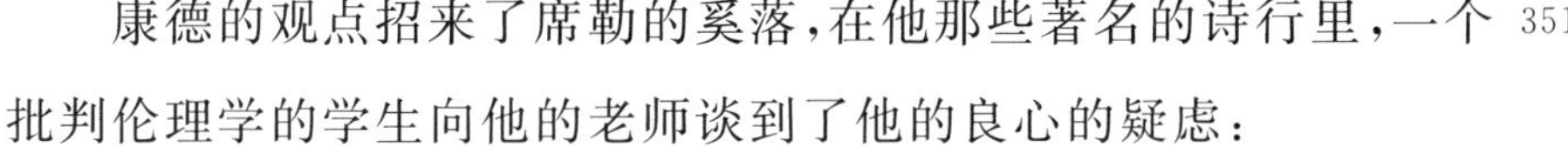

康德的观点招来了席勒的奚落，在他那些著名的诗行里，一个 351
批判伦理学的学生向他的老师谈到了他的良心的疑虑：

① 《道德形而上学基础》，哈特斯太因第 4 版，第 246 页。

② 同上。

“我快乐地为我的朋友效劳，
但是，天啊，我这样做却是出于爱好，
重重的疑虑因而折磨着我的心，
我不知道这样做算不算正派公道?”

然后他得到了下面的劝告：

“你唯一的办法就是先努力蔑视你的朋友，
然后怀着厌恶去做义务命令你做的事情。”

我们必须承认，这一奚落并不是没道理的。根据康德的理论，一个人的价值完全依赖于他是否能从其意志中排除爱好和冲动，而仅仅靠义务的感情来决定意志。这样一个仅仅为义务而行义务的人，是一个体系建造者曾经构造的最呆板的模特儿。然而，在这一观点中还是有一些真理的成分。义务和爱好的冲突不是常规，义务感对爱好的压制并不是所有道德价值的条件。但我们还是可以说真正的道德品格清晰地在上述冲突中显示。当一个富人在街上发现一个钱包，把它交还给失主时，我们把他的行为看作完全自然的，而并不把这看作是他相当正直的一个证据。这个人也许正去股票交易所，在那儿他可能通过熟练地操纵市场，而毫不留情地剥夺另一个投资者的全部财富。然而，当一个穷人同样捡到一个钱包，他因义务感的驱使而将其交还失主，压制了他占有这个钱包
352 的欲望时，我们却认为这是他的诚实甚至他的道德的一个强有力的证据。所以，无论在什么地方，只要爱好与义务的冲突还从未发生过，意志还从未有过机会决定反对爱好而服从义务，我们就说这个人的品格还没有被测试过。我们要到意志显示了自己反对诱惑

的证据时，才确信这一意志在道德上的可靠性。

但另一方面，我们却不能承认：一个总是自然地倾向于正当行为的意志，会因此比一个为了使其正直必须反抗一种不情愿或危险的气质的意志要少一些价值。康德倾向于这一观点。我们在同一个地方读到：“假定一个人从本性上说缺乏同情心，假定他在其他方面都是个正直的人，但就是性情冷淡，不关心别人的困苦，也许这是因为他对自己的困苦，生性能够忍耐并镇定自若，而且设想甚至要求别人也应当如此。这样一种人当然并不是太坏的人。这种人即使生来不适宜做慈善家，难道不还是可以使他自己具有比那种生来慈善的人所能有的**高得多**的道德价值吗？这无疑是可以的。正是在此，才表现出**这种品格的道德价值是无可比拟地高于一切的**，就是说，他所以仁慈，不是出于爱好，而是出于义务心。”[①]这样一个人肯定是值得尊重的，比一个软弱柔顺、任凭自己的同情心推动的人要更令人尊敬。在我看来这样一种情况并非不可能：就是康德在描绘这一画面时是想到了他自己，是根据他自己而描绘的。然而这样一种品格不会是我们所能想象的人性中最崇高和最完美的类型。按照康德的公式，一个天使就必然要缺少那种“无可比拟地高于一切”的道德价值，因为天使的“气质”不需要也不可能由意志来改善。但谁会为这一“缺点”而责备他呢？

席勒在《幸福》这首诗中比较了两个人：一个是通过他自己的 353
努力使自己成为一个正直的人；而另一个是由神赋予了一种美丽和高贵的本性。他称后者为幸福的，把他放在道德的较高层次上：

① 阿博特(Abbott)译本，第14—15页。——英译者

“意志，严厉的意志
能使你反对无价值的事情，
但那一切伟大的东西，
却全是神的慷慨赐予。”

他在类似的一首诗《天才》中表达了同样的观念：

“难道我必须猜疑那默默预告我的冲动，
猜疑那自然亲自写在我心上的法律，
直到学校在那永恒的印记上打下它的戳子，
让那僵死刻板的公式捆绑住飞扬的精神？”

他回答了这个问题：

“如果你，啊，幸福的人
从未失去过护卫你的精灵，
从未压制过那忠实的本能的劝告，
那么继续吧，继续保持你那宝贵的天真！
科学不能教给你任何事情，
甚至她倒要做你的学生！
那以铁剑威慑反抗者的法律，
于你却是这般合意，
你做的、使你欣悦的——那就是法律！”

确实，康德（费希特甚至更甚）夸大了义务意识在生活中的作用。我们不仅并非走每一步都要被迫受义务意识指导，我们甚至不能把这看作一个缺陷。用“对道德律的尊重”来取代自然的冲

动，使它成为意志的唯一动机是不可想象的，也是不可取的。确
实，道德哲学家都倾向于把仅仅以义务观念来决定意志行为看作 354
最完善的状态。斯宾诺莎的贤人完全听从理性的指示，冲动不再
影响他的行为；边沁或密尔的智士本质上也跟这种贤人一样。而
两者的确又都是以斯多葛派和伊壁鸠鲁的贤人为蓝本的。但在现
实生活中，理性或义务观念并不扮演如此重要的角色，它是自然冲
动的一个必要的调节者，但不能取代它们。冲动可以说是使生命
钟保持运转的力量，理性不能代替它们，它自身并无推动力。

康德在此还陷入了旧理性主义的窠臼，虽然必须承认，康德曾
做过许多工作来破坏它。在随后的时代，自然本性重新得到了它
的地位，人们的基本看法是，那种最高和最好的东西不是由理性发
明的，不是根据意识的规则制作的，而是一种无意识的成长的结
果。这对于善和对于美都是如此。美的东西并不是由理性的思维
根据美学的规则构想和制造出来的，善的东西和完善也同样不是
根据伦理学的规范设计和制造的。真正的艺术作品是无意识地被
天才领悟和创造出来的，美学在这一过程中并不发挥什么重要作
用。所以，道德的天才、“美丽的灵魂”也是可靠地受着本能的指
引，经历着一种完善和美丽的生活，而无需不断地思考道德的法
则。美学和伦理学的规则并不具有一种天生固有的推动力，它们
的职能是防止僭越和违犯；它们不是创造性的，而是限制性的。在
艺术品或道德行为的产生过程中，规则并不一定总要出现在意识
中，更不是一定要占据注意的中心；实际上这倒会妨碍和扰乱有机 355
生长的过程。一个众所周知的事实是：当我们在写作时如果老是
考虑拼写的规则，我们就会变得困惑不安和犹疑不决。回答一个

字怎么写的问题的最便捷方式就是无意识地写出这个字。同样，许多人在决定一个道德问题时，实行一个行为要比思考它更有效和更带确定性。正像歌德说的：

> “所有我们最好的努力
> 都是在无意识的活动中取得成功。”

因此，公正的人们不会根据一个人是否对义务考虑过很多和是否意识到以义务为动机来确定他的道德价值。特意计划的道德品格很容易带上某种“故意性”——我们在把它跟自然的气质相比较时，对它会产生一种反感。我不知道有关康德生活的描述是否绝对真实，康德是否真的是这样一个生命的钟表装置，以义务作为他的主要动机；但我必须承认这种描述决不使我喜悦。义务的感情可能防止了世界上的许多恶产生，但美好和善良的东西却不是从义务的感情萌生的，而是从心灵的生气勃勃的冲动中萌生的。

创造性的艺术家都熟悉这一思想。诗人们，歌德、席勒以及吕克特都不断地强调这一点：

> “心上人啊，瞧那棵繁花盛开的树木，
> 是什么让它如此美丽，它也难以清楚。
> 自它的内部，一切都似乎自然而然地，
> 涌流出一股喜悦、光明和爱意。
> 它轻而易举地产生出个体，
> 而整体存在并活动着，任其泰然自持。
> 你也应尽自己的义务，就像它一样，
> 然后你才会明朗，一如你现在的沮丧。”

4. 先定的直觉主义道德哲学的进一步错误

让我们对那种先定的直觉主义道德哲学的某些别的错误，再作一番评论。这种道德哲学坚持各种义务的法则是**自明的公理**，就像数学的公理一样，可以以一种直接和**直觉的**确定性认识它们。356
这些命题：像正直诚实的行为是善的，说谎和欺骗是恶的，一旦它们被理解就马上被接受为绝对真实的。论证它们的确实性是不需要也不可能的。

我们将必须承认：道德律是被人们直接和普遍地作为确实的命题认识的。但这些认识不是别的，只是对风俗的肯定性和否定性表示而已。集体的每一成员，只要他在集体的生活中扮演一个角色，就都意识到风俗。他是通过无数特殊的判断了解到风俗的，别人和他自己用这些判断来表示对各种行为的赞成和反对。他在个人事务中用以做出直接决定的确信则依靠他的实践。他也通过普遍的公式了解到风俗；从孩童时候起他就对各种命令和禁令有印象了；叔本华的说法不无理由，就是我们把那些我们不记得曾经学过的真理看作是天赋的。而且，语言把道德判断凝缩为指示行为类型的词义：正像“坦率”和“朴素”表示着赞成一样，“说谎”和“贪婪”表示着反对。因此像“说谎是坏的”这个命题，是一个先验的“分析”判断。最后，同样确实的是：道德律在意识中是作为“绝对命令”出现的，它们并非以劝告我们去推进个人或普遍幸福的形式出现，而是以绝对的命令和禁令形式出现。因此，到现在为止，直觉主义伦理学所坚持的还是不能否认的事实。但当它继续往前走时就出错了：它断言这些命令没有**客观的**基础，伦理学的唯一任

务就是系统地总结各种特殊的命令和禁令，也许还要以一个普遍
357 原则把它们归纳起来，比方说以它们适合成为普遍法则的性质。无疑，道德律的存在和确实性确有一种客观的基础，这些道德律在意识中是以绝对命令和禁令的形式出现的，对它们的遵循是个人和种的幸福的条件。发现这一客观基础是道德哲学的任务，正像法哲学的任务是要解释法律的本质，亦即通过指出它要解决的人类集体生活的问题来证明它的作为手段的必要性。清点和编纂决不能形成一门科学，至少是不能形成一门哲学的科学。

直觉主义伦理学倾向的另一个错误，是以为良心不变地以**主观的确实性**和**客观的无误性**向每一个人揭示义务的要求。康德这样争辩说："智力最平常的人也能容易和不费踌躇地看到"道德律所要求做的；或者，"什么是义务，这是人人都不辩自明的，倒是什么行为能给人带来真实而长久的利益，使人一生享用不尽，却是朦朦胧胧、令人难测究竟的。"①

这后一句话肯定是真实的，但是说任何人都能不费踌躇地知道什么是义务的要求却无疑是不真实的。当然，在很多情况下，我们的义务是可以直接和完全清楚地看到的，但绝非在所有情况下都是这样。

假如一个保险公司的职员，违反他的公司的规则，表现了对某个投保人的偏心，并为此得到报偿，那么，良心会说，这是偷窃。如果他做同样的事情，是为了使一个同事快乐，或者因为他对一个邻人的友谊，但并没有从中取得报酬，那么他的良心会说，这是有背于义务的，你被雇佣是为了要尽你最大的努力推进公司的利益和

---

①　见《实践理性批判》，第1卷，第1章，第8节，评论2。

防止它的损失。但是让我们再改变一下条件,让我们说那个被保险者履行了他对公司的全部义务,而只是忽视了一个琐碎的纯粹 358
技术上的细节,这一忽视却合法地免除了保险公司对他的义务。让我们设想付款的那一天,这个职员偶然发现了这一错误,他知道公司可以拒绝付款,但也知道,若不付款,被保险者或他的继承人就要遇到极大的困难。然而,这时公司正要付百分之八十的股息给那个投保人。这时他应当怎样做呢?他有权利忽视这一错误吗?或者他要好像不知道公司没有灵魂似的,诉诸公司的正义感?此刻他的良心并不告诉他应怎样做。一个康德主义者能用他那魔法般的公式——这样行动,仿佛你的行为准则要凭借你的意志成为一个普遍的自然法律——达到一个毫不含糊的结论吗?

通过夜盗和扒窃占有我的邻人的财产无疑是违反义务的。但还有别的手段:当他陷入困境时我可以借钱给他,我可以以一种合法的方式通过一种老练的操纵达到占有他的财产。良心说,这是放高利贷。但对另一个人的良心来说这样做可能是完全适当的。没有被禁止的就是可以允许的,生意就是生意,每个人都必须照管自己。但让我们修正一些情况,我有息贷款给某一人,当我知道这对我有利而对他不利时,我这样做是正当的吗?我至少必须首先确信我的获利不会损害他的利益吗?那么怎样解释商业交易呢?假定一个银行家掌握了一个别人还不知道的消息,比方说,他听到西班牙发生了一场革命。他卖掉他的西班牙债券,使买主在第二天早晨获悉消息时代替他损失了一百万。一个股票交易的新手在这样一次冒险后可能多少会感到一点不安,他的良心提醒他:己所不欲,勿施于人。第二天他大概不想正脸看他的顾客。但是,我每 359

做一笔生意时都要先探询一下是否他方会因此受损吗？而这是不可能的。商业只可能建立在这样的假定上：就是双方都默认每一方都要保护他自己的利益，并期望对方也同样做。甚至最正派的妇女也是在她能按最便宜的价格购物的地方买东西，而不关心卖主是否会蚀本；每个卖主也是按他能够卖出的最高价出售，而不关心他的货物对买主是否真值这么多。在此我们怎么区分呢，哪边是绝对正当，哪边是绝对不正当呢？

上面的例子都取自普通的德性领域内，还是比较简单的。当我们考虑比较复杂、微妙和私人的关系时，困难就变得更加明显。一个青年男子向一个姑娘做出了和她结婚的允诺，他必须守约吗？确实，他做了他的诺言，这一诺言是神圣的。但如果这一允诺是在他一时不能完全控制自己的情况下做出的呢？他现在看到他若守约就可能带来各种各样的苦恼，他能够不经她同意就毁约吗？但若是我们一发现守约于我们不利就毁约，那么订约还有什么价值呢？可是，如果他是被骗了呢，是被各种各样女性的诡计骗到这一步呢？现在他经过进一步的接触，发现和她在一起生活是不可忍受的，发现这会给她带来跟自己同样多的不幸，他应当怎么做呢？若她不放弃他，他应当同她结婚吗？或者一年一年地拖延下去，甚至结束自己的生命？或者这样说是正当和合乎义务的，即声言我不可能也不希望和她结婚？

再假定有一个与他所属的政党或政府在某点上意见不合的政
360 治家，现在有一个政纲被拟定好了或者要发表一个宣言，他不同意的观点在那里被强调为党的一个基本理论，或作为政府的一个特定目标，他被要求签署这一文件。他应当怎样做呢？是签署它吗，但这不等于是说谎吗？离开党吗？这样做不仅意味着终结他自己的政治生涯，而且可能严重地损害他所支持的事业。他该怎么办？康德的义务公式能够告诉他怎样做吗？我不相信能够。他将自忖这一争议是否是一件相当重要的事情。如果不是，那他做出妥协是可能的，因为没有妥协怎么可能有合作呢？然而如果这件事至关重要，他将对自己说：比起做一个不真诚、半心半意的追随者来说，我还是与我的同僚分手为好。在此根本的问题是什么呢？当反对无误性的教义的德国主教们在决议作出之后接受这一教义时，他们受到了激烈的谴责。他们本应继续反对和脱离教会吗？但他们不是也可以公道地说教会不止是一种组织形式吗？他们中还有人会怀着某种满足回忆那个时候吗？而那些采取相反立场的人还有人为此责备自己吗？

但是，人们可能反驳说：这使所有道德问题都变得不能确定，把它们交付给放任的决疑论了。我不认为是上述说法**使**它们不确定的，而是它们本身**就是**不确定的，并且总是会这样。事情实际上决不会像有些人想象得那么简单；他们认为有一种天生的能力（被称作实践理性或良心），能通过在一个一般原则之下归纳每一事件而无误地调节一个人的行为。难题确实不仅仅在于根据一个现成的公式来决定给定的事件。

认为人们可以毫无疑虑地在特殊事件中决定什么行为合乎义务的观念是错误的。跟这一错误观念相联系的还有另一个直觉主义伦理学所特有的错误，就是认为道德律是**绝对不容有例外的法则**，每一个跟这一法则的公式不一致的行为都一定是违反义务和 361
不道德的。我们已经在上文接触到这一点。由于它最清楚地强调

了两派道德哲学之间的不同，我要再一次在这里考虑它。

康德把道德律的绝对逻辑必然性作为他整个理论的支柱。根据他的意见，普遍性是同道德不可分离的。而另一方面，对于目的论的伦理学来说，道德律则是经验的法则，就像生理学的法则以及以其为基础的营养学的规则一样。像所有经验法则一样，它们是容有例外的。虽然确定的行为类型具有促进或阻碍行为者及其周围人的生命的趋势这一点无疑是真实的，但由于人类联系的极其复杂性，也会出现这种现象：就是某些行为的自然效果可能走向它们的反面。因此，对一个道德律形式上的违反可能变成在道德上是允许的，甚至是必要的。当上述形式上的违反来到实践之中时，我们决不会怀疑这一点。而直觉主义不能够解释这一事实，这进一步证明了它们的片面性。

让我们举一个例子。一个军人在服役时的首要义务是服从——无条件的服从。军人的服从是现代国家存在的一个基本条件。我们可以从施加在对这一规范的最轻微违反的严厉惩罚中，看到这一义务的极其严格性。然而不管怎样，对这一义务的违反并不带来后悔和谴责的情况还是可能出现。在图拉根的会议上，约克将军根据自己对政治局势的个人意见，自作主张地跟敌人达成一项协定，公开违抗了国王的命令，因而公开破坏了军人服从命令的规范。这一行动是否违反了义务并因此在道德上是不正当的
362 呢？根据康德派的公式肯定是这样。约克确实不能意欲他的这一行动准则变成一个普遍的自然法则，变成决定普鲁士军人行动的普遍法则——亦即当你觉得国家的局势要求采取一系列和总司令的命令不同的行动时，你就可以违背他的命令而根据自己的判断

行事。然而，约克在经过很久的犹豫之后还是决定做这件事情。那时结果是很难预料的，且不说对服从命令规则的破坏这一不好的先例，他的行动还有可能引起国家的毁灭。但他还是这样做了。那时他可能认为：在这一特定时期要把国家从蒙受屈辱和无力防守的地位中解救出来，也许只有在这个时期依靠他**独立自主**的行动。结果证明了他的行动是对的，国王自己后来也认识到这一点，历史现在赞扬约克的决定，甚至一个法国历史学家也不会责备他。这等于是承认这样一种情况可能出现：这时国家的安全可能要求一个官员做他的工作的基本规范所禁止的事情——在政治问题上采取自主的行动而反对政府的明确命令。任何一般规范都不能说明这种紧急关头何时出现。是的，我们可以确定这样一条唯一可能的**普遍**规则：军人必须服从，而且在任何情况下他都不能因自己的政治见解而做出违反命令的行动。但不管怎样在此还是隐含地补充有一个条件：假定国家的利益并没有使一种不同的行动成为绝对必须的。人民的幸福是最高的法律：这是所有特定的、甚至那些最不能违反的法律的一个相当危险的、但却决不会被排除的附加条件。军人对这一法则的错误应用应受到死亡的惩罚，这是公正的。

任何一条道德律都受到同样的条件制约，因此也都容有例外。363
就像安息日的法律一样。道德律是为人而作的，人却不是为道德律而作的。法律学家有一条古老的格言：有了正义，就有了世界。与此相一致，康德派道德哲学说：有了法律，就有了生活。对这个公式有一个很好的理由：就是法律的稳固性要比某一个特殊目的更重要，但从根本上说，法律是为了人而存在的，是为了保存他们而非毁灭他们。在道德法则和人类生命之间同样具有这种联系。

道德律的价值归根结底仅仅在于它具有保存生命而非毁灭生命的趋势。假如出现一种服从法则将产生长久的衰败的情况，那么形式必须让位于内容，手段必须让位于目的。我们后面将有机会展示一些特殊的道德律是怎样受这个条件制约的；必要的说谎，必要的不正当（法律学家称之为必要的法则）就是这种例外。

5. 良心

我们把良心定义为对**风俗的意识**或**风俗在个人意识中的存在**。它所具有的权威是所有那些支持和保卫风俗和法律、反对特殊的越轨意志的人的权威：首先是父母和教师的权威，他们把风俗或客观道德印在孩子们的心灵上；然后是一些较大的生活圈子的权威，它通过赞扬和谴责、称誉和羞辱来对个人的行为进行判断；再后就是法律和地方行政官的权威，它们通过威吓和惩罚制止违犯者；最后是神的权威，它给风俗和法律围上一层宗教敬畏的光环。个人就把自己的行为跟这些如此核准和保护起来的标准比较，根据普遍的意志调节他个人的意志，而这一普遍意志说到底也是他自己的一般或基本意志。因此就出现了这样一些感情，它们在行为之前被经验为制止或推动的感情，在行为之后被经验为后
364 悔或满足的感情。良心的内容是变化的，随着风俗变化而变化，不同的氏族和民族又根据他们各自不同的特性和生活条件推进风俗。然而，这一形式又是普遍一致的，即有**一种对更高的意志的认识，个体的意志感到自己内在地被这一意志束缚**。这一更高的意志归根结底被普遍地认作一种**超人**的意志，或**神力**的意志。

那些把良心解释为来自上天的声音，并把这一概念看作对良心根源的一个解释的人，拒绝历史和心理学对良心的解释，认为它不仅是一种不能令人满意的理论，甚至还是一种**危险的理论**：它剥夺了良心的神圣性，因而也摧毁了良心的有效性。这一结论常常被有些人接受。佩·里在他那本精巧的著作《良心的根源》中就这样认为："历史心理学考察的实际结果是使良心的命令失去它们的神圣性；凡知道产生良心的动力正是人本身的人，都会失去对违反良心命令的绝对畏惧。"[①]

我不同意这一观点。在我看来，良心权威的丧失并非人类学解释的一个逻辑结果或者一种必然的心理效果。良心权威的丧失，之所以不会是人类学解释的一个逻辑的结果，是因为：难道由于我们坚信道德律表现了人类逐渐获得的有关什么行为有益或有害的经验，就会使道德律失去它的确实性吗？相反，我们能期望有比一个民族的世袭智慧更强有力的证据吗？我们的良心在主观上反映了通过风俗和法律发展着的客观的道德生活秩序，这种知识确实不可能毁灭这种秩序的确实性或目的论意义上的必要性。人 365
类学对良心的解释也不会产生使我们冷落风俗的心理学效果，甚至当我们相信精神生活中那些通过遗传或教育获得的成分是错误和荒谬的时候，这些成分也仍然影响着我们。我想知道：我们有多少开明的自然科学家能够说绝对免除了迷信的畏惧呢？白天不相

① 亦见居伊约（Guyau），《无制裁和义务的道德》（*Esquisse d'une morals sans obligation ni sanction*），"科学精神是所有本能的敌人，它倾向于毁灭本能基于其上的义务感。所有本能都在意识的层面上消失了。"——英译者

信鬼神的人是很多的，但到了晚上呢？而在我们现在所说的事情中，我们所涉及的并非我们感情和表现中那些错误或无意义的成分，而是高度重要和基本的成分。确实没有人会相信：一个民族，倘若它完全缺乏我们称之为风俗和良心的东西，缺乏个人在其中通过审慎和畏惧控制自己行为的东西，能够支持哪怕一天以上。即使最明智的哲学家的日常行为，也不仅是靠道德哲学指导，而且靠冲动和感情、风俗和良心指导，靠他对善的热爱和对卑鄙庸俗的厌恶指导。化学是好的、有用的，但它并不使我们的味觉和嗅觉显得多余，我们将继续用这些感觉来鉴别物体，它们也确实经常证明自己远优于化学家的试剂。谁会宁愿从食品化学中得到一份食谱而不相信人类流传下来的有关什么东西有营养和味美的智慧，不相信一代代在传递和增加着的智慧呢？化学的任务更多地是解释而非发明这些精美的食品。当然，这并不妨碍它不时给我们一些较好的东西。但如果有什么人决定要抛弃食欲和世代遗传的智慧，使自己只相信化学，我们应把他看作愚蠢的。而一个人如果放弃良心和风俗、仅仅按道德哲学来调节他的生活，也是同样愚蠢的。[①]

366 但是那种**超越的核准**不是确实消失了么！——在此让我们简要地说：我看人们不尊重道德和神圣的时代决不会到来，因为道德和神圣是作为从上帝的本质或全真的本性获得的东西，从人们最

---

① “痛苦的羞愧的感情、或者一种感觉不好的良知，也是服务于自然的实践目的的。它可以说是一种防止，阻止我们做那些损害整体或我们的身体的事情，正像动物能够通过它们发达的味觉神经来区分健康和不健康的食物一样。什么时候一个人或一个民族被剥夺了羞愧的直觉感情，解体也就将来临。”——策纳（Zöllner），《论彗星的性质》（*Ueber die Natur det Kometen*），第3版，1883年，第4页。

深的存在中发展出来的。如果它们不是根源于事物的本性，它们怎么能进入人的内心呢？人在这个宇宙上是一个异常的东西吗？他只是宇宙中一个偶然和外在的物体吗？他自身和他全部的本质不是建立在全真的基础上吗？施太恩塔耳在他有关《语言的根源》的论文前引用了希波克拉底的话，这话适用于所有从历史心理的角度对人类事务进行考察的观点，它说："所有的事物都是神圣的，所有的事物也都是人类的。"

无疑，某些人当他们明白良心的根源时可能走到这一步：相信只要不落入警察手中，一切能做的事都是正当的。当一个人习惯于把道德律看作一个全能的存在的专断命令，并认为这一全能的存在或迟或早要惩罚所有的违法，那么，一旦他开始怀疑这样一个存在的真实性或者完全不信它，他就必然要作出这些道德律没有任何意义的结论。如果我们接受它所依据的前提，我不知道我们怎么能逃脱这一结论；的确，我看不到任何逃脱的办法，除非展示这些道德律并非一个决断的存在的偶然命令，而是事物本性中固有的、人的本性中固有的东西。目的论的伦理学就是如此理解它们的，它把良心理解为道德生活的客观普遍性在个人意识中的反 367
映。因此它认为良心是一种保存生命的角度重要的器官，一种不可能被对其根源的思考毁坏的器官，正像语言的价值不可能因放弃那种认为它是一种同上天的直接交流的旧有迷信而削弱一样。难道我们一旦认识到语法规则是由人类产生的，它们就会失去其确实性吗？倘若不会，那么道德律也决不会失去它们的确实性。无论谁想加入他的民族的理智生活，都必须说这一民族的语言和遵守这一民族的规则；无论谁想加入他的民族的道德生活也必须

遵循这一民族的风俗和听从他良心的指令。他必须这样做而决不是倘若他选择的话也可以不这样做，因为这个民族的态度也就是他的良心，因为他以及他整个的意志和感情的本性都是民族精神的产物。启蒙时代的一个代表，比方说把“清除声名狼藉的迷信”作为科学的唯一伟大目标的伏尔泰，在自我满意地证明了良心的神学解释的谬误之后，也许会得意洋洋地断言：因此良心什么也不是，它只是不讲道德的教士们为了奴役人们灵魂而作出的一个巧妙发明。而从一切事物都是自然发展着的前提出发的历史学派、十九世纪的进化论人类学却会惊奇地看待这一得意：仿佛理论的错误也意味着事物本身错了一样，仿佛后者也必须跟前者一样倒下！而且，它们要通过先验的推论而自信一个如此具有普遍性的器官，必定实行着一种对保存生命至关重要的功能。否则，它怎么能产生呢？它们要把展示这一器官对于人生的重要性看作科学的任务。

但如果说科学在此也有一种实践的功能的话，那它决不是在
368 毁灭，而是保存和发展着这一器官（良心）。不仅错误的教育方法能够，而且错误的理论（即产生自一种错误的神学解释的若明若暗的理论）无疑也能够在某种程度上破坏良心；而毁坏良心则是对一个人或一个集体所能做出的最严重伤害。西季威克说得好：“因为，虽然我们在人类存在的所有现实条件中、甚至道德本身中也发现了不完善，但我们在实践中还是更关心对它的实现和加强，而非对它的校正和改善。功利主义者必须完全抛弃把既定道德作为纯粹外在和协议的东西加以反对的毛病；当思考的心灵开始相信它的规范并无内在合理性时，它总是容易染上这种毛病的。当然，他

也必须抛弃迷信，抛弃直觉主义道德家反复灌输的把道德律看作一部绝对或神圣的法典而抱有的敬畏。他仍然要自然地怀着尊敬和好奇的心情思考它，把它看作自然的一个神奇的果实，看作多少个世纪成长的结晶，这一成果在许多方面就像身体组织的精致结构一样，展示出在复杂危急的关头能够采用的同样有效的手段。他将以尊重和细致的态度来对待它，把它看作一种由流动的意见和品质构成的机器，人类幸福的实际份量不断地在它不可能少的援助下产生；它是一种任何政治家和道德家也创造不出来的机器，没有它，那种较为严厉和粗糙的现行法律就不能长久地坚持，人的生活也会多得像霍布斯有力地指出的那样，成为'孤独的、可怜的、险恶的、野蛮的和短命的'。"①

6. 良心的个体化

良心从根源上说是风俗或客观道德在个人意识中的表现，它
本质上是作为一种对偏离常规的特殊意志冲动的阻止物而活动
的。但是这并不是它的最后和最高的形式。它还执行着一种更为 369
积极的功能，反映完善生活的一个理想。它首先从民族的客观道
德中获取这一理想的成分。每一民族都在其宗教和诗歌的作品中
创造出具体的完善形象，这些形象占据了个人的意识，塑造了他的
性格和意志。他按照理想衡量自己及其行为，当他没达到它时感
到痛苦，他接近它时则感到快乐。

① 《伦理学的方法》，第 470 页起。

随着精神生活的发展，这一生活理想逐渐采取了一种更为专门和更带个性的形式。所有历史进化都是一种分化过程。不同的种族和民族逐渐地从人类的原始团体中分化出来，不同的宗教和风俗则表现了各民族精神上的个性。当文明进步得更远的时候，个体也从民族的精神生活中脱出而产生分化，导致各个分离的精神存在。在文明的较低阶段，一个民族的不同成员是完全相似的，他们具有同样的观念、思想、意见、习惯和行为方式，总之，他们的生活内容是相同的，受到他们的宗教和风俗的决定。随着种族的发展，它的生活变得越来越丰富和变化多端，同时在个体之间出现了巨大的差别。个人开始有他自己的思想，他不再满足于由宗教和神话提供的一般的世界观和人生观，他开始哲学化了。所有哲学都发端于个体从普遍接受的意见的解脱。个人对风俗和他周围人的意见的态度也以同样的方式改变了；他开始走自己的路，铸造

370 他自己的生活理想。个人的行动扩大了自由的领域，个人的活动和相互联系越是丰富和变化多端，风俗也就越难于命令式地支配他。个人的生活及与他人的联系越是变得带私人性（如夫妻关系、父子关系），使他们服从常规也就越困难，他们也就越多地要求专门的法律。

这样良心就获得一种新的意义：一开始它仅靠风俗来衡量个人生活的价值，现在它还靠专门的理想来衡量现实生活。这种个人的理想表现出他所属的民族生活的特殊性质，它不会跟风俗脱离关系，但还是会同普遍的观念和生活方式出现巨大差别。这种差别确实非常巨大，有时甚至可以把当事者带进跟风俗的对抗之中，这种对抗并不引起他良心的痛苦，而是被他看作道德上必要

的。客观道德现在遭到了主观道德的反对，后者是一种更高的形式，它对事物采用了新的标准。

无论什么时候，如果个人的理想使一个人与时代的客观道德相对立，使他试图重造道德的价值，如果这个人还赋有一种卓越的理智和意志力量，一种构成历史的戏剧性高潮的冲突就发生了。真正的人类英雄都经历了这样一场战斗。他们反抗传统的价值，反抗已变得无用和谬误的理想，反抗虚伪和谎言，反抗已经失去意义的常识。他们宣传新的真理，指出新的目标和新的理想，这一新的理想把新的生机注入灵魂，使它提高到一个更高的水平。耶稣就经历了这样一种战斗。他超越于他的民族的宗教和风俗之上，领悟到一种与他的民族所认识的不同而且更高的与上帝的联系，因此他不满足于他的民族的那种公正，不满足他们对法律的拘泥细节、克扣节省和自我满足。所以他使自己及门徒置于他的民族的法律之外，他不守安息日、不行斋戒，并教导他的门徒也这样做。作为代替他给了他们一个新的命令："爱邻如己。"当既定的体系和道德抗议这一反叛时，他投入了清除它们的斗争，结果是以他的死亡告终。在他的斗争和受苦中支持着他，并把他引向胜利的正是他的坚定信念，即他有一个特殊的使命要执行，他是由天父派来宣布一个爱和怜悯的新王国的。"我的肉体是要行使他的意志，是他派我来的。"这样耶稣就成为下述人们的一个永恒的原型——所有那些渴望天国并为之战斗的人；所有那些渴望真理和正义并为之战斗的人；所有那些发现生活对他们太无力、太庸俗、太缺少爱和自由的人；所有那些从他们丰富的心灵中揭示出自己的思想感情，

因而到处被乱民钉在十字架上的火焚的人们。[①]

372 与这些人类最高的英雄典型相对立的是那些怪异和极恶的罪犯。例如，柏拉图在《理想国》中就给了我们一幅诗意的但显然是真实的暴君的图画；伯克哈特在他的《意大利文艺复兴史》中以其历史的精确笔触描绘了那些可怕的人物：斯佛扎和波兹阿，他们既不畏惧上帝也不畏惧人，以一种超人的努力和绝对的蔑视完成了他们邪恶的计划。

也许我们说，这些人每一个身上都具有那种既可造成一个真正的英雄也可造成一个罪恶的暴君的极端的个性。歌德的《浮士德》描绘了一个这样的人：从一个极端转到另一个极端。在第一部中，浮士德是作为一个摆脱了他所属民族的信仰和风俗的泰坦似的巨人出现的。他寻求满足自己的欲望，欲望在他个人的一生中享受那分配给整个民族的快乐，然后像民族一样灭亡。他破坏了

① 我们在这个人身上发现了一种高度发展的个人良心，他在古希腊人的道德历史中占据了一个特殊的地位，这就是苏格拉底。苏格拉底的“灵异”不是别的，其实就是苏格拉底对他有一种特别要实现的个人目标，一种使命的确信。正像施米特在他的《古希腊伦理学》第1部，第224页中令人钦佩的所言：“天性赋予他强烈的个性和明确的生活目标，就像是一种道德必然性，戒绝一切违反其个人气质的东西：即我不能够，也绝不应该做那些别人处在我的地位会做的事情。另一方面，普遍的良知命令：我绝不应该做别人在我的地位会做的事情，那样做也是不对的。”他从维尔玛那里补充了一句话：“这（灵异）多少也是歌德所说的他的生命的防线，是一种特别给予那些高贵的、优雅构造的灵魂的礼物：知道并坚定的在心中抱有这样的信念——一个人若不超越一般的能力和权力，他就不可能做它。这个礼物的确是紧密的联系于良心，这不仅是因为它的原初的否定和禁止性质，也是因为它的命令若非引起一种类似于伦理悔恨的精神反应，就不能够被违反甚至被暂时忽视。无论在我们被这样的事情占据的什么时候（它们本身并没有伟大的意义或者在道德上是可谴责的）——这些事情超越了我们的能力，或者与我们的精神能力并不匹配，我们都不可能压制自己对自己的不满——这是一种几乎等同于厌恶的感情。”

一个家庭的和平，为了他的欲望牺牲了一个天真可爱的少女的幸福。因为他，格蕾辛造成了她的母亲、兄弟和孩子的死亡。后来他又遗弃了她，参加了布罗肯山上魔女的欢聚。从所有这些事件中无疑可以见到歌德自己性格的某些东西；我们在有关普罗米修斯的诗篇中也可看到同样的痕迹。《浮士德》的第二部旨在展示这个“超人的存在”怎样重新使自己受法律和规范的支配；然而，这一计划却没有很好地实现。浮士德本来只能通过伟大的受难达到净化和得救，通过激越的斗争达到崇高的目标。而他通过“永恒的女性”的得救实际上是对问题的一个相当容易的解决，我们也不满足于老年浮士德承担的那个令人奇怪的水利工程。确实，歌德自己的生活中并没有经历过伟大的受苦和斗争。他是太诚实了或者太主观了，以致不能把他的个人经验以外的东西引进他的诗篇。

然而，这两种外表上似乎同样无视风俗和法律的典型，在它们 373
跟风俗和民族的内在联系上却是不同的。暴君蔑视和破坏道德律是为了充分满足他的欲望，他希望享受和统治。耶稣却宣称他的使命不是毁灭“法律”，而是彻底履行它；他的目的是给它一种比职业解释者所能给予的更高的内容。他知道他的命运将是什么，他不期望荣华和权力，而是期望卑微和死亡。“人子不是来受伺候的，而是伺候人，用他的生命为许多人赎罪。”

7. 道德虚无主义

道德虚无主义在具体的个人那里的突出标志是：完全缺少以义务意识或生活理想形式出现的良心。作为一种理论或论证的道德虚无主义则否定所有义务规范或道德法则的确实性。它宣称：义务是一个空洞的字眼；生命就是一场为生存的斗争，在生存斗争中任何手段都是可以允许的。凶杀、欺骗、暴力只要是成功的就是好的；它们仅仅被那些软弱、好交际的人们诋毁为是坏的，因为他们要为此受苦。或者：正义、法律和宗教是专制君主发明以奴役被统治者心灵的；明白的人知道什么也不能约束他。正像没有对他人的义务一样，也不可能有对自我的义务。所谓理想不过是哄哄孩子的肥皂泡，或由聪明人发明出来欺骗傻瓜的。善在于大胆地实行我们每时每刻的欲望。有人引用过下面的话作为一个俄国贵族的座右铭：我什么都不相信，我什么都不害怕，我什么都不热爱。或者，什么也不能束缚我，无论是道德还是义务、畏惧还是希望、爱情还是理想，自由的至高无上的个人仅在这一刻生存而无视过去和将来。[①]

374 反驳虚无主义是可能的吗？我们能向任何如此推理的人证明他是错误的吗？我相信是不可能的。我们能告诉他，我们所想的跟他不同，但他会回答说：这关我什么事？你可以在你那儿发现义务感和理想，在我这儿可没有这种东西，对此我也并不后悔。如果我们对他说：这是一个缺陷，一个只占有暂时的快乐的人是可鄙的，他要回答说，我不同意你的意见；相反，那种不敢做使自己快乐

① 见希腊《智者》；柏拉图的《高尔吉亚》，第481页以后；施蒂纳（Stirner），《唯一和唯一者》（*Der Einzige und sein Eigenthum*），1845，1899年第2版；尼采（前引书第150页以后）；斯坦纳（Steiner），《自由哲学》（*Philosophie der Freiheit*），1894。比较克利比格（Kreibig），《历史怀疑论批判》（*Geschichte und Kritik des ethischen Scepticismus*），1896；诺丹（Nordan），《退化》（*Degeneration*），第2卷；亦见屠格涅夫（Turgenev）的小说《新》（*New*）、《父与子》（*Fathers and Sons*）（英译本由伽奈特女士翻译）。——英译者

的事情的人，那种让各种各样顾虑诈取了他的暂时快乐的人才是可鄙的——这一命题在逻辑上是成立的。我们不可能迫使虚无主义者承认这一命题是错误的。只有在双方存在着某种共同点，对那种给生命以价值的东西有一种共同的尊重的情况下，我们才能做到使对方认错，否则所有的推理论证都是白费力气，甚至可能是有害的，因为它们径直使迷恋着他的意见和机智的虚无主义者更坚持自己的错误。“你不可能驳倒我”——这种感觉直接加强了他以为他是正确的信心。亚里士多德认为下面的提示并非多余：“并不需要考察每个问题或每一断言，而只需考察这样一些问题——它们是那些需要指导而不是想锻炼自己的机智的人们真正发生疑虑的问题。”这是一个真理，现在还生活在一个悖论流行的时代里的我们需要它的提醒。[①]

然而，还有另一个不同的问题：不能从逻辑上驳倒的虚无主义
是否能始终一贯地应用到实践中去呢？是否真的有人感到只有暂 375
时欲望的满足才有价值呢？也许他相信是如此，但却看错了他自己和自己的意志。我们也许可以通过吁请他理解自己的意志而改变他的观点，说：你实际上并没有意欲你所说的，自我保存的冲动也跟暂时的欲望一样多地在你那儿存在；在你那儿也存在着某种理想的自我保存冲动，它就在你反对和轻蔑所有你认为是谎言和虚伪的东西的事实中表现出来。沙德拉帕拉斯的或穷奢极欲者的墓志铭（在卡莱尔的《旧衣新裁》中）说到底并不完全适合于你。你并不像你说的和想像的那样对他人的幸福漠不关心。甚至，你所

---

① 亚里士多德，《论题篇》，I. 11。

抱的信念——认为风俗和义务感对你没有任何影响可能只是一个错觉。你实际上可能在某些时候是相信它的；在某些适当的环境里，你或许还会惊奇地发现你还是有一颗良心。我不能向你证明这点，我不可能通过论证把“应当”强加于你，但也许它正在你那里而你还不知道它。[①]

376 正像不能逻辑地驳倒一个否定太阳在天上存在的人一样，我们也不能通过论证迫使一个虚无主义者放弃他的立场。但这并不意味着虚无主义就是一种具有确实性的理论。我们不可能向热病患者证明他看到的只是幻觉，不可能向疯子证明他的固执观念是些疯狂的概念，但这并不妨碍前者确实是病了，后者确实是疯了。

① 在道德学家和心理学家特别感兴趣的、陀思妥耶夫斯基（*Dostoievski*）的小说《罪与罚》（*Raskolnikow*，英译为 *Crime and Punishment*）中，道德虚无主义是其中心的主题，小说的主人公是一个大学生，不幸的条件造成了他一种悲惨和厌倦的生活。他在这样一种心灵结构中发展出一种病态的道德虚无主义：所有先前的教育带给他的道德判断和感情，现今在他看来都是可笑的，孩子气的偏见和软弱，只有从它们那里解放出来，才是一个自由和强大的心灵的标志。被这样一种思想鼓励，他为了得到钱而杀死了一个可恶老妇，但这同时也是要验证他的理论，他在后来讨论这件事时说：“我就是想知道，我是像他们所有人那样仅仅是一个虫子还是一个人，我是否能够越界还是不能越界，我是真得敢得到权力还是不敢，我是否仅仅是一个可怜的被造物，或者我有一种权利——”人的感情和良知在事前和事后对这些虚无主义的情感和思考的反对是描写得非常真实的。他发现，无论他是醒着还是做梦，也不管他是孤独还是与人在一起的时候，他在他心里是不可能让他的思想摆脱罪恶感的。作为这本小说的一个旁证，也让我们回忆读者对一本杰出的乡村生活故事的注意，这本书是安森格鲁伯（Anzengruber）的《史塔西坦霍夫》（*Der Sternsteinhof*）。其中的女主人公是一个贫穷的女孩，充满自然的活力和坚持她自己的强烈愿望。她遇到了许多道德的危险，甚至犯了罪，带着一颗破碎的心直奔她的目标，这个目标就是要成为一个史塔西坦霍夫的女主人，她不苦恼她的道德反省，良心的痛苦只能影响她一小会儿。她存在的法则就是要证明自己比道德律更强，她不管她自己良心和周围人的意见，一旦她达到她的目标，在那个吸引她的地方确立了自己，她就自由和能干的劳作，而从不烦恼过去。

一个对人类进行观察的人类学家、生物学家——为了保证他完全的公正，让我们假定他是从土星上来到地球的，就像伏尔泰的小说《米克罗梅加斯》中一样——不久就会使自己深信：一个确实地遵照道德虚无主义原则生活的人是不正常的。他将说：这个人缺少一个其他人普遍具有的器官——良心，并且补充道：良心看来是一种十分重要的器官，缺少它的人一定会灭亡。如果他作更切近的调查，他也许要发现，在那种不正常的性格所具有的冲动中，通常还表现出一种危险的错乱和反常。酒精中毒和性欲倒错（它们常常是有遗传性的）就是这种反常的感情和意志的通常伴随物或原因。而且他可能要说这种疾病的通常后果就是厌恶生命和自 377
杀。[①] 只是当这种不正常的感情并非组织器官的结果，而是由理

① 一些精神病学家把“道德麻木”视作一种特殊的疾病。它的标志是完全缺少良知。克拉福特-厄宾（Krafft-Ebing）在他的《精神病学》（*Lehrbuch der Psychiatrie*）第2章第65页中，将这种疾病描述为完全的“道德无感”。道德的概念和判断能够被理解和记忆，但他们绝对没有情感的伴随，因而也就完全不能推动意志。“对任何高贵和美丽的事情都没有兴趣，对所有感情都麻木不仁，这些不幸的畸形表现出一种可怕的缺少博爱和亲爱，缺少所有社会的本能，对他们周围的苦乐全然冷淡。他们对他们同胞的道德褒贬是绝对无感的，完全缺少良知和悔恨的感情。他们不知道道德意味着什么，他们把法律只看作警察的规定，他们将一个伦理健全的人视作极恶的犯罪也只看作是对警察规章的违反。这些缺陷使这些可怜的人不能持久的生活在社会里，使他们只能成为工作间、精神病院或者监狱的候选者。除了缺少伦理的、利他主义的感情，他们还表现出一种精神错乱、情感焦躁，这和缺少道德情感结合在一起，就促使他们做出极其野蛮和残忍的事情来。”另一方面，这些病人看来也缺少理智，缺少逻辑的思考、根据计划明智地行动和决定的能力，他们倒是也缺少幻觉和想象力。但理智的下降也是绝对明显的。“他们不仅忽视什么是不道德的，他们甚至也不知道他们的利益的所在。尽管所有的证据表明，他们在他们的犯罪行为中，竟然完全无视最简单的明智而让我们吃惊，但在形式的层面，我们必须特别强调他们产生观念的方式的缺陷。”最后，有悖常情的冲动也是在身体器官，尤其是在性生活领域中常见的。

智错误和片面性造成的时候，诊断才能让人放心一些。在此，一种依据于广泛经验的比较彻底的知识、新的生活问题和前进的时代可能导致这些错误观点的消除，从而带来感情和意志的改变。

8. 语言的通俗用法

在结论中，让我们回答一些涉及义务概念的问题。我们所说的有功的行为意味着什么呢？一个人能比履行他的义务做得再多么？什么是可允许的？有没有义务不命令也不禁止去做的行为？那是否是些中性的行为？有对自我的义务吗？

诸如此类的问题所碰到的困难，较多地来自语言的含糊性而非题材本身的性质。我们可以通过对义务的较为细致的定义而容易地解答它们。

最狭义的义务是指实行或禁止那种关系到他人合法利益的行为。偿还债务、遵守契约、不偷不诈这些都是你的义务。而赞助他人、救济困苦却并非你的义务，前者是一种有约束性的义务，后者则纯粹是一种自愿的事情。根据义务的这一意义，当然不可能有对自己的义务。

378 **较广义**的义务是指符合风俗或道德律要求的行为。根据义务的这一意义，拒绝回答一个陌生人的有礼貌的问路，无疑违反了我们对人的义务，因为热爱邻人的义务命令我们要热情和蔼。另一方面，这种义务并不要求我冒着自己的生命危险去抢救别人的生命。凡做了这一行为的人，我们就说他的行为是有功的，但没有这样做的人也并没有违反义务。英雄主义和圣洁并不是义务。我们也在下述意义上谈到对自己的义务。发展我们自己的能力是一种义务，一个人若以不明智的行为毁坏自己的健康，在懒惰和放任中浪费自己的精力，他就违反了对自己的义务。但义务的要求在此也有一个界限，在此我们也有一种比所要求的做得更多的英雄主义，这种英雄主义是应赞许的。因此应赞许的就在于比平常的德性所要求的做得更多。这也决定着可允许的概念。娱乐消遣是可允许的，虽然我们有许多工作要做，也有力量做它们；寻求快乐舒适也是可允许的，虽然还有许多我们可以通过牺牲自己的舒适而帮助他们的人。一句话，使自己不超出平常德性的范围是可允许的。

最后，义务这个词也在最宽广、最充分的意义上使用，在此有功的概念和可允许的概念完全失去了意义。基督教命令它的信徒："使你甚至像你的在天之父一样完美。"在这一命令的面前，当然不可能有任何德性的超额，因而在上帝面前也决不可能有任何功绩。凡是遵守这一命令的人，都让自己说：我履行了我的义务；或像圣徒一样，由于人类并没有达到这一目标而比较喜欢说：我是一个不称职的仆人。

379 # 第六章　利己主义和利他主义[①]

1. 没有绝对的对立

凡动机是个人利益的行为被称为**利己主义**的；动机是他人利害的行为被称为**利他主义**的。有些道德家把这两种动机看作是相互排除的，认为每一行为不是利己主义的就是利他主义的动机的 390 产物，因而不是利己主义的就是利他主义的行为。这一观点产生出两个对立的派别。**纯粹**利他主义的原则是：只有当行为受纯粹利他主义动机决定时它们才具有道德价值。**纯粹**利己主义则坚持：把个人的利益作为行动的唯一目的不仅是可允许的，而且是道德上必需的。

A. 孔德倾向于利他主义，这个词就是他创造的。叔本华倡导一种极端形式的利他主义理论。他争辩说，每一行为都有其动机；

---

① 见培根、坎伯兰、莎夫茨伯里、哈奇森、巴特勒、休谟、亚当·斯密、密尔、拜恩、达尔文、西季威克的伦理学著作；斯宾塞，《伦理学数据》，第 11—14 章；斯蒂芬，《伦理科学》，第 6 章；齐美尔，《道德科学引论》，第 2 章；麦肯齐，《伦理学手册》，第 9 章；亦见第 322 页；威廉斯，《进化伦理学》，第 2 部，第 5 章；许夫定，《伦理学》，第 8 章；哈瑞斯(Harris)，《道德进化论》(*Moral Evolution*)；德鲁芒德(Drummond)，《人的上升》(*Ascent of Man*)。亦见詹姆斯，《心理学》，第 1 卷，第 10 章。——英译者

只有利害能成为一个动机；这种利害不是行为者本人的就是另一个人的利害。只有在后一种情况下，行为才具有道德价值；这仅仅依赖于“这一行为是否是为他人的利益而做出或放弃不做的。倘若不是这种情况，那种促使或阻止这一行为的实行的利害就只能是行为者自己的利害，那么这一行为就必定是利己主义的，因而没 380
有道德价值。”如果自我的福利是在牺牲他人福利前提下寻求的，那么这种行为就变成恶的。[①] 日常的说法看来也赞成这一观点，“**自私的**”这一形容词暗示着谴责，而“无私的”这一形容词则暗示着道德赞许。[②]

叔本华及其门徒的绝对利他主义受到它的直接对立面——绝对利己主义的反对。但绝对利己主义并不常见，它是以一种悖论的形式出现的。尼采曾有过近似的主张，以反对叔本华的利他主义。此外，在叔本华自己的思想中也存在着一种绝对利己主义的倾向。他对群众和人类轻蔑，对天才的高度评价，就暗示出这一点。如果人类有价值仅仅是由于它产生的少数几个天才，那么群众被他们当作一种手段而利用就是正当的了，结果就导致一种绝对的贵族式的利己主义道德。而一种民主的利己主义道德形式也同样是可以想像的，霍布斯和斯宾诺莎的个人主义的功利主义就类似于此；他们认为每个人都排他地努力于自己的自我保存，这是

① 《道德学基础》，第 16 节。

② 参见费希特，《现时代的特征》(*Characteristics of the Present Age*)，第 70 节：“只有一个德性，那就是忘记他自己是一单个的人；只有一种恶：就是老想着他自己。无论是谁，只要他在最轻微的程度上想到他自己个人的人格，欲求一种生命存在和任何欢乐，除了是为了种族，那么，他就根本和彻底的是一个低下、渺小、卑贱、邪恶的家伙。”——英译者

自然的正常秩序，也是道德的正常秩序。当一个人仅仅追求他自己的真正的善时，他所做的是正当的，这是道德的全部要求。而且，他这样也是在做为他人所能做到的最好的事情；通过一种先定的和谐，所有个人的真正利益是一致的。①

确实，绝对利己主义的立场在逻辑上是站得住脚的。我们可以想像一个所有的个人都根据纯粹利己主义的准则行动的社会，
381 而一个所有的人都普遍地按照纯粹利他主义的准则行动的社会却甚至不能想象。就经济生活依据于契约和商业而言，它差不多实现了利己主义的原则。在此有许多个人，他们每一个人都只期望他自己的利益，但却在所有人的利益之间保持着一种确定的和谐。而另一方面，如果我们把纯粹利他主义作为主导的原则，每个人都只关心他人的利益而不关心自己的利益，我们显然就会造成一种荒唐的利益变换，使集体生活成为不可想像的了。然而，纯粹利己主义在实际上也正像纯粹利他主义一样不可能。一个仅仅以利己主义为基础的社会是可以想象的，但在心理上却是不可能的。即使在经济事物中，除了计算自我利益外，其他动机也会发挥作用，例如：各种情感的影响、一种正当与否的感觉、对他人状况的尊重、

① 利己主义者：孟德维尔(Mandeville)，《道德德性根源的探讨：蜜蜂寓言》(*Enquiry into the Origin of Moral Virtue*; *Fable of the Bees*)；拉罗什福科(La Rochefoucauld)，《道德箴言录》(*Réflexions*)，1665；拉布吕耶尔(La Bruyère)，《品格论》(*Las caractères et les maurs de ce siècle*)，1687；拉美特里(Lamettrie)，《人是机器》(*L'homme machine*)，1748；爱尔维修(Helvetius)，《论精神》(*De l'esprit*)，1758；霍尔巴赫(Holbach)，《自然体系》(Système de la nature)，1770；佩里(Paley)，《道德哲学》(*Moral Philosophy*)；边沁(Beutham)，《道德与立法原理》(*Principles of Morals and Legislation*)。哈特莱(Hartley)和社团主义者从利己主义获得了同情的感情。亦见耶林，第2卷。——英译者

通过羞愧和良心对利己冲动的克制等。我们是否能够忍受对这些动机的完全排除,我们是否总是能以足够的准确性区别我们的真正利益和表面利益,一种真实的利益是否总是战胜暂时的利益,所有人反对所有人的战争是否不会结束社会的生活,都是很值得怀疑的。而那些更带私人性的关系,如夫妻之间、父子之间的关系,若无一种自然的基础——同情的感情,就更难于存在了。也许,我们可以想象:一个关心和教育自己孩子的母亲,仅仅是出于自私的考虑才这样做的,但任何人都不会把这看作是心理上可能的,除非他把孩子的幸福也包括在母亲的自我利益之中,而这样的话,争论也就变成只是字面上的了。因为我们是把为了他人利益的感情称作利他的或同情的感情,而区别于利己或自私的感情的。但如果 382
我坚持同情的感情也是**我的**感情,因而是一种**利己**的动机,那么当然除了利己的动机以外就不可能有任何别的动机了。我的行动只可能是受**我的**动机和感情决定,而决不是受另一个人的动机和感情决定。但这还是不可能抹杀掉区别。我们然后就要有直接利己和间接利己的冲动,而后者,跟那些通常被称作同情或利他的冲动实际是一样的。我们将必须说一个人的生活若没有这些同情和利他的动机,就跟没有利己的动机一样是不可能的:要使个人的生活和整体的生活存在下去,两者都是需要的。

纯粹利他主义和纯粹利己主义这两种错误的道德原则,根本上是建立在一个错误的人类学理论上的。它们都持一种旧的理性个体主义的见解,认为每一个体都是一个绝对独立的存在,只是不时地和偶然地与别的存在发生接触。人们可以分别地考察这些联系,说他是利己主义的或利他主义的。当他处在后一种联系中时,

利他主义认为他的行为是道德的，而他在其他场合的行为则是中性的或恶的；另一方面，利己主义则要求人甚至在他与别人偶尔的接触中也寻求自己的利益。两个理论依据的都是这一观点——就像边沁在他的《道德与立法的原则》一开头所提出来的：“一个集体是一个**虚构的团体**，它是由那些个体的人组成的，这些个人被考虑为似乎是它的成员。”而这一观念实际上自十八世纪以来就被放弃了，至少在德国是如此。一个民族并非一个**虚构的**团体，它的成员也并非**虚构的**成员；一个民族是一个统一的存在，个人同它的联系就跟器官同一个身体的联系一样。正像器官是由整体产生，仅仅在整体中存在一样，个人也是由民族产生，仅仅在民族中活动。他
383 们作为它的不同器官而发挥自己的作用，他们说这一民族的语言，想其所想，欲其所欲，关心它的幸福和成长，繁衍和抚养后代，因而使这一民族不断存在下去。个人同整体的这种客观联系也在他的意志和感情中得到了主观的反映。自我和非自我的生活圈到处交叉和贯通。这一事实已经得到普遍的承认，只是在道德哲学中我们还发现有看不见它的人，这些人坚持要把利他主义与利己主义的对立看作绝对的。我下面就想说明：几乎没有什么事实与这一观点相符，在我们的实际生活和实践中绝没有这样一种个体的孤立。行为的**动机**和**效果**不断地在打破界限，在利己主义和利他主义之间交叉贯通。

2. 所谓利己主义与利他主义行为的效果

让我们首先从**效果**上证明。没有什么行为在影响个人生活的

同时不影响他周围人的生活，因而就不可能也决不应仅仅从个人利益或普遍利益一方来观察和判断这些行为。那种传统的把义务区别为对自己的和对他人的划分，也不能接受为是恰当的划分。任何对个人生活的义务也都可以解释为是一种对他人的义务，任何对他人的义务也都能够证明为是一种对自我的义务。

对自己健康的关心乍看起来是纯粹利己的。然而只要稍微想想就会清楚地看到：具有健康身体的人决不只是他的健康的唯一得益者；身体的每一失调及其后果都会从他本人向周围蔓延。那种由不适当的生活方式或自我忽视而产生的恶劣情绪并不局限于受罪者本人；他易怒的坏脾气、他的阴郁和乖僻会成为整个家庭烦恼的根源。如果是一种严重的疾病，整个家庭都会变得不安和焦虑，也许还得在物质生活上忍受收入的减少和开销的增加带来的困苦。如果这个病人是一个职员，他的同事也要受罪，他们不得不 384
做他的工作。如果他绝对毁了自己的健康而成为一个领取赡养金者，就还要增加公众的负担。相反，凡关心自己健康的人也许是对他周围的人做出了他所能做的最大服务，因此我们可以像斯宾诺莎那样说：努力保持自己的健康是最基本的，是首先和普遍的德性。的确，只要多一些理智的自爱，人类最大的一部分悲惨就会消失；只要消灭酗酒和放荡，十分之九的不幸也就会无影无踪。在经济生活中也是这样。获取财富看来是我们利己的努力的中心目标，但勤勉、节俭和有活力也同样有理由被看作是对他人的义务。在家庭和后代的教育中可以直接地感到它们的有利效果，而集体、民族、甚至于整个经济界也都会因此得益。一个集体或民族的幸福和利益存在于各个家庭的幸福和利益之中。反过来，浪荡和挥

霍则首先损害到自己，然后是他的家庭，也许还有遥远的后代（因为无能和行乞癖会像身体的毛病一样具有遗传性），最后是通过成为公共慈善事业的一个负担，或者影响了生产的发展，或者以自己的坏榜样而损害到整个民族。

所以我们可以概括地说：所有推进或扰乱个人生活健康发展的品质和行为，同时也倾向于对集体生活的发展产生有益或有害的效果。但反过来也是真实的，**有利于社会的德性**也倾向于对个人幸福产生一种好的效果，而缺少这些德性对个人生活却是个伤害。

家庭是发展这些社会性的德性的最重要场所。对于大多数人
385 来说，对他人的最重要义务就是在家庭生活中的义务。我们无需证明就可看到：所有推进家庭幸福的行为和品质也同样有利于个人。对于父母来说，他们给予孩子的良好训练，是他们幸福的最巨大和最有保障的源泉，在他们晚年甚至是幸福的唯一源泉，而几乎没有其他的失职会比给了孩子以不好的训练而给父母带来那样确实和痛苦的惩罚的了。我们已习惯于把诚实看作是经济生活中对他人的一种义务，但它同样也是个人对自己的一种义务。很多谚语表现了民族在这方面的经验，像诚实是最好的策略；不义的聚财者不会昌盛；骗人者反被人骗；不义之财不会长久等。我们不可能为这些观察得来的真理提供统计学的证据，但一个心理学的证据是不难发现的。不诚实会压制诚实致富的欲望，而偷窃总是谋生的一个没把握和危险的手段。我们靠诚实获得的东西会带来幸福和安宁，而偷来的东西却有相反的效果。即使所有这些都不发生，即使长久而安全地享受偷窃的果实是可能的，谁又能抗得过他的

良心呢？每个人都分享着社会的感情和判断，它们可能一时受阻，但谁能确保它们不会在哪一天再表现出来呢？没有一个人能背负着一个不可告人的秘密而总是过得很好。我们把一种谦虚、开朗、友好的品行看作对他人的一个义务，而它也确实是使一个人自己生活幸福的可靠途径。它为一个人赢得朋友，在他周围的人当中创造一种和平、友好和欢乐的气氛，使他自己也沉浸在这样一种气氛之中。反之，那种傲慢、嫉妒、好斗、虚伪、恶意的品性却一定会导致一种不幸、悲惨的生活。

因此，对他人的义务和对自己的义务并不相互排除，个人的幸 386
福和每个人都是其组成部分的集体的幸福（如家庭、社会和经济方面的团体、国家等）非常紧密地交织在一起，使任何一个关心他自己的真正幸福的人同时也推进着这些集体的幸福；反之亦然，所有真诚地履行集体加予他的义务的人，也是在为他自己的利益工作。

3. 行为动机的交叉性

根据行为的**动机**来做出利己主义和利他主义的绝对区分，就像按照行为的效果来区分它们一样是不可能的。的确，这是一个多少让人奇怪的概念——认为每个行为只有**一个**动机。实际情况并非如此，正像在物理世界有许多原因合力产生一个运动一样，也有许多动机合作决定一个意志。作为一个常规，一个特殊行为是从意志的一种持久的相互作用的倾向中产生出来的，这一倾向依赖于行为者的本性和生活条件，以及周围的环境。利他主义的动机始终在教育训练我们的意志，当我们处在我们所处的条件下的时候，会常常考虑别人的恳求、命令、规劝、告诫、赞扬和谴责，这些人或是直接地用语言影响我们，或是仅仅通过他们的存在，甚至没有实际在场来影响我们。迫使农民耕作和改良他的土地，日复一日、年复一年地勤勉工作的是一个利己的还是利他的动机呢？这是一个荒唐的问题。如果问到农民自己，打听他做所有这些事是为了他自己还是为了别人，他会困惑地望着提问者，仿佛怀疑对方是否心智健全似的。如果他还回答，他会说，我做这些事是因为这些事必须做，否则我的土地就要荒废了。为什么它不应荒废呢？噢，荒废它对我是个羞耻，此外，它也给了我及我的家庭以生计。如果这个道德家再深入地调查，他也许会发现这个农民也热烈地

387 为着他所属的团体劳动，发现他为他的国家抚养儿子，为军队提供战士，他真心希望做所有这些事情，而要做到这些他不能不像他现在这样辛勤地工作。他的工作不是有些是为了他自己做的，有些是为了他人做的，而是同时为了两者。他的行动是由所有那些合在一起的有意和无意的目标决定的，在他心里的账簿上并没有分开的账目：一些是为了他自己，一些是为了家庭，一些是为了集体。那种精确的计算，比方说快乐的衡量，只能在某些道德理论家的著作中发现，这些道德家拘泥小节，见木而不见林。

在艺术家、学者、政治家那里情况是否有所不同呢？一个这样的人也许在他七十岁生日时或别的场合，他会听到别人说他的生活和工作都是为了民族的利益和人类的事业。我们还可以不时发现有人自己给自己一个这样的评语，就像沃尔夫在他的一篇序言中所做的那样；他在那儿说，他总是感到对人类的一种强烈的热爱，他所有的著作都是为了人类的利益撰写的。我不想怀疑老沃

尔夫的真诚，但我却倾向于怀疑他的这些话的真实性。他真的是首先决定为人类谋利益，然后再仔细考虑怎样为它服务，在发现没有什么比“理性的思想”更有用之后就开始写他的书吗？情况恐怕不是这样的。我想他首先是为了弄清他自己的思想而感到不得不思考世界上的事物，在他成功地得出了令自己满意的结论以后，他若不写出一个清晰精炼的对他观点的说明，就不可能安下心来；他有时也会满意地想到这些观点被表现得多么明白，他的读者会怎样地赞扬他的著作，学术杂志会以怎样热烈的措辞谈到它，而他的对手又会在这些有力的论据面前感到多么懊恼；他也可能不时想到人类，想到知识对世界的价值，想到他的劳作对真理的推进。总之，我认为，这些著作的价值并不会因它们是以一种完全属人的方 388
式创造出来的而减少它们的价值。相反，“为他人”撰写的著作，是否要比那些作者仅仅关心主题本身，或许偶尔还想到自己的名声的著作更有价值，是很值得怀疑的。叔本华并没有操心别人利害的习惯，他的思考和写作是因为他自己的缘故，是为了解决存在之谜，为了在产生思想的幸福时刻，保存那些使他愉快的思想；是为了在思想中给自己造就一个幸福的氛围。他没有为他人写作，他没写过任何教科书、任何系统地传授知识或探讨学术的著作。他为自己写作正像真正的诗人为自己写作一样，正像真正的艺术家为自己创作、表达他心灵所领悟的东西一样。当然，如果没有“他人”，任何东西都不可能创造出来。没有听众，任何演说家都不会演讲；没有人吟哦他的诗歌，任何诗人也不会作诗；而没有将读他作品的人，任何作家也不会写作（至少在他的想像中他有一批读者）。无论如何，假如一个人不是全神贯注于他情不自禁要探讨的

题材，假如他首先是被对他人及其利益的考虑而迫使这样做，那他完全可以不这样努力而并不威胁到他人的利益。许夫定引用过歌德对爱克曼的一段评论："在我作为一个文学家的职业生涯中，我从未问过自己：群众需要什么？我该怎样服务于人类？相反，我总是尽力使自己变得更聪明、更美好，丰富我自己的个性，然后总是只说那些我发现是善和真的东西。"

这同样也适用于真正的**自我牺牲**。若问斯巴达王李奥尼达及其战友的动机是利己的还是利他的？这问题本身就是荒唐的，是试图分割不可分割的东西。肯定，他们是为国家而战斗而捐躯的，但这国家当然是**他们**的国家而非一个异邦他国。另一方面，他们也是为了他们的光荣而战斗而倒下的，但他们的光荣又同样是斯

389 巴达的光荣。在此怎么可能区分私人的和利他的成分呢？因此，我们可以说，每一自我牺牲同时也是自我保存，即保存理想的自我。的确，这是一种最值得骄傲的自我维护——我牺牲了我自己，我在战斗中献出了我的生命，这是为了一种我看得比我的生命还高的善。一种纯粹被动的牺牲并不是我的行为，因而不是自我牺牲。所以，在自我牺牲的行为中，总是有一种"自我"的因素在内，讲它是"无私"的行为在概念上是矛盾的。自我总是介入其中，它牺牲一种善只是为了另一种更高的善；它为声望而牺牲财产，为良心而牺牲声望，为民族的自由和荣誉而牺牲自己的生命。反过来，叛徒为了三十块银币而牺牲他的朋友、他的名誉，或他的民族，倘若不牺牲这些也能得到这三十块银币，他当然会觉得更好。这里唯一的区别在于对各种善的评价，这种评价决定着人的价值，他在对各种善的价值判断中表现着他自己的价值，他内心的品质。

物理学家判定在宇宙中绝没有任何孤立的点，物理世界中的每一成分都处在与别的成分的交互联系之中。在道德世界中也没有任何孤立的点，每个人的每一行为都影响到整个道德世界，而这一世界中的每一行为也都影响到每一个人。我们不可能核计出这些效果，展示它们是什么。在物理世界中我们也同样做不到这一点：一块石头的坠落并不会使人察觉地改变地球的引力中心，但它还是对它有影响的。同样，某一个人对咖啡或烟草的好恶，并不会对这些东西的市场价格发生看得见的影响，但它还是对它有影响，并因此对农业和人类的经济活动也发生影响。个人对一种行为类型、一种艺术形式、一种思想或一个词汇的好恶并不会对他的周围
人、民族和人类的道德、艺术、思潮、语言发生明显的影响，但却还 390
是发生了影响。在所有人之间有一种内在的联系，这可以从下述事实看到：就是没有一个人对他人的行为是完全冷淡的；当他目击别人的行为时，他会赞成或者反对这一行为；每一判断都是某种形式的干预的开始，这一干预促使或阻止这类行为。看来似乎每个人都实际地感到：我的同胞无论做什么都关系到我，都推进或阻碍我的根本目标。

利己主义和利他主义之间的对立命题因而是无意义的吗？在行为和动机之间没有什么差别使这一划分得以产生吗？

我当然不这样认为。这样一种情况无疑是有的，就是个人的利益与他人的利益相冲突，或看起来是冲突的。个人牺牲别人的利益而谋求自己利益的行为无疑是存在的；反过来，也有为了他人幸福而牺牲个人利益和爱好的行为，但从此并不能推出个人的幸福（在这个词的最深刻意义上）在前一种情形中就一定能得到推

进，在后一种情形中就一定会受到阻碍。毋庸置疑，这些事实有着重要的道德意义。我们前面的思考只是想说明个人幸福与普遍幸福之间的对立、利己动机和利他动机的对立并不是常规，而只是例外。在效果和动机中，通常都存在着一种和谐。生活并不像有些道德学家们所描绘的那样是一种对立的过程，并不是在我的和你的之间有一场连绵不断的斗争。也许，没有一个人能完全免除这种冲突，但在许多人的生活中这种冲突确实并不占据重要地位。那些享受着健康的家庭生活、生活在管理良善的集体之中、从事着正当而有规律的职业的人们，他们并不经验到多少这种冲突，他们也决不相信对这种冲突的利他主义解决会构成他们生活的基本内容，并决定他们生活的道德价值。

4. 我们对利己主义与利他主义行为的判断

391　从道德上怎样判断这些事例呢？为他人利益牺牲个人利益始终是一个义务吗？或者，如果不是一个真正的义务，至少是值得赞扬和善的？叔本华相信是如此；日常的说法看来也证实了他的观点，从像仁慈和恶意、自利和自私这些词汇的褒贬含义中就可看出这点。但我们若是进一步分析，事情恐怕并不如此简单。首先，我们观察到，并非每个出于对人行善动机的行为都是事实上有利的，利他的意图并不能确保产生一种有利的结果。确有许多形式的“善行”产生出恶，还有许多“善”意无边的人却并没有使一个人因此得利，倒使每个置于他们影响下的人都腐化掉了。不明智的仁慈不但无益，而且有害，就跟那种未经训练的自然冲动一样有害。

莎士比亚在他的《雅典的泰门》一剧中，就以其残酷的真实性描绘了那种未由理性来支配的仁慈的后果。所以，绝不能仅仅从这些欲望倾向于利他就推断它们是善的，更不能把它们说成是唯一的善。

而且，即使牺牲个人利益在事实上推进了他人利益的时候，是否就能够承认这种牺牲始终是有功的和值得赞扬的，甚至是一个义务呢？我想不能这样。我是否应当忽视我自己最重要的和根本的利益而去给别人一些微小的快乐呢？我是否应当牺牲我的财产、健康以至生命去满足一个病人的一个无关大雅的念头，以减轻他的负担呢？那是我的义务吗？如果不是，也至少是有功和值得赞扬的吗？我应把推进我的家庭的利益看作自私的吗？我应当拒绝我的兄弟、我的孩子那种对他们有十分重要的意义，却在某种程度上妨碍了别人的愿望吗？公正的人们会毫不犹豫地回答：相反，
对我来说，我的家人和亲属比陌生人更为接近，忽视他们的利益以 392
满足他人的愿望不是一个义务，而恰是对义务的违反。因此，我们可以说，牺牲个人愿望和利益本身并不是善的，而只是在他人的根本利益要求这种牺牲的情况下才是善的。无论谁冒着生命危险去抢救另一个人的生命，无论谁为了他的民族而牺牲自己，都要受到赞扬和崇敬；而另一方面，无论谁，若是他宁可让一个同胞在悲惨不幸中走向死亡而不肯牺牲他自己的舒适或一点快乐，他就要作为自私和心肠冷酷的人受到谴责。

所以，我们的判断看来是依靠我们对各种目标的客观价值的评价。那么，我们是否能以此为出发点，为我和他人利益的选择总结出一个普遍的规范——即不管这一利益是我的利益还是他人的

利益，较重大的利益总是应当普遍优先于较轻微的利益呢？普遍功利主义似乎想到了这样一个标准：如果最大多数人的最大幸福是绝对的目标，如果行为的客观价值是根据它们产生快乐的性质来衡量的，那么当牺牲个人利益能给他人导致更大幸福的时候，做出牺牲就是必需的；而当它只能给他人带来较微小的幸福甚至带不来幸福时，作出牺牲就是不许可的。

也许这个普遍公式能够站得住脚，然而，为了防止误解，有必要更准确地限定它。首先必须记住，幸福或利益并不像一个硬币，能从这个手倒到那个手。幸福产生于成功的行动，因而不可能像一个礼物一样赠送给别人。这个人必须自己努力去获取它。另一个人所能做的只是供给他实现幸福的外在手段，亦即不时给他一些帮助。这马上就显示出这一公式并不适合于采取那种计算的方式，计算我的利他行为在每一特定时刻必须如何进行才能给出大

393 量幸福是绝不可能的。在此我们总是依靠我们的道德上的明智老练来作出决定。然而，这种明智，与其说是受对利益的**客观数量**的计算的指导，不如说是更多地关系到我们心中的一个**各类目标的自然的等级体系**。最重要的义务是我的生活地位和职业加于我的义务；其次是我同他人的特殊联系加于我的义务；然后是那些同一般的人们的偶然联系所带来的义务。即使后者的利益可能较为重大，我的行动也始终只是部分地受到其影响，这通常是由它们与自我——我活动的中心的距离所决定的。显然，我们的行为实际上是由这样的考虑指导的，我们可以说，每一自我都在一个同心圆中把所有其他的自我安排到自己周围，离这个中心越远的利益，它们的重要性和驱动力也就越少。这是一条心理力学的法则，它的必

要性是很明显的。假如不同的利益都要根据它们的客观价值来影响我们(不管距离远近),就会在我们的本性中导致一种最奇怪的混乱,并引起我们行动中的相应混乱,而这就会使行动完全没有成果。给予者与接受者的距离越近,援助越是有效,而给予者与接受者的距离越远,援助也就越减少其效力。

当然,这一观点并不否认,较远的利益在某些情况下可能使牺牲较近的利益成为必要。在保卫一个民族的生存和自由的情况下,任何一个生命的奉献都是值得的。这也是正当的:正义和真理的利益可以要求和证明家庭幸福的牺牲为正当。我们将赞扬善良的撒马利亚人的怜悯心,他不考虑自己的利益和安危,而焦急地救护落到盗贼手中的那个人,在那个时候他的确是那个人最亲近的朋友,他能帮助他,也只有他能帮助他。但是常规还是:那些跟我们最接近的也是对我们最宝贵的。**仁爱开始于家庭**——这是一句很好的古老的英国谚语。

5. 与进化论的联系

让我们再谈谈**进化论**对利己主义和利他主义的对立命题的 394
态度。

有人声称依据进化论的道德哲学体系不能够解释社会性的德性;自然选择也许可以在追逐个人利益的过程中发展人们的力量、机敏和生气,但它绝不能产生自我否定,更谈不上自我牺牲。而且,假定其他条件都相同,一个个体越是自私地维护他自己的利益,他也就越强有力,自然选择必然要产生这种自私的强有力的类型，进化论伦理学还必须把这些类型看作是最适合于环境的，必须赞成它们的发展：最自私的利己主义给了个人以维护自己权益的最大力量，因而是最大的完善。[①]

我们的回答是，如果人们都是孤立地生存着，那么确实会是这种情况。但他们作为**人的存在**，只可能生活在社会和集体之中，生活在氏族和民族之中。食肉兽是孤立地生存的，至少大部分是如此，在它们之中我们确实可以发现上面提到的类型。但是，使人对所有其他生物，甚至最强壮和最凶猛的野兽占据巨大优势的，正是他适合于集体生活和活动的特性，其他如语言和理智的发展、工具的发明也都应归功于这种社会的特性。许多个体为着集中力量而组成的联合，产生出非常有力的效果。**社会性**因而成为一种自我保存的品性，就如同它所依靠的那些德性——如对同伴的真诚和忠实、对领袖的奉献和服从精神（不惜牺牲个人的利益、甚至个人的生命）。这些品性依次深沉和稳固地扎根于个人对社会整体的依恋和虔诚的感情之中，扎根于他对这一整体所有成员的爱之中。
395 它们都倾向于保存一个社会存在的生命，所以能够通过自然选择得到发展。这些品性还尤其在各民族之间不断进行的生存斗争中得到训练和发展。人是人最危险的敌人，因此，氏族为了它们的利益、权力和存在进行的斗争越是凶猛，从外面来的压力越是巨大，内部的团结也就越是强固。抗命、自私、不忠、怯懦都受到十分严厉的谴责，当氏族受到一个敌人威胁时更是被彻底地清除。然而，外部的和平却多少倾向于松懈内部的团结。在和平时期，会产生

① 见赫胥黎，《进化与伦理学》；基德，《社会进化论》。——英译者

一种个人自由的欲望，一种推进个人利益和从同伴中渔利的兴趣，总之，产生那种善于划算的商业精神。而只要民族是主要为着战斗存在时，它就不会允许这种兴趣露头，就会在它们萌芽时无情地扼杀它们。因此我们发现，社会的本能在文明的原始阶段曾有过非凡卓越的发展。个人仅仅作为一个民族或城邦的成员生活，他不可能、也不关心在它之外生活，虔诚、忠实、勇敢都是英雄时代大声褒奖的德性。

现在让我们考虑斯宾塞的一个观点，他认为利他和社会的冲动不断地靠压制利己的冲动而得到发展。在他的《伦理学的材料》[①]中，他展示人性越来越完善地调整自己，使之适应于社会生活的条件。战争变得越来越不频繁了，因而那种适应于所有人反对所有人的自然状态的好战的本能渐渐地消失了，社会的本能取代了它们的地位，好战的典型让位于勤勉的典型，后者是和平合作产生的典型。斯宾塞提到了他那个重要的生物学概括。根据这一概括，“随着为了青年人的利他劳动的增加，减少了父母对其后代的牺牲。”他因而期望利他主义达到这样一个水平：“对他人幸福的 396
服务将成为一种日常的需要，较低的个人满足将不断地受这种较高的个人满足的支配。”在文明进步的同时，自然的痛苦和各种各样的穷困变得越来越少，利他主义逐渐地不再表现为怜悯和自我牺牲，而是采取了一种使同情得到满足的形式：“它不花费得到这一满足者任何东西，而只是使他个人的满足无偿地增加。”的确，斯宾塞满心以为在将来某个时候要求满足利他感情的欲望会变得如

① 第 14 章。——英译者

此强烈，以致每个人都坚持要多得到一些这样的满足；而他则希望，“利他的竞赛，首先要达到这样一种协议——每个人都不多要这种利他的满足；然后必然又产生出另一种安慰——每个人都关心其他也有机会得到利他的满足的人。”

斯宾塞补充道，他并不期望这些结论会得到广泛的接受，并不期望引起那些自称基督徒实为异教徒的人们的共鸣。但即使有被看成是异教徒的危险，我还是不能不表示我的反对。

斯宾塞对将来的期望是依据于过去的发展过程，这是这些期望唯一可能的基础。然而，他这种进化的观念，在我看来是片面的。他忽略了一个事实，一个平常他当然是领悟到了的事实：即战争也是一种强烈的使人社会化的力量，它在产生敌对本能的同时也造就了社会的本能。使战争不再频繁出现的文明一方面削弱了好战的本能，但另一方面也松懈了内部的团结。斯宾塞把历史发展描述为一种进步的社会化的过程，在这一过程中战争逐渐减少。这样的事情无疑是事实，我们不再像印第安人一样手里总是拿着
397 武器生活，经济方面的分工变得越来越细致和越来越有组织。我们也有理由认为人性将使自己适应于生活条件中的这些变化，人性将变得越来越适合于社会的劳动。那些两千年前跟马留和凯撒打过仗的日耳曼人，是不可能跟他们现在的后代肩并肩地在工厂或办公室工作的。但我们不应把对集体生活的适应性与利他的感情等同起来，人们可能总在一起工作却并不经验到那种兄弟之爱的感情，他们的感情可能是相当自私的。我相信，不信任、厌恶和嫉妒的感情在今天的工业社会里无疑要比在古时候的日耳曼农民那里更为常见。在那些农民那里，竞争、伪造、诈骗、投机和劳动者

与雇主之间的摩擦都是闻所未闻的事，他们每个家庭都构成一个本质上是分离的经济实体。合作越是复杂化，造成摩擦的机会也就越大。我们在哪儿看到最多的冲突呢——是在一群官员、教师和职员中间，还是在一群农民或一队士兵中间？每个人都会毫不犹豫地作出回答。当然，我并不想否定，在农村生活的人们相互间是相当冷淡的，而在前一群人中间，尊重的感情、献身精神和友谊，如果不是经常至少在某些情况下是更为强烈的。我想说的只是在这些成员之间存在的私人联系在各个方向上都更为显著了：一方面有更大的敌意和不敬；另一方面有更多的友谊和信任。

斯宾塞用家庭关系的进化来支持他的观点。我相信这些关系表现了同样的特征，即它们在各个方面都变得更为显著了。现在有一些家庭，其成员生活在比原始时期的家庭更为亲密的关系之中，但也有一些家庭，其成员之间的不和和相互厌恶远远超过了原 398
始时代人所能想象的程度。这是很自然的，因为个性越显著，相互间的吸引和排斥也就越强烈。一群聚在一起的动物是多么幸福又是多么缺乏个性啊！

这同样也适用于不同民族之间的关系。真的，和平看来在文明民族那里已成为一种持久的状态，而战争只是一个暂时的中断，但在蛮族那儿战争却是一种持久的状态。然而，在文明民族所进行的血流成河的毁灭性战争面前，蛮族间的冲突却几乎成了儿戏。战争将消失吗？斯宾塞预言将会如此。但各个民族会停止以牺牲对方为代价而追求权力、荣誉、利益和名声吗？恐怕要到它们不再比喜欢其他民族的存在更甚地喜欢自己的存在（亦即停止自己民族的存在）那一天，结束战争才有可能。或许各民族会不再是它们

现在的这个样子？然而，思考那时将发生什么事情，将出现什么样的历史生活形式，这些形式之间将建立一种什么样的关系，看来是没什么意思的。

斯宾塞的错误（假定他的永久和平论只是一个幻想）是一个有用的错误吗？也许有人会倾向于相信这一点，相信它给了我们力量和勇气去为将来工作。这可能对特殊的个人是这样，虽然那样遥远的考虑几乎不可能对人的感情和行动发生一种重大的影响。我们热爱和憎恶、欲望和轻视的是跟我们接近的事物。而且，这一错误还可能有另一种效果：它可能使我们不满足于和不公正地看待过去和现在。斯宾塞看来并没有总是避免这一错误。正像他那个重要的生物学概括常常使他看不到历史现实的多重性一样，他对将来的空想似的乐观主义也使他不能理解和欣赏过去。即使将
399 来及其完美的幸福和德性是可喜的，过去时代的人也还是要坚持（假设他们能够保卫自己的话）：他们的生活方式不仅对他们来说是最好的，而且构成了人类发展的一个阶段，有其自身的价值，正像儿童和青春时期连同它的游戏、快乐和理想对个人的生活有一种独立的价值一样。让“勤勉的典型”有它的幸福和赞赏者吧，但让“好战的典型”也得到它应得的一份！也许阿基里斯和亚历山大还会在完全正派和仁慈的纺织工人那里找到赞赏者呢，难道这只有在人具有某种野兽本性的时候才有可能？如果你认为野兽大都是受到野兽的赞赏的话，那么你这个前提甚至也是不确实的。

第七章　德性与幸福 400

在此，我将系统地阐述我在前面的章节里偶尔表达过的有关德性与幸福关系的观点。我们可以从两个方面考虑这一问题：(1)德性对幸福有什么影响？(2)幸福对品性产生什么效果？

1. 行为对幸福的影响

人们通过自己对道德的思考都会达到第一个伟大和基本的真理——善良的人活得好，而邪恶的人活得糟。这一代表着人类经验的信念在无数的谚语中表现出来。L·施密特曾在他的《希腊伦理学》的第一章中，从希腊文学中广泛地收集了这一类谚语和格言。所以他在这本著作一开始就说："古代希腊人坚定地相信：人们的命运是由赏善罚恶的严厉的正义控制着的。"他展示：这一思想早在荷马的诗篇中就随处可见，后来一直保持为希腊诗歌和历史的基本主题。人们的命运和正义的管理握在众神灵的手里，或宁可说握在神圣的原则手里，因为神是像个人一样，也充满人的情绪和感情(至少在诗歌中是这样)。但通俗信仰的神灵本质上依然是正义和道德的保卫者。他们惩罚破坏他的誓约、违反虔诚或好客的法则的作恶者，他们追逐谋杀者直到他的罪恶遭到报复为止。401

的确，复仇常常被推迟，也许它打击的是犯罪者的后代；或者，根据来自东方的灵魂轮回和死后审判的信念，这一复仇有时要到来世才追上该受报应者。但是没有一个作恶者能逃脱惩罚。另一方面，善良的人则得到神灵的欢喜，他们保护他、使他免遭灾祸、让他幸福和纯洁地度过自己的一生。在“神热爱的人”这一观念中，虔诚行善的概念和神圣赐福的概念不可分割地交织在一起。

我们在旧约的历史和诗歌卷中发现了同样的基调。历史卷中展示了上帝怎样在个人和民族的生活中，以美好的允诺或可怕的威吓来伴随他的法则。在赞美诗中，正直、真诚和信任上帝的人都受到赞扬，上帝决不遗弃遵守他命令的人，而是为了他们的忠顺奖赏他们的子孙后代。正直的人也会受苦，但上帝并不遗弃他，而是使痛苦本身转变成福祉；另一方面，不敬神的都必遭歼灭，罪恶的报偿就是死亡。

这一思想的理论发展构成了希腊道德哲学的内容。德性与幸福并不仅仅是偶然地通过神灵的中介而发生联系，而是出自事物本性的联系。然而，幸福的概念逐渐被精神化了；不是外在的幸福或好运，而是内在的幸福、精神的和平安宁，直接与德性的实行结合在一起，或者作为它必然的结果相随。外在的幸福并不总是落到明智和有德性的人身上，但有德性者也倾向于认识到这一点，即使他没得到它，他也能确实地在他心中发现幸福。这也是在现代
402 伦理学中流行的感情。霍布斯和斯宾诺莎、莱布尼茨和沃尔夫、沙夫茨伯利和休谟，都试图指出正直与幸福的必然联系。他们也都把这个命题看作他们核心的理论，即善的行为产生幸福，而恶的行为的结果则是不幸。德性与幸福、荣誉和内心平和并行，就像邪恶

与不幸、羞耻和内心紊乱并行一样。这特别适用于这一系列的前后两端，即德性和内心和平、邪恶和内心紊乱总是联系在一起的。而德性与幸福、荣誉，邪恶与不幸、羞耻的联系却不是如此紧密。

这一观点可称为德性与幸福关系上的**乐观主义**，与它平行的是一种**悲观主义**的观点：作恶者正是活得很好的人，他总是走运；而善良的人却过得很糟。从各民族的文学和谚语中，集合一大批旨在展示邪恶的胡作非为者在世上比那些遵循真理和正义的人更为成功的例子是并不困难的。用来对付弱者的强暴和用来对付强者的计谋是人们赖以提高和保护自己的手段。歌德曾经称之为是一部世俗的异教圣经的那个古老的列那狐寓言，就说明了这一点：狮子和狐狸、强暴和狡诈控制着事务，它们一个是国王，一个是大臣，而诚实的公羊、天真的野兔、直率的熊和缺乏经验的狼却总是倒霉。另一部圣经，即《新约》，看来也并不与这一滑稽的动物界圣经相矛盾。原始基督教的一个基本观念就是：正义者就像主一样必须为正义和真理受难，信徒们必须忍受许多痛苦、耻辱和迫害。

这两个观点谁是谁非呢？第二个观点在真实性上压倒了第一个观点吗？我不这样认为。

不时在每个民族和每个人心中爆发的这种分散的悲观主义情
绪，也许可以解释如下，并与乐观主义观点调和起来。当然，这是 403
一个不可否认的事实：善良的人表面上并不总是过得很好。一个人即使是节制和明智的，也还是可能得病；相反，一个无视他的身体的人却还是可能保持身体强健和精神饱满。一个能干和诚实的人尽管十分努力却还是可能失败，而一个恶棍却可能通过不义的手段积蓄大量财富。坦率常常给我们招来权势者的厌恶，而奉承却得到他们的喜好。但是，这些现象吸引人们如此多的注意、引起如此的义愤的事实看来却正好说明：这些现象并不是常规，而是例外。听到轻浮和亡命之徒的死讯，任何人都不会感到惊奇，我们说这是本应如此，很快忘掉了这件事情。但当我们看到一个诚实而讲道理的人毁于各种各样的不幸，而前一种人反倒昌盛这样违反事物本性的事情时，我们就只好以这样泛泛的说法安慰自己：杂草长得最快或傻瓜总是走运。当一个诚实的人赢得了他周围人的信任，而一个恶棍被揭穿和丢丑时，每个人都会把这看作正常的事情。然而，当一个人躲过了惩罚，带着他劫掠来的百万家财转入安全的地方时，我们会变得激动，连续讨论它好几个月。每个人都回忆着同样的例子，最后得出这样的结论："见鬼，世界就是这个样子！"

在此，例外又一次证明了常规。如果这些事件不是违反事物的本性，它们不会引起这样的激动。常规是：诚实的劳动比起诈骗和不诚实来说是达到经济利益的较为可靠的途径，真诚和坦率带来信任，而谎言和欺骗却是觅友的糟糕手段。总之，在上帝和人的面前，德性是受到赞扬的，而邪恶却是被蔑视和谴责的。

404 然而，对于这最后一条常规还有一个重要的例外，就是在邪恶的人们那里，德性并不引起他们的热爱，而是招致他们的憎恨。一个失去廉耻的妓女会憎恨纯洁无瑕的少女，仅仅后者的存在对她就是一个无声的谴责，她寻求报复，通过嘲笑、谤诽或任何一种仇恨心理迫使她采取的手段来报复。对她来说，把那些天真纯洁的姐妹拖到跟她一样不名誉的地位，是她最大的快乐，因为这就平息了谴责。这解释了邪恶者普遍具有的诱惑他人的可怕冲动的事实。所以,谄媚者和求官者也憎恨那些昂着头生活的诚实和正直的人们,他想象后者正在注意、揭穿和蔑视着他。

假如邪恶在社会上占据优势,德性就不再会是有吸引力的,它就会在大多数人中间引起如果不是轻蔑至少也是憎恨和厌恶。且由于邪恶对恶人们来说也并不是使人愉快的(而德性对有德性的人来说却是使人愉悦的),邪恶并不被恶人们尊敬,尤其是社会性的恶行,这样,一种普遍憎恨的感情将弥漫整个社会。早在赫西俄德的悲观色彩很浓的《工作与农时》一诗中的一些著名行节中,就谈到了这种状况:

没有父子之情,兄弟之义,
也无主宾之礼,往昔的朋友之谊;
儿女不顾上天的震怒,
眼看着须发斑白的双亲迅速老去;
尖嘴刮舌,唾沫飞溅,不孝又可耻,
恶狠狠的斥责和辛辣的挖苦到处横飞;
在人垂老的年龄不思报答,
把他们年华正茂时给予的养育之恩一概忘记。
现在强权成了法律,人们随时准备着掠夺,
使他们各自的城市变得荒寂;
善良人得不到爱,公正者得不到尊敬,
可敬畏的誓言也不受重视;
作恶者却总是如鱼得水,
廉耻已丧,公平已荡然无存;

邪恶的诽谤包围了有德之人，
仇恨使行为打上了假誓的印记。
啊，失意的嫉妒也张开了谎言的翅膀，
四处散布恶语中伤的丑闻；
可悲的人们视听已被混淆，
他们跟着恶人们亦步亦趋。

我们在此看到了一种建立在希腊土地上的地狱般状况的描述。

这将帮助我们理解基督教对德性的世俗成功的看法。早期基督教对世界的看法跟赫西俄德的描述很相像。我们可以把《罗马书》头一章对古代希腊罗马世界的描绘与赫西俄德的描述作一比较："充满了各种不义、邪恶、贪婪、恶毒，满心是嫉妒、凶杀、竞争、诡诈、毒恨，又是谗毁的、背后说人的、怨恨上帝的、侮慢人的、狂傲的、自毁的、捏造恶事的、违背父母的、无知的、背约的、无亲情的、不怜悯人的。他们虽知道上帝判定：这样行事的人是当死的，然而他们不但自己去行，还喜欢别人去行。"带着这样一种他们丝毫不想隐瞒的世界观进入世界，早期基督徒当然不可能期望这世界会使他们快意，他们不可能期望任何别的东西，除了那些绝不会错过他们的厌恶和迫害。

早期基督徒此外也期望别的东西：这个世界的终结。他们感到这样一种人不可能生活下去，也不配生活下去。他们是对的：一个与赫西俄德和圣徒保罗描绘的世界相似的世界是不可能存在的。但实际上世界并没有终结，甚至没有料到的事情也发生了：这个世界在尽了它所能采用的所有迫害手段之后，却在某种程度上接受了基督教，并把它保存到今天。因此我们有理由认定上面那种对人类的描绘并不切合人类的实际。而且，原始基督教并非总是这样绝望和悲观，基督徒经常被这样告诫行善："他们可以看到 406
他们善良的工作，并荣耀在天之父的名字"。在另一个地方我们甚至读到："虔敬对所有的事情都有益处，因为有对今生和来世的应许。"[①]必须承认，涉及今生的应许的话，我们在《旧约》中可以重复地看到。

而且，我们必须补充道，折磨和迫害对基督徒并非是恶，而是他完善自己所必需的，它们甚至不可能扰乱他内心的宁静和虔诚哪怕一分钟！迫害给了他一个神圣的信念，确信他不是属于这个世界的，而是上帝的永恒王国的一个儿子。所以对于他来说：德性与外在的幸福，或至少那种虔诚与内心幸福之间有一种十分内在的关系，甚至它们就融为一体了；这对基督徒来说也许尤其真实。

那么，在此我们也达到了这样一个结论：对于真正善良的人来说，对于意志完全由德性支配的人来说，有德性的行为始终是最大的幸福和喜悦，即使它并不带来外在的幸福，即使它反给他的肉体带来磨难。斯宾诺莎的准则是适合于他的：幸福不是为德性准备好了的，而是由自身的德性带来的。然而，对于那种意志不是受德性支配，行善是出于畏惧或算计的人来说，他们可能会感到失望。如果他期望通过他的诚实、节制和慈善来实现的外在成功并不出现时，他就把德性看作是实现幸福的一个无用或至少是不可靠的

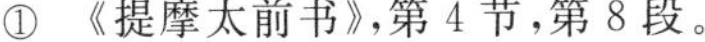

① 《提摩太前书》，第 4 节，第 8 段。

手段，他发出了悲观主义的抱怨，认为作恶者活得好而善良者过得糟。然而，这并不意味着，如果他以不正当的手段达到了他抱怨正
407 大光明的手段达不到的目标，他就会心满意足。因此，这一事实仍是真实的，就是在德性和成功、繁荣及幸福之间有一种普遍的内在联系，而邪恶与不幸之间的联系也是同样必然的。我们可以想象一个人，想象他毫无畏惧和顾虑地满足了他的欲望，心安理得地享受了运气提供给他的一切东西，在他整个一生中他都是交好运，但是，在现实生活中真的能有这样的人吗？无论如何，我们每一个人就我们现在的情况来说，追随这样一个榜样都是不明智的。即使他在一切事情上都取得成功，这样的时候也可能到来：他要放弃他取得的一切而追悔过去。

2. 幸福对品性的影响

第二个问题是：幸福对品性会产生什么效果？在此我们所说的幸福仅意味着外在的幸福：财富、权力、成功、名望、荣誉、健康、力量、胜利。占有或追求这些东西对品性有什么影响呢？

对人类事物的观察使所有较为发达的民族相信第二个伟大的基本真理，即幸福、成功、走运对品性是一种危险，最后对幸福本身也是个危险。我们上面作为希腊智慧的第一个准则提到过这一命题，即善良的人活得好而邪恶的人过得糟。我们现在可以作为第二条准则补充到：Eutuchia（极乐）并不等于**幸福**，所谓无杂质的纯粹幸福并不是幸福。

正像赞美诗作者说的那样：幸运产生饱足和厌腻，造成一颗愚

钝的心。这样的心灵充满傲慢，傲慢则导致引起上帝震怒的不义，从而走向毁灭。根据希腊的诗人和历史学家所表现的希腊人的观念，这是事物发展的自然过程。只有一种卓绝的见识才能使一个 408
人经受住成功和幸运的考验。[①] 下述观点无疑是言之有理的，即幸运和成功倾向于使一个人自满和傲慢。成功者容易尖刻地评论别人和宽厚地看待自己，他认为他的成功完全是由于他自己的努力，很容易毫不怜悯地谈论别人的不幸或失败，认为那些失败全是他们自己的过错。他不尊重别人的努力，不同情别人的不幸，这样就形成了一种希腊人称之为“傲慢”的、为神灵和人们所共同厌弃的精神习气。这种习气导致他轻蔑地对待事物和人们，可耻地利用弱者和被征服者，走向一种蔑视一切的自大狂状态，这不久就会招来毁灭，毁灭是他内心枯竭和蔑视一切的必然后果。

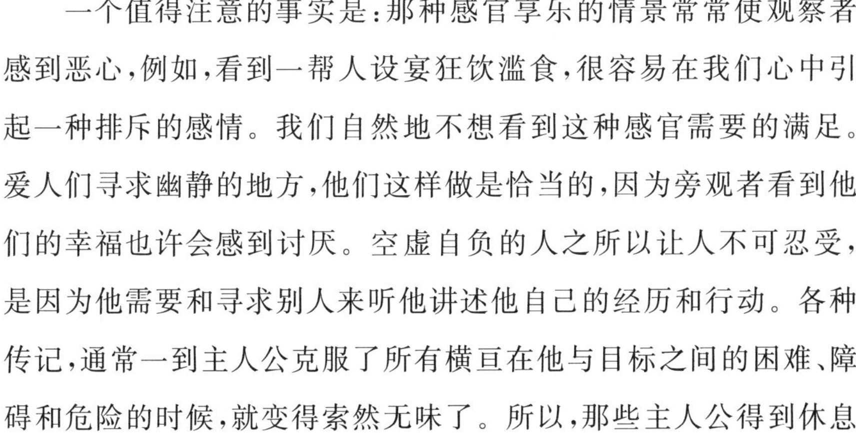

一个值得注意的事实是：那种感官享乐的情景常常使观察者感到恶心，例如，看到一帮人设宴狂饮滥食，很容易在我们心中引起一种排斥的感情。我们自然地不想看到这种感官需要的满足。爱人们寻求幽静的地方，他们这样做是恰当的，因为旁观者看到他们的幸福也许会感到讨厌。空虚自负的人之所以让人不可忍受，是因为他需要和寻求别人来听他讲述他自己的经历和行动。各种传记，通常一到主人公克服了所有横亘在他与目标之间的困难、障碍和危险的时候，就变得索然无味了。所以，那些主人公得到休息

① 亚里士多德在他的《修辞学》（第 2 章，15—17）中对极乐及其不同形式——贵族、财富、影响力和权力——对性格的影响进行了令人钦佩的描述。我们现代人应该加上文学或艺术的成功和辉煌的职业生涯，作为其中一个突出的形式。

和普遍尊敬，得到名望和财富的年月（不管他得到这些东西是多么应该），都往往被传记作家略去。歌德不把他的自传扩展到进入魏玛以后表明他有见识。浮士德说：“享受是使人退化的。”这是一个
409 深刻的真理，因为沉溺于快乐的灵魂是会被征服和发生退化的。浮士德抗拒邪恶的力量的真正秘密是在于他并没有在快乐中发现满足。魔鬼希望通过享乐使他退化堕落，他将吃土，并且感到津津有味。浮士德吃了土，但却不感到津津有味，因此魔鬼不可能完全赢得他的灵魂。在浮士德心中有一种崇高的不满，这使他有得救的可能。

以下道理既适用于个人也适用于**集体**，适用于国家、阶级、政党。这个道理就是——成功使它们毁灭。它们丧失了自我批评和自我控制的能力，丧失了它们的力量和尊严，丧失了恰当感、分寸感和现实感。这样，由于它们内部的自毁，它们会不光彩地被它们所轻蔑的敌人打败。世界上再没有什么比一帮养得很好、自满自足的家伙更让人讨厌的了，他们夸耀他们的肥胖和饱足，再没有什么东西比这更容易引起所有人类的健康本能厌恶的了。因此，正像历史所证明的，这样的一帮人最容易走向毁灭。教会的历史也证实了这一真理；甚至，在任何地方也许都不如在教会中看得明显，教会的胜利和统治始终一贯地使它变得傲慢、顽固、偏执、无情和咄咄逼人。但当它的外在权威增加时，它的内在权威却减少了，直到毁灭降临于它。然后又经历一个相反的过程。被轻蔑和受迫害的教会开始复活，卑微、自我牺牲和英雄主义再一次表现出来，它重新得到对人们心灵的权力。接着又开始一个新的循环。世俗的权力又向它接近，它在它们中间成为一种必须认真对付的权力，

既能给予支持又能接受支持。荣耀和财富在它头上显示，它控制着令人艳羡的职位，在治安当局的保护下颁布教义和举行礼拜。现在聪明人、权贵者、贪心和世俗的人们也都热心地来为教会服务。教会允许他们服务于它和控制它，再一次走向毁灭自己的道路。

这就是成功走运的后果。现在让我们看另一面，看看逆境、失 410
败和受苦使人得到训导、加强和纯洁的效果。不幸锻炼了意志，能忍受困苦的意志在压力下变得坚韧和强健起来。它也给了我们以忍受不可避免的痛苦的耐心，训练了我们考验和测试自己及自己的各种力量的能力，使我们节制我们的要求，评判他人的失败时富有同情心。幸运发展了人性中一些令人厌恶的品性，而逆境却使人们联合，使他们友好、公正和富有耐心。当炎夏的某一天突然降临一场暴风雨的时候，我们可以看到那些原先在白日朗照时相互躲避和厌恶的身份各异的人们，现在在同一个屋檐下避雨，他们相互容忍甚至互相开玩笑。当一场大灾难降临一个城市或民族时情况也是这样，它打破了所有在繁荣时期树立的骄傲和厌恶的屏障。最后，如果没有不幸和受苦，也不可能成就最高的道德完善。基督是通过受苦进入他的光荣的，他被他的民族的领袖排斥，被不义的人们谴责，被有权势者虐待，被暴民们辱骂和诅咒，被他的门徒们拒绝和抛弃，因而赢得了最高的光荣。他在十字架上低垂着头说："它被完成了。"那在世界上能够达到的最崇高行为被完成了：他为了善而忍受恶，且没有失去对善的信仰，没有使他内心的平和变为对人类的厌恶和轻蔑。

基督教完全是一种受苦的哲学。约伯的格言：痛苦的考验是

人生最高的境遇。表达了基督教的基本心情。希腊人看来也并非不欣赏这个真理。不幸有一种训导人的效果。希腊作家米南德
411 说："没有哪一个人能不经打击而得到锻炼。"而歌德，这个几乎没有受过巨大痛苦的伟人，则意味深长地把这句话放在他的自传的开头。希腊人对痛苦具有净化和训导人的力量的信念，尤其在悲剧诗人的作品中得到强调。在希腊悲剧诗人埃斯库罗斯的《阿伽米农》的合唱曲中，发出了这样的声音："宙斯把我们引向明智，使痛苦是我们的教师的法律变得神圣。"

痛苦是惩罚，但对接受这一惩罚的人来说，它也是医治心灵疾病的良药，这些心灵疾病是由幸运和自以为是的僵硬引起的。在有关俄狄浦斯的悲剧中表现了这样的思想。而且，当纯洁的人承受那种不应他承受的不幸时，他通过平静地忍受磨难，表现了人类对待自然事物变迁的一种最庄严最崇高的力量和独立性。所以，面对死亡的苏格拉底成为哲学家中的一个生动证人，他证明了这一真理：没有任何恶能降临于人，只要他拒绝把它看作恶。马可·奥勒留问道："那并不使我变坏的，怎么会是一种恶呢？"

因此，我们可以说，真正的幸福是所谓幸运和不幸的适当的混合。如果一个人所有的欲望都总是能够得到充分的实现，这个人的命运并不是幸福的；但如果他在恰当的时候能够得到恰当的欢乐和悲哀、成功和失败、富有和匮乏、斗争和和平、工作和休息的话，他的命运是幸福的。正像植物为了繁茂地生长不能没有阳光和雨水一样，一个人的内心不经历欢乐和忧郁也不可能丰富和深刻。如果一个人碰到的一切都反对他，如果他只能经验到困苦（假如这样一个生命是完全可能的话），那他必然会怀着战栗和恐怖告

别尘世和生命。反过来，如果一个人的希望一旦在心里出现马上就得到满足，他也不能称自己是幸福的。即使饱足和骄傲不毁掉他（这是个很难避免的结果），他也会失掉一些很重要的人生经验，412
使人性的一些相当重要的方面得不到发展。正像一个从未遇到过失败的将军，将不会意识到他心灵中的所有潜力并发展它们一样，一个从未缺乏过任何东西，从未在任何事情上失败的人，也将不能发展他精神上的所有能力和意志。他将感到命运没有给他一些完善他的存在所必需的东西，他也许像波力克莱特一样，对他的“幸福”感到恐怖。

所以，我们可以说，生活正像我们所发现的一样，总的来说是适合人性的真正需要的，它给每个人都带来好的和坏的日子，带来成功和考验。我们听不到多少说幸福的日子太多的抱怨，而相反的抱怨却是常有的，就是认为不幸和匮乏超过限度了。当然，我们不可能证明命运成功地在每一个人那里都给出了适当的混合比例，这实际上只是一个主观信念的问题。也许相信这一点常常是件困难的事情，也许当看到他人所受的无尽困苦时，比我们自己亲受这种困苦时还要难于相信这一点。我们看到无数的生灵因缺少关怀和幸运而毁灭；因缺少适当的要解决的难题而毁灭；因缺少生活的必需品而毁灭。别的一些生活条件是否能比这产生更好的结果呢？谁能告诉我们呢？要知道，各民族是多么经常地怀着感激和骄傲的感情，回顾那些它们开始以为是下降和极端不幸的时代啊！在德国历史上是否有哪一个时期，比耶拿之战后那个时期更引起我们注意呢？“最耻辱”的时期事实上不也是取得最大的进步的时期吗？所有善良和伟大的人们曾有过像那时那样受到尊敬和

团结一心的时候吗？相反的情形也是真实的。胜利、成功、富有、伟大的时光在回顾起来时却另有一番景象。十七世纪的荷兰画家显然希望向我们展示，一个民族当它太繁荣时是怎样生活的。如果我们愿意，我们可以做一些更切近的观察。

413 我们想起了沙米索那首寓意深刻的诗《十字架展览》。一个抱怨他的十字架太沉重的人被带到了一个大厅，那儿贮藏着所有人的十字架。他被允许为自己选择一个新的十字架。于是他放下了自己的，开始在周围寻找较为合适的一个。在经过一番仔细认真的搜寻之后，他最后找到一个看来是最使他满意的十字架。然而，当他进一步地检查时，发现这正是他自己原先那个十字架，只不过他一下子没有认出来而已。

有一些人，他们向我们展示一个比现实世界要好的世界，并因此斥责我们现在的这个世界是一个失败。假如他们可以实现那个他们想象的世界，并在其中生活，他们也许会发现在我们这个被轻蔑的世界里的生活条件却要令人满意得多。这样一种事情常常发生：人们充满厌恶和轻蔑地离开他们的国家，但在一个新地方生活过一段时间以后心情却起了变化，他们头一次发现他们事实上是多么深沉地爱着自己的祖国。如果我们的悲观主义者能移居到另一个星球生活一个时期，他们也许会怀着渴望和感激的心情思念起地球来呢。总之，医好悲观主义也许比我们想象的要来得快；一个这样的时期或许要重新来临，那时不幸和悲哀将教会我们的人民更好地欣赏生命及其中一切好的东西。悲观主义盛行于繁荣昌盛的年代。也许下面的诗句能启发我们对将来有所准备，在这些诗句中，一个生活在那个不幸同时又精神飞扬的年代里的人，威

廉·冯·洪堡表达了他的人生哲学：

无情的命运以铁的法则
引导着地球上世代的变更，
当它幸运地实现了自己崇高的目标，
却仍然对人们的悲欢保持冷淡。
我们也不是一直安卧在玫瑰花丛， 414
而是使心灵在忍耐中坚强并充满生气地行动，
痛苦不是一场不幸，快乐也并非总是福祉，
凡是承担自己命运的都要经历这两种情形。[①]

① 引自海曼(Haym)的《洪堡的生活》(*Life of Humboldt*)，第258页。(坚不可摧的命运受着铁律的束缚，引领着世世代代不断变化的阶层；当她实现自己的崇高目标时感到高兴，但对他们的喜悦和悲伤无动于衷。我们也从未躺在玫瑰床上；但是我们的心有足够的耐心和充满活力的行动。痛苦不是不幸，快乐并不总是福气。谁能实现自己的命运，谁都会遭受痛苦。)

415 # 第八章　道德与宗教的联系[①]

1. 历史上的联系，起因与结果

在这一章我将试图回答的问题是：宗教与道德之间是否有一种内在的联系（即那种事物本性固有的、因而不可分解的联系）？抑或道德与宗教彼此独立，仅仅存在一种偶然的关系？

一个历史的考察将有助于我们回答这一问题。[②] 这是人类学的一个最可靠的命题，即在一个民族（至少在它发展的某一阶段）的宗教与道德之间存在着一种十分深刻的关系。风俗需要神灵的核准，宗教和道德的命令构成一个统一的法典，虔敬和道德被看作同一个东西。我们只需回忆一个最著名的例子：在摩西的法典中，

---

① 热奈，《道德理论》，第 12 章；施特因泰尔（Steinthal），《一般伦理》（*Allgemeine Ethik*），第 9 页以后；许夫定，《伦理学》，第 31—33 章；吉兹基，《道德哲学》，第 329—495 页，科特的英译本，第 208—276 页；舒曼，《信仰上帝》，第 3 讲；冯特，《伦理学》，第 1 部，第 2 章；希斯洛普，《伦理学要素》，第 9 章；麦肯齐，《道德手册》，第 17 章；拜恩，《道德原则》，第 7 章；史密斯，《基督教伦理学》，导论，第 5 节；塞思，《伦理学原理》，第 3 部，第 2、3 章；波洛克（Pollock），《论法学与伦理学》（*Essays in Jurisprudence and Ethics*），第 11 章；伦策，《伦理学》，第 56 页。——英译者

② 我在我的《哲学导论》（*Introduction to Philosophy*）（1898 年第 5 版）中努力阐明了许多观念，但在此仅仅是暗示而已。

宗教、道德和法律的义务完全是作为上帝的一个法则的完全同质的部分出现的。它们全都具有同等的约束力，都来自上帝的意志，对每一违反的惩罚都被民族看作一个宗教的义务。对上帝的畏惧 416
是道德的基础；虔敬和善、不敬和恶，是一些同义语。基督教和伊斯兰教都接受了这一观点。我们也在希腊人和罗马人、印度人和波斯人、埃及人和亚述人中发现同样的观点。个人和社会的全部生活都是由宗教来控制的，所有国家和社会的制度，所有支配个人生活的风俗和惯例都有一个宗教的基础。在美洲土著的最开化民族中——墨西哥人和秘鲁人中，我们也同样注意到宗教与道德的这种关系。瓦茨引述过几个一定会给一个希伯来或基督教道德哲学家争光的墨西哥贤人的范例，他认为这正是这些种族达到了一个较高的精神发展阶段的有力论据。这位富有经验的人类学学者补充道："要衡量一个民族的文明程度，几乎没有比这更可靠的信号和标准的了——那就是看这个民族是否达到了这一程度，纯粹道德的命令是否得到了它的宗教的支持，并与它的宗教生活交织在一起。"①

我们怎样解释宗教与道德的这种统一呢？有许多事实看来是不利于把这种联系看作是绝对必然的观点的。宗教在其发展的最低阶段实行着一种独立的功能。它以一种魔法的形式出现，跟道

① 瓦茨(Th. Waitz)，《原始民族人类学》(*Anthropologie der Noturvölker*)，第4章，第128页。一个有关宗教与风俗和道德的联系的详细和富有思想性的历史讨论，可以在冯特的《伦理学》中发现，见第1部分，第2与第3章。法斯特尔的著作《古代城市》(有英译)，展示了希腊与罗马的政治和法律制度是如何原初和内在地与宗教联系在一起的；最老的法典就像摩西法典一样包含了礼拜和道德。在罗马人那里，法律很长时间都曾是一种虔敬的科学。

德没有任何联系(就存在道德这样一种现象而言)。被崇拜的偶像对人的行为是冷淡的,除非这一行为直接涉及它们。“偶像崇拜”和“道德”彼此没有关系。因此,如果这种状态被看作宗教的原始状态,宗教与道德间的联系是怎样发生的呢?或者,如果对这个问题避而不答,那么这种联系根本上是建立在什么基础上的呢?

417　我们可以以一种多少有些外现的方式看待这件事情,试着作如下的解释。崇拜的仪式构成了科学的最早题材。在崇拜仪式中,完全的精确和严谨具有绝顶的重要性,最轻微的错误也可能使这一仪式无效甚至有害(我们可以想想印度或犹太人的献祭),因此教士是第一批科学家。他们发展和传播了正确的崇拜仪式的科学。在此出现了第一批排除一切任性和专横的固定规则。后来,风俗和法律的命令被补充到这些规则之中,并逐渐地和它们一起构成了一个统一的法典,这一法典包括了一切对这一民族的所有成员有约束力的东西。那些首先附着于宗教义务的超越的标准,因此扩展到了道德和法律的命令之上。

在宗教义务和道德-法律义务之间存在的一种原始内在姻亲关系也许有助于这个统一。所有宗教命令都彼此相似,它们命令献祭、净身、禁欲或节欲。所有崇拜仪式都表现着个人意志对一个更高和更有力的力量的服从,卑微赢得神灵的欢心,傲慢则引起它们的震怒。这同样也适用于风俗的要求,它们也限制和束缚个人的意志,它们也命令个人服从权威。对它们的傲慢也导致对风俗的侵犯和对神灵的不敬。神灵是傲慢的敌人,因而成为风俗的保卫者。值得注意的是:弱者和被剥夺公民权者,陌路人和无助者,

到处都享受到神灵的保护。对客人的冒犯，或者对无助的老年人或孩子的侵犯，特别受到神灵的惩罚。

然而，对这一主题还可作更深刻的阐述。我们可以一般地把宗教定义为对超越的信念。它始终如一地以一种因经验世界的不足而产生的感情为前提。**偶像崇拜**和**黄教**也是试图依靠一种对超 418 越性力量或者存在的魔法来完成自然手段达不到的东西。随着生活的发展，意志也被精神化了。在人类发展的最低阶段，人的意志几乎只欲求满足那些动物性的需求。随着文明的进展，它不仅欲求生命，也欲求一个善和美的生命，欲求一个人类的理想。这种人的意志方向上的变化也在超越世界的形式中产生了一个相应的变化：多神教神灵的多样性世界就是较高意志的一个创造。稳定的、富于个性的、历史性的存在取代了偶像崇拜的含糊的、无名的、会衰灭的力量。在神灵中，人对一个美和善的生活的理想被实现了。希腊人的神灵世界就是由希腊民族对美和善的渴望所创造的，理想的人类世界的具体化。这些神圣的人格，每一个都代表着希腊人生理想的某一方面。这一超越的世界对于经验的世界并非是冷淡和没有影响的，神灵并不忘记人，它们指导他、保护他、惩罚他、完善他的意志。但魔法的特征也没有完全消失；为了通过神灵实现一些直接的个人目的——健康、财富、胜利、成功而试图影响神灵的意志的倾向，无疑仍在民族的宗教生活实践中占据了一个突出地位。但是这种法术渐渐地在领袖中，甚至更大的生活圈子中失去了它的重要性（尤其是通过艺术的观照），那种把神灵作为生活的完美类型和指导者的非功利思考，那种在一个正在祈祷的孩子的美丽形象中表现出来的态度，逐渐被看作是宗教中的一个基

本成分。**一神教**是历史上出现的最后和最高形式的宗教，在此，理想的成分更为显著了。基督教完全排除了魔法，耶稣教导他的门
419 徒这样祈祷：你的意志将被履行！基督教的祈祷者以这个信念为前提：凡是可能来的，都是来自上帝，因而都是善的；祈祷的真实目的就是使心灵服从于上帝的意志。无论如何，上帝的意志是绝对的神圣，绝对的正义和恩惠。最纯洁的人的最深沉意志在上帝的神圣意志中体现了自己，然后把自己领悟为上帝的一个启示。

因此，我们可以说一个民族的宗教以一种超越世界的形式反映了它自己的意志，在那里它最深沉的渴望被实现了。对于信仰来说，这一超越的世界是真正的实在；比之于它，经验世界则是无价值和不真实的。但这两个世界之间绝没有一道绝对的不可逾越的鸿沟。所有纯洁的努力都是从上而来，又朝上而去的。

这决定了道德与宗教的联系。两者都出于同样的根源：**意志对完善的渴望**。但是，那种在道德中是一个**要求**的却在宗教中成为一个**实在**。道德以抽象的公式描述完善，而在宗教中，却可以直观到以具体的形式，作为一个神圣、圣洁和享受福祉的生命出现的完善。所以，道德与宗教看来是同一件事情的两个方面：个人就他的意志和行动追求完美而言他是道德的，就他的感情、信仰和希望是受至高的形象鼓舞而言他是虔诚的。

现在让我们考虑宗教和道德统一的**效果**。无疑，对风俗和道德律的宗教核准在很大程度上帮助了个人的道德训练。那种阻止人们违反宗教命令的绝对畏惧也扩展到了道德律。在这一方面，**对死后生活的信仰**影响特别大。人在来世将直接处在神灵的权力之下，而在现世，神灵的权力却还有些鞭长莫及，它们的干预不是

经常的，侵越者相信他能隐秘地作恶。然而在死后，他就毫无遮掩 420
地面对审判席，面对死者的判断了，这一图像被许多宗教作为生命逐渐接近的结局描绘过。然后一切都要在那里亮明，一个公正的法官将要判断其功过。凡是一生充满罪恶的人，凡是无价值地度过自己一生的人，凡是一直懈怠他对神的义务的人，都要为此受苦；相反，凡是勇敢、虔诚、公正地度过自己一生的人，都大有希望进入永恒。这一思想在基督教教会那里得到最有效的阐明和宣传。那个将结束尘世历史的最后审判日要最终地决定所有人的命运。以永恒的赐福奖赏一些人，以永恒的天谴惩罚另一些人，这一概念对人的意识产生了十分有力的影响。

这样，对死后的畏惧和希望就成为道德的有力保护者。

这些冲动在较深刻的灵魂中是以较纯洁的形式出现的。上帝不仅仅是严厉的法官，而且也是一个以他怜悯的爱饶恕人类的父亲。虔敬的人关心的主要是要证明自己配得上这种爱，是不使上帝失望，不做暧昧的行为以免自己在光明王国中的资格被撤销。而在卑下的灵魂中宗教也变得卑下了，将来的赏罚可以说成一件投机取巧的事情，对教士义务的尽职可以换来对道德义务的怠慢，一些施舍可以买到赎罪。这是一种宗教的堕落。在一个教会中，崇拜的组织体系化往往倾向于产生这种堕落，耶稣在犹太教中发现了这种表现为法利赛人的伪善的堕落；路德在基督教中发现了这种表现为所谓“善事”体系的堕落；斯宾纳在路德教中也发现了这种表现为“正统”的堕落，“信仰”变成了最后的“善事”，取代了其
他的一切，我们今天也发现有同样的堕落。像康德所称的：这种 421
“在法定宗教中出现的对上帝的伪崇拜”，对宗教教会生活是一巨

大威胁。它使人们的真理感和道德感变得迟钝起来，它也培育了狂热的盲信偏执的精神：凡是不尊重我们的崇拜的人，也就不可能尊重我们；他是我们的敌人因而也是上帝的敌人，因为上帝是赞许和承认我们的服务的；所以迫害和杀死他也就是一件善事，一件使上帝喜悦的事。

2. 内在的必然联系

现在让我们回到我们开始的问题：宗教与道德之间的联系是本质的、因而不可分解的联系吗？或者它只是一种特属于某一发展阶段的暂时现象？这一联系在将来会被切断吗？那时将无任何宗教但有一个完善的道德吗？

这一问题直到最近才开始有激烈的争论。前此许多个世纪中，看来没有什么比道德与宗教的不可分离性更为明白的了。这一纽带的松弛首先是由于进入现代以来所有理论观念都受到的那种激烈震动，对教会的信仰先是在科学界和学识者的圈子里衰退；渐渐地，不信仰也扩大到群众。一种纯粹物理的宇宙观正在广为流行，这一信念也很常见，就是认为道德和宗教、伦理学和形而上学是完全不同的东西，行为是完全独立于人们对世界结构所抱的看法的，他的世界观因而是一件个人的私事。一个人可能是一个唯物主义者、无神论者、泛神论者、怀疑论者任何一种人，而这丝毫不影响我们对他的道德价值的评价。

无疑还有一个较小的生活圈子强烈地反对这一观点。他们宣称：不信仰的结果就是只欣赏现在而不顾将来；理论的唯物主义必然导致实践中的唯物主义。无论如何，这是它的逻辑结果，即使许多理论唯物主义者被风俗和习惯阻止，没有把它付诸实践。

归根结底，像我们以前说过的一样，我们不可能支持这一观 422
点，即认为一种无视道德律的生活是作为一个**逻辑的必然**，来自某种特殊的形而上学信念或不信仰。我们倾向于这样说，无论一个人对事物本性的观念如何，道德律决不对他少一些约束力，因为它们并非专横的规定；即使站在赏罚的立场上看，遵循它们也是可取的，而且，它们还是自然的法则，遵循它们是一种幸福生活的基础。人们对它们的意见并不影响到它们的性质，因此，如果有什么人从无神论唯物主义的观点推论说：道德律没有多少权利要求他，那他就错了，并必须承受他错误的后果。

我也不相信一个不道德的生活会是不信仰的实际结果，正如不相信信仰必然产生一个道德的生活一样。无疑，在那些不仅拒绝教会信条，而且拒绝所有宗教的人里面，有正派可靠的人，甚至热情的具有自我牺牲精神的理想主义者；正像在那些抱有一个毫不动摇的教会信仰，以最细致和最诚心的方式实行他们所有的宗教义务，也具有真正的宗教感情的人里面，也有在生活和行为上充满顽固的偏执、冷酷的骄傲和矫饰的虚伪的人。

但是，我还是不相信道德与宗教、行为与世界观之间就是完全漠不相关的。

有两种根本对立的世界观，其中一种**世界观**的核心思想是认为善是世界的一个本质因素，现实世界是通过善及为了善而存在的。我们可以采用把善的观念作为世界基础的柏拉图的术语，把这种观点称为**唯心主义的**。如果我们说信仰上帝就是相信善是世

423 界的基础和目标，或者采用费希特的说法，说世界的秩序归根结底是一种道德的秩序，我们也可以把它称之为**有神论**。以任何一种形式出现的神学信仰，都可以归在这个最一般的公式之下。与唯心主义相对立的观点我们称之为**唯物主义**，在它看来，世界的本原跟价值的区分毫不相关。整个现实世界都是通过原子及其普遍的运动构成的，从根本上说与善恶、理性和非理性没有任何关系。在时间的流逝过程中，原子纯粹偶然地连结成了各种各样的结合体，其中也包括生命的存在，快乐和痛苦就在它们中作为运动的特殊的变更过程而产生，事物相应地被区分为快意的和不快的、善的和恶的。就像所有的原子结合体一样，这些事物也要再一次被偶然地分解，个体不断地灭亡，最后是种的灭亡，形成生命的条件也会不再存在，这样快乐和痛苦、善和恶也要一起消失，只在身后留下无感觉的原子和无理性的法则。

我相信，究竟接受这两个对立的世界观中的哪一个，跟一个人的意志和行为并非完全没有关系。一个本身包含有理想成分的生命会自然地倾向于理想主义（唯心主义）的观点，而一个空虚和无计划的生命则会倾向于相反的观点。因为这并不是像人们通常想的：以为世界观是绝顶重要的。实际上，意志的气质和倾向才是绝顶重要的。生活决定信仰，而非信仰决定生活。费希特说得很正确：你选择什么样的哲学，依赖于你是什么样的人。如果你自己的生活是一些盲目的冲动和暂时的欲望的大杂烩，你怎么能形成一个较高的宇宙观呢？每个人都以人生的价值来判断世界的价值，
424 他形成他对人生价值的意见又是得自他本人的生活经验的。如果他的生活经验只是些空洞暂时的欲望的盲目旋流，那么，那种认为

世界本身是一场盲目的原子游戏的观点倒是挺适合于他的。一种空虚的生活产生一种虚无的宇宙观。相反，无论谁只要以一些具有持久价值的事物充实他的生活，追求长远的目标和伟大的理想，他都将以一种不同的眼光看待他自己的生命，看待整个人类的生命，看待一般的世界，认为它们都是有价值的。他将在历史中看到一种目的和意义，他自己的生命也构成其中的一部分；他将借助于他自己的抱负来解释过去，相信所有善良和伟大的人们都是为了同一个事业而战斗的；他将把将来看作属于他的（抱有信仰而行动的人们总是相信将来是向着他们的）。最后，整个现实世界在他看来都是受这个目的支配的——不断产生和造就他热烈真诚地追求着的东西。这样，我们放在我们自己生活上的价值就最后地在事物本身中表述出来。

因此我们可以说，一个人的宇宙观就它包含和表现了价值判断而言，是一个人的意志的一面镜子。每个人都如此解释现象，以便它们能与他的品性相和谐。正像每个生命都以它视作宝贵和有价值的东西的象征围绕自己一样，它也努力概括出一个世界观，以安慰和提高意志。一个空洞的意志满足于一个虚无主义的世界观，理想主义的世界观对它将是一个痛苦的刺激，将使它作为唯一的一个不愿同宇宙的目的保持和谐的存在而出现在世界上。另一方面，一个怀抱理想的意志，则不能忍受把自己想象为只是这个世界上的一个奇怪的异态，想像为只是一个要再一次被弃置一边的自然中的反常现象；它只能满足于这一思想：即它是来自世界本原自身的，本质上是与它和谐的，它的任何成就和任何努力都不会白白丧失。

生活就如此影响着信仰，而信仰无疑也反作用于生活。对善
425 的力量的信仰，对上帝的信仰加强了勇气，唤起了希望。我们也许必须说：若无信仰，没有什么真正伟大的东西能够完成。所有宗教都建立在信仰的基础上，创始者及其门徒通过信仰征服世界。所有殉道者都是为了一个信仰生活、战斗和受难的，他们相信善终将胜利，并为此牺牲自己的生命。谁会为一个他并不相信能取得最后持久胜利的事业去死呢？假如所有这些都被删去，那么世界的历史中还有什么东西剩下呢？另一方面，不信仰却是使人泄气的：努力有什么用？让事物各随其便吧；谁知道明天会发生什么事情呢？所以歌德说："世界历史的唯一真正的主题是信仰与不信仰的冲突。所有信仰占据统治地位的时代，对当代人和后代人都是光辉灿烂、意气风发和硕果累累的，不管这信仰采取什么形式；而另一方面，所有不信仰在其中占据统治地位的时代（也不管这不信仰是什么形式）都只得到一点微弱的成就，即使它也能暂时地夸耀一种虚假的光荣，这种光荣也会飞快地逝去，因为没有人操心去取得一种对不信仰的东西的知识。"①

3. 宗教与科学的关系

但是，**科学知识的进展不是使信仰成为多余吗**？有神论和唯心主义不仅仅是古代迷信的一种羞答答的复活吗？这种迷信首先是在多神论的奇迹世界中繁茂生长的。科学不是使所有有能力看

① 《西东集》的注释。

清事情本来面目的人们深信：是那些丝毫不知善恶为何物的盲目力量在决定着世界的发展吗？

有许多人认为情况正是如此，他们相信科学知识推倒了宗教的根基，但我却认为不是这样。在此虽不是讨论一个形而上学体系的地方，但我将提出一些观点来考察这件事情。

确实，那种把神看作类似于一个人，在某个地方有一经验的存 426
在，并不时作用于我们这个世界的信仰已经消亡了，而且绝不会再复活。你是假定有几个这样的存在，还是假定只有一个这样的存在，都是不重要的。那种把上帝理解为一个周围还有其他个体的个体，允许他不时影响世界，就像影响外在于他的某种东西一样的一神论，本质上跟多神论并没有区别。如果坚持说只有这种观念能被看作是有神论，那是很难驳倒那些认为科学导向无神论的人们的。然而，我们将必须补充道，这个意义上的无神论显然不是哲学的结束而是哲学的开始。它不是一种积极的本体论，而只是否定了这样一个观点——在世界之前、之外、之旁、之上存在着一个创造了这个世界的独立的存在，就像一个钟表制造者按照计划构造了一座钟，并不时干预它的运转一样。然而，对一个错误理论的否定本身并不是一个理论。问题仍然保留着：我们怎样解释宇宙？它是怎样构成的？它的本质是什么？

或者这不再成为一个难题？也许这已经是一个确定的事实：世界只不过是无限多的小物体的堆积，这些小物体偶然地在空间中连结起来，它们相互作用，然后产生出我们现在所看到的各种各样特殊的结合体？

有些人把这一观点几乎看作是不言自明的。这在年轻人中尤

其常见，他们刚刚放弃了学院的概念，而代之以从流行的科学著作中搜集来的一些观念。但较为深刻和独立的思想家却很少抱这种
427 见解，他们的确是不那么容易相信有什么东西是不言自明的。柏拉图和亚里士多德、斯宾诺莎和莱布尼茨、休谟和康德、叔本华和黑格尔、洛采和费希纳、密尔和斯宾塞都不会使自己相信这一理论有足够的说服力。真的，没有人能把它看作自明的，除非他热望作出一个没有上帝的假设，因而拒绝对这个观点作一更切近的考察。当我们较仔细地调查这一问题时，我们会发现一些相当奇怪的结果。世界真的是这样由无数的绝对自足、彼此在本质和存在上绝对独立、都仅为自身而存在而不管任何其他东西的原子构成的吗？倘若是这样，那么，它们实际上相互之间存在着的某种关系是怎么产生的呢？而且根据物理学家的看法，这种关系是如此重大以致每一因素的运动都普遍地受到所有其他因素运动的限制。因为普遍相互作用的规律的含意正是指：所有物理过程的总和恰恰构成一个巨大的相互联系的过程。而如果用上面的理论解释，原子的实际运动不是多少有些让人奇怪吗？如果原子是绝对独立的，我们不是更易于期望每个原子都是以一种绝对独立的方式活动而不管其他的原子吗？或者原子是被自然规律迫使而相互一致的？但规律不是只不过是这些原子的实际运动的表现，而并非自为地存在、从外面控制原子的某种东西吗？这是多么让人震惊啊：这些彼此没有任何关系而来到世界的原子，竟然展示出这样一种本质上和运动上的相似性，以致能够用一个普遍的公式来表示它！我们不是宁可把一种本质和运动的无限分离性看作一种可能的演绎吗？

更奇怪的是，从这些原子中竟然发展出这样多的东西：宇宙体系、有机体、能够感觉和思考的人类！而更稀奇的是：这样的过程竟然是由仅仅变化一下那些小颗粒（世界据说是由它们组成的）的 428
排列组合所造成的！假如一个原子论者从未见过现在这个世界，而仅仅观察过原子的原始混沌，假定他在各种各样的排列组合的尝试中突然发现产生出感觉和思想，他不是也会惊奇吗？他不是有可能会说：看来在原子中还有比扩展和运动更多的东西吗？他不是甚至会推断道：毕竟，实在不可能离开原子而构成，然而，不管这种素材开始看起来是多么简单，必须把某种形式的统一性和精神性看作是原始的，而把它们理解为原子联结的偶然结果却是不可能的。

我们可以继续思考，达到一个类似于斯宾诺莎在《伦理学》中逻辑地加以概括的观点：世界或实在是一个绝对统一的存在、一个**实体**，那些开初看来是独立的特殊事物事实上只是普遍存在的本质的附属表现。这个全一在一个变动的二元世界里展开自己：一个是意识过程的世界，一个是物质运动的世界，两者之间存在一种普遍的平行。那个支配着这两个世界的自然法则可以被思想领悟，它们只不过是全真的自我决定的形式。全真并不是被一种机械的强制从外面推入这个世界的，因为在它外面没有任何东西能推动它，它服从于内在的冲动或渴望，在实在的充分发展中展示它的本质，而且本身是自身的和自由的原因。

假如斯宾诺莎没有太深地沉浸到他的反神学和反目的论的沉思中去，他本来会做出下面的补充：我们对宇宙的知识主要是一种有关事物外在方面的物理的和天文的知识，而事物的内在方

面——那个我们的普遍形而上学沉思发现它跟物质世界一样深远的意识世界，并不是如此向观察者开放的。每个人所拥有的对它
429 的直接知识，仅仅是在他的内心生活中经验到的那一些，依靠类推，我们从身体的表情推论出在人类和动物世界中存在着一种内在的生活；借助于书面和口头的作品，我们得到了某种人类的历史精神生活的知识；而对于一种超人的精神生活，我们不是全然无知的；我们根据我们自己的内心生活的较低表现来解释动物的心灵生活。在此我们所能做的也就只这么多了。我们把形而上学领悟的较高精神生活解释为我们存在的最高层，在这个意义上我们把智慧、善良、正义和神圣都归之于上帝或全真。我们并不想借此从理论上定义他的本质，这是绝对不可能的；我们甚至不敢把理性和意志归之于他，理性和意志也许只是尘世的力量，正像视力和听力可能也只是尘世的器官一样。我们的意思只是，我们希望以我们所知道的最完善事物的形式来想象他的本质。艺术总是把上帝画成人的形式，并且以后还会继续这样做，在此我们实际上并不是打算把这个形式归之于他，我们只是想用人的外表——这一我们所拥有的肉体世界的最完善和最重要的形式，来作为绝对完善的一个象征。所以，我们也用最完善的人类的精神形式来象征上帝的本质，这一本质是我们不可想象和不可领悟的。

这样看来我们只是在追寻实在本身的一些暗示。地球——这一我们熟悉的宇宙体系中的唯一成员，被预定为要产生有机生命并倾向于实现它。有机生命又指向精神生命，这一精神生命在人类中达到它的目的。思辨哲学在逻辑概念中确定的东西，现代生物学试图以一种历史进化过程来表现。如果我们现在放弃那种错

误的因果观念，那种认为可以说是原因推动或迫使着结果出现，并 430
把这种因果关系理解为进入一个普遍的运动变化体系的、实在的所有部分或成员的自发组织结合（比方洛兹就是这样认为）的因果观念，那么，我们可以恰当地说：那种在人的历史生活中达到其顶点的我们行星上的发展过程，是由它的目标的最高内容推动或牵引的。我们可以追随亚里士多德而以同样的方式说：大全是由作为它的目标的上帝推动或牵引的。

我们把道德律看作自然律——亦即精神历史生活的法则的见解暗示着同样的观点。由于人类历史生活是宇宙生活的一部分，道德律也必须依据于宇宙的本质并表现它。是的，我们还将说，如果人的精神生活是我们所知道的内在生活的最高和最充分的发展，那么道德律对于我们也就是全真自我决定的最高形式。在这方面，新的生物学为自然与历史之间的统一提供了联系的纽带。这一观点符合于赫拉克利特的老命题：所有法则都是被一个神圣的法则培育的。歌德也说过同样的话。

在这个意义上我们可以用培根的话作为结论：“对哲学的一种表面探讨无疑可以使心灵倾向于无神论，但一种更深的知识却还是会把它带回宗教。”①

的确，并非上面提到的所有哲学家都接受这一世界观，但它遇到的敌手却比任何体系都少。上述哲学家都同意：实在远不是简单的和完全可知的；他们都以这种或那种方式宣称：宇宙是一个非
凡的奇迹，它的无限深邃是甚至最深刻的人类思想也不可能测知 431

① 《学术的进展》，第1卷。

的；他们都各以自己的方式认定：人应当虔诚地接受这一无限和深不可测的事实。

的确，我们必须承认这一点，即使科学在近几个世纪中进展迅速，但它绝对没有解决伟大的存在之谜。神秘看来还加深了，变得更为奇妙了。我们越是研究宇宙它的深度就越是不可测知，它的形式的变化和丰富也就越是不可穷尽。亚里士多德和圣托马斯时候的世界是多么简单和易于理解，而从那以后天文学和物理学却把我们引到一个多么不可领悟的深渊面前啊！这些科学以亿万为单位计算的距离、时间和推动次数，把想像带到这样一个边缘，它面对无限感到头晕目眩，由于生物学学会了运用显微镜，并得到进化论科学的援助，现在它发现自己正面临生物的组织、发展和存在的深刻秘密。而发达的历史研究又使人类历史伸展到多么远的无限开端啊！仅在几个世纪之前，人的历史看来还是非常清楚和鲜明的：它一端是创造，另一端是最后审判日！科学只走到这一步：它把世界变形为一个简单的数学问题！科学不可能使思考者明了事物的目的，它只是给他一个宇宙浩瀚无限性的暗示。科学在那些致力于它的人们中引起了一种并非骄傲，而是深深的谦卑和低微的感情。鼓舞康德和牛顿的就是这样的感情。歌德也充满这样的思想，这种思想贯穿于他的《平凡的格言》和《跟埃克曼的谈话》之中："那能降临到一个思想者身上的最大福祉就是测知那些能够测知的，默默地敬畏那些不可测知的。"

这种面对作为我们生命的诞生地和归宿的上帝的敬畏感情，就构成了我们宗教世界观的根源。虔敬包括两个因素：卑微和信
432 任。卑微就是我们面对上帝感到自己渺小和无价值的那种感情；

信任就是感到上帝并不仅是一种外在的超越力量，而且是把我们自己的生命作为它创造的并不可失去的东西而包含在它身内的那种感情。宗教的真实脉搏就是由这些感情构成的。而它打扮自己的那些观念，哲学家和神学家们用来理解这些观念的概念公式，则构成宗教中偶然和暂时的成分。这些观念和公式的价值在于：它们是感情用以使自己客观化的符号，它们使宗教的交流和结合成为可能，因为任何宗教都只能在一种持久社会生活中存在，当个人加入和分享语言、诗歌、道德和法律时，他也在加入和分享这种宗教的感情。此外，概念公式在这方面并不是对世界的最大影响者，歌德称之为我们与不可言喻者之间的中介的艺术，以及与艺术紧密相关的崇拜，一直是宗教生活的更为重要的承担者和创造者，它们的一个职能就是以一种可感知的方式表现人同超感觉者的联系。

我相信这些感情是人绝不会丧失的本性。它们的表现方式会不断变化，它们的本质却保存永久。科学研究无论对实在形成什么样的观念，都始终要为宗教的感情留下空间。宗教绝不会灭亡，因为它满足了人心灵中最为深沉内在的需要。心灵为避免成功时的骄傲和盲目的打击，它必须朝向上天，欢乐和深谢地接受它的幸福，把这幸福看作不是由于自己的功劳得来的，而是恩赐的一个礼物。而当心灵因计划失败而感到绝望时，它必须记住尘世的事物
没有绝对的价值，并且，就自己并不能确定所有人事，对将来也茫 433
然无知而言，自己切不可落入有害的迷信，而需要相信凡是可能来临的都意味着一种赐福。这种现象的确不是偶然的：凡是这种信仰消失的地方迷信也就会滋生。

我也相信，那些最好的人们的心灵过去一直是，今后也将一直是对宗教的感情十分敏感的。一个人的心灵愈是纯洁和美好，它就愈是具有那种构成宗教基础的虔敬，愈是严肃和深刻地看待生命，愈是要谦卑地承认它离它的理想还差得远。一个人的抱负愈是伟大和自由，他对善的事业终将胜利的信念也就愈是强烈。

4. 不信仰的原因

但是，人们要说，下述情况是怎么发生的呢：我们时代那么多严肃、能干、热爱真理的人们不仅站在教会之外，甚至不要求任何形式的宗教？假定这是个事实（我不认为我们能怀疑它），我们也许可以解释如下：首先，接受宗教的能力并非在每个人那里都是同样发展的。在有些人那里，理智和意志占如此强的优势，以致阻碍了较为精致和自由的情感的生长。有个故事说，一个数学家在听人读完一首诗之后，不耐烦地问道：它证明了什么？他的精神是如此专注于证明以致没有空间或兴趣来容纳其他的事情，他只了解自然中给他提出要解决的难题的东西。达尔文看来就经历过同样的经验，他的确告诉过我们他对诗歌的兴趣是怎样逐渐地消失了，那些把全部力量都贡献给一项科学任务的人们，没有一个能完全逃脱这些影响。他们是诚实、有用、善良的人们，但我们不可能把
434 他们看作是正常发展的人，他们看来缺少内心生活的一个基本方面，缺少人性中感受美丽、诗意和自由的那一部分。我们也许可以说，我们的时代特别易于产生这种类型的人。劳动的分工、生活的机械化、专门化，它们构成了当代的光荣，但它们显然是有助于这

种片面的发展的。许多人为他们的限制（且不说是狭隘性）感到骄傲。古希腊哲学家、中世纪的学者、十七和十八世纪的思想家们都要比当代许多学者更为宽广和自由地接触世界，而当代这些学者一旦开始在某个专门领域的研究，就把自己埋到里面，看不见天也看不见地了。完全献身于当代所要求的某一公务或经济活动也会产生出同样的片面性。过去，生活比较简单，涉及的方面比较多。我们与人和事物的联系也有较多变化，因此想象力也较积极，情感生活比较丰富和统一。而专门化，特别是科学的专门化，鼓舞了那种最不赞同宗教生活的感情——骄傲。我在某个地方曾读到：生活在黑暗的卡尼拉钟乳洞中的蝾螈，根据那条著名的器官用进废退的生物学法则，失去了它们的视力。我们时代那些专门的科学工作者看来也常常遭到同样的命运。他们在不断的实践中越来越习惯于显微镜式地看待事物，不仅在自然科学中是这样，在语文学和历史学中也是这样。他们渐渐地减退、最后完全失去了通过事物的伟大联系观察事物的能力。而且在他们那里还以同样的比例发展起来这样一种趋势，就是把所有那些不如此观察琐细事物的人看作愚人和笨夫，把所有那些努力使它们纳入一个较大整体的人看作多管闲事和好发奇想的傻瓜。那些在黑暗的洞穴里摸索而行的盲蝾螈不是也可能对有视力的蝾螈表示同样的轻蔑吗，它们不是也可能把眼睛看作弄着玩似的定向器官吗？

另一种引起许多混乱和不幸的情况，也产生出使人抛弃信仰的同样效果，这就是我们对信仰的表白和我们真正的信仰之间的 435
对立。宗教信条包含着许多现代人听起来感到奇怪的东西，例如对奇迹和精灵的相信。直到三百年前还没有人反对这些事情，但

是随着科学思维方式的胜利（这种思维方式从假设普遍规律支配着世界开始，然后力图在特殊事例中查证它），理智就变得比较强烈地反对奇迹和魔法了。可能在天上地下有比哲学所想到的更多的事情，但就像要证实催眠中见到的现象一样，我们发现要承认它们的真实性是很难的。这种考虑**所有**现象都是服从于普遍的自然秩序，都是统一的现象，其规则一定要被发现的趋势绝不会消失。除非科学本身灭亡，而任何一个有理智的人都不会欢迎这一灾难，因为科学的衰退就意味着为迷信的繁殖准备土壤。我们在此面临一个转换：科学说，确有未解之谜，但绝没有奇迹，不存在从根本上排除一种自然解释的可能性的现象。

圣经上的奇迹也不例外，它们属于一个已经消失、不可能久存的世界观范畴。如果我们接受圣经上的奇迹，我们也必须承认现代发生奇迹的可能性。如果我们不敢也不可能接受后一种奇迹（至少在新教世界中是这样），那我们也必须做出合乎逻辑的推论，否定前一种奇迹。新教神学显然意识到了这一点，所以它力图通过自然地解释它们或通过注释搪塞过去，而给奇迹划一个界限或完全抛弃它们。这是旧理性主义的方法，它导致了许多人为和勉
436 强的解释。然而不管怎样，这样一种方法可能还是要比后来的方法来得诚实和恰当一些。后来有些神学家试图通过各种各样所谓对根源的思辨和批判的考察使问题复杂化，以避免对这件事采取明确的立场。公正的读者容易感到这种考察只是使他困惑不解，向他隐瞒作者达不到任何确定结论的无能。

我相信，教会只有抛弃对奇迹的信仰，才能重新赢得独立思考的人们的信任。而所有那些使这些奇迹表面上显得可信的努力，

恐怕只能增加他们的不信任。

此外，也许还可以展示：奇迹不仅同我们时代的科学概念相矛盾，也同我们宗教信仰的内在精神相矛盾。奇迹实际上属于神学发展的多神论阶段，神灵创造奇迹，而上帝却不创造任何奇迹。根据教会的教义，上帝最初是从无中创造出所有事物的，并且正是他不断地保持它们的存在，这些事物并非是通过它们自己存在的。换一种说法，亦即：只有上帝是一个独立的存在，所有事物都不是在它们自身中，而是在上帝之中存在的；或根据斯宾诺莎的公式：上帝是实体，事物则是它的本质的变形。而奇迹却是以一种与此不同的上帝与世界的关系为前提的：上帝成了其他存在旁边的一种特殊存在，他不时专断地作用于那些存在，但那些存在在其他方面却具有自己的现实性。奇迹是一种例外的效果，是一种权宜之计。借此，通常循自己的路线进行的世界从外面得到修正。我们说，确实，偶像和神灵都只能通过奇迹来起作用，然而，首要和全能的上帝却是总体活动的上帝，这样一个上帝不做任何奇迹。凡是严肃地采纳一神论观点的人；凡是不把多神论和一神论的区别看作数量的区别，而是看作神的本质上的区别的人；凡是不把上帝看
作是众神中的唯一幸存者的人；凡是把一神论解释为只有上帝真 437
实地存在的人，若不自相矛盾的话，都不可能同时相信上帝是在奇迹和神迹中揭示自己的。同样明显的是：所有旨在改变自然过程的法术却都与多神论的神灵观有着必然联系。

我们也应当看到上面曾提到过的、那种采取避而不谈策略的所谓历史的批判后果。有人反对施特劳斯的批判，说它是教条的而非历史的。丹麦西兰岛的主教马滕森在他的《自传》中就这样告

诉我们，①说他第一次读完《耶稣传》这本书时立即注意到："这本自称坚持自由思想原则的书是从一个极端的武断出发的，因为施特劳斯大胆地假定奇迹是不可能的。"确实，如果说在历史的批判还没有毫无疑义地证明这些奇迹的每一个都是依据于错误、谎言和欺骗之前，我们就必须坚持把这些奇迹看作是可能的和真实的话，那么它们确实在任何时代都是可靠的。然而我们不要忘记，人们也同样可以说古代和中世纪文献中提到的无数奇迹也具有这种可靠性。这些奇迹也都可以通过对"无根据的否定批判"的下述抗议而得到保护：它们的根源还没有充分调查清楚，因而不能迫使人们抛弃它们；先验地断定它们的不可能性是一种极端的武断：为什么通过超自然的干预或先定的和谐，在比方雷鸣电闪、鸟类飞行、内脏状况和人事之间建立某种联系就是不可想象的呢？

在我看来，完全抛弃这些奇迹不会有任何损失，至少对于新教
438 教会是这样。以前可能有个时候需要通过奇迹和异兆来加强对教会的信仰，而现在这只会使教会出丑。据说德国古典学者弗·阿·沃尔弗曾经选定《新约》中的"马可福音"作为他讲演的主题，但当他读到第五章耶稣在格拉森那地方驱鬼的故事时，他就把这书永远地搁置一旁了。他为什么不在荷马的神怪故事和寓言中也这样挑错呢？这的确是因为他本来就不必相信它们，因为他可以按照它们本来的价值接受它们。福音书中肯定包含着非常严肃和重要的东西，比荷马著作中的东西要重要得多，但沃尔弗由于那些悲惨的格拉森猪却没能看到它们。对于另一个人来说，巴兰的驴或类

① 第1章，第142页。

似的什么东西也会成为这样的路障。他在学校里被教导从字面上接受这些东西，奇迹也许还得到特别的强调，把它们当作非常重要的事实，当作所有其他内容真实的确证。而一旦他离开了学校，他的相信和怀疑的冲动不再受到强制，他就会以完全否定这些书来进行报复，这当然会损害到他自己，但这损害不是完全出自他自己的过错。围绕在耶稣诞生时的那些传奇故事，具有多么奇妙、深沉和诗意的影响啊：先知预告；天使在牧人中出现；天上的颂歌；那显示给东方贤人的亮星，把他们引到了那位新生的婴孩——世界的救主那里；以及向埃及的逃跑，等等。而引诱的故事、喂食大群人的故事、捕鱼的故事又是多么富有深意啊。但是，谁能忍受一次布道用这些叙述来反对理性主义，证明自己字面上的可能性和真实性呢？在此这些实例用得完全不对头。当这些故事被旧信

仰接受时，论据是多余的；当旧信仰已成过去时，这种论据绝不 439

会使它复活。这样用只会毁灭诗意的效果，在人们中产生不信任的情绪，而这种不信任会一点一点地啃啮，最后完全吃掉所有的信仰和宗教。

除此之外，如果教会以外在的手段来保卫自己的信条，如果这种世俗的力量援助达到不遗余力的程度，如果它赋予表面的正统以奖赏，对其对立面则加以惩罚，那么，最真诚的人们将会率先采取一个决然的与它敌对的态度，他们会把信条看作引向职位和进益的路口。历史展示这一点，例如四五十年代的历史；但谁注意它的警告呢？这种现象几乎是命定的：所有人类的荒唐都要在每一代重新发生，所以这种企图是周期性出现的——即以外在的力量来支持宗教，而后果总是同样的：人性反抗外力强加给它的东

西，哲学家们也认为这种方法是绝对违反人性的。如果能够做这样一个试验：不是用外力去支持宗教，而是去反对宗教——这一试验实际上法国大革命时已经做过，也许还要以某种方式再试一次——那么人们就会发现：宗教是多么根深蒂固地扎根于人们的心中。

5. 对不死的信仰

让我们也简略地考察一下**对不死的信仰**和道德的关系。人们长久以来一直相信，直到今天也还坚持：对不死的信仰（在死亡之后将有另一个生命的意义上）是所有道德的关键。如果这一生命的结束就意味着一切事情的终结，德性将是一个空洞的梦，及时行乐就是聪明的了。

根据我们提出的观点的含义，作为一种科学的道德并不依赖这种信仰。不死的信仰对行为具有很大的重要性，但对道德哲学
440 却并非如此。不管有没有一个死后的生活，伦理学并不改变它的命题。道德律是存在于这个时间中和这个地球上的人类历史生活的自然法律。假如这个生命是另一个生命的准备，我们除了说要使我们此世的生命充满道德内容之外，也不能给予任何别的关于如何准备来世的哪怕最轻微的指示。假如这一尘世的生命就是生命的全部，我们也还是同样认为只有这种生活方式是适当和必要的。这样一种生命也不需要一个来世作为奖赏，它在自身中就可得到一个足够的奖赏。

我还要补充几句，就是人们若使道德律的真理或价值依赖于像对来世生活的信仰这样一个不确实的东西，从**教育**或**实践**的观点看来是不妥当的。因为，无可否认，这种信仰在我们时代变得越来越不确实了，今后看来也不会有加强它的趋势，科学和人类学的思维方式的不断扩展一直在破坏它。正像人类学向我们展示的一样：一个死后生活的观念只是一个梦，一个所有民族以各种不同方式所做的梦。印第安人和爱斯基摩人梦想着死后的打猎和捕鱼；过去的日耳曼人梦想着战斗和豪饮；东方的伊斯兰教信徒梦想着美女和花园，在所有地方想象都创造了一个未来的世界，意志在那里幸福地实现了它的欲望。

然而我要继续说：即使一个死后的世俗生活只是一个梦，也并不意味着对不死的信仰就完全是一个无益的幻觉。在这里，我们在感性的外衣下看到有一种可能的并且也许是必要的思想，一种可从康德哲学导出的思想，即**世俗的生命是一种永恒的生命的现象形式**。

现在让我们考虑：时间是什么？是实在的形式吗？如果是的话，在时间中存在就是真实存在的条件了。然而，这样一来，我们 441
就必须进一步说：在现在存在是真实存在的条件，因为那不在现在存在的东西，要么是在过去存在而现在已不再存在，要么是在将来存在而现在还未存在，因此唯有现在存在的东西是真实的。但这会带来什么结果呢？会绝对没有什么东西能在现在存在：当某一物被断定在某一刻存在时，它已经随着这一刻过去了，现在不是一个空间，而是一个点。在现在存在因此不可能是真实存在的条件，而如果说实在不会整个消失，那么即使过去也一定在某种意义上是真实的。将来也同样如此。也许我们在作了上述思考之后会比

较容易地承认：在时间中存在绝非真实存在的条件，或者同康德一样说，时间不是实在的形式，而只是我们感知的一种形式。在我们意识中出现的、作为一种时间中的过程而依附于这一直觉形式的东西，却是自在自为地是一种无时间的存在、永恒的存在。实在的每一刻，自然也包括人生的每一刻，都在实在中有着绝对或永恒的存在。所以这样一种想法是不合理的：以为死亡结束了一切，因为那时生命已经过去、被消灭，就像它从未存在过一样。一个生命绝不可能被死亡毁灭，曾经经历过的一切都是实在的一种永恒和不可消除的成分，不可能再被抹去或改变。卡尔·莫尔手里拿着手枪时表达的是一种愚蠢的怀疑："是否无谓地按压一下这件无谓的东西的扳机，就会使聪明的和愚蠢的、怯懦的和勇敢的、高贵的和卑贱的都变成同等的……"情况绝不会如此，死亡切断了尘世生活的延伸，但它绝不可能改变或消除这一生活的内容，实在就其本质来说是永恒的，用安格鲁斯·西尔塞斯的话说，真实的东西绝不会消灭或停止存在。[①]

这是些无用的抽象的思想吗？也许不完全是这样。无论我们
442 什么时候在人们面前出现，哪怕只是一会儿，他们会对我们形成什么样的印象，对我们来说也不是不重要的；我们即使知道这个印象可能只在他们心里逗留一刹那，然后就永远忘却，也还是关心这个印象不至于是可恶可憎的。无数的人想着未来的世代将对他们构成的印象而生活和赴死。而且，如果这一印象不是印在一个暂时的意识上，不是印在连续世代的记忆中，而可以说是印在永恒的实

① 因为如果有上帝，哪怕处于地沟，它们又怎么能被分解和遗忘呢？

在的本质上，我们不是更不会对此漠不关心吗？如果说这不仅是一幅印象而正是我们本质的存在呢？难道我们会只是关心寻求暂时的快乐，而不关心我们的存在是成为一种无用、空洞和可轻蔑的东西，还是成为一种美丽和善良的东西而在永恒的实在中永远地表现自己吗？

有人可能还是会说：但是，死后的世界没有意识，我自己也将不会有意识，我要关心一个在那里我和任何别人都不会有意识的存在做什么呢？

然而，谁说实在没有意识呢？全真会没有对它自身、对它本质的绝对意识吗？这一所有时代的许多最深刻思想家都认为是必然的思想，不可能是一个荒谬。神圣的意识不同于人的尘世的暂时的意识，我们不可能领悟它、想象它或描述它。但是谁敢断言我们不能想象的东西就不存在呢？谁敢断言那在此有一种尘世意识的个体存在，就不可能具有一种永恒的意识呢？那个意识到它在时间中展开的内心生活的存在，为什么就不能达到意识到它的永恒意义上的存在呢？我们知道尘世的意识是怎样产生的吗？知道它是怎么存在的吗？

我们或许可以指出意识是怎样随着年龄的增长而变更的。年
轻人的生活在将来，但是随着他长大，过去逐渐扩展，到他垂暮之 443
年，他把过去作为真实的存在，作为不再变化的东西而沉思，并在其中得到安宁。当我们回首过去时，那决定着我们对生活价值的判断的东西是什么呢？是生活中得到的快乐，还是它作为一个有益的和正派的生活的事实呢？基督教道德家不断地告诫我们，要记住死亡，想到永恒，行为和生活都要表现得仿佛你面临着死亡。

的确，这一劝告是健全有效的；死亡正像人们所称的，的确是一位好的道德教师。这个时刻将会来到你面前，不论你是谁，也不论你思考和信仰什么，甚至它不等你的生命行将结束时就会来临。在这个时刻，你从尘世得到了多么大的快乐，你赢得了多么大的荣誉和财富，你在坚持自己的权利和主张方面取得了多么大的成功都是绝对不重要的；这个时刻将要来临，即使那不是在你临死的时候，在这个时刻只有一件事情对你是绝非不重要的：你是否像一个正直的人一样，真诚地在这个世界上做了你的工作（不管它是大是小）；你是否像一个勇敢和值得信赖的战士一样进行了你的人生奋斗。是的，问你自己，并诚实地回答这个问题吧。现在当你回首你的过去时，那真正使你痛苦的是什么呢？是你受到的悲苦吗？是你忍受的邪恶、不义和损失吗？或者是你犯过的罪恶？是你损害他人的不义？是你违反自己的较好本性，自己对自己造成的伤害？而使你幸福的又是什么呢？在你看来是什么增加了你生命的价值？是快乐和美食吗？这些都过去了，绝不会再使你快乐了！但是你所做的高贵和正派的行为，你牺牲自己的爱好而对他人所做的善事，这些都是你依旧要珍视的宝贵的东西。这不正好表现了
444 你的一个直接的确信——确信过去不是绝对徒劳和不真实的，而是持久和真实的吗？我们怎么会关心不存在的东西呢？噢，你说，它是存在于记忆中。好，那么我们是否可以假定存在于记忆中的也是真实的存在，假定所有追忆都构成绝对记忆的一部分，或宁可说构成上帝的绝对意识的一部分呢？这样，生命就借助于上帝永恒的自我意识而清楚地洞见自己，就会被镌刻在永恒实在的背景

上直到永远。[①]

如果我们试图以哲学的语言来表现**基督教的信仰**，我想，我们也不得不采用类似的公式。圣经告诉我们：一个永恒的生命并非一个感性世俗的生命，而是一个超感性的永恒生命，这一生命不是由男女饮食构成，而是由一种不可言状的光荣和福祉或其对立面构成；圣经还告诉我们：这一尘世生命的死亡结束了改变它的本质和状态的可能性，这就意味着生命不会再在时间中继续下去，因为一个在时间中存在却无变化的生命是不可理解的。确实，信仰并不停留在此，停留在这些脱去了感性和世俗外衣的抽象和否定的表述之中，它不久又给这个非感性无时间的生命的思想穿上了感性世俗的外衣，又谈论起天国，衡量起它的范围，建立起黄金的街道和珍珠的大门来，它使圣徒们着以白色的衣饰，手里拿着棕榈叶，唱着赞美上帝的耶稣之歌；而地狱中则充满了可憎可怖的鬼怪 445
幽灵。这是些形象，但又不止是形象。它们是那种使自己飞升于感性世界之上，同时又保留在感性世界之内、附着于感性世界的信仰所特有的，它以右手抛弃的，又以左手捡回来。整个教会信条就沿着这一介于感性与超感性形象与思想之间的路线行进。一方

① 那是不朽的心灵使自己
放弃它的善恶思想——
是它自己原初的疾病与终结——
它自己的时空与内在的感觉，
当这有死者赤裸，没有从飞逝的事物中获得任何色彩，
但是被吸进受苦或者欢乐，
从它自己的荒漠的知识中诞生。
——拜伦《曼佛雷德》

面，上帝没有任何感性尘世那种有限的性质，它是无限的，无所不在、永恒不变的；然后它又具有有限存在的性质：他思考、感觉、意欲、行动、承受、悲哀、欢乐。多神论宗教天真地把感性人的特性归到神灵身上，这给了这些神灵以一种美学的完善，我们直到今天仍禁不住要赞美在古希腊神灵中表现的那种完善。而基督教从一开始就同感觉世界处在一种不同的联系之中。我们决不要忘记，基督教进入世界的时候，在这一世界中最初合为一体的思想和形象就已经泾渭分明了。色诺芬和巴门尼德、柏拉图和亚里士多德确实都促成了这一分离。但是基督教并不总是坚持这一划分的，旧教条的伪科学不断地试图重新把形象和思想合为一体。这样一个时代是否将来临呢？——它将认识到所有这些努力的无效，决定接受思想和形象、概念和象征之间的区别；它将有勇气承认信条的公式只是一些象征，这条信条对神的本质和活动的定义并不比拉斐尔的耶稣一家的图画更为准确。难道就因为这些图画并没有准确地符合它们的原形就没有任何价值吗？如果一个伪科学极力证明这些图画上形象的真实性，那会带来什么结果呢？由这样一种行为引起的怒火不是会发泄到这些画本身上去吗（特别是当它们处在权威保护下的时候）？

6. 反对意见

446 上述有关宗教与道德的联系的观点，基佐科曾在一篇书评中提出批评。[①] 在他看来，我低估了一种有价值的、作为科学工作者

① 见第283页。

来说的确是最有价值的品性——“理智的真诚”。他说：“确实存在着一些理智上真诚的人们，他们全心全意地追求真理，希望得到世界的一幅真实图景，因而他们不允许自己相信任何不是直接自明的东西，或者任何不可能以一种逻辑的必然从这种绝对确实的原则中演绎出来的东西。”他相信，我们上面的观点对这些人的态度是不公平的。他提到了一系列不信仰宗教者，并把他们同那些道德低劣却虔信宗教的人们相比较。意大利犯罪学家龙蒲梭也在他有关罪犯的著作中展示：几乎很少有罪犯是不信仰宗教者。基佐科认为龙蒲梭列举的事实是发人深省的。我承认我并没有在大范围内发现这类事实。罪犯是迷信的这并不奇怪，因为在犯罪和智力衰退、精神错乱之间有着紧密的联系。令人奇怪的却是龙蒲梭以及追随他的基佐科竟然天真地把迷信和宗教混为一谈。而对于那些真诚和正派的不信仰宗教者，我当然绝没有想过要否定他们确实存在并确实是正直的。我甚至试图通过他们的真诚来解释他们对宗教的不信仰。因为宗教常常与迷信混淆和掺杂在一起，虔诚常常和伪善掺杂在一起，以致真诚的人们感到厌恶而否定所有“信仰”，否定所有超越科学研究的事实的企图。我并没有为此责备他们，但另一方面，我不可能跟随基佐科，把他们的态度看作是值得特别赞扬的。甚至，我不能不把这种态度看成一种狭隘，特别是当它要求成为唯一适当和合法的态度的时候。

现在我们再看看这是否真实，真的有人严格地坚持这一原 447
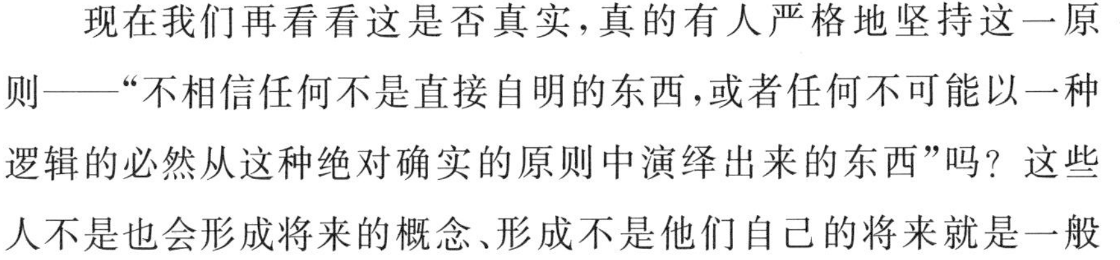
则——“不相信任何不是直接自明的东西，或者任何不可能以一种逻辑的必然从这种绝对确实的原则中演绎出来的东西”吗？这些人不是也会形成将来的概念、形成不是他们自己的将来就是一般

的将来的概念吗？这些将来的概念不是也具有信仰的性质吗？他们不是也要利用未证实的成分来构成他们对实在的观念吗？基佐科在他的《道德哲学》[①]中引用了一个美国作家的话说：“当一个人相信某些事情仅仅是因为基督或圣经这样说而不知道任何别的理由时，那么，即使他的信仰是真理，他拥有的这一真理本身对他来说也还是异端。不经查究就接受圣经是不对的，即使其中每个句子字面上都是正确的。”难道这个严格的规则仅仅适用于圣经，它不也应适用于其他的书，例如龙蒲梭的选集吗？我相信，重新考察一下大多数罪犯是否都是很虔信的并不会有什么损害。

但这看来却不是基佐科的意思。这一规则实际上并没有用于经验事实的世界（在这里我们显然不断地不得不作出没有亲自证明的假设），而只用于宗教信仰的世界，用于对“超越”事实的信仰。在本章的开头，我曾临时地把宗教定义为对超越的信仰。基佐科说他不知道我说的“超越”意味着什么，说他不能从我的论述得出一个对“超越”的清楚概念。在我看来，我并不因此就该承受责备。确实，我没有给出对超越的一个描述，现在我也不打算给出这样一个描述，我相信康德的三大批判已经最终结束了这类企图：只有经
448 验世界才是描述和知识的对象。但是，我也深深相信康德，相信柏拉图和斯宾诺莎，还有叔本华及其他许多哲学家，相信我们的经验世界，或者说自然界，并不是自在自为的世界，我们的科学并不能解开实在的根本秘密。但什么是自在的实在呢？我不知道，但我

① 第457页，作者是斯坦顿·科弗特(Stanton Coit)，《在讲坛上的知识诚实》(*Intellectual Honesty in the Pulpit*)，纽约，1888。——英译者

想认为实在与我自己的内在经验的联系，比起实在与那些以物理学家的眼光从外面观察它的人的泛泛印象的联系要紧密得多这种看法并不是荒谬的。除唯物主义者外的所有哲学家都同意这一点；除了物理的存在外，他们还把一种**形而上学**的本质归之于实在；他们仅仅在对这种本质的解释上不同。当这一绝对存在同时被领悟为绝对的善、理念世界、神的本质、天国、道德世界秩序或无论你选择的什么名称时，对这一绝对存在的思想就变成了信仰。

对于这个信仰，基佐科要求一个理论上可以满足的证据，否则它就必须被看作是迷信。基佐科说我的神学思想使他奇怪，而我也承认，他在康德哲学建立一百年之后还提出这种要求也使我奇怪。抑或康德变得过时了，他的哲学正被推翻和代替了，比方说被自然科学的进步或者“实在哲学”的体系推翻或代替了？[①] 如果这是基佐科的意见，那么我们的分歧无疑是相当大的，大到以致不能填补我们之间的鸿沟。

但我也要补充一句：看来基佐科是怕我最终试图把我的伦理学建立在神学或形而上学的基础上，这也许是他反对我的根本理由。而实际上我的意图远非如此。我同他一样深信道德能够也必须纯粹内在地得到解释。但是，它或许可以作为一个出发点或一 449
个支持服务于形而上学。这正是我相信的。如果我们希望构成一个最后的一般事物性质的观念，我们将不仅要考虑物理和天文的事实，而且要考虑我们内心生活的事实，尤其是道德哲学涉及的那

① 《真实哲学》(*Wirklichkeitsphilosophie*)，德国实证主义是在这个名下为人所知。见韦伯-梯利，第583页，注释1。——英译者

些事实。我反复地强调过下述真理，即道德律在只有由它们决定意志的情况下，一个健康幸福的生活才有可能的意义上，它们也是自然律。基佐科也认识到这一点，他称这一事实是一简单和自明的事实，[①]几乎是一个同义反复的真理。我则认为这是一个很具启发性的真理：如果道德律是一种生物学的规律，那么“无感觉无意志的自然”就被带进与人的精神历史生活的一种非常显著的联系之中了。

我一直感到奇怪的是：那些庄严地宣称人生仅仅是普遍自然的一个片断的思想家们，却没有看到他们观点的必然结果，亦即人类的历史生活也可以反过来用于解释产生它的自然。因为，按照他们的前提，逻辑的和道德的法则也就构成了自然的普遍秩序的一部分，唯物主义者也必须如此看待它们。他根据大脑的机械结构来解释思维和良心，亦即，他假定了这样一种解释的可能性，那么机械装置也就应像一种逻辑和道德的机器一样（至少是部分地）行使自己的功能。这不是让人奇怪吗？

事物的性质本来应当怎样构造才能使“实在哲学家们”感到是确凿无疑的呢？如果在每一恶行之后，犯罪者马上从一种无形的力量受到一系列相应于其罪恶程度的使他痛苦的电击，如果每一善行后面也都以同样的方式紧跟着它的奖赏，他们会把这种现象
450 看作奇异和有意义的吗？这样一种安排即使在一个孩子的理智看来可能也是足够明白的；原始的心灵一直都是想象每个错误行为后面跟着一个不幸，它是一个惩罚，但不是自然给予的，而是超自然力的偶像或神灵给予的。另一方面，思维发达的人会发现难以

① 《道德哲学》（*Moral Philosophy*），第 11 节以下。

同这样一种魔法的、鬼怪的安排和谐一致，他要把实在与善之间的一种自然的始终如一的联系看作较为适当的。这样一种联系实际上在世界上是存在的，那种从远古起人的道德本能就指明为是善的或恶的东西，被发现是始终如一地或者有利于保存和幸福或者造成相反的效果——引起毁灭、痛苦和失调。此外，人们的健康常识也认为，上帝的正义无需采取魔法般的干预，比方这样的格言：天网恢恢，疏而不漏。

在此这种联系是否可以说是自明的呢？德性保存生命，恶行毁灭生命的命题是同义反复吗——就像说保存的品性保存生命，毁灭的品性毁灭生命一样吗？我们不能强迫任何人去思考这些事情。但是，我相信总是会有人更深入地考虑“实在哲学”高兴地看作是好的那些事情。而且，我倾向于相信，哲学在其发展过程中将达到把道德与生命的这种联系看作所有联系中最明确和最有意义的，所有解释实在本质的尝试都必须从这种联系开始。当然，以此作为我们的出发点，而给出一个对世界的完全的理论解释是绝不可能的。我们只是提供了对事物的根本联系的一瞥。所以，实在的根本联系对我们将永远是一个信仰，而不是一个直觉。

我当然要高度地赞扬理智的真诚，但我不能相信：这种理智的真诚会迫使我说信仰和宗教总是人类的一个错误，一个思想或者 451
感情上的错误；说人不能够或者不愿意按事物的本来面目看待事物。许多“实在哲学家”也都抱这一观点，然而基佐科不是这样，他把宗教看作是完全无关紧要和偶然的东西，而我却相信宗教属于人性的正常功能，相信它的缺少总是标志着一种个人生活或是社会生活中的紊乱。

452 # 第九章　意志的自由[①]

1. 历史上对此问题的态度

我们现在要讨论一个联接伦理学和形而上学的问题：自由意志的问题。

462

① 有关意欲的心理学，见：冯特，《生理心理学》，第15、20、21、22章；许夫定，《心理学》，第7章；鲍德温，《感情与意志》，第四部分；《心理发展》，第13章；詹姆斯，《心理学》，第26章；巴里(Sully)，《人的心灵》(*Human Mind*)，第2卷，第5部分；莱德，《心理学描述》，第11、26章；约德尔(Jodl)，《心理学》(*Lehrbuch*)，第7、12章；屈尔佩(Külpe)，载《哲学研究》第5卷；里尔(Riehl)，《哲学批判》(*Der philosophische Kriticismus*)，第2卷，第2部分，第216—280页；西季威克，《伦理学方法》，第一编，第5章；鲍曼(Baumann)，《冯特的意志论》(*Wundt's Lehre vom Willen*)，《哲学月刊》，第17卷，第558—602页；第19章，第354—374页；詹姆斯，《决定论的困境》，见《统一评论》，1884年9月；亦见他的《信仰的意志》；马蒂诺，《宗教研究》，第2卷，第196—324页；格林，《伦理学绪论》，第1卷，第3章，第2卷，第1章。斯蒂芬，《伦理科学》，第264—294页；闵斯特伯格，《意志行为》；富利，《自由与决定论》，《努力的情感》，《哲学评论》，1890；西格瓦特，《意志概念及其与因果概念的关系》；斯坦塔尔，《一般伦理学》，第312—382页；冯特，《伦理学》，第3部，第1章，1—3节；梯利，《自由意志》，见《哲学评论》第3卷，第385—411页；弗洛与维尔森，《伦理学原理》，第2部，第9章；希斯洛普，《伦理学要素》，第4、5章；麦肯齐，《伦理学手册》，第8章；塞斯，《伦理学原理》，第3部，第1章。——英译者

让我们首先区分自由的两种含义：一是**心理学**意义上的意志自由；一是**形而上学**意义上的意志自由。前者意味着能够按照一个人自己的意志做出决定和采取行动(**选择的自由**)，后者意味着意志或特殊的决定本身没有任何原因。

在通常说话中，自由意志这个词只是在第一种意义上使用。
一个行为，当行为者的意志是它的直接原因时就被称作自由的，而
当它是由一种外在的力量(或是直接受到身体上的强制，或是间接
地受到恐吓或谣传等)引起时，就被称作是被决定的。在后面这种 453
情况中，意志实际上不是决定的原因，但是在此有一个从温和的说服到不可抵抗的强制的众多层次，因而也相应地有一个从完全的自由到完全的被决定的逐渐过渡。一个人留在一个房间里可能是因为他自己的工作使他留在那里；或者是因为他不喜欢离开；或因为他被应许过什么东西而留在那里；因为他离开就会受到惩罚；因为一个哨兵正站在门口，他若离开就要向他开枪；因为门被闩上，他的手脚被缚，等等。在此我们看到一种从完全的自由到绝对的强制的逐渐升高的层次。

心理学意义上的自由之存在是无可怀疑的，但是否意志在另一种意义上也是自由的问题却惹出了无穷无尽的争论。形而上学的自由的捍卫者争辩说：意志本身并不是由原因决定的，而是自己的决定的最后的、再无其他原因的原因，它绝对独立于受因果律支配的世上事物的发展过程。这儿又有两种可能性。首先，我们可以假定一个人的意志是一种动因，它虽然自身是无原因的，处在因果关系之外，但又根据一种内部固有的法则活动，在这个意义上它

的效果来自它的本性。所以叔本华说[①]：存在引起工作；但是这存在即意志自身却无任何原因，或者可以说它是它自己的原因（自因）。其次，我们可能假定意志的特殊行为是无原因的，每次都是
454 作为一个绝对新的成分进入世界，绝不受外在或内在的先前的过程决定。按照后一种假定，意志是一种绝对无法则的动因（如果我们在此还可以把它称为意志的话）。[②]

意志的形而上学意义上的自由问题，到现在依然被一些人看作是最重大和最困难的哲学问题之一。我却不这样认为。它之所以困难是由某些情况造成的，是由哲学化的神学或经院哲学带来的。随着它们的消失，困难也将消失。

在希腊哲学中实际上不存在这一难题，它只是偶尔被触及。人被恰当地理解为整个自然的一部分，他从自然产生，并受制于普遍的自然法则（在希腊哲学对这一概念所熟悉的范围内）。[③]

而另一方面，从教义中生长出来的教会哲学，却把它视作一个十分困难的难题。[④]

有两件事是确定的：上帝按其意志创造了人，因而人在开初一定是善的。而另一方面，如我们所知，人的本性又是恶的，这也是

① 《意志自由》，见潘茨格（R. Penzig）《叔本华与人类的意志自由》（*Arthur Schopenhauer und die menschliche Willensfreiheit*），其中也包括了意志自由问题的一个简要历史。——英译者

② 见马蒂诺，前引书；沃德（Dr. Ward），《都柏林评论》（*Dublin Review*），1874年7月。——英译者

③ 见亚里士多德，《尼各马可伦理学》，第三卷。——英译者

④ 参见奥古斯丁与裴拉鸠斯的争议，以及阿奎那、司各特、路德、加尔文。——英译者

同样确定的。这第二件事实是救赎的根本教义的前提，而这个教义又决定了教会的必要性。但是恶是怎样来到世界的呢？通过上帝这个创造者吗？这是不可能的。上帝是全善的和全能的，因而他的作品也必然是善的。那么恶一定是在他创造世界之后来到世界的。恶不会是来自外面，因为上帝和世界之外什么也没有，这样恶就是通过被创造者自己来到世界的。但是，一个被创造者怎么会变成与他原来不同、与上帝造他的时候不同的东西呢？在此，意志的形而上学意义上的自由就作为一个解决办法出现了。上帝给了人一个自由意志，以使他能自主地决定做上帝赞成的事，没 455
有自由选择也就不可能有道德。但是自由按其本性来说是一种能够转向任何一边的能力。现在人就利用他的自由做有利于魔鬼的事情：亚当因为不服从而犯了罪，这罪恶随他落到整个人身上。恶因此来到世界，不是通过上帝，而是通过人，虽然也需要上帝的核准。

这一解决办法是否消除了形而上学意义上的意志自由难题不是要在此决定的问题。人们可能会问：一个创造者真的能给被创造者这样一个自由，给这样一种以绝对的独立性意欲或实行任何事情的能力吗？每个行动和决定都必然来自被创造者的本性吗？那么它的本性的原因不也是它所有的行动的原因吗？但如果回答是决定并不作为一个结果来自被创造者的本性，那么我们的确就走到了绝对的命定论。此外，对这样一种解决办法的纯粹神学的反对也还可能提出，比方说，可能依据于上帝的无所不能和无所不知，或依据于上帝恩惠的必然性和人的天生向善能力来反对这一解决办法。加尔文和路德都否定意志的自由，前者在他的预定论

中否定，我们必须承认这一理论逻辑上的一致性；后者在他的人无能力或“无自由”选择善的宣教中否定。

从新的自然科学产生的现代哲学实际上并没有解决这个问题，而只是把它搁下了。自然的统一性和一致性的观念是当代的一个基本观念，是一个自十七世纪伟大思想家阐发以后就很快扎下深根的观念。我们对心理过程的解释也逐渐地受到这一作为调节原则的观念的决定。霍布斯把精神过程本身看作运动，因此意志的形而上学意义上的自由就如同从无中创造运动或物质一样是
456 不可能的。另一方面，心理意义上的意志自由则是一个自明的事实。他以一个警句式的公式总结了他的观点，那的确可以被看作是这一争论的裁决：自由不单是愿望，而且是付诸行动；我们有对行动的意志，我们称这为自由，但我们没有对意志的意志，在斯宾诺莎的体系中，是绝对不容有孤立或例外的实在的成分的，他称心灵是一种精神的自动机。莱布尼茨和沃尔夫努力通过区别物理和数学的必然性来剖白自己不是命定论，但这种努力却是徒劳的。康德和叔本华确实都谈到一种“可领悟得到的”自由，但在所有人都称之为真实世界的经验世界里，人却是受因果律支配的。心理世界的现象也是按照支配它的自然法则产生的，具有物理世界现象同样的必然性，[①]而下面这种情况只是偶然的，就是由于这些现象的异常复杂性而不可能计算或预见它们，这也同样适用于物理世界中的许多过程，如气象和生理现象。从理论上说，没有什么东西在阻碍；一个完善的能够考虑到所有必要事实的理智，将像理解

① 亦见格林，前引书。——英译者

行星的运动一样完全理解一个人的行为。我们时代的生理学家在他们承认所有精神活动的因果依赖性的过程中，还受到下述流行观点的进一步影响——心理过程必须被理解为是伴随大脑与神经系统中的生理过程的现象。那么，既然因果律在物理过程中是绝对确实的，伴随它的精神过程中存在因果律也一定是绝对确实的。如果这个命题是真实的：就是绝对相同的有机体都将以同样的方 457
式反应同样的刺激；那么下面的命题也能站得住：就是在本性和品格、爱好和情绪、经验和观念上完全相像的心灵也将以同样的方式反应同样的刺激。同样，如果因果律适用于生理特征的遗传，它也同样适用于依赖于前者的心理素质的遗传。

2. 参照事实

无论我们最后采取什么样的观点，种种事实却使我们很难怀疑意志的本性和发展受到因果的规定，因而行为同样如此。的确，实际上没有人怀疑这一点，没有人相信人的意志是自己存在，相信在本性和条件都是确定的情况下，一个确定的刺激有时会产生这种行为，有时会产生那种行为。

让我们陈述一些无可否认的事实。

一个人或一个人的意志是怎样产生的呢？就我们所知，他的生命是在时间中开始的。这个开端没有任何原因吗？或者是他自己选择的结果吗？这看来是不可能的。人跟动物一样，是通过自己的父母被怀孕而产生的；他在身体和精神上都跟他们相似，继承着他们的气质、欲望、感觉和理智能力，就像继承着他们身体的特征一样。他还接受了他所属的民族的肉体和精神的性质，作为他的自然天赋。至于对一个人的毕生都发生着一种潜在影响的性别，也是被决定的。虽然其原因我们尚不知道，但没一个人会断言这是本人选择的结果。因此在人的开端那里，没有什么东西可以指示说他构成了自然王国中的一个例外、一块飞地，不受自然法则的支配。

这些素质或倾向然后又在自然环境、尤其是社会环境的决定性影响下发展。孩子在他的民族特有的生活形式中受着家庭的教育。他获得了他们的语言，而随着语言也多少完整地获得了一系列概念和判断。他也受到他的民族的风俗习惯的灌输，
458 大多数人一生的行为和判断都是受这些风俗习惯支配的。他被送往学校，在那儿掌握了时代的一般文化；他被带进教会，在那儿得到进一步的训练，这些训练从正反两方面对他的内心生活发挥着持久的影响。最后他终于离开了家庭和学校，但马上就受到一种新的教育力量——社会的影响。个人生来就置身于社会，他通常没有什么选择的余地，生来就属于某一阶层，不能选择自己的生活。社会不断地影响着他，告诉他什么样的语言和行为是正当或不正当的，是得体或不得体的，是吸引人的或被讨嫌的。它按照供求的法则给他安排任务。每个人都从他的时代得到指导。建筑师并不是按他自己的选择建筑，而是按时代的选择建筑：在十四世纪是哥特式；在十六世纪是文艺复兴式；在十八世纪是洛可可式。古典学者们也不是由他自己决定自己的科学任务，而是由时代来替他选择：在十四世纪是一种论实体和偶然的逻辑专论；在十六世纪是以维吉尔为范型的拉丁文诗篇；

在十八世纪是一种数学物理方面的探讨，或对迷信危害性的评论；在我们时代的古典学者则从事于对某位失传的希腊作家的一种历史考察或发掘史前时期的废墟。

在这种锁链中看来并无中断和裂缝：民族和时代、父母和教师、环境和社会决定着每一个人的气质和发展、身份和生活问题。他是派生他的集体的产物。正像一棵树上的枝条并不把自己的形状和功能归因于它的意志，而是归因于它在其中生长的整体一样，一个人也可以说并不在他产生之前就存在，并以他自己的意志决定他今后生活的方式和命运。他是作为一个集体的成员来到世界和在世界上行动的。他的生活构成了这个集体的 459
一部分，构成了人类的总体历史生活的一部分，最后，构成了普遍自然的一部分。

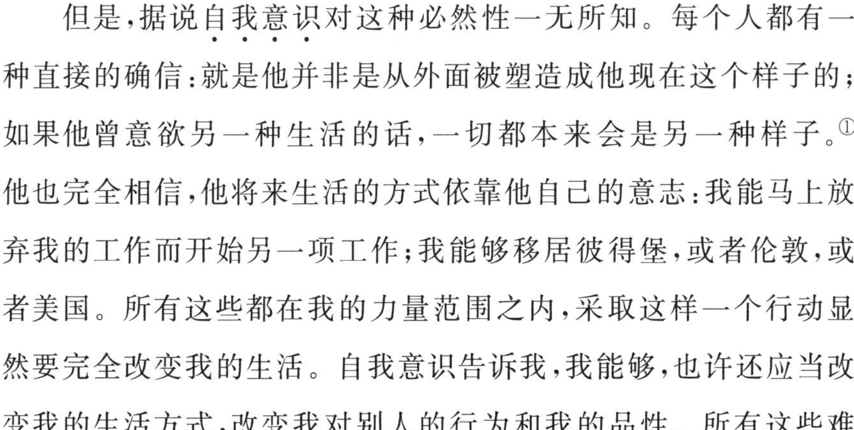

但是，据说自我意识对这种必然性一无所知。每个人都有一种直接的确信：就是他并非是从外面被塑造成他现在这个样子的；如果他曾意欲另一种生活的话，一切都本来会是另一种样子。[①]他也完全相信，他将来生活的方式依靠他自己的意志：我能马上放弃我的工作而开始另一项工作；我能够移居彼得堡，或者伦敦，或者美国。所有这些都在我的力量范围之内，采取这样一个行动显然要完全改变我的生活。自我意识告诉我，我能够，也许还应当改变我的生活方式，改变我对别人的行为和我的品性。所有这些难

① 西季威克，《伦理学方法》，第 67 页："因此，我认为，针对决定论提供的一系列难以克服的论据，只需要一个真正有力的论证：在有意的行动中对意识的直接肯定。"——英译者

道只是个幻觉?

肯定不是。自我意识并没有欺骗我们。但它告诉我们的是什么呢?它告诉我们:确实,在那些决定着并将继续决定我的生活和品性的影响之外,还必须加上我自己的希望和爱好,我自己的确信和决心。它告诉我,我并不是像一台机器中的齿轮一样从外面被推动,而是通过一种我称之为我的意志的内心因素的中介被推动的。有机体不同于无机体,它不是被一种外在的、机械的效果决定的,而是受一种内在本原的活动所决定:一座雕像是通过雕琢或浇铸成形的,而一个有机体虽然可以被机械的东西毁灭,但却不可能被机械的东西塑造成形。同样,人也不是机械地由事物和周围的人塑造的,无论外在的人还是内在的人,都是由一种内在的本原反
460 作用于外界的影响而形成的,他的性格就在这种过程中逐渐地发展。这就是自我意识告诉我们的;然而,它并没有告诉我们说,各种特殊的过程是无因而生的;并没有告诉我们说,在生命的任何时刻任何可能发生的现象都绝对跟它前面的现象没关系;如果情况真是这样的话,就等于把生活完全分解为一系列不相关和非理性的事件。它也没有告诉我们说,这种内在的本原或者说品格、自我(无论你把它称作什么),本身是绝对无原因的;说它是作为一种绝对孤立的成分进入世界的。它也决不反对这样一种观点——认为自我跟有机体一样是进化的产物,自我及其全部本性最初都是从别的东西发展而来的;在它发展的早期它具有很大的可塑性,但逐渐地变得越来越能抵抗外力,获得了那种通过它自己的决定改变

它同它的环境的关系、从而也间接地改变它自己的形式的能力。[①]

3. 责任

但这样的话怎么谈得上责任呢？既然每个人根本上都是由上帝或造物主塑造的，如果他没有变好，上帝或造物主不是该受责备吗？既然他不能选择他的根本天赋，选择他的性格、父母、社会，那么他就不能不这样行动，在那些他所处的特殊条件下，他就不能不 461 变成他现在这个样子。我们怎么能为实际上并不是他在做、而只是他承受的事情责备他、惩罚他呢？

我们的回答是：这个结论的前一部分还有某种理由，后一部分却没有道理。如果上帝或造物主不能否认他们的创作者身份，他们的确不能逃避对这一创造要负某种责任。如果一个家族在接连的世代中只是产生一些退化堕落的个人，我们将蔑视这一家族，把它看作邪恶和无价值的家族；如果一个民族只是产生一些卑鄙可憎的角色，我们也将嫌恶和憎恨这个民族；如果这个世界只是产生一些丑陋和畸形的事物，我们无疑会说它是毫无价值的；如果是一

① 调和决定论与非决定论很困难的一个原因是特别来自对因果律的错误理解。人们惯常根据机械冲动的概念来领悟因果的联系，因此就将必然性或强迫性看作是其中一种本质成分，这就使得将因果概念用于心理生活的过程变为不可能。我们在莱布尼茨、休谟和洛兹那里看到的一种对因果联系更有洞察力的分析显示，强迫性和必然性都是与此无关的，因果律是说有一种所有成分的自发共担。莱布尼茨的普遍共担并不是指一个成分被其他别的成分强迫。从这一立场上看，因果的概念就与目的论是相容的，普遍共担指向一个原初的复数的统一——开始是在实体中，而归根结底是一种统一的理性。读者可以在我的《哲学导论》中发现一个更详细的阐述，见 212 页以后。（英译本 218 页以后。——英译者）

个本原创造了世界，我们对他将跟对他的作品一样毫无赞颂之情；如果一个善和美的人生是上帝的一个光荣，那么一个无价值和不光彩的人生无疑是他的一个耻辱。作出了前一结论而不作出后一结论是绝对不能让人理解的。我们不可能通过说人的意志是世上恶事的绝对和根本的原因来证明上帝的公正，而只能这样证明上帝的公正——通过展示恶（即便是恶）在某种意义上对善还是必需的，因为没有恶的话，善也就不可能存在和表明自己了。

因此，将恶归之于某些原因就意味着把责任转移到这些原因上。但必须补充的是，这并不改变我们对卑劣和邪恶的个人的感情、判断和态度。我们说，从这样一个根源确实不会产生什么好东西，但这并不意味着这产品即使低劣，却还是纯洁和无罪的，并且我们应当照纯洁的东西那样对待它。我们对一个人价值的判断是根据他是什么样的人，而不是根据他是怎么变成这种人的；我们对

462 他的态度也是如此。“每棵不结好果子的树都要被砍倒，投入火中。”我们很清楚这棵树不能不这样糟糕，它不能选择它自己的存在和本性，但这并不妨碍我们说：“砍掉它吧，为什么让它拖累土地呢？”所以，我们杀死一只凶猛和危险的家犬而无需假定它是否自愿选择了它的恶性；它的性情是恶劣的，这就够了。只有一件事情能使我们修正我们的决定：如果我们深信这种恶劣的性质更多地是由于不利的发展条件，而不是由于一种根本的劣根性，如果我们发现例如这棵树是长在贫瘠的土壤上，这只动物是由一个粗野的人豢养着，那么我们就会审慎地考虑一下，也许可以去消除那种不利的影响，通过改变生活的外部条件而补救这一缺陷。然而，如果根本的天性是坏的，我们对它的否定也就是最后的、不可改变的。

我们实际上对人也取同一种态度。下述作法并不成为辩解的理由:一个卑劣和堕落的人要人们注意——他是出自一个几个世代以来一直是放荡的家族。甚至,这在他自己看来也不构成辩护的理由。如果一个人对自己这样说:我按其本性、血统来说就是一个恶棍,先天就带有各种各样的邪恶本能和道德缺陷,这并不改变他确实具有种种导致邪恶和堕落的感情这一事实。然而,下述说法可能在他自己和别人看来会是一种辩护的理由,他说:我并非本性就是个坏人,我实际上并不属于你们在那里抓住我的那一伙。我的堕落可以归咎于某些情况(当然,我并不是完全无过的);我是个人,我的意志并不能绝对地抵挡住诱惑,我被贫穷压倒了,那贫穷并不是我的错,我受到了一些人残暴的对待,我不自觉地就落入了一帮坏人手中,等等。如果我们相信他,我们的感情就会改变, 463
愤怒就会让位于怜悯,我们就会努力使这个不幸的人进入比较有利的环境,以便他的较好本性能够有机会表现和发展。

因此,我们在此发现一种双重的责任:首先,我们坚持个人本身有责任,然后是塑造他的集体即他的家庭、社会阶层、民族乃至一般人类也有责任,最后是全真本身也有责任。下述情况实际上是到处发生的,即我们总是通过一个团体的个别成员的善恶来判断这一团体的价值。但这并不是说我们就没有必要评价个人,相反,对个人的评价依然是其他范围较大的评价的基本前提。个人是一个点,我们的感情和判断从这个点向他所属的整体扩展。

我总是感到奇怪:为什么我们这样渴望免除责任?总是在想着恶行的责任?为什么我们不同等地关心行善的责任(或善的来源)呢?是因为我们直接意识到在评价善时无需涉及根源吗?在

我们欣赏美和善的东西时，我们不想让那种它们是怎样形成的知识来打扰我们的欣赏。或者这是因为在我们身上，对奖赏的冲动不像对洗雪自己的过错和害怕惩罚的冲动那样来得强烈？

适合于道德责任的，同样也适合于以道德责任为基础的**法律**责任。实践法律学从未怀疑过只有**选择的自由**而非形而上学的自由决定着责任问题。探讨罪犯的恶劣倾向是由于遗传和教育，还是由于他的一种绝对的意志行为，从未被看作是必需的。只有理
464 论家们，由于不断地沉思形而上学自由的问题，或者惶惶然地凝视统计数字，才不时陷入各种各样奇怪的困惑和疑问之中：比方说社会是否有权利惩罚，它自身是否就是有罪的和应负责任的。同样的犯罪的比例不断地以一种自然事件的规律性重复出现，像假誓、凶杀和其他不道德的罪恶；看来就像有一种必然性在起作用，那些特殊的罪犯就像是牺牲品一样，被选出来犯罪，以完成社会的犯罪指标。[1]

对此我们回答道：这是相当真实的；社会是有罪的，因而也应受惩罚，它产生具有犯罪倾向的个人，也为犯罪提供诱惑和机会。但社会难道就会没有受到惩罚吗？首先，犯罪本身不就是对它的惩罚吗？被侵犯的人跟罪犯一样都是社会的成员。由犯罪引起的畏惧不安的感觉是对社会的进一步惩罚。那加于罪犯的惩罚本身又是对它的一个外加的惩罚：罪犯是作为社会的一个成员受罚的，因为社会通过这个成员犯了罪。最后，社会作为一个整体也受到它

---

① 见德罗布利什(Drobisch)，《国家道德与自由意志》(*Die moralische Statistik und die menschliche Willensfreiheit*)，1867。——英译者

自己施加的惩罚：一个民族把许多钱花在监狱和教养所上，提供看守、供养和雇用大批人的开支，这不就是对它的一个惩罚吗？社会还应当受到别的方式的惩罚吗？难道除了那唯一清白的犯人以外，所有其他的人都要受罚吗？或者这些好人们还有别的什么办法？

我们必须从集体生活的立场进一步指出，惩罚是被看作为一种治疗社会某些疾病的方法，一种由社会开出的、为了摆脱某些疾病（即犯罪）的痛苦疗法。这一疗法自然要用于这些疾病的患者，亦即罪犯身上；我们希望这样能产生直接的效果。我们说罪犯受 465
到监禁，这使他知道他的行为是不适当的，即使对他自己也是这样。他不会愿意放弃他跟社会生活在一起的权利；惩罚则提醒他这只有在某些条件下才是可能的，如果不履行这些条件，就必须被置于更强有力的东西支配之下。同时，劳动也向他展示了走向一种和平有利的生活的道路。所以，监狱和教养所在某种意义上是治疗道德错乱病的医院，在这种医院里和在其他医院里一样，也有能治愈者和不可治愈者。社会也通过孤立和压制那些冒犯者而使这种疾病不再传染和蔓延，或至少它力图这样做，因为在这方面它的努力并不是很成功的。我们也可以以同样的眼光看待死刑：它是医治那种意志邪恶的罪犯的最后手段。难道使他延长他的生命从而增加他的罪恶对他是件好事吗？同时社会也是在保卫自己，以免受进一步的扰乱，这种扰乱是必然要从一个无可救药的成员那里向周围蔓延的。

正像我们前面说的，这一事实在实践领域中绝未受到怀疑。道德责任和法律责任仅仅以心理学意义的自由为前提。当一个人的意志在他的行为中表现时，那行为就是他的行为，他就要对此负

责。法官们并不讨论这个意志本身是否是由它外部的原因造成的问题。然而，当一个行为并不表现行为者的真正意志时，也就没有责任可言。精神病患者不可能在真正人的意义上做出决定，作出理性考虑之后的选择。狂热的激情在某些场合下，在某种程度上也会有同样的结果，在那里表现的并不是整个人的真正意志。因此，在这种没有考虑的狂热状态中做出的行为常在法庭上得到宽恕，当然不是完全宽恕。因为不能控制自己的性情也是一种意志
466 的缺陷，对这种缺陷也要加以惩罚以作为有效的医治。另一方面，当这种行为是偶然的或不可避免的时候，行为者就被完全免罪，因为当意志跟行为绝对无关时也就无需医治了。

然而，有些被这种心理-生理的思考搅糊涂了的人可能会争辩说：但是，归根结底，同样的评论也可以应用到其他方面去。如果我们把精神错乱作为一种大脑疾病来对待，为什么就不能同样地看待别的反常状态呢？偷窃和纵火的犯罪冲动，也必须作为一种大脑遗传或获得的性质而加以科学的解释，因此受到这些冲动折磨的人就必须作为病人来对待。我们的回答是：我们无疑可以以这种方式来看待这件事：纵火的冲动是大脑的一种反常性质，偷窃的冲动也是如此；当然，那任性地毁坏自己的玩具的小男孩的冲动，或通过漫不经心和轻率多变使她的父母和老师烦恼的小女孩的冲动，也都可以被看作是大脑的一种反常或病态的性质。但结论是什么呢？我们力图用经验证明是有效的方法来治疗这些疾病。如果医生能够通过限定饮食、淋浴和药物把精神病人治好，如果他也能以相同或类似的方法把那些受纵火冲动折磨的人们治好，我们将高兴地把这些人送到他那儿去治疗，也把那些以其胡闹

烦扰我们的孩子送去治疗。但如果事实证明他的疗法在此是不成功的，那么我们不妨试用别的疗法，特别是那些经过了事实考验的方法，例如对胡闹的孩子我们可以采取一种经常被人们使用的自然的方法。如果医生的药物还不能对那种偷窃或焚物的冲动发生作用，那就让我们在这期间还是继续使用老的疗法；这种疗法虽然不是绝对可靠的，但还是作为这种冲动的矫正法取得了某种程度的成功，这疗法就是监狱和教养所。一旦有人发现了一种更可靠、
更简单、更少绕弯子和更少费用的特效药，我们将高兴地撤销这些 467
令人不快和不充分的治疗方法。但为什么我们现在不以同样的方式即监狱对待疯人呢？为什么当他犯了罪不把他带到法庭并判处监禁呢？确实，如果我们相信法官和卫兵对他们能够比医生和护士对他们产生更好的效果，那我们肯定会这样做。我们现在还是持这样一种看法，就是把他们交给刑法法庭并不会对他们产生任何效果，并不会像棍棒对孩子、监狱对窃贼一样（至少是有时这样）影响到他将来的行为。此外，当精神病患者变得对自己和他人都危险的时候，我们肯定要把他禁闭起来，以尽可能地像保护我们自己免受窃贼的侵害一样，使我们免受他的侵害。

的确，这是一个奇怪的推理：首先把犯罪冲动解释为疾病，然后作结论说不应当作任何治病的事情。为了治病，我们要采取一切有益的疗法，即便它们是会烧灼和刺痛人的。

4. 人的自由的真实含义

那么是不是没有自由意志这样一种东西呢？

为了不使人从我的争论中得出这样的结论，我要补充下面的论述：

意志自由这一说法在通常谈话中表现了**人性中一种真实、积极的能力**。动物也有意志，但我们并不把自由意志归之于它们。这里有什么不同呢？

动物是被暂时的冲动和知觉推动的。当一个动物看到它的猎物，或听到它的仇敌正在接近它时，这些知觉立刻产生了追逐或逃避的适当运动。只是在发展程度最高的动物那里，才存在着初级形式的考虑、犹豫和选择。

468 这些意识过程是人的特征。他靠决心决定自己的行为。决心是思虑的结果；在思虑中，他把几种可能的行动路线或行为方式与个人和社会生活的根本目标相比较，并相应地作出选择。因此，人不是被他的**冲动**决定的，而是他自己根据**目的的观念**决定自己。在他的意图中，人可以说把他全部的活动、全部的生活理解为一个统一体，按照各个特殊行为跟这一原则的联系来选择它们。动物的生活可划分出各种各样孤立、分离的功能，人的生活则被纳入一个观念的统一体之中，它发展那些总体的目标所要求的特殊成分。实践的自我意识的统一，或者说良心，不断地对内在生活的各个特殊过程实行控制——对感情、努力、行为、思想的过程实行控制。这种按照人的生活的观念来调整和决定生命的各个特殊功能的能力，正是我们所说的自由意志。因此，如果一个人不是被当下的刺激及其引起的暂时的欲望所决定，而是被目的的观念和理想所决定（指他整个人被推动），被义务和良心所决定（仅仅指他的行为），那么我们说这个人的行为是自由的。

我们可以相应地补充道：在某种意义上，认为人的意志是自然律的一个例外，或者构成自然中的一块不属它管辖的阵地的观点是正确的。动物是自然过程变化的一个点，它本身是自然的一部分，不断地从外面被接近它的刺激和影响所决定。而另一方面，人却以某种方式使自己从自然过程中解放出来；他从自然界上升，作为一个自我与它对立；他决定它、运用它，而不受它的决定：人变成一种**人格**。这样他就能够把他整个的自我放入他生活的每一方面，因此他要对他的每一特殊行为**负责**。

显然，这种意义上的自由不是一种人性中的天赋因素，而是一 469
种后天获得的特征，它是整个人类在其历史发展过程中获得的，并必须由每一个人重新去获得。新生的婴儿并不随身带来一种现成的自由，甚至相反，他就像一个动物一样被暂时的愿望推动。但理性的意志依靠着教育的支持，渐渐地从动物的冲动中升起。这种现象在不同人那里是以不同的程度出现的：有些人毕生都受着这些冲动的完全控制；另一些人则获得对他们的性格的一种非凡控制力，甚至他们生活的最小细节看来都受到理性思考的调节，他们做的所有事情都出自合理的选择。在这方面人们将看到，虽然让冲动完全支配自我是粗俗和卑下的，但完全压制它们也会使我们充满恐惧：正像人们一直说的，没有弱点的人不会是可爱的。人看来是打算站在动物与纯粹理性存在物的中间。

因此，若问：人能按照他自己的意志决定自己吗？他能凭他自己的意志塑造他的意志吗？回答是既能又不能。说他能，是因为他无疑有自我教育的能力，他能够根据他的理想，有意识地塑造他的外表和内心，他能训导他的自然冲动，甚至压制它们到使它们对

他不再起作用的程度。确实，他不可能仅仅靠希望和决心来做到它，而只能靠不断的实践和运用适当的手段（以获得身体技能的同样方式）来做到它。我们不可能靠一个意志的决心直接迫使我们入睡，但我们能通过适当的饮食和工作对身体产生这样一种影响，使睡眠能够按其意愿及时来到。据说狄尼西摩斯的发音是含混不
470 清、先天有缺陷的；要成为一个演说家的意志就其本身而论，并不能迫使发音器官做到这一点，但对这些自然器官进行长期和艰巨的训练，使它们服务于所欲的目的却是可能的。内在的本性也能以同样的方式受到影响。一个人知道他有一种危险的容易发怒的脾气，他决定克服它。当然，他不可能仅仅凭他的明智和决心，在这一坏脾气重新暴发的第一次就压制住它的猛烈发作。但他的明智和决心能使他有所警惕和预防，这是逐渐克服它所必需的；此外，还能使他避开各种诱因。然而，每个不再实行和未运用的器官都是会衰退的。他在自己心里摆满了愤怒的有害效果和自制的有利效果的事例，他甚至利用一些细微的帮助——例如那种在我们愤怒时习惯于祷告或背诵一些诗句来平息它的办法。因此，一个人无疑能够靠他的意志来改变他的本性。他可以通过抑制某些冲动而最后消除它们，也可以通过习惯来发展和加强软弱的冲动。正如谚语所说，习惯是第二本性。

另一方面，我们将必须说这一改造创形的本原本身必须是他先天就被赋予的，他不可能凭自己的意志得到它，因为这本原本身即为最根本的意志。人并不在他之前就已经先存在着，并凭自己的意志来决定和选择他的意志。如果那样的话，那就跟孟桥生试图抓住自己的头发把自己拉出泥潭一样可笑。只有一个预先存在

的基本意志能决定经验品性在生活过程中的发展。所以当叔本华说品性并不变化时他是对的，但也仅在这个范围内他是对的。一个人除非看到了愤怒的害处，看到了怯懦和说谎的耻辱，并已经产生了反对它们的意志和决心，否则，他就不可能训练自己，使自己变得和蔼或勇敢。但当叔本华错误地解释这一命题，把它的意思说成是性格的变化、意志的行为方式的变化是不可能的时候，他就 471
错了。而且这不仅是一个错误，还是一个危险和泄气的理论。我们必须坚持：无论谁**欲望**改变自己的性格都**能够**这样做，只是这种意志和决心必须十分迫切，它必须欲望可达到这一目的的各种手段。空洞的希望是达不到目的的。

那个曾主要作为实践哲学的一个附属物而发展的旧心理学，能为我们指导实践提供一些有用的观念。例如，柏拉图把灵魂划分为理性、意志和动物性欲望，这对于道德宣教者就是一个很好的帮助。在此，自由的问题被实际地考虑为是一件很简单和很有效的事情。理性是人的真正的自我，自由的自我。在我们的尘世生活中，它跟动物性欲望和感情结合起来，它的功能就是要训导和控制它们，让它们服务于自己及自己的目的。高尚的勇气、正当的愤怒、对荣誉和盛名的欢乐渴望，帮助理性训导这些感官欲望。道德家总是诉诸真正的自我，他督促人记住他的使命和他的尊严；他把受感官欲望的支配称作可耻的奴役，在那里自我受着本性的动物性部分的管辖。斯宾诺莎、沃尔夫和康德的伦理学都采用了同样的观念。在前两个体系中强调的是理智和情感状态的对立，欲望的较高和较低功能的对立；在后一个体系中，强调的是现象界的人和本体界的人的对立，实践理性和感官、自私的爱好之间的对立。

我们到处都遇到这样一种观念：人的自由意味着精神的支配；人的被奴役则意味着动物性欲望的统治。

这就是意志自由的积极含义。伦理学不应当允许某些形而上学家想入非非，他们试图把意志自由解释为个人意志或决定的无
472 原因，试图诱使伦理学完全否定这个如此有效和必然的自由意志概念。根据所有人（这些形而上学家除外）的通常用法，意志的自由意味着那种依靠理性和良心，根据目标和法则，独立于感官冲动和爱好，而决定一个人的生活的能力；意志自由意味着人拥有这样一种能力，实际上正是这种能力构成了人的本质，没有人怀疑过这一点。

第　三　编

德性与义务论

我有三宝，持而保之。一曰慈，二曰俭，三曰不敢为天下先。

慈故能勇；俭故能广；不敢为天下先，故能成器长。

今舍慈且勇；舍俭且广；舍后且先；死矣！

老子《道德经》第六十七章

475 # 第一章　德性与恶性概论[①]

义务学说和德性学说是表现同一论题的不同方式。前者给我们提出一个诸如命令或准绳那样的规则体系，向我们说明解决人生问题所需要的行为方式。德性学说则描绘人们的能力体系，规则体系的目的正是通过能力体系的运用而实现的。我们已经讨论了义务的本质。我们再简单地讨论一下德性的本质。

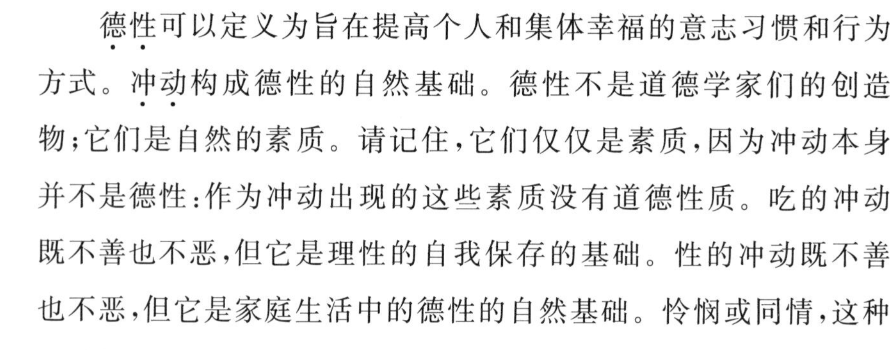

德性可以定义为旨在提高个人和集体幸福的意志习惯和行为
486 方式。**冲动**构成德性的自然基础。德性不是道德学家们的创造物；它们是自然的素质。请记住，它们仅仅是素质，因为冲动本身并不是德性：作为冲动出现的这些素质没有道德性质。吃的冲动既不善也不恶，但它是理性的自我保存的基础。性的冲动既不善也不恶，但它是家庭生活中的德性的自然基础。怜悯或同情，这种想减轻他人痛苦的冲动也既不善又不恶，但它是仁慈德性的自然

① 亚里士多德，《尼各马可伦理学》，第2卷；西季威克，《伦理学方法》，第3编第2章；波特，《道德科学》，第2部分第1章；富勒与威尔森(Fowler and Wilson)，《道德原理》(*Principles of Morals*)，第2部分第7章；多纳(Dorner)，《人的关系》(*Das menschliche Handeln*)，第2部分第1节；维塞(Wiese)，《意志的教育》(*Die Bildung des Willens*)；伦策，《实践伦理学》，第17节。伦策提供了以下各章讨论论题的书目。也见海德(Hyde)、埃弗利特(Everett)和吉尔曼(Gilman)关于实践伦理学的著作。——英译者

基础。与此相类似，对于不公正行为的气愤和复仇的冲动构成正义感的自然基础。而且，冲动构成了德性的恒久的基础。它们不 476
能像许多道德学家们设想的那样由理性思考来代替。一个像斯宾诺莎所说的哲人那样的，不是由冲动而仅仅是由理性规定着一切行动的存在物是不存在也不可能存在的。康德的那种仅仅由道德法则统治着意志，没有冲动和倾向的尽本分的人也是不存在的。这样一个存在物不会是人，而只能是一个幽灵。

冲动被**理性**塑成德性或美德。我们首先是受他人的理性的教育，然后才是受自己的理性的教育。人的生活开始是一种纯冲动的生活，理性是以后慢慢发展起来的。在人生的较长的青年时期，由父母、教育者、老师讲述的民族的集体理性占据着个人理性的位置。固定化了的习惯就是这种教育的结果，在这里社会的习俗个人化了。后天习惯是道德文化的一个极其重要的部分，这种习惯使生活得到控制和自动的、确定性的指导。生活的重要的基本功能尤其是由这些习惯调节的。例如清洁，孩子们一开始总是反抗着它，但是它逐渐地成为一种习惯，作为一种自然的功能有规律地发挥作用。与此联系最密切的是羞耻，它是由教育灌输而建立起来的，它很快地获得本能那样的力量和确定性。同样地，对说谎的反感，或者对别人的礼貌，也成了人的第二本性。这些自动的反映形式的形成构成了道德教育的基本的和重要的阶段。第二个阶段是个人对这些道德行为的价值的理解能力逐渐发展起来的阶段：这就是发挥道德指导的作用。这一阶段最初总是表现为向孩子们介绍一些具体的善的例证，以及——假如十分小心注意的话—— 477
一些恶的例证。在掌握了许多具体的事实之后，人们就会逐渐地

接受那些关于道德概念的抽象的或哲学的表述。也许我们的社会指导在这一方面过于谨慎了。我们的学校，包括高中和初中学校，都害怕过早地进行道德方面的抽象指导会带来不好的影响，因而决定全部取消这方面的指导。我担心这会是一种灾难。每一个青年人在他生活经历的一定阶段上，都要开始探究道德行为和道德判断的原则，而这里的危险就在于：如果他完全没有受到过指导，他就会孤立无援地成为他自己的粗野思想或种种"启蒙"手册的似是而非的说法的受害者。原则和道德指导本身并不是保证正确的判断和行为所必不可少的，但对于帮助人们免受不适当的和错误的原则之害却是必要的。

但是人不只是接受他人的教育，他还慢慢地学会**教育自己**。最重要的是学会用理性意志——一种由原则规定着的意志——来驾驭自己的倾向的艺术，以便按照逐渐形成的完善观念改变和训练冲动。当孩子离开学校和父母的家的时候，他接受他人的教育的阶段就实际上结束了。他一生中最重大的时期，即他的道德独立的最初阶段就开始了。他以前接受的训练现在要受到检验，看看这种训练是否使他具有了自制的力量。很多人不是立刻就能够找到正确的道路的；这种自我驾驭的艺术，像其他任何事情一样，也需要去学习。这种艺术只有通过和天下万物的不断交往才能获得；因而从这个时期开始，人便产生一种与各种人和事物频繁接触的本能的欲望。这是人一生中的旅行的时期。在它前面的是学习的时期。在二十至三十岁之间的时候，也就是在这个旅行时期的
478 最后阶段——对一部分人来说或许是直到这一时期的终了时——人在精神上形成了确定的、持久的形态。接下来的年代就不再具

有它的上一个时期的那种戏剧般的重要性了。重大转折和决定性的时刻已经过去；对已经获得的肉体的、精神的和道德的力量与能力的运用构成了人的中年时期的内容。在老年时期这些力量减弱了，生活逐渐沉迷于回忆之中，漂向了自己的过去。与生活的这四个阶段相一致，道德的类型也各不相同。具有可塑性的虚心是那些受到较好教育的儿童的思想习惯；充满希望和乐观精神的理想主义则是青年人的思想习惯；固执的、精力旺盛的活动是成年人的特点；安宁的、平静的沉思则是老年人的特征。

上面这些论述可以回答一个古老的问题：**德性是可以靠教育获得的吗**？对于这个问题的讨论标志着希腊道德哲学的开端。我们的回答与亚里士多德相同：当然可以，但是，像所有的美德一样，它首先必须被实践；仅仅听他人谈论它是不够的。我们不能靠听别人谈论就学会走路、骑车、教书和管理。德性也是如此。当然，实践能够也必须随后以理论指导来补充，道德能力的培养也和身体的灵活性及技能的训练一样需要理论指导。父母和老师以及精神上的劝导者和牧师的劝告和教诲，会极有效地促进人的道德发展。因此，我们不同意叔本华认为道德教育和劝诫毫无用处的意见。只要在适当的时间和地点来使用这些教育手段，它们会成为管理人的灵魂的伟大艺术的一个重要部分。当然，仅仅作些喋喋不休的说教是没有益处的。这种教育只有在它使用了适当的材料并建立在关于生活、生活的本能要求及其法则的广博的知识基础之上时才是有效的。

德性是正常的意志力量，它有助于保护和发展人的精神生活。**恶**则相反，是畸形发展的意志力量，趋向于破坏个人的及周围人们

479 的生活。或者，如果我们把意志理解为人的理性意志的话，毋宁说，恶根本不是真正的意志力量，而是畸形发展的自然冲动。恶性常常表明缺乏意志；的确，按照古老的观点，所有的恶都不是积极的东西。它不属于意志本体，而且应当把它定义为缺乏意志。这种说法就是从这样的意义上说也是正确的：即使是本能意志，在本质上也是以善为目的的；恶本身从来不是意志的目的。仅仅是在意志如果不以恶为代价就不能实现善、不能实现真实的或显明的善的情况下，恶才成为意志的目的的一部分。

恶的基本形式是缺少意志力量以协调冲动；那些强烈的冲动获得了至上的地位，而微弱的冲动则完全消失了。当在感情上期待行为的更遥远的结果的同情的冲动本能发展得极不充分时，当这种缺点还没有通过教育和自制而得以纠正时，那种自私的、不体谅他人的习惯就会发展起来。一些冲动可以膨胀起来。而且能逐渐地排挤掉其他的冲动。例如，对于饮酒者来说，那种对于酒的欲望就会逐渐地占优势，而所有其他的冲动比如劳动和获得的冲动，以及对于知识和精神活动的爱，便慢慢地消失了。同情感和社交冲动也同样地衰弱下去并最后消失，一开始还存在着的戒备着过度行为的羞耻感和良心，也就随之消失了。同样地，人生也会由于其他畸形发展起来的冲动，由于毫无约束的性冲动，由于被贪婪加强起来的获得和占有财富的冲动，由于蜕化成奢望的对名望和荣誉的爱好等等而堕落。这些畸形发展的冲动垄断了人的全部力量与追求，并最后使得人的灵魂对其他一切兴趣和考虑都麻木不仁。

通常，恶性是由于天赋能力的缺陷和生活与成长所经历的不
480 顺利的情况造成的。教育的不完善，有害的社会联系，不利的经济

条件，不幸的家庭关系，会彻底摧垮一个人的本性；而假如境况稍好一些的话，或许他是能够保持这种本性并使之适应周围环境的。通过适当的帮助，通过培养起恰当的自我克制能力并使这种能力得到锻炼，那种倾向于过度行为的冲动会得到控制；通过及时的培养，那些微弱的冲动也可以得到发展和加强。这表明教育、环境、一定的习俗和社会舆论的极端重要性，社会对于个人的责任就是依赖于它们而实现的。假如一个处于上述不利境况中的人得到了社会的关心和教育，他或许就不致在社会中泯灭。

我们能不能说，无论一个人的自然禀赋多么不佳，只要有适当的生活和成长条件，他都能变成一个诚实的和善的人呢？卢梭认为所有的人的意志本质上都是善的，每一个儿童都可以成为一个正直的人；如果他终于没有成为这样的人就应当去指责教育与不利的生活条件，这种意见对不对呢？教育方法变革的时代接受了卢梭的观点，并且被他的榜样激励着去试图作出伟大的、富有成果的功业。即使是在现在，我们的实践也是建立在这个理论是正确的这一假设之上的，而且必须这样做。教育总是预先假设每一个人，只要给予他一定的关切、爱、照料，就可以成为一个正直的、有能力的、善的和幸福的人。

然而就这个理论本身而言，我们的时代已经变得对它有些不确信和有些怀疑了。在我们今天的时代，卢梭的关于人类本性的乐观观点不会轻易地找到支持者了。我们不再相信教育能把任何人都塑造成所希望的样子。与那些认为人的灵魂生来像一张白纸，无论什么印记都能接受的经验论心理学教义相矛盾的事实实在太多了。所以我们倾向于同意一种对于人类的现实的即悲观的

481 观念，即有一些罪孽的儿童，对于他们无论作些什么都无济于事；也有一些这样的人，他们的邪恶冲动，他们对于羞耻感、尊严和同情心的丧失竟到了如此地步，以致教育影响对他们完全不发生作用。[①] 所谓“道德白痴”的概念就是针对这种情况而言的。

导致这一概念的形成的事实无疑是存在的。不仅存在着缺乏智力或者说是几乎完全没有智力的白痴状态的人，而且还存在一些虽然有些智力却完全没有道德能力的人，尽管后一种情况经常被人们看轻和歪曲。不过，我们可能会坚持这样一种主张，即不存在绝对丧失道德能力的情况和绝对的邪恶；即使在那些发育受到阻碍的人们中也有一些善的倾向。假如他们一开始就受到了适当的同情和培育，他们是能够得到挽救的；而在以后才给予这种同情和培育也许就不再有什么希望了。当一个不健全的灵魂一开始就受到不利的影响，它很快就会变得不可救治。这样的一种说法是恰当的：对于先天缺陷与不足，早期培育须与之同行。就事情的本性而言，在这里是不可能作出任何结论的；然而，支配着我们实际生活的信念却必须建立在吕克特的诗所表达的这样一种设想之上：

心中的磐石，
只有用希望的魔杖去击穿；
每个心灵中深藏着的瑰宝，
唯有智慧的人方能发掘。

---

① 见伦策，第13、18页。——英译者

我们通常要区分两种不同的义务：对于自己的义务和对于他
人的义务。对于自己的义务这一概念已经受到一些人的反对；他
们认为，只有在存在着法律权利的地方，才存在着义务。我认为这 482
种对义务的概念的限制是不必要的。如果个人生活有它需要解决的道德问题，它就同样也有它的义务。假如个人本身根本没有要解决的道德问题的话，那么，我很难想像，除了纯粹消极的互不干涉义务以外，个人对他人——单独的或集体的——还能有什么义务。我们不能从零加零得到一个确定的数量。所以，我将继续使用传统的分类，但是我要提醒读者这并不是一个合理的分类：前面已经说明，①没有仅仅影响个人或社会的行为，因此也没有仅仅对于个人而不同时又是对于他人的义务，反之也是一样。

相应于对于义务的这种分类，我们可以把德性分为两组；我们可以把它们称为个人的德性和社会的德性。前者的基本形式是节制，后者的基本形式是仁慈。它们根源于生命冲动的两种基本形式：自我保存冲动和性冲动。

我们先来论述基于个人的自我保存冲动之上的对于个人的义务和个人德性。我们将涉及各个独立的活动领域，首先讨论意志的教育和情感状态的营养学问题；然后我们将谈到肉体的、经济的和精神的生活，在所涉及的领域里将力图对所论的问题与义务，以及有关的能力与德性作出规定。最后，我们将讨论从我们对他人的关系中产生的问题，并考察这一领域特有的义务和德性。

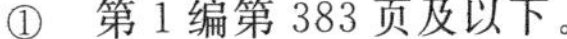

① 第1编第383页及以下。

483 第二章　意志的教育和情感的训练，或自我控制①

1. 自我控制

全部道德文化的主要目的是塑造和培养理性意志使之成为全部行动的调节原则。我们把这样一种德性或美德称为**自我控制**：494 这种德性通过独立于短暂易逝的情感之外的理性意志调节着我们的行为。我们也可以把这种德性规定为以目的和理想来调节生活的能力。它是全部道德德性的基本条件，是全部人类价值的基本前提，甚至，是人类本性的基本特征。动物为盲目的冲动驱使，而人的特有的美德在于他的意志决定他的生活。离开了自我控制，就没有自由和个性。希腊人把自我控制的德性称为 Σωφροσύνη，意为精神健康。他们用 ἄφρων（愚蠢的，可笑的）来形容那种由于恐

---

① 亚里士多德，《尼各马可伦理学》，第 2 卷第 7 章及以下、第 3 卷第 9 章及以下、第 7 卷；培里（Paley），《道德哲学》（*Moral Philosophy*），第 4 卷；西季威克，《伦理学方法》，第 3 编第 9、10 章；斯宾塞，《伦理学导论》，第 12、13 章；波特，《道德科学》，第 2 部分第 2、5 章；伦策，《实践伦理学》，第 20 节及以下；史密斯，《基督教伦理学》，第 2 部分第 2 章；多纳，《人的关系》，第 358—378 页；富勒与威尔森，《道德原理》，第 2 部分第 1 章。——英译者

惧、愤怒以及欲望的驱使而不理智地行动并毁灭了自己的人。相反地，他们用 σώφρων（精神健康的，合乎理性的）来形容那种即使在困难的情况下也能保持自己头脑的智慧，并且按照合于自我保存的法则的方式去行事的人。[①]

① 众所周知，节制是得到希腊诗人们最为普遍的承认和赞扬的德性。但是，假如因此就假定 σωφροσύνη（节制）是希腊民族的一种特性，这也许是一种误解。莱辛的一段著名的评论也许适用于某些民族：我们谈论得最多的是我们拥有得最少的德性；我们学会了认识它们的价值是因为我们感到了它们的缺乏。希腊人生来具有细腻的情感和高度发展的智力，这使他们尤其适合发展各种戏剧和艺术、辩证法和哲学；但是他们却缺乏某种活动和坚韧精神。这些是罗马人对他们的看法。古代的法国人则把希腊人和他们自己作了这样的比较：和他们的严肃和庄重相比，希腊人乐观、灵活、狡猾而善变。希腊人在政治和战争方面缺乏天赋。但是，这件事本身却使得希腊人成了节制这一德性的教师。斯多葛学派直接或间接地成了世界的道德说教者。然而他们的整个道德体系却是一种情感训练的指导原则。

近代作家中值得一提的也许是福伊希特斯勒本医生，他写了一本人们广为阅读的《精神营养学》。哈丽特·比彻·斯托（《汤姆叔叔的小屋》的女作者）的《小狐狸》是一本极好的书。上一世纪的另外两本好书是本·弗兰克林的《自传》和坎佩的《神学沉思录》。人人都熟悉歌德著名的《散文诗歌体名言》。拉加尔德的著作（1891 年第 3 版）对德国人来说具有一种对公众作道德训诫的形象。这些说教使人想起费希特的《对德意志民族的演讲》。瑞士人希耳提的《幸福论》（1895 年第 4 版）很受欢迎。美国人 W. 索尔特的《演讲集》也包括着道德的说教——这些演讲是对存在于美国一些城市中的“道德文化协会”发表的。这样一种协会，一种不分民族与信仰的团结的道德组织的观念，曾引起了本·弗兰克林的的注意（见他的《自传》）。“道德协会”最近已被移植到了德国；它们是否能在这里生根还未可知。普遍的道德的爱并不是把人们联结起来的一个强有力的纽带；某种特殊的目的，甚至是偶然的仇恨或迷信都具有更大的联合力量。这些道德协会首先是与教会道德相反的；它们把建立在宗教教义之上的道德布道视为无效的东西。当然，道德协会与教会的关系也有改善的可能：假如道德协会，哪怕是在最轻微的程度上把道德文化传播到那些蔑视教会的人们中间，它们就应当得到感谢和承认，而不是受到蔑视和仇恨。它们也许会帮助基督教在这些人中间找到一个立足点。因为在道德领域里，任何事件都不会比《新约全书》中的那些叙述更为重要，而且也没有任何道德说教能比“福音书”和“使徒书”中的那些部分更为有效[布莱基的《自我-文化》在上面提到的著作之中也应当占有一席之地。——英译者]。

484 相应于生命冲动的不同形式，自我控制[①]也表现为不同的方面。我们可以把它的两个基本方面叫作——用希腊道德学家们的话——**自制**〔ἐγκράτεια〕和**勇敢**。自制可以被规定为在满足某种有
485 诱惑力的享乐会危及基本的善的时候所表现出来的抵制这种享乐欲望的道德力量。勇敢则是出于保持基本的善的需要而抵制对于疼痛和危险的本能恐惧的道德力量。

2. 节制；禁欲主义[②]

节制或**克制**这种抵制感官享乐的诱惑的能力是人性化的前提。动物只为盲目的冲动所驱使，它的生活即由对这种冲动的满足所组成。人，也被赋予了动物的本能，但这种本能只是一种更高的精神生活赖以存在的土壤，对本能冲动的训练就是为这种精神生活的生长而进行的耕耘。不应当把这种本能冲动连根拔除，因为那意味着丧失一切知觉，意味着最终的死亡。但应当把这种冲动的满足调节得非但不会扰乱那更高的精神生活的发展，而且还能帮助它的发展。而相反的习惯，**放纵**〔ἀκολασία〕则把这种关系翻转了。放纵不只是向动物状态的倒退，而且使人的最高的精神力量和天赋为感觉欲望所支配。所以在暴食和推崇食欲的人那里，全部文明的技艺都被用来刺激和满足感觉欲望。同样，追求享乐

① 也见伦策，《实践伦理学》，第 9 节及以下。——英译者

② 斯宾塞，《伦理学导论》，第 12 章；斯蒂芬，《道德科学》，第 5 章 3；塞思，第 2 部分第 1 章。——英译者

和放荡的性活动也把人对于高雅享受的勤奋追求淹没在这些粗俗的活动之中。

甚至最肤浅的考察也不能使我们对于这两种相反的行为的价值和效果发生怀疑。放纵、放荡、对享乐的过度耽溺，首先会摧垮对于更高的事物的感受能力；意志和理智会被过度行为弄得疲惫不堪；然后感觉也会变得迟钝，最后甚至享受的功能也会丧失。所有的消极的享受都会麻木人的感觉；更强烈的、更有诱惑力的刺激总是不断地需要通过已经疲惫了的器官来实现快感，直到最后达到那种慢性迟钝状态，即浪荡子状态。这时，有机体的力量及其应 486
激性耗尽了，留下来的只有令人厌恶的生命的废物。——自制则具有相反的效果：它使人健康并充满活力，使人具有活动和享受的能力。

像所有习惯一样，这种德性也是靠经验获得的。良好的教育是这种德性的基础。防止那种极端欲望发展的最好办法是以适当而有序的方式来满足本能的需要。在一个管理得好的家庭中这是很容易做到的，但是在奢侈的和贫困的家庭中却极其困难。也许我们还会同意约翰·洛克关于殷实的农家是抚养儿童的最好处所的意见。我们不能太快地教孩子掌握这种伟大的生活技艺，即为明天而牺牲今天。我们只能逐渐地鼓励孩子去自愿地放弃一些微不足道的东西。这以后孩子开始自己教育自己，可以借助荣誉感作为抵御欲望的助手。对于匮乏处之泰然的能力与勇敢的关系如此密切，以致孩子也能看到这种联系，也能懂得屈服于欲望是软弱的、怯懦的。在这个问题上希腊伦理学有许多优秀的道德劝诫。不得不服从我们自身的充满需求与欲望的肉体或其器官是多么不

光彩啊——这种劝诫说道——另一方面，不为匮乏和需求所干扰的自由与独立是多么美好，值得称颂和能保持人的尊严啊！屈服自己的欲望的人是对象的奴隶；对象通过享乐和恐惧把他忽儿拉向这里，忽儿拉向那里。神没有需要，所以没有恐惧和欲望；我们的需要越少，我们离神就越近。这是不同年龄的青年人都能够理解的观点。当荣誉感沿着相反的方向发挥作用时，就像我们的时代在很大范围中发生的那样，上述那种正常的联系就会变得反常。
487 这种反常也许主要有两个原因：一是这种年轻人想向人家显示他有钱来放纵自己，二是他想向人家显示他有能力、有胆量来放纵自己。这后一种动机对青年人具有特别强烈的影响。他害怕被人看作是一个敬畏权势的孩子或一个害怕魔鬼和地狱的“假正经的”孩子。他用公开违抗法律的行为来显示他的作为一个人的独立性和他的精神自由。这种刚刚定型的小伙子会嘴里叼着烟斗，沿着村街晃来晃去地炫耀自己。同样地，其他渴望的满足也会变成一种可炫耀的事。人们以——用奥古斯丁的话来说——有羞耻心为耻。这种青年人抵抗教育的强制性的粗野时期（Flegeljahre[①]）的反应，在一定程度上会处处表现出来。也许我们的指导方法大大加剧了这种反应的尖锐性。像堕落的小教士（Pfaffe）那种类型一样，这种浪子的类型也是在基督教土壤上生长起来的一种堕落形式。这种堕落是古希腊罗马世界中所没有的。

制止贪心的发展和对于享乐的沉溺的最有成果的方法是训练人们去进行**有效的活动**。在劳动和消遣中，对本能力量和技艺的

① 小狗阶段。——英译者

所有成功运用——亚里士多德教导说——都伴随着快乐。而且这种快乐比那种消极享乐的快乐更优越。它无需通过情欲刺激来实现。它更加不依赖外部条件;享乐消耗物品,而活动则创造物品。这种快乐在重复活动中得到加强;因为消极享乐虽然强化了欲望,却使享受的官能迟钝;而活动则提高我们的效能;并且我们的技艺越高,在运用它的时候获得的快乐就越大。总而言之,那些更舒适的东西在这里是善的敌人:我们从活动中获得的快乐,特别是从消遣中获得的快乐,是抑制产生于消极享乐的快乐的最有效的方法。488
希腊有一种治疗年轻人的贪图享乐病的有效药方,就是竞技活动、军事操练和军事游戏。由于在这些活动中不可能获得完美的技艺而且也不可能表现出放荡和柔弱,荣誉感便被引到了正确的方向上。我们也有我们的军事训练,但是,除了其他种种不利于军事训练的条件外,这些训练也进行得有些晚了。在学生时代和获得军事训练的时期之间,插入了一个长长的自由阶段,而这个阶段很少有人不常常是在放荡中度过的。也正是由于这一原因,显然在更早一些的时期就逐步地进行一部分军事训练是比较理想的。必须注意的是,这种改变不能以公布治安管理条例这种方式来实施,那样做只会把事情弄得更坏;而必须随公共习惯的改变而改变。有迹象表明:或许古日耳曼人热爱体育运动的习惯将会在我们中间复活。

在这里对于禁欲主义[①]谈几句话,大概不会是不合适的。禁

① 莱基,《欧洲道德史》,第1卷第113,130页;第2卷第101页以下;哈奈克(Harnack),《隐修生活》(*Dao Mönchthum*);伦策,第11节。——英译者

欲的生活被说成是以对享乐，即使是中度的、合法的享乐的习惯性的放弃为其特点的。现代道德学家一般把它看作心理失常而加以反对；而且确实，它所依据的原则与幸福的原则似乎正好是相反的。禁欲生活的三条誓约意味着自愿放弃财富或物质文化；放弃名望与权力或观念形态的文化；最后，放弃家庭生活，这就是说，放弃作为类的保存，或者说是放弃全部人类文化的前提。然而，确凿无疑的是，那种纯正的禁欲主义并没有引起蔑视和厌恶，而是引起了尊敬和崇拜，甚至是在那些被宣布为“世界儿童”的孩子们那里，就是说在那些没有什么原则可守的人们那里，情况也是如此。这种现象可以这样来解释：不自制造成了许多人的毁灭，因而就自然地、普遍地产生出了一种想走到与过度行为相反的另一个极端的

489 意向。在一定的意义上，一些人的不自制直接为另一些人的极端自制所补偿；由于这两方面的原因，极端的节制似乎并不是危险有害的，而是有价值的。圣者们的劝善著作中的教义在这种意义上得到了自然而然的支持：世人构成了一个整体，这个整体把它的成员的善的和恶的行为都考虑到了。而且，间接地说，当绝对的自制通过伟大和卓著的榜样表明了导致毁灭的冲动是能够得到控制的时候，这种行为也就被表明是有价值的。对于禁欲主义的这种教育作用的感激表现为对榜样的崇敬。

这同时也说明了为什么禁欲主义和对人世的爱会并行不悖。尽管我们在一个贫穷而野蛮的民族那里也偶然发现不节制的例子，但不会发现完全的自制。哲学禁欲主义首先在古希腊显露端倪，而那时讲究舒适的生活的艺术正发展到完善状态。在罗马帝国，基督教找到了最适合其发展的土壤。一个民族越重感官享受，

它就越崇拜禁欲生活。罗曼语民族墨守天主教、独身生活和禁欲主义，贪酒成癖的日耳曼各民族中间也到处存在着具有节制精神的社会团体，这些现象绝非偶然。而且，在一些特殊的个人身上，一种强烈的贪求感官享乐的本性往往在禁欲主义那里寻找避难所。没有受到诱惑影响的人也不需要对享受采取严厉的防范。

上面的阐述也表明了禁欲主义不能成为一种普遍的道德准则。这种道德准则会被生理的和心理-审美的需要打破：假如没有它反面的东西同时存在的话，这种伦理规则就既没有意义也无优点可言。绝对的自制的价值以及人们对于它的赞美是由存在着一些并未接受自制这一馈赠，即使是中等程度的自制的人们这个事实决定的。禁欲主义者自己必须懂得这一点，他不能期望每个人都去仿效他，而且，他甚至不能说也不能明确表示他的生活方式较 490
之别人的更优越。他至多是可以以自己摆脱了那种专门监管人的情感冲动的监督者而自感幸运，因为多数人在他们表现出这种冲动时总是感到有这类监督者在身旁。一种严格的、傲慢的清教教义并不给人以启发，只会引起对抗。可是，一个温柔和谦卑的人，一个不为自己要求任何东西而只希望别人得到一切好的东西甚至那些拒绝给予自己的东西的人，却总能赢得所有人尤其是世界儿童的尊敬和信任。由于他超脱了人世间的争斗，他反倒可以熟知一些真正的尘世秘密，就像《罗密欧与朱丽叶》中的弗雷亚·劳伦佐一样。曼佐尼在他的小说《未婚夫妻》中通过卡迪纳尔·博罗梅奥这个人物，给我们描绘了一幅一个放弃了一切从而获得了对他人的最大影响力量的人物的极好的画像。——道德说教者，不论

是宗教的或是世俗的，总是抱怨没有人听他们的说教和没有人对他们的劝告给予注意。人心的坚硬难化自古代的预言家的时代至今一直是令他们悲伤的问题。也许这不完全是听者们的过错。这些说教者们只要像其他人那样仔细地反省一下他们自己，他们也许就会发现，驱使着他们去说教的，不仅是拯救人们灵魂的热情，而且也包括着一切他们不能、不敢或不想去享受的事物。他们妒忌别人占有这些事物，于是就为自己不能占有这些事物而向他人报复。只有那种完全地占有善而且整个灵魂都为它吸引着因而全然没有妒忌心的人，才有权力去宣讲道德。那种看见人家在享受着他让人家相信是不值得去享受的事物就忍受不了的人，应当首先向他自己说教①。

3. 克制

491 **不求虚荣**或**谦恭**是节制的一个限定语，或者可以说是节制的内部形式。它是对欲望本身的克制，是对于财富和名望、地位和享乐的欲望的克制。真正的谦恭在于把降低自己所占财产的要求视

---

① 《对基督的画像》一书在“论好的和平和的人”这一章中出色地描绘了真正的道德说教者及其对立面，即习惯于在道德说教问题上埋怨他人的人。“首先要使自己平静，还要使别人平静，一个平和的人实际做的比他能够做的还要好。一个易于动情的人则常常把好事弄坏，而且轻信恶语。一个好的、平和的人总是“想办法把事情弄好。处于平静中的人，不会去怀疑任何人，而处于不满和不安的情绪中的人则总是被种种怀疑纠缠；他既不能使自己平静，也不让别人平静。他常常说不该说的话；却连近在手边的事也放着不做。他常常考虑那些该由别人去考虑的事，却忽视那些他自己应该考虑的事。因此首要的是要对自己持审慎的热情，然后方可恰当地表现出对邻人的善的热心。”

为平常事。它的作用就是使人知足。因此，谦恭是达到幸福的最可靠的向导；而贪婪则与此相反，它是导致不幸的最为确定的途径。人们总是抱怨满足的机会过少和不满足的时候过多。虽然关于已逝的普遍幸福的黄金时代的概念只是一种幻想，但欧洲现在日益增长的不满足却不是一种错觉。人们的不满足感随着不正常的欲望的增长而增长。今天的时代对于那种不正常的欲望的发展异常有利。我们不再有固定不徙的人口；所有的人都在流动。几代人之前人们还惯常于生活在他们所出生的那个环境，终其一生。现在每个人都忙于追求财富。大城市是人们猎获财富的中心。这股人流刺激并吸引了每一个人，并且每个人都生活在这个潮流之中，至少在想象中是如此。每个小村庄的居民都在城里有亲戚：一个儿子在军队或者是一个女儿在城里工作。大城市是一个巨大的市场，在那里数不清的珍品不断地刺激着人们的欲望。商品是面向一切人的；如果有人买不起那纯粹是偶然的；你和我都可以去占有它们并使用它们，这正像一个人正巧中了彩或在股票交易中得
了一笔利润一样。等级自尊和等级习惯淹没在大都市生活的“无 492
个性色彩”之中。服装与外貌的相似表明了市民的平等，这种平等给每个人以同等的权利。既然人们不断地亲眼看见别人拥有马匹、仆人、客厅、别墅、衣服、珍宝、食品等等他们并非由于正当的理由而不需要的东西，为什么他们不应该因此而不满足呢？——除此之外，以前由宗教建立起来以抵抗贪婪的大坝，在我们的时代也实际上被冲决了。那种尘世事物瞬息即逝的思想以及关于来生的许诺也失去了对人的控制。无论是对有教养的阶级或是对一般群众都是一样。以前，这种对于来世生活的希望尽管对于富人和追

求享乐者不是十分诱人的，但一般说来它还是对人们的今世的艰辛有安慰作用。但今天对于那些对来世报偿丝毫不寄希望的人来说，当命运给予了别人许多恩惠却没有把这些恩惠同时给予他的时候，还有什么东西能够给他以安慰呢？

难道就没有办法治愈这种病症了吗？在这里我们还是要求助于教会，求助于教会的权威。如果我们在这里指的不是外部的权威，而是指内在的精神状态，指谦卑和怜悯等，那么毋庸置疑，这种治疗会是有效的。也许我们在面对尘世事物时，唯有这种真实的内部的宗教意识才能给我们以完美的宁静。而且我完全相信教会过去具有而且还将继续具有一种有益的影响。我不知道有什么比"福音书"的微言大义的记述、教谕和信条，对于提高人的心灵以使他超脱那空虚易逝的尘世事物有更大的力量。即使在我们今天的时代，对于这些记述、教谕与信条的恰当的阐发也不会不打动人们的心灵。而今天远离这些教谕的影响的人正变得越来越多，这的确是一种不幸。

希腊哲学家们，对于他们那个时代盛行的这种同样的病症也
493 提出过一种药方，这药方就是：放弃你的各种虚假的概念，首先，放弃那种幸福依赖于富有的虚假观念。纷扰你的灵魂的不是财富的匮乏，而是你认为没有财富便不幸福的信念。你真的相信占有财富会使你幸福吗？但是千真万确的却是，你想得到而又得不到财富这件事造成了你的不幸。那么，既然得到它们是超出你能力的事，而不去追求它们才是你力所能及的事，你如果决定去得到它们而不是放弃对它们的想望岂不就太愚蠢了！是的，你说道：可是要放弃对它们的想望也是我所作不到的。——然而你是不是已经真

的、诚心诚意地做过这种尝试了呢？你已经对那么多的事物给予
了那样多的关心，花费了那样多的精力，可是你对于这种放弃欲望
的技能是不是也已经奉献了你的关心和精力了呢？你思考过并且
实践过这种技艺吗？你使用过什么辅助手段没有？当你看到那些
刺激你的欲望的事物时你是不是把目光转向一边了？你是否已经
研究过那些没有同样的物品和其他物品也能够生活而且还生活得
很欢快的人们了呢？看看苏格拉底吧：他穿过市场时把观赏那些
琳琅满目的商品只当作一种享受，因为他并不需要它们。你是否
也曾唤起你的自尊心来帮助你抵抗虚荣心了呢？某人被提升了，
但他不重视你，没有请你去赴宴；你是不是——爱比克泰德问
道——为了获得邀请付出了代价呢？当然，这种代价就是谄媚和
恭维。好，如果你相信这是明智的，那么，你不妨在需要你讨好的
时候向他讨讨好；但如果你并不情愿付出这种代价，那么，你仍然
希望得到邀请不就是无耻的吗？——如果仅仅理论还帮不了你，
那么就尝试一下实践，尝试一下禁欲主义：为了打掉你自己的虚荣
心和贪心，自愿地放弃你所拥有的财物。力量随着实践增长；你应
给你的意志一个机会，来体会一下它抵抗欲望的力量。你正在剧
院里或是火车上争最好的座位，人家打了你，你非常生气；那么现
在就让你的自由意志来试一试把这个座位让给别人，并注意一下 494
你会不会因此而比平常更不舒服，然后再在大一些的问题上做做
尝试。——而且，最要紧的是，你是否已经把妒忌心这个毒害并折
磨你的肉体和灵魂的丑恶的种子从你心灵中清除了？如果还没
有，要马上清除掉它；只要你没有做到这一点，就别以为你会作任
何增进你的幸福的事情。只是期望而不能获得是痛苦的，而更痛

苦的在于期望比别人拥有得更多，并且一想到别人拥有什么就忍受不了。

另外，假如你有孩子，请去帮助他们。有两种对待生活的态度：其中的一种会使得生活幸福，另一种将使生活不幸。第一种态度是习惯于把生活中出现的每一件好的事物看作是意料之外的，而把每一件不幸的事看作是意料之中的；第二种态度则与之相反。你能够使你的孩子形成其中的一种态度。如果你满足他的所有的心愿，把他看到的所有东西都给他，让他自己去挑选他想吃的和想喝的东西，让他自己去确定他该做什么不该做什么，搬除他道路上的全部障碍，为他承担起他的一切负担，表扬他的能力和优点；简言之，给予他一切可能的体贴，为他做一切可能做到的事情；那么，你可以相信，在他进入社会的时候，他会发现人世是那么艰难和悭吝；同时，他一定会感到不满足和不幸。假如你不愿意这种情况发生，那么，你就要心肠硬一些，也不要怕那些有教养的母亲们把你叫作不合人情的母亲。

不久前我亲眼见证了一件事情：有两个小姑娘，非常健康和惹人喜欢，口味也很好。她们去一位姨母家作客，姨母非常喜欢她们，想尽办法让她们快活。每次做饭之前，这位姨母都要问问她们喜欢吃什么。饭菜摆上后，又要问问她们要些什么。还不到两个星期，这两个小姑娘都没有胃口了；一个不想吃这个，另一个不想吃那个，她们的盘子里总是剩着一半饭菜。最后，每顿饭都不称心而且还眼泪汪汪。当这两个小姑娘的母亲来看望这位姨母时，这
495 位姨母问："怎么回事呢？她们在这里怎么和在自己家里不一样呢？""我告诉你，"孩子的母亲回答说，"在家里我从来不问她们要

吃什么，而且从来不是她们想要多少就给多少。”

被命运之神以这种同样的方式对待的人才能感受到幸福。能够每天愿意做什么就做什么的人，能够想拥有多少就拥有多少的人，很快就会对生活厌倦。因此，你没有得到你想得到的全部东西，这是值得称谢的事；所以马可·奥勒留劝告你：要学会不去企望按照你的愿望来安排事物，而去希求按照事物来安排你的愿望。

4. 勇敢

作为与节制相并列的德性，希腊哲学提出了勇敢[①]，并把勇敢看作是一种运用理性意志抵抗痛苦的、危险的和恐惧的感觉的能力。前者是涉及享乐方面的正常行为，后者则是涉及痛苦和危险方面的正常行为。我们可以按照亚里士多德的方法把这两种德性规定为两种恶行之间的中道：节制是感官享受方面过于迟钝和放荡两者之间的恰当的中道；勇敢则是卑下的怯懦和盲目的莽撞两者之间的中道。

当一个动物被一种敌意的攻击所威胁时，我们可以看到：这种攻击或是在这个动物身上引起恐惧，因而它不得不逃开；或是引起愤怒，因而它奋起自卫，两者必居其一。后者是食肉类动物所特有的行为，前者则是被它们所攻击的那些动物所特有的行为。这两种行为明显地是与动物的本性和生活方式相适应的。那些身体和

① 斯蒂芬，《道德科学》，第5章2。——英译者

性情不适合去攻击的没有自卫能力的动物，力求靠逃跑和躲藏来保护自己免遭侵害。恐惧是动物具有的一种极其有用的自然本能，它帮助动物察觉出自远处而来的危险并使它迅速地逃离危险。另一种特性，愤怒和凶猛，则是适合那些能够自卫的食肉类野兽
496 的。食肉类野兽必须时时自卫，防止内部和外部的种种意外和攻击，它的自我保存依靠于成功地对付这些攻击和意外。

在人们中间同样存在这两种行为方式。有一些人一看到危险的信号就会像绵羊那样地逃走。还有一些人则相反，当被威胁或被伤害时，他们会像食肉类野兽那样，直接地采取盲目的、凶猛的进攻来对付侵犯。这两种行为方式都受到人们指责，前者被谴责为怯懦，后者则被指责为盲目的狂热或莽撞。人所需要的是一种与此不同的行为，这就是勇敢。人的勇敢在于：当面临外界的攻击或处于危险之中时，既不盲目地逃走，也不盲目地冲进危险，而是保持镇静，仔细冷静地研究情况，运用头脑来思考和判断，然后果断有力地作出究竟是去抵抗进攻，还是防御退却的决定。因此，审慎构成勇敢的重要部分。据说斯巴达人中间流行着一种重要的习惯。在战斗之前，国王首先要向缪斯女神献上祭品，施米特写道，“这大概是乞求保佑他的军队在战斗中保持真正的阿波罗式的自由而不受盲目激情的驱使。”[①]这种德性的起源可以从生物学角度解释如下。人的最危险的敌人就是人。在和这个对手作战时人们获得了勇敢这种德性；这是抵抗那种最可怕的进攻武器即理智的有效手段。盲目的逃跑和盲目的进攻都是无法与理智抗衡的，这

① 《希腊伦理学》，第 2 卷，第 37 页。

从人和动物的较量中可以看到。恐惧使得逃跑的动物撞入了人所设置的网中，而激怒则使莽撞的动物跑进人的剑或枪的威胁范围之内。而对于人这样的敌人只能够使用一种同样的武器即理智，也就是勇敢，即在战斗中运用头脑。勇敢的本质在用通俗的语言来表达时有些意义含混。按照上面的解释，勇敢既可以表现为退 497
却又可以表现为反抗或进攻。流行的见解倾向于把任何情况下的退却都看作是与勇敢不相容的。这种片面的观点产生的原因也许可以这样来说明。人与人的战斗不同于个人与个人的战斗，它是一个集体对另一个集体的战斗。很明显，个人在任何危险面前的不屈不挠精神，宁可战死也不逃跑的精神是一个战斗集体有力量的基本条件；而集体的力量则依赖于每个个人对于他人的可靠性的信任。勇敢是一种社会德性。

尚武的勇敢是这种德性为人们所认识的第一个形式，也许也是赢得人们尊敬的第一种德性。勇敢原意为**唯一的**美德，怯懦原意为**唯一的**罪恶，希腊语和罗马语对这两个词的使用证明了这一点。并且年轻人对任何别的德性都不如对严格的、机智的，尤其是高尚的、有献身精神的勇敢德性那样热忱。

随着文明的发展，勇敢德性的重要性减弱了。个人不再需要凭借自己的力量和勇敢保护自己了，他享受着法律和警察的保护。印第安人总是用双手来护卫自己的生命。甚至在中世纪每个人都还要随身携带武器，至少在城墙之外是这样。我们今天已经放弃了自己的武器，因为我们不再需要它们了。或许我们已经失掉了用自己手中的武器来保卫自己生命的戒备心理了。一般的欧洲人已经不敢个别地和印第安人、贝督因人进行较量了。在忍受艰苦方面也已经劣于他们了。但是欧洲人优越的地方在于:除武器之外,他们有组织和纪律。这就是文明民族在战争中表现出来的与野蛮人不同的东西。各个士兵的个人勇敢并不起很大的作用。我
498 们的整个文明教育和军事教育都不适合于产生这种个人勇敢,这些教育的主要目的是发展纪律,即服从;这种服从在一定程度上是勇敢的对立物。

5. 独立;坚韧;耐心

随着文明的发展,其他的反抗形式变得比尚武的勇敢更为重要了。其中我想指出的主要形式可以叫做**文明的勇敢**:**思想独立和具有个性的自我决断**,它们是个人对于或强或弱的外部因素所施加的巨大压力的反抗形式。文明具有一种倾向,即创造有依赖性的种种联系。对人的依赖,例如对强者和保护人、朋友和同党的依赖,对主顾和投票人、社会和舆论的依赖,取代了对自然的依赖。依赖性会使意志趋向于堕落:它往往使个人自我迁就,听天由命,阿谀奉承,自暴自弃,以谎言自欺。于是就产生了一种唤起人内部的反抗力量——一种能平静而坚定地反对使人服从于既定习俗和权威的任何企图;使人保持对于真理和正义的忠诚并为之服务,而不管这种行为会带来好处与名望,还是带来冷遇和轻蔑的力量——的道德责任。保持自我的真纯就是这种理想的勇敢德性的目的。但没有人能完全具备它,因为人的生活的中心并不在自身之中;不论是谁,只要他要获取外物来为己所用,便不能达到内在的自由。斯宾诺莎在他的一生和他的全部教诲中,就是这种自由

观的一位伟大的说教者。

勇敢的另一种形式是**坚韧**或**坚持性**，这是承受和持续地忍受为实现目标所必需的种种艰难和努力的意志力量。这是**工作**者的德性。尚武的勇敢是英雄时代的德性，坚韧则是工业时代的勇敢。文明正是以这种德性无可比拟地超过了野蛮人。野蛮人擅长于猛烈的短暂努力，但不能做出一种持续的努力以克服工作中的细小的障碍。这部分地是由于他们不能构想长远的目标。所以，当欲 499
望或自然冲动的短暂压力一停止，他就屈服于惰性法则，这个法则也支配着一切生物个体。

喜欢井然有序可以被看作是坚持性的一个方面，这是一种有条理地作每件事情的习惯，是一种极有价值的品质，它使我们获得自由与宁静。无条理的后果是紊乱，它只会带来恐惧与烦恼。尤其那种拖延的习惯更是如此。当我们作完了自己的工作时，我们就感到了平静；但当我们拖延了应作的工作时，我们就会无限地烦恼，最后还不得不在适当的时候去草草了事。作事情拖延了一刻钟，会弄得人一天都不舒服。

忍耐也同坚持性有关。这是一种忍受疼痛与苦难而不为其所征服的能力。我们可以区分忍耐的两个方面：一种是多少有些消极的、不加抱怨和反对地忍受痛苦的忍耐；另一种是灵魂中的比较积极的力量，一种承受失败、沮丧和损失并使生命再生的能力。忍耐是**女性的**勇敢，在忍耐的两种形式尤其是前一种形式中包含的女性特点比男性特点要更多些。妇女们在忍受痛苦方面常常表现出非凡的能力。这一事实显然是由于性别的自然差别造成的；在体验各种苦难方面，妇女比男子更有经验。男子的本性是攻击和

防御，所以要他在不可避免的事情面前低头是比较困难的。不仅是那种消极的忍耐具有较多的女性特点，就是积极的忍耐，灵魂的这种灵活的反抗性，也是妇女的最美好的、最有价值的品质之一。一个男子在遇到不幸之后很难再振作起来。一个妇女，一般地说，在重新开始作某种努力方面困难就少得多；她可以很快地重新去
500 希望、去害怕、去工作、去追求；她具有一种比较灵活的本性。男子的力量比较死板和缺少韧性。他们在长时间的烦恼和障碍面前会由于缺少耐心而沉沦于重压之下，而妇女则更有能力去与这种烦恼抗衡，她保持着镇定甚至欢乐。由于这种原因，妇女们天生地是青年人的保护者，病人的护士和老人的顾问①。

在忍受痛苦面前表现出来的巨大耐心，是高尚人物的永恒的特征。勇敢和坚持性甚至连一个自私而恶毒的意志也可以具有。在痛苦面前有耐心地放弃一些利益是一种标志，它表明人那种强烈的求生避苦的本能冲动已经屈服于一个更高的意志，并且在这个意志的面前沉静了下来。这就是心灵所接受并耐心地忍受的痛苦所以会被抵偿的原因：联想一下那个被缚在十字架上的“骗子”，人们就不难懂得这一点。

6. 平和

自我控制的第三种形式是**平和**，这是用理性意志来控制那些

---

① 在一定的意义上，妇女忍受痛苦和不幸的能力比男子更强这一点表现在妇女中间自杀人数较少这一事实上。据统计，男性自杀人数相当于妇女中自杀人数的四倍。所以，如果说自杀是由于一个人缺乏继续忍受生活的压力的能力而发生的，那么我们可以说妇女忍受痛苦的能力相当于男子的四倍。

从我们与友人的不愉快关系中产生出来的诸如气愤、苦恼、阴郁等情绪的能力。这种耗尽了如此多的人的生命的讨厌的烦恼，多半是由于缺少这种平和的德性，由于妒忌和傲慢才产生的。如果没有克服这种不可避免的细小摩擦的能力，人们的交往就成了一种经常性的折磨。一个人搬进一套公寓住宅，楼上住着一家人，足有五六个孩子，这些孩子们正在勤奋地使用着人支配自己手脚这个头等权利。这嘈杂的声音把他弄烦了，他发火了，在气愤中他派了一个仆人上去说这声音叫人不能忍受，说楼下的先生要求要安静一些。结果怎样呢？这家人因此对这种干涉不满，此后让小孩子们把声音弄得比以前更大。于是争斗继续进行：我们这位朋友开 501
始向周围的人咆哮，派人去找房东和警察，每天更加生气和不快。这样，他的住房完全变成了一个地狱。他心中充满着恶毒的不满；就像一只满到了边的容器那样，即使是轻轻地碰一下也会漾出苦汁来。而与此同时他却在哀叹所有的人的卑劣。

可是，显而易见，除了他自己之外没有人在和他找麻烦，是他自己在给自己找麻烦并且折磨自己。他在自作自受；敬人几分便受敬几分。要是他不是派他的仆人上去，而是穿上最好的大衣，去拜访一下那些用脚扰乱了他的脑子的那些孩子们的妈妈；要是他坦白地向她说明他有一个不幸的弱点，就是对声音极其敏感；要是他恳求她说假如可能的话请她稍微考虑一下他的情感；要是他在离开时也不忘记去赞美一下她的孩子们的美丽可爱和举止斯文，并且对她家里的家具的风格表示欣赏，事情就会变得绝然两样了。起码在十分之九的情况下会是这样——这样大的可能性的确是值得一试的——他会受到友好的接待，而且二分之一或四分之三的干扰会因之减除。他于是会给自己定一条斯多葛派的哲学，使他能忍受日后的摩擦。“如果你要去洗澡，”爱比克泰德告诫我们说，“你就要预先准备好会发生这些事情：一些人会朝你溅水，另一些人会互相推搡，还有的互相辱骂，而且还有一些人行盗。如果你对自己说，我现在要去洗澡，并且想使我的精神保持自然愉快，那么，只有预先就考虑到了这些情况，你才能对这些事处之泰然。”所以问题就在于，当你迁入一套公寓住宅时，先要想到会发生些什么，邻居的狗会叫，他的几个男孩子会到处蹦跳玩耍，他的那几个女孩
502 要弹钢琴；如果你受不了这些事情，就不要搬进去，索性去城外自己盖一座房子，无论那房子有多么简朴。可是如果必须搬进去，那么你要事先告诫自己你必须向这种不可避免的事情妥协。

在做所有这些事情的时候，你不必一定要抱着对人的爱——当然，抱着这种对人的爱会使你做起来更容易些；做这些事仅仅是一个明智的问题。不管你的气愤可能是多么的正义，要把它压下去，气愤会破坏你的生活和幸福。当别人想惹你生气时，你要对自己说：我决不让自己生气，因为不这样我就会因生气而自食恶果。

的确，说来非常奇怪：我们知道我们必须去适应那些我们希望能够为我们的目的服务的事物的本性，只是当这些事物是人的时候我们才似乎忘记了这一点。一块石头挡了我的路，我不会去怒骂它，而是绕开它或者把它推到一边。一块表或机器出了毛病，我们不会打它一顿，而是弄清楚原因，或者把它交给一位专家去修理。可是，当某个人没有依照我们的意愿办事，当某个邻居使得我们不愉快，或者是当一位朋友的行为使我们觉得不成体统，当一个学生不会做他的功课，或者是当佣人把汤做得不合胃口的时候，我

们却发火、生气。就好像辱骂和气愤是控制灵魂的灵丹妙药似的！
人的灵魂是世界上所有事物中最复杂最难驾驭的，因而驾驭灵魂
的技艺也是最难的技艺。而且，由于它是对于我们的幸福最为重
要的一种技艺，它需要人们以更大的注意力加以研究。可是，这种
技艺之中最重要的是保持一个人的镇静；只有对事情作冷静的、审
慎的研究，才能找到导致烦恼的原因，也只有在此基础上，才能找
到消除这种烦恼的适当方法。不论这种保持镇静的能力是如何得
到的：是由于别人的指导而得到的，还是由榜样、劝告、鼓励、帮助、
责备、恳求、恐吓和惩罚而获得的——在这一切情况下，培根的这 503
句话都是适用的：服从自然者方能统治自然。当然，任何人都会生
气和辱骂，但这仅仅是一种无可奈何的自我表白，这不会使事情得
到改善；不仅如此，还会把事情弄坏。即便当惩罚是一种恰当的消
除烦恼的办法时，如果能冷静地、坚定地实施这种惩罚，它也会产
生更好的效果。[①]

7. 智慧

自我控制的果实，即由于节制及克制、勇敢及坚持性、忍耐及平和这些德性而达到的完满状态，是**内心的宁静和精神的愉快**，是

① 喀土穆的英雄 C. G. 戈登，镇压过中国太平天国的起义，是至今仍活在人们记忆中的了不起的驯化者。他曾写道：我们活得越老，就越会把人当作无生命的对象对待；就是说，竭尽全力地为他们做事而不计他们感谢与否。上帝就是这样对待我们的。他把雨水降到人间而不管是否恰当，他极少得到感谢，却常常被人忘记（见一本作者不明的传记《喀土穆的英雄戈登》，1885 年版，第 178 页）。

德谟克利特所说的 εὐπιθυμία[①] 和斯多葛派的“灵魂的安宁”。这种内心的宁静和精神的愉快不仅本身就是人的幸福的主要内容，而且也是人的真正的享乐的源泉。平静的愉快的灵魂能给人以宁静思考的快乐：平静的湖面才能把事物的形象映照得逼真。在满足的心境中社会责任感——正义、诚实、体贴、仁慈、忠实才会得以发展，而社会责任感又反过来带来了友谊和家庭幸福的种种欢乐。

这就是引导我们走向自我保存和幸福的道路。需要用智慧来发现这条道路并依循着它前进。所以所有的人都把智慧作为生活的伟大指南而加以赞美。希伯来的伟大哲人把他的和希腊哲人们对于智慧的赞美融汇在了一起：“发现和认识智慧的人是幸福的。因为智慧的产物要比银制的产品更好，获得智慧也比获得纯金更
504 好。她比宝石更宝贵，你所能希望的所有的事物都比不上她。她右手掌握着人们的寿命，左手掌握着财富和荣誉。她走到哪里，就把快乐带到哪里；她来到哪里，哪里就充满和平。她是快乐与和平附于其上的生命之树：人人获得了她都会幸福。上帝以智慧创造了尘世，以认识建立了天堂。”[②]

① 包尔生此处使用的希腊词，意思是喜悦喜乐。英译者翻译时将这个希词误写作 ἐπιθυμία（欲望）。——中译者

② 《谚语》，第 3 卷，第 13—19 页。——英译者

第三章　肉体生活[①] 505

1. 肉体生活的目的

肉体的官能在于它是灵魂的**器官**和**象征**。在对于人的本性的这两个方面的实际理解上不存在什么不同意见。即使是把灵魂看作是物质的短暂的官能的唯物主义者也要接受我们的主张；对于他，肉体也同样是灵魂的仆人。对于什么才是一个好的仆人的品质人们同样没有什么异议。多贡献、多忍受和少希求——这就是我们认为对一个仆人说来是有价值的品质。这些也决定着在肉体生活方面合乎需要的东西所包含的内容：健康、强壮、坚强的身体忍受得多而要求得少；多病、衰弱、娇嫩的身体则奉献得少而要求得多。由此产生了这样的义务规则：做那些能够保持和提高身体的**健康**和**力量**的事情，避免那些使它损伤和衰弱的事情。肉体的另一个官能是表达或展现精神生活。美丽和优雅是一个美好的灵

① 卢梭，《爱弥儿》；波特，《道德科学》，第 2 部分第 3 章；霍夫丁，第 11 章；冯特，《伦理学》，第 1 部分第 2、3 章；富勒与威尔森，《道德原理》，第 2 部分第 1 章；伦策，《实践伦理学》，第 9 节及以下；多纳，《人的关系》，第 336—356 页。——英译者

魂的有形可见的表现。优雅是已经成为行为习惯的美；自主的灵魂得以有安宁的保障就在于它的安静的、稳重的和适度的活动。由此产生了以下的义务规定：训练自己的身体，使之作为不可见的灵魂美的令人愉快的外部表现出现在这个可见的世界上。

506 要把这些一般的义务规则扩展成为一个规则体系必须依靠营养学和体育学来完成。胡弗兰德的《宏观生物学》是值得一提的。尽管它是一本简单的充满常识内容的书，但对于这个问题仍然提供了一个简明扼要的介绍。我将仅仅论及这个问题的几个方面。

2. 营养；酗酒

我们先来谈谈**营养**[①]问题。人工地准备自己的食物是人类的特性，而人们在准备自己的饮食时一般都要借助于火。火在这方面的应用对于把人从自然中解放出来起了重要的作用。而动物则局限于自然界提供给它的植物或动物，并以此为食，因此它自己只是自然界的产物。人则已经表明自己是万物之灵，他总在寻求可以借助于火而转变为食物的东西。火在准备食物方面的应用也在其他方面对人类生活的进步产生了重要的影响。冯特提醒人们注意到这样一个事实：由于共同烤制一定的食物成了人类生活中的必要活动，这种活动就同时产生出了共同消费食物的习惯；我们在

① 斯宾塞(Spencer)，《个体生活的伦理学》(*Ethics of Individual Life*)，第4章；布里拉特-索维林(Brillat-Savarin)，《嗜好心理学》(*Physiologie du goût*)。——英译者

炉边共同进餐的习惯就是根源于此。同用餐习惯相联系的还有祭祀礼拜活动，这种活动是从丧葬期间的聚宴活动发展而来的，在这里，炉火变成了祭坛。共同用餐通常有一种有规则性的间隔，这种间隔划分了每日的时间，从而成为最早的划分时间的方法。直到今天，人们仍然在教育孩子们根据餐食来调整自己的口味，帮助他们用这种方法来训练他们的肉体欲望。

我再来谈一谈人类在营养情况方面的蜕化现象。在把自己从支配并保存肉体的本能的自然驱使中解放出来的时候，人面临着超出正轨的危险。人工制作的食物刺激了人的味觉，而且即使是不需进食的时候，接受这种食物也会激起一种快感。**暴食**和**贪吃**是人的营养器官蜕变为享受器官的普遍的特征。这种滥食现象似 507

乎从未在动物身上见到；但是在人类中间，这种情况在各种年龄的人中间、在各个民族中间都是屡见不鲜的。到野蛮部族中去旅行过的人们给我们带来了关于暴食活动的粗野形式的令人恐怖的描述。所有这些民族似乎都是生产**令人麻醉的汁液**的，或者是已经从其他地方引进了这种饮料的。

人人都了解现代文明民族的生活已经被**酗酒**危害到了何种严重的程度。大概日耳曼各民族自远古以来就比罗马民族更容易染上这种恶习，这也许可以用气候条件来解释。在德意志的一部分地区，相当一部分男性人口直接为酗酒所毁灭，而且几乎没有一个地方不是因为这种恶习而引起了最严重的社会麻烦。酗酒的直接后果是：经济生活变得不稳定；家庭生活被忽视、被毁灭；道德精神生活变得野蛮残忍和放荡败坏。随之而来的是贫穷、犯罪、疾病丛生、精神错乱、自杀、子女的堕落这一系列令人忧郁的社会问题。[①]

一些真诚的、有头脑的人们现在越来越确信：文明民族的未来进步将面临一个十分严重的危险。我们对此该如何应对？[②]

1881年德意志政府在帝国国会提出一项法案，要求对在公共场所的酒后肇事行为进行惩罚（课以不超过60马克的罚金和14天的监禁，对重犯者处罚可以加重）。同时还允许把惯醉犯临时禁闭在收容所里。这项措施未获通过。在对此项法案的讨论中出现了反对的意见。其中的一种反对意见指责通过这项法律会导致对
508 个人自由的非法限制。我不了解这项法案的失败是否与这种反对意见有关系，但这种反对意见肯定是不很健康的。酗酒使人不能合乎理性地考虑问题，但并不妨碍他的非理性行为。因而它使人非理性地对待他人并可能凌辱他人。酗酒和犯罪之间，尤其是和侵犯他人的犯罪之间，确实有一种因果联系，这是公认的事实。因此，一个处于这种状况中的人无疑就是对他人安全的一个威胁；仅仅这种威胁和对于威胁的恐惧本身，例如喜欢酗酒的人的妻子和子女的这种恐惧感，就构成了一种严重的不公正，法律对于这种不公正行为完全有权起诉。进一步说，社会有权用把人禁闭在收容所里的办法来实施对那些惯于酗酒的人的制裁，这同样不是一件鸡毛蒜皮的事。我们有充分的权利把那些已经丧失了自己的意志力量的过度纵酒者隔离起来并加以看护，以防他自己和周围的一

① 参照A.贝尔，“酗酒在个人与社会机体中的传播与影响：与它的无望的战斗”，1878年。（也见约翰森百科全书中关于节制、禁欲、禁酒的文章。——英译者）

② 斯宾塞，《个体生活的伦理学》，第4章。——英译者

切受其酒后病态行为之害，正如我们不得不违反一个疯人的意志而把他关禁起来，以免他伤害自己和他人一样。当然，毫无疑问在这样做时要极其小心，以防止实施法律中的粗暴和不公正。[①]

所以，以个人自由为理由反对这样一项法律似乎是没有什么根据的。暂时处于道德和理智错乱状况中的人的自由不能被视为人的一种普遍权利。

不过，我也怀疑这项措施、至少是与惩罚公共场合的酗酒行为 509
有关的那部分措施的被否决是否真的值得痛惜。除了法律的不公正或有害性之外，可以提出另一项明确的反对意见，就是它的无效性。用刑法来制裁这种酗酒行为，照现在的情况看来，效果微乎其微；它不会比道德状况的改善更起作用，而且充其量也只是个下策。

这种法律的效能主要取决于它能不能使这种酗酒行为在公众眼里成为不光彩的事，直到现在人们还并不把这看作是不光彩的。只要社会舆论——不仅下层阶级的而且包括所谓上流社会的——对于这种恶行仍持着如此宽厚的态度，我就非常怀疑法律能做到这一点。几年以前在德国一个大学城发生了一起骚乱，这场骚乱

① 克拉夫特-埃宾在他的《精神病学》教科书中把喝酒致醉的现象规定为一种自愿的、暂时的精神错乱状态(第 1 卷，第 35 页)。他详细描述了这种状态与精神病形式的相似之处。这种状态一开始表现为一种有点狂躁的刺激，伴随着自我意识的提高和各种生命功能的加强。继续饮酒就导致了精神状态与身体功能的逐渐衰退。这种情况和那些行为凶猛的疯子是同样的：首先是那种在正常情况下具有控制和抑制作用的美感和道德感消失了；这时，醉汉便“由它去”，不顾任何体面与道德的规则，变得野蛮和愤世嫉俗。随之而来的是精疲力尽的状态，意识发生错乱并出现了错觉与幻觉，言语变得含糊不清，步履蹒跚踉跄，这正和一个麻痹病人的情况是一样的；最后是极度的白痴般的麻木状态[见左拉的极有影响的小说《小酒店》。——英译者]。

持续几天使整个城市处于极度刺激之中。使得一部分学生团体起来造反的是一项命令所有的酒吧间在午夜十二点关门的治安条例。一般的人大概会认为这项条例对于所有的有关方面，对于喝啤酒的人及城市的其他居民都是一项极有益的措施。然而那些酷爱自由的年轻人却把它看作是对于他们的个人自由，或许也是对他们的学术自由的不能忍受的限制。关于这条治安条例还有些更加稀奇古怪的看法。现在请设想一下这些自由的护卫者们五年或十年以后居然会在法庭上宣读对于酗酒行为的判决！我不能相信由这样的法律代表们来实施的法律会对公共道德有任何教育作用。是他们在成为法律的代表时已经改变了？也许是这样。但即使在这个时候，他们自己的过去难道不会起来反对他们吗？而且，

510 他们真的会全部地变过来吗？当前面所提到的那项措施在帝国国会进行讨论的时候，当某一位个人自由的鼓吹者成功地在那些人民的代表中博得欢呼的时候，这个最高集会不过是表达了对于个人自由的关注，而没有打算去消除社会对于它是否表现了对节酒问题的关注这方面的怀疑。当这个演讲者说到他在街上碰到的醉汉大多是些年长的绅士，他们戴着老式的白色领带，看到他们并没有在他心中引起气愤的情感，而是引起了令人愉快的同情感，他的这些话在这个会议上也同样没有引起气愤，至少是没有这方面的明显迹象。而他提到的令人愉快的同情感，据国会记录中的报告，当时受到了普遍的欢呼，这条记录令人产生身临其境之感。我们的所有的报纸上也都连篇累牍地登载着对于年长的绅士们的酒会以及随后的早餐的伤感的描述，这类描述如此经常地充斥着我们

的报纸，而且明显地带着要博得读者愉快地笑谑的意图。[1]

只要“上流社会”在这件事上仍旧对自己持如此宽厚的态度，就有理由怀疑它用刑法手段医治“下流社会”的酗酒恶习的能力。法律不能创造习惯，它只能保存现存的习惯。

我们能不能期待这些习惯在将来得到改进呢？也许这不是毫无希望的。通过历史的学习可以得出这样的结论。在我们刚刚进入到现代社会的时候，这种兽性般的酗酒习惯还在宫廷和贵族中间十分流行。回忆一下汉斯·冯·施怀尼希思的编年史吧。由于法国宫廷的影响，这种恶习在十七、十八世纪中间，在整个宫廷和贵族社会中流行起来。自宫廷开始，这种恶习一直蔓延到社会的中等阶级，在十七世纪后五十年中似乎在知识界达到了顶峰。自
十八世纪中叶起，它让位给了一些更优美的享受方式，这些方式是 511
由于那种更高的精神渴求的发展而逐步发展起来的。那种过度饮酒的习惯仍然顽固地在知识界中存在着，但是我相信我们能够说人们已经不再把这看作是一种好习惯了。在官员们和富裕的市民们看来，酗酒不是一种合理的生活习惯，尽管个人的评价总是比较温和的。目前这种习惯主要存在于较下层的和最下层的社会阶层之中，在这些阶层中，这种习惯自十七世纪至今一直绵延不绝。我们可以以白兰地的生产量的提高来衡量这种习惯的发展。白兰地的生产量的提高在十九世纪已经达到了惊人的程度。这种“瘟疫”

① W. 马丁(W. Martius)[《反酒虐战斗》(*Der Kampf gegen den Alkoholmissbrauch*)，1884 年，第 40 页及以下]提供给我们一个关于公众对饮酒与酗酒的感受的思想。他还出版了如上提到的法律文本，以及社会关于反滥用精神刺激类饮品的和许多其他有意思的反酗酒运动的宪章条款文本。

在自上而下地蔓延了整个国家之后会不会再从这个国家消失呢？也许我们可以抱这样的希望。当社会的上层阶级——这些阶级曾在所有的事情上既作过好的榜样又作过坏的榜样——在这件事上率先带头和酗酒行为决裂，这种恶习就会在一般群众中失去它的社会地位。不论什么东西，只要它不再被认为是“优美的”，它就会死亡；一旦它被看作是“粗俗的”，它就会被抛弃。这种进步也许是由于下面这个事实推动的：在饮威士忌酒的人们中间，饮酒行为表现出了越来越残忍的和冲动的形式。有一些诗赞美水果酿制的酒。并且，假如需要的话，对啤酒也可作些赞词，但是没有诗句称赞威士忌。只要公众舆论开始把酗酒行为看作是明显地粗俗的和丢脸的事，用法律和刑事制裁来反对这一古老习惯的残迹就是可能的。

与此同时，我们还有广泛的社会工作要做，但我们必须记住一条很好的古老规则：先把自己的门前打扫干净。有知识的和无知的腓力斯人的酷爱啤酒的习惯——这种习惯在德国是如此的平
512 常——以及富人和贵族们对食欲的崇拜，同样是堕落的。试问一个从早到晚地坐在啤酒店里，被烟草的气味包围着，听着单调无聊的谈话，或玩着陈旧乏味的纸牌游戏，最后带着空虚而麻木的脑袋回家的人，还能做什么严肃的、重要的工作吗？试问一个日复一日地在餐桌上寻求享乐的人还能把他的灵魂投到别的事物上面去吗？那种懒惰饱足的感觉难道不会把他吞噬并使他所有的高尚追求泯灭以尽吗？

那么我们应以何种良方来医治一般群众中的酗酒习惯呢？也许所有的有效措施都应作到这样一件事：根除其动机并且找到一种能代替威士忌和小酒店的适当的东西。在第二个方面，最早起

源于英格兰尔后又出现在欧洲大陆的所谓公共咖啡馆开了一个好头。这种咖啡馆最初是由社会办的，以后又成了私人企业。此外，生活条件方面的每一步改善都有助于抵制下层阶级中的酗酒习惯。不幸的境遇与由此产生的欲望，不充足的食物，恶劣的住宅，有害的劳动，过度的操劳——的确，一种不舒适的生存方式构成了酗酒习惯适于生存的土壤；处在这种状况中的人们通过饮酒所希望达到的理想效果就是暂时的麻木和感觉的迟钝。瑞典的所谓哥德堡制度在减少酗酒动机方面取得了令人鼓舞的成功。1865 年，在哥德堡成立的一家股票公司获得了该城全部酒店的执照的占有权，并大幅度地削减了售酒场所的数目。然后又由公司派雇员负责各个酒店的经营，并把每天的售酒时间限制得很短。营业纯利减去普通利润率的部分之后转为市财政收入。这项制度被瑞典北部许多城市采纳之后，不仅直接减少了饮酒的机会，也消除了一些鼓励人们去纵酒的条件，如酒店气氛和老板获利的嗜好。

在这方面，国家也可以果断地采取适当的措施加以干预。国 513
家已经最终地采取了立法手段，用关闭赌场来限制行赌者毁灭自己的自由；它也通过法律命令对毒药的出售必须严加注意，即是说采取预防性措施或是减少销量，因为毒药的受害人比起其他所有物品的受害者要多一千倍。1881 年的一项荷兰法律包括一些极为严格的规定：它按照人口比例限制酒店的数量，并且一次只批准一年的执照有效期；它还规定惩罚酗酒行为。那些要求酒店老板们对其怂恿纵酒的行为负责的规定也是很聪明的。而且，一些戒酒团体提出的不偿还因买酒而负的债是合法的这一主张也在该法律中得到批准。最后，提高威士忌的税收，从而限制其消费或至少

使其不再增加也是一种可行的措施。请记住，这些限制在德国都遭到了有影响的人们的反对，这些人对于提高威士忌的销售有一种自私的利益。但是难道不能设想老百姓总有一天会明白饮酒无异于在自愿上税，无异于把钱送给威士忌制造老板吗？难道德国的社会民主运动不会在将来的某一天采取某种方法戒除这种有刺激力的液体，并以此作为武器来反对社会现存秩序吗？在我看来这既不是最坏的，也不是最无效的武器。英国工联已经在反对饮酒方面开了个头。这个国家的劳工运动的领导人都是彻底戒酒的鼓吹者。

我们再来谈一谈另一种刺激物：**烟草**。烟草与白兰地同时对文明的欧洲进行了一次胜利的进军。众所周知，它是新大陆给予
514 古老大陆的礼物之一。假如中世纪能够对现代作出判决的话，为了报复现代人对于中世纪的许多罪恶的指责，它们最可能说的是，现代社会有三件东西可为其特征：威士忌、烟草和法国病，这种法国病差不多同时也在德国出现，被人们视为一种苦恼和折磨。它们还可能继续说道，现代社会喜欢夸耀它们的文明优于中世纪文明。如果文明就是由这三种东西组成的话——欧洲之外的、由欧洲人给他们带去了“文明”的“野蛮人”很容易持这种观点——那么，中世纪会说，我们就不必因为缺少这种文明而过于烦恼自己了。的确，“印第安人用一根管子或一个卷成的卷儿把一种有麻醉作用的植物叶子的烟吸入嘴里，然后再把它喷出来，或者是把这种叶子碾成粉末状塞进鼻子里，这样一种粗俗的习惯竟会从红种人那里传播给全世界的白种人、黄种人和黑人，并在那里生根，这是

一件十分奇怪的事情。”[①]托尔斯泰在一本名为《人为什么麻醉自己?》的小册子中思考过这件怪事。他作了这样的回答:人们是为了麻醉自己的良心,而烟草和酒对于这个目的特别适合。这个回答不免有些言过其实,但也包含着一定的真理。为什么学生会吸烟和饮酒?是因为他喜欢还是因为他不明白自己该干些什么,于是就用这种空虚的、压抑的生活来欺骗自己?

据估计德意志每年在烟草上要花费三亿马克。我当然不想去妒忌任何人的这种快乐,但是难道我们不能用这三亿马克买些比
烟草更好的东西吗?比如说,假如我们把这笔钱用于改进和美化 515
我们的住宅,那么仅仅是消极地对吸烟发生兴趣的人当中至少有四分之三会受益,而且即使从吸烟者自己这方面说来,也许也不会失掉什么东西。因为坦率地说,经过多年的经验,我对于吸烟带来的快乐是不是真的多于烦恼这点一直十分怀疑。任何一个做父亲的,在看到他的儿女们染上这种习惯时会感到高兴吗?

再进一步说,前面对于饮酒所说过的对于吸烟也是正确的:它在变成了普遍的习惯之后,就会变得粗俗,而然后就会被人们抛弃,起初是被特权阶级随后被所有的人抛弃。这个过程是不是已经开始了呢?我觉得今天不吸烟的学生似乎比三十年前要多了。

我们时代的另一个标志是**素食主义**,这种主张近年来已经争得了许多的赞同者。我不相信每个人都会或是都应该依循它的标准去做。人们有最充分的理由在消费植物性食物的同时也消费动物性食物,而且总的说来,后者还是必不可少的。我还怀疑不食肉

① V.黑恩:《从亚洲到欧洲过渡中的经济作物与家禽》,第449页。

真的像那些热心的人们所预言的那样会导致所有的恶习和疾病的彻底根除。对动物来说，有人呼吁为了它们的利益而禁止食肉，但是，不食肉会给它们带来灾难；这些至少“有着玫瑰色的皮肤，其哭声是那样像人的哭声”（托尔斯泰语）的动物，将会被素食主义的胜利所毁灭。另一方面，这一运动表达了对一种更美好的、更重精神的、更合于人性的生活形式的愿望，而且自愿地放弃食肉（我们知道，不自愿地放弃食肉的情况不是没有的）在一定条件下也不会是毫无益处的。

3. 住宅；服装

关于**住宅**[①]和**服装**让我再谈几句。住所，最早是为了防冷防热和躲避敌意的攻击，它现在已经发展得远远超出它最初的目的
516 了；洞穴，窝棚，草屋，房舍，乡镇，城市，标志着它进化的各个阶段。它的使命已经被扩大以便能容纳整个文明生活。穿什么是个人的问题，住所则是家庭的问题。在房屋的四壁之内，家庭抵抗着各种各样的烦恼，躲避着好奇的探询和无尽的贪婪。在家庭中，房屋表现出种种特点；职业、生活方式和家庭的思想都通过房屋的形式、陈设和装饰表现出来。对往事的回忆，欢乐的也好，悲伤的也好，总是和住宅联系在一起的，于是住宅便成了家庭历史的框架。历史风俗的发展和住宅的进化的紧密联系是再清楚不过的了：没有把房屋分成个人的小屋的间隔墙，我们便无法想象家庭从原始群

① 也见奥廷根，《道德统计》，第 34 节。——英译者

中的分离。财产权利的进化也无疑同样地是与这个间隔墙密切相联系的。此外，在人们建立起来的住宅旁边又出现了神的住宅，即对于宗教和艺术起了如此巨大的推动作用的庙宇。正如冯特指出的，庙宇对于正义感的进化也有巨大的影响。神的宁静使得庙宇成为逃亡者的避难所。庙宇的宁静又促进了住宅的安定；神会惩罚破坏这种安宁的人，不论这种挑衅是对主人的还是对客人的。进而，部族对于有血缘关系的神的庙堂的敬畏感就成了国际法的最初概念的起源。

社会生活的新近发展的可悲结果之一，是由于人口越来越多而使得住宅不能再作为一个家庭的永久居住地，以及互不相识的 517
人群过于拥挤地住进了我们大城市的套房和公寓。甚至富有的家庭也因被剥夺了其宁静与舒适、搬迁的自由、占有的快乐、近邻感和乡土之爱而在这方面遭受了严重的损失。然而在下层阶级中，不利的事情还不止于这些。过度拥挤的住宅条件危及了人们的生命与健康、幸福、道德和居住者的家庭感情。当一家人只占有一套房屋而与别的转租人和寄宿者合住时，真正的人的生活是不可能的。[①] 假如现代运输工具能像当初把这些人口注入大城市那样完善地再把这些如此拥挤的人口疏散开来，那真是一件极大的幸事。许多目前住在拥挤的经济公寓里的家庭，假如他们真的十分希望占有自己的住宅并且不再把一种坏习惯看作是一种正常生活的必要条件的话，我冒昧地说，他们可以到郊区去占有自己的住宅，甚

① 见鲁普雷希特，“人与家庭的相互关系”；拉斯培里斯，“家庭差别对劳动阶级的道德的影响”。——英译者

至现在就可以去。在这方面，富有的阶级必须再一次通过形成更好的习惯来开创这种改革。[①]

服装[②]的最早目的部分地是为了保护身体，部分地是为了装饰身体并显示穿着者的重要地位。它的消极目的是把身体的肉体部分隐藏起来，而仅仅把作为精神力量的象征的脸露在外面。服装在历史生活的变迁中保留了这个双重的特性。服装样式显示出了等级和官职、年龄与个性、喜悦同悲伤、性格和思想方式、时代与
518 民族。通过服装，个人的历史与社会地位给予他自己及周围的环境留下了印记。确实，服装是如此必要，以致没有了它我们就无法设想历史生活和社会秩序；不着服装的裸体人是非历史的人。外部特点的一致表明兽类是非历史的存在物，服装上的不一致则是历史的和社会的存在物的外部表现。因此，民族生活的历史变迁通过服装样式的变化表现着自己；试设想一下穿着燕尾服和戴着白领带的路德，或是留着小胡须穿着向后斜切的燕尾服的歌德，这样你就会明白服装是人之成为历史存在物的特征，而他的皮肤只具有动物的特征。——十九世纪的废除阶级特权和实现平等的要求就是通过要求取消阶级服装差别的方式表达出来的。另一方面，国家的服装即制服，变得更加显著了；社会自发创造的差别为国家所创造的差别所取代。此外，制服是统一和控制人的灵魂的一种极好的方法。它迫使穿着它的人以官方代表的面目出现并且服从命令；他不能退缩，他必须表现出这套制服所表明的他应当成

① “贫困阶级的住房困难”，载《政治社团动向》，第 1 卷第 30—32 期，1886。

② 也见耶林，《法律目的论》，第 2 卷第 311—329 页。——英译者

为的样子，他于是也就成为那种样子。军队如果没有军服会是什么样子呢？

服装的样式和服装的**款式**的区别在于：后者是一些特殊的个人任意创造的并且只在短期中流行的。它的顶点以服装样式的完全衰落为标志。流行的服装使穿着它的人与众不同，使他成为一个“出众的”人，这主要不是由于它显示了他的爱好、富有或者豪华，而是因为它给人们一种印象，即他是社会中的一个带头的人或者很接近这些带头的人，以致他能立即觉察出社会生活中的变化并且跟上这种变化；因此，人们把这种服装看作是迅速变化的需要。服装款式是女性炫耀的或投机的形式，如同其他所有炫耀一样，这种炫耀也是变幻莫测的和残酷的，它刺激着追随者们去全力竞争。许多妇女的健康和幸福，许多家庭的安宁和快乐都毫无怨 519
言地奉献给了这个暴君。要是心理学家们能成功地发明一种使心理力量发生转变的方法——就像物理学家把热能或电力转变为运动那样，而且这种方法又能成功地把妇女们受服装款式驱使而花在破坏她们的舒适、幸福和自由上的哪怕一半的精力转变为自我牺牲的其他力量，这一发明对于提高文明人类的真正幸福所带来的益处就将比这个世纪的所有发明的总和还要大。

4. 消遣与劳动

营养学的另一个重要部分是**身体力量**的**发展**和**运用**。按照亚里士多德的意见，生命就在于活动；身体不能活动时生命就会衰竭。身体力量可以在两个方面运用：**消遣**和**劳动**。[①] 劳动是为了一种外部目的的体力的运用；对消遣说来，活动就是它自身的目的，它没有在它以外的目的，它是自由的活动；而劳动则是受约束的或不自由的活动。消遣尤其是青年人的特点。在成年人的生活中，它由于劳动而相形见绌。但是成年人的生活并不是没有消遣，只要没有被剥夺生活的基本条件也就不可能没有消遣。到处是肥沃农田的乡村不会完全使我们满意；我们会因此失去荒地和森林、沼泽和旷野，失去自由的诗意。仅仅由有益的劳动组成的生活也不会令我们满意，没有消遣这种生活就失去了自由的诗意。

不能否认，随着文明的发展，人们的生活在消遣这一方面正面临着一些危险。消遣的范围越来越受限制，同时劳动也变得更加
520 单调和呆板了。在文明的早期阶段劳动比现在更自由、更具有可变化性；它具有某种消遣的特点和魅力。从文明人纵情于打猎和钓鱼并以此为一种消遣和运动可以看出这一点是千真万确的。农业劳动同样比较自由和富于变化；每个季节都提供新的活动形式。农民实践着许多技艺，他掌握着数不清的农具，而且每天都同许许多多的有生命的和无生命的事物联系着。机器劳动没有这么多的自由；劳动者和车间联系在一起；他的活动范围很狭小，他的劳动是不断重复同样的活动，这种活动的结果是使他变得更加呆板。他不很依赖于自然、气候和季节，但更依赖于人。所有这些特点都

① 也见斯宾塞，《个体生活伦理学》，第2、3、7章；朗茨，《实践伦理学》，第22节及以下；J. E. 厄尔德曼（J. E. Erdmann），《认真的消遣》（*Ernste Spiele*）；桑塔亚那（Santayana），《美感》（*The Sense of Beauty*），第1卷。——英译者

在大都市工业中被极大地加强起来。劳动变得更加专业化和单调，劳动者更加不依赖于自然而依赖于人；统治着农民生活的自然法被工厂法——在更发达的现代则是被国家法——所代替，而国家法又正在越来越多地干预着这些活动。大城市仿佛是一个大监狱，在这里人们被限制在一个狭小的空间里，并且被迫从事着单调的工作；工厂和车间，商店和办公室，街道和家庭——空间是这么狭小，距离是如此紧缩！从人们在星期天这个解除了劳动之后的短短的时间中寻求空旷的郊野的热切态度上，可以看到他们感受到的压抑是多么巨大。在这些场所，甚至肉体活动也常常是呆板的和扫兴的。艺术总是避开城市绝不是偶然的。画家不愿意画他周围的人：办公室里的枢密院官员，课堂上的教师，办公桌旁的簿记员，工厂中的工人；或者他也去画，但画上总带着一些滑稽的或讽刺的、伤感的色彩。他宁愿去追寻海上的渔民，林中的猎人，田 521
地里的农夫，公路上的力工。为什么？很可能是因为后者是作为自由的人生活和活动在广阔的空间之中，而前者则是从事劳动的囚徒，显得那么荒唐或可怜。

最受大都市之害的是年轻人，而且那些上层阶级中的年轻人也许受害更多。因为他们受这些条件支配的时间更长。生命在于运动这个真理对年轻人尤其适用。他们的冲动会直接引起身体力量的运用；他们希望去跑、去爬、去跳、去舞、去建设和去破坏。在“公寓”里，既没有场所也没有机会使他们进行这些活动。自由的和不受妨碍的消遣是完全不可能的；生长在大城市——在乡村中长大的孩子们只能够带着惊奇注视着它们——的孩子们不懂得消遣；他们没有运动场，没有同伴，而如果没有这两者，消遣就不可能

发展起来。在上流社会，孩子们由家庭女教师领出去散步，去玩具市场，或去参加一个孩子们的聚会，而不是去消遣。但所有这些不自然的东西都不能使我们的孩子们满意，并且由于他们的爱动、爱锻炼的本性不能被压抑，他们在大城市的家庭生活中总是觉得碍手碍脚。在这种情况下学校成了一个名符其实的避难所：他们在这里受到照管并且每天忙碌几个小时，然后在晚上花上几个小时准备功课。在上层阶级中，还有几门音乐和绘画方面的课程被认为是必不可少的，在这之后再花上几个小时读小说和打牌。因此事情竟成了这样：那些身体最需要锻炼的十五岁到二十岁的年轻人，每天要坐上十个、十二个甚至十四个小时，等到他们的身体慢慢变得适应了，锻炼的愿望就让位给了完全麻木的感觉。这样，在青年时期就打下了这种发育失调的基础。由于这种特征，上流社
522 会的人们可以很容易地相互识别，因为所有这些特点都不会再消失：消化不良、神经过敏、近视。世界上所有的医师和浴场都不能使自然所无偿地惠予那些遵守它的训诫的人的那些东西，即健康的疲劳状态和香甜的睡眠、好胃口和良好的消化功能重新恢复。

在整个人口当中，女性人口方面的情况还要糟糕些。我们可以为男人们辩护或是找理由说，社会就是这样构成的，它除了需要体力劳动之外还需要精神劳动，而这种精神劳动又是如此之困难和复杂以致要使精神得到适当的训练就不可能不使体力有所损害，所以，以其他器官的损失为代价而求得大脑的更多的发展必须被看作是为了社会而作出的一种牺牲。可以拿这样的理由进行辩护，尽管仍然可以提出这样的问题：精神器官的培养难道不能与身体力量的发展和谐发展吗？而且，身体的健康难道不是所有的健

全的活动的前提吗？而另一方面，对妇女们来说，情况就不同了。斯宾塞引用过埃默森的一句著名的话：男人的第一个必要条件是**身体好**。这个谚语表达的思想对妇女更为适用。确实，根本没有女孩子们的健康应当为“文化”而牺牲这样的借口。她们在以后生活中的责任，一般来说，并不需要她们能讲三种或四种语言，而是需要她们能管理好家务和教育好孩子，她们需要有健康的身体、坚强的神经和一对很好的眼睛来做许多事情，而学问和语言的用处则非常少。我们也不能接受这样的辩解，即妇女们在城市的家庭中既无劳动的场所也没有劳动的机会；实际上，年轻的姑娘们在每个家庭中都能得到劳动和服务的充分机会。

当然，在这里，我们涉及了恶的根源问题。劳动，即体力劳动， 523
在人们眼中已经变得粗俗了；受过教育的女孩子做家务劳动被看作是有损于她的荣誉的——这也就是当佣人被看作是不荣誉的事的原因。甚至自己服侍自己都是不体面的，服侍别人就更加不体面。坦率地说，我把这种时时处处都得让别人服侍的习惯看作是一种使道德和肉体堕落的有效方法。约翰·卢伯克先生讲过一个有趣的故事[①]。一种曾经是好战的、强有力的蚂蚁征服了另一种蚂蚁并把它们变为奴隶。征服者们变得非常习惯于由那些奴隶们来服侍它们，以致最后变得完全不能自理；它们甚至不会自己吃饭，连食物都要由奴隶们塞到它们嘴里去；它们还能够不依靠帮助而自己去做的全部事情就是咀嚼食物和繁殖后代。这难道不是很像一个描写上流社会的讽刺寓言吗？一个从年轻时就不断地被仆

① 《蚂蚁，蜜蜂和黄蜂》，第4章。——英译者

人们包围着，由仆人为他把一切都做好的人，最后就会变得一无所能和事事依赖他人，以至于没有别人帮助就不会自己迈步，自己打上或解开领结。不管这种依赖状态显得多么高贵，它注定会变成烦恼和不惬意的根源。尚福尔曾经说过："我们的问题就在于不能自我独立，"我想他指的大概就是我们对于仆人的这种依赖性。

在这方面，罗马帝国也似乎是我们时代的模范。弗里德伦德在他的《罗马风俗史》中说，"那种尽可能少做、少想的愿望膨胀到如此地步，以致完全变成了滑稽可笑的事。不仅是记忆那些被庇护人和追随者们的姓名的事被指定给专门的仆人来作，甚至还有人让奴隶来提醒他们什么时候该吃饭和什么时候该去洗澡。塞涅
524 卡说，他们极其疲乏，甚至要他们搞明白自己饿不饿都极其费力。他们当中有一个人，在仆人给他洗完澡并把他放到一张椅子上的时候竟问：我已经坐下了吗？一百年之后卢西恩报道说，使他惊奇和厌恶的，是罗马贵族出行时总是有奴隶走在前面，他们的任务就是来报告前面街道上的坑洼和障碍。"（在白天，罗马的狭窄街道上不允许任何人驱车行走）[①]。我们看到，这些衰老了的罗马人正处于陷入前面提到的蚂蚁的习惯的境地。

弗里德伦德把罗马帝国的使用奴隶的奢侈和近代俄国的使用仆人的奢侈作了比较；因此，把对那个国家的情况的描述在这里作些引述也许不无裨益。列夫·托尔斯泰这样地描述了被俄国贵族社会视为其幸福基础的那种可悲状况："他们缺少人类幸福的五个基本条件：与自然的联系，体力劳动，家庭生活，与人的交往，健康

① 《罗马道德史》，第3章，第124页。

和无痛苦的死亡。幸福的基本必需条件之一是户外的，在阳光下的，有着充足的新鲜空气并和大地、和植物与动物交融共存的生活。人们总是把对于这些东西的需要看作是极大的不幸。可是这些贵族却除了人手制作出来的织物、石制品和木制品之外再接触不到自然的东西了：他们只能听见机器声、马车声、加农炮声和乐器声；他们只能闻出那些有刺激性的液体和烟草的气味。时常进行的旅行也不能使他们有所解脱。他们坐在紧闭的车厢里；不管他们走到哪里，都只能看见脚下的同样的石制品和木制品，遮蔽着阳光的同样的窗帘，同样的仆人、车夫和侍者，这些人阻止着他们去与土地、植物和动物接触。不论他们可能出现在哪里，他们总是像囚徒一样，被剥夺了幸福的条件”。幸福的另一个条件是劳动，自由的体力劳动，这种劳动刺激人的食欲并带来睡眠。在这里，也可以说，一个人获得的幸福越多，他对幸福的这个第二条件就丧失 525
得越多。“所有那些在众人眼里被看作是幸运者的显贵们、巨富们，要么是像囚徒那样无事可作，枉费气力地在那些由于缺少身体锻炼而产生的疾病中挣扎——并徒劳无益地同时纠缠着他们的**无聊**作斗争；要么是在做着他们不屑去作的事，就像银行家、代理人、司令官、政府部长及他们的妻子们，总要为他们自己和他们的子女们购置豪华的陈设那样。”[①]

托尔斯泰伯爵，这个由于其出身和地位而命定属于这个贵族社会的成员的人，具有超人的勇敢，当他开始认识了生活的真正意义的时候，他放弃了所有这一切，去追求真正的幸福。

① 《我的宗教》，第 210 页。

在德国，让我最后来谈一下，正在采取一些努力来抵消这些恶性。首先必须提到的是**体育训练**。当然，作为学校规定的活动，这种体育训练不能完全代替自由消遣。随着普鲁士民族中那种军事精神的兴起，这种体育训练在本世纪之初成了一种时尚，而且其最初的目标就是反对一切形式的柔弱。雅恩和他的信徒们希望用肉体的训练、吃苦、贫困来使自己摆脱法国的过度文化引起的柔弱习惯，并重新获得日耳曼农民的活力。向任何形式的、娇柔的引起美感的事物的倾倒都被他们视为不光彩的事。体育慢慢地得到了人们的认识，并成为年轻人的教育和军事训练的一部分。也许对这类训练将会取得更大成就这一点寄予希望并不是毫无根据的。假如从卫生学的必要性这方面评价体育还得不到应有的公认，那么，
526 它的军事效用也许会帮助它得到这种公认。欧洲各民族要持久地忍受目前由于军备的增加而压在社会和个人身上的巨大负担是不大可能的，因而改进与军事相联系的体育指导与训练，并且在比目前的规定年龄更早一些的年龄期就进行一些军事服役的一般准备性训练，也许最终会是必要的。这项计划不仅将把居民们从他一生中的较晚时期的军事服役中——这个时期由于军事服役造成的职业生涯的中断必然会给他带来严重的损害——解救出来，而且还会有许多其他的有益的效果。身体的训练在儿童时期可以直接与儿童游戏联系起来；在学生时代和服役期之前，需要以极大的热忱继续进行这种训练并通过这种方法克服那些混乱的和胡闹的成分；最后，在青年时期，这种活动可以推动并繁荣公共体育运动。假如这些原来在我们民族的生活中有重要意义的公共体育运动再度复兴并带来更优美的共同的欢乐，德国人就可以从体育训练中

得到希腊人从这项活动中获得的同样的益处。[①]

竞技——赛跑、划船、登山、赛车等等,这些年来也成为一种时尚。尽管许多恶都与这些活动相联系,但这些活动仍然有这样一个好处,它们提高了上层社会阶级的身体活力。英国人是这些事情上的带头人,他们在国际事务中的成功在很大程度上要归功于绅士们通过身体锻炼和运动而获得的强健力量。

另外,最近还做出了一些努力,通过向年轻人提供一些训练他们自己使用工具的机会来提高他们的手工技能。人们希望这些尝试获得成功。实际技能是一种令人向往的本领。我相信我们的高中学生中至少百分之九十的人会觉得手工劳动比他们的体育训练更令人愉快。大自然创造了人的眼睛和手,她当然不希望看到它们只在唯一的、我们每个小学生都知道的方面即读和写的方面得到利用。德国人过去一向以他们的手工操作的技能而非常自豪;在十五、十六世纪,德国的城市以其工匠们的技能超群而著称。莱布尼茨曾这样地描绘了法国人与德国人的本性之间的区别:法国人总做些无用的东西,他说,这些东西仅仅有外观上的美,而德国人在做东西时,不仅求其悦目和满足上层贵族们的喜珍猎奇之心,且求艺术品自身的完善;他们领会了自然的本性,从而使艺术品的创作得心应手。——直到一个世纪之前,德国的许多地方的水手和农民还把雕刻当作是一种消遣;而现在,除刀叉之外,许多德国人尚能掌握的就只有他的笔和雪茄了。我们是否还能回到我们最初的爱好上去呢?假如我们能做到这点,我们就能摆脱对于手工

527

① 伦策,《实践伦理学》,第46、47节。——英译者

劳动的流行的鄙视，这将是一件幸事。的确，我们不该因失去这样一种唯心主义而痛悔，这种唯心主义也像古人一样看不起实用的劳动。我更为担心的，倒是在使我们的民族希腊化方面，我们没有取得更多的进展，也许对于作为诚实的德国人这一点，我们倒不必像新老人道主义者力图使我们相信的那样去过多地悔恨。

最后，我要简单地提到**活动**的反面，**休息**和**娱乐**。活动意味着能量的消耗，因此自然要求活动的中止，以使这种损失得到恢复。通常，整个精神-肉体的长时间的休息是按昼夜变化而进行的。犹太人还有一种在安息日休息的传统。这是一个极其有益的制度，
528 它和我们的生活如此紧密地交织在一起，它简直就像是自然秩序本身的一个部分。希腊人和罗马人要是没有星期日的话，他们的生活怎么可能是那样一种样子呢？此外，在最近几年里，那些从事着较高等的职业的人在一段较长时间里放下他们的工作已经成为习以为常的事了；这种原来仅仅限制在学校范围之内的假期，已经慢慢地扩大到了其他的范围。劳动愈是变得艰巨、系统化和单调，对假期的需要也就明显地愈是强烈。因此可以设想受这一习惯影响的人将会愈来愈多。

休息期间有双重目的：第一是使已经消耗的能量得到补偿；第二是使在一般职业中不需要加以使用的那些功能得到运用。这后者也就是娱乐。那些由于其职业的特殊性而需要消耗其精神力量的人们在适当形式的体力的运用之中，在消遣、旅行、机械性的活动中会得到娱乐休息；另一方面，那些在职业活动中主要消耗身体力量的人们要在精神活动中、在阅读中才会觉得轻松。社会性的乐趣、音乐、各种形式的运动，则对所有的人都是极好的娱乐方法。

劳动与娱乐之间的适当的平衡是保持健康、效率和幸福的一个基本条件。任何一种极端都同样是危险的。工业生产造成了不能忍受的极端的机械劳动，这一点已被普遍公认。劳工政党为缩短工作时间而作的努力值得我们赞赏。工作不能把人变成一个奴隶；不仅应该使他能获得日用品，而且应该使他能发展其能力。他不应是一个单纯的工具，而应当是一个自身就是一个目的的人。只要这一点尚不可能实现，只要日常劳动留给他的时间只够他以营养和睡眠来维持其必要的肉体功能，他的生活就还不是人的生活。

529 # 第四章　经济生活[1]

1. 职业的目的上的必要性

经济生活发端于人与畜类共有的本能需要。在理性把那些使这种需要得以满足的官能系统起来的时候，就产生了构成经济生活基础的两种制度：劳动和财产。商品的积累是财产的最初的形
542 式，它使人得以摆脱暂时需要的奴役，动物便受这种需要的支配。这种自由是全部真正的人的生活的前提；离开了它，就没有有计划的、有目的的活动，就没有精神-历史的生活。由于有了它，人类仍然持有的动物世界的那种自然过程便提高到了道德的领域。

我们将在以后对财产制度及它所演化出的历史形式作更详尽

---

① 培里(Paley)，《道德哲学》，第 3 卷第 1 部分；斯宾塞，《伦理学导论》，第 11 章；波特，《道德科学》，第 2 部分第 6 章；耶林，《法律目的论》，第 1 卷第 7 章；冯特，《伦理学》，第 1 部分第 3 章 2(d)、3(a)；第 4 章 2(b)(c)(d)；伦策，《实践伦理学》，第 52—64 节；富勒与威尔森，《道德原理》，第 2 部分第 1 章；多纳，《人的关系》，第 347—353，418—429 页；许夫定，第 265—312 页；奥廷根(Oettingen)，《道德统计》(*Moralstatistik*)，第 2 部分第 1 章。——英译者

的考察[1]。这里，我只想大致勾划一下**商品的获得**和**消费**加给个人的道德义务的轮廓。

商品通过**劳动**而获得。在文明的更为发展的阶段上，劳动以某种行业或职业的形式表现出来。这个领域中特有的德性是**职业效能**和**职业的忠诚**。

在健康的条件下，职业的义务构成一个人的整个生活的核心。 530
儿童在游戏中实践着他未来的职业；青年人离开父母去学习职业；成年人把他的全部力量贡献给职业。正式职业决定着我们与外部世界的基本关系：它使我们在工作和休息期间与同事们进行交往；这种交往又决定着我们在消遣中运用我们的各种官能的方式。因此职业是生活的指导原则，它给生活带来稳定和目的。

当我们考虑到没有职业的后果的时候，职业的**目的上的必要性**就变得十分明显。富人和穷人都可能没有职业。那些生活在社会下层边缘的没有职业的人构成**无产者**。这个群体是由那些没有稳定的工作，到处游荡、乞讨或偷盗，或者以其他方法谋生的人组成的。厌恶工作、放荡、酗酒、鲁莽、空虚，就是这些恶习把人拉入这个群体。此外，这种生活方式还通过遗传延续下来；堕落的家庭培养着堕落的子女。大城市是无产者的最为适宜的土壤。在这里找到了其生长的必需条件的贪婪，以无数的伪装掩盖着的诱惑，生活于人群之中的各个个人之间的相互隔绝和“无个性”，工作的偶然丧失和丧失工作者所面临的孤独，——所有这些就是无产者之

① 见本书德文版第 4 编第 1 章，第 3 节。在梯利英译本中，第 4 编未译出。——中译者

所以成为无产者的适宜的条件。这样的一种生活总是以在贫民习艺所和监狱中弄得声名狼籍和毫无羞耻为其结果。

531 在上层社会的边缘，形成了另一个无职业的群体，我指的是那些靠利息为生和免除了自己寻找职业的责任的**游手好闲者**。从表面上看，他们的生活方式与另一个阶级的生活方式不同；从内部来观察，两者有许多相似之处。而且，这两个阶级还存在着一种个人交往；他们在名声不好的女人那里和赌场那里碰面。这两者都集中在大城市，都有极其反常的荣誉概念，最突出的是两者在性情上都不安宁，在行动上都不稳定。正像一只空载的船无目标地任凭风浪漂泊一样，那些富有的游手好闲者的生活是任何一种突然涌上心头的怪想或情绪的玩物。他什么也不需要，忽而拿起这件东西，忽而又拿起另一件东西，仅仅是为了尽早地放弃它。那种意志能力，简单地说，那种即便是为了获取短暂的快乐也必须具备的坚持力，也由于没有得到运用而逐渐丧失了，而这些受害人也由于意志的不可救药的软弱而毁灭了。柏拉图已经了解了这种病症。在《理想国》中他描述了这种病症的全部症状："于是他（在柏拉图的著作中"他"是作为一个主张寡头政治的父亲的具有民主倾向的儿子出现的）这样随心所欲地度日，有时他沉迷于饮酒和长笛的旋律之中，然后又绝对地戒酒，想办法使自己变瘦，甚至，还进行体育锻炼；有时他游手好闲并蔑视一切，一会儿又再一次地像哲学家那样地生活；他经常从事政治，去行动、去演说和去作任何可能的事情；假如他又渴望成为任何一个武士那样的人，他就会离开政治；假如他又希望成为一个商人，他就会又放弃去做武士的愿望。他的生活既没有秩序又没有规则；这就是他的方式——他把这种叫做快

乐、自由和幸福。太好了，格劳肯说道，你描述了一个‘自由的人’的生活。”[1]

的确，这是一幅绝妙的逼真的画像，这种典型甚至在我们当中也不难找到。那个主张寡头政治的挣钱的父亲的儿子，那个热爱“民主的”自由、喜爱运动、沉醉于城市生活的儿子，显而易见是时
代的特殊产物。俾斯麦曾在帝国国会宣布在德国没有荣耀的职业 532
的人不会受到高度的评价。我担心这话与其说是表达了我们的意见倒不如说是表达了更老的一代人的意见。无论如何，近来有这样一种观点已经十分流行，就是食利者的职业是所有职业中最体面的，而且似乎每个人都认为，食利者的生活，用柏拉图的话来说，是快乐的、自由的和幸福的。

当然，这是一个错误。因为自然把人设计出来不仅仅是让他享乐，而且是让他去工作和获取。不管说得多么巧妙，那种想过一种仅有享乐而无其他内容的生活的尝试总是无一例外地失败的。辛苦和快乐总是联系在一起的，这是一条古老的自然法则；没有前者我们便不能获得后者。无论是谁，只要他通过占有财富而拥有选择任何职业的自由却又什么也不选择，从而解除了自己的一切义务，那么，他就无疑是作了一种最坏的选择：从长远观点来看，最令人忧愁的是考虑如何去打发漫长的令人厌倦的日子。假如把选择和苦恼联系起来的那个谚语是对的，那么在这里就是如此。[2]

① 柏拉图，《理想国》，561b，乔伊特译。——英译者

② Wer die wahl hat，hat die Qual（大意是：有选择的人也就有苦恼，即，选择就是烦恼）。——英译者

我们从宠惯了的孩子身上可以观察到这一点：他们什么都要，什么东西都去试一试，又什么都扔，他们只是想要别的什么；而当他们得到了它的时候却又把它扔在一边，又去希望得到新的东西；就这样不断地希求别的东西。他们是世界上最不幸福、不满足和最捣蛋的人。那些以游手好闲为生活内容的人的情况也是如此；他们放下一件东西又拿起另一件东西，接着又放弃它，这样他们就害了游手好闲者的痼疾——**单调**、**厌倦**、**无聊**。他们朝三暮四，反复无常，并且作着各种努力以摆脱这种烦恼：进行各种娱乐、游戏，在情场上角逐和在运动场上竞技；喝酒，组织社团，旅行、参与政治，在股票交易中投机；直到最后，他们疲乏了，对生活厌倦了。

2. 对社会的义务

533 我们得以从事一项严肃的职业的条件不仅仅在于我们自己，而且在于**整个社会**。以某种办法拒绝工作的人是在依靠他人的牺牲而生活。这对于一个游手好闲地以其遗产为生的人和那些职业乞丐和窃贼同样适用。从法律的观点来看，从前者是在消费属于他自己的东西这一点上看，他并没有错；然而从道德立场上——即从实际上——看，他是在接受他人劳动的产品而没有偿还任何东西；他生活得像餐桌旁边的一个白吃而根本不帮助付款的食客一样。

把那种默契的原则应用于社会科学曾经是哲学家们的一种习惯。约翰·洛克力图用这种默契原则来说明土地所有者的地租收入。在断定了对一事物的财产所有权是由获取或生产该物的劳动所产生的之后，他问道：任何一个人占有比他能耕种的更多的土地这种情形是如何发生的呢？他发现这件事只有在人们同意的情况下才能是正当的，而且只有通过人们发明出一种东西——当然是以默契的方式进行的——从而使个人能够获得那些比他所能耕种的更多的土地上的收入，就是说，通过使用货币，才能实现。由于可以把自我消费的必要数量之外的产品转变为货币，这种产品的间接积累和贮存才成为可能。但是货币只具有约定的价值，因此，通过采用这项发明，社会也就默认了由于使用货币而产生的种种后果。

可是，我们还可以说，对这项（多少具有想象性质的）契约，社会已经以同样的缄默方式加上了一个条款：它只有在这样的条件下才是有效的，即：这样地占有着财富的人要为他从社会的默认中得到的剩余产品向社会再作一些偿还。契约是以应当有所偿还为假定条件的，否则它就是一种馈赠；没有理由去设想社会要向任何 534
人馈赠任何东西，社会也没有权利这样作，至少是在要后代人承受这种负担的情况下没有这种权利。个人可以以接受社会责任的方式作出这样的偿还：比如说在和平期间和战争中领导并代表自己的人民，作为一个法官或立法者为社会服务，履行一个教士的责任，或者在科学或艺术的职业中去管理一个国家的精神财富。组织和指导经济生产，甚至以一种有益于人民幸福的方式，通过榜样和鼓励，通过社会的慷慨行为和私人的仁慈行为来影响社会浪费，同样可以被看作是这样一种偿还——在贵族和教士们仍然是国家中的一种积极力量的时代，他们就是这样地看待和履行他们的职责的。从道德的观点来看，一个无所事事的、蔑视在接受财产时所默认了的那些义务的人，没有接受财产的权利。纯粹的资产者（除

非他是退休者)是一个窃贼。人们充分地理解了这一点,而且很明显,由古老的教会建立的反对高利贷的戒律就是建立在这样一种感情之上的:那些不劳而获的人是以他人的劳动产品为生的,因为货币,如亚里士多德所说,是不结果实的。

法律不执行道德的判决,在没有作什么偿还的情况下它不拒绝承认财产的所有权;而且在道德判决被滥用的场合,法律不履行道德的判决反倒更好。因为对道德判决的滥用不仅不可能形成一种必要的规则来加强这些道德判决,而且还会产生一种财产的不安全感,这种不安全感本身在一些特殊的情况下会带来比财产权利方面的罪恶昭著的陋习更多的恶性。然而,在一定的意义上,历史承认道德的判决。当贵族和教士们放弃了他们的义务而仅仅把相应的特权作为一种不可剥夺的权利予以保留的时候,曾有一段

535 时间事情被看作是理应如此的,但是后来判决的时代到来了,贵族和教士们被当作社会中的无用的成员和有害的寄生虫而从社会机体中被抛弃了。历史通过法国革命对法国贵族作出了宣判;而十六世纪的基督教会的革命谴责了那些对于责任表现出虚伪的教士们。历史将不会把资产者看得比贵族和教士更神圣。

值得提到的是:随着历史的进步,社会正在把上述的起初是由拥有财产而不是取得直接报酬的人通过荣誉的社会地位来履行的那些职责移交给任命的和拿薪金的官员,从而在越来越大的范围内把那种默契转变为明确的契约。受命的和拿薪金的部长们和枢密官员们、军官和法官们正在被明确地任命来履行那些在中世纪同时也是在古代只是大家族的特权与责任的社会义务。甚至经济的职责也开始和财产分离了。大土地所有者把管理的责任转让给

承租人;现代的大工业企业中的拿薪金的职员使资产者解除了一切工作;所有者变成了领取年金者。显而易见,这种情况削弱了土地和资本的所有权的目的上的必要性,并相应地影响着这种制度的稳定性。脱离社会的生活条件的事物是要灭亡的。我们设想一下,假如几千个家庭占有了德国的全部财产,因而所有其他的人都不得不依赖于他们自己的劳动产品而生活,与此同时前者却仅仅消费他们的财产的租金,那么,一百年前在法国贵族身上发生的事情就显然会发生在这些资产者身上。我们现在已经处在历史上一个新的、伟大的判决时代的前夕了吗?资产阶级的日子已经屈指可数了吗?社会似乎已为一种不祥的预感所笼罩。一种像在1789年发生的那样的社会革命肯定会突然地降临在我们身上。但是或许下面这一点是这个革命还并非近在眼前的一个征象:历史的判决时代,似乎总是在我们不知不觉之中悄悄地走近我们的,

就像贼在夜里的行动那样。然而有一点是清楚的:无论谁如果仅 536
仅消费租金而不作任何偿还,就是在加快这个判决时代的到来。第八条戒律不能被打破而不受惩罚。然而勿偷盗这条律法只是一条肯定命令的否定形式,即:“付出了劳动才能获取”。

3. 吝啬[①]和挥霍

让我们简略地讨论一下经济生活的另一个方面,**消费**问题。[②]

① 此处原文为 avarice,即贪得、贪婪,为了便于理解,我们根据文意在此处译为吝啬。——中译者

② 亚里士多德,《尼各马可伦理学》,第4卷。——英译者

这个领域中特有的德性是**节约**，或者说是**节俭**，这是一种按照个人的收入和从个人的条件和社会地位产生出来的需要和义务来管理个人事务的能力。我们也可以按照亚里士多德的原则把这种德性规定为两个缺点或恶性的中道，即**吝啬**和**挥霍**的中道。吝啬者该花的不花，挥霍者该省的地方也去挥霍。好的管理者具有节约的德性而与挥霍者相区别，具有康德称之为合乎道德的慷慨（和过度的慷慨相对）的德性而与吝啬者相区别：他依靠自己体面地生活着，而对需要他帮助的他人则是慷慨的。

这两种恶性之中，**吝啬**比较丑恶，挥霍则更为危险。吝啬是一种低贱本性的标志，在这种低贱的本性之中，灵魂会衰弱死亡，一切高尚的志趣都会消失。吝啬者最终会对自己的和他人的一切好东西都妒忌吝惜。与此相反，挥霍则可能和崇高的抱负联系起来。它同一种很受尊敬的德性即慷慨有共同的根源。挥霍者总把自己看作是一个自由的人，而且也被那些由于他的挥霍而受益的人们所赞誉。而吝啬则与此相反，没有人为之唱赞歌；甚至节俭这种德
537 性——吝啬正是节俭的变形——也很少有崇拜者，尤其是在王公贵族们表现出这种德性的时候。所有尚未实现其愿望的大大小小的臣仆们都以辱骂吝啬的施舍者来表达其感激。然而慷慨，甚至是在损害他人条件下实行的慷慨，也会给所有的人，甚至遭受损害的人一个好的印象。由于这种原因，挥霍是一种有诱惑力的恶性，而吝啬就没有什么诱惑；的确，假如有人说人应该吝啬，那简直是不可思议的。这一点也解释了吝啬几乎仅仅是老年人的特点这个众所周知的事实。老年人变得对舆论与自己的形象漠不关心：经验表明已经弄得穷途潦倒的挥霍者会成为他以前的朋友和崇拜者

的嘲笑目标；所以从长远观点来看，明智者不是那些浪费自己钱财的人，而是那些口袋里仍然有钱的人。而且，在老年时期虽然由于享受能力的衰弱所有的欲望都削弱了，那种抽象的占有欲却一直是强烈的，直到人生的终了。所以，也许我们可以把这个过程看作是大自然为了使人类上一代的成果得以转交给下一代人而作出的一种战略安排。

因此，吝啬尽管低劣，其结果却并不完全是有害的。另一方面，挥霍的后果对个人的和社会的生活却完全是破坏性的。挥霍的第一个后果是丧失获得生活必需品的手段，以及后来不得不在不利的情况下采取严格的节俭。妻子浪费在衣着和排场上的费用必须用家庭消费和饮食方面的费用来补偿。花在待客和运动、马和狗身上的钱，要从家庭津贴中扣除。更为经常的是没有足够的钱来支付合理的花销：佣人们吃不饱，只能发给他们寒酸的工资，公共事业徒劳地呼吁而得不到资助，捐赠给社团和国家的款项不得不尽可能地小些而且极不情愿；——我们总是在由富贵而变得境遇潦倒的时候才想到贵人行为理应高尚。正如挥霍导致违心的节俭一样，它同样导致不正确的获取手段。土地所有者榨取他的 538
承租人和雇工，君主榨取他的臣民，医生榨取他的病人，律师榨取他的当事人；闲雅的绅士从赌场上发迹，商人在交易中投机，店主在商品中掺假，官僚们接受贿赂并为得提升和提薪而奉承他的上司，朝臣们索要年金和礼品，作家和学者投合着流行的口味，艺术家骚动着钱袋的缘口；钱是要挣的，无论以什么为代价，哪怕是自由和荣誉，肉体和灵魂！一位著名的金融家曾说过，钱的问题上决无戏言；在钱的问题上大多数人也丧失了他们的自尊。在酬金这

件事上，那个关于窃贼的谚语描述的过程就颠倒过来了；在这里是接受大数目的酬金而对微小数目的酬金冷眼相看。钱是没有臭味的。这条格言的作用远远超出人们所能想象的程度，甚至最“可尊敬的”等级的人们的行动也受其驱使。最近的所得税估价表的经过压缩了的数字表明，有多少富人打算把公共负担转嫁在穷人的身上。

但是，有人争论说，当一个人拥有财产的时候，他不应因为运用了它们而受到责备，因为他使得货币在人们之间周转。仅仅一个舞会或化装舞会就会使多少人找到了事情做并赚了钱呵！——这是一种流行的但是肤浅的观点。如果没有这种制作舞会服装的需要这些人就会闲起来吗？当然，假如这些制装人和他们的技艺等在这里找事情做，那么就需要提供这样的娱乐活动以使他们能够生活。可是假如没有这样一种需要他们还会等在这里吗？显然是不会的，需要产生出供应。那么，现在依靠这种秩序而生活的人们会变得无事可作吗？显然也不会的；因为他们会不再为男爵夫
539 人们作舞会服装而去制作棉布服装。所以，这种使钱在人们中间周转的办法的后果，简单说来就是使一般用途的商品的生产转向奢侈品的生产。当一个大土地所有者拥有十个仆人和二十匹极好的马的时候，他就需要消费这些仆人和这些马匹所要消费的那些东西，可是当他把他那一平方英里的农田变为一块私人猎地时，他实际上改变了他以前的消费方式，他不再享受这块土地上生产的谷物，而获得了追猎的快乐。

当然，这还没有解决这种生产的转变是不是会对直接相关的个人、对社会不利这个问题。问题的答案取决于这些奢侈品对于

直接享受它们的个人和整个社会的价值。任何一个人，如果他相信舞会、晚会以及精美的晚餐会使一个民族的生活更丰富和更高尚，他就一定会赞扬那些使社会生产转变到这一渠道上来的人们，而任何一个持不同看法的人就绝不会对这些人的作用持同样的估价。在这两种对立的评价中，应当看到，判断那些并非满足一般需要的产品的价值是一件困难的事。巴台农神庙及其雕塑，埃斯库罗斯和索福克勒斯曾为之创作了他们的悲剧的音乐节，中世纪的大教堂连同它们的装饰物和器皿——这些也是奢侈物，对于这些奢侈物看不惯的历来大有人在，在中世纪就肯定有很多。宗教不需要这种俗气的虚饰物，福音派新教会兄弟们说道，这样浪费了的钱财可以用来减轻多少痛苦和贫困呵！然而我们应该说这些钱财是用得恰当的，而且还应该说通过这样地使用这些钱财实现了一种比把它运用到服装和向穷人提供食物上面更高的目的。所有的人，除了那些被这些杰作所冒犯了的那些人，都欣赏着这些杰作；
这些杰作又刺激着艺术，艺术又反过来发展了建筑和制造业，于是 540
即使是最穷的人也身受其益。同样，我们也不能因为一个大土地所有者建造了巨大而美丽的宅邑并把它们装饰得富丽豪华而指责他；把他的土地规划成一个公园，这可能使这块土地得到最好的利用，甚至从社会的立场来看也是这样。而且谁会那样心胸狭隘地反对一个大人物把他的心思和钱财用在那些美好的、有趣的娱乐设施上呢？礼物是多种多样的，即使是那种乖僻的清教主义也不能驳倒这一真理。①

① 朗茨，《实践伦理学》，第59节。——英译者

4. 贫困和财富

古希腊哲人们已经说过，发展经济生活中的德性的最有利的条件是中等程度的所有物，我们的语言极有意义地称之为**财富**。获得和占有的快乐，有效的劳动，以及在消费商品时的适度，这在中等阶级中都是极其普遍平常的。“过多”和“过少”同样是危险的。**富有**的危险在于它们鼓励游手好闲、傲慢、铺张和无节制。而过度会招致悲痛和毁灭。尤其危险的是不通过劳动而突然得到的财富。从中彩和股票投机得来的钱总是很快地失去；即便没有很快丧失，这种幸运的获财者也很少不是由此迈出了毁灭其生命的第一步的。遗产没有这样危险。一个长期地习惯了一定的生活条件的家庭形成了一种抵抗财富欲望的能力；一个以一定方法继承了他祖先的遗产的人也继承了他们的义务感和荣誉感。那种体会到他命定要去做伟大事情的情感抵制着对于权力的空虚情感，这种空虚的情感很容易改变那些暴发户的头脑。

贫困同样不利于经济生活中的德性的发展。世代继承下来的贫困会削弱人的占有意识。在极其贫困的、仅能维持生计的家庭
541 长大的孩子们不会具有获得和占有的愿望。他们的愿望超不出日常需要的范围，或者即使表现出了某种超出常需的愿望，这种愿望也不过是一种痴想，永远不能发展成为强烈的意志力量。当这种状态变成了一种习惯的时候，人就会变得没有远见，满不在乎，苟且度日。贫困还会在另一种意义上磨钝占有意识：它使人的区分我的和你的东西的能力衰退。一个人在自己占有财产时，他意识

到财产的神圣。当他把财产制度看作是一种障碍、一种不但不能保护他而且还妨碍他的障碍时，他在跃过这个障碍时自然就不会比他接受财产是自我保护的手段这一观念时有更多的踌躇，尽管他从儿童时起就已习惯于这样地看待财产。这样，贫困就会很容易地变成盗窃行为的学校，行乞和小费制度为这所学校准备了学生。行乞使一个人丧失了他的经济生活上的荣誉感——这种荣誉感是以经济生活上的独立性为基础的——以及依靠自己的努力支持自己的生活的能力。接受小费或酬金的习惯是行乞的第一个形式，虽然看起来很清白。它同样贬低了人的经济上的荣誉感，这一点可以从这样一个事实中看出来：在一定的情况下，付小费对于接受者会是一种严重的凌辱[①]。

占有中等程度的财富可以把人从这两个方向的诱惑中解救出
来。它使人免于伴随贫困而来的种种苦役；它使人能够不受任何 542
诱惑地自由选择某种职业。它使人在其自身内产生了一种与无产者对于贫困的苟安态度相反的对于财富的欲望；它唤起一种占有

① 关于接受小费的习惯的影响参见 R. 冯·耶林的有趣的文章《关于小费》。犯罪统计资料表明了盗窃和财产之间的关系。H. 冯·瓦伦蒂尼经常利用这方面的资料(见他的《普鲁士国家中的罪犯》1869 年版)。他开列了一个表(该书，第 22 页)，按照(发生在六十年代期间的)重大偷盗案的发生频率的顺序把普鲁士各省的：数字排列如下：在每十万居民中因重大偷窃行为而被处监禁的人数：莱茵兰省 5.59；威斯特伐利亚 9.21；萨克森 18.33；波美拉尼亚 20.57；普鲁士 24.69；勃兰登堡 26.27；波兹南[现为波兰一城市。——中译注]32.89；西里西亚 36.94。在该书第 56 页，有一份表明地产分布情况的表：(相当于 30 英亩大的)一小片土地的拥有者人数：在莱茵兰省为 4 人；在威斯特伐利亚为 8 人；在萨克森为 11 人；在西里西亚为 14 人；在勃兰登堡和波美拉尼亚为 22 人；在波兹南为 25 人；在普鲁士为 30 人。这样，我们就看到，盗窃像影子那样地与大土地所有权密切相联系。不幸的是，在德国首都已经接受和仍在接受的来自东部省份的新增人口中，绝大部分是属于下层阶级的居民。

的快乐感，一种与由于享乐过多而产生的对一切的厌腻态度相反的愿望。从这点来看，显而易见，我们时代的生活条件不是很好的。十九世纪工业和商业的巨大增长，与此相伴随的投机和股票交易制度的发展，使得一些特殊的个人能够去积累巨额的财富。这些财富对于这些个人常常毫无好处，而且根本得不到合理的使用。其结果是毫无意义的浪费，对于获得的极度的贪婪和对于赌博的疯狂的癖好。普遍的财富与无产者的痛苦构成了这幅图画的两个侧面。

第五章　精神生活与文化[①] 543

1. 知识的本质与含义

我们所说的文化的含义是精神生活的完美的发展。精神生活的这种发展，表现在通过教育和实践而获得的能力之中，这种能力在一个民族的而最终是全人类的精神生活中起着积极的作用。

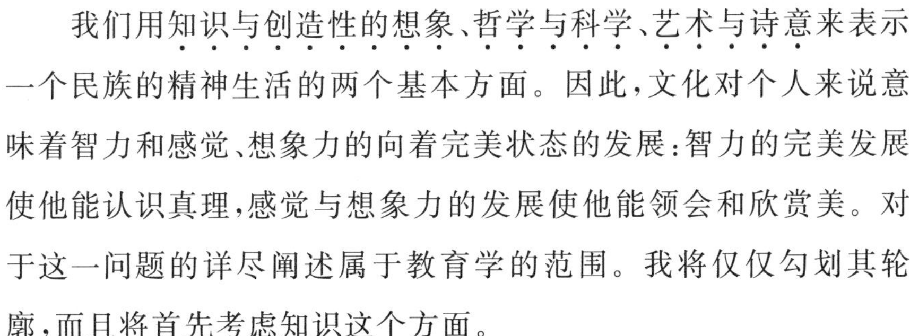

我们用**知识与创造性的想象**、**哲学与科学**、**艺术与诗意**来表示一个民族的精神生活的两个基本方面。因此，文化对个人来说意味着智力和感觉、想象力的向着完美状态的发展：智力的完美发展使他能认识真理，感觉与想象力的发展使他能领会和欣赏美。对于这一问题的详尽阐述属于教育学的范围。我将仅仅勾划其轮廓，而且将首先考虑知识这个方面。

知识有两重功能。首先，智力是**意志的器官**；它的功能是调整

① 波特，《道德科学》，第 2 部分第 4 章；霍夫丁，第 313—354 页；也见第 21 章；斯宾塞，《个体生活伦理学》，第 6 章；伦策，《实践伦理学》，第 44 节及以下；史密斯，《基督教伦理学》，第 2 部分第 2 章第 356—371 页；冯特，《伦理学》，第 4 部分第 1、4 章；塞思，第 2 部分第 1 以及第 2 章；奥廷根，《道德统计》，第 2 部分第 2 章。——英译者

意志与环境的关系。我们在前面已经说明，快乐与痛苦的情感以
看作是知识的最简单的形式。从一般的肉体感受性发展而来的感
觉使肉体能了解更遥远的环境，并使之适应有益的或有害的事物。
感受力发展成为智力，智力可以一般地规定为从已知中推出未知
544 的本领。它把感官接受的材料作为信号，从中推出没有直接接受
到的、尤其是将来的、时间上更遥远的事物。

在较高等的动物中起着重要作用的智力，在人身上达到了最完满的形态，即**概念的**知识。概念与感觉知识的区别在于它是基于对感觉的分析的。动物通过联系把感觉综合起来，于是从一定的复杂的感觉中作出对于将来发生的事情的一种推断。但是，像我们目前所推测的，动物不能把感觉分解成各个个别的成分；在火里，它不能辨别木头与燃烧过程，在一个运动着的物体中，它不能辨别出持续性的物体自身和暂时的运动。然而人可以做到这点，而且在分析的基础上，形成综合性的判断：物体在运动，木头在燃烧。动物不能辨别运动的方向和速度，也不能辨别物体的体积和重量。通过作出这样一种分析，人发现了这些简单的组成成分之间的基本的、经常的联系；这种联系通过我们称之为自然定律的形式表达出来。这些知识使他能从理论上把握和实际上控制自然事物：他不仅能预见复杂的过程——这一点动物在一定的程度上也能作到——而且能够解释它们，即从这些复杂的过程推断出它们的原因；同时，只要这种原因是在其能力以内的，还能把它们生产出来。所以，智力已经成了一种强有力的工具，人借助它使地球成为自己的仆人。他制服了动物或者灭绝了它们，他用经过选择的植物

覆盖了地表，他迫使自然的力量听凭他的吩咐。知识就是力量。[①]

可是知识还有另一个功能，一种直接的价值。在动物那里，知 545
识完全服从于实际的需要，在人身上，它变成了自由的；可以这样说，人对于观照（沉思）活动具有一种没有利害关系的兴趣。这甚至包括感觉。眼睛从颜色和形式中得到快乐，耳朵在音调和有节奏的乐曲中得到了享受；由此产生了音乐和绘画。从对事物的沉思（观照）的同样快乐中产生了哲学。哲学是纯粹的沉思（观照）的知识。这就是希腊人使用哲学这个词的最初意义；最早把这个词作为一个术语使用的苏格拉底学派把哲学作为一种纯粹理论知识与技术知识相区别，而把诡辩论的辩证法与修辞学划归技术知识。在这个最一般的意义上哲学就是一种普遍的人的功能；神话是它的最原始的形式；它总是试图用**一个**概念来把握各种各样的事物的整体，试图说明宇宙的尤其是生活的意义。[②]

对知识的这种估价将给我们提供一个衡量认识的**特定**形式的价值的标准。一个特定的真理，就其有助于提高我们的实践能力和我们对于事物的一般本性的理论洞察力而言，我们可以说它具有价值。不具有这两种意义上的任何一种价值的、对完善我们的技术或哲学毫无益处的知识，也就没有任何价值。命题：任何知识本身都具有绝对的价值，或者：一切事物都值得认识；这个命题在我们时代常常被宣布为科学研究的最高原则。我很难不把这一命

① 试把这个论断与詹姆斯可敬的关于“推理”的那一章（《心理学》第 2 卷）加以比照。——英译者

② 读者将在我的《哲学导论》［第 5 版，1898 年（梯利译）］中读到对这些论题的一个详细的审述。

题看作是一个毫无意义的论断，然而这个论断却为许多人当作平息关于某些特定研究的疑虑的便利手段来使用。但显而易见的
546 是，真正的科学家并不接受这个原则。尽管这个论断认为存在着的一切事物都应当加以认识，却没有任何一个历史学家曾试图去弄清某某名人或“无名小人”每天早饭或晚餐吃些什么，至今也没有一个人有勇气去着手研究吉思·保罗曾经提出的一个问题——自印刷术发明以来的印刷错误的历史和制度。也没有任何一个科学家想去数一数海滩上的沙粒，去描绘一下各个沙粒的形状。为什么？当然是由于健全的常识——假如不是由于科学的洞察力的话——本能地认识到了这一任务的徒劳无益。然而还有一点需要说明，我们不是总能预见一项探索是否会产生与哲学的或技术的知识有关的结果。当健全的常识把科学研究当作无用的儿戏或好奇抛在一边的时候，就再没有什么别的比这更能暴露出它的目光短浅了。培根奚落过一个认为进行磁现象实验是有价值的同时代人。苏格拉底把一切物理研究当作游手好闲的投机而加以反对：他认为最重要、最有价值同时也是最有可能做到的工作是认识自己。在物理学上没有人再持这些观点；人人都知道，由于物理学坚持任何事情都不是微不足道这一准则，它已经为我们关于宇宙的哲学概念和我们的实践取得了最伟大的成果。健全的常识现在也许更愿意去挑语言学、历史学和心理学研究的毛病；而且确实，谁能否认在这些领域里，与那些微小的成果相比，大量的没有价值的东西被人们当作了珍贵的收获物了呢？但是，我们必须记住，有一些最初显得毫无意义的知识却常常在后来获得了意想不到的重要性。比较语言学的最初尝试似乎不是一种严肃的工作而像是没有

意义的琐事，然而它们对我们的现代历史的世界观产生了一种多么 547
令人惊叹的影响！因此，要预先判断每一项研究的效用是根本不必要的，所应坚持的原则不过是：知识只有在它能提高或改进我们对于事物的实践能力或对于世界的哲学认识的情况下才是有价值的。

2. 文化；过度文化；半文化

上述原则同样可以应用在判断**知识对于个人的价值**上。认识对于个人不具有绝对的价值；只是由于认识对于个人有所帮助，或是解决了他的实际生活问题，或是提高了他的哲学认识，或者，用另外的话说，只是由于它们使**他更有智慧和更聪明**，认识才有价值。在这两方面都对他无所帮助的，既不能使他在自己的职业上更有效率也不能使他更善于沉思的知识对他就什么价值也没有。如果我们把作为职业效能的基础的那部分知识叫做**职业的或技术的教育**，把沉思的和参与哲学、文学和艺术的能力建诸其上的那部分知识称为**一般文化**，那么我们可以说：只有当知识给人提供职业文化或加强他的一般文化，或是同时是两者的时候，这种知识对个人才是有价值的。

这个原则还可以给我们提供一条**教育**的指导原则：每个人都应当获得那种对他会有所帮助的知识，即一方面在他从事的特殊职业中能够帮助他获得最大的成就，另一方面能帮助他从他所处的生活地位中认识世界的知识。显而易见，第一种需要即对职业文化的需要，对不同的个人有不同的意义。第二种需要也不是对所有的人都具有同等意义的。诚然，从抽象的意义上说，所有的人

期待的目标都是相同的，这就是：获得参与民族的积极的精神生活的一般文化或才能。这种才能的获得最终将依赖于这样两种知识：关于自然的知识或宇宙学，和关于历史的或精神生活的知识；
548 前者给我们提供一种关于现实的一般形式的概念，后者则向我们提供可以据以解释现实的意义的基本的和普遍的内容。但是人们获得这些知识的途径与方法以及他们占有这些知识的方式是依人们的能力、爱好以及他们的生活的外部条件与机会而各不相同的。

由于有这些区别，有必要开办不同的学校，开设不同的学习课程。学校的三种基本形式是：小学、中学和大学。小学的目标是以一种适合人们需要的方式去教育占人口大多数的群众。学校的全部课程必须考虑到这样的事实，即由于要依赖于父母的经济条件来学习，学生们必须在十四岁之前完成学业并且注定要去从事主要需要体力劳动的职业。因而学习的课程主要应当是获得基本知识所需要的那些课程：阅读，写作，美术，算术，同时也应当包括获得关于自然和历史环境的一般概念所需的课程。中学或中等学校的目的是教育那些其父母的经济条件能支持他们更长时间的学习，并且他们的生活地位的前景将需要他们从事更高级的工作、需要他们有更多的知识和技能并能给他们提供更多的闲暇和自由活动机会的那些学生。除了在小学开设的课程要在这里进一步加强和深入之外，还特别地增加了外国语和数学课程，后者是自然科学和技术的工具，而前者是国际间的商业的和精神的交流以及人文-历史文化的进一步发展的手段。最后，大学的教育目的是使学生扩展一般科学和哲学知识，特别是使他们获得科学技术教育，这种教育是职业活动的前提。

对于个人来说，那种一方面适合于他的天赋和爱好，另一方面 549
又适合于他的未来职业与生活地位的学校无疑是最好的学校。我们不能同意较系统的和较高级的教育对所有的人都是合乎需要的这样一种见解，也不能同意学生们满足于获得基础教育仅仅是由于贫困的原因。一些热心平等的人们要求一种所有的人在同等的学校里接受同等的教育的权利。我们可以对他们说：给一个将来需要去从事体力劳动职业的人，假定说，一个尽管有智力天赋但是却不能去从事一种学术职业的人以高级的科学教育是不明智的。督促一个银行家或枢密官员的儿子去上大学预科班、去考试而不理会他的本性的抗议也同样是不明智的，不幸的是这种情况比上面那种情况更加司空见惯。前面所论及的原则完全表明：对个人来说，那种或由于其自然能力或由于其客观生活地位的原因而无法去利用的知识，是完全没有价值的。

是的，我们可以进一步说这种不能去利用的知识甚至是一件坏事。对一个缺少天资的人来说这是不言自明的。对于他的能力而言，了解的东西过多不会使他更聪明，而是使他更愚蠢。我们必须把愚蠢和无知区分开来。无知是知识的缺乏，而愚蠢是判断的缺乏，这种判断的缺乏可以发生在一个博学的人身上，甚至在一定情况下，它就是由于知识的过多造成的。有一件关于惠灵顿公爵的趣闻。一个青年人曾向他申请一个官职。在和这个青年人交谈了一会之后，公爵拒绝了他的申请，并对他说："先生，你受的教育对你的头脑来说是过多了。"我担心假如惠灵顿公爵能参加我们的考试的话，他会常常发现这种情况。现在，官职的获得依赖于考 550
试，而国家的考试自然只考虑申请人所掌握的知识。于是，对于作

为一个社会的人的知识占有者来说，知识就具有了一种纯粹偶然的、外在的价值——一种独立于它对于作为一个理性的人的知识占有者的真正价值的价值。于是就发生了这样的情况：很多人学了很多不适合于他们的能力和爱好的知识。结果就是，不仅这些知识的获得对老师和学生们是一种折磨，而且还是对于学生们的自然智力的一种损害。由于这些知识没有得到消化，判断变得混乱和负担过重。在考试中常常发生这样的情形：一个有关智力的问题却是靠记忆来回答的；我们常常不是靠头脑的判断而是靠记忆现成的公式或事实来回答问题。要诱导应考人去应用他的智力常常是不可能的，他的智力由于连续的学习而退化了。人们担心这样的一个人在处理实际问题的时候也这样去作；处理实际问题要求他去观察和理解一个事实，一个他认为是可能的和必要的事实；可是我们这位有学问的朋友不是睁开眼睛去观察并使用他的智力，而是马上开始从他的记忆中搜索以前背过的公式和例证，他不自觉地陷入了他已经适应了的那种考试习惯——他不知道还应该用他的智力来作些什么。布伦奇里在他的《自传》的某个地方也有过这样的看法。他说，在我们的法官身上常有这样的情形：由于不断地记忆和背诵法律条文，他们竟然完全丧失了正常的看待事物的能力。这很像一则德国谚语所表达的意思，这则谚语把学者称为反常的人。赫胥黎在他的《文集》中的一篇演说里也表达了同样的意思："我认为，愚蠢在十分之九的情况下并非是天生的，而且我认为这种愚蠢是由来自父母和教育方面的对正常智力兴趣的长
551 期约束以及同时进行的人为地培养某种兴趣的持久努力造成的；这种人为培养的兴趣就像既不合口味又不易被消化的食物那样令

人难于接受。”[①]除了这种愚蠢之外，上述那些努力还获得了另一种品质，就是骄傲或傲慢。过度教育不仅使头脑愚笨，而且使心胸狭隘。知识会肿胀，使徒这样说道，对于那些占有知识而不会合理地加以使用的人来说尤其是这样。有用的东西不会被拿出去展览，只有那些没有用的东西才会被当作炫耀物。有用的东西因得到了正确的使用而满足，那些多余的浮华的东西却极力地显示自己。对那些没有用处的学识同样可以这样说，它的占有者总是极力地卖弄这些学识，以便至少能从中获得些什么。有教养的年轻小姐或她的家庭女教师如果不“炫耀”一下她的法语以便让人们称赞她的文化教养便不能安宁。那些直到最后拿到“一年服役证书”[②]时才不再为拉丁文功课发愁的六年级学生，现在在他一生的其他时间里却要常常为显示他的拉丁语的骄傲而伤脑筋了。

而且，只要知识占有者所受的教育和他的生活地位之间还存在着冲突，只要他的职业和社会地位还妨碍他运用他的学校教育，知识占有者就总是处于一种虚假的地位之中，他的学识（对他来说）就绝非是一个福音。他对不能令人满意的生活提出要求，他在职业需要他从事的工作中得不到乐趣，他在他所处的环境中感到不自在。“拉丁农民”〔der Lateinische Bauer〕是一个众所周知的人物，在他生活的范围内，他既被人敬畏又受人蔑视，而他对于人世抱着一种不满足的态度，他觉得处处都不合意。这种情绪在我

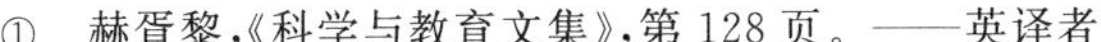

① 赫胥黎，《科学与教育文集》，第128页。——英译者

② “一年服役证书”使它的持有者有权作为一个志愿兵在德国军队中服役一年，而作为一名义务兵则需服役三年。——英译者

们的时代相当普遍。我们在男人和妇女中间经常碰到被自己所受
552 到的教育“降低了社会地位”的人们。他们一致地认为生活对他们所要求的东西不合乎他们的身份，而且同样地都身受习惯性的坏脾气之苦。在我们的高等学校里相当一部分奖学金是定期授予的，而且在城市中常常是授给来自国民学校的穷人家的有天赋的孩子们的。其目的无疑是值得称赞的，但不能肯定结果一定对这些孩子们有益。他们甚至在学校里也常常觉得不自在；在家里他们又得不到必要的安静和同情，在偶尔需要帮助的时候得不到帮助，他们买不起书，学习必须靠自己，他们中间的许多人不得不很快地、也许是在接到一年服役证书之后就离开学校去谋生计。我担心这样获得的教育和那个一年服役证书常常具有消极的价值。其余的人则必须自己奋斗，即靠自己的力量从中学和大学中毕业。在这个时期需要一种不寻常的肉体和精神的耐力来克服无数的贫困和障碍。在通过了全部考试之后，船似乎就要安全靠岸了。但这时的船，即那个奋斗者，如同我们常常看到的，毕竟已经由于饱受风浪而濒于毁灭了。那么，索性撤回在大学预科班里提供给这些人的名额不是更为明智吗？肯定地说，对一个有不寻常的天赋的人来说，觉察到自己为争取获得一种教育而进行的努力所面临的不利条件以及自己将不得不为了生活而去从事机械般的劳动是痛苦的。而且这对于国家也是一种损失，这种损失表现在几个方面：那些大自然并非慷慨地惠予人类的天才被浪费了，而社会的整个领域和民族的精神文化相互隔绝，甚至当这种精神文化成为绝对不可获得的时候变得与它敌对。因此，从个人和社会的利益这两方面着想，应当回到十六世纪的古老作法上去，应当用社会的费

用并且为了社会的公益使那些有显著能力的人获得教育。

歌德在他的一篇评论中概括了这些思想:“人生来忍受着有限 553
的环境:他能够抓住简单的、切近的和确定的目标并习惯于使用近便的手段来达到这些目标。但是当他面临着较遥远的目标时,他就既不知道他在要求些什么,也不知道该做些什么。这种情况对于他始终是一种不幸:他被刺激起来去追求某种事物,而他和这种事物之间却不可能产生积极的联系。”此外,浮士德在博学的重负下呻吟的话也应当作为对我们这些把孩子们送到学校去的父母们的一个警句而刻在学校的大门上:“无用的东西便是沉重的负担。”

历史上从未有过一个时期这种过度教育造成的恶像今天这样广泛流行。其原因很简单,这是因为教育从来没有受到像现在这样高度的尊重。以前人们被分为教士和俗人、信教者和不信教者、贵族和平民;现在我们把人分为受过教育的和未受教育的。当我们推荐一个年轻人时,我们说他具有极好的和多方面的教育;当我们想说出对一个妇女的较低的评价时,我们可以一言以蔽之,说她是一个没有文化教养的人,因而每个人都明白该如何看待她。由于这样的原因,整个世界都在追求文化便不足为奇。我们今天的父母的唯一愿望就是让他们的儿女得到一种教育:有了这种教育他们便能通行于社会,没有这种教育他们就什么也不是。这种对于教育的需要使各种教育方法和教育机构应运而生,这是我们时代的一个十分突出的特点。各种科学的和历史的有插图的及无图的教科书,大大小小的教育用的词典和字典,为使儿女们获得较高的教育而举办的各种形式的学校:中学和大学预科,人文主义的和现实主义的——所有这些事业都在最近五十年中以惊人的高

554 速度发展起来，而且仍然不能满足日益增长的需要。的确是这样，想去那些生产着文化的机构——为男性开办的和为女性开办的——中学习的人总是如此之多，以致必须提前提出入学申请。在这样的情况下，不少的人在这个疯狂的竞赛中获得了一种不适合于他们个人的及社会的条件并使他们不幸的教育是没有什么奇怪的。有教养的女性在十九世纪就一直是家庭中的苦恼。近些年来，那种受过高中和大学教育却又由于这种教育而不能自谋生计的男性也曾给我们带来这种刺痛。在接受教育的时候，他耻于去学普通的商业，就是在他尚有力量和希望去补偿他在这方面失去的时间的时候，他的教育却不允许他这样做，因为在用手去劳动的时候他会丧失作为一个受过教育的人的荣誉。

能够找到一种合理的办法来治疗这种弊病吗？我们也许可以作这样的设想。许多迹象似乎在表明教育的价值将要降低。令我吃惊的是，与在本世纪初使用启蒙一词的情况相似，教育这个词正在被人们以一种怀疑的意味加以使用。在一件事变得过于普通的时候总会发生这种情形。这种情况令我们想起了那个不信上帝的理发店学徒，虽然他只是个理发店的学徒。“文化”可以说已经取代了“启蒙”的位置。这个词最初是在上世纪末在聚集在赫尔德和歌德周围的新人文主义者的圈子里流行起来的。完整的词是：人文主义的文化，它意味着继希腊型的人之后，一种既不同于法国的朝臣类型的人又与正统派和虔诚信徒相区别的内在的人的形成；
555 与这些类型的人相比较，希腊的文化理想似乎表现了人的自由的、合乎本性的教育。从那以后，文化这个词已经怎样地堕落了啊！现在当人们在谈话中提到文化这个词时意味着什么呢？假如我可以相信我的语言学本能的话，我就这样地解释：那些能够谈论社会感兴趣的所有话题——关于歌德和席勒、拉斐尔和米开朗琪罗、柏拉图和康德——的人是有教养的或受过教育的。至于他是否感受到了这些伟人的情感，或者理解了他们的思想，是否捕捉到了他们的精神一丝一毫，这是无关紧要的，只要他能够谈论他们。但是如果他不熟悉这些名字，就像诚实的赫尔曼不熟悉塔米诺和帕米那一样，那么，不管他是什么和拥有什么、感受和想到了些什么，他都没有文化。同时还有另一种办法可以帮助我们辨别一个人是否受过教育，至少在德国是这样，就是根据他使用外来词语的能力来加以判别。外来语是从外国语中借用的，所以通过使用外来语我们就使人们知道我们不属于只讲普通方言的下等人，而属于随时可以讲拉丁语或法语的特权阶级。

我们常常听到对于**半斯文**或**半文化**的抱怨，并听到人们把这种半斯文或半文化归罪于中学或一年服役证书，或归罪于别的什么。我要说所谓半教育恰好表达了我们在使用文化这个词时通常想表达的意思：外来语，对任何事情的一知半解以及对任何问题都能谈论一下的能力。半教育的意思是占有各种各样的知识但是没有把它们消化并转变为一种活的力量。这个词的词源似乎也表明同样的思想：文化意味着一个有机地形成的过程，一个把各种各样的材料按照内在形式原则来接受和吸收的过程。那么半文化就意味着尚未完成的文化，在这里材料已经被接受，但是还没有被消化和转化为一种有机的力量，因而作为未被消化的东西，作为重压在有机生命之上的外来物存在于记忆之中。所以半教育可以在预科班和大学里获得，也可以在中学和为年轻小姐们开设的私立学校 556

里获得。而且还会发生这样的颠倒：一个其学历没有超出过国民学校的普通人可以获得一种完全的和彻底的教育；假如他的内在的生命与这种教育一致地、和谐地发展着，假如他把他在学校和社会获得的任何见解和经验都已经消化并转变为有机的东西和活的力量，那么他就是一个受过良好教育的人。不是质料而是内在的形式才产生着教育。没有形式的质料产生半教育、过度教育、假教育，或者我们可以用来称呼灵魂的这种退化的其他任何东西。

3. 艺术的本质与含义

艺术，像哲学一样，也是建立在，至少是部分地建立在纯粹观照(沉思)的基础之上的。如果说和劳动相区别的消遣是力量的自由运用，而不是达到一种外在目的的手段，而劳动则是希望获得一种外在的效果或产品，那么艺术和哲学就属于消遣的类型。所有的与优美艺术有关的活动都是感觉-精神力量的消遣性的或无目的的运用。当我们注视一个雕塑或一幅绘画的时候，我们的目的并不像在研究物理的或技术的教科书里的一幅绘图那样是为了学习某种东西。我们仅仅是不带目的地运用我们的知觉和表象能力而别无所求。当我们在聆听一首歌曲或听某人“演奏”乐器的时候，我们只不过希望跟上音符的运动。当我们朗读一首诗或看一出“剧”的时候，我们就置身于“剧”的想象之中，这就是诗人们所说的入神。

的确，艺术作品的生产现在不被看作是消遣而是被视为劳动，在这种生产的目的在于使产品具有一种经济上的价值这个意义上，把它看作是劳动是恰当的。然而在起源上，艺术和消遣是紧密联系着的。所有的人，即使是最野蛮的人，也修饰他们的器皿。罐子、武器和衣服总是用各种各样的线条、标记和绘画装饰起来；儿童在石板和墙壁上涂写数字也是出于同样的消遣本能。歌曲和音 557
乐最初是同舞蹈和节日消遣活动相联系的。同样的消遣的冲动产生了最早的叙事史诗：在诗歌中，各种各样的人物和事件在唱者和听者的眼前栩栩如生。最初的史诗实际上是唱出来的。我们的世纪已经知道了一首口传的史诗，即芬兰人的史诗。在极地的长夜中，芬兰人以对话的形式来背诵关于神和英雄的有韵律的故事，用这样的方法来消磨时间；人人都能重复这些故事或者自己编出新的故事。因此史诗在流传之中总有一些特殊的变化。神话故事在我们中间的流传也是这样。人的自身就充满着诗和剧的童心保存着这些活的诗歌的片断，甚至一直保持到人的成年；或者说这种童心曾经保存着这些活诗的片断，因为，由于现在这些故事都印了出来并且每年圣诞节都出版数十种新的、人工编造的神话故事，这种因地域偏塞才得以生存的活诗中的最后一些幸存物正濒于死亡。当印成书册的神话故事传到了最后一间山间小舍的时候，这种作为民族的活的功能的叙事诗就将成为过去历史的一件遗物。

艺术也根源于**情感**和**意志**。每一种强烈的感情都带有使自己得到表达和交流的愿望。爱情的快乐和悲痛、军人的勇敢和悲伤、思念和敬畏都借助诗与歌表现着自己。情感自身被有韵律-旋律地排列的词语与音符召唤起来。这样，一个民族和一个时代的意志和情绪在史诗和戏剧诗中被表现出来，被客观化。哥特艺术表现了一种高耸突兀的超自然主义情绪，一种谴责和反叛感性的尘世连同它的快乐和压抑的情绪。在文艺复兴时期，那种与此相反

的情绪得到了表现;它的建筑和艺术、它的服装样式和家庭陈设、
558 它的诗歌和音乐都以青年人的热情和洋溢的情感表明了时代的这样一种决心,即听任自己去思考和享受一切可爱的和美好的事物。直到后来,时代似乎感到了这样放任的时间已经过长,以致需要弥补失去了的时间。

艺术的最高功能是去塑造和表现一个国家的精神生活所创造的理想。理想世界在一个超越现世的、超人的世界中得到了自己的最高表现,在这里完善对于信仰具有绝对的真实性。于是艺术成了宗教的器官。它的最高功能是表现一个民族的最深切的热望,以具体的形式去思考它的完善的概念。因此,造型艺术创造出了希腊诸神——希腊人的人文理想得以以可见的形象展现在他眼前的那些光荣人物——的具体形象。与此相似,希腊的史诗和戏剧中的诗篇给人们描绘了关于神的和人的诸如勇敢、忠诚、献身、高尚、节俭、智慧、怜悯等美德的活生生的画卷。基督教艺术也同样具有把理想的王国转变为具体的直觉世界的必要功能。整个中世纪的艺术,建筑、雕塑、绘画、音乐和诗歌,都以把基督教信仰世界展示给感觉世界和全体人类为自己的唯一目的,并采取了一种具有日耳曼精神的方式。①

① A. 丢勒这样看待艺术的功能:"绘画艺术用来为教堂服务,这样就表现了耶稣受难及许多其他的伟大形象,使得这些形象在这些人物死去之后仍然得以保留。"弥尔顿对诗的艺术作用也有同样的看法:"诗的力量是上帝不寻常的惠予……每个民族的富有灵感的礼物,与布道坛的作用相比,诗是这样的一种力量它在一个伟大的民族中间孕育着并珍藏着善和社会文明的种子;它减轻心灵上的烦恼,使感情得到适当的调节;它骄傲地歌颂全能的上帝的权力、他的服饰、他的创造物以及被人们深思远虑地塑造出来的形象;它赞颂殉道者与圣徒们,赞颂正义与虔诚的民族的业绩与胜利,并无畏地鞭挞基督的敌人;它为王国和国家在正义与对上帝的虔诚信仰方面的堕落而哀叹。"

我们可以进一步把**艺术**对于灵魂的**作用**说明如下：（1）它运用 559
我们的感觉-精神力量并且用最纯最美的消遣和快乐充实我们的闲暇。（2）它提供必要的刺激和宽慰，用这种方式满足情感向外表现自己的愿望，并使之平静下来。（3）它使灵魂升华到劳动和需要、挣扎和痛苦的世界之上的自由和理想的世界，并洗净它身上被日常生活事物所蒙上的低级情感和情欲的灰尘。构成一切艺术的本质的内在的一致与和谐也给灵魂带来了一致与和谐。最后，（4）它在国家范围内，把那些有着同样信仰和同样理想的人们乃至把文化界的全体成员聚集并联合起来。人们在见解与利益方面的不一致产生着不和，艺术以感觉形象表现着人人都珍爱的理想，因而最终地唤起了那种人心皆同此心的情感以及所有的人都承认和敬慕同样的终极至上的事物这样一种共同认识。这样就产生了艺术和公共节日的结合。在节日里，一个民族的成员之间的内在的一致在努力地表现着自己：艺术满足着这种大众的热望。艺术使所有人的心里充满同样的情感，并使共同的灵魂意识到其自身的一致。任何把人们相分隔的东西都暂时地被忘却了，而那种人心的最深处的思想感情的一致成了纯净的、快乐的源泉。

4. 艺术目前的地位

如果上面所说的是对于艺术的本质和作用的正确的描述，那么接下来将谈一谈它是普遍的人的功能。艺术不是个别民族和它们中间的个别人所特有的某种东西，所有的民族都有一种艺术来表达他们的情感，就像他们有一种语言来表达他们的思想一样。

而且正如一个民族的所有成员都参与语言——虽然不是平等地——一样，他们也都在一定程度上参与其艺术。

艺术的概念似乎充分地表达了艺术在一个民族的生活中的实
560 际功能，但是当我们把这个概念与艺术在我们民族目前生活中的地位加以比较的时候，我们马上就看到这个定义和事实之间的不一致。在谈到我们时代的艺术的时候，如果以为我们使用这个词是指为所有的人服务或与一个人的生活有着直接关系的某种东西，那是不恰当的。艺术通常被视为一种仅仅为少数命运赋予了更多的自由与闲暇的人们享受的奢侈物。群众，那些没有受过教育的人，则必须去劳动并以一种偶然的、单一的快乐为满足。这是许多受过教育的人所持的不言自明的并时常公开表达出来的见解。

必须承认，这种见解是较为接近地表明了艺术在我们文化中的实际地位的。陈列在我们美术馆和博物馆、艺术展览会和沙龙里的雕塑和绘画，当然不是为那些群众的。的确，这些人也不来观赏它们，而且当他们有机会来到这些场所的时候，他们也觉得不知所措，他们的困窘的动作和表情表明了这一点。甚至常有这样的情形：一个在简单的生活环境中长大并且没有受到文化熏陶的人在这种艺术作品面前会处于另一种尴尬，即羞耻的尴尬之中。他看到在他周围的是各种各样的裸体体型，古典的裸体、文艺复兴时代的裸体和近代的裸体，于是那双不习惯的眼睛便巡视四周以便找到一个地方休息一会儿。因此，占民族的绝大多数的群众在我们所称的民族文化中只占有有限的一份。歌曲和音乐最能为群众所享受，当然，我不是指咏叹调和交响曲。而且，我相信详细的调

查会表明艺术甚至并不是我们许多受过教育的人生活中的必不可
少的部分。它在很大程度上只是一种外表；几幅绘画和一些雕刻
品，几本通常是镶着金边的版本图书放在玻璃橱里，还有必不可少
的钢琴，这些都属于一个“文雅的”家庭的陈设；与此相似，微乎其 561
微的文学艺术史知识构成了一个有教养的头脑的部分陈设。

我们该如何解释现实和理想之间的这种不一致呢？一些人大概想说：哦，这是较高的文化的不可避免的对应面；能够跟上文化进步的步伐的人数会自然减少，文化越是进步，对于文化提出的需要也就越多。所有的进步都依赖于劳动和鉴别的分工；人们被分为受过教育的阶级和群众是一个不可避免的结果。

我不认为这一论断具有真理。说越是发展的东西越是远离群众，这在一定的范围内是对的，科学的产品按其本性来说，只有很少的有时间和力量来进行困难而持久的准备工作的人才能获得。然而艺术的情况似乎与科学不同。科学以概念与理智交谈，艺术通过感觉诉诸情感；被艺术产品所感染的能力似乎更多地是一种自然能力，而不是通过实践获得的特殊的技能，虽然这种能力也要通过运用来提高和发展；如果艺术表达了一个民族的全部情感，这种艺术中就一定有某种孩子们也能够接受的东西。不是所有的人都能成为有创造性的艺术家，也不是每个人都能成为艺术批评家的；但是，我们应该设想，所有的人都应当有能力欣赏艺术，尽管是在不同的水平上。

历史事实似乎也证明了这一观点。众所周知，希腊艺术在它的繁荣时期，无论在内容上、在形式上，都毫不逊色于今天的艺术。然而，它不是只为那些受过教育的人的小圈子的：埃斯库罗斯和索

福克勒斯并不是只为学园的学生们而写剧，德摩斯梯尼也不是只
562 为这些学生们而写下他的演说的，他们的创作是为着全社会的。所以，雅典市民也一定理解和欣赏那些在五世纪用来装饰城市的建筑和雕塑的价值；的确，要是这些市民最初就不相信自己的价值的话，这些作品就不可能出现。

如果也应当谈一谈那些使市民们能够享受闲暇和文化的奴隶们的话，我想提请人们注意一下中世纪的艺术。中世纪艺术也在很大程度上具有形式上的创造力量和创造功能及内容上的丰富性和深刻性。它同样不是为那些受过教育的人的狭小范围服务的，而是为整个民族服务的。中世纪艺术为教堂服务；建筑和雕塑、绘画和音乐这些艺术形式的基本目标是使教堂设施肃穆和威严。教堂和礼拜、圣礼和布道是为所有的人的；为这些服务的艺术也是同样。假如它们的价值没有被普遍承认，那么谁还会去建造那无数的充斥于中世纪城市的进行礼拜活动的房舍呢？这些房舍不是由国家出于应当为教会或艺术作点什么这种考虑而用纳税者的钱来建造的，而是由社团和市民们建造起来的，人们建造这些建筑是为了赞美神，为了自己的快乐和教化，也是为了作为对于他们的艺术的和自我牺牲的虔诚的一种纪念。我们今天该上哪里去获得这样的勇气和办法来建造这样的建筑呢？数十年来，我们在我们自己的土地上积攒起了一笔又一笔的资产，我们沉溺于自己的赌博的嗜好之中，这种嗜好已经剥夺了我们的其他的满足形式，但是我们却不能聚拢起必要的钱财去完成那些在中世纪一个单独的城市或社团就能够完成的建筑。也正是由于这一点，那些装饰着教堂内部的无数绘画和雕刻吸引着我们所有的人。每个人在他面前看到

的是活在所有人心中的神圣故事和人物的艺术表现，并被这些艺术形象激起了对这些神圣故事和人物的愉快的崇敬。

这难道不是艺术的作用吗？我认为这就是艺术的最高作用，563
因为艺术家最终是想得到这种虔诚的凝视而不是轻率的批评。是的，构成享受的主要源泉的并不是艺术的形式，不是色彩和构图，而是艺术所表现出来的事物。不过，也许只有艺术家自己才认为绘画只是为其表现的内容而存在，而不是为了显示他的技巧。技巧自身不是目的，而是为一种思想服务的工具，人们时常引用的“为艺术而艺术”这句格言就表达了这种见解。一个中世纪的画家会愿意把那些凝神注视着他的绘画的观众换成参观我们的美术馆的这些观众吗？大概不会有哪一个有理智的艺术家会不喜欢那些先是欣赏绘画所表现的事物然后再去领会它们所表现的真和美的观众，而愿意要那些喋喋不休地唠叨着色调和运笔的技巧、议论着主题和构图的职业和非职业的艺术批评家们作自己作品的观众的。

因此，我不认为艺术和我们的实际生活之间的不一致应当归因于我们的文化与艺术已经达到的完美状态。它毋宁说应当归因于我们精神生活的特有的缺点：我们仍然缺少民族情感。

这个原因在于我们的文学和艺术不是像希腊人那样的稳定的民族发展的产物。我们的内部生活在其发展中两次被严重地打断，第一次是由于皈依基督教，然后是由于转向古代；前者标志着中世纪的开始，后者则标志着近代的开端。可以说，在这两次中我们都有意识地抛弃了我们的过去，都经历了精神的新生。在第一次我们的民族接受了基督教的古代的宗教和文化。教堂带来的宗

教和文化毫无疑问大大优越于我们自己的宗教和文化。但是在皈
564 依基督教的同时还是产生了极大的震动：一个民族不能像更换衣服那样地改变其宗教。宗教是一个民族的灵魂和内部的生命，它渗透在一个民族的语言、诗歌、习惯、风俗、理想和一切事物之中。众所周知，新宗教曾经带着何等的嫉妒去迫害和扑灭那些旧的信仰、旧的神圣的习俗、旧的诗歌和旧的理想。

新宗教在民族中扎根，它被移植在旧的树干上并且生出了茁壮的新枝：军人的勇敢与基督徒的怜悯奇妙地混合而成的骑士；文化和禁欲主义两种特点相互交织的修道院秩序；童贞般的信仰和男子气的思想相互结合的经院哲学；超自然主义内容和感性形式相结为盟的中世纪艺术。但是接着我们习惯地称之为文艺复兴的第二次大中断又到来了。在这里，我们又一次看到了同前一次一样的与过去的突然间断。在我们皈依基督教之后，过去被当作异教抛弃了，并且被人们以憎恶的眼光来看待；但在第二次中断中，中世纪又被看作是卑污的天主教原始状态而受到谴责。人文主义者找不到足够的词语来表达对于中世纪的轻蔑：它们的语言、它们的崇拜，它们的艺术，只是可恶的野蛮状态。不仅如此，甚至它们的宗教也不是基督教，而是一种崇拜偶像的丑闻；宗教改革运动就是这样地作出了判断并把自己的力量与人文主义汇合起来去摧毁宗教生活的古老形式。对偶像崇拜的恐惧在精神和外部表现两个方面导致了对宗教中全部感性成分的崇拜的毁灭，而随着对圣者的崇拜的衰落，艺术就失去了其真实的目的。

虽然我们历史生活中的这第二次中断已经过去了四个世纪，但其后果至今没有被克服，而不是像中世纪的第一次中断的情形

那样。我们的民族生活并没有像它以前吸收了基督教古代文化那样，吸收古典时代的文化。我们没有使它进入到我们的血肉之中，我们整个民族没有去分享这一文化。这种情况何以能够发生及是 565
否合于需要的确令人怀疑。文艺复兴的文化只抓住了我们人口中的一小部分，即在我们的人文主义的大学预科中接受了古典教育的那部分人；这的确是很重要的一部分人，因为他们是注定要成为我们民族的所有生活领域中的领导者和教师的那一部分人。但是这部分人并不完全处在我们公众生活的范围之内，而是在它的边缘上，或者，如果我们愿意这样说的话，在它的上面，构成了一个特殊的阶层，即那个被它的所谓的阶级的教育明显地与人民分离开来的知识阶级。知识阶级与非知识阶级之间的这条鸿沟在文艺复兴之前是不存在的。在中世纪形成了僧侣和俗人之间的一种区别，这是一种教育上的差别，但不是很大；牧师们懂得拉丁语这种教堂语言，可是他们的生活和尘世观念与骑士和农民并无不同。而且，由于禁欲，这种教育上的差别不会遗传下去。直到十六世纪，在人民与有教养的阶级之间才出现了一条明显的界限。有教养的阶级不仅在科学或技术知识上与人民不同，他们在整个生活观念上也与人民不同，而且他们以此为自豪。他们转向古典时代去寻求他们在国内得不到的东西：人的完美发展，这个仅在古代世界之外被人们以或多或少不完美的形式认识到的理想。对古代的崇拜变成学者们的第二宗教，一种普通人自然不参与的更加贵族化的宗教。这种崇拜在第二次文艺复兴——即被十六世纪的巨大宗教运动打断了的第一次文艺复兴在十八世纪的继续——中达到了顶峰。我们的大学预科在这个世纪之初重建起来，这些大学预

科就像是这个“有教养阶级的宗教”的庙宇，而荷马就是他们的圣书。

566　我们称之为我们的民族文化和艺术的主要是这部分受过古典主义教育的人们的所有物。它不是根植于我们的公众生活，而是根植于古典学派，因而具有一般古典学派的特点。诚然，我所谓的古典文学不再使用古代的语言，就像十六世纪的新拉丁语和新希腊语诗歌一样；但它在内容和形式方面仍然追求古老的古典原型。确实，我们每天都听得到用平静的语气宣布的这样一种断言：要理解我们的古典派作家，进大学预科班去接受那种古典主义是一个必要的前提。这个论断也许由于大学预科教育的卫护者为预科班的权利辩护的愿望而有些言过其实，但谁能否认其中确有一点真理呢？

其他的艺术也背叛了古典艺术的品质。以建筑为例，且不去谈除开生产肖像这一点之外就纯粹是外来产物的雕塑。建筑不是手工艺的产物，而是在院校里教授的；它不是根植于我们的需要和我们的生活条件，而是根植于学问的传统。我们任意地选择一种特定的风格，然后经过努力我们就能使这种形式与生活条件相适应。这样就出现了我们在街上可以看到的那些奇妙的结构——顶上镀锡使其外表像科林斯圆柱的砖柱；粘结在木头的楣柱上看上去似乎在支撑着它直到它们分离开的熟石膏肘托；模仿希腊庙宇并为此目的用圆柱把它们围绕起来的建筑，但是又想起这些建筑是打算做画廊的，于是在圆柱之间又加上了墙壁和窗户，这样，圆柱的一半就从砖石结构中突出出来——一幅蹩脚的景象。绘画是比较土生土长的，音乐则尤其如此；这会不会是由于希腊音乐

已经失传——很幸运，有人想这样说——因而音乐必须独立地发展呢？

我不想挑毛病或去评判历史，绝非如此。这样作会是一种傲 567
慢的、无益的活动。事物自身怎样就是怎样，无需多评，历史上的事物也在其中。毫无疑问德国民族不可能在与世隔绝中继续他们的进程，而且我也愿意相信他们会选择所有的可能进程中的最好进程。但是我们的谦虚绝不会妨碍我们承认我们的文化——就其本身而言——并没有满足全体人民的要求；特别是我们的艺术并没有为我们做出它能够为一个民族做到的一切，尽管我们的文化是我们民族的历史条件的产物。这种谦虚也绝不妨碍我们承认这种状况并不是令人满意的。尤其不能令人满意的是下述这一事实：由于缺乏优美的和高尚的乐趣，人民大众的生活是枯燥的和不健全的。他们的享受是粗俗的。在他们的工作中，也许也在他们的贫困和痛苦中，他们是值得尊敬的，可是他们的乐趣却使那些有着更文雅的性情的人们觉得厌恶和低俗。而当艺术不是把根扎在人民的心中的时候，它自己就会堕落。在仅仅是由社会的较上层的阶层来培植艺术的时候，它很容易堕落为纯粹的时髦，堕落为一种奢侈和炫耀的目标，或者下降到一个更低的水平，变成感官享乐或调情作乐以及寻求感性刺激的一种柔和的手段。人人都知道我们时代的绘画与小说的一些典型有时会污秽到怎样的程度。

我们的民族将能再一次地占有一种伟大的、深深地扎根在它自身的本性之中的艺术么？这种艺术能够带着它的创造力量从它最深刻的本质中引出艺术表现的新形式和新目标么？这种艺术能够成功地正确估价可以加以吸收的外来成分并抵制其他的成分

么？没有人能够告诉我们。也许我们能说的唯一的事情是：假如德国人和他们的邻族们注定要生存很长一段时间的话——这只是某种信念而不是知识问题——他们将重新占有一个普遍承认的理想的世界，没有它，任何民族都不能长久地存在；而这个理想的世界将重新在艺术作品中寻求感性的表现。

至于未来的艺术将采取何种形式——这将不是博学所能支配
568 驾驭的问题——历史预言不能预言。然而，有一点是确定的：对创造性的想象力起着如此促进作用的理性生活上的偏狭性已经一去不复返了；以其理想人物充斥了以往的艺术的神话和传说，也不会重返了。新的艺术将不会再度地在那块奢侈的土壤上繁荣发展。歌德在说出下面这番评论——我发现这句话曾在什么地方被引用过——时是寓意深刻的，他说道，"我憎恶奢侈，它毁灭想象力。"

第六章　荣誉和对荣誉的爱[①] 569

1. 荣誉的本质

对荣誉的爱可以被看作是一种特殊的缓和的自我保存冲动；其目的在于在意识中，在我们和他人的意识中实现自我的保存。我们可以把它叫做**理想的自我保存的冲动**。

我们用客观意义上的荣誉来表示我们周围的人们给予我们的评价。一个人通过他的品质和行为在他的伙伴中唤起某种情感，这些情感是以价值判断的形式来表现的：尊敬和无礼、崇拜和蔑视、敬重和厌恶。这些情感以判断的形式表现自己并为其他的情感所影响、加强和共鸣，因而产生了对于社会中的特定个人的某种总的价值估价的东西：这就是他的客观荣誉。这种现象在动物中是没有的；仅仅在人类中，理智的和社会的生活才达到如此完美和

---

① 亚里士多德，《尼各马可伦理学》，第 2 卷第 7 章；第 4 卷第 7—10 章；叔本华，《附录和补遗》，第 1 卷“有关世俗智慧的格言”；耶林，《法律目的论》，第 480 页及以下；波特，《道德科学》，第 1 部分第 14 章；许夫定，第 11 章 c；冯特，《伦理学》，第 1 部分第 3 章 3(c)—(e)；詹姆斯，《心理学原理》，第 10 章；富勒与威尔森，《道德原理》，第 2 部分第 4 章；多纳，《人的关系》，第 384—395 页；伦策，《实践伦理学》，第 67 节及以下。——英译者

稳定的状态，才可能在意识的整体中获得对个人的持久的认识。

正如一个人属于各种各样的社会群体一样，一个人也可以有
570 各种各样的荣誉。作为政治社会的一个成员，他具有一种**政治的**荣誉；它衡量他作为一个公民的价值。人们在这种荣誉形式的系统分度上作出了许许多多的尝试。然而应当注意到，那个最低等的阶级，就那些属于这个阶级的公民本身而言，没有被看作一个真实的阶级。但是它是存在着的，它也有它的政治荣誉，对于一个触犯刑法者所实施的剥夺公民权这种处罚表明了这一点：他丧失了作为一个可信任的人所能得到的公职和所具有的地位，丧失了头衔、奖章，丧失了作一名军人、选民、陪审员、见证人和监护人的权利。这就宣告了这个人在政治上丧失了价值。

除了政治荣誉，还有一种特殊的**社会**荣誉。每个人都是社会的一员；他作为社会的一员的价值是以他的社会荣誉来衡量的。社会地位主要是由出身、财富、经济上的和精神上的成就决定的。社会荣誉总是试图把自己变为政治荣誉，或者进一步说，使自己获得国家的认可。国家通过授予头衔和勋章来满足这种愿望。它授给富商以商务顾问头衔，授给有成就的医生以医疗顾问头衔，授给著名的学者和教授以内阁枢密顾问头衔。公职和这些头衔没有关系，这些头衔没有附带的责任，教授不从事管理，他们也不提出什么劝告，在公共生活或私人生活中都是如此。国家只是承认头衔并使公众注意到受衔人的社会重要性和社会地位。勋章也基本上是为同一目的服务的，它们表明了受勋者的社会和政治地位。头衔制是现代国家的产物，而**贵族**制则有更久远的发展历史。后者同样是基于社会荣誉之上的，这种社会荣誉也是由财富、出身和个

人成就决定的。国家通过赠予政治特权确认这种社会荣誉。

在这种综合性的群体〔国家、社会〕里面，还有一些更小的集
团，每一个这样的集团都有它的特殊的荣誉形式：我们举出商人的 571
荣誉、艺术家的荣誉、军官的荣誉、学生的荣誉，等等。这些荣誉的内容表明个人满足了他所隶属的那个特定的社会圈对于他的那些特殊的要求。

集体像个人一样，也有它们的荣誉：一个家庭在其他家庭中间有它的家庭荣誉，一个阶级在其他阶级中间、一种职业在其他职业中间、一个民族在其他民族中间，也有它们自己的荣誉。在这种集体荣誉之中有个人的一份；假如一个英国人在英国人中间有某种具体的荣誉，在外国人中间他就具有一个英国人的一般荣誉。这种集体荣誉是全部集体生活中的一个极其重要的因素；它把一个团体的成员紧密地结合在一起。家庭荣誉把家庭的成员团结起来，甚至在这个家庭已经失去了爱情和相互尊敬的时候也是这样；一个成员的丢脸会使全家人因之蒙耻。

2. 荣誉对于道德发展的意义

荣誉对于人的行为的**重要性**是显而易见的。既然荣誉的提高产生快乐，荣誉的下降造成痛苦，对荣誉的爱就推动意志决心去寻找提高荣誉的事物，去躲避损害荣誉的事物。一般说来，任何一个提高一个人的**能力**和**影响**的事情都提高他的荣誉，或者用另外一句话来说，凡提高一个人的有助或有害于他人的能力的事情都提高他的荣誉。我们可以以力量、技能、勇敢、军事本领这样一些品

质为例；这些是原始社会中特别荣耀的品质。人的怯懦被看作是一个敌人，而一个朋友的价值主要是取决于他是否具备上面所说的那些品质。接下来的是财富或社会权力；通过家庭联系给人带来权力的出身和地位；最后是智谋、法律知识和雄辩，这些随着政治的发展进步而来的品质，使得具有这些政治品质的人获得更高的地位，或者作为人民的领导者，或者作为国家的官员。在希腊史
572 诗中描绘的类型是这些不同形式的名望和荣誉的最朴素的范例。阿基里斯是力量和勇敢的象征；亚加米农代表地位和财富；奥德修斯和内斯特象征着智谋和雄辩。最后，**道德**优点在一定意义上也属于给人带来荣誉的品质，对荣誉的爱也驱使着我们去获得这些品质。纵欲、放荡和奢侈给人带来耻辱，至少在一个人被沾染的这些恶习毁灭了以后会给他带来耻辱，因为原来称赞他的朋友们这时也抛弃了他。另一方面，相反的行为方式，则能够保存人的财富和力量，至少是最后会给人带来荣誉。说谎由于与怯懦关系密切，假如没有其他的理由，也会给人带来耻辱；欺骗与不诚实也是如此。相反，诚实、可靠和正直则给人一种好的声誉。所以荣誉是道德的卫士；对荣誉的爱首先推动着意志去发展自重的德性，然后又推动着它去获得社会的德性，或者至少是避免不公正的行为、谎言和犯罪。

不需详细叙述这种观念的自我保存的冲动在人类的道德教育方面的重要性。人类的诸如勇敢、高尚、正义、诚实等各种德性的发展，更高的经济的和精神的能力的发展，没有这种不断的、积极的冲动是不可能获得的。对荣誉的尊重和对耻辱的恐惧甚至在最坏的情况下也产生了一些好的结果：懒惰的本性由于害怕蒙受贫

困的耻辱而行动起来；胆怯的气质也因为害怕被指责为怯懦而被激励得勇敢起来；好斗的和固执的性情由于害怕惩罚和丢脸而屈服。我们也不能设想那些伟大的业绩可以在没有对于荣誉的强烈的爱的情况下被完成。最高的名望和荣誉是大多数曾给历史带来转折点的人们的最强有力的动机——在亚历山大、恺撒、弗里德里希、拿破仑那里就是这样。而且，假如在人的记忆中没有对荣誉、 573
名望和不朽的憧憬，伟大的精神和艺术成就也就不可能获得。对名望的爱的确并不产生出创造性的冲动，但是没有它后者就不易于发展。即使是在伟大的圣者们中间，这种对于名望的憧憬也不无影响：他们虽然鄙视人的名望，但是这是因为他们想获得一种更高的与主同在的名望。

那些丝毫不关心荣誉和耻辱的事例也从反面证明了这一点。那些没有什么荣誉可以丧失因而也不再有任何对于耻辱的恐惧的人们最为堕落。每一个大城市中都存在这种为社会所排斥了的人群；职业罪犯和娼妓构成了它的相互补充的两个方面：他们是再没有名望可以丧失也没有希望挽回名望的人们。在阿费-拉勒曼关于德国犯罪阶级状况的著作中[①]我们看到了对于一个反面的社会的详尽描述，由这些“无羞耻的人”所组成的这个社会有它自己的语言、自己的习惯和准则，而且还有它自己的荣誉，窃贼的荣誉；所以人不可能绝对地不要名声和荣誉。这个社会的语言是所有的语言渣滓的混合物；有一个民族的语言对它有特殊的贡献，这就是那个在其他民族中间丧失了它的荣誉的犹太民族。这个社会的道德

① 4 卷本，第 1858 页及以后。

是可憎的道德败坏;这些罪犯的荣誉,可以说就是一个人身上带有的并作为他的象征的耻辱的程度;他的名字在荣誉社会里越耻辱,他在这个反面的社会里就越尊贵。

3. 表现为骄傲的对荣誉的爱

我们把个人对于荣誉的恰当的态度,把与荣誉冲动相适应的那种德性叫作**对荣誉的爱**。我们可以把它规定为**用诚实的和道德的行为去寻求对于道德的和善的行为的确认**的意志习惯和行为方式。或许我们可以从两种观点上,即从**恰当的骄傲**和**恰当的谦卑**这两个方面来适当地描绘它的特性。

574 **骄傲**(不应当与傲慢相混淆)是荣誉的两种堕落形式即**虚荣**和**奢望**的反面。我们把这样一种人叫作爱虚荣的人:他对自己和自己的成就十分满意,尽可能地炫耀自己的成绩,以便得到尊敬、赞扬或至少是奉承。极度虚荣的人在选择其追随者上,在选择能使他得名的事情上并不细心。他的一贯目的是引人注意和炫耀自己,不把别人的注意力引到自己身上他便不会满意。奢望的人把追求不切实际的目标作为自己的荣耀。说一个人是奢望的,这就是说,他为追求荣誉和名望而置其他一切于不顾,甚至不惜以牺牲幸福和生命、自尊和善的良心为代价。奢望尤其追求政治名声;它渴望权力、等级和地位。虚荣总是极力地以个人特质,以美貌和风雅、才华和机智、修长的指甲和时髦的衣着来博取人们的羡慕。我们可以大体上把虚荣叫做荣誉冲动的女性的堕落形式,把奢望叫做荣誉冲动的男性的堕落形式。妇女总是努力地以外部形貌来取悦他人：苗条的身段和秀美的脸庞，过分的时髦和华而不实的文化。迄今为止，取悦于某个男子几乎是妇女们获得外表荣誉的唯一方法。男子的荣誉冲动通常是由他的出身和职业决定的，这种冲动旨在获得客观的名望：商人的荣誉是财富，君主的荣誉是权力，农民的荣誉是他的土地的广大和多产。依赖于地位和家庭条件的奢望比较安静、持久和具有男性气质，而那种旨在通过文学、艺术和科学成就来获得个人荣誉的奢望则接近奢望的女性形式，即虚荣。这后一种奢望更自负，更敏感，自我意识更容易波动，显然是因为在这里涉及的是个人的成就和成绩，而且不可能找到确
定这些成就和成绩的价值的客观标准。我们可以确定一个将军的 575
军衔或一个商人的财产，但是谁能确定一首诗的诗意的价值，或者确定一幅绘画的艺术价值比其他作品高还是低呢？这种估价会给幻觉留下广大的天地，而虚荣主要是以幻觉为生存条件的。显然，就是由于虚荣在艺术和学术领域里如此流行，才使忌妒、怨恨、仇视、诽谤和受到伤害的骄傲的所有其他表现形式在那群过敏的、易怒的诗人和作家、演员和艺术家们中间比在其他任何人——除了那些害虚荣病的妇女们——中间更加司空见惯。

你的责骂与愤怒，
我都可耐心忍受，
但假如你拒绝赞扬我的诗句，
我就将与你分手。

这些话本不需用诗来表达，就像我们从韦克菲尔德教区主教的历史中所了解的，甚至对两份手稿的年代或教士的第二次婚姻

的问题的不同意见也可以构成离婚的理由。

虚荣的反面是**骄傲**。极度虚荣的人尤其急切地希望被看作是某种人物或代表着某种事物，而且，如果有可能的话，希望成为某种人物。然而骄傲的人，则首先希望自己成为某种事物，然后才是希望，如果可能的话，被看作是某种人物。但是骄傲的人对于为获得一种声望所使用的手段是严格的；他拒绝在平庸的和无关紧要的，或者荒唐的和丢脸的事情上追求名望，尽管时尚会使得这些事物成为情绪多变的公众的兴奋中心。的确，他蔑视下等人的所有的赞颂，这种赞美对于他是羞耻，他竭力地避开这些赞辞。他寻求最杰出的人们的评价，来自他们的哪怕是唯一的赞誉也似乎使他
576 的全部努力有了价值并且使他充满喜悦。但是如果他得不到这样的评价，他就以任何人都无法从他那里夺去的他为之贡献了自己的力量的事业，以诚实地、有效地进行劳动的信念，以未来将会对他的忠实的努力报以荣誉的希望来安慰自己。在任何情况下，他都不为了获得别人的尊重而乞援于奉承和友谊。他不能容忍对于触怒权贵的恐惧来妨碍他的思想和行动。开普勒这样地结束他的《宇宙和谐论》的前言：“你们的宽恕将使我满足，你们的愤怒我将忍受，这里我决心已定，写下一本书，它是被当代人读还是被后代人去读，我不关心：它可以几千年地等待它的读者，上帝等待了六千年才有某个人来沉思它的创造。”[①]这是骄傲的语言，而且是一个骄傲的人把它们说了出来。请读者把开普勒的骄傲的品行和我们的那些厚颜无耻地让他们的学生和同行在各种纪念节日上当着

① 罗伊施累，《开普勒》，第127页。

他们的面向他们唱赞歌的现代学者们的行为比较一下吧。我们的这些学者们身上难道不应当增加一点骄傲的品质吗？这种品质至少会使他们的职业受到更多的尊敬；人民在这些事情上有一种敏锐的礼貌观念，德国学者在五十年前比现在更受公众尊敬，也许，这在一定程度上是因为那时在活着的学者们中间奉承使用得比现在少得多。也不必为那时头衔和勋章比现在少得多以及人们那时比在现在更为经常地受到上级的指责和非难而遗憾。从那以后，这种职业在表面上变得更加高贵了，但是它的内在价值和真实名望却没有相应地提高。

4. 表现为谦卑的对荣誉的爱

对荣誉的爱的另一个方面是**恰当的谦卑**。骄傲是荣誉的恰当的接受，谦卑是荣誉的恰当的赠予。

谦卑是**傲慢**的反面。傲慢的人蔑视他人，他以恩赐的态度对待他们。他拒绝表现出对他们的适当的尊重，极力把尊重保留于自身，似乎这样就比别人更优越。他不想和人交谈，他实际上也的 577
确在避免这样做，因为他对荣誉的关心与期待得不到理解，而且他也不愿意满足别人的要求。显而易见，由于这种原因，傲慢与骄傲很容易被混淆。不仅如此，傲慢还常常与**屈从**相联系。那些以粗野的傲慢对待在他看来不如他的人，总是拜倒在强权脚下。他对那些显然比他更富有、更高贵、更有权势和更有影响的人总是施用谄媚奉承的全部招数，以求在等级的阶梯上向上爬。他为此在比他地位低下的人身上报仇，并以一旦超过了他的保护人就反踢一脚为特别的满足。他以这种方式连本带利一起收回他为此付出的资本。

与此相反，**谦卑**则把属于他的荣誉给予每一个人。它以他人的优点为欢乐，随时随地地承认能力、尊重美德，并崇敬善行。真诚的谦卑——这是它的真正标志——和真正的自由精神是一致的。谦卑的、有自由精神的人向真正可尊敬的事物致敬，即使是在这种事物以卑下的形式出现的时候；仅仅在这种可尊敬的事物带着一种外部权力的时候他才拒绝这样做。他以站在为了真理和正义而遭受凌辱的人们一边为骄傲，并把与它们一起蒙受不幸和迫害视为一种荣耀，上帝在判决日所说的话正适用于他："我身陷囹圄，你便来到我身旁。"

有两种公认的精神类型：傲慢的、卑下的**奴性精神**和充满高尚的骄傲、尊严及深刻的谦卑的**自由精神**。弗赖赫尔·冯·施泰恩是我们德国人中间的后一类型的人的一个典型。"对上帝谦卑，对人宽宏、高尚，一生憎恶虚伪和邪恶，"他的墓志铭这样表明了他的
578 品格。路德在评论《诗篇》中第五十一首赞美诗时曾谈到他自己："当我在上帝面前鞠躬和谦卑的时候，我是在藐视魔鬼和尘世，藐视对上帝的不恭和傲慢，我蔑视尘世所有的威胁、计谋和暴力。"我们常常在德国的耶稣受难图中看到这两种类型的人并列地画在一起。士兵们和他们的自愿的助手们代表着第一种类型的人，这些人辱骂和虐待着那个被上帝和世人所遗弃的耶稣；他们根本不去看一看他的值得尊敬的灵魂，或者只要一看到那个高尚的受难者的崇高品质，他们就嫉恨陡起；对这些本性低贱的人们来说，最令他们快活的莫过于被权贵们允许去唾骂和蹂躏那个纯洁的无辜者

了。十字架下的妇女代表着另一种类型的人。她们的眼泪带着无畏的忠诚向被遗弃者表示感激;她们的心一直在尊敬他。那个听从自己的理智的男人在理智的诱惑下就要抛弃和否定他了:他的事业失败了;当所有的权贵们和强有力的士师们都决定反对这个事业的时候,它还能够是正义的事业吗?这个神圣的故事甚至在这些人物身上也显示了永恒的意义。妇女们由于虚荣而犯下的罪恶,她们已经用忠实的、坚定的虔诚和崇拜赎回。没有什么东西比一个谦卑的和具有自由精神的妇女的心更有力量了。对于妇女们的最高赞美莫过于这幅画中十字架下的妇女形象所表现出来的褒扬和赞誉了。

5. 自信和自知

和真正的骄傲和真正的谦卑相联系的还有真正的自尊。对于自己的恰当估价可以被规定为**卑怯**和**高傲**的中道。卑怯是对于生活摆在我们面前的问题的习惯性的怯懦。它减弱我们的去行动或去忍受的能力。高傲产生于对我们的任务的过低估价和对我们的能力的过高估价;在它看来努力是多余的,所以它与怯懦同样地招致失败:高傲是自我毁灭之母。这种态度被用来对待他人的时候 579
就成为傲慢,而且如果得不到奉承,它就会转而去凌辱他人。希腊人恰当地用 ὕβρις 来形容这种行为。与此相反,作为有能力的人的标志的真正的自尊,给予他以对自己的意志和能力的自信和建诸于这种自信之上的决断的把握性及实施决断的坚定性。而他对于自己的任务的基本概念使他不致对于自己的能力作傲慢的过高估价。他不轻易地自我满足；看到别人不如他对他并不是一种安慰；他看重那些伟大的杰出人物。在日常的劳动面前，他总是准备接受比较困难的任务；而在荣誉和礼物面前，他决不坚持要得到平均的一份。无论何时，只要生活将他置于解决巨大的社会问题的地位，我们总会从他身上看到那种**具有高尚精神的**人的范例，这是一种相信自己能从事伟大的事业并且配得上这个事业的人。

对一个人自己的价值的恰当估价，对自己的能力和成就的恰当估价，也就是**对自己的认识**，构成自我修养的一个特别困难的问题。自从特尔斐的题词——认识你自己，最先引起了希腊人的注意之后，关于自我认识的重要性和可能性的问题已经讨论了很多。在施密特的《希腊伦理学》[①]里记述了希腊思想家们和诗人们的见解。这部著作中还提到了歌德在他的《散文体的名言》中的话："我们如何学会认识我们自己？决不是靠沉思，而是靠行动。努力地尽你的义务，你马上就会认识到你自己是什么。"不可能通过把自己作为理论意义上的客体的方式，靠反思来获得对于它的认识；通
580 过生活、忍受和行动，我们就能获得对于自己的能力范围的直接的可信的认识，这样，在选择我们的任务、决定我们对待某种处境和某些人们的态度方面才不致逾越我们自己的界限，才能以确凿地把握去选择恰当的事情并作好这些事情。除了这种本能的认识之外，再没有别的自我认识的形式；基于分析和比较之上的抽象的心理上的自我认识是不可能使我们获得自我认识的。这也是叔本华的观点；他提请人们注意这样一个事实：尽管有各种各样的面镜，

---

① 第 2 卷第 394 页及以下。

我们也甚至不能向我们描绘出我们自己的体貌，就像别人也不能描绘他们自己的体貌一样，因为我们不可能获得对于自己的“有间隔的体外注视”，而这种“体外注视”是认识的客观性的条件[①]。我们看不见我们自己的动作，也看不见自己的运动；代理人在他的职业活动中观察不到他自己，正是由于这样的原因，歌德说道，代理人在作为代理人而行动时没有良心意识。他的注意力仅仅在外部的目标上面。

是的，我们可以说，那种要反省自身的倾向是一种病状，它来源于缺少自我信赖。而且，反省绝不会去掉这个缺点——它只会加强这个缺点；自我反省就类似于那个挖出树根来看看它们是不是健全的园丁的行为那样无意义。歌德也持这种思想。在和埃克曼的一次谈话中，他把“认识你自己”看作是一个奇怪的、没有人曾经满足过也没有人真的应该去满足的要求加以拒绝。“人被他的思想和追求规定了是属于外部，属于他周围的世界的，他一直忙于理解这个世界，同时，如果他的目的需求的话，他就努力地使这个世界对他有用，只有当他在享受和受苦的时候他才意到他自己，这样他的悲痛和快乐也就分别地教会了他去追求什么和去避免什么。然而在其他方面，人却是一个朦胧的存在物，他既不知道他自己来自何处，也不知道他该走向何处；他对世界所知不多，而对他自己则所知更少。我不认识我自己，也许是上帝使得我这样。”在 581
这里，叔本华又一次作了歌德的解释者。“朦胧的存在物”就是意志，意志只是逐渐地表现着它自己，叔本华在《作为意志和表象的

① 《附录和补遗》，第 2 卷，第 343 节。

世界》第二卷的富有教益的第二十九章中向我们这样指出。

6. 谦恭

谦恭可以被规定为对荣誉的爱的外部形式。谦恭的人用自己的整个行为表现自己，他并不蔑视他人的意见，但是他希望作出一种努力来获得别人对他的尊重。相反的举动是那种**专横**的人的行为，他的行为宣告他不管别人会对他怎么想。对那些特别值得尊敬的人发生这种行为，我们称之为**无礼**和**冒失**，这是一种低贱的奴性气质的标志。

谦恭是年轻人的自然习惯。年轻人不能独立地判断什么是好的和恰当的，而是受他人的意见支配。因此青年人应当尊重别人的意见；谦恭可以说是还没有接触过世事的年轻灵魂的谦卑的标志。另一方面，鲁莽，甚至无礼，则是粗野的标志。教育者的严重无知很容易使孩子们产生无礼的习惯。教孩子去奉承和出风头尤其会使孩子们沾染这种习惯。《李尔王》一开幕就是一幅巨大的虚假教育的场面。把在这里压缩成了一幕戏的寥寥数行台词的那些背景内容想象成父亲的虚荣对孩子灵魂的长期的、连续的凌辱的结果，那么你就得到了一幅常常在家里、在学校或是在一切进行着教育的地方被采用的一种教育方法的真实的画面。那个愚蠢的老人不是常常问他的女儿们是不是爱他以及如何爱他呢？他的连续不断的提问已经毁掉了他的两个女儿内心中对他的爱和尊敬，她们蔑视这个老傻子并且奉承他。最小的女儿科迪莉娅也许我们可
582 以假定她是刚刚离开一个忠实的保姆的照料，还不知道怎样去献

媚，因而也就幸运地没有在这上面受到更多的教育。

谦恭不仅是年轻人的习惯，而且正在成为不同年纪的人，尤其是出现在公众舞台上的人们的习惯。上一个世纪的作家们常常去迎合“尊贵的读者”，这种习惯和在浪漫主义、思辨哲学时代变得俗不可耐的那种习惯比起来要值得称道得多。在那个时代，作家们先是在前言中随后又在字里行间处处让读者知道他（读者）自己是一个下等的人物，当然揣度不出在这方面已经提出的深邃思想。然而，假如尽管如此这位读者仍然坚持要读这本书，作者就告诉他一旦这种预言发生了也不要泄气，因为我们不可能人人都成为哲学家，并且要他记住以往向他提出过的那个警告。十分奇怪的是德国的公众竟实际上容忍这种对自己的侮辱，并且在一段很长的时间里习惯于把它所不理解的东西当作博学加以尊崇。从那时到现在作家们不再愿用这样一种口吻说话了，但他们的傲慢仍然给一般德国人留下深刻的印象。英国的科学交流的精神与德国人的习惯形成了一个非常合乎理想的对照。就以密尔和达尔文这样的作家来说罢：他们向读者说话的态度仿佛是这位读者在通过听他们的意见来给他们帮忙，而在进行论战的时候，他们都表现出对对方的尊敬和对相互了解的希望，并以这样的方式进行论争。德国学者认为如果他不采取一种恩赐的语气或专横的指责方式，人们对他的尊敬就会降低。翻阅一下最早的科学刊物你也许就会看到：甚至最短小的匿名通告也充满着无限的优越感；甚至最友好的致意也带有心照不宣的或直截了当的保证：“评论者”当然对这一问题有更出色的认识，因而这个课题没有落到更高一筹的人的手里殊属一件憾事。假如“评论者”与作者的见解不一，那么，他如果 583

不去不厌其烦地向他的轻信的读者们证明他的论敌是个毫无价值的和恶毒的傻瓜就不肯罢休。语言学家尤其是这个领域中饱经磨炼的和公认的能手。难道是这种伴随着极其卑琐的习惯的职业使得他们如此易怒和偏狭？

我担心外国的观察者会很容易地认为专横的无礼在目前的德国正在被当作一种特别可贵的品质。我们在翻阅像E.冯·塞德利茨出版的那么一本历史肖像的书并且比较一下上个世纪的肖像和本世纪上半叶的肖像的时候，不能不感到自那个时候以来，在人的相貌上已经发生了巨大的变化：那张“潇洒的”脸是现代人的矫揉造作的典型。再看看他们的连腮胡和他们的相貌特征，有一句谚语：强词夺理正好表达了他们这种相貌特征的含义。或者再看一看我们所谓的艺术展览上的肖像：所画的每一个人都似乎急于要以这种或那种方式表明他对参观者的轻蔑。手插在马裤口袋里，疲倦的、几乎没有睁开的、对什么都无动于衷的眼睛，向外伸出的左手拿着眼镜，还有刚刚弹光了烟灰的雪茄烟头——它们都似乎要说：我要你们这些乌合之众聚在这里看我作什么？你再把目光在那位“潇洒的”女郎的肖像上停留片刻，她正以背对着观众，仅仅恩赐给他们她的四分之一体貌，或者让她的狗注视着他们。

第七章　自杀[①] 584

1. 自杀的事实例证

自杀是人类特有的现象。它的可能性，在一定意义上依赖于意志使自身从冲动的自然控制下解放出来的力量。动物不能从整体上思考生命，因而它们没有选择的自由。选择的自由以及相应而来的自杀的可能性依赖于人的智力的发展；随着智力的发展才产生了精神错乱的可能性，后者同样是一种人类生活特有的并与

① 统计资料：奥廷根，《道德统计》，第 59 节，第 737—785 页；莫尔塞利(Morselli)，《自杀》(《世界科学丛书》中有该书的节选与修订的翻译)；马塞里克(Masaryk)，《作为现代文明的社会普遍现象的自杀》。古代的与基督教的自杀观念：莱基，《欧洲道德史》，第 1 卷第 212—222、331 页；第 2 卷第 43—61 页。关于自杀的哲学观点：1)维护其正当性的：休谟，"论自杀"；哈特曼，《道德意识现象学》，第 860 页及以下；兰德，《救赎哲学》，第 349 页及以下；2)谴责的：康德，《道德形而上学》，第 7 卷(哈滕施泰因版)第 277 页及以下；《道德形而上学原理》，第 1 部分(阿伯特版)第 13 页；叔本华，《作为意志表象的世界》，第 1 卷，第 69 节；培里，《道德哲学》，第 4 卷第 3 节；霍夫丁，第 11 章 4；杜林，《生命的价值》，第 6 卷第 6 章；波特，《道德科学》，第 175 节；朗茨，《实践伦理学》，第 12 节。也见斯托德林(Staudlin)，《对自杀的谴责史》(*Geschichte der Vorstellungen vom Selbstmord*)，1824 年。——英译者

自杀密切相关的现象。动物的智力是从属于意志的，因而不会出现这种不正常的行为。

自杀由于智力的发展而变为可能，并且自杀的频率似乎在随着文化的进步而提高。从意大利人 H. 莫尔塞利在他的著作中考
585 察的大量统计事实来看，在十九世纪的大多数欧洲国家中，自杀的数字无疑在持续一致地增长。[①] 例如在法国，在 1826 年到 1875 年的五十年间，自杀数字从一百万居民中每年 54 例增加到 154 例；在普鲁士，自杀数字从 1816 年的每一百万居民 70.2 例上升到 1877 年的 173.5 例。在德意志和奥地利上升的幅度还要大些。的确也有一些国家情况好一些，例如在英格兰，几乎察觉不出最近五十年中自杀数字的增长，平均数字围绕着每一百万居民每年 65 例上下浮动。在挪威，这个数字甚至从 80 例降到了 70 例。

自杀的**地方的**分布情况同样表明了自杀对于文化的提高的依赖关系。在一般情况下，在欧洲国家中，文明越发达，自杀就越频繁。然而在这方面，英国是一个明显的例外。最大的数字（200—300）出现在中欧；在毗邻地区，这个数字就大大下降了。在意大利南部，西班牙以及爱尔兰，这个数字低到 25 以下；在意大利北部，苏格兰、瑞典北部以及俄国，则在 50 以下；在匈牙利、波兰和瑞典南部，这个数字低于 75。都市和工业地区的数字相当平均。在德国，萨克森和图林根的数字是大约 300，居各城市之首；再就是勃兰登堡，包括柏林，数字为 204；石勒苏益格-荷尔斯泰因，包括汉

① 也参见 Th. 马塞里克，《作为现代文明的社会普遍现象的自杀》，1881 年。

堡，数字为250；在奥地利，下奥地利和维也纳居首，数字是254；接着的是波希米亚[1]，数字是158；在法国，巴黎是辐射中心，其影响扩散到周围毗邻的一批省份：塞纳、上马恩、瓦兹，数字在400左右；接下来的是法国北部工业区。可以从斯堪的纳维亚三个国家的首都那里看到同样的规律。威斯伐利亚和莱茵兰，比利时和荷兰则形成了鲜明的例外，在这些地区平均数字低于75，因而仅略高于英国。

更值得注意的是在各个国家，自杀似乎在**受过教育的**阶层中 586
更为流行。莫尔塞利提供了意大利的下述资料[2]：文学和科学组的自杀数字最高，每一百万男性人口中有614例；其次是国家官员和军人组，404例；教育组，355例；公共管理组，324例；商业组，277例；法学组，218例；医学职业组，201例；工业生产组，80例；原料生产组，27例。对于法国提供了下述资料。[3] 每一百万居民中自杀的数字是：家庭帮佣组，83例；商业和运输组，98例；原料生产组，111例；工业组，159例；自由职业组，510例。其他统计学家提出了不同的数字，但是这些数字都与这样一个规律吻合一致，即：在最简单的生活条件下，自杀发生的最少，生活条件越复杂，自杀的发生率就越高。不能仅仅从高等教育本身中寻找造成这一规律的原因，这种原因在于伴随着高等教育而出现的一系列共生现象。高等教育改变了原先的、正常的生活条件和劳动方式，引起了一些

① 该地区现属捷克斯洛伐克。——中译者

② 莫尔塞利，《自杀》，第244页。《国际科学丛书》，节略修订译本。

③ 第251页。

变态：大脑的片面使用，尤其是过早的精神劳动；过度的和精巧的享乐形式；伴随着失望与灾祸的强烈欲望和令人窒息的追求。所有这些原因一起汇集在现代生活的巨大中心——城市，并在上层人口中间表现得尤其剧烈。

2. 我们如何评价这些事实

如何对自杀**从道德上进行判断**？在自杀问题上，我们的自然情感是一种畏惧。各种形式的故意杀人、凶杀和处死，加强了我们对死亡的恐惧。似乎没有什么事情比一个人结束自己的生命更不
587 合理和更可怕的了。教会服从公众的本能，把自杀者视为被遗弃的人，甚至不准许把他葬在圣地。在古希腊，自杀使死者被剥夺了一切荣誉；自杀行为被看作是对敬神意识的亵渎，古代人抱着这种敬神意识，反对一切对事物的自然秩序的任何暴力干预。[①]

在这方面，哲学又一次站到了公众观点的反面。在希腊学派当中，斯多葛学派的伊壁鸠鲁学派特别强烈地维护自杀的道德上的可能性。他们把当生命没有进一步的价值时摈弃生命的自由赞美为人的一种特权。[②] 而且相当一部分公共生活中和文学上的杰出人物使用了这种自由。近代的自由主义哲学也表明了同样的基本倾向。在一篇关于自杀的文章中，休谟阐述了自杀有时候可以

① 施密特，《希腊伦理学》，第 2 卷第 44 页；莱基，《欧洲道德史》，第 212—214 页。——英译者

② 也见塞涅卡，《通信集》，第 26、70 页。——英译者

是正义的这一论点的理由。他指出自杀未必就是违反我们对于上帝、对世人或对我们自己的义务。它不违反对上帝的义务，因为“假如人的生命的安排是属于全能的上帝的一个特殊的领域，因而由人来安排他们的生命就是对上帝的权利的侵犯，那么保存生命的行为和毁灭生命的行为一样是有罪的。如果我躲开一块正向我的脑袋落下的石头，我就打乱了自然的进程”，就像我从身体的自然的血管中放出几盎司血液一样。可是如果有人说本能冲动趋向于自我保存，那么自杀者就会回答说：我没有经历过这种冲动，因而从这里也可以推断出我被取消了存在的地位。自杀也未必违反我们对我们的邻人或对我们自己的义务。一个对他人没有益处而只是一个负担的人，一个不能使他的生命具有价值而只能把它作为一种折磨来忍受的人，一个可以结束自己的痛苦而不伤害世界上的任何一个人的人，他在放下这个负担的时候并没有过错。相
反，他可以说：“树立这样一个榜样，告诉人们人人都有把自己从痛 588
苦中解救出来的能力，这是我能够对社会有用的唯一办法。”①

的确，我认为我们不必把自我保存看作是一种义务而把自愿的死亡看作是对义务的违反。据说弗雷德里克一世在七年战争期

① ［见休谟《文集》，格林公司出版，第2卷，第405页以后的有关部分。——英译］据说在马西里安人中间，任何人如果想喝钩吻叶芹的汁，都必须向六百人议事会提出放弃自己生命的理由，才可获准这样做。在莫尔的《乌托邦》里，牧师和官员奉劝那些为不治之症所折磨的人采取的最好办法就是：勇敢地去死，而不再忍受痛苦的折磨。那些接受了这种劝告的人或自愿绝食而死，或服用麻醉剂而死，用这样的办法无痛苦地死去。另一方面，未经当局认可的自杀则被认为是应受指责的。卡莱尔曾指出，如果剥夺一个人为逃避不可忍受的折磨而自愿死亡的权利——例如英国的法律与公共舆论就是这样——那么在这方面就没有正义可言。

间随身带着一瓶毒药，据说他打算一旦身陷囹圄就自杀，以使他的国家不致为了赎回它的统治者而招致牺牲国家利益的危险。显而易见，这种行为和一位船长为免于陷于敌人之手而炸毁自己和他的船只，或者一个人为了给他的家庭拓开一条出路而自愿牺牲自己的生命的行为没有什么两样。或者以狄密斯托克利为例：在被雅典人放逐之后，他又被古斯巴达人追赶，在经过许多颠沛流离的痛苦之后，他得到波斯国王的庇护。但当波斯人要求他提出一个反对希腊人的计划以表示他对波斯王的感谢的时候，他当即结束了自己的生命。有谁敢指责他的这种作法，或者有谁能告诉他还应当做些什么呢？甚至当一个人为了遗弃一个已经变得令人不能忍受的生命而自杀的时候，我都没有勇气绝对地谴责这种行为。如果一个碰到了挫折或已经绝望了的人像一个懦夫那样地死去，
589 而把他的家人留在痛苦和贫困之中，我们有权利严厉地指责他。但是在他不能再忍受一种毫无希望的和痛苦的疾病，在他感觉到所有的人都对他厌倦了并且他的死肯定会给人们带来益处时，公正的判断就会对此持与上面那种例子不同的看法。诚然，我们说：一个人有耐心去承受巨大的苦难是伟大的和高尚的；我们像崇敬战斗中的英雄那样地崇敬忍受着巨大苦难的英雄。但是——英雄主义不是一种义务，做一个英雄是可称赞的，而不去做一个这样的英雄却是合乎人性的。我们总是忍不住对那些在重压下沉沦的人抱同情之心，也忘不了那句博爱的话：“清白无辜的人理应首先选择。”如果一个人说，自杀就是自杀，并且本身就应当受到指摘，那么我们无法和他争论；在考虑上面举出的那个无辜的自杀者的例子的时候，他自己的情感将会反驳他自己。

据说自杀是**怯懦**的结果。毫无疑问确有许多例子说明了这一点。一个没有力量去行动和忍受的人碰到了一种不幸，他不知所措，而且除了绳子之外他看不到能有什么别的逃避办法，而一个勇敢的有能力的人会耐心地克服困难并开始新的生活。一个银行家滥用了他的顾客的钱然后在自己头上开一枪：这当然是怯懦的和卑鄙的。但是一个像狄密斯托克利那样的人，在经过仔细的考虑，打定了主意去做他认为是必要的、使他不再忍受痛苦或使他不致丧失价值的事的时候，很可能把这种对于怯懦的指责看作一种颇为迂腐的笑话。而且他也不会受叔本华或新柏拉图主义者们的譬如逃避生命就是逃避忍受苦难、忍受苦难是从生命-意志下解脱出来的必要手段等论断的影响。他也许将会回答说：我对生命-意志是如此之自由，以致我马上要遗弃我的生命而没有感觉到哪怕一丝想使它新生的愿望。形而上学家也许——如果他愿意的话——还会忧虑这样一个问题：死亡能不能实现这个解救的目的。我没有这种烦恼，而且我也不希望加入这场诡辩的而不是博学的讨论，590
在这场讨论中形而上学家试图证明的是，虽然自愿死亡结束了作为现象的生命，但是并没有结束作为生命的本质的意志。

3. 自杀的原因

不过，我并不是认为对自杀的指责完全没有根据。如果我们不是只考虑例外情况而是考虑一下一般通例，我们就会把自杀看作是自杀者自己谴责他的整个生命的行为：一般说来，它是一个可耻的生命的可耻的结束。死是罪孽的报应；使徒的话在这里肯定适用。也有例外的情况，也许是数不清的例外，但是它们没有推翻这条通例。公众的判断是经验的结果，这个判断是：自杀是罪孽的生命的自然结果。

在这里，我们可以再次借助于统计。虽然获得对于自杀的原因问题的明确的答案是困难的，但我们还是可以从手边的材料中弄清某种一般事实。在莫尔塞利的统计资料表中，精神错乱是最常见的自杀动机，由精神错乱引起的自杀约占能够提供自杀动机的案例的三分之一。其次是体疾、对生活的厌倦、恶习（酗酒和放荡）、折磨（尤其是家庭折磨）、痛苦和金钱上的困顿、悔恨、羞耻和对于谴责的恐惧。这些数字依不同的国家而不同，但差不多都是每一种动机的自杀数字占全部自杀案例的十分之一。占二十分之一的是以下这些情感动机：爱情、妒忌和愤怒。我们发现自杀通常标志着一个精神上、肉体上、道德上、经济上或社交上错乱的生命的结束。恶只是在一个相对小的数字的案例中才是自杀的直接原因。假如我们去调查其他的动机，我们无疑常常会发现，在自杀者个人身上或他们的父母和前辈人身上的反常的欲望和恶劣的生活
591 习惯是他们自杀的基本原因。尤其是将会发现，**酒**是生命力量的主要摧毁者：它破坏大脑，它产生出一种具有遗传性的精神与肉体疾病以及对生活的厌倦态度；它破坏经济幸福、产生家庭烦恼、导致犯罪行为，这些都需要以悔恨和耻辱来补偿。

所以自杀是道德病态的一种症状和尺度。可是在这里我们必须小心从事。我们不应当把依照自杀的频率来对国家和阶级作的分类看作是对它们的道德价值的分类。我们不应当忘记懒惰是自杀的最好预防物。在判断个别情况时也不应忽略这些事实。自杀

是一个有罪的生命的表白，诚然，它不是一种健康的、标志着一个新的生命的开端的表白，而是完全无能去开始一种新的生活的绝望的自白。但是由于它是自杀者不愿去继续他的旧生活的自白，它同时也是并非一切善的火花都已在自杀者的灵魂中熄灭的这个事实的一种象征。结束自己的生命的人并不都是本性低劣的，只有那些没有足够的道德力量去抵制他们自己本性的有害冲动和他们外部环境的不利影响，而只有足够力量表达他们不想再忍受那种没有价值的生命与恶迹的这样一种较好愿望的自杀者才是本性低劣的。我觉得，犹大・以色加略的自杀，似乎在一定程度上消除了我们对他的指责。他还能对他已经做的事情绝望这一点表明他还不是一个完全邪恶的人。否则，他就会做出不同的行为：他会把钱滥花在寻欢作乐上，或者用它去放高利贷，并且还是那样地到处获得盛名。他没有这样做，而是宣布了对自己的判决，因为他感到即使再服从尘世正义也不能赎回他的罪孽。尽管服从尘世正义也是一种补偿，但不可能是一种彻底的抵偿。

592

第八章　同情与仁慈

1. 同情

同情的情感与冲动构成社会德性的自然基础。我们把这种意志冲动叫做同情的冲动——与直接产生于个人的自发的冲动不同，——这种冲动是从其他人身上转移给我们的，是由于一种传播而在我们身上发生的。所有的情感，如快乐和痛苦、恐惧和希望、爱与恨、蔑视与崇敬、欢乐的热情和诚挚的庄重，都具有由同情来传播的倾向，尽管是在不同的程度上。一个面对大庭广众的演说所唤起的热情要比同样是这些人分别地看到和听到这个同样的演说所引起的热情强烈得多；情感就像是被会场的每一个情感中心反射给了其他的每一个人，然后又被每个人聚集起来，就像凸透镜聚集着光线一样。

人的心灵不仅易于感受同情的兴奋，它也深深地渴望把自己的情感交流给其他的心灵并得到它们对于这些情感的反映。当我们高兴或痛苦时，我们渴望人们都表现出我们的快乐或悲痛；当我
593 们在爱或恨、在崇敬或轻蔑的时候，我们努力地传播我们的情感，
而在周围人们的情感与我们不同的时候，我们就觉得痛苦。每一

种强烈的感情都迫使我们用言语来表达它；“言为心之声。”

血亲关系是同情感的自然起点。这种血亲关系在母亲与子女的关系中得到了最强烈、最直接的表现。由于同出于一个共同的祖先，他们在一定意义上继续着同一种生活，尽管在物质经济上是彼此独立的。从这一点出发，同情扩大到家庭成员、部族、民族、人类——扩大到一切生物。声音和手势是最先用作交流的手段的；更为复杂、更加鲜明的情感和情绪则借助于语言和艺术象征来传达。

在所有的情感中，痛苦似乎最能唤起同情。语言表明了这一点：我们仅仅有用来表达对痛苦的同情的词，即**怜悯**，却没创造出一些词来表达共同的快乐或恐惧。——快乐不大容易由同情来传播，这无疑是事实。或许对这一点可以作下述的解释。快乐和痛苦不仅有唤起同情的倾向，而且有唤起反感的倾向：幸福在周围环境中产生那种被称为忌妒的特殊形式的痛苦；与此相反的不幸则产生着幸灾乐祸。每个人都把自己的情况与别人的情况加以比较，由于没有绝对的标准，我们总是用我们伙伴的情况来衡量我们自己的能力、名望和财产。假如比较的结果对我们有利，我们就感到快乐，否则就觉得痛苦。因而别人的幸福对于我们的自尊有一种压抑作用，而他们的不幸则对于我们的自尊有一种提高的作用。

这些都是人所共知的现象，在人们身上是绝不会缺少这些现象的。悲观主义的哲学家喜欢谈论人性的这个不光彩的部分。拉·
罗什富科说，在我们的好朋友的烦恼中，总有某种不使我们感到不 594
快的东西。而且我们可以更公正地说，在我们的朋友的好运气中，总有某种完全令我们不愉快的东西。一个人在一次彩票中中了首奖，他的朋友带着苦乐交集的情感向他祝贺，尤其是那些没有抽中的人。一个不太起眼的人通过了一场引人瞩目的考试；他应当谨防提起这件事，尤其是对他的不大幸运的竞争者提起。另一方面，如果他碰到过一种不幸，如果他曾从他的马上掉下来过，或者在讲演时被人哄笑过，或是曾参加过股票投机并在交易中失了手，他不必因担心他的好朋友会因此痛心而对此缄口不言。他将不难找到对他表示同情的人，但是人人都知道在这种场合我们指望从朋友那里得到的同情是多么地少。我并不是说这样的不幸不能引起强烈的悲伤，也不是说真正的同情也不让人感到是一种起平息作用的安慰剂，但是这种安慰剂太容易与那种被称为幸灾乐祸的腐蚀性毒剂溶合在一起了。表达同情的唯一的令人满意的方式也许就是给一个大笑的旁观者一记耳光。我们看到，共同的快乐和忌妒产生于同样的原因，怜悯和幸灾乐祸也产生于同样的原因。在意识中，怜悯和自尊的加强相一致，它奉承着我们的自爱。共同的快乐却随着自我情感的减少而提高，或者进一步说，它应该这样地提高；因为忌妒会扑灭人的快乐情感。与此相反，怜悯则可以和优越感或自爱感的加强相一致。当然，一个人的恶意会扑灭他的怜悯情感，可是怜悯本身又很容易从与个人安全感和优越感的联系中产生出来。所以共同的欢乐本身是极少的，而怜悯却一点也不少。就是由于这种原因，与别人的欢乐共鸣的能力是一个纯洁无私的本性的标志，是比其他任何东西更有把握的标志。没有那种自我
595 赞美习惯的歌德，在谴责利己主义的时候，是如此地以他没有嫉妒而自豪：

我是个利己主义者？我知道我不是。
忌妒是利己主义的。
无论我走在哪里，
我决不会走上忌妒之路。

他还对时至今日一直在因为他没有对他人的悲痛表现出足够的关心而对他吹毛求疵的那些有同情心的灵魂们奉献了下面的警句：

我对感伤主义者丝毫不存敬意，
一有机会到来，他们就会变成
邪恶的恶棍。[①]

的确，怜悯可以和反对圣灵的所有七种罪恶并行相伴。法利赛人大概会在他的祷文——上帝呵，我感谢你使我和其他的人：和敲诈者、不公正者、奸夫，甚至和这位收税人不一样——中悄悄地或公开地加上几句怜悯的话：当然，我同情那边那个可怜的家伙；这无疑是他的过错，可是当一个人不时时警惕的时候，走错第一步是多么容易呵！所有的爱讲闲话的人都是用一种怜悯的腔调说话并且带着一种怜悯的态度来听人家说话。许多对毛毛虫有着过多的怜悯的易动情感的妇女都会毫不在乎地用她的诽谤去戳一个邻

① 为了正确估价歌德的为人，可以把他在德国老一代的文学名流如莱辛或克罗卜史托克那里受到接待的情况与他对后来在诗坛崭露头角的席勒这样的青年诗人的态度作一番比较（见 V. 黑恩的《关于歌德》中的“歌德与公众”）。歌德并不是圣人，那些坚持要把他说成是天使的人们也并没有给他帮什么忙，他们只是引出了一个恶魔的辩护人，这个人物现在已经以包姆噶特那神父的面目出现来反对歌德。尽管如此歌德仍是一个好人和伟人。

人的痛处，用口角或卑鄙的行径去毒化她丈夫的生活。

2. 仁慈

同情尤其是同情对于行为的意义和所有其他情感对行为的意
596 义一样：它们的目标是指导意志在行为中实现自我保存。正如自发的疼痛会推动人去除掉威胁他的生命的有害物或纷扰一样，同情使意志决心去从他人的生活中清除痛苦的原因。集体的团结通过同情表现出来：集体把首先触及它的一个成员的纷扰看作是对它自己的一个威胁，并推动自己按照有益于它自己的自我保存的方式作出反应。

然而在人类生活中，情感冲动绝不是行为的充分的指导，情感需要理性的调节控制。我们说，爱和恨是没有识别能力的；同情也是一样。因此，像利己的冲动必须听从理性的指导一样，为了达到加强幸福的目的，同情的冲动必须听从理性的教育，接受智慧的指导。这样产生的德性，即社会德性的总的基本形式，可以叫做**仁慈**，可以把仁慈规定为有助于阻止纷扰和创造有利的生活条件并以此来提高周围人们的幸福的意志习惯和行为方式。

在仁慈这里，**同情**与**善行**和**慈善**相比而变得黯然失色。仁慈和慈善的人防止或减轻别人的痛苦而无需总抱着对别人的同情感。不仅如此，对于同情心的某种程度的抵制力量恰恰是仁慈德性的一部分，就像对于自发的疼痛的抵制力量是勇敢德性的一部分，对于欲望意识的抵制力量是节制德性的一部分一样。我们不期望一个医生去忍受病人所经历的或者由他自己所造成的全部痛苦。相反，医生在这方面的一定的冷酷无情是仁慈行为的条件；他的同情会模糊他的判断的清晰程度并妨碍他的动作的坚定性。众所周知，医生们不愿意给他们的近亲们治疗，因为他们的同情心会 597
妨碍他们施展其技能。摆脱同情心不仅对于医生们实施他们技能时的安全是必需的，而且还具有一种直接有益的影响。医生走进病房用一种事务性的平静作病情检查并发出命令，他既不同情也不伤感。他的平静具有最能促进健康的影响；一部分影响被传给了病人及其亲属，我们觉得我们好像处在一种抵抗疾病的力量之中，而痛苦则是没有力量的。再考虑一下另一个方面即亲友们的来访的影响吧！他们被病人的面色吓坏了，他们极其同情，痛哭流涕地抱怨这埋怨那，结果，他们的同情和激动加重了病人的痛苦。

在其他情况下也有这样的事情发生。一个温柔的母亲要承受她的孩子所感受到的双倍的痛苦。假如她的孩子把自己摔伤了，她就内心里充满了怜爱。结果是那个孩子现在真的开始觉得疼了；在他受到疼爱的同情的时候，在他把自己看作是怜爱的目标的时候，他才哭了出来。对问题的这种处理方法的持久后果是形成一种**好唉声叹气**的本性，这绝不是生活中的一种快乐。另一种也同样爱她孩子的母亲，则是在必要时给孩子包扎一下伤处，转移孩子对事故的注意力；瞧！当孩子用耐力忍住了疼痛的时候，真的觉得不疼了。这样做的长期结果是孩子对待这种事情在一定程度上变得坚强了，他因而得到了教育能够提供给生活的最好的东西。热爱自己的孩子是一种本性，它既不是一种德性也不是一种技艺，而教育孩子则是一种伟大的和困难的技艺，它首先需要控制自己的柔弱的本能冲动的能力。我们不必让我们的孩子们知道我们如

何地爱他们——一条古老而明智的格言这样说到，虽然这不适合现代母亲的感伤和虚荣。

确实，人们能够彼此提供的任何帮助也都是这样。任何确实
598 可靠的帮助与指导总是预先假定了提供这种帮助与指导的人没有被别人的苦难摧垮。例如在慈善活动中，盲目的同情会导致坏的结果：我们的博爱行为宠坏了那些接受者，并且鼓励他们去提出要求，而当我们不能或不愿再满足这些要求时，我们就抱怨他们忘恩负义。

因此我们可以说：同情是积极的社会德性的自然基础，但它绝不是德性本身，也不是（如叔本华所说）一个人的道德价值的绝对标准。像生命冲动的任何方面一样，它必须接受理性的教育和训导；在理性的意志之中，它既实现自己又限制自己——就其达到了推动人类幸福的目的而言它实现着自己，就其需要防止有害的结果而言它必须限制自己。在这里我们可以接受斯宾诺莎在赞同斯多葛学派时所说的话：明智的人会努力使他自己摆脱怜悯，而且，只要不违反人性，努力地过得幸福和快活。[①]

也许在妇女们身上这种智慧要比在男人那里更多。痛苦中的勇气、耐性这种尤其是属于女性的德性，使一个人能平静地先是忍受自己的痛苦，尔后忍受他人的痛苦。有能力的妇女不致被她自己的痛苦摧垮，也不会让她自己被别人的痛苦摧垮。她平静而审慎地、精神饱满地和有力地向痛苦进攻，并征服它。

① 斯宾诺莎：《伦理学》，第4章，第50页。

第九章　正义[①] 599

1. 正义的本质和自然基础

我们区分仁慈的两个方面：一个是否定的方面——不去阻碍幸福；一个是肯定的方面——提高幸福。这两个方面，作为两种特殊的德性，就是**正义**和**友邻之爱**。

正义作为一种道德习惯，是这样一种意志倾向性和行为方式，它制止自己对他人的生命与利益的干扰，而且，只要可能也阻止他人进行这种干扰。这种德性来源于个人对他的伙伴们的尊重：在他看来，他的伙伴们就是目的本身，而且是与他相互平等的人。利益的不同范围可以粗略地划分如下：肉体和生命；家庭，或延伸了

---

① 亚里士多德，《尼各马可伦理学》，第 5 卷；培里，《道德哲学》，第 2 卷第 9 章及以下；第 3 卷；密尔，《功利主义》，第 5 章；西季威克，《伦理学方法》，第 3 编第 5、6 章；斯宾塞，《伦理学导论》，第 3—6 章“正义”；斯蒂芬，《道德科学》，第 5 章 5；耶林，《法律目的论》，第 1 卷第 8 章；波特，《道德科学》，第 2 部分第 8、9、15 章；霍兰德，《法学》，第 7 章及以下；冯特，《伦理学》，第 1 部分第 3 章第 4 节，第 3 部分第 4 章第 5 节；鲍恩，第 8、10 章；富勒与威尔森，《道德原理》，第 2 部分第 3 章；希斯洛普，第 10 章；第 2 部分第 3 章；麦肯齐，《伦理学手册》，第 10 章；塞思，第 2 部分第 2 章；多纳，《人的关系》，第 382—395 页；泰勒，“个人与国家”；里奇，《自然权利》；托尼斯，《群体与社会》，第 3 卷；伦策，《实践伦理学》，第 64 节。——英译者

的个人生命；财富，或行为手段的整体；荣誉，或理想的存在；最后是自由，或按其自身目的塑造一个人的生命的可能性。法律保卫着这些领域，于是产生了相应数量的权利，每一种权利都由一个禁令来保护：你不准杀人、通奸、偷盗，不准为诋毁你的邻人的荣誉而作伪证或干涉他的自由。违反这些权利，干涉他人的利益，就是非正义。所有的非正义最终都是被用以反对邻人的生命的；非正义
600 是行为者的一种公开的供状，即：他认为邻人的生命不是目的本身，不具有与他自己的生命相同的价值。因此，可以把正义义务的总的准则表述如下：**只要力所能及，就自己不要做、也不让其他人去做不公正的事**，或者用肯定的方式来表达：**尊重并保护上述权利**。

让我们首先来考察这个双重准则的第一个方面：切勿作恶——和从这里产生的并常常被看作正义的全部内容的德性，**正直或公正**。不做不合正义的事通常被认为是起码的道德要求。但不能根据这一点就说正义是德性中最容易具备的，甚至，它也许还是最困难的德性之一，因为它最谦卑，而且不像高尚、自由或勇敢那样用它的豪华和显赫来满足它们的虚荣。正义通过提出一个一般的准则来限制它自身。人像所有的动物一样要求自我保存和突出自己。任何生物都本能地按照我是宇宙的中心、万物皆是为我和我的目的服务的手段这条格言行事。这条原则支配着动物之间的相互态度，也支配着我们对它们的态度。当我们杀掉它们并吞食它们的时候，我们就从这条原则中得出了最后的结论，并以准确无误的语言宣布我们是目的而它们只是手段。

原始人对待他的伙伴的态度和对待其他动物的态度没有什么

不同。处在生命的开始阶段的儿童是天真的、不体谅别人的。他只考虑自己，只作使自己快活的事，而不去关心他的行为对他人的影响。他慢慢地才懂得他的行为不仅对自己而且也对他人产生影响。他看到他的行为在别人身上引起了反应，这使他把注意力转到这一事实上面。他夺去另一个儿童的玩物；那个孩子生气了并进行了反抗。我们可以注意到第一个孩子脸上的惊异的表情；只 601
是这样逐渐地，并经历了别人对于他的相似的对待之后，他才开始理解了这种惊异的含义。他的老师们也帮助他解释这些事情。于是他逐渐地获得了考虑自己的行为对他人利益的影响的习惯。在缺少这种必要的经验和这种经验不充分的地方，我们经常看到这种纯朴的不体谅他人的本性的痕迹。一个独生子女有把这种不体谅、固执和任性保持到其生活的其余阶段去的危险；他接受不到兄弟姐妹们彼此给予的那种正义方面的有效训练。一个人的成长条件越优越，平常越是不出毛病，这种危险就越大。要君主和大贵族的孩子们接受正义的教育是最困难的。甚至在到了成年期之后，他们经常表明他们在青年时期没有获得必要的以简单的形式教会他们懂得正义的那种经验：他们对于他人权利的侵占和他们的阴郁的脾气从来无人反对，于是他们看不到在他们的意志之外的他人的意志的存在。

一个人对待以个人或以集体形式出现的敌人和反对者的态度是对他的正直品质的真正检验。我们本能地倾向于把针对一个特定的敌人所做的一切都看作是正确的；人们觉得对敌人可以去蔑视，去使他蒙耻，去憎恨和去凌辱。而要公正地对待以一个集团的形式出现的敌人和敌对的党派等则比公正地对待作为个人出现的

敌人更为困难。非正义在这里采取了忠实于原则、忠诚于同事和朋友的形式；利益要求我们无条件地服从原则，要求我们用一切可能的方法来伤害我们的敌人并以此来表示我们的真诚。那种力图不带偏见地作出判断和从另一个方面来认识利益的尝试都被党徒们斥为变节行为的开端，因此，党派偏见是正义的致命敌人；我们
602 看到，这个真理在各个领域，在政治的、教会的和社会的以及文学的和科学的党派偏见中都得到了证明。由于这一原因，具有比较高尚的情感的人难于适应党派偏见，并且像回避瘟疫一样地回避它。

这是正义的一个方面；限制自己的行为以便使这些行为不致妨害他人利益的人是正直的人；不这样做或者有意识地做得与此相反的人是不正直的人。

正义的另一个方面，即积极的方面，首先是对于旨在伤害他人的非正义，其次也是对于旨在伤害自己的非正义的**不容忍**，是对**非正义的制止**。表达正义的这一方面的语言是**正义感**。在一定的程度上，这是一种比较容易做到的义务。蒙受冤屈会使我们情绪激动，不仅是因为我自己所受的冤屈引起我的气愤和报复的冲动，而且第三者所遭受的冤屈也在无偏见的旁观者身上唤起了一种强烈的情感，即**义愤**。义愤可以被规定为对另一个人所遭受的非正义待遇的不持偏见的气愤，义愤推动我们站在受害者一边，推动我们去惩罚这种不公正行为的制造者。报复的冲动是我们的**社会惩罚**的本能基础。在这种惩罚中，不持偏见的社会成员对于受害者的同情更有组织并且更有效了。在这种惩罚中，社会团体反抗着对于它的一个成员的攻击，并且击败这种攻击。

2. 正义的意义

正义对人的行为的**意义**通过非正义行为的后果表现出来。非正义行为的直接后果是它破坏或毁灭遭受非正义对待的那个人的幸福。还有一些间接的和次要的后果。非正义引起**冲突**。受伤害的人极力地回击他的对手来重建他的利益，为自己所蒙受的伤害报仇。侵犯者反过来防御自己，于是这种冲突就产生了把争端扩展到所有以友谊或共同利益关系与受害者或侵犯者相联系的人们中间去的倾向。另一种与非正义分不开的后果是它不仅在蒙受非 603
正义对待的人身上，而且在所有的见证人身上产生一种**不安全感**。已经发生的事情可能在任何时间再次发生；在一个人身上发生的事可能在所有的人身上再度发生——这就是由非正义和暴力强加给人们的本能的结论。因此，非正义趋向于**破坏和平和安全状态**，并代之以**冲突和不安全的状态**。

这表明了社会非正义的有害性。一种不安全的状况不论发生在哪里，都会使生命活动陷于瘫痪。人的行为与动物行为的不同，文明人的行为与野蛮人的行为的不同，在于人的行为、文明人的行为是有联系的、系统的；动物只是生活在现在，而人却推断着未来。但是对于他人的任意干涉阻碍着对未来的想象与预测。社会非正义作为一种不合理的因素妨碍着一切有系统的活动和深思熟虑的计划。如果这种非正义会在任何时候干扰我们，那么把我们的活动限制在现在而不去考虑长远，不去为不确定的东西而牺牲确定的东西就是明智的。因此，非正义总是暗中损害着真正的人的生

活的基础。冲突状态具有同样的后果：它对于所有积极或消极的参与者来说必然是一种不安全的状态。它的进一步的后果是消耗并瓦解参与者的力量，并且最后达到使他们不能去解决个人和社会生活的问题的程度。

所以正义是善的，因为它具有建立和维护**安全**状态的倾向，这种状态是有组织的即人的活动的前提；它还具有建立和维持**和平**状态的倾向，这种状态是社会生活的前提。非正义作为一种行为方式和意志习惯是恶的，因为它具有破坏人类幸福的基础的倾向。

3. 肯定的法律秩序的必要性

现在我们可以来阐明**肯定的权利的目的上的**必要性。肯定的

604 权利是国家的权利。国家首先代表着一个民族的联合起来的力量。权利把自己置身于国家的强权的保护之下，这样就使自己成为世间的一种权力。国家通过法律把权利表述为它的意志表现，授给权利以权力以克服个人的反抗。肯定的权利可以被视为一个准则体系，这个准则体系规定着国家的各个成员之间的利益和职责的区别，所以，被规定了的利益与职责范围是置于国家权力的保护之下的。**刑事权利**从否定方面规定了这些范围的界限；它决定着何种行为将被看作是对肯定的权利的侵犯或违反，因而该受到惩罚。私法权利则从肯定方面确定着这些范围；它规定着——以婚姻权利和财产权利的形式——个人可以在其中活动并享受国家保护的范围。

肯定的权利以及通过强制和惩罚手段来保护这种权利的目的

和作用，在于防止不公正行为的发生，也就是为社会全体成员建立一个和平和安全的状态。权利制度的职责，一方面是帮助个人带着对他人的活动范围的尊重来调整他自己的行为；这给他省去了要作困难而复杂的考虑以确定他可以做哪些事情而不致伤害他人正当权利这种麻烦，或者至少是使这个过程简便一些。权利制度也通过表明作恶的恶劣后果来制止个人的作恶的倾向，从而使他的行为在一定程度上坚定起来并阻止他去干涉他人的权利。另一方面，权利制度也在个人的被规定的范围之内保护他不受来自他人的侵犯。这样，权利制度就使这个法律社会的成员们的生活和行为在一定程度上具有了客观的正义性或合法性，并且维护着这种客观的正义性或合法性。

但是为什么在权利问题上使用强制，而不对如此之多的诸如酗酒、放荡、忘恩负义、说谎这些恶劣而有害的个人行为进行任何社会干预呢？这是由社会非正义的特殊本质决定的。非正义的有害后果直接影响到社会及其生活条件。前已指出，社会非正义具有一种在社会成员中间产生冲突状态的倾向。而内部冲突是一个会导致社会的毁灭的特有的病害；用老话来说，它具有同一个有机体内部成员之间的相互争斗同样的后果。一个部落或民族，如果得了这种病并达到了这样一种程度，就不能生存下去。在其他条件相同的情况下，如果另一个部落或民族的内部摩擦比较少，而且它保持内部和平的办法比较完善和有效，那么准确地说，在生存斗争中它就比前面所说的那个部落或民族要优越得多。就是这种目的上的必要性，促使每一个民族去建立一种法律秩序并发展管理这个秩序的技术手段；也正是这种目的上的必要性，推动着它不断

605

地改善这个制度。所有其他的罪过和恶行要靠习惯、教育、精神帮助和个人的内在觉悟来解决。国家通过反对社会的非正义来击败对于它自己的生存条件的种种威胁。

肯定的权利的历史一般地是同这样一种目的相吻合的。每一种权利都是抵抗非正义、抵抗和平和社会生活的破坏者的一种形式；因而它适合于这个产生着它的社会的实际状况、智力水平和善良意志。血族复仇是反抗侵犯的最原始的形式；氏族对它的每一个成员的行为负责，通过征服作为一个整体的侵犯者氏族来反抗对于氏族整体的伤害。这种权利形式逐渐产生出了一种更高级的部族和民族的权利形式。从血族复仇中发展起来的家族世仇是违反民族的利益的，它削弱了它们对付外部敌人的力量并扰乱了其

606 和平的内部活动。因此在最初，社会通过“罚金”制度——由法律官员作为秩序保护人国王的代表来配合施行的一种制度——来调解这种家族世仇的，后来，这种以个人力量为基础的复仇行为便不再被人们采用了。

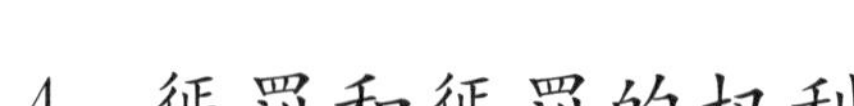

4. 惩罚和惩罚的权利

上述情况也说明了社会有运用暴力和惩罚手段强制个人依法活动的权利。社会有**权利**去强制和惩罚，因为它有权利保存自己。而且这种权利同时也是一种义务，因为自我保存是社会的第一个而且几乎是唯一的义务。

对刑事权利的解释成了一场无休止的争论的主题。[1] 像在实践哲学的许多问题上一样，在这里有两种相反的观点，我们把它们称作目的论观点和直觉-形式主义观点。后者力图证明惩罚是犯罪行为的直接必然的、合乎伦理-逻辑的结果，前者则用刑事权利对人类幸福的作用来解释它。

在这里，康德又一次负起了反对目的论观念的责任。他说，“刑法是一个绝对命令。”“司法处罚决不能作为促进犯罪者本人或市民社会的另一种利益的一个手段而加以运用，而必须这样地运用：之所以要处罚犯罪者，只是由于他破坏了法律；”——他还对形形色色的以隐蔽形式出现的幸福论深恶痛绝。[2] 黑格尔采纳了这一观点，又加上了通常的关于那些用“悟性”来思考这些问题的人们的表面性和肤浅的那些话，他指出仅仅运用“悟性”是不够的，因为“观念”才是我们所追求的东西。他把惩罚看作是对权利的侵犯的合乎逻辑的扬弃：“的确，作为权利的对权利的侵犯是一种肯定的、外在的东西，但是它在其自身中是无。这种其自身的非存在的 607
表现形式是同样以外部形式表现出来的侵犯的消除。由此产生了权利的现实，它的必然形式是以对于它自身的侵犯的扬弃为中介的。”对犯罪意志施以暴力是“犯罪的消除，是权利的恢复，不施加

① 也见已经提到的一些著作：斯宾诺莎，《伦理学》，第 4 部分“序言”；边沁，《道德与立法原理》，第 13-17 章；梅因，《古代法》，第 2 章；许夫定，第 39 章；鲍恩，第 10 章；冯特，《伦理学》，第 3 部分第 3 章第 5 节；尼采，《道德的谱系》，第 70 页及以下；伦策，《实践伦理学》，第 76 节及以下；普罗尔，“痛苦与犯罪”；奥廷根，《道德统计》，“犯罪统计”，第 37-39、57 节。——英译者

② 《法权》，第 49 节。

这种暴力就是在维护犯罪意志的合法性。"①

这些见解中的混乱的博学竟被许多黑格尔的同时代人误为对这一问题的解答，仿佛玩弄像非存在和扬弃等一些模棱两可的词语也是思想，这真是一个最令人费解的心理之谜！因为难道我们能够对过去施加影响使已经作出的事情成为无吗？而且，假如扬弃和否定不意味着这一点，那么它们又意味着什么呢？难道甚至是假如一件事已经发生；它也应该不去发生吗？难道那些罪犯被绞死、被杀头、被监禁和被放逐只是为了说明这一点吗？但是在这里，直觉-形式主义理论又一次得到了常识的支持。常识也许会这样地来回答为什么要惩罚罪犯这个问题：哦，这当然是因为这是正当的，而且是因为他应当受到惩罚；这难道有什么奇怪的吗？康德和黑格尔也这样说道：这没有什么奇怪的；惩罚是绝对命令的要求；惩罚是邪恶的逻辑的必然结果！

要想说服相信宇宙和生命的全部问题都有答案的哲学家们放弃他们所热爱的信条是徒劳的。可是要说服健全的常识相信这种答案并不能完全解决问题还是可能的。那么犯罪者受惩罚就是因为他应当受到惩罚吗？非常正确而且毋庸置疑！可是难道惩罚能
608 够没有任何后果并且对事情的本性没有任何影响吗？假如监狱和教养所不能防止偷窃者们在监禁期间或是在以后去偷窃，或者，假如它们至少不能使那些还没有被监禁的窃贼们迫于威慑而不敢去行窃的话，那么还把偷窃犯们关在监狱或教养所里干什么呢？这

① "自然权利"，第 99 节及以下。[部分节译于 J. M. 斯特利特，《黑格尔伦理学》，1893 年，第 94 页及以下。——英译者]

种惩罚是不大可能完全没有效果的，因为假如监狱和教养所这些设施对每年发生的抢劫和盗窃完全不发生影响，社会就不会去建设这些设施。假如受害者认为把罪犯关在教养所里是一件坏事而不是一件好事的话，他就可能还是希望对罪犯进行个人报复：因为否则在这件事上他就得不到任何利益，仅仅是“不公正的表现和扬弃”将不能平息他的气愤。

这样，“溯往的”惩罚理论似乎就不够了。惩罚的实施是因为已经犯下的罪行，可是这个因为不是真正的理由，只是惩罚的近因。理由应当从后果中去寻找，而后果不在过去而在将来之中：惩罚是为了使犯罪者将来不再犯罪而由国家当局施行在犯罪者身上的一种痛苦。人们盖住一个井口是因为一个孩子曾掉进去过，是为了不再发生这样的事；他们建筑水坝是因为河水常常淹没农田，是为了能不再发生这样的情况。假如不是由于这个为了，那个因为也就不会推动他们按照上述的方式去行动。假如没有将来，也就绝不会有后果，不会有人的行为；虽然我们可以承认人的行为中也会表现出这样一种倾向：我们想去做某些以前就应该做的事，尽管已经于事无补，但这种努力在一定的场合仍然表达了一种愿望。例如一个女佣人打碎了一个盘子之后，把碎片重又拼起来说，这盘子真是可惜了！

令人鼓舞的是犯罪法学正在开始抛弃思辨哲学的纯粹形式主义的观念，并正在转向目的论观点。我觉得黑格尔对“悟性的”即 609
因果性观点的轻蔑态度在这个领域中的影响尤其恶劣。它导致对惩罚的效果问题的完全忽视；按照这种观点，科学只能去确定权利。主要的事情只是根据每一个个人的违法行为确定其应当在监

狱或拘留所里关押的年数或天数。没有人来考虑一下这些惩罚是不是防止犯罪的适当手段。立法者确定一些基本的刑法条例，法官把它们应用于个别的案例，问题就解决了，正义得到伸张，犯罪受到惩罚。然后犯罪者被移交官方，它的责任是执行宣判。这种理论在这里遇到了反对意见。目光敏锐的和认真的人们不会忽略这样一点，即监禁，尤其是那种短期监禁，尽管它们能够满足“正义的观念”并使邪恶“昭著于世”，但绝不意味着制止了犯罪，甚至在很多例子中完全无效；也不会忽略这样一种事实，即这种短期监禁的效果与制止犯罪的目的正好其反。短期监禁，假如不附带特殊的物质生活上的匮乏与不便的话，根本不会吓住那些惯犯，因为他们没有什么社会地位可丧失，他们甚至常常在教养所里寻求暂时的庇护。另一方面，对由于贫困、时机、诱惑或对法律的无知而触犯法律的偶然的犯罪者，监狱常常成为犯罪的学校。在这里，由于和老的有经验的罪犯在一起，他失去了对习惯和法律的敬畏，他和这些人熟悉了，这些人以后也纠缠着他，把他拉进各种犯罪活动之中，他失去了他的自尊、他的公民荣誉和开始一种诚实生活的能力。这样，他抵制犯罪的能力就从各个方面被削弱了，他开始发展成为一个惯犯。

610　目的论理论，已经被耶林在他著作《法律目的论》中应用到整个法学领域，尤其是已经被弗·冯·李斯特在他的《刑法手册》中应用到刑法领域。这种理论一方面提请人们注意犯罪的原因，另一方面又让人们注意惩罚的效果；人们可以指望这种理论将在对付犯罪方面表现得更为成功。因为我们肯定都同意这样一点，即我们的对付犯罪的司法制度绝对没有满足全部正义的要求。一个

使成千上万的职业罪犯能够在一支由警官组成的军队的帮助下一而再、再而三地犯同样罪行的制度，一个每捉住他们一次就把他们转交给冗长的审判程序，在经过繁琐的法律程序并花费了巨大的代价之后，宣布他们有罪，最后把他们监禁数月或数年，仅仅是为了在他们期满时再把他们放出来，然后再给他们留下几个月的时间，使他们在扔掉了旧行当的地方重操旧业，并且发展他们的同类的制度——一个这样的制度，我要说，是很难被称为保护社会制止犯罪的令人满意的制度的。① 也很难理解我们的制裁犯罪的当局在思考每年在普鲁士有四十万人被判处监禁——即每七十人之中就有一人在监狱里！——这一事实时的平静态度。我们的人口中还有多少没有受过这种处罚呢？这部分人中间是不是有一半已经到了随波逐流的年纪了呢？这种情况对于群众对国家的情感会有什么样的影响呢？ 611

惩罚在很多方面是有效的：它可以通过使犯罪者恢复理性和使他与受害的个人或团体重新和解的方式改造他；它作为一种威慑因素发挥作用——通过在一些极端的案例中消灭罪犯，就是说，通过把罪犯杀掉或是放逐的方式保持这种威慑力量；它也阻止着所有那些可能表现出了一种类似的犯罪倾向的人，因为不受制裁

① 我曾在柏林一家报纸的副刊上读到这样一段话："圣诞节的街道上现在经常可以见到一种滑稽的景象：一个小偷勤勉不舍地尾随着聚集在商店橱窗前的人们，一个警察则紧紧地盯着他，当这个小偷刚刚把手伸向别人的口袋时，警察便一把抓住他。"作者显然是想让柏林的市民们知道他们的口袋处于何等好的保护之下：在每个人的口袋后面都有侦探，他的职责就是抓住盗窃者！——一个中世纪城市的市政官员会觉得这种景象如此具有喜剧色彩吗？他们难道不会气愤地诅咒说：这种使用一千个警察来监视一千个职业窃贼的制度是一种十足的愚蠢，尽管它可能是一种办法！

的犯法行为引起人们的效仿，而且，假如犯法行为可以不受惩罚的话，每个人都会觉得假如不去做这样的事就是受了骗。所有这些都是不言自明的。当然，把上述这些事情看作是惩罚的彼此分隔、彼此孤立而没有联系的目标是愚蠢的；惩罚的目的只有一个；维护和平和安全这个人类生活的条件。通过**教育**手段对罪犯的改造不包括在惩罚本身的目的之中，它可以很容易地与某种惩罚的实施结合起来；就是说，与监禁结合起来；但是，对犯罪者的教育改造不是惩罚的真正效果，而是与之相联系的仁慈的一种效果。对已经释放的犯罪者的关心也属于这种类型。

死刑是一个争吵得尤其激烈的主题。一些思想家追随贝卡利亚，[①]否认国家有剥夺任何人的生存权利的权利，因为不能想象任何人会同意通过和国家缔结一个契约让国家剥夺自己的生存权利。施莱尔马赫还认为社会不应对个人施以他自己不会对其自身采取的任何惩罚。[②] 康德把贝卡利亚的论点看作是诡辩和正义的颠倒，并驳斥了这些论点；他说这种论点来自一种矫揉造作的人道
612 主义的富有同情心的感伤主义。[③] 的确，我们可以问一问尤斯图斯·默泽尔，假如，首先从职业杀人犯的已经被国家剥夺了复仇的可能性的受害者的亲属们考虑，其次，从不得不为这个职业杀人犯提供生活费用的人们考虑，第三，再从这种罪犯的犯罪冲动的将来可能的受害者们考虑的话，国家还有没有权利让这个职业杀人犯

---

① 《论犯罪与刑罚》，1764 年。——英译者

② 《基督教伦理学》，第 248 页。雨果是死刑的一个强有力的反对者。见他的《死囚末日记》(*Le dernier jour dún condamné*)。——英译者

③ “法权”，哈恩施泰因版第 149 页及以下。——英译者

活下去？我们假定有一个干着固定的拐骗、抢劫和残杀寻找雇主的年轻女仆们的男人：那么毫无疑问不处死这个恶鬼就不能满足人们的正义感；他们会明确地把用社会的费用维持这个人的生命看作是一种不合理的严重违法行为。我坦率地说，自由派把废除死刑作为它的首要的政治目标这件事，在我看来始终只能表明它对于我们的人民的感情的理解是多么少。我还进一步承认我不排除将来更广泛地运用这种消灭罪犯的手段的可能性。曾在数个世纪中无情地消灭了丧失了价值的人们的现代国家已经在几代人中间成功地抛弃了这些方法，但是这完全不能证明它能够永远地抛弃这些方法。不会有人怀疑，今天人们对于犯罪的恐惧感还没有达到一百年前那样强烈的程度，那种强烈的恐惧感由于如此之多的死刑判决书而一直存活在公众意识之中。

我还要提请人们注意强制手段并非仅仅存在于刑法的范围之内。我们在民法里也能找到它；尤其是在国家强迫清偿合同规定的债务款项的地方。在这里，强制的理由也明显地是一种目的上的理由。两个人缔结一项包含着一种特定服务或一种特殊报偿的内容的合同。合同的款项没有兑现。为什么法律强迫当事人维持合同呢？它为什么不说：这是与我无关的一桩交易；你为什么那么 613
鲁莽地信任那个人或把钱借给他呢？显然地，这是因为合同对国家来说不是无关紧要的；因为它具有一种根本的利益，这种利益的确不是在这个特例自身之中，而是在一般的契约的履行之中。没有合同将被付诸履行的保证，那么除了物物交换和现实交易的形式之外就不会有别的交往形式，除了奴役形式的服务之外也就不会有别的个人服务了。所以，如果较高的文化仅仅由于有发达的

内部交往制度才是可能的，法律形式和法律保护的完善对于交往就成为一种目的上的必要性。

5. 维护他人与自己的权利的义务

根据上述观点我们也可以理解个人在维护肯定的权利和反对非正义方面的合作义务。个人有义务反对违法行为，甚至当这些行为不是直接地影响他的时候，他也有这种义务。这一义务是由国家确认的：不管我愿意与否，我必须去作为一个见证人、陪审员、士兵或官员去抵制对于权利的攻击。可是个人在道德上也有义务保护普遍权利不受非正义行为的侵害，甚至是当这种权利不处于法律保护之下的时候。以个人干预手段去击败或是在法庭面前清算那种用暴力、计谋、诱惑或一个可能的形式干涉权利，尤其是干涉没有防御能力的人们的权利的非正义行为，是有骑士气概的人们的美德。当然，在这方面我们必须谨慎：因为非正义行为和自寻苦恼都喜欢作出受害的、无辜的外表。

在《新约全书》的道德中没有这种骑士美德是《新约全书》的最令人痛心的遗漏之一。它把为他人工作和受苦看作是美德，但是对于为保护他人而与非正义和暴力作斗争，却几乎什么也没说。
614 要是撒玛利坦早一刻钟赶到那个地点并且发现强盗们正在抢劫，要是他看到只有一条办法可以救出他们的受害者，那就是向他们进攻并杀掉他们，他应当做些什么呢？我承认，按照福音书的精神，我不知道该怎样回答这个问题。那个曾经扼死埃及人的摩西，用他的榜样给了我们一个清楚的回答；《新约全书》给了我们同样

的回答吗？似乎没有：彼得和仆人玛尔修斯的经历似乎可以引出不同的解释；从中引出的道德明显地就是，莫去抵抗邪恶，既不要抵抗对于你们自己的邪恶，也不要去抵抗对于他人的邪恶。这样，古老的基督教社会就给我们提供了许多英勇受难的榜样，而没有给我们提供同无辜人们的压迫者和迫害者作具有骑士精神的战斗的榜样。这样一种行为类型首先被中世纪的基督教发展了。

在我们时代没有人会怀疑抵制旨在伤害他人的非正义行为并与之斗争是一种义务。可是对于加在**我自己**身上的不公正该如何对待呢？去抵抗这种不公正，或者一旦需要甚至用暴力手段去抵抗这种不公正是一种义务吗？或者，保护自己的权利只是个人爱好问题而不是一条正义的律令吗？福音书的伦理观点赞成后一种看法；它任何地方都不讲我们应当维护我们自己的权利，而是常常警告我们不要去审判，不要去诉诸法律，不要去复仇；而要宽恕别人对我们的侵害并爱我们的敌人。

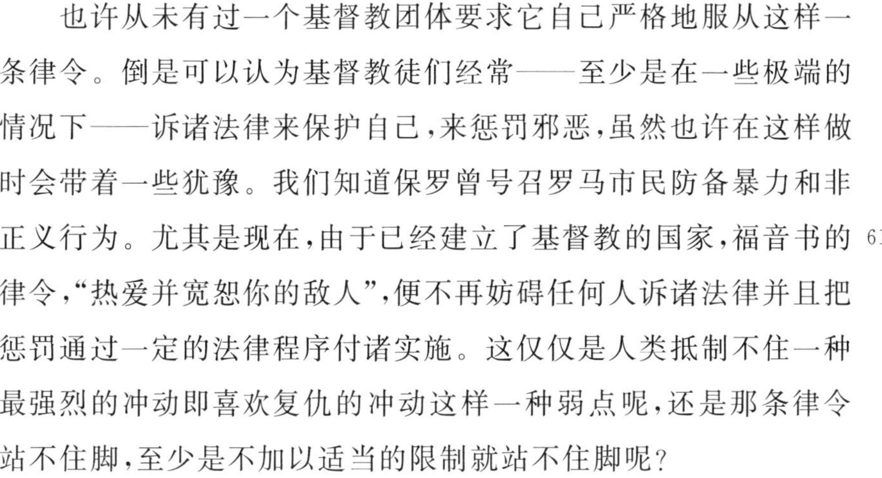

也许从未有过一个基督教团体要求它自己严格地服从这样一条律令。倒是可以认为基督教徒们经常——至少是在一些极端的情况下——诉诸法律来保护自己，来惩罚邪恶，虽然也许在这样做时会带着一些犹豫。我们知道保罗曾号召罗马市民防备暴力和非正义行为。尤其是现在，由于已经建立了基督教的国家，福音书的 615
律令，“热爱并宽恕你的敌人”，便不再妨碍任何人诉诸法律并且把惩罚通过一定的法律程序付诸实施。这仅仅是人类抵制不住一种最强烈的冲动即喜欢复仇的冲动这样一种弱点呢，还是那条律令站不住脚，至少是不加以适当的限制就站不住脚呢？

在我看来无疑后者是实际情况。如果用以防止非正义的社会措施对于建立秩序和安全是必要的，是旨在增进社会幸福的，那么对个人来说，去作他力所能及的一切以支持这些措施并使它们得以贯彻就是他的义务。谁如果允许别人干预他的权利而不作法律上的抵抗，他就在这个范围内削弱了社会建立起来以抵抗非正义的屏障。每一个非正义的行为不仅是针对着我的，而且是针对着整个法律制度的，如果允许它不受惩罚，法律制度抵抗非正义的力量就会削弱。温厚的或怯懦的屈从会引起非正义行为的重复发生和对这种行为的仿效；它也引诱着那些本来由于害怕惩罚而不敢行为不轨的人们去作恶，从而危及他人的权利。一个法律社会就像一道堤坝，对于社会的义务要求人们注意每一道细小的裂缝并制止它的延伸。所以，在抵抗非正义的汹涌洪水的堤坝上，负责自己所管辖的这一段，就是说在自己的权利范围内使它不出现裂缝，这也是每一个成员的义务。

R. 冯·耶林在他的极有见地的短文《为权利而斗争》中提出了这一观点。他说，权利是靠斗争获得并保持的。在这场斗争中逃跑是放弃一个人作为一个法律主体的道德尊严，而这同时意味着在自己的阵线上打开一个缺口从而让敌人进来伤害自己的士兵伙伴。公共法律制度的力量取决于每个个人把自己的权利视为普遍权利的代表，并把普遍权利视为个人权利的代表，而且一旦需要
616 就去为这种普遍权利而战斗的意志。他说，一个英国游客为了保卫古老的英格兰权利，为抵抗旅店老板和车夫的过分要求，可以一连数日呆在一个城市里和人家争论，甚至为此花上十倍于人家向他索要的钱数也心甘情愿。“人们讥笑他，不明白他这样做意味着什么——要是他们明白的话情况就会好得多。因为在他为之抗争

的那几盾钱里面，表现了古老的英格兰传统；在他的故乡，每个人都理解他，因而也不会去敲他的竹杠。再设想一下一个有着同样的社会地位和财富并处在类似情况下的奥地利人，他会怎么做呢？要是我能够相信我的经验的话，我相信会仿效这个英国人的超不出百分之十。他们会害怕这桩麻烦带来的不便，声名狼藉和被人误解的危险，简单地说，他们会付出这笔钱。然而一个来自英格兰的英国人根本不害怕这些，并且若无其事地接受这些麻烦。但是英国人拒绝付而奥地利人却不得不付的这几盾钱所说明的问题远不止这些，这是英格兰和奥地利社会的一个侧影，它代表了它们各自国家的政治发展和社会生活。”①

非常正确；一个国家中的每个个人抵抗不公正行为的力量与这个国家所出现的不公正行为的总量正好成反比。在自由国家中，正义的这个积极的方面，权利意识发展了起来。在那些还不自由的国家里，人们却期望着宽厚、特权、恩宠、怜悯；那里到处盛行着的是行乞、小费制度、贿赂和腐化。

6. 宽宏和原谅

法官十分恰当地用法律手段，必要时甚至用暴力手段来强调尊重和保护他人的和我们自己的权利的义务。另一方面，道德学家同样以适当的方式，指出这一义务不是绝对的，指出这种尊重和 617
保护权利的义务必须以**公平**和**宽宏**的要求来补充。

① R.冯·耶林，《为权利而斗争》，第44节。——英译者

公平要求我们自愿地放弃我们无疑地拥有正式权利的要求和行为，以便使我们的利益的发展不致给他人的利益带来相对来说比较大的损害。这不是一个法律要求，而是一个道德要求，但是必须记住，它是根源于正义的真正本性的一个要求：我对他人以及他们的利益——这种利益之于他们与我的利益之于我同样重要——的关心，将阻止我向他们强求法律所允许的全部东西。苛刻地坚持自己的权利会违反真正的正义精神，因为正义的真实要求是公平地、完全按照个人的具体情况来分配不同的利益，但是由于正义自身的机制本性，它又不可能作到这一点。因此，正义只能不完美地实现它的目的。它求助于利益各方的公正态度，并不时地授权法官通过公平利益作出修正。

宽宏是这样的一种德性：它不为个人所受的伤害进行回报而且不看重这些伤害，它不去抓住报复的机会，即使是在这种机会已经提供给他了的时候。基督教就已经要求**爱仇人**：爱对你犯下罪孽的人，像爱你的兄弟那样地爱他，而且要诚心诚意地宽恕他并且以德报怨。

福音书的这条律令似乎是难于做到的和违反情理的。正常的人认为爱自己的朋友和恨自己的敌人是正义的和恰当的。如果我们也用爱的态度去对待敌人，那不是对朋友的不公正吗？如果我要用纯粹的仁慈和善行去对待我的敌人，那么对待朋友的还剩下了什么呢？而且，难道我应该忍受对于我的一切伤害攻击而没有任何异议，除了以德相报之外就什么都不去做了吗？那难道不是
618 怂恿和煽动邪恶吗？难道大自然本身不是教育一切生物去抵抗攻击以保护自己和保持和平吗？当然，我们必须承认大自然是给了

我们这种本性，因而个人和社会对于这种攻击的抵抗和愤恨在一定的范围内是无可非议的。可是它们并不是在任何条件下都是建立和保证和平的适当手段，因而用一切合法的手段来抵抗一切违法行为这一条律令不可能绝对地有效。一个邻居用轻薄的议论凌辱我或不友好地对待我。我能把他叫到法庭上去和他论理吗？能用个人手段来出这口气吗？由于我们住得近便，这种机会肯定会有的。但后果会是什么？他以后会小心一些？可能的。可是肯定还会有另一个后果紧跟着：我的以眼还眼的做法会在他身上留下刺痛，他会认为他被当众侮辱了；他会想：就为了这么一件小事，就因为那么一句话！他会下决心另寻机会来回报我，而且同时让我知道他不怕我。当他能施个计谋让我受苦或帮个忙使我免遭损失的时候。这个机会来了。他利用了他的机会，轻蔑地提醒我别忘了我以前的行为。这回又轮到我了。以前我只是简单地保护了我的正当权利；他现在对待我的态度是一次故意的伤害：这我将不会忘记。于是我们来回地互相报复，仇恨越来越大，彼此间的敌意越来越深。在这里，“为权利而斗争”并没有像它应当做到的那样带来和平，而是带来了最剧烈、最恶意的冲突，使我们两个人精疲力竭。假如第一次的复仇行为不那样发生，假如第一次的非正义行为被完全地原谅了，那么情况会多么地不同啊！或许那些侮辱的议论，那些挑起了这场复仇的战争的刻薄的言语，还能成为一种持久的友谊的开端呢。一个报复那种不公正的行为的机会到了，我不去抓住它，而是诚恳地、友好地、有礼貌地和以乐于助人的态度 619
对待他。他很惊奇和困惑，他觉得我仿佛是一团火使他温暖，并决心再也不去做类似第一次的行为那样的举动。这第一次的伤害人

的行为以及对它的原谅成了我们之间的一种牢固友谊的基础；我的宽容和他对这一宽容的承认成了我们相互之间的善意的保证。因此，用使徒的话来说，**邪恶被善所征服了**。没有比这更加崇高更加优美的技艺了，耶稣在登山训众论福时没有忘记讲到这一点：促成和平的人是有福的。

斯宾诺莎给我们提供了这种事例的心理公式："仇恨被仇恨所提高，相反，却为爱所消除。被爱完全征服了的仇恨转化为爱；所以这种爱比起没有以恨为其前因的爱更为深厚。"①因此，"聪明人只要他力所能及，就努力地以爱或友善还报他人的仇视、愤恨和轻蔑。"对于能够这样去行事的人，人世事务的最精明的最高审判者也会以不寻常的温和加上这样几句话："愿意以仇相报的人必是可悲的。而努力地用他的爱去征服恨的人却充满欢乐和信心地战斗；他临千如一，且无需命运之助。那些为他所征服的人们愉快地向他屈服，他们不是失败，而是提高了自己的力量。"②

那么，如果这两种行为方式都无可非议，那么就产生了问题：我们该如何**限定宽容的律令和报复的律令**呢？什么时候用前者，什么时候用后者才是恰当的呢？作一个总的回答不是很难的：在任何场合都努力地实现避免进一步的不公正和维护和平这个最终
620 的目标的这样一种行动的方式始终是恰当的、合乎义务的。假如忘却和宽容是制止偷窃和维护财产制度的手段，我们无疑地应当充分地使用这种手段。假如报复和惩罚是使粗鲁地、不友善地和

---

① 《伦理学》，第 3 章，第 43、44 节。——英译者

② 同上书，第 4 章，第 46 节。——英译者

野蛮地对待我们的人平静下来和变得友好的唯一的、可靠的方法，我们也应该知道该怎样去做。麻烦的地方在于，不同的情况需要用不同的方法对待，而要肯定地确定什么是对于一个个别的情况的最有效的因而也就是最恰当的方法常常是不可能的。研究一般目的或绝对命令的道德哲学当然不可能做到这一点。只有把各种情况都考虑进来的老练的道德经验，才能在每一个别情况下找到所应遵循的行为方向，但仍然不能排除错误的可能性。道德哲学也许仅能提供考虑每种具体情况的一般观点。我们可以提到的有下面这样一些观点：

(1) 当攻击直接对着一个**特定的个人**的时候，宽容是合理的；当这种攻击主要不是对着特定的个人而是对着**制度和法律整体**的时候，惩罚就是必要的。例如偷窃，就不是一种仅仅对着个别人本身，而是针对着占有者本身因而是对着整个财产制度的犯罪行为。容忍这种行为比容忍一个仅仅是针对我个人的凌辱更不合理，而且也不能表现出对这种犯法行为的宽厚态度。但是当这种凌辱是对着一个正在履行其责任的官员的时候——由于这种原因，报复在这里更为恰当——情况就不同了。刑法考虑到了这些情况，尽可能地区分依照职权〔ex officio〕起诉的违法案件和仅由个人原告起诉的违法案件。

(2) 当对方有**悔恨**表现时，我们愿意和解和宽容，这是一个事实。这样作也是合乎正义的。悔恨是一个标志，它说明违法行为不是违犯者的持久的意愿，而是错误、事故、草率或粗心大意的结 621
果。如果我们没有注意到他的悔恨，并且用惩罚或报复手段来对付他，一种情感上的突变就可能发生。他的悔恨消失了，他已经补

偿了他的过失，甚至，他觉得他补偿得过多了，因而他觉得他现在有了一种要求的权利而不是需要补偿的义务，只要有机会他就将使用他的权利。当然，即使是在真正的悔恨的情况下也可能需要适当的惩罚作为辅助手段，例如在教育中就是这样。惩罚可以考验悔恨，而且真正的悔恨甚至还要求用惩罚来作为一种补偿，以便在接受惩罚的同时得到宽恕。如果悔恨不深刻，惩罚还可以成为加深意志的记忆的必要手段：这样，惩罚就是一种提醒，一种警告。可是，当一个有意识的、顽固的意志，当那种无礼的恶意作了坏事而没有表现出应有的悔恨，甚至还以此自夸和扬扬得意的时候，用惩罚来使这个邪恶的意志恐惧并打破这种意志就是必要的。也许这种邪恶意志的本性能够用这样的方法来转变，因为大家都知道在被判处死刑的罪犯中确实存在这种真实的转化。刑事当局也尽可能地考虑到这些情况，但由于事物自身的本性，它们不大容易使自己灵活地适应各种个别的情况。正是由于这一点，社会惩罚与教育中使用的惩罚相比远不是完善的。如果不考虑意图而只考虑客观事实的话，这种社会惩罚必然地在某种程度上与自然的机械过程相类似。其次，一般说来，法官没有办法检验悔恨的真实性。假如只要表面上作出悔恨表现就能得到宽容，那么罪犯们当然都乐于去假装悔恨，像在教养所和其他一切把悔恨看作是良好行为的标志的地方所普遍发生的情况那样。在这种情况下，尽管没有产生真正的悔恨，法官却被一种悔恨的表白引诱得作了从轻的判决。

622　(3) 其次是下述这一点：在人们作为夫妻、兄弟姊妹、同一所房子的合居者、亲戚、邻居等以持久关系居住在一起的任何地方，

耶稣的戒律：不是只宽容你的兄弟七次，而是要宽容他七十个七次，将是尤其恰当的。小小的摩擦在人们拥挤着一起居住的地方总是不可避免的。在每一件事上都坚持自己的利益的人，会使得生活对他自己和他周围的人都难于忍受。某种程度的忍让是和睦交往的一个绝对的前提。“不要正直得过分”，所罗门所说的这句话在这里也适用；这就是，要小心地给每一个人以应得的评价，但不要总是严格地坚持你自己的权利。还要记住第九条戒律及对于它的解释：多讲你的邻人的好话并把一切转变为善！转变为善！这是极好的劝告。你的兄弟很仔细而且对钱颇有癖好——你就说他善于精打细算，是个很好的当家人；他常常过于强硬地表达自己的观点而不去考虑他人的情感——你就说他待人诚恳，热爱真理；他更喜欢享乐和交际，而且远远超出你认为是必需的那种范围，你就说他让人快活，说他无忧无虑。一个不能在事物中看到善的一面，而总是从最坏的方面来看待它们并不断地挑毛病的人不能与他人住在一起，而且最好尽可能地避免同他人接触。叔本华在退避世人和绝对地拒绝进入像婚姻、友谊、社交这样的与伙伴的密切的个人关系的时候无疑是做得明智的。他在这种排他的生活里面得到了一种还可以忍受得了的平静，否则生活对于他将变得难于忍受。由于他的固执己见、对人对事的不信任和充满仇恨，假如他和世人生活在一起，他就会给自己的和他人的生活带来苦味。

可是在不存在这种持久关系的地方，在人们只发生偶然的接
触的地方，比如在公共事务中，一个人坚持自己的权利就不大会被 623
人反对。宽容非正义的行为和让这些行为逃避惩罚就比较容易受到误解。它会被看作是愚蠢或懒惰、恐惧或怯懦的一个标志，而且

还会引诱犯罪行为重复发生，也许规模还会更大。众所周知，那些耻于坚持自己的权利，尤其是耻于在小事上坚持自己的权利的人，会助长一种欺骗的倾向，这种欺骗在挥金如土的大贵族和富豪们家里是司空见惯的。在社会交往中也会发生同样的情况。有时候尖锐地斥责那种好奇的无礼和以蔑视道德自耀的傲慢无礼同样值得称赞，而且这种称赞不亚于把窃贼和恶棍带到正义面前受审所得的赞誉。

但我们不能认为在任何情况下都要把这类违法行为付诸正义的审判是一个普遍的有约束力的义务。毫无疑问，一个处在这些情况下的人考虑自己的利益不仅是正确的，而且是必要的。前而提到的那个英国人的行为可以说是出于一种值得称赞的习惯，可是这并不意味着这种行为在每一种场合都是合理的，合乎义务的。

640

一个人到俄国去，他被一名高级的或低级的官员欺骗了。那么，冒着不得不进行一场没有希望的、代价昂贵的诉讼以及最后不经任何判决而被送往西伯利亚的危险对这个欺骗者起诉是不是他的义务呢？在我看来他可以坚决地认为提高俄国官员的道德不是他的事情，尤其是代价又是这样大。对一个俄国人来说情况就不同了。所以，我不可能把为针对我的任何侮辱复仇当作我的义务。一个街头的流浪儿朝我扮鬼脸或者朝我扔土块，当然我可以头也不转地走过去，用伊比克泰德的话说，那不是我的事。一个评论家讲了许多针对着我的坏话，全是些谎言，我当然有权选择是去责问他，还是用所罗门的这句明智的格言安慰自己：不要用无礼去回答人家的无礼，也不要照人家的样子去做。因为，的确是这样，一个人对某件事所能作出的唯一合理的回答常常就是根本不去理会它。

当然，有的时候，在表面上对一个拦路者进行示范性的惩罚也值得高度赞扬，那也是就这种做法有助于保护其他的徒步行人，有助于发展社会的良心而言的。

7. 权利的原则

权利在主观意义上可以被表示为这样一个利益领域，在这个领域中，一个人能够合乎正义地要求他人尊重他；不公正则被表示为这个领域中的一种侵犯他人权利的行为。于是就产生了问题：应当根据何种原则来划分法律社会的各个成员的权利范围的界限呢？假如各个个人的行为是完全独立并且不会互相冲突的，假如他们的利益是绝对地相互隔绝的，那么，权利的职责就可以局限于维护这种利益关系不受专横和暴力破坏的范围之内。但是情况并非如此。每个人的行为与他人的行为交织着，他们的利益范围交叉着。我们可以用霍布斯的话说：最初，在一个假定的自然状态中，每个人都拥有并坚持着占有一切事物和想做什么就做什么的权利。于是产生了利益和行为的冲突，导致了“一切人反对一切人的战争状态”。权利制度防止了这样一种状态；它把每个个人的行为或自由限制到一个特殊的范围，同时又在这个范围中使他不受他人的侵害。或者，用霍布斯的话说，法律秩序是这样构成的：在这个秩序中，每个人把他的对一切事物的权利交给社会，并接受一个被限制了的、可以在其中得到保护的领域作为对他交出的权利的偿还。根据什么原则来划分冲突着的权利和利益之间的界限呢？

平等的原则似乎表明它自己是最直接、最自然的原则：每一个
625 人将作为一个人；每一个人的利益与所有其他的人的利益同样重要。这就是自然权利的鼓吹者们用以对抗流行于十七世纪和十八世纪的成文的与历史的法律制度的原则。从各个个人的自然平等的假设出发，他们要求一切人的平等权利。前提真实结论才可能正确。天赋能力方面的平等，需要以在完善和运用这些能力以及实现这些能力的手段方面的平等权利作为前提。

但是成文法从未承认过这个所有个人的绝对平等的原则，甚至自然权利说的拥护者们也已经把某种限制看作是不言而喻的。成年人和儿童之间从来没有过权利的平等，而且也从来没有人要求过这一平等。真的，人们承认儿童是有权利的，例如财产权利，但人们却阻止他们运用这些权利，而且他们的个人自由也是受着极为明确的限制的。成文法在不同性别的权利方面表明了同样的差别：妇女，至少是已婚妇女，在某些权利的使用上受限制，而在其他的方面则几乎完全没有权利，例如社会权利。诚然，有些自然权利说的很时髦的鼓吹者要求废除性别方面的不平等：他们为妇女们要求公法和私法方面的平等权利。而且我们无疑可以说，我们前一阶段的发展一直是走向平等化的。然而直到今天，多数人，包括妇女与男人，并不认为使男人和妇女在权利上完全平等是可能的或值得向往的。为什么？制度上的惯性力是唯一的原因吗？很难这样说。不，权利方面的不平等是与天赋能力和行为的天然范围方面的不平等相适应的，只要后者存在着，前者似乎就是自然的和必要的。与人的军事的和政治的能力——在这里我们主要不是考虑讲演和投票——相适应的是某种政治的权利；与人的经济地

位相适应的是他在外面作为家庭的代表的权利。另一方面，妇女 626
的最重要的能力——无论这些年来已经发生了多少变化——仍然是管理家庭，而且只要男子本身的生活条件基本不变，这种状况就还将继续下去。妇女的权利是由下面这个关系决定的：管理家庭是她的特权，这种权利不只是由习惯，而且是由法律给予她的。

除了这种基于年龄和性别的法律差别之外，历史的法律制度还经常表现出基于阶级差别之上的其他的法律差别。自由民和奴隶或农奴、贵族和平民、财产所有者与无财产者总是有不同的权利。这就是自然权利的拥护者所真正攻击的地方，在这方面，他们基本上成功地加强了他们对于平等权利的要求。自从发生于十九世纪前夜的影响了全部权利关系的大革命以来，在欧洲国家中已经没有真正的阶级权利了，这些权利在私法中消失了，在公法中正在逐步地消失；一些为数不多的残余，例如对于选民的财产资格要求或在某些官职上给予某些阶级以特权的这些形式，就是这个古老的制度所留下的全部东西。为什么权利的平等要求会在这方面盛行起来呢？当然是因为能力方面的差别以及与之相应的职责责任的差别已经慢慢地消失了：阶级本身已经逐渐瓦解了，与之相适应的法律上的阶级差别也已经逐渐地消失了。自然差别还在人们之间存在着，与此相应的精神和道德天赋方面的差别以及教育方面的差别、爱好和技能方面的差别也还存在着；但这些差别不再像以前的时代那样大量地和阶级的差别结合在一起了。

因此，总的说来，下面这一点也许就是支配着肯定权利的发展 627
的原则：法律社会的各个成员的权利范围要按照与他们的本性与能力相适应的行为范围来划定界限。只要存在天赋上的一般平

等，权利的平等就会发展；与人的本性方面的重大的、根本的差别相适应的是我们在权利上的差别。

或许自然权利的拥护者们也能接受这一原则。最合理的事情也许就是每个人绝对自由地、不受任何手段限制地运用他的全部生命功能，这种生命功能导致着他的天赋能力的完善化并且包含在这种完善化的能力之中。这种个人完善化的理想同时也将是个人对社会义务的理想实现：个人的生活越丰富、越斑斓多彩，集体的生活就越充实。但是既然这种绝对的自由和不受限制的权利在许多人一起生活的地方是不可能的，既然限制个人的自由并相应地限制他人的自由是必要的，那么就必须为了在社会中实现能力与活动的最大可能的总量这个总的利益而作出这些限制。这就是在按照个人的能力来标志他们的权利范围时所依据的事实。这样的一项安排，就其本身而言，似乎不能够从个人的分配应当公平这样一种观点上来加以反对。或者，如果我们从社会的立场上把个人的功能看作是义务的话，我们就可以说权利应当按照义务分配。

8. 法律与道德间的不一致；必要的非正义[①]

如果说人类体力与能力的最充分、最自由的发展和运用是人类生活的最高利益，那么，按照上面的阐述，法律秩序就可以规定为为这个最高利益服务的一个手段，它的作用是用最小的能量消
628 耗来协调许多个人的力量，或者说是以对人们的利益的最小伤害

① 也见许夫定，第 37 章。——英译者

来平衡许多的相互交叉着的利益范围。一个成文法制度对于这一目的实现得越完满，它离实现法律的目标，或者说离道德要求和期待法律去达到的目标就越接近。

但是法律制度永远不能完全地实现这一目的。其原因在于一种机械过程的机械本性，就是说它只依照一般规律而不依照特殊情况的特定要求行事。法律制度也是这样地行事：个别情况由一般规则来决定。我们可以构想出一个仅仅确定个别情况的法律制度，我们也可以构想出这样的一个法律社会，它仅仅根据自己的自由的考虑——自身作为一个整体，或者通过它的一些机构——从一个又一个的个别情况中发现和确定权利，而不以任何方式约束自己或其司法机构。但是在现实中没有这样的法律，法律在任何地方都采取一般规则的形式；个别情况中的权利问题是通过把它归于其中的某一条规则来确定的。这样做的原因是明显的：只有存在着一般规则或法律，个人才能知道什么是正确的，才能比较容易地和确定地按之行事，也只有这样，才能使法律免于那些执掌法律的人们的任意专断的影响。假如权利仅仅取决于个人的决定，那么，既然法官的主观意见和倾向会给错误和偏心提供无数的机会，那些对个人和他人的权利界限持怀疑态度的人们就不得不根据类似的情况来进行判断——这是一种不确定的方法。法律的安全可靠取决于它的一致性。在这里法律秩序类似于自然秩序；一个没有一致性的自然界，一个所有的事情毫无规律地发生，比如说按照绝对的任性而发生的自然界，将是不可认识的，因而对它的创造物的实际模仿也就是不可能的。自然过程的一致性对于我们人类，一种有行为和认识能力的生物来说在目的上是必要的，由于同

样的原因，法律的一致性在目的上也是必要的。

629 但是自然的这个一致性对我们在个别场合下的目的来说却是致命的。我们的全部活动都以任何物体的运动都不会违反万有引力定律这一点为前提，这些活动的确定性是建立在我们的身体像任何其他事物一样都普遍地服从这一规律的事实基础之上的。可是有时候，这一认识也会造成伤害和死亡。法律秩序准确地说也是这样：一般说来它有产生和保持本性上合乎正义的东西的倾向，可是由于法律秩序在运用时必然带有某种机械性，道德法则被成文法所违反和打破的情况仍会发生。各种个别情况中呈现着数不清的具体差别，而法律本身只是一般的、概念的、纲要的。从儿童到成人的转变，事实上是一个连续的发展过程，这个过程是因人而异的。但是法律却制定出一个刻板的公式，认为一个人在二十一岁之前就不是成年人。纵然是在他达到法定年龄的前一天，监护人都可以违背被监护人的意志，采取最严重、最有毁灭性的措施来侵害他的权利，而且这些行动将具有法律效力并将得到法庭的支持。法律保护通过合法手段制订的合同，不管它们的条款是否仍然合乎正义。由于一些不可预见的情况，事情的变化可能会如此之大，以致假如合同被付诸实施就会造成合同一方的毁灭，而且也许并不会给契约另一方带来实际的利益。但法律不关心这些。它毫不怜悯地命令驱逐一个在不能事前预知的情况下签署过一项毁灭性的合同的房客，或驱逐一个被某个在法律上保持着清白的高利贷者剥夺了遗产的负债人。它按照这样的设想来行事：每一个人都有一个完整的法律知识，而且对他的利益有充分的了解，这是法律的一个必不可少的假设，可是这个假设，像我们都了解的，是

虚假的。

刑法也是这样。它把按照主观的考虑或道德的考虑作出的因而存在着巨大的差别的两类行为置于同一个公式之下。凶杀是有预谋的对一个人的故意杀害，是该处死罪的。这个定义中既包括 630
着对一个无耻卑鄙地用某种卑污的手段毁灭了我的家庭荣誉和幸福而丝毫没有感到自己违反了刑法的流氓的公开的正义的逐杀，也包括着施毒者与暗杀者的最为凶残的行为。不错，刑法在这种差别最为显著的地方试图使自己更为灵活以适合个别情况：法官在与实施惩罚有关的问题上的独立的审判权，对可原谅的情况以及赦免的可能性的考虑，都是达到这一目的的手段。但是显然这些保护性措施对于抵制法律的机械运用所造成的错误是不够的。

因此就会发生这样的情况，在一个个别的案例中，成文法有时需要去做与正义理想相矛盾的事情：严格的法律权利会造成对他人权利的侵犯。这是法律的普遍性和一致性的一个不可避免的结果。法律与个别情况的完全吻合只有在法律以个人意志表现出来的时候才是可能的，家庭教育中的情况就是这样。

由此可以得出这样的结论：在一定情况下，一个人所做的在法律上不允许的事却可能是合乎道德的。一个人处理了一件由他代管的物品，使这件物品的所有者蒙受损失，这在法律上是错误的，作为一种背信行为这种作法应受惩罚。但是在道德上它却可以是正确的；假如他只有挪用托他保管的这件东西方能使自己和他人免于一场大祸，他也许就可以这样做而不受良心责备。在法律面前他可以是有罪的和该受惩罚的，但是在良心和道德法庭面前他是无罪的。

631　提到下述这一点是有价值的：在一定的意义上，法律自己也承认这种情况的可能性，例如“当某种犯罪行为是出于一种**必要**情况的时候，由于在这种情况下当事人是没有责任的，由于这种情况不可能以任何一种其他方式加以改变，而且由于这一行为是为了保存当事人自己或一个家庭成员的身体或生命免于一种迫在眼前的危险才作出的”，[①]法律便免除对这种行为的惩罚。因此，当一个处于饥饿边缘的人挪用和消费属于另一个人的东西的时候，或者当他面临被冻死的危险而烧了他的邻居的篱笆的时候，他可以免于惩罚。由于法律在处理实际生活事务上的这种自相矛盾，法律显然在有意避免与道德或正义理想的冲突。这是正确的，因为，假如它按照无论是谁挪用了属于别人的任何东西就是违法，就将以偷窃罪处以监禁的公式来处理这种情况的话，它简直就会毁掉对于它自身的正义性与必要性的信念。

贝尔内尔认为《德意志帝国刑法》中对于**必要情况**的定义[②]太狭窄了。他是对的。如果一个处在丧失他的全部财产的严重危险之中的人轻微地侵犯了另一个人的权利，比方说为了从大火或洪水中拯救他的房子，他弄倒了他的邻居的篱笆，显然不可能因为他对他人的财产的这种破坏或侵占而惩罚他。或者让我们来假设一个人使用威胁或暴力手段强迫一个不情愿的第三者去做或是放下一件琐事以拯救一个完全不认识的陌生人的生命。不可能从道德上遣责他这种对另一个人的个人自由的干预。贝尔内尔认为对必

① 《德意志帝国刑法》，第 54 条。

② 同上书，第 57 条。

要性的概念根本不作任何规定而把事情完全留给法官去处置是明智的。在这方面,我也同意他的意见。为了使这个定义具有充分的普遍性,除了下述的表达之外恐怕很难再有别样的表达:假如唯
有轻微地损害他人的权利才有可能保存我自己的或别人的生命利 632
益,就存在着一种必要情况,它使得对于他人的权利的侵犯免受惩罚。显而易见没有一个立法机关能制订这样的一条法律。它的不明确性会使得所有其他的法律不确定:因为我们怎样能确定一种生命利益呢?这样一个定义会给律师的诡计打开一个什么样的领域呵!如果我们把这个问题留给法官,而不是把他束缚在一个定义上面或是用一个模糊的原则把他弄糊涂,我想我们可以相信他一定会凭借他的饱经审判经验的磨炼且又熟知人的健全常识的老练,从所处理的案例中找出应确定的权利。

另一方面,当贝尔内尔捍卫一种实际的**必要权利**这样一个《德意志帝国刑法》所避免使用的概念的时候,我不同意他的意见。去作与法律权利相反的事在道德上可以是正当的,但是,我认为,不能因此把这种行为从法律上规定为权利。那将意味着一种违反某种权利的权利。法律仅仅可以同意在一定的情况下免除惩罚。或许说它是一种与**必要谎言**相似的**必要的不公正**更好一些。从客观方面来看,它无疑是一种不公正,但是在它所处的具体条件之下,却不能把它看作是一种不公正或当作一种不公正来对待。

因此,法律自己就通过必要性这个概念和这一概念对于一个行为的法律评价的影响承认了这样一个事实,即:法律,由于其自身的逻辑-机械性质,可能实际上导致作恶,就是说,可能导致作出与正义观念相反的判决。正义观念要求把平等的利益当作是平等

的，把不平等的利益当作是不平等的加以对待。一般地说，法律不考虑相互冲突的利益的相对价值，它只按照一般的正式准则作出判决，而且不得不如此。但是在完全反常的情况下，它便回到判决
633 的本来根据上来思考：在所涉及的利益之间存在着绝对的不一致的地方，较大的利益总要优先于较小的利益，而无需去理会正式法律。由于这种修正是在而且只能在极其罕见的情况下才作出的，因而就会出现这样的情况：法律的加强一定会使法官们在许多情况下作出不符合正义观念的判决。

9. 与道德要求相悖的法律

这就是法律与道德之间的不一致：从法律上看是不允许的事，从道德上看却可以是允许的。更经常、更重要的是另一种情况：从道德上看是不允许的事情，从法律上看却是允许的；一个极其严重地违反了正义的道德义务的人却可以还严格地保持着不超越法律的界限。

我们可以说，成文法仅仅规定了一部分实际权利。法律秩序的机械本性使它有必要把自己限制在这个范围之内。我们已经看到，一个试图在人们的行为中推动正义理想的完全实现的法律制度，会导致一种最令人难于忍受的不安全的、暴政的状态。因此法律秩序在加强正义行为方面只能把自己限制在维持人类社会生活所需要的最小范围之内。所以，它当然会给伤害和牺牲他人利益的不正当要求留下一个很大的余地。它不去强制支付公正的工资而只去督促按照约定支付工资；它不去惩罚提供比合同要求的更

低劣的商品的行为而只惩罚欺诈行为；它不去强迫一个人尊重他人的荣誉而仅仅惩罚当众侮辱人的行为。对于所有权利领域的一般考察就可以表明法律要求与道德要求的这种不一致。

前面已经谈到，法律领域是和广泛的行为领域和利益范围相适应的，法律秩序就是为保护这些领域和范围而存在的。首要的和最狭隘的利益领域是我们一看便知的，这就是**肉体**和**生命**。对 634
这个领域的侵犯是由杀人、毁容、人身攻击和一切对于生命与健康的攻击造成的。使人们免受这些犯罪活动的侵害构成一切法律的一个重要部分；在最古老的法律制度中它占据着最为显著的位置。例如古代日耳曼各民族的法律主要就是确定对于肉体和生命的任何一种伤害所偿付的钱的数量。如果我们把这个领域的侵犯行为仅仅理解为肉体上的攻击，这样从法律上似乎没有给违法行为留下多少地盘，可是事实上每一种伤害都是直接针对肉体和生命的。因此，法律仍然给侵犯他人的行为提供了逃避惩罚的无数机会：例如引起他们的烦恼，唤起他们的气愤或悲恸，剥削和诈取他们。福音书对于这件事说道：“仇恨他的兄弟的人是杀人犯。”

利益的第二个领域是**家庭**，即个人生命的扩大。对这个领域的侵犯是由通奸、人身劫持、偷换小孩、诱惑以及类似的犯罪造成的。这类违法行为中较显著、较明确的形式属于刑法的制裁范围之内；那种使得丈夫们疏远他们的妻子、父母们疏远他们的子女的较微妙的扰乱家庭和睦的形式，例如搬弄是非和私通，则不属于法律范围之内，请想一下奥赛罗的朋友伊阿古的所作所为！

利益的第三个领域是**财富**，它包括着自我保存的外部手段的总量与运用这些手段的任意行为。对这个领域的侵犯是由抢劫、盗窃、敲诈、欺骗、伪造、贪污、高利剥削以及所有旨在攫取他人财富的不法行为所造成的。在这里刑法同样不能制裁那种以较微妙的手段损害他人利益而非法获得财富的行为。尽管法律作出了一些努力惩罚罪犯，但犯罪阶级的或高或低的创造天才却总是战胜法律。

635 荣誉或理想的自我保存可以说是利益的第四个领域。对于这个领域的侵犯是由人格侮辱、伪证、诽谤所造成的。在这些罪行中，比前面那些领域中的情况还要糟糕，刑法只能制裁那些较为明目张胆的、较为粗心的行为，而不能制裁较为微妙、较为精明的违法行为，而这种违法行为造成的危害并不轻于公开的违法行为。

利益的第五个领域是**意志的自由运用**。对他人的自由的攻击是由绑架、非法逮捕、强迫和威胁造成的。对家庭的正常生活的破坏也属于这个范围。早期的法典以惩罚来威胁违法地使一个伙伴沦为奴隶的犯罪行为。合法的奴隶制和农奴制在我们当中已不再存在了。然而甚至在今天，那种与实际上的奴隶身份十分类似的依赖形式仍不乏见。我们可以把我们在最近半个世纪为保护劳动而制定的法律看作是保护个人自由、反对新形式的奴隶制的立法的一个继续。一个其生命力量仅仅是为他人目的服务的手段的人是不可能在完全的意义上享受这种自由的。因此，任何以这种方式使用人的人，或试图使人们处于这一状态或保持在这一状态之中的人，其行为是与要求尊重那些人的自由的法律正义相违背的。

最后，我们还可以再加上一个与第四个和第五个领域有着密切联系的利益的第六个领域：**精神生活**，它表现在信念、观点、信仰、宗教、道德及生活习惯各个方面。迫害、诽谤、公开的或隐蔽的轻蔑、藐视的忽略、改变信仰的强制要求，就是对这个领域的干预的几种形式。我们在习惯上把导致这些非正义形式的精神状态称 636
为**偏狭**。其本性部分地根源于人对于社会的依赖和需要，即根源于交际的本能，部分地根源于人的骄傲自大和对于自己的自负。大多数人只是在他们周围的人们也抱着同样的倾向和想法的时候才确信自己的根据。因此，他们要求每个人都去附合他们的意见。违反这个公共规则被看作是扰乱和触犯众意。因而要采取一切适合的手段使这个持异议者进入与他的伙伴的和谐之中，或者是使他从眼前离开并使其他的人不敢仿效他的榜样。骄傲自大在群众的领导者身上也有同样的影响。他们把个人方面的拒绝他们的领导的行为看作是令人不能容忍的放肆，因为这不是不言而喻地在指责这个被任命的当权者的错误吗？如果人人都敢于这样做将会发生什么呢？因此必须有一种榜样。精神的与此相反的习惯叫**宽容**；说**心胸宽阔**也许更为合适。一种自由开放的教育会在理解和认识生疏的、不同的事物的能力方面表现出自己的作用。这种教育只有通过与杰出的事物的经常接触才能获得，无论这种事物是个人的、文学上的或是历史上的。在狭隘的范围中精神也保持着狭隘；民族、阶级、学派、宗教社会这些仅为自己而存在却不与其他人的习惯和观点相接触的狭隘群体，都以它们的偏狭为突出标志。

这是一个法律最为无能为力的领域。精神生活中的侵犯他人的行为，只有在被看作是诽谤的时候，才构成违法，但是诽谤在精神生活中并不是常见的情况。然而除了诽谤之外，精神生活中的其他侵犯他人的行为同样可以造成严重的伤害；甚至只是闯入了人的头脑的一种改变信仰的意图也会最终变得令人不堪忍受。法

律在这些事情上是无能为力的。但**宽容**不是一种恩惠，而是一种权利：从道德上看，如果一个人决心坚持他的习惯、信念和思想，他
637 就有要求这种习惯、信念和思想不受他人干涉的权利，假如这个人的行为不违反他人的权利，那么，尊重他的这一权利当然就是他人的一种义务。我只有通过榜样和借助说服手段争取使他人同意我的思想和行为的权利，在争取说服他们的时候我必须尊重他人对于他们的意见的权利。这种困难带来了这样的问题：应当在何种程度上把我们在道德上不能赞同的爱好、习惯、主张、意见作为一种要求加以宽容呢？显而易见，我没有对任何一种道德上不正当的或与我的道德意识和爱好激烈冲突的意见都加以指责或表示轻蔑的权利。同样明显的是，我也没有使每一种这样的见解都丝毫不经反对地从我这里传递下去的义务；公开表示我的轻蔑可以是最正当合理的方法。这里同样没有能够帮助我们确定每一种个别情况下应取何种方法的准则。我们必须把它留待给老练，只有老练才能发现在这些情况下什么才是适当的。

第十章　友邻之爱[①] 638

1. 义务的规定与限制

除了正义，即仁慈的否定方面，还有友邻之爱这个仁慈的肯定方面，后者是前者的补充。我们可以把友邻之爱规定为这样的一种意志习惯和行为方式，它帮助那些需要帮助的人们，并且以积极的同情提高他人的幸福。它是基督教的重要律令。人的价值最后将由这个标准判定。“耶稣对他右方的众人说道：我饥饿难忍，你便给我食物；我苦于干渴，你便送来饮水；我举目无亲，你待我如家人；我无衣御寒，你便予我衣裳；我抱病在身，你便前来探望；我身陷囹圄，你便来到我身旁。”还可以列举比这多几倍的怜悯的善行——布道的力量在于它的简明。

这条律令是如此简单明了，以致对于它的意义绝不会产生任

---

① 培里，《道德哲学》，第 3 卷第 2 部分；西季威克，《伦理学方法》，第 3 编第 4 章；斯宾塞，《伦理学导论》，第 7、8 章；《社会生活伦理学》，第 5、6 部分；波特，《道德科学》，第 2 部分第 7、11—13 章；许夫定，第 12 章 a、34、35 章；冯特，《伦理学》，第 3 部分第 2 章第 3、4 节；第 4 章第 3、4 节；多纳，《人的关系》，第 395—403、605—624 页；伦策，《实践伦理学》，第 79、69 节；统计资料：奥廷根，《道德统计》，第 36 页。也见莱基，《欧洲道德史》，第 2 卷第 85—101 页，以及之前列在第 8 章下的资料。——英译者

何怀疑。我碰到一个饿汉,我该作些什么?把你所有的东西拿给他吃。很好,但十个、百个其他饿汉又来了,我也每个人都给吗?我该一直给到我手里一无所有吗?而且是不是我不该等着他们来——而应该找他们来呢?我听说我的邻居病了并且需要帮助,
639 我去看望他,帮助他并安慰他,作我能做的一切。我还应做些什么呢?我应该到各个地方去寻找病人和穷人吗?我可以肯定在这个城市里总有许多的病人和穷人,他们需要帮助和安慰;我应该一个一个地去看望他们吗?那么,这个时候我成了什么人了呢?我能心安理得地对眼前的人视而不见而去照料别人吗?在这片地方我可以去帮助的家庭数以百计,我可以用言语和行动去帮助他们,以改善他们的情况,那么,我应该去登门看望他们,安慰他们并帮助他们吗?这就是友邻之爱的含意吗?

显而易见,在这种情形下我就会既没有时间也没有力量来照料我自己和我自己的事情了。那么这条律令也就不能成立了。假如这个义务是,在一切情况下总是首先照料他人的事,尔后才是照料自己的事,那么这一律令在所有人身上的完美实现就会导致人们行为的完全混乱,就会导致义务的一种不合理的交换。假如所有的人都按照耶稣对那个富有的年轻人的忠告,去"卖掉他的任何东西并把钱给穷人",结果就会是商品的一种无止境的循环,更严重的是,最后就会谁都没有钱去购买和得到这些商品了。这一律令的普遍实行将破坏自己存在的基础。不管这一律令本身如何,它总是预先假定了还有其他的希望购买并获得这些商品的人存在。

因此,如果要把这条律令作为一条普遍的道德律令的话,对它

就必须加以某种限制，或者说再规定得窄一些。我们可以从下述几点来考虑这一问题。

(1) 关心他人幸福的义务首先被这样一点所限制，即所有的义务都产生于**个人的自己的生活**。个人的第一个义务是发展和运用自然赋予他的能力和体力，使他的生活变得美好。他自己的生 640
活好比是他负有特殊的使命去垦殖的土地。他由于自己的本能倾向和洞察力尤其适合作这项工作。归根到底，每个人都比任何其他的人更了解什么东西对他是好的。因此，关心他人的幸福不应妨碍这个最为直接的义务发挥作用。

这一原则无疑地支配着我们的实际行为和判断。假如一个富有的有才能的青年人，受了福音书的警告，要去卖掉他的那一点遗产并把钱分给穷人，假如他打算放弃他的学习去病人的家里或医院里护理病人而且又不是能胜任这项工作，我们不应当赞成他的举动。我们应当赞扬他的自我牺牲和谦卑，但是不应当称赞他的行为，不应当把这种行为作为一个让他人仿效的榜样。而且，我们甚至应该说他可以而且应该更好地利用他的天资。要是他安静地继续他的学习，要是他成了一个有才能的医生、牧师或者教师，他自己的生活就会变得更丰富和更美好，并且可以为他人做更多的事情。因此我们不得不说：对自己最为重视的人才能对自己和他人最为有用。拉斐尔和歌德仅仅展现出他们本性的天赋能力就能使人类受益。

当玫瑰花芬芳吐艳之时，
花园也就美丽宜人。

我们不能探究这个普遍命题的有效性。困难在于这个命题的具体应用。我为他人所作的某个行为是否与我自己的义务相符?我朋友生了病,我毫不迟疑地把全部时间用在照料他上面。可是他仍然病弱,医生送他到另一种气候的地方去,我该不该陪他去,能不能为了他牺牲我的教育、我的生活呢?这不可能由一般的义
641 务准则来决定,只能由对具体情况的考虑来决定,它最终将不是由理性来决定而是由感情来决定。而且,一般说来,在这些事情上我们更倾向于称赞服从自己的感情而不是服从自己的理性的人。我们崇敬一个决心随丈夫去隐居、流放或坐牢的妇女的英雄行为。我们尊敬在漫长的疲倦的日日夜夜中为护理病床上素不相识的人而牺牲了自己的青春生命并放弃了一切的慈善团体的教士姐妹。我们说在这样一个职业中,这种本性完全可能最完满地发展和运用自然所赋予的天资:一颗温暖的心,一双灵巧而温柔的手,一种安慰的勇气,因而能最完满地实现生命所能达到的最充实和最美好的形式。但是,对一个人好的东西不是对所有的人都好。

(2) 关心我们的邻人的幸福这种义务必须从另一个方面来限制;我必须谨防破坏他的独立性。我的行动一定不要削弱他的独立性;否则它就不再是有益的,而且,它还可以变为一件坏事,因为依靠自己是一种健康的正常的生活的基本前提。全部帮助的目的首先是为了使帮助成为多余。在有系统的和长期的帮助中,这点是不言而喻的。教育是对他人的最为全面、最为周密的关心的一个例子。它仅仅是由这样的一种考虑支配的,即我们必须训练学生使他们能够自己照管自己。我们说,一个不能抵制她的孩子要她帮助准备功课的要求的母亲是不理智的,我们不能称赞一个不

断地为他的儿子解决生活刚刚提到他面前的问题的父亲。不是解决问题，而是提出恰当的问题，这才是教育者的真正的职责。在人的关系中，真正的善行没有其他的作用，只有在它成功地使人自立时，它才实现了自己的目的。这在经济援助中尤其是正确的：问题在于消除对于帮助的需要。

（3）最后，还有对友邻之爱的义务的第三个限定，或者进一步 642
说，是较为狭义的限定：有必要确定我们**对于特殊的邻人的特殊的责任**。每个人都和其他一些对于他的仁慈和积极同情有着特殊要求的人们——孩子和父母、亲戚和朋友、佣人和雇工、邻居与合住者相联系着。他的能力与财产首先属于这些人。假如哪个人要把自己的财产让给不认识的人，乞丐或各种各样的慈善事业，而让自己家庭成员忍受贫困，或者，假如一个母亲要接受七个慈善组织的会长职务却可耻地忽略了她自己的孩子，我们对他们的判断就不应当过于宽厚。我们应当说：首先是义务，其次才是职责以外的工作；先要履行你的特殊的义务，然后再去找更多的需要解决的问题。这些特殊的条件把慈善德性或友邻之爱限制到了一个固定的渠道之内，它像一条永不止息的溪水流动着，给它的两岸带来果实。在这里，每个人都以某种程度的确定性了解什么对于与他最接近的人是好的，可是要说出怎样去帮助陌生人就困难得多，而且常常是不可能的。在这里，我们还必须考虑个人隶属于其中的集体。社会和国家对于个人有法律上的要求，而且它们的持久的慈善机构给他提供了一个安全的渠道，他可以通过这个渠道把自己的同情用于他人的幸福。

因此，友邻之爱的准则——关心他人的幸福，必须加以下述的

限制和补充：只有不忽视你自己的生活问题，不违反从你同其他个人和集体的特殊关系中产生出来的特殊义务，最后，只有不削弱他人的自立能力，这个准则才是可以成立的。

2. 施舍

643　善行在常识中首先意味着所谓**施舍**，直到今天，流行的看法仍在一定程度上把施舍看作是绝对地值得称赞的；因此对这一点讲几句不会是不合适的。

道德哲学不能同意这种观点，只有一个非常有限的范围除外。不分对象的施舍也许是导致恶而不是善。它特别是违反了前面提到的第二点：它既没有在意图上也没有在效果上使接受施舍的人在经济上独立；它的作用只是十分经常地培养出寄生者，而这无论对这些寄生者们自己还是对其他的人都不是一种快乐。我们给一个乞丐施舍物。直接的后果是那个人不再饿了。可是另一种后果不可避免地随之而来：这个接受施舍者被教会了期待下一次挨饿的时候再有人给他东西吃。施舍给他的东西会鼓励他相信有另外一种不劳动而生存的手段，就是乞讨，也许他还认为这是一种更有效、更方便的手段。如果乞丐的生活不是一种有意义的生活，那么推动着行乞的施舍也就不是善行。我们常常听到人们抱怨乞丐的厚颜无耻：昨天来的那个年轻的乞丐又来了；那么我还不骂他一顿吗？我想乞丐也许会说：我不觉得我的行为有什么无耻；昨天我饿了，你给了我钱去买东西吃；现在的情况还和昨天一样，你为什么今天做的与昨天不一样呢？我并非无耻，而是你前后不一致。我

相信了你的心照不宣的表示：只要我需要，你就帮助我；结果我又来了，你现在为什么又要骂我呢？我看那个施舍者除了下面这些话之外很难再回答别的话：我昨天不清楚自己在干些什么，因此，请你原谅我使你产生了我不能或不愿意满足的愿望。而且他或许会完全真诚地对自己说：我在给他这些施舍物的时候，除了让这个素不相识的人当时不饿之外没有想到更多的事情，我当时所想的只不过是想打发他走。也许是习惯、图方便或者是那张捣蛋的脸，使得我一下子就伸手去拿钱包的。 644

的确，真正的博爱做法与此不同。首先，它努力找出引起麻烦的原因，没有对原因的了解要提供帮助是完全不可能的。不分对象的施舍就像庸医的医术，不去检查病因，就开万应药方。如果引起麻烦的是一次不幸的事件，是由于这一事件的发生造成了一时的困窘，慈善家就以言语或行动帮助那个陷于困境的人克服困难。如果是由于长期的伤残，他就努力帮助伤残者获得持久的供养。如果厌恶劳动是行乞的原因，他将拒绝用施舍物来承认和供养工业的这个孳生物。当然，给乞丐一个五分的镍币打发他走比关心他更容易，而且由于城市生活的“无个性特征”，要关心他的确并不总是可能的。可是不能或不愿意去帮助他人的人无权去涉猎一个人的私事。这些年来，当局一再禁止向行乞的流浪汉施舍物品，这项措施在原则上是有道理的。粗心大意的善行是一种真正的罪恶，它是对被它所怂恿的乞丐的一种犯罪；是对被这些榜样引诱得要去追随同样的生活的其他人们的犯罪；最后，也是对由于这种疏忽而赢得了其生存的流浪乞丐大军所蹂躏的人们的犯罪。如果说乞丐在一个国家中的泛滥是一种瘟疫，那么显然是一种妨害国家

幸福的行为助长了这种瘟疫的蔓延。准确地说，对行乞和施舍的禁止应该只是有组织的社会慈善事业的另一个方面，这种社会慈善事业使无职业的人有事可做并且帮助那些需要帮助的人。

此外，我们还不能把对乞丐和流浪汉的施舍看作是那种漫不经心的博爱的唯一形式。除了这种粗俗的形式之外，还有一些体面的行乞形式，这些形式对于幸福的危险并不小于前者。有多少
645 毁灭性的祸因在以礼物、赠品和恩惠的形式从大户人家的豪华府邸向它的受庇护人中间散播呵！这些受庇护人被姑息，变得贪婪、无耻、可鄙、妒忌、虚伪、偷窃成性，结果是他们的捐助人对他们变得厌烦了，只要可能就把他们转给某些社会慈善组织以摆脱他们。在这些人家中总在谈论着人类的邪恶和忘恩负义。有个故事说巴伐利亚的第一个国王马克斯·约瑟夫每天早上要从财务大臣那里拿来一千盾钱用于"博爱"。当这些钱花完了——而且这用不了很长时间，因为各种地位和身份的乞丐和贫困的人们只要他一露面就围着他——"他就下汇票从银行提款，动用偿债基金、彩票基金和战争基金。他的施舍癖好是由那些得利者们精心地培育起来的，他对一切节俭措施感到愤慨，把这些措施看作对他的权利的侵犯。当财政出现紧缺，不能应急，以致官员们一连几个月领不出工资的时候，乞丐们却过着奢侈的生活。"①

这种形式的"博爱"显然是君主权力的义务的一种堕落，是对那些从口袋里拿出了钱来供养君主国家的国民的一种犯罪，也是

① 佩泰斯(Perthes)：《法国革命时期的政治人物和政治状况纪年》(*Polit. Personen und Zustände zur Zeit der französischen Revolution*)，第1卷，第2章，第448页。

对它所养育起来的寄生者的犯罪。君主们和贵族们以这样的方式提供庇护并且由于他们的这种“仁慈”而得到爱戴和赞美，这正是老百姓的卖弄癖好的证明。有一则意大利谚语说得好：说他这么好就是说他什么都不好。

很难否认是基督教培养了这样一种善行。这种把施舍混同于友邻之爱的内容在《新约全书》中处处可见，同时，这本书还似乎把 646
这种施舍行为看作是对来世报答的许诺。克里索斯托姆的一段话相当清楚地表明了这种混乱，这段话我是从乌尔霍恩的著作《古老教堂里的恋爱史》中转引来的。他赞美博爱说：“她是美德中的女王，她飞快地把人带上天堂，她还是最好的调解者。博爱有巨大的翅膀，她穿过天空，飞到月亮之外，飞到光芒耀眼的太阳之上，直到天堂的最高处，但她不在那里停歇；她穿到天堂，飞快地穿过一群大小天使和所有更尊贵的天使，来到上帝本人的御座前。记住圣经里的这句话：‘克鲁利乌斯，听到了你的祈祷，你的施舍行为上帝也已记在心头。’这意味着：尽管你有许多罪孽，如果你为你的代理主教施舍，就不必害怕；它们被用来偿付你以往的欠债，它们的身上都带有你的署名。”在另一个地方他把施舍行为比作市场上的价钱：“在这里我们便宜地买到正义，用一块面包，一件穿旧的上衣，一杯凉水。只要这交易还持续着，让我们用施舍来赎回我们灵魂的拯救。”[①]显然，在这里，目的不再是他人的幸福，而是一个人自己的利益，至于是今世的还是来世的那是不重要的。那么毫无疑问，这种博爱不可能提高他人的幸福，因为这种博爱仅仅想买回报

① 见该书，第 272 页。

偿或是免除惩罚。然而我远不能相信基督教会所实行的博爱只是表现了这种专为自己打算的一种投机。虽然对来世报偿的希望容易和自我打算混在一起，但这种自我打算不是唯一起作用的动机。而且也许总的说来，基督教有一种有教益的影响，其所作所为是善多于恶的。

一种特别可悲的施舍行为形式在近些年中发展了起来：这就

647 是慈善热。不幸、贫困和痛苦成了一切诸如音乐会、戏剧表演、舞会以及漂亮的女士们在其中还价、消遣并和风流富有的绅士们调情的市场等一切消遣形式的托词，这一切都是为了博爱。我们吸烟，我们进早餐，我们赌博，我们跳舞，都是为了博爱；新式的行乞阶层形成了，带着职位、奖章和荣誉，这些都是为了穷人。当然，可是同时，一想到我们自己竟是如此热心，我们又得到一种享受；这只不过是应得的，而且，用《浮士德》第二部中的话说，我们还为我们自己找到了一点快乐：

> 喏，看吧！你的行为得到了双倍的收获：
> 你表现了怜悯，而你收获了快乐。

我坦率地承认我认为这种消遣与“博爱”的结合是时代的一个极其可悲的标志。这种拿悲伤来消遣的做法表明某些社会阶级对于生活的严肃和不幸已经变得麻木不仁。对许多专门收集施舍品的组织我们同样可以这样说。一个委员会被指定供养穷人的孩子；其中的甲、乙、丙几位女士都很热心，对于她们来说，属于一个委员会、开会和在报上读到自己的名字是多有趣的事啊。一份通告发出去了，募捐者们准备好了收据簿，因为博爱需要很多的钱。

现在这项慈善的工作开始了。收集者们每天工作四小时，因为她们前去拜访的那些大户人家都起得很晚，而且他们不喜欢在吃早饭的时候有人打扰。到年底账面平衡：三千个捐款人共捐了五千马克，这笔钱中三千马克用于支付给募捐者的报酬、报告的印刷费和广告费，总共还有二千马克用于慈善。——募捐者成了那些应当受惠者的真正的灾祸。那些穷孩子受益了没有呢？我没有多少 648
把握说他们受益了。个人对另一个个人的同情才是真正会使那个人受益，社会的有组织的帮助当然也至少可以使人免于饥饿。另一方面，我担心这种期待着他人来捐助的募捐的博爱，也像慈善热一样，从来不会给人们带来福音，而只是养育出贪婪的乞丐。可以为这些博爱方式作的辩解也许就是：由于大城市破坏了富人和穷人之间的一切个人联系，而富人们又希望为那些处于贫困之中的人们做些事以便使自己在良心上轻松一些，因此富人们便按照前面指出的那些博爱方式去提供帮助。

但是，我并不是说为了有组织地分配慈善物品而建立的那些社会团体都是不好的、无用的。一个把活动的自由和活动的有序性和持久性结合起来的社会团体无疑是慈善行为的最为适合的形式。而且无疑存在着一些优秀的、有效的慈善团体。我们也不能一概否认广泛地动员社会上的人们捐款的方法。但捐助者们不应气愤地、不愉快地向每一个出现在他们面前的募捐人扔去几个五分镍币，而应当下决心使自己成为某些他们已经确信是真正有益的慈善组织的积极成员。只要他们积极地参加到这些事业中去，他们的同情就会是真正有益的，他们自己的生活也会因此更加丰富。

3. 自私

友邻之爱的反面是**冷酷的自私**，它努力地追求个人的利益，不关心他人的利益，甚至以牺牲他人的利益为代价。它的强烈表现是**恶毒**，是从他人的不幸和痛苦中取乐，即使这种不幸或痛苦并不给他自己带来利益。表现为**残酷**的自私引起肉体或精神的痛苦，而它之所以这样做仅仅是为获得自身赖以生存的养料。

这种习惯一般地不表现为刑法所禁止的对他人及其利益的野蛮攻击行为，而是表现为人们日常交往中千百件猥琐的、不肯体谅
649 的、恶意的行为当中。四五个人正坐在一列火车的车厢里，一个新来的旅客走了进来，他们都用气愤的、仇恨的表情盯着他，每个人似乎都在说：不许走近我！谁也没有想给他让座，或是挪开自己的行李；我们只是等到这个侵入者威胁说他要坐在我们的东西上面时，才把东西挪开，或者开始和他吵架。这样这些人又坐在一起，紧挨着坐在这个狭窄的车厢里，气氛极不和谐，心里怒火滚滚。假如不是这样，而是有一个旅客礼貌地为这个新来者让地方，那么立即就会产生一种令人愉快的感觉，而且也许还开始了一场友好的谈话，使令人疲倦的铁路旅行变得令人舒畅和兴味盎然。这些是小事情，可是生活就是由小事组成的，而且我们的情绪与其是说由伟大的和不寻常的事件决定的，不如说是由这种数不清的日常琐事决定的。有这样的一些人：他们总在等待着一个能使他们表现出某种伟大和英雄气概的博爱行为的机会，他们甚至相信一旦需要，他们就准备牺牲自己；而与此同时他们却在用细小的烦恼和恶

毒的议论消磨他们自己的和他人的生命。

而且，大概不会有人怀疑普通人在相互交往中比所谓上流社会的人们更能相互体谅。在上流社会中，一个偶然的碰撞都很快会导致一场轩然大波；而在普通人中间事情则会以一个玩笑一带而过。在普通人中间，人们都明白要想让生活轻松就得让别人的生活也轻松愉快。在所谓的受过教育的人们中间，一直存在着对降低自己尊严的恐惧。对别人礼貌和客气被看作是自我贬低的标志，是降低自己的尊严。似乎有一种排斥的本性在对其他人说：来 650
吧，我不怕你！有一种古板得像亚麻布般的傲慢总是在提醒着人们不要过于随便或失了体统。人们甚至会看到，有些人在看见人家正做着某些可以解释为侵犯他们利益的事情时，不是去劝阻，而是带着一种隐藏的快乐冷眼旁观，以便他们日后可以故作气愤地把事情张扬出去，并以这种方式得到满足。的确是这样，如果你事前就问他们是否赞成这样作，他们会故意让你误解，简直就是为了他们以后可以嘟嘟囔囔地、阴郁地抱怨他们蒙受了不公。引起这种行为的是骄傲自大；我们不愿意作为一个需要请求人家体谅的角色出现；一开始对什么都满不在乎尔后再变得气愤起来似乎更有气派、更体面。所以，傲慢在人类自身的种种灾祸中绝不是最微不足道的，教会把它说成是七种致命的罪孽之一是正确的。

还应该提到冷酷和恶毒的另外一种尤其普遍的表现，即**审判般地对待邻人**的习惯。后者所说的每一句话、所做的每一件事都会遭到他的伙伴的曲解、嘲弄和恶意对待。总是把一种坏的、卑劣的动机推到他的身上，他的成功被归因于坏的手段，他的不幸被看成是自作自受。他属于自由党：他当然是接受了犹太人的钱。他

投保守党的票：呃，看吧，他正在讨好他的上司呢。他的生意很成功，他变富了：他一定是个骗子，他的成功是由于他的手段欺诈。他在文学上获得了成功：所有那些并非如此幸运的人立刻会同意这是因为他吸引了那些没有判断能力的人们；嗯，当然，假如我们去迎合公众的粗俗的口味，或是满足读者的智力上的懒惰和肤浅，我们也能成名——假如我们也干这些勾当的话！一个姑娘结了一
651 桩好姻缘；所有曾经努力追求这个同样的好命运的人们立刻开始说她如何地挑逗那个男人，以及用何种手段抓住了他。一般来说，是妒忌使得我们先是对自己亲近的兄弟作出指责然后再为这种指责寻找理由。可是单单是恶意也足以使我们这样作；对有恶意的人来说，世界上最大的快乐莫过于能在他伙伴的荣誉当中找到污点了。

福音书激烈地攻击的就是人的本性中的这种卑劣的倾向。即使你的意见是对的，你的职责也不是审判你的邻人。他不是对你负有责任而是对上帝负有责任，而在上帝眼中，你的罪恶并不比他更轻。所以，“不要不先审判自己而去审判别人；不要不先谴责自己而去谴责别人。”

冷酷的反面是爱，保罗这样描绘爱说：“它久经痛苦但仍然善良；它不妒忌，不自夸，也不会骄傲自大；它从不做不合理的事情，不求私利，也不受引诱；它摒除一切邪恶，不以邪恶而以真理为快乐；它宽容一切，信任一切，希望一切，忍受一切。”

“科林多前书”的第十三章被人们称作爱的歌。也许我们可以更恰当地把它叫作对爱，对最细微普通的、朴实的友邻之爱的最简单、最朴素的描述：它不夸耀自己，也不去作什么出众的、了不起的

和惊人的事情；它不是让自己去牺牲，或是把自己的所有物送给穷困者，而仅仅是友好地对待和宽容邻人；它不是企求从他那里得到好处，而是每天用同样的和更大的友善与他相处。这是真正的友邻之爱，它来到哪里，就给哪里带来幸福，不是人们所说的那种巨大的幸福，而是细小的普通的幸福，真实的幸福。而且这种爱和幸福还乐于逗留在朴实人家，仿佛那里是它的骄傲的宫殿甚至是比宫殿还好的寓所；它总是希望住在谦虚的心中，而不是住在傲慢的、贪婪的灵魂中。

4. 友邻之爱的意义

对友邻之爱对于人的行为的**意义**，我们只需指出这样一点就 652
足够了：它减轻痛苦和贫困，它提高福利和幸福，它以感情和信任把心连结起来。

积极的仁慈的直接后果是它提高和促进受到这种仁慈对待的人的生命并使之轻松愉快。它也鼓起人的勇敢和对于未来的信心。同时，它使他充满友好的情感，不仅是对捐助人的，而且是对整个世界的；博爱要求人们把它传递下去，从一个人手里到另一个人手里没有穷尽地传递下去。甚至当帮助之手还不能解除痛苦的时候，痛苦的苦味也被同情和慰问减轻。在孤独和被忽视中会憔悴下去的心复活了，忍耐、希望或是顺从进到那个灵魂之中，生命变得可以忍受了。另一方面，当不幸的人被排斥并碰到苛刻的境遇时，他的心里就充满了最为辛酸的情感，就变得愤世嫉俗和刻毒。

有多少个罪犯可以在自己遭遇不幸时受到的不友好和冷遇中追溯到他的犯罪生涯的起端呵！假如就在那时伸过来一只帮助之手，它就会从毁灭中拯救一个人的灵魂。没有这样一只帮助之手，在罪恶的道路上的第一步就迈了出去，这一步又引出了以后所有那些罪恶的脚步，这条犯罪的道路一直伸向教养所中的尽头。根据一位刑事部门的有经验的官员的看法，无力自助时的贫困和痛苦，是所有罪犯中约一半的人被送来教养所的原因①。“从摇篮到坟墓，生命的太阳从来没有对他们微笑过，他们只看到了生活的艰难的一面。在他们的全部记忆里，他们一直遭受着这不应得的恶
653 运；他们，苦难的和被忽视了的农奴们，妒忌地注视着得到了不应得的幸福的伙伴。和这种妒忌感情一起的还有由于后者的刻薄和自大所引起的仇恨感情，这种感情从他们所遭受的傲慢对待来看是相当自然的，那些自命高贵的人们就带着这种傲慢的神情注视着他们，仿佛他们的各自不同的生活地位是个人的优点或缺点造成的。”使那些在“生活的充满阳光的一面”，即在爱中长大的人相信永恒的爱比较容易，可是这些在黑暗中长大的孩子们怎么能获得这样的信念，怎么能去希望、去爱呢？唯一的办法就是慈爱。刻薄是不能奏效的：它只会使他们固执和难于相处。但是甚至爱仅仅用温柔和宽厚来对待他们也还是不能达到目的：爱必须运用惩戒的手段。

积极的仁慈还使运用这种仁慈的人的生活更丰富、更幸福。

① H.冯·瓦伦蒂尼（H. von Valentini）：《普鲁士国家中的罪犯》（*Das Verbrechertum im Preussischen Staate*）（1869），该书中例举了许多富于启发性的事实。

有一条古老的格言说，[①]给人东西不会使自己更穷；当然不会，我们会更富有，如果不是在外表上，也至少是在内在幸福上。最纯洁、最美好、最持久的快乐莫过于善行给我们带来的快乐。你无私地给一个在街上碰到的陌生人的最不足道的微小的好处或帮助，也能够在记忆中给你提供持久的快乐。这种快乐越强烈、越持久，你就越能在行动中制止你的感性的自私倾向。相反，我们的自私倾向对他人的希望和目的的胜利总是在我们自己的记忆里留下一种苦涩的余味，他人幸福牺牲得越多，它带来的苦涩味便越重。有一种不无公正的说法因此说道，达到个人自己的幸福的最近直的道路是为他人的幸福工作。甚至就关心个人的幸福而言，一颗去除了妒忌的仁慈的心也是幸福给予我们的最好惠赠。仁慈的心在它周围引起的快乐又返回到它自身并且唤起一种和谐的情感。也许你唯一的一次完全没有妒忌地分享他人幸福的个人体验，就是在你帮助他获得幸福时的心灵上的愉快感。仁慈赢得自信和感 654
情。没有任何东西能产生比这更大的利益，能使人如此幸福。不仅如此，它还可以使每一天的生活增添新的东西。不要以为为了行善你就必须是一个富人或了不起的贵族。没有人因为贫穷和虚弱而不能行善。友好的语言、小小的礼物要比贵重的礼品或丰厚的馈赠百倍地适合需要而且比后者更有价值。也无需去剥夺任何人请求赐福的权利和行善的快乐。我曾听到一个牧师说，当你感到十分痛苦和处于极端困窘之中时，问问你自己这世界上有没有

① 试比较《箴言》，11:24：“有时播撒而不见发芽，有时坚守而未有收获，但绝不是在走向贫穷。”“自由的灵魂不会长胖。”——英译者

一个你能够使他幸福的人。

积极的仁慈的这些作用即使从反面来看也是有益的。一颗**自私的**心是通向不幸的最有把握的道路。利己主义者,除了注意他自己的幸福或他的转瞬即逝的愿望能够向他描绘的作为幸福的那些东西之外,就只能看到他周围的追求着同样的目标并努力地超过他的竞争者了。他不断地为恐惧和仇恨驱使着去发挥他的最大努力,紧张得几乎窒息。尽管如此,还有人超过他,于是妒忌就要撕毁他的生命力量,撕毁一切情感之中最为苦涩的、为他人的成功所唤起又为自己的失败所毒化了的情感,即伤心。满足永远不会在一个全然自私的人身上找到位置:妒忌、仇恨和恐惧不断地折磨着他的灵魂,一刻也不给他安宁或让他享受已经获得的东西。不仅如此,自私在周围的人们中引起不信任和反感,以及在不友好的行为和恶意的嘲笑中表现出来的种种情感。那个坏蛋总说:只要他们怕我,我不管他们是否恨我;那么就让他拿那句话去欺骗他自己吧! 总有一天他会知道,我们恨他但是并不怕他。

所以,仁慈带来和平和快乐;自私产生敌意和不幸;爱是生命,自私则是死亡。

5. 感激

655 感激是由仁慈和善行在一个健康灵魂中引起的情感;其确定状态是献身与虔诚。感激自然而然地促进仁慈,而忘恩负义则使仁慈灰心:可以说它是一种宣言,它宣布对于那个接受者的帮助和好意全部枉费了,否则他怎么不高兴地、感动地对善意表示感激呢？这种情况就捐助者这方面来说是一种浪费：这种经常产生的沮丧会使一个慈善家变为厌世的人。

对人的**忘恩负义**的抱怨是悲观主义修辞的一个常见的主题。我们不能不承认，总的来说，人的本性使得人们对伤害比受益记得更清。对这种情况的心理学上的解释是感激不像复仇那样迎合我们的虚荣。感激似乎是表现了自卑；相反，复仇则十分悦耳，因为它是和自爱的强烈表现联系在一起的。当某个人伤害了我并打败了我的时候我处于不利地位，现在我报了仇，让他知道了我的厉害。如果感激也有同样的作用，如果感激也能得到回报，我们也许更乐于采取这种感激而不是采取那种只表现为一方的奉献的感激。但是这种关系常常被那种**虚伪的**感激弄得混乱难辨，这种感激只是用准备好的现成话而不是用行动来表达的。拉·罗什富科关于感激的一番评论正好可以用在对这种虚伪的感激的评论上：“感激只是表现了一个人想得到进一步的好处的意愿，此外几乎别无它意。”

我们可以从人性方面举出一个事实来反驳对于忘恩负义的指责，这个事实就是：纯粹的、无私的仁慈，出自理性的、真正的仁慈也不是很多的。也许忘恩负义正如自私和无理性的“善行”一样普遍呢。当多愁善感的母亲们的矫揉造作的爱收获了忘恩负义时，这正是对她们宠溺孩子的行为的一个公正的报应；她们不应当得到别的报酬，因为她们寻求的只是她们自己的冲动的满足。如果 656
一个奢侈的令人讨厌的庇护人在一旦再没有东西可以给人之后立刻被人抛弃了，他还应当得到什么别的结果呢？像卢梭贴切地比喻的那样，他可以像一个渔人诅咒那条吞了鱼饵而没吞下鱼钩的

鱼那样去诅咒那些人的忘恩负义。同样是因为这种原因，国家之间互相指责忘恩负义也总是荒谬可笑的。

所以，我们也许可以说诚实的感激正如真正的仁慈一样多。真正无私的并非为得到感激而作出的仁慈行为，反倒容易得到感激。这在所有的建立在仁慈之上的持久关系中尤其明显：真正出自理性的善行的直接的自然后果是充满深情的虔诚。那些把孩子们教育成诚实的、有能力的和正直的人的父母们，不会去抱怨孩子们忘恩负义。忠实地完成着发展人的灵魂的使命的教师们将会在学生中唤起满怀深情的尊敬。一个忠实地履行着管理人世正义的最高使命的政府可以指望得到它的国民的服从和忠诚。

6. 乡土之爱；国家之爱；人类之爱

仁慈主要是同个人与个人的联系有关。它的一个新的形式是对**集体**的情感和为集体而献身。让我对仁慈的这个方面再作些评论。

善良意志对于集体的情感表现为三种基本形式——不包括对家庭联合体的情感形式，因为在这种联合体中，爱的感情基本上还是一种个人的事情——**乡土之爱**、**国家之爱**和**人类之爱**。

把我们同这些集体结合在一起的纽带是由许多线织成的。我们看到，这其中首先是对个别人的爱慕和虔敬情感；这些情感是通过人们把它们转达给这些个别人所属或所代表的社会团体而表现
657 出来的。我们的父母和长辈，我们的兄弟姐妹和游戏伙伴，我们的朋友和邻居，通过我们对于家乡和家乡人民的感激和热爱的情感

和我们联系在一起。对我们的欢乐和悲伤，我们童年时的游戏和梦想，青年时代的希望和向往的记忆，是与故乡的土地和天空交织在一起的；家乡习惯是与家乡乡土不可分离的。所以感情与家乡有着千丝万缕的联系，我们在空间上离家乡越远，感情上就与之更贴近，对故乡的思返之心也就越强烈。我们通过家乡与民族和国家联系了起来；直接通过语言表现出来的精神生活的共同性，历史生活的共同性，对战时和胜利时以及和平建设时期中的民族英雄和领导者的共同的尊敬，把我们融和在共同的情感、思想和信仰之中。民族生活是个人生活赖以存在的土壤；在这块土地上他吸取着生命与力量所需的一切，吸取着民族所拥有的精神和道德的美德。所以个人是由于感激、尊敬和爱的情感和他的祖国联系在一起的。除了这些之外还有自豪，这是一种把个人同他的家乡和民族融和在一起的共同的荣誉感。这种自豪就是在爱的纽带被割断了的时候也还会继续存在。满怀愤怒和仇恨的背井离乡者在异国的土地上发现他的心不能忘怀故土。在异国他乡，他学会了估价他的故乡的价值，故乡成了他的灵魂的不可分割的一部分。于是民族的自尊感又回到了他的身上，从而奠定了一种新的依恋和热爱的情感的基础。最后，乡土和民族还把个人和人类联系起来。有自己的历史生活的民族估价着人类的伟大的精神产品，按照自己特有的方式吸收着它们，民族的每一成员都参与着人类的生活，并且满怀感激地接受自己在这个伟大的精神和尘世的天国中的成员资格。

我们习惯地把我们同自己的民族的关系看作是这些关系中最 658
重要的关系，这很可能是正确的。我们把个人对他的民族的这种

隶属关系称作**爱国主义**，它在目前被看作是人的最高德性之一。这个词并不古老，而且指出它的外来性质是有益的。它是上一个世纪中从法语中借用来的，这表明这个词本身并不古老而且不产生于我们自己的语言中。如果我没有搞错，爱国者这个词是直到法国大革命时才广泛使用的。雅各宾派自称为爱国者以示与保王派的区别。**爱国者**与认为国家属于王朝的那些人不同，爱国者努力追求的是使国家变为“民族”的事务，或者说使民族成为国家的国民。因此，爱国主义这个词至今一直是与国家有着特殊联系的。它所表明的与其说是个人对于民族的恰当态度，不如说是个人对国家的恰当态度。政治上的正统作法通常是仅仅要求自己的爱国主义而否认它的敌人的爱国主义。在革命的法国，雅各宾派把爱国者这个称号垄断于一身，就像五十年代的普鲁士专制主义的鼓吹者们所做的那样。

显而易见，爱国主义这个词对个人与他的民族的关系作了某种片面的限定，更不必说各个党派对这个词的滥用了。一个人也许对他的民族怀有深厚的感情，他可以热爱他的民族，为他的民族而生活，而不是为他的国家而生活。甚至，对于国家和政治的某种程度的冷淡和疏远，还可以和对于民族和所有与民族相联系的东西的深厚的爱的情感并行不悖。歌德无疑是他的民族的一个忠实的儿子，而且挚诚地热爱着德国的一切；路德也是一个真正的德国人。然而，我们不能称他们为爱国主义者：他们所热爱的，所为之生活的不是国家，而是民族。的确，我们不得不说：我们不能热爱
659 国家本身，我们只能爱一个存在物；可是国家不是一个存在物，只是一个制度，一种职责。一个民族是我们可以爱的存在物，对国家

我们可以尊敬、尊重、自豪，但不能去爱。

而且，这种对个人同国家的关系的片面强调显然是以我们时代的情况为背景的。欧洲各民族的生活受着民族理想的支配，就是说，希望建立民族国家，实现这一理想的热情已经持续了三代人。我当然不希望去拒绝或贬低这种抱负的价值。国家是一个民族存在的自然形式。没有国家，民族甚至会处于丧失其民族性的危险之中，因此没有人会对国家本身漠不关心。可是对于个人与他的民族的关系的这种片面概念会给某种对于这一概念的滥用开辟道路，而在以往的时代中这种滥用是极少见到的。爱国主义现在常常被用来充当党派狂热的广告和沙文主义的伪装。民族对异族的傲慢与仇恨隐藏在爱国主义的名下，并且仇视和辱骂每一个不赞同它们的人。对于法国或波希米亚的爱国主义，我们会毫无困难地看到它的丑陋和荒谬，可是我们自己的爱国主义在其他民族看来也是如此。如果爱国主义继续沿着这个方向发展下去，它将成为一种可怕的堕落和对欧洲各民族生活的一个严重威胁。对这些由于历史条件和地理位置而适合于在和平中共同生活的民族来说，如果它们的本能继续朝着仇恨和破坏的方向发展，那么，用亚里士多德的话来说，它们就会互相吞食。不言而喻，只要存在着一个敌意的邻族，某个民族珍视这种“爱国的”情感就是必要的。难道能够说对相邻的民族傲慢、仇恨和轻蔑虽然不是美德但至少 660
也是生存斗争的有益品质吗？我不这样看。恨推动人们去争吵，骄傲使人头脑发热。而骄傲是失败的先导：无论是对民族还是对个人说来都是这样的。因此，不论是谁，只要他不相信一个民族必须去仇恨或敌视其邻族，就不会把这样一种气质看作是合乎需要

的品质。一个民族必须有一种自尊的情感，否则就不能生活下去。可是需要的是这样的一种冷静而坚定的自我信赖：它理解和尊重外国的东西而又完全意识到它自己的价值；它希望形成并保持自己本身的特点，不以模仿外国事物的方式承认自己的卑下，也不屈于暴力向外国的东西低头。这样的一种健康的、自尊的情感是与对待外国人——无论是个人还是民族——的尊敬和公正完全一致的。不仅如此，傲慢和仇恨甚至始终是一种过敏的、病状的自我意识，即一种对自身没有自信的自我意识。

德国人曾以他们认识其他国家人民的精神生活的敏锐以及他们理解这种精神生活的能力而自豪。我们常常公正地认为没有一个民族能在吸收其他民族的文学和诗歌方面与我们相媲美，因而也没有一个民族曾以我们这样一种普遍的精神参与过去几个世纪的历史，我们并以此为骄傲。使德国人能够作到这一点的，是摆脱自私、傲慢、虚荣和心胸狭隘的自负这些被流行的激情的奉承者们称之为爱国主义的东西而获得的自由。我们是不是仍然有权利以拥有这种自由而自夸呢？有一点我们可以说：迄今为止，德国人民，或至少是他们的政治领导人，已经以伟大的、不平常的谦虚在欧洲各民族中博得了新的强国地位的荣誉。可是还有理由再加上几句：德国民族还需要警惕，因为它绝不可以失去这种精神上的自由。

关于**教育**尤其是**学校**在培养爱国主义方面的责任问题，已经
661 讨论得很多了。在我看来，主要的问题在于防止使对国家的爱堕落为一种虚伪的爱国主义。对自己的民族及其在战争和和平时期的领导者的热爱情感是一种自然的情感，是自发地产生于在健康

的条件下成长起来的健康人的头脑之中的。一个由德国母亲生育、由德国教师们教育、由德国诗人们教养的人在思想和情感上怎么会不成为一个德国人呢？他怎么会不以他的民族的美德和成就而自豪呢？可是对外国人的尊重和公正则和这种自发产生的情感不一致。相反，轻蔑和仇恨在这里是一种自然的情感。只有文化才能宽容和理解外来事物。我们的高等学校提供这种文化是一种美好的使命。人民大众看不到自己的国家以外的东西；在战争中他们仅仅是和外国人接触密切些。各种新旧形式的大学预科班把掌握外国语作为它的教育的主要因素。这是为了使人民的未来的管理者和领导者了解和保持他们自己的种族的历史联系。这种教育表明我们民族的精神生活不是与其他民族相隔绝的并且也不可能在与世隔绝中繁荣起来，——它表明我们的民族是欧洲民族家庭中的一员，这个家庭还包括着其他的有着同等价值的成员，由于这个大家庭的存在，我们民族的生活才得到补充并变得丰富。人道主义教育的最终目的是通过教会个人从历史的统一联系中理解人的生活，使他能更加自由地参与他自己本民族的精神生活。这将是最高意义上的**人文主义教育**，在这种教育之中，对国家的热爱和对人类的正确评价融为一体。

假如这种人道主义文化的传播会削弱弥漫在欧洲各民族的领导阶层中的敌意情感的话，假如它会在一定程度上为十八世纪所 662
预言的而在十九世纪似乎仍是无限遥远的“持久和平”开辟道路的话，那就是不小的收益了。欧洲民族将不得不使自己习惯于这样的想法：由于它们已经命定地必须生活在一起，因此最好用战争以外的别的办法来解决它们之间的差异。博爱的精神在它们中间已

经在如此广大的范围中流行，以致没有一个伟大的文明国家会愿意看到任何其他的民族被消灭或自行毁灭的结局。在它们中间不再会有民族灭绝战争，争吵在目前还在通过暴力手段来解决仅仅是因为还没有发现一种新的不同的方法。

人们可以指望未来将会给我们带回足够多的古代的有人道精神的世界主义来限制和补充爱国主义。人们还可以指望它将给我们带回古老的**乡土之爱**。这种情感也在某种程度上被国家的和民族的爱国主义目前的发展所窒息了。“狭隘爱国主义”，像世界主义一样，已经长时间地成了轻蔑和滥用的一个对象。我们了解其中的原因。德国以前分裂成许多小国，在几个世纪中，一个统一的德国只是一个政治的目标。这种情况一直延续到这个统一的德国的建立成了使德国民族在其他民族中作为一个政治主体行动的必要条件的时候。但是现在，我们对于政治联合的合理的、热情的向往已经实现，让我们希望我们人民的根深蒂固的乡土之爱重新表现出来。显然，如果我们仅仅对帝国的公共事务感兴趣，仅仅去参与帝国的公共事务，或者更糟糕的是，把精力全部浪费在政治讨论和发表爱国声明上面，那是不合理想的。个人能够在其中从事其正式的、有成果的职业活动的政治生活领域，对大多数人来说，是由他在其中生活的那个社会共同体所规定的。这种共同体是集体
663 生活的大多数基本功能得以发挥的适当场所；学校、教堂、慈善机构和各种各样的公共事业给具有公共精神的人提供了运用他的能力的充分机会。在这方面甚至普通人也能自由地、富有成果地为公共福利而劳动，而就事情的本来性质而言，普通的人却很难为整个国家作些什么事情，除了那些他被指定去作的事。

第十一章　诚实[①] 664

1. 诚实的否定方面：勿说谎

诚实可以被看作是仁慈的一种形式，它是表现在思想的交流上的仁慈。

我们可以像对仁慈的区分一样，区分诚实的两个方面：否定的方面和肯定的方面。前者相应于正义，表现在这样一个义务准则之中：**你不应该说谎**；后者相应于友邻之爱，表现在下面这个义务准则之中：**对你的邻人以诚相待**。

让我们先来讨论诚实的否定方面。

像我们习惯地规定的，说谎意味着为了欺骗别人而乐意和故意地向人家讲假话。考虑到谎言有时也以正常的借口来掩盖自己

① 西季威克，《伦理学方法》，第3编第7章；斯蒂芬，《道德科学》，第5章4；耶林，《法律目的论》，第2卷第578页及以下；波特，《道德科学》，第2部分第10章；霍夫丁，第12章b；斯宾塞，《伦理学导论》，第9章；史密斯，《基督教伦理学》，第2部分第3章；多纳，《人的关系》，第387—393页；伦策，《实践伦理学》，第69节及以下。——康德，《论一种臆想的仁慈致欺骗的权利》，1797；《道德形而上学》，(哈藤施泰因版)第7章第234—241页；尼采，《善恶的彼岸》；诺尔道，《社会的习惯性谎言》；莫利，《论妥协》。——英译者

这一事实，也许有必要给说谎作更确定的定义。当然，首先要限定的是欺骗不一定都要借助于语言，不论是说出来的语言还是写出来的语言。我们不用语言也能说谎，通过行为和手势，或甚至是保持沉默。有人当着你的面诽谤一个不在场的人，你知道他所讲的话是不真实的，可是你没有勇气反驳它；因为这也许会使你让人讨
665 厌或遭到恶言恶语，所以你就不说话，或者世故地笑笑。这就是说谎。或者你希望一个关于第三者的坏话传出去，可是你不希望承担这个责任，于是你就这样地用问话来开始："你听说关于某某的事了吗？"报纸，以及爱传播流言蜚语的妇女，都习惯于这样地撒谎："据说……"；"据消息灵通人士说……"。的确，有多少事情没有被传说过呢？

含糊其词是说谎的人们特别喜欢使用的另一种诡计。L. 施密特提供了希腊生活中的几个例子[①]。洛克里亚人同西库里亚人订立了一个契约，并发誓只要他们还站在这块土地上，只要他们的脑袋还长在肩膀上就恪守契约。可是以前，他们曾经把土灌在鞋里，把大蒜头垫在外衣里面的肩膀上头。

还有一种人们喜欢使用的方法是让事实自己说谎，这种方法已经被政治家和历史学家们发展为一种艺术。在讨论某一问题的一个方面的时候，历史学家选择它的极端支持者的最恶意的讲话和行为以及它的温和一翼的批评与自责；作为代表另一方面的材料，他挑选那些最值得称道的原则，它的支持者的最令人称赞的或还可以容忍的行为。所以，通过巧妙的挑选和安排，我们可以从每

① 《希腊伦理学》，第 2 部分，第 5 页。

一种材料中得出任何所需的结论。这也是不喜欢某一本书的评论家的方法：他从中挑出只言片语，围绕着它们作大量的引证，偶尔地又塞进一两个词，再把这个假定的怪物置于读者的眼前，从而引起他的正当的义愤。照这样的方法没有书会挑不出毛病。据说，数字从不撒谎。这也与事实不符；数字也可以证明希望它们证明的任何东西。假如向读者提供一组数字：“自 1872 年以来，在某某官员负责学校管理的期间，青少年犯罪的数字上升了……。这些 666
数字很说明问题！”当然，这个不怀恶意且不曾在花言巧语方面受过训练而又有人专门写了诱导的文字给他看的读者对自己说，这是那位官员的管理方式的结果。

所以所有这些行为都发生在谎言之下：说谎意味着你用讲话或沉默、伪装或掩饰以及对事实的选择和排列来影响别人，使他们接受你自己认为是不真实的观点。

2. 为什么要谴责谎言

说谎为什么是错误的？传统伦理学用常识来回答说：因为它生来就是错误的、不光彩的。康德从对自身的义务中推出诚实；他把说谎看作是一个人对自己的人的尊严的放弃，看作是与自杀同等程度的东西：后者毁灭肉体生命，而前者毁灭道德生命。

这一观点是对这一问题的一种修辞学实践意义上的解答。诚然，康德常常是一个令人尊敬的道德说教者。可是道德哲学的责任在于找出道德的客观根据，而这种根据我们也必须从谎言对人的生命行为所自然地引起的效果中去寻找。这些根据不难找到。

就谬误的思想会导致谬误的行为而言,谎言直接伤害了被欺骗的一方。一般说来,这就是谎言的目的:欺骗者、奉承者、诽谤者总是希望靠欺骗从另一个人身上得到一些好处。所以谎言是非正义的一种手段,因而在前面对于非正义所作的评价对谎言也同样适用。但谎言还有一种特殊的效果。就其可能性而言,**它毁灭人们的信念和自信,并最终损害人们的社会生活**,而这种社会生活是全部真
667 正的人的、精神-历史的生活的基础。这表明了谎言应当尤其受到谴责。我们可用**伪造货币**作为比方来说明谎言的影响。伪币制造者不仅损害了被他以欺骗手段塞给了伪币而不能用出去的人,他还通过破坏公众对所有的货币的信任伤害了社会:伪币的存在使真货币也名声扫地。假如伪币多得让人有必要在接受每一枚硬币之前都检验一下,这无异于是废除了货币本身,因为货币的目的就是使人不必去检验它的价值。说谎也有同样的影响。可以这样说,它使交换的智力中介变得虚假而不可信。说谎使真理失效,其结果是普遍的不信任和相互隔绝。直接相关的双方首先受到影响。受骗者先是对说谎者变得不信任,进而,如果他已经被许多人骗过,他就对一般的人都不信任,在他和其他的人们之间便产生了隔膜。说谎者的遭遇也差不多。他同他周围的人相隔绝了,起初是由于被他欺骗了的人们的不信任,这种不信任是一定会表现出来的;因为一次撒谎可以不被发觉地滑过去,可是习惯性的说谎就不可能总避得开他人的耳目。假如这不是因为别的,那就是因为假话的自相矛盾的本性,而一致性则是真理所特有的。当说谎者失去了他人的信任时,他也丧失了对于他们的信任,他认为别人也同他一样说谎,这对于说谎的人在心理上是必要的。毫无疑问这

种双重的不信任绝不是生命依存的条件：它像一层有毒的空气窒息着生活并把它同人们的友好感情隔绝开来，尤其是把那些诚实的人们排除在外，因为他们不能呼吸谎言和不信任的空气。

谎言这种腐蚀和毒害人们的相互关系的特点在它侵害家庭生活、友谊、教育这些持久的社会关系的时候表现得最为明显。一个学生对他的老师说谎。班上出现了一些不轨行为，正像俗话说的，668
干了坏事的人用说谎来逃避。结果是出现了相互的不信任。老师开始避开他的学生，他和他们之间的坦率关系结束了，他开始暗中观察他们，监视他们。学生们注意到了这一点，他们开始做的更隐蔽；师生之间的愉快关系、信任和坦率一去不复返了。这种事情变得经常了以后，某种监狱般的气氛就会弥漫学校，友好的纯净的空气于是被排除以尽。因此，没有什么比保持诚实和信任精神更为重要的了。可是，这一点只有在存在着精神自由的地方才能作到。

可见，由于谎言的这种本性，它毒化人们的语言，破坏相互的信任，损害集体生活，所以，谎言攻击着人类生存的根本力量。在这里，我极其愉快地引用路德在评论《圣经》中的“诗篇”时所说的一段极好的话：——这段话我是从赫尔德的《人类进步问题的通信》中找到的——“我觉得在尘世中没有什么比分裂整个人类社会的谎言和背信弃义更为有害的恶行了。因为谎言和背信弃义先是分裂人们的心灵；当人心被分裂之后，它又会分隔人们的手，而当人们的合作之手也被分隔了的时候，我们还能做些什么呢？我们德国人手中还擎着一簇火花——也许是上帝使它没有熄灭并给了它燃烧下去的力量——一种古老的德性的火花：我们仍然保持着一些羞耻之心，仍然不愿意被叫作说谎者；我们不像法国人和希腊

人那样对这种称呼报以大笑或是拿它当趣事。而且尽管法国和希腊的恶习正在侵袭到我们中间来，我们仍然保持着如此之多的古老精神，以致没有人能说出或听到一个比说谎者更为严重的和更带污辱性的称呼。”

另一个因素使得说谎更应受到指责：它是**怯懦**的一个标志。它是从它的受害者那里偷窃而不是在公开的对抗中击败他。一个勇敢的人不会说谎。对谎言的责备总是伴随着对怯懦的指责，所
669 以这种指责对一个人的伤害几乎比任何其他的指责更深。你说谎，这同时就意味着：你是个怯懦的无赖。

3. 诽谤；奉承；伪善；伪证

说谎中的一切可鄙的、卑劣的东西都被**诽谤**囊括其中了。我们可以用修辞学方法把它规定为暗杀者对另一个人的理想人身的凶恶攻击。在《奥赛罗》中，莎士比亚极其真实地描绘了诽谤的自然过程。伊阿古用那个无辜妻子的丈夫之手把她窒息而死。假如伊阿古用自己的手杀死了苔丝狄蒙娜或者像海盗那样抢走了她，他也还是一个诚实的人而不是那个真正的伊阿古了。由于他的作法是如此之卑鄙以致要对他进行控告都不可能。事情简直糟糕得无以复加——因为，他除了告诉奥赛罗注意威胁着他的荣誉的危险之外还做了什么呢？谁又能从来不犯错误呢？

而且，我们决不可忘记两个人总是使一个诽谤成为可能的必要条件。正如窃贼需要一个盗窃物品的窝藏者一样，诽谤也需要一个接受他的诽谤语言并把它们传递下去的人。也正如没有盗窃

物品的窝藏者大规模的偷窃就不可能发生一样，假如没有如此多的人喜爱它，鼓励它，诽谤活动也就不可能进行。弗赖赫尔·冯·施泰恩在他被流放期间（1811 年）的一封信中尖苛地责备人性中的这种卑劣倾向。“一旦一个人成了诽谤的受害者，他以往的生活，他的人所公认的品质，指控歪曲事实真相的可能性，就不再为人们考虑；问题仅仅在于指控是否能实现预期的目的。诽谤在很短的时间内便到处流传；它胜利了，受害者的敌人积极活动，而群众则恶意地轻信，他的伪装公正的朋友们又是那么卑劣；他们保持沉默，而他们本应立场坚定。最后他们一个又一个地抛弃了纯洁的爱的美德、对受害人的义务感和关心的情感而走到了他的对面。670
所有的他曾蔑视过的情欲，他曾伤害过的专横，现在都复活了；都希望庆祝复仇的日子的到来并享受受害者的膏血。”[①]

谎言的另一种改变了的形式是**奉承**。由于它是在友谊的伪装下不知不觉地令其受害者上当，它十分令人憎恶。在这里，两个人仍然是必要的：一个人进行奉承而另一个人接受对自己的奉承。像膏药会引起水泡一样，自负也引起奉承。**伪善**是奉承的一种形式。宗教的伪善曾是司空见惯的：我们可以把它规定为一个人通过完成一定的严格的教堂仪式使自己置身于上帝的恩典之下，从而使上帝不再注意其生活中的不很令人愉快的一面的一种企图。在我们今天的世界上，至少是在新教徒中间，宗教的伪善几乎已不存在了；现在它仅仅作为政治伪善的一部分表现出来，这种政治伪善使自己处于世俗统治者的恩护之下。这种伪君子，带着精明的

---

① 佩尔茨（Pertz）：《施泰恩生平》（*Stein's Leben*），第 1 章，第 449 页。

热情，跻身于大大小小的贵族的观点、倾向和嗜好之中，尤其是参加到他们对于基督教会和宗教的见解之中，以期用这种办法得到恩惠。没有什么比说一个人是某种权威更能奉承这个人的虚荣的了，但是权威一定要有人仿效才能算得到了承认。

伪善的影响与所有的谎言相同：像伪造物会使我们反而去怀疑正品一样，伪善使宗教陷入人们的仇恨和轻蔑之中。所以所有的真正的宗教本质都仇恨伪善，而且所有的真诚的人们也都像仇恨死亡那样仇恨宗教“正统”。

使谎言获得了最高权力的是**伪证**。这是带有对其真实性的正式的庄严的保证的谎言。伪证始终被看作是最严重的罪行之一，被看作是极端的邪恶和卑劣的一个标志。我们可以以暴力对抗暴
671 力、以计谋对抗计谋来保护自己，这些是战争的手段，而战争在其争端解决了以后，可以给双方带来体面的和平。但是伪证割断了一切恢复友谊的可能性。没有可以对付伪证的防御手段和武器；一个受到伪证陷害的人，只有徒劳地带着恐惧的情感乞援于神，请求它去惩罚这样一种弥天大罪。L.施密特使我们注意到这样一个事实，与其主要思想相反，《伊利亚特》认为伪证者应受比死亡更重的惩罚；忠于誓言被希腊人普遍地视为正义的最主要的、在某种程度上也是最根本的部分，而伪证则被他们视为最可耻的罪行[①]。

法庭上对绝对有证明作用的证词的需要，导致了在我们的司法实践中保护誓言的做法。有组织的伪证团伙时而进行的合法起诉无疑表明，由于超常的制裁手段的软弱无力，誓言已经部分地丧

---

① 《希腊伦理学》，第 2 部分，第 5 页。

失了它的有效性而成了那些无耻之徒们手中可怕的、危险的武器。事情的这种状况显然表明在我们的法律实践中废除誓言这个无用的残存物是有益的。在任何情况下，使用誓言都需要极其小心。我们还不得不对誓言违反事实的情况作出严厉的惩罚，用这种手段来严格地限制可疑的人提供誓言的权利。而且，我们难道能够证明强迫作证是正当的吗？①

① 一个精明的法官，冯·瓦伦蒂尼（von Valentini）在《普鲁士国家中的罪犯》（*Das Verbrechertum in Preussen*）（第 112 页）中指出：法庭对于誓言的管理方法以及把它作为一种"技术上的必需"而加以使用的作法，极大地鼓励了伪证行为。的确，如果考虑到百分之四十至五十的誓言是在地方司法法庭的个别庭期中作出的，尤其是在审理那些闹剧般的、琐细平常的案例中作出的，誓言难道还能保持其特有的庄严的特性吗？提供誓言时的繁琐仪式简直会把事情弄坏。不仅如此，法官根本不把所提供的誓言看作是值得相信的东西，而且也不把这些话本身看作是誓言：法官在命令一个证人宣誓之后，还要直接地而且并不总是用十分斯文的方式警告他要忠于事实，这种情况的确会给人一种极其痛苦的印象。税务官员对于"自动纳税"的态度也会给我们相似的印象：当纳税人交还纳税申报单并担保说"凭着他的良心和 信仰"起誓，他所纳款项俱是真实可信的之后，税务官就会对他说，当局不愿相信他的申报而仅仅把它看作是可供进一步调查的有价值的材料。这种态度，且不去说它完全无视了纳税单上"凭着良心和信仰"这一条款，假如不是一种拒绝申报的表示，那就是我对心理学的全然无知了。"自动纳税"难道不是当局预先允许的吗？同时，许多所谓的保证誓词又总是使人在宣誓时漫不经心。想想那些学究气的誓词就会知道为什么会这样。医生的誓词，在柏林已成为一种惯例，是这样开头的："我，约翰·多伊，宣誓我将为上帝的荣誉，为增进人们的幸福、增进科学知识而不是为个人的收益而行医"，等等。但是显然地这是在拉丁语中保存下来的誓词的残存物：在德语中是不可能保存这种誓词的。那么，能不能把禁止以福音书的名义起誓的努力主要地用来禁止各种形式的保证誓词呢？这样作的理由似乎可以这样说：你不是万物之主，也不是未来之主，你不能令一个人的头发白或令其黑；而且誓词还会使你出卖自己的灵魂并束缚你去做某些事情。教会多么轻松地逃避了对于誓言的明确禁令，又何等顽固地坚持着安息日法，尽管它已被废除！

4. 必要谎言

672 给道德学家带来无比的烦恼的一个问题就是必要谎言。欺骗是不是在任何场合下在道德上都是不正确的，或者说，会不会出现这么一种情况，在这种情况下欺骗是允许的或甚至在道德上是必要的？

在我们的实际判断和行为当中，我们不会在回答这个问题方面碰到困难；每个人都承认"必要地说谎"的可能性。全世界没有一个不常常欺骗地回答他的病人提出的问题、不去唤起病人的希望的医生，尽管他并不去分享这种希望。他并不因这样做而责备自己，别人也不会因此而指责他。的确，人们在相似的情况下都做着同样的事情。假如一个人将会处于极其危险的境地而自己却不知道，而他的生路又仅取决于他再被欺骗一分钟，那么，有哪个人会产生丝毫的迟疑而不去帮助使这个人继续处于他的幻觉之中呢？报纸上最近报道了与此相似的一个例子。苏黎世一个剧院在
673 演出过程中出现了火情。舞台监督在了解了这一情况之后，来到幕前宣布说，由于一个演员突然生病，后面的演出不得不取消。观众在退场时没有出现麻烦，尔后大火烧毁了剧场。有哪个人会把这个好主意谴责为一个谎言呢？而且这种欺骗甚至不必是为了被欺骗者的利益。它也可以是为了某人自己的利益作出的而不需有任何犹豫，这种行为也会得到普遍的赞同。一个老妇人独自在家，几个流浪汉闯进她家中，她灵机一动大声喊她丈夫的名字，用这个办法骗了这些盗贼。她不会因她自己的行为而自责，也不会有其

他任何人为这件事指责她。而且，甚至这几个流浪汉自己也不是那么愿意去责备她。有个故事说哥伦布在他发现新大陆的航行中，每天都在他的航海日志上加上一个比他实际航行的海浬数小一些的数字，以便使他的胆怯的船员们觉得离开家乡的距离不算太远。难道有谁会谴责这个勇敢的水手的计谋是一个道德上的错误吗？

仅仅是在道德哲学家们中间我们才能找到把这些行为看成是严重的道德问题的人。康德宣称：谎言，即故意的不诚实，在任何情况下，“仅仅由于它的形式，就是人对于他自身的一种犯罪，就是使一个人在他自己眼中变得低贱的一种卑劣。”[①]当一个人给一个正在行凶作恶的凶手指出一个错误的方向并机敏地把他引入警察之手的时候，我们不能原谅他：他撒了谎，因而他丧失了作为一个人的人格。费希特曾用他通常的修辞学狂热说道，“即使是为了拯救人类我也决不食言。”[②]那么让我们把这个原则用于实际。假如我曾答应某人五点钟去叫他一道散步，但在去他家的路上，我看见
一个孩子掉到河里了。假如我按照费希特的话去做，我应该对自 674
己说：“如果你把他拉出来，你就要回家去换衣服，那就不可能遵守你的约会；所以你必须赶紧赶路，虽然你会觉得对不起那个孩子。”也许我应该假定在这样一种情况下我的朋友会赞同我去救那个孩子，因而按照这种信念去行动，取消这次约会？可是假定我不能设想他会同意我的举动。我已经作了允诺，现在我碰到了没有料到

① 《道德形而上学基础》，第 9 节。

② 《通向有福人生之路》，第 2 卷，第 57 页。

的事情，或者说是碰到了一些新的情况；一个第三者，或者我自己，可能会因实现这个允诺而受到严重伤害。我恳求解除我的允诺，我愿意作出任何数量的赔偿；没有用。我可以食言吗？在任何情况下都不允许。那么按照费希特的观点，我就只得说：让世界去死掉罢，这不是我的事，我所关心的是不能让谎言毁灭了我作为一个人的尊严！其他一些道德学家则比较多变，或者是没有勇气从他们的观点中引出结论。所以马滕森在他的《神学伦理学》中认为：必要谎言，由于人性的弱点，在一定的情况下是允许的；但是必须指出"在任何这种谎言中都有某种罪孽；"[①]这个结论肯定与福音书中所说的"你只说是，是，不，不"不同。

在这里实践不仅与理论相矛盾，而且在它同理论家们的对立中，它甚至从理论方面来看也是正确的。也许必要谎言是不适合一个道德学家的体系，但这只是证明他的体系对于领会道德问题无能为力。一种目的论伦理学在解释刚才谈论的现象时就不会有困难。

如前所述，故意欺骗在客观上是应受指摘的，因为它毁灭信
675 任，因而导致社会组织的瓦解。在不会产生这种后果的情况下，由于事情的自身的本性，它又是不应受指摘的。让我们举个例子。欺骗一个窃贼绝不会破坏信任关系，因为在这里完全没有什么信任关系存在，既不存在一种特殊的关系，也不存在一种普遍的人的关系。就这些犯罪者正在干着违法的勾当这一点来说，而且只要他们还在干着这种勾当，他们就已经站在信任的范围之外，因而丧失了

① 《神学伦理学》，第2卷，第264页。

了解事物真相的所有权利，他们自己也并不希望得到这种权利。

在**战争**中情况也与此相似。没有任何士兵对于用自己的计划、战术或兵力去欺骗敌人有丝毫的顾虑。策略是战争的艺术之一；在战争中表明自己的真实目的是愚蠢的。据说最诚实的人也会在互不摸底的买卖中行骗；这种把戏的规则之一就是睁大自己的眼睛。交易〔tauschen〕和欺骗〔täuschen〕之间的词源学上的联系似乎表明这些规则也可以应用到商业的其他方面去。欺骗同样也是战争的规则之一：每个人使用欺骗并且相信敌人也是这样。可是这些规则仅仅适用于策略，在战争中，一俟某个人与另一个人不是作为敌人而是作为一般的人而发生关系，人们交往的普遍规则就会重新要求其存在的权利。当一场战争经双方协商暂时中止的时候也同样是这样：破坏停战，伏击举着停战旗的人，是耻辱的和不光彩的。

在**外交**中情况比较特殊。在一定的意义上这里奉行着战争的规则：睁大你的眼睛！谁也不表明他的真实目的，至少可以说，每个人都把在一定情况下不使一个对手“醒悟”看作是合理合法的，不仅如此，人们甚至还去加强一点他的虚假信念。显而易见，这是因为在国际交往中，外交心照不宣地采取了这样的形式，即在与其他国家打交道的过程中，每一个国家都唯一地、无条件地受着与它自己生命攸关的利益的驱使；只要它能安全地保障自己的利益，它就要这样去行事，即使以牺牲其他国家的利益为代价也在所不惜。676
在这里没有任何支配国际交往的法律能确保它们不受侵犯；也没有任何能居间调停并谴责和平的破坏者的力量。因此国家间存在着一种不断的潜在的战争状态。外交交往的规则表明，就战

争——在这种状态中，一切力量和计谋都是绝对允许的——随时可能发生而言，交往各方都是互有保留，互不信任的；它们隐藏着各自的措施和协议、计划和意图。但就其真正目的是维持和平，是以谈判来解决那些否则就不得不以战争仲裁来解决的问题而言，一定程度的相互信任又是需要的。假如外交家仅仅是需要用语言来掩饰他们的思想，那么对各个国家来说，根本不去相互对话显然就是更聪明的了。此外，在商业往来中似乎也有同样的倾向。在这个领域中正在逐步作出一些尝试以根除欺诈，至少是粗暴的欺诈这个交往的不恰当的形式。在国家间的外交往来中也正在作出这样一种努力：国家之间越是接近，它们的关系越亲密，它们就越加深信从长远的观点来看正当的交往要比不正当的交往好得多。也许我们可以从这里看到一个证据：欧洲各民族正在接近一种实现持久和平的条件，虽然它在目前似乎还很遥远。因为显而易见，战争的可能性与外交交往中的坦率程度是互成反比的。

所以，能被伤害的信任关系越少，故意欺骗就越失去其危险的、令人不愉快的特点，它在实际运用中也就会更为坦率，只要它
677 不是作为在实际战争中的一种合理的交战手段使用的话。而在国家间的一切联系都被割断的地方，在人们希望互相残杀的地方，人类的灾祸便也达到了顶点，因而任何欺骗也无法使之更甚了。

另一种使故意欺骗成为可以允许的或必要的行为的情况，是另一方理解或承受真实情况的能力的丧失。例如，有这样的情况，使精神错乱者处于错觉之中可以使他们安静下来。对那些意志脆弱的人作一些欺骗也是必要的。对于已经变得意志脆弱的老人的确是这样。他们已经丧失了按照事情的真实关系来看待和判断事情的功能，但是还没有丧失由于偶然的误解而产生兴奋的功能。例如，我们不得不作出一些与我们年老的父母的意愿相反的安排。掩盖我们的打算，或否认这些打算对不对呢？这是一件难事：它似乎是对旧的信任关系的破坏。但人人都时常决定去这样做，而且应当这样做，因为告诉他们有什么好处呢？我们又不能使他们了解这样做的必要性；这些情况只会令他们伤心，而欺骗，如果不被发觉的话，是不会有害的。这种情况与我们同儿童的交往不同；在与儿童们的交往中，我们常常过多地采取了随时碰到的最方便的欺骗形式。欺骗会保持在记忆里；当智力发展起来了并认识了这种欺骗本身的时候，它可以严重地损害一个孩子的信念。而且，总能够找到一种逃避的办法：我们可以用这样的话避开孩子的问题，“你现在还不懂这些”，或者说，“这些跟你没关系”。可是，完全不能够用这种办法对待老年人，即便是在它是适当的办法的时候。那么，在这里，我们就必须利用语言，就像医生为了让病人平静而作一个假装的治疗一样。

可是，有人可能会用忧虑的语气问，那么界限该怎么确定呢？ 678
向类似于孩童特点的老年期的转变是一个缓慢的过程。可以在什么阶段上开始欺骗呢？假如我可以欺骗一个意志脆弱的人，那么为什么不能欺骗一个愚蠢的傻瓜呢？此外，这种欺骗应在何时结束呢？还有，谁能决定如何对上面谈到的这些个人进行分类呢？对这些问题只能做出一个回答：在道德上不存在这样的固定界限。法律划出强硬的、不变的因而也是专断的界限，而道德却必须处处去对付那些逐步过渡的情况。个别情况只能着眼于具体条件，根据个人的洞察力和良心来确定。道德不可能提供一个使他能够以

一种机械般的确定性来解决问题的方案。它只能提出引导人们作出决定的基本观点。

医生与他的病人交往的情况与此没有根本的区别。在这里,我们也有一种信任关系,而且欺骗在这里不是没有危险的。也许我们有些不相信医生所说的话,包括他安慰我们和警告我们的话。我们相信,他这样做仅仅是从后果着想。不过,我们不能指望在任何情况下都从医生那里得到绝对的坦率。假如为了辅助他的技艺,他巧妙地平静地欺骗病人及他的朋友,使他们意识不到危险的重大,那么他不应当受到责备而应受到赞扬。这是他保持勇气和希望的艺术的一部分;为了这个目的,他也要利用语言,甚至冒着病人日后不满和对他的话以至于对一般医生的话都失去信任的危险。我们已经谈到,[1]对正式权利的侵犯在任何情况下都是一种恶,但是为了避免一种由自己或是由他人带来的更大的恶,它可以
679 是允许的或必要的。在这里也同样如此。必要谎言,也像必要法律一样,可以成为一种道德义务,一种即使是最真诚的人也不能始终回避的义务,无论他可能如何地愿意放弃他的这种权利。相信别人的话是一种极大的善,但不是世上唯一的善。

每个人都在生活中碰到类似的情况。一个人碰到了一些麻烦;他受到了不应有的凌辱,一种危机几乎压倒了他的商业。他回到家里,决定对此缄口不提。可是他面色苍白;他的家人问他,发生了什么事了吗?他是不是该这样说呢,“没什么,屋子里很暖和,我或许是有点头痛?”我相信处于这种情况之下,没有人会对在这

① 第630页及以下。

里使用欺骗有任何迟疑。在我们的例子中的这个人不愿意说明真相，他不希望他在家里的友人听到关于这件事的任何情况；何必让他们为此担心呢？但回避他们的问题可能比告诉他们实话还要糟糕。这里，也存在着信任关系，而且欺骗在这里也不是没有危险的。假如他们会从其他的不吝惜其情感的人们那里了解到他的麻烦，也许他们不仅会受到极大的烦扰，他们的信任也会受到严重的震动。更何况，一个人在决心故意欺骗时还可能作出许多掩饰。

或许，按照那些“严格的”道德学家们的意见，掩饰是绝对错误的吧？它属于欺骗的范畴是不能否认的。当一个内心里充满着忧虑和辛酸的人在家里却显得欢乐和平静以使别人不注意他的时候，他当然是已经在用尽可能完善的方式欺骗了家里的人。这也是不允许的吗？在他精神上痛苦的时候他就没有权利作出欢乐的表情，或者当他陷于困境的时候就没有权利显得平静吗？这难道也是他对于作为一个人的尊严的放弃吗？这些道德学家们本应把 680
他们的主张的后果搞清楚。或许他们是认为一个人有可能仅仅用舌头而不用眼睛和脸来进行欺骗吗？或许他们是认为我们始终都应当表明我们所感觉到的一切东西吗？那么，当一个不幸地好施诡计的朋友拿给我一张画片作为给我的生日礼品时，我是否应当这样对他说：“我亲爱的朋友，你的意图无疑是好的，可是我希望你别让我难堪”？或者，按照“严格的道德学家们”的意见，当这位朋友期待着我对于这件礼物说点什么的时候，我应当宣布说：“很不幸，我什么也不能告诉您，因为假如我说老实话，您准会生气，可是如果我不说老实话，不就和道德法则相违背了吗？”当然，假如他的癖好就是使他自己滑稽可笑，就是无视对自己的义务，坦率而明确

地对我的这位朋友说话也可以是我的义务："住口，这样做你会一无所得，而且会自食恶果。"对别人的有问题的博得名声的做法也抱着好脾气地去赞扬可能会发展为卑鄙的奉承。只有那些相信在任何情况下向一个人说使他高兴而且无害的事情——即使这样做并非出于真意——并且避免说使他扫兴而无益的事情都是正确而恰当的极端主义者，才会对此感到惊异。

习惯上的半真半假和假客气也属于同样的范畴。我们欢迎一位不速之客；我们在一封写给一位我们不了解的或我们视为地地道道的恶棍的人的信尾表示我们的高度的敬意。我们这样做的必要性和正当理由在于这样一个事实：和这样的人打交道，不采取某些口是心非的做法，顺利的、和平的交往就是不可能的。习惯上的礼貌，举个例子说，就像是防止机器吱嘎作响和运转减慢的润滑油。天堂中的天使不需要它。在不存在内部的不和谐和外部障碍的地方，完全的坦率才可能产生；这样地组成的人们就不能忍受这种习惯上的礼貌。正是由于这个原因，歌德巧妙而诚实地写道：

681 要想知道什么是生活的艺术，
你就去向傻瓜和魔鬼学习。
如果向智者或善人学习，
你就将一无所获。[①]

① 可以把这几行诗——顺便说一下——看作是《基督的画像》(*Imitation of Christ*)中的一段话的解释："和善良温柔的人相处不是什么了不起的事，因为这对所有的人都自然是一件愉快的事。每个人都希望平静，都喜欢那些和他和睦相处的人。可是要能和难对付的、邪恶的或反常的、诸如此类的与我们相反的人相处，则是一种了不起的宽厚，一种值得称道的有男子气概的行为。"〔第 2 卷第 3 页〕

当然,哪里会有必要的礼貌和可憎的奉承和谎言的界限呢?没有一个道德体系能划出这条界限:这条界限必须由道德上的老练独自确定。而且这件事并非没有危险。一个过多地生活在社交之中的人容易形成说谎的习惯,他的良心逐步枯萎了,说谎成了他的第二本性并最后成了对他来说必不可少的东西。因此,我们总是不信任一个在礼貌言辞艺术上表现出极大的技巧的人。我们也乐于相信一个在讲习惯上的假客气话方面有些笨拙和畏缩的人。

所以我们的结论应该是:**要诚实**;这是无条件地正确的;可是**讲老实话**却不是无条件地正确的。

5. 道德学家们对必要谎言持严格态度的原因

我们应该如何说明道德学家们的这种处处与生活相矛盾的奇怪的“严格作风”呢?他们是不是受了他们那种体系“越严格”就越对人类道德有益的稀奇古怪的想法的影响呢?大概是这样。他们似乎在想,如果我们的体系给谎言留下最小的空子,人的撒谎倾向也将逐渐地把它扩大,而且他总会为他不讲老实话找到一个借口。可是,如果这种体系绝对地禁止谎言,而且用最严厉的惩罚——人的尊严和自尊的丧失——来威胁这种行为,那么他就会警惕起来。好像人们在开口说话之前总是首先要请教一下道德手册似的!

但是也许这种严格作风还有另外一个原因。令人惊奇的是我 682
们在希腊道德哲学家们中间却找不到这种严格作风。故意欺骗不仅在一定情况下为他们所允许,而且甚至还要求这样做。按照柏拉图的看法,理想国的当权者必须把欺骗当作增进统治阶级的幸福的一个手段来运用。苏格拉底和斯多葛学派的观点也是这样。是不是我们的诚实观念发展得比他们的更好呢？是不是我们在讲老实话方面如此地优越于他们呢？在我看来，对这种情况可以作不同的解释。我不只一次地提到过这一事实，用莱辛的话来说，我们谈论得最多的是我们拥有得最少的美德，而我们谴责得最多的是我们最愿意践履的恶行。希腊哲学家们——叔本华在指出这一点时是正确的——在表述自己的思想方面表现出一定程度的坦率和老实，这种坦率和老实我们很难在现代哲学文献中见到。在现代人中间有一种这样的倾向：折衷，逢场作戏，迁就，削弱观点的逻辑结论，以及语言上的修饰、模棱两可，意图上的含糊不清，等等。这种倾向与古代人的坦率和表里如一的品质相比便相形见绌。康德曾经承认尽管他决不会说他不相信的事情，他却有许多自己相信而决不会去说的事情。一个希腊人也许会回答他说：既是这样，我就不很关心你说些什么，因为我想知道的不是你在最高当局的同意下能够想些什么，而是你自己实际在想些什么！

我们很难怀疑**教会事务**和这种严格态度有联系。合乎理智的诚实，思想和信念问题上的真诚，思维的一致性，这些都不是教会所鼓励的美德。早期基督教和理智知识没有任何共同之处；尽管它实际上要求最高的诚实，即殉道。自基督教胜利以
683 来，当教会不再是教义的代表而且与要求殉道的教义产生了不一致的时候，当对于教义的信仰降格成为一种神学体系的时候，由教会和基督教义共同培育起来的谦卑和服从便窒息了热爱真理的精神：个人在他的整个生活方式中表现出来的对教会和当局的服从精神表明了他的全部哲学的特点。L. 维塞在他的《自

传》里谈到他经常发现在与受过教育的天主教徒的交往中缺乏某种坦率，甚至是在那些比较诚实正直的教徒们中间也是如此。不仅在天主教徒中缺乏这种坦率，就是在新教教徒中间也是这样，尽管在他们中间，个人在与教会的关系方面要自由些而且教会所奉行的教义中的错误也少一些。就教会由于其本身的本性必然要求我们服从教会法则和教义这一点而言，上述情况的出现是教会生活本身的历史必然结果。只要一方面仍在形成和坚持有关天堂和尘世万物的权威性的教义，另一方面科学的和历史的研究又在继续提出对于事物的新的观念，冲突就不可避免。在这种条件下一般人的本性，就绝大部分人而言，总是沿着教义和知识的对角线努力地向前发展的。与力的平行四边形法则相一致，历史的信仰和新的洞察同时影响着精神，并鞭策着它沿着中间的方向跑。考察一下对福音书或《耶稣传》的评论就会看到：决定着这些评论的内容的是这样两种冲动：尽可能地拯救那些还能够从古老的由来已久的概念和阐释中拯救出来的东西；尽可能地向科学研究让步以便使一个人能被看作是有知识的和先进的人。或者再想一想为把近代地质学概念塞进对“创世纪”的理解之中而作出的那些尝试。这些尝试也许已经假定了达尔 684
文主义不久以后就将被发现出来。

这种理智的败坏并不必然地会和意志的败坏伴随出现；一颗坦白的、诚实的心可以和沿着对角线发展的理智倾向相依并存。一个人在最后告别他的教会信仰时可能有所牵顾，但他并非一定是由于对人世感到恐惧因而希望去探索自然世界才抛弃他的教会信仰的。同样不能否认的是，一个并没有表现出追求真理的精神

并且具有调和倾向的人，却对人对事常常抱着一种相当俗气的考虑和意图。当开普勒在鲁道夫王朝垮台后失去了他在布拉格的地位和收入的时候，他本来可以指望在位于蒂宾根的他的母校获得一个教授的职位。这个职位从各方面看都是合乎理想的；可是作为一个诚实的人，他感到自己不能不事先通知公国的君主他关于天体论教义的观点不很合于正统，并且他没有能够使自己相信基督肉体是无处不在的。结果，开普勒没有被聘。他的传记作家罗伊施累在叙述了这段插曲之后接着指出，开普勒属于诚实的一类人，属于哈姆雷特所说的万中挑一的人物中的一个。的确，没有人会认为开普勒在这个方面和近代学者们一样。莱布尼茨是个更合适的例子。他从不需要一种思想体系来表明他的思想见解与某个其他的人的思想相似，不管他是无神论哲学家还是一个信教者，是一个新教徒还是一个耶稣会会士，是一个德国帝国统一的鼓吹者还是一个君权至上的辩护者。

我觉得，那种申斥一切谎言，把欺骗说成是绝对应受谴责的和不光彩的行为的倾向，和事情的这样一种状况有些关系。在我们不断地面临危险的时候，我们就感到有必要向我们自己和
685 他人强调诚实的价值以及说谎和对诚实进行嘲弄的行为的耻辱，并常常用最强烈的词句来强调这一点。希腊哲学家不会如此强烈地感到有这种需要，因为他们较少受到诱惑，叔本华的傲慢的、严厉的和不近情理的性情使他没有沾染调和的倾向，他还偶然地指责康德武断地否定一切形式的欺骗的做法是装模作样。其他的人则意见不同；如果不去考虑种种例外情况的话，他们恰好都是由于康德的义务准则的严格而尊重康德的体系。他

们还赞扬路德是一个讲真话的英雄，对于伊拉兹马斯则由于他的迁就和调和倾向而大加凌辱。这场攻击的发动者能从这里得出结论说伊拉兹马斯的帮派已经绝灭而我们今天的神学家与历史学家们都是些小路德吗？

6. 肯定的方面：个人交往中的诚实

我们现在谈谈**诚实的肯定方面**。它相应于友邻之爱，可以表达为这样的道德准则：**对你的邻人以诚相待**。由于人的行为在相当大的程度上依赖于思想，真实的思想对于他的幸福就尤为重要。因而，友邻之爱的普遍义务，就包括着帮助自己的邻人摆脱虚假的思想并获得真实的思想的义务。

道德学家们过多地忽视了问题的这个方面，这一事实有助于说明他们在表述诚实这一概念时思想的贫乏，有助于解释他们在公正地对待必要谎言方面的无能为力。基本上过着诚实生活的人，在欺骗变得必要和有利的时候，就不会为解决这个问题有什么烦恼。但是一个仅仅在忍住了说谎的时候才表现了一点诚实的人，就会害怕一旦他日后又碰巧说出了不真实的话时，会被弄得名声扫地。这种纯粹否定的诚实，当然是相当没有价值的；它很容易蜕变为一种避免直接谎言的技艺。要是耶稣的门徒们在他死后仅 686
仅拒绝直接地否定他；要是他们重新从事他们从前的职业，对当权者们唯命是从并且小心谨慎地锁住他们自己的心灵对过去的记忆；要是他们按照讲出我们相信的一切并不是我们的义务这一格言去行事，小心地回避对于自己的灵性感受的讨论，他们当然可以

避免接近谎言，但是他们也就肯定不会成为他们自身——真理的见证人，他们的证词决定了人类几个世纪的命运。

赋予了否定的诚实真正意义和价值的肯定的诚实，首先表现为**个人与个人的交往**之中，在这里它采取劝告、指导、警告和纠正的形式；其次，它表现为**真理的社会交流**，在这里，它采取研究、教授和劝诫的形式。

按照第一种形式的要求，帮助那个——按照我的比他稍高明些的见解看来是——正在寻找正确道路或正在走着错误道路的人就是我的义务。对这一义务也必须加以限定。正如友邻之爱义务不可能意味着一个人不断地向他遇到的每一个人提供帮助一样，诚实义务也不可能意味着我们在任何时候都有责任去指导和劝告人们，去警告和纠正他们。除了对这一义务要根据我们在论及一般的友邻之爱时的同样的考虑而作出限定之外，我们还必须考虑由这种博爱的特殊本性决定的其他特征。

指导和纠正的义务以下述两点为其先决条件：第一，我确信自己正确；第二，那利益相关的对方会因我的劝告而受益。我们在指导和纠正的实际过程中主要受这两种考虑的支配。我在山上看见
687 一个陌生人正转向一条走不通的路；我便毫不迟疑地叫住他并指给他应当走的路。另一方面，当我看到一个人就要进行一项在我看来注定要归于失败的商业和文学冒险的时候，我在劝告他之前就要作严肃的细致考虑。如果他是个陌生人，我就任他去做。我不很了解他的情况、他的能力、他的智谋，不了解他能做些什么；我也不能假定他会充分地相信我的判断并接受我的劝告：或许我的话只会把他弄糊涂或惹他生气呢。因此，我至少要等到他问我的

时候再说，而且甚至在这样的时候我该不该把他想知道的情况提供给他还值得怀疑。有一些人就是征求人家意见之后仍然自行其是，他们之所以征求人家对于某项计划的意见，仅仅是为了一旦这项计划失败好把那些斥责转移到人家身上去，不管他们的意见是赞成还是反对这项计划。只要是这些困难不再成为障碍，我就会更乐于表明我对问题的看法。我对这个人以及他的情况越了解，我由于特殊的关系而产生的对他的幸福的关心越多，我就越是愿意去劝告他。

那种判断在什么场合、什么时间向他人提供劝告和指导才恰当的能力，可以被称为**审慎**。其反面，**轻率**，是使一个人最容易引起他的伙伴们讨厌——这种现象尤其多地表现在年轻人中间——的一种品质，是妨碍一个人去劝告和指导人的无能。当一个人要申斥或责备别人的时候尤其有必要自我警惕。过多的责备会惹人生气并助长他的任性。**吹毛求疵**和**恶语中伤**的习惯是一种真正的恶习。这种习惯的目的不是和邻人以诚相待，而且迎合自己的自爱和虚荣。福音书并没有认真地反对吹毛求疵。这种习惯以热爱和忠于真理的伪装潜入我们的心中，成为一种毁灭灵魂的恶行。
它扑灭博爱情感：我们自然而然地恨一个我们曾恶言中伤过的人， 688
尽管这种恨可能是秘而不宣的。它导致奉承和谎言：我们力图让某个利益相关的人明白，如果他拒绝奉承，我们也不会讲他们的好话。它使得我们对自己不老实：一个总是盯着他的兄弟身上的小毛病的人，最后就会看不见自己身上的大毛病。所以，这里应遵循的准则是：只有当可以因此提高善的时候才谈论恶，在其余的情况

下，则应当多去谈论事物的善。[①]

7. 真理的社会交流

对问题的另一个方面，即真理的社会交流，需要作详细一些的阐述。

① 在瓦克那格尔的《德国智慧诗篇精粹》第13卷，我们看到奥格斯堡的戴维兄弟的一段布道词，他在其中提出了一条我们应当牢记心里的忠告，“Ziuch dîn gemüete von allem, des dich niht angêt. Lâz einen jeglichen sin dinc ahten unde sinen siten halten unde schalfe dû mit gote dîn dinc. Swes aber dû maht gebezzert werden, des nim aleine war; daz ander lâz hin gen. Bekümber dîn herze niht mit urteile, wan dû niht wizzen kanst, umbe welhe sache oder in welhem sinne daz geschiht, daz dû urteilst; wan als wir ûzen ofte missesehen einez für daz ander, alsô misserâte wir ofte ein guotez für ein bœsez, als der schelhe, der zwei siht für einez und ist daran betrogen. Maht duz aber niht ze guote kêren, dennoch bekümber dich niht dâ mite. Ez ist vil unverrihtunge in der kristenheit, der dû aller niht verrihten maht. Lid einez mit dem andern. Des dû niht trûwest gebezzern, dâ üebe dîn gedult an. Swâ aber von dinem swigen iht ungevelliges wahsen möhte, daz von diner rede mac gehezzert werden, dâ sprich zuo, senfteclichen, ernstliche, âne strit, daz dû dich dâ mite unschuldigest, daz dus iht teilhaftic sîst des man dich anspreche. [大意是：让你的内心远离一切与你无关的事情。让每一个人专注他自己的事，持守他的伦理之道，你要凭着上帝，做你的事情。对于你能改善的事要一心一意，对于别的事就任其如此。关于何事发生或某事因何发生，当你对此一无所知时，不要令你的内心随着判断而忧虑。因为，我们常常将一个事物误看作另一个，我们也常常，由于自己的混淆，而把一个好人误作一个恶人，或者，由于受到蒙蔽，把两个东西当作了一个。别让好事成了坏事，但也不要为此而让你自己忧虑。在基督教会中也存在很多无序，你们所有人都做不到使之有序。要与其他人一起携手努力。对于那些你认为对其无能为力的事情，要保持耐心。从你的沉默中也许会滋长一种不满，这种不满可以通过言谈来减轻，要用委婉而认真的语调交谈，争论除外；如果参与的人们抨击你，你对此是没有责任的。]”（奥格斯堡的戴维兄弟，Brother David of Augsburg，公元1200/10—1272，奥格斯堡隐修士，是中世纪的神秘主义的一位代表。——中译者）

从总体上认识真理，例如包含在哲学和科学中的真理，不是个人的智力本身的功能；一个民族，或者从最终的意义上说，人类，是真理的承担者，个人作为民族的一个成员而分担着一份。他作为前人的继承者而占有着他所分担的那个小小的部分；他用社会精神在几千年的过程中发展起来并结合成规则形式的逻辑的和形而上学的范畴对它加以思考。他通过他所能掌握的他的时代的思想和观念来看待事物，他为解决时代向他提出的问题而劳动。另一 689
方面，同样确凿无疑的是，集体的精神把个人的精神作为自己的器官，而且它只有通过这个器官来运用其功能。

这里可以看出一个值得注意的区别：个人并不是都处在与这种集体精神功能的同样的关系之中。群众通常是以一种感受的、被动的方式参予真理，自然仅仅选择少数高贵的精神作为知识的持有者和增加者。如果我们用那个古老的词——**教士**来称呼后者，把人民的所有精神领导者，它的探索者和教师，它的思想家和诗人都包括在这个称号之内，我们就可以说，真理的社会交流是教士的真正的生活-职业，而诚实则是一种特殊的义务，它仿佛是教士们的职业美德。

我们仍然可以区分这种德性的两个方面：可以把它们叫作**真诚**和**热爱真理**。前者是教士们的普遍的和基本的德性：它表现在他直率地、明白地、诚心诚意地和忠实地把真理应用于教导和劝诫、理论和实践的行为之中。就后者取决于俗人们对他的信任而言，它〔热爱真理〕是他之所以能去行善的基本前提。但信任又只能靠心灵和理智的朴素和真诚来获得。另一方面，具有探索精神的对真理的热爱，是真正的探索者和开拓者的特殊的义务；正是这种热情的冲动刺激着历史的或自然科学的探索者们去发掘新的事实，激励着他们更深入地探索这些事实之间的联系。正是这种冲动推动着思想家不断地去检验已有的观点和理论，使他始终抵制着谬误，甚至是以传统观点形式出现的谬误。正是对真理的热爱鼓舞着诗人和思想家去努力地用新的思想和符号来领会和表达生命和宇宙的隐秘含义。最后，正是这种对真理的热爱，激励着人类
690 的伟大的领导者、预言家和改革者们去寻找新的、没有人走过的生命之路。勇往直前，这就是那些为了人类的文明而埋头苦干的未来的开拓者们的口号。他们不承认任何权威与偏见，无论这种权威与偏见多么神圣；他们只把在他们胸中燃烧的真理之火作向导，跟随着它前进。

对真理的热爱在**殉道**中得到了最完美的表现。我们应当期待各个民族会带着充满感激的崇敬向它们的伟大领导人和开拓者致意。它们是这样做的，但是仅仅是在这些人死去之后才这样做，以致这些伟大人物被看作了神。殉道是人类检验新真理的正确性的伟大的纯化剂；它是一道窄门，越过这道窄门，英雄们才能成为不朽。这是人类自无法追忆的遥远时代起就开始使用的方法，我们不难看出这件初看起来令人惊异的事情的历史必要性。

8. 为什么新真理受到迫害

让我们先来指出其**心理上**的必要性。

一个民族的观念和真理成为它的制度，成为国家和法律、教会和学校的理想基础——这是它们的真正功能。所有的艺术和实践

都依赖于我们对于自然事物和人的本性，它们的相互关系和它们同宇宙的关系的观点和思想。最初，每个民族的整个生活及其全部制度都建立于宗教之上。但是每一种宗教都包含着一个历史的哲学和一个形而上学——一个民族对世界及它自己与这个世界的关系的全部经验的结晶。因而就产生了这样的情况：从根本上改变人们观点的每一步尝试都被视为对整个生活的威胁；理论基础的削弱又将导致建诸于它们之上的全部制度的毁灭。这不是一种幻觉。制度方面的所有的伟大革命都是以思想方面的革命为其起点的。这一点在欧洲历史的最近的事件中看得最为清楚。写满近 691
代史册的一连串的革命，是十五世纪以来暗中摧毁了被教会教义系统化了的中世纪的宇宙观念的思想世界的变革的结果。十六世纪所取得的数目惊人的历史的和地理的、宇宙学的和物理学的伟大发现，首先产生了基督教的革命，继而又引起了经济的和政治的革命，这些革命后来震动了德国、英国和法国，至今余波未尽。可是在任何思想世界还保持着稳定的地方，例如中国，制度方面就仍然坚持其旧有的形式。

正是由于这个原因，制度抵制着可能会导致观念的改变的每一步尝试。它们把传统作为它们存在的基础而捍卫着它。我们可以想象制度会这样地自我辩护说：一个民族的幸福是建立在其制度的稳定和可靠的基础之上的。会给一个民族的制度的任何重要部分带来影响的革命总是一个严重的、甚至危险的危机。制度的稳定又是建立在它们的权威性这一基础上的，所以不能容许有人怀疑它们的理论基础。对于制度赖以竖之其上的基本观念的任何批判都会潜在地损害民族的安全和幸福甚至民族生活本身的基

础。因而批判必须止于构成教会、国家和社会的基础的那些原则之外。尽管这种要求是对一切人适用的，但它尤其是针对着教士们的。因为他们的职责就是以保持和捍卫真理来为社会服务。如果他们中间的任何人在任何时候说出他自己的观念和见解并去审判这些基本的真理，事情就会陷入可悲的境地。

制度自身是由与它们联系在一起的私人利益支持的。制度
692 不存在于抽象的观念之中，而存在于已经使自己的整个生活适应于制度的人之中。与教育制度、军事制度、政治制度和宗教制度的稳定直接利益相关的是被雇为教师和军官、国家官员和教职人员的那些人们。我所说的利益相关，不只是在那种粗俗的意义上说的，就是说，不仅仅是指他们的家庭的生活收入依赖于这些制度的持久——由于我们目前的退休金制度，情况也常常不再如此——而尤其是在理想的意义上说的，因为无论什么人如果要否认这些制度的必要性和价值，剥夺这些人生存的理想基础，他似乎就是在以要求改变制度的方式宣布了这些人的作用连同他们的生命都是无益的。一位在其教职生涯中达到了令人尊敬的年纪、教年轻人写作拉丁文作文的十八世纪的学校校长，只能把那些将现存事物当作被戳穿了的错误而加以摒弃并希望引进一些别的事物——数学和自然科学，德语和法语——的创新者们的改革看作是对已为经验验证过的东西的一种背弃和对被传统视为神圣的东西的亵渎。难道应该把他和他的父亲、他的祖父都曾作为人类文化和学问而学习过、实行过和崇敬过的那些杰作抛在一边吗？难道可以由于使他受到教育、获得学问、得到尊重和感到快乐的这些事物是他不占有也不需要

的——毫无疑问这是些对个人相当不必要的东西——就应该把它们置于一旁吗？绝不能；只有对于这些事物的真正价值的可耻的粗心与无知才能导致这种反常的思想！同样地，教会牧师也会以这样的态度对待力图改变教会制度或教义的一切企图；将军也会这样地对待对于军事组织或给养制度的一切攻击；枢密官也会以这样的方式反对变革国家宪法和管理实践的尝试。他们中间的每一个人都至少是把这些变革要求看作是十分不必要的创新，而且，通常是把它们视为一个讨厌的、灾难性的革命 693
的起端。他们认为，一旦这些变革要求为人们接受，国家的毁灭、军队的瓦解、宗教的废除，就将是不可避免的结果。所以，我们的博学的学校当局在最近三百年中每当他们的老式的迂腐受到纷扰时就预言中世纪的野蛮状态将要重返。为了消除这种祸端，所有的当权者都一致认为最好的、最安全的因而是最适当的措施就是严厉地对付那种肆无忌惮的批判，因为，很遗憾，那些年轻的、缺少阅历的或恶意的头脑总是跟着这种批判的风头跑。

当权者对于变革要求的抵制，在所有的特权阶级和有产阶级对于变革的本能的反感和群众的惰性中得到了支持。有产阶级总是保守的，他们是“饱足的”阶级，因而要求维护其地位与和平。那些占有财富的人们是幸福的和满足的——我们可以这样地说明法官们的箴言；他们不渴求新的东西，而是害怕它。可是群众在本性上也是保守的。现有的秩序是人们已经习惯了的秩序；我们已经使自己适应了它；新的制度在任何情况下都是生疏的和不便的，也许还是荒谬的、可怕的。七十年代颁行的新的度量衡和新的硬币已经引起了多少人的叹息呵！东西都不适用了，升不适合于壶的

容积，公制米也不适合于衡量身体。在一间新房子里我们感到不舒服；什么东西的位置都不合适，没有能使我们回忆起那愉快时刻的舒适的小角落。新制度对一个民族的影响也是如此，因此民族总是避免变革。同样是由于这个原因，群众对于批判有一种本能的恐惧；他们也觉得这种批判在损害由于习惯已经变得令人喜爱或令人能够忍受的制度所赖以存在的基础。唯有痛苦的经历和强大的压力才能在他们身上唤起变革的强烈愿望。

694 最后，我们可以谈一谈**旧观念本身的惰性**。当哥白尼的天体运行说第一次提出时，它被当权者看作是一个荒谬的假设，在他们看来，除了需要把它驳倒以使那个魔鬼不能运用它来施展诡计和嘲弄上帝之外，不需要对它加以认真的考虑。他们不以任何方式去寻找适合解释这些现象的新观点；旧的地心说能如此合理地解释它们，以致和它相比，新的学说显得那么笨拙，荒谬和愚蠢。因为，难道我们没有感觉到地球是固定不动的，难道我们看到了被荒谬地归结到地球上的那种寓言般的运动的哪怕是最微小的证据了吗？新理论被开普勒和伽利略发展了，荒谬的时代让位于驳斥和迫害的时代。旧思想开始认真地估价它们面对的危险，这种情况是十六世纪所没有的。现在它们要运用能够调动的一切手段来抵抗；这是一些什么样的手段我们可以从开普勒和伽利略的传记中了解到。由哈维获得的血液循环的发现遭到了类似的命运。已经在如此漫长的世纪中按照盖仑学说看待事物和治疗病人的医生们，无论从理论上还是实践上都看不出从新的假设中能引出什么优越的东西。而且由于这么个头脑古怪的家伙就要求一个人抛弃自己的过去，就废除延续了几个世纪的权威是多么不合道理！在

以后的一个世纪，当权者也以同样的方式把达尔文的生物进化论和施特劳斯对于福音历史的研究当作是不真实的、无益的和危险的理论而加以拒绝。

所以旧真理总是被保守利益的大坝保护着，顽固地对抗着新思想的洪水。任何新的真理都不能进入这个世界，在这个世界之中，当权者和群众、现有的秩序和通行的真理和谐一致。这就是说，任何重要的、伟大的真理，任何新的思想和根本性的观念在这里都没有立身之地；对于公认的理论和见解的说明和阐发，补充和 695
订正，运用和改编——这些是允许的，非但是允许，而且还欢迎和给予社会的奖赏。也许我们的时代给予此类工作的奖赏尤其多这一点是十分恰当的和值得称赞的：因为那些伟大的真理甚至在得不到奖赏的情况下也向前发展了。用培根的话说：尽管真理是没有嫁妆的新娘，她却从来不缺少求婚者。另一方面，由于琐碎而吃力的工作、手稿的考证、真菌与病菌的描绘以及科学的全部登记工作可能缺少内在的吸引力，因而有效率地履行这种义务受到社会的奖赏是正当的。

于是，作为联合起来的保守利益对于新思想的抵抗的结果的，是新思想总是在殉道者的世界中表现出来。据说洛克里亚人有一种特殊的习惯：无论什么人要提出一项改变现存法律的措施，都必须到公众集会上，在脖子上套着绞索的情况下为自己提出的措施争辩，假如他不能成功地使居民们信服，就将被绞死。这真是一种有独创性的习惯！然而历史的活动也同样是这样进行的，所不同的是：她先使用绞索，而后又使自己信服。

9. 这种状况在何种程度上是必要的

综上所述，人类对新真理的态度在心理上是必要的。但它在目的上也同样是必要的。

显然地，没有固定的、持久的制度，历史生活就是不可能的；它是集体的理性用以决定和支配个人生活的手段。我们可以说——用在某种程度上修改了的赫拉克利特的一段话——多数人，尽管
696 他们认为他们是在按照他们自己的见识而生活，在现实中他们却受一般理性支配。假如新思想会像旷野的风那样不遇抵抗地在人们头脑中流行，那么制度就不可能获得稳定。持久的观念是持久的制度的前提。因此，要使历史生活成为可能，就必须让思想固定下来，让它们在人们头脑中牢固地扎下根，并供给它们能够用来抵抗试图推翻它们的那些新思想的武器。也许在最初，如果没有一种超常的制裁，这些思想就不能牢固地确立起来。这可以解释一种宗教形而上学的目的上的必要性，我们实际上处处都能发现这种形而上学；它是一个民族的信念和生命、它的道德和法律的最初的基础，它对于新真理始终是一种强大的抵抗力量。而且，我们显然完全不可能形成任何这样的关于精神-历史生活的观念：在这里我们不必去为维护真理和反对错误与偏见而斗争；这样的观念究竟是由什么组成的呢？没有摩擦就没有运动。

我们也无需期待真理的探索者和殉道者们由于这一点而去和命运争吵。莱辛关于获得和追求真理的话是人们所熟悉的。他一定不希望用斗争以外的其他方法去获得真理。并不是所有曾为真

理而战斗过的人们都像莱辛那样热爱斗争。但是倘若改变自然秩序是人们唾手可得的事情，他们中间会不会有人还愿意这样地去改变它就令人怀疑。在诱惑者接近了他的时候，一个内在的声音会小声对他说，在眼前被诽谤和遭迫害正是一个真理的见证人的特有的光荣。假如不是这样，而是这些新真理的探索者和开拓者们像他们为后人所尊敬那样地在他们活着的时候就受到尊敬，那么这些荣誉就会被那些老练的、野心勃勃的人们从他们身上拿走了。这样那些虚荣而自负的人就会总是带着新思想的招牌在历史的前台表现自己。由于这种仁慈的安排，人类的精神领导的地位最 697
后总是保留给有着伟大、热诚和无私的心的人们。假如真理迎合它们的当代人的话，这种安排就将是不可能的。因此，那些真理的探索者们的内在的声音也许就作了这样的结论：假如打算成为未来的奠基石的那些石料为目前的建设者们所抛弃，这将是一件好事。

如果待人以德，
必得他人德报；
如果施恩索惠，
必得他人诅咒。

所以，所有那些为了真理和正义而受到凌辱的人们可以用吕克特的话来安慰自己——假如他们真的需要什么安慰的话。因为指出这样一点是有益的：真理的伟大殉道者们不是带着仇恨和辛酸而离开世界的。耶稣在十字架下为他的迫害者们祈祷：“圣父，宽恕他们，因为他们不知道自己在做些什么。”他们不是想迫害真理，而是想铲除谬误——那种毁灭性的谬误。甚至，他们自己还必须这样地作为真理的无意识的器官来为真理服务。“为了一切都能圆满地实现，人类的儿子[①]难道不应当去承受痛苦、去牺牲吗？”胜利怎么能不经殊死的战斗而取得呢？

一个有自相矛盾的倾向的人甚至可以这样来推理：我们的时代在迫害新真理上只表现了这样少的热忱实在是可悲的。其结果是不再会像过去的时代那样造就伟人，在那个时代真理的见证者们和思想的先驱们被钉在十字架上，被处以火刑。举卡莱尔的一生为例吧。毫无疑问，他在本性上、气质上就是一个真理的见证人、预言家、殉道者的材料：假如他生活在三个世纪之前，有什么能阻碍他成为这样的人物呢？在这个衰弱的十九世纪，他差不多被那些微不足道的烦恼——同杂志的评论家和出版家的烦恼，与他的邻居的鸡和狗的烦恼——征服了。这就是他的战斗，是没有真
698 正的提高意义的战斗，可是他却诚实勇敢地作了这样的战斗。事情的这种状况会使人难于去认识真正伟大的、不朽的东西。一个人对一个事业是否完全真诚只能在他甘愿为这一事业献身的行动中得到完全的证明。

然而我并不认为对上面整整一大段认识再作些评论是多余的。众所周知，全称肯定命题不能简单换位。根据所有的伟大的新真理都是一出现就被当作异端而受到迫害和拒绝的这一命题，不能直接推出所有的异端和反论都是伟大的新真理的结论。被其同时代人鄙视和抛弃的作家们习惯于这样推理，习惯于向后人呼吁而不是向当代人求助。然而后人们并不都接受这些呼吁。被呼

① the Son of man，这是耶稣在《路加福音》5：24 第一次使用的自称。——中译者

吁的人们并不都是特选的，而且，在呼吁者之中还有些假预言家甚至假殉道者。只有具有巨大非凡的力量的人才能承受住那些公认的真理的毁灭。当普通的人被事件和环境驱赶着去同公认的真理和现存的权威战斗时，他们就会变成无聊的胡说者。这些人在我们时代是否比以往更加普遍了呢？如果是这样，我们也许可以把这归因于我们的时代不再有严厉的迫害这个事实，只有殉道才会激励人们的精神。

10. 无条件地揭露谬误是一种义务吗

我将以对下述问题的思考来结束我的整个讨论：交流真理的义务要求人们在任何存在着谬误的地方以任何可能的方式去**消灭谬误**吗？这是经常推动着人类的重大争论之一。我们可以把它看作是**意志和理智之间的争论**，人的本性的实践方面和思考方面之间的争论。意志倾向于自我保存，前已说明，它要求制度的稳定，因而也要求制度赖以建诸其上的观念的稳定。所以，精神的和世俗的权威——我们可以把它们看作是意志在历史中的体现——总 699
是要求某种事物一经出现就确定下来并对一切人都适用，而且不允许批判来打扰事物的已有秩序。与此相反，理智则拒绝结束讨论，对它来说，阻碍探索的进程就意味着维护谬误的永恒地位。全部研究的目的是知识对于现实的完全符合。但这个目标是无限遥远的，所以必须不断作出新的努力以使概念体系适合于现实。基本原则也不例外，即使仅仅考虑到个别知识的不断扩展与加强就将最终导致有关事实的知识结构的重新安排这个原因，就已经可

以得出这样的结论:这些原则也一定是不断地发展变化着的。

以原则冲突系统地表现出来的这两种倾向之间的对抗,转到了这样一个问题上:**真理是否在任何情况下都是善的,谬误是否在任何情况下都是恶的**? 或者说,会不会有的时候保持谬误是必要的而铲除谬误是有害的呢? 政治家们——如果我们可以用这个词称呼意志的代表者的话——肯定后者;哲学家们,理智的代表者,则肯定前一个问题。

如果是绝对地、一般地提出这个问题,那么除了用哲学家们的话来回答之外就不可能有别的回答:真理是善的,谬误是恶的。既然事物并不按照我们的看法支配它们自身,我们就必须按照事物来支配我们的看法。布尔特尔主教说,事物就是其自身,它们的作用也是本来自在的,我们为什么要欺骗自己呢? 一个黑人想用巫术来求雨或用魔法治病。结果他受了双倍的伤害:他浪费了自己的能量,而疾病或旱情却依然故我。

700 另一个方面,又似乎不能否认:摧毁一种荒谬的思想并不是在任何情况下都提高持有这种思想的人的幸福。所以,不充分的思想也许比根本没有思想要好一些,而且可能会出现这样的情况:即使不去建立真实的思想也能暗中破坏虚假的观念。我们可能不需要告诉一个黑人有关事物的自然联系的知识就能说服他放弃对于某种偶像的信念,但是让他丢掉了这种错误观念是不是就会给他带来好处呢? 黑人用偶像来保护他们的财产,窃贼害怕魔法,被盗的东西常常由于这个原因最后又送了回去。这种偶像可能是一个非常不完美的警察,但它也许比根本没有警察要好些。叔本华说,一个木制的腿比没有腿要好些,而任何宗教都比没有宗教要好些。

我们必须记住：真理不是像从这个人的手里传到那个人手里的硬币那样的现成的东西；真理是活的功能，而不能以任何其他的形式存在。所以，真理不能真正地被交流。一个人可以在创造思想方面帮助我；但不能把他的思想转移给我；我只能用我自己产生的思想去思考。而且他此时向我提供的帮助也并不总是表现在他反复地向我讲述他熟悉的思想这项活动中。在历史中，直路绝不都是捷径。在十三世纪之初，中世纪就熟悉了亚里士多德的自然科学著作。我们今天的自然科学家在这里看到的只是一个多少有些精巧的错误之网。然而这些著作对十三世纪却无疑具有巨大的价值，也许那种价值比目前最完美的教科书对于当代的价值还要大得多。假如十九世纪所产生的物理学、化学和天文学手册在十三世纪突然从天而降，它们也很可能被人们粗粗一瞥就当作晦涩
难懂而又无用的东西抛到一边。那些时代的思想家们在应该如何 701
处置它们的问题上，也不会比我们对于该如何处置那些充满神秘符号和公式的书所知的更多。因而，假如有哪个热忱追求真理的人，比如说笛卡儿的那个全能者，不是为了欺骗而是为了防止受骗而干预了这件事，并把亚里士多德的书全部毁掉，把其他人的书也逐出天堂，结果会怎么样？显而易见，假如不能阻止这种情况发生，西方国家中的自然科学的发展就会至少延迟几个世纪。假如没有一个适合于他们的需要的教师，欧洲民族就将不得不踏上独自寻求知识的漫长道路，而且谁知道他们是不是能最终发现这种知识呢？假如把谜底——如果我们大胆地把目前的教科书看作是谜底的话——告诉了他们，这谜底也不会帮助他们。众所周知，探索者们曾用了几个世纪的时间去寻找据说能点石成金的哲人之石。

他们没有找到这块哲人之石，而是找到了化学。哲人之石只是一个虚构，但这个虚构毕竟导致了真理：因为化学不是化石成金了吗？

发展的不同阶段不仅先后相继，而且同时并存。电弧光和蜡烛光同时存在着而且各有其适宜的位置。物理学和形而上学的不同观念和不同基本原则也同样这样相伴地存在着；探索者和思想家与他们的住在远僻山间小舍的不为人知的母亲，不可能对世界抱着同样的想法。真理是**唯一的**，事物的概念呈现在完美的理智之中；但现实的理智则是或多或少地不完美的，因而需要不同的方法来构想事物。

我觉得，按照这种观点，政治家和哲学家们之间的争论似乎可以得到解决了。

702 哲学家们在这一点上是对的：研究是没有界限的。一个民族产生的任何新思想对于它都将是适合的和好的。我们可以相信这样一种信念：大自然总是在适当的时间产生出适当的和必要的东西。从一个普遍的人的生命发展的整个过程来看，人在知识方面的每一步发展都是一种真正的发展。因此探索者本身只和这样的问题打交道：什么才是真理？但是既然没有交流就不会有研究，我们就必须进一步说，在知识的交流上没有界限。科学著作家只关心一件事：我怎样最清楚准确地把我看到的事物表达出来？任何让自己为另一种考虑和目的支配的人，任何一个在考虑他如何使这个人高兴并避免使那个人不高兴——无论这种考虑是在研究之前还是在研究之后——的人，不是在为真理服务，因而真理也鄙视他。真理只把她自己给予仅仅追求她本身的人。不考虑他人的、“无心的”著作是不朽的著作。作者甚至不应当去考虑读者的利益

而仅仅考虑问题本身；他越是全神贯注地思考问题，他就越写得好。老万兹贝克尔·博特曾经说过："聪明人和哲学体系无缘，这些体系是它们的作者们为了另一类人而发明出来并作为无花果的叶片而构造出来的；或者是这些作者们为了论战或表达的需要而创作出来的。但是对于这些为满足自己的需要，为解除压在他们心上的谎言的重负而寻求光明和真理的哲学家们，其他的人们却怀有最深厚的兴趣。"

就这些而言哲学家们是正确的，另一方面，政治家们在这一点上是正确的：当涉及通过教育对**具体的人们**传递知识的问题时，我们就必须不仅关心问题，而且关心人。这种考虑——我们可以把 703
它叫作**教育的**考虑——可以帮助教师防止言无保留和脱口而出。我们不用同样的方式对两个不同的人讲最简单不过的经验，我们把人考虑进来，相应地调整我们的叙述和声调、事实的选择和组织。我们怎么能对不同年龄、有着不同教育、不同爱好和不同观点的人们，用同样的语言去讲述伟大的事物，讲述上帝和世界呢？在国民学校、大学预科和大学中，教的是同样的人类历史，然而为了使这种教育在每一个地方都有益、有效和有启发，教授的方法又必须多么的不同呵。这种情况也适用于那些终极的原则：世界是唯一的和同一的，真理也是这样；但是它不能在每面镜子里映照出同样的面貌。

这不仅对学校的教师说来是这样，对在布道坛中的传道者说来也是如此。下述这个教育的法则对于他也同样是适用的：要用使你面前的特定的听众能够因此得到教益和启发的方式来同他们讨论真理。让我们假定他的教徒们居住在荒僻的郊野，在那里，人

们连最近一百年中在神学和文学领域中发生的那些事情的哪怕一丝丝谣传也不曾听到过，施特劳施和勒南的名字像康德和施莱尔马赫一样少为人知。在那里《圣经》还被逐字逐句地当作上帝的话，当作上帝通过它所信任的圣徒传达给我们的话。可是我们的教士已经在对《圣经》的历史考证的影响下相信《圣经》像其他作品一样，是以真正的人的方式创作出来的，它们中间包含着不同的观念、矛盾甚至错误，更不必去说口传的不确定性了。考虑到这些，他是不是不应当再把《圣经》当作上帝的话来向他们宣讲呢？或
704 者，比如说，他是不是应该对于这种历史考证的结论作一次演说，以解除他们的根深蒂固的偏见和错误呢？这样做他会达到什么呢？假如他成功地从这些农民头脑里除去了他们的旧信仰，他又能拿什么偿还他们呢？施特劳斯的《耶稣传》，还是康德的《在理性范围内的宗教》？这样做，他只会表现出对《圣经》的轻蔑，而对他们来说，这是他们唯一的书，而且迄今为止一直是他们生活中的向导，光明，诗意的快乐和临终时的安慰。而假如他们相信他，他们就肯定会这样说：那么，我们是被这本书骗了；我们以为它是上帝的话，现在我们明白了它只是人的话，所以我们最好把它扔在一边，去读读今天的贤人们写的话。这是受过教育的人能够作到的事情：他接受了对《圣经》的历史考证的结论，相信《圣经》不是上帝的话，因而不再去读它。所以，如果我们的教士不希望发生这样的事情，如果他希望《圣经》成为他的生活在荒野中的农民们，也许还希望它成为其他的人们所需要的一本最重要的、甚至是唯一的书，成为比一日三版的流通最广的日报和最有修养的周刊和月刊对他们更为有益的每日必读的书的话——事实上他也正是这样地希望

的——如果他抱定这样的希望，他就将毫无顾虑和迟疑地用那些荒野中的农民们听惯了的语言来谈论《圣经》了。他这样做是不是在向他们讲假话？说《圣经》是上帝的话意味着什么呢？这是不是一种谎言？这是不是像宣布谷兹科夫是《罗马魔术师》的作者一样的一则文学-历史介绍呢？不，这是以最强调的形式来表达一个价值判断的一种隐喻。它意味着这本书的内容是如此庄重和真实，以致可以说它是一本神授的书，来自上帝的书。假如这位教士要把话题转到不同的背景上去而不得不谈一谈施特劳斯和康德的著作的话，他可以改变一下他的语言而无需改变他的观点，无需将这两本书中的真理说成是谬误。他可以抓住这两本书中的观念，对 705
他们说：你们关于这些书所读到的、听到的和写到的都肯定是极其有趣的，也许其中有一些还是真的。可是现在请暂时地忘掉这些，和我一起来考虑一下这些书里说了些什么，这些书是这么开头的。我觉得这样就谈出了一些非常严肃的事情，一些常常以极其简单的方式并带着某种权力讲出来的事情，以致我在一定意义被带回到了这样一种观点上，即世界上没有任何别的书能像这本书一样包含着神的话和上帝的启示——这也是歌德和赫尔德所持的观点，在这些事情上，我们的听众们相信他们甚于相信一个现代神学家。我认为，如果建设而不是拆毁是教士以及教师的真正责任，他应该负起这个责任。这也许就是使徒所说的，用爱而不是用怒来讲述真理（ἀληθεύειν ἐν ἀγαπῇ）。[1]

最后，假如这个教士作为一个学者出版过关于《圣经》的哲学-

① 《以弗所书》，4:15。

历史考察的著作的话，他也可以用另一种口吻来对他的听众讲话。在这里，为了实现诚实的义务，他又要去避免他作为一个教士所不能也不应该避免的事，这就是去迁就别人的思想和语言。同时他还要避免用调和、权宜之计和软弱无力的辩解去维护一个理论；避免对教会正统侧目而视；避免为真理问题争执不休；避免被人家捉住诸如有许多事情对他来说仍然是谜这样的话；事实上，对福音书作过多评论的任何东西都是一个诚实的人不堪忍受的。在这里，真的，我们需要一个能够使这些评论与争辩简单明了的新路德。①

① 有人对这一观点提出了反对意见，他们争论说，一个真诚的人不能这样做。对于这样做面临的道德困难我毫无争议，但我认为问题并不在于这种做法本身，而在于我们的牧师们置身其中的种种情况。假如一个村庄像我们所假定的是完全与世隔绝的，假如在这里只有这么两种人：一种是只有信仰的农民，一种是有信仰也有知识的牧师，那么，这里就只存在一种困难：有着不同思想的人们怎样才能相互理解？在这里并不存在道德上的困难。道德上的困难只有在这样的情况下才会产生，即牧师的生活环境为那些公开宣布相信教会教义的人敞开了地位擢升的大门，在这种情况下，无论他们会对这种前景持何种态度，这里都会产生道德问题；一个骄傲而正直的人会连这种地位上的考虑的萌芽都不能容忍。而且，我们去哪里能找到一个竟还没有，譬如说，由一个从首都回来的士兵或由一本社会民主主义的小册子带来一点点新思想的偏僻村庄呢？我非常理解一个人在这种环境下的窘况，我也不想去指责一个不能再忍受这种境况的人。我只能说：一个人能够采取一种不同的态度而不应被指责为不诚实。一旦有人问他：你真的相信上帝是《圣经》的作者吗？情况就不同了。这个问题表明一种疑惑，而疑惑则是渴求知识的表现，尽管这种问题可能是含糊不清的；同时，这个问题也表明提问者要求得到指导，得到在《圣经》起源的真实历史方面的指导，提供这种指导可能是很麻烦的，甚至比指导臆想中的探询者还要困难。对一个过分好奇的人他可以说：我亲爱的朋友，如果你照这话去做，你就会知道它是不是上帝说的了。但另一方面，如果拒绝回答一个诚实的提问者，那就有背于真理。更何况对牧师以及他们的真诚的不信任态度是如此普遍，这本身就是一个带侮辱性的证明，它说明牧师们经常这样做。只要这种情况一如既往地存在下去，只要优越的地位总是提供给那些知道什么时候该宣布自己笃信教义，什么时候该保持沉默的人们，这种不信任就不会消失。而殉道者们在说服人们相信他们的信仰的正确性方面就不会有困难。

教会和学校管理的义务也应当根据上述的观点来确定。除了 706 由于**教学上的**错误而受到的干涉之外，一个教师不应由于他所持的不同观点而在职业活动上受到干涉。教士和教师不是被雇来陈述“正确的”观点的佣工，表达他的信仰、信念和他的整个精神是他的责任。假如他表现出缺乏能力，他应该接受更有经验的人的指点；但是如果他不希望接受或不能理解别人的指点，就应当让他去选择别的职业，不是每个人都能去传道或教书的。也不是每个人都有资格去批评另一个人的教学方法的，一个仅仅想得到“思想纯正”和擅长公文书写的名声的人肯定是没有资格这样做的。使人们获得某种一致的水准的努力如果过于严厉苛刻就会使人们觉得 707 痛苦和单调。这项公职比任何其他的职业更需要智慧和自我控制，更需要眼光的敏锐和对人的评价上的宽厚，而首先是需要对作为精神力量的基础的各种事物的丰富知识，这种知识使我们不仅能判别情况，而且能对他人提供帮助。利希滕贝格的劝告是值得尊重的，而且所有属于精神社会的人们应当每天以此自勉：“训练你的头脑去怀疑，训练你的心去忍受。”歌德的一句话也应当铭刻心中：“假如老年人愿意采用真正有益的教育方法，他们就不要去禁止一个年轻人做能给他带来快乐的任何事情，也不要去要求他去抵制这种快乐，除非在能同时给他某种替代物的时候。”

与此同时，我不想隐瞒这样一个事实，即在我看来，我们用一种并不符合事情的本性的方式夸大了存在于这个领域之中的困难。在一定的程度上说，社会教育总是落后于时代。从其主要方面看，学院所传输的主要是公认的真理的库存品。但是新真理决不是作为公认的真理而是作为异端而在社会上出现的。由于这个

原因，它们甚至不能进入学校。其次，就绝大多数而言，教师是被老一代人教育的。这种情况使得哥白尼学说在十六世纪不可能成为学校课程的一部分；也使达尔文进化论不可能进入十九世纪的学校；尽管我不认为那些希望谈一谈这些学说并能聪明老练地作到这一点的教师应当被禁止这样作。相反，让一个有学问的可信赖的人指出已经如此迅速地传播开并对我们的时代产生了如此巨大影响的这些新观念的意义和联系，比让碰巧有机会来尝试一下
708 的领取低稿酬的穷文人们作偶然的、也许是非常不充分的阐述要明智得多。

但是事情也许会是这样：在未来的某个时候看来，我们的时代的做法似乎是非常奇怪的，因为它竟如此平静地坚持一个在许多世纪之前的不同的理性生活条件下产生的，在如此之多的方面坚决地反对在学校与教会之外被视为坚不可摧的事实和理想的宗教教育制度。但是许多宗教教育迫使教师和学生当作确凿无误的真理——想一想《旧约全书》——来接受的东西，并不处处都被人们看作是真理，甚至我们的学校校长或在其职责范围内监督着教学的“正确性”的部参议们也是如此，这一点对任何人，甚至对我们的大学预科中的学生们来说都不是一个秘密。我们的哲学-历史的和自然科学的探索者们与我们的教义是如此绝对的不协调，以致他们根本不去理会这些教义，甚至不去和它冲突以避免麻烦。而且人人都知道，我们教我们的学生们将其视为我们精神生活的古典时代的那个时期的伟大的诗人和思想家们对于教会的教义，而且部分地也是对基督教，给予了多么少的关注。

我不能不认为，一个无视这个事实的宗教教育，或者一个只是

为了表示对那些不信教的人们——也许也包括那些轻浮的人们——的哀叹和指责才简单地提一提这个事实的宗教教育，总的来说，不会产生我们所期望的结果，即产生对于作为一种历史现象的基督教的正确评价和对其奠基者的尊敬。如果这种教育由一位对其教义观点的正确性坚信不疑且又只有十分可怜的管理灵魂的能力的头脑片面的年轻神学家来传授的话，相反的后果就接踵而来：不信任和反感，以及随之而来的并和一切事物联系了起来的种种情感。

有一本书最近到了我的手里：马克斯·诺尔道的《社会的习惯 709
性谎言》，不带着一些不情愿，我真无法把这本书读下去。这本书的引人注目既不是因为它的文学优点，也不是因为它的观点的深度；它甚至没有什么趣味。它除了自信而外别无内容，一百次地重复道，我们的整个生活是一个巨大的谎言；宗教和教会，君主政体和国会，自由主义和保守主义，婚姻和家庭，友谊与社交——一切都是谎言，尤其是宗教。我们装作把它看作最神圣的、可信赖的事物，而在实际上它对我们来说却是世界上最无关紧要的东西。这本书在几年之中已经出过了十六版，所以必须买来读一读。我问一个书商，这本书是给什么人看的？得到的回答是，怎么，人人都看。当然，这意味着每个去书店的人都看；就是说，所有受过教育的人，所有上大学预科的和上大学的人们都看。

我们可以认为我们所碰到的情况的确表明了这些读者对这本书的看法；然而这样的一本书会获得如此的成功确实是一件意味深长的事。什么使得这本书有如此的吸引力？除了它公开地有力地宣布了它的许许多多的读者想到和感觉到的事实这一点之外，

我找不到其他的原因。一个时代，与其说是以它写出来的书为其特征，不如说是以它所读的书为其特征更好些。

这本关于谎言的书并不是独一无二的；有一大批文献讨论了同样的问题。施特劳斯的《新旧信仰》或毕希纳的《力量和物质》[①]吸引它们的读者的，如果不是这些作者抛弃那种旧信仰的坦率又是什么呢？激励着迪林和尼采的，除了揭去谎言的虚假面目的愿
710 望之外又是什么呢？推动着近代小说家和戏剧家们的，除了分析时代的虚伪和内部的腐恶，把它暴露在明察秋毫的读者们面前的愿望之外还有些什么呢？进行了揭露谎言的工作的这整整一批文献，毫无疑问地将被以后时代的文学史视作垂死的十九世纪的精神的极为形象的一笔。造成这一大批关于谎言的文献的产生的原因，部分地应当归咎于我们实际想的东西与我们所信仰的东西之间的冲突，归咎于我们在教会中教我们的年轻人去说、去信仰的东西和我们在学校教育中教他们去说、去相信的东西之间的冲突。凡是亲眼看到了这个时代的人们都不会否认这一点。这种冲突在几乎每一个人一生中都或迟或早地，以或多或少的猛烈形式出现；而且因为它通常发生在由于其他条件而促成的一个关键性的年龄期间，它常常导致人生中的一次严重的危机，许多年轻人都在这个危机中受到永久性的伤害。不少的人甚至终生被毁灭。和教会信仰一道，道德也成了怀疑的一个目标，并且启蒙直接导致了对道德的公开的抛弃。而对另外一种没有接受启蒙影响的人来说，当懒惰或怯懦使他们不能表明自己的思想或不敢对自己坦白自己的种

① 由柯林伍德翻译为英文。

种怀疑的时候，虚伪或内在的不真实就彻底地摧毁了他们的道德生活。[①]

在我看来只有一个办法能摆脱这个困难。在四十年代和五十年代间，许多人沉溺于依靠更为严厉地使用有利于旧的宗教正统的权威手段来消灭冲突的希望之中。甚至政府也在很大程度听从了这样一种劝告，即应当迫使科学作出一些表面上的改变，或至少 711
是尽可能地用旧的准则控制教育。其结果是明显的：它们因此创造出了上述的文学读物。所以留下的只有一条路：使教会教义与在我们时代可能为人们接受的理论思想和观念相调和。这样，基督教作为一个实践的生活原则将不是被抛弃，而是去掉了阻碍其发展的镣铐。使福音书在我们的时代丧失了其效能的是它与陈旧的教会教义的混合物。假如福音书是作为纯粹人的和历史的东西而提供给我们，它可能直到现在还激励着人们的心。或长或短的教义问答手册中的各种准则窒息并扼杀了它。

这一观点似乎在神学范围内，至少是在新教神学的土壤上正在取得一些进展。假如这个运动正在导致宗教和科学之间的一种真正的、持久的和平，我将把它看作是欧洲各民族的一个福音。民

① Fr. 约德尔(Jodl)在一篇论“德国道德运动的性质与目标”的极有思想的讲演中精彩地指出：“最高尚和最神圣的事物，道德信念和理想，同教义混杂着，年复一年地传给年轻的一代，这些教义同生命的所有其他力量与教育所力图去发展的精神倾向完全是冲突的。这样就最终地产生了一种像吞食着我们的精神生命的癌那样的双重的恶：在其内里，那些道德原则和理想由于其支持物的人为性质与软弱无力而塌毁；在其外部，由于国家所持的态度，这些原则和理想却被人们带着一种有意识的虚伪而坚持着。宗教变成了我们的拜占庭国家的伪装，隐藏在它的后面的内在的浅薄甚至腐败都在挣扎着表现自己”。

族没有宗教就不能生存，可是宗教如果处在与哲学和科学的冲突中便不能持久地生存。但是这种和平的可能性却恰恰存在于康德在一百年前寻找的并相信自己已经发现了的方向之中。让科学研究按照其自身的进程尽可能地发展，不去理会教义的反对；整个历史的和自然的王国都对她的研究完全敞开。但是人类精神对于现实的关系不会被科学知识穷尽。人的精神在其发展中，禁不住去构造关于总体的最终意义的思想；可是这些思想不是像物理学理论和历史事实那样的证明的东西；它们是建立在精神对事物的参与渗透之上，建立在有选择性的价值判断之上的；它们依赖于人的本性的意志的一面。思想，通过它们的联合体，构成人的灵魂中的信念。因而在那些认识了同样的至善的人们中间就存在着信念的
712 联合体。而作为信念的准则的教义，可以是一种从至善的观点来反映现实的观念表现。在这种意义上的教义就永远不会陷入与科学的冲突之中，因为它永远不会在事物的那个方面，即科学能够进入的方面，作出任何断言。它将约束意志，而不去约束认识。

索　　引[①]

（所列页码为英译本页码，即本书边码）

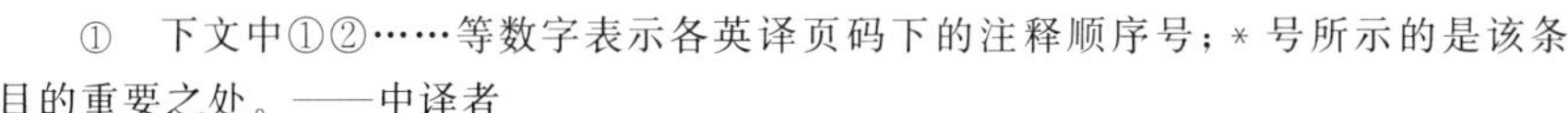

①　下文中①②……等数字表示各英译页码下的注释顺序号；＊号所示的是该条目的重要之处。——中译者

译 后 记

《伦理学体系》的翻译起于一九八四年初，迄于一九八五年春，尔后又经过一些修改。在翻译过程中，我们得到了罗国杰老师的关心和支持；在一些拉丁文和希腊文的问题上，曾直接或间接地向顾寿观、王太庆先生请教；在书中多处德文诗、警句、谚语的翻译上曾得到蔡锡明、高乐天先生的帮助；对书中一些疑难段落的理解和翻译，曾得到何宗礼老师的热心指导；第1版一九八八年在中国社会科学出版社出版，责任编辑苏晓离先生为该版本的出版付出了辛勤的劳动，在此一并致以诚挚的谢意。

商务印书馆二〇一八年慨允在该馆继续出版《伦理学体系》。我们愿借此机会对商务印书馆的同事们表达我们由衷的感谢与崇高的敬意。哲社编辑室卢明静博士担任本书责任编辑，为本书以更完善的形式在商务出版提出了一些很好的建议，付出了很多心血和努力，我们也借此机会向卢明静博士表达真诚的感谢。

《伦理学体系》一书的“导言”及第一、二编由何怀宏译，第三编由廖申白译。这次交由商务印书馆出版，在朱庆华、赵聚和梁惠琳同学的协助下，补译了第一编和第二编原来未译的一些注释；第三编原版第688页注释中一段以中世纪德语形式保留的奥格斯堡的戴维兄弟的布道词由田书峰先生翻译、何博超先生校订，在此也一并致以诚挚的感谢。第三编少量原来未做翻译的注释已由原译者补译，译者并对第三编中部分术语的汉译做了订正。译者虽然努力，仍恐有力不能逮之处，敬请热心的读者们批评指正。

译　者

2019 年 12 月北京

图书在版编目(CIP)数据

伦理学体系/(德)弗里德里希·包尔生著;何怀宏,廖申白译.—北京:商务印书馆,2024
(汉译世界学术名著丛书:120年纪念版:珍藏本:增订本)
ISBN 978-7-100-23686-7

Ⅰ.①伦… Ⅱ.①弗…②何…③廖… Ⅲ.①伦理学—研究 Ⅳ.①B82

中国国家版本馆CIP数据核字(2024)第076143号

汉译世界学术名著丛书
(120年纪念版·珍藏本·增订本)
伦理学体系
〔德〕弗里德里希·包尔生 著
何怀宏 廖申白 译

商 务 印 书 馆 出 版
(北京王府井大街36号 邮政编码100710)
商 务 印 书 馆 发 行
北京通州皇家印刷厂印刷
ISBN 978-7-100-23686-7

2024年5月第1版 开本710×1000 1/16
2024年5月北京第1次印刷 印张49
定价:268.00元